金融法講義
新版

神田秀樹
神作裕之
みずほフィナンシャルグループ

岩波書店

新版はしがき

　本書の初版は，東京大学法学部において平成19年度から平成23年度まで開講された特別講義「金融法」の講義を，その後の法改正等の動向を盛り込んで再現した書物として，平成25年に出版されたが，この新版は，その後，平成24年度から平成28年度まで開講された同講義と法改正等の動向を反映して改訂したものである．なお，同講義は，平成26年度から金融監督法についても取り上げており，本書はその内容をも再現したものとなっている．

　上記の特別講義は，平成19年に株式会社みずほフィナンシャルグループにより東京大学大学院法学政治学研究科に設置された寄付講座「金融法」の活動として実施されたものであり，毎回，みずほフィナンシャルグループから専門家を講師として招き，金融法に関する最先端の講義をしていただいた．私たちも，初回の金融法概観の講義を担当したほか，毎回の講義に出席したうえで各回の講義についての補足等をレビューという形で講義することを担当した．この特別講義は，東京大学法学部と東京大学大学院法学政治学研究科総合法政専攻および東京大学公共政策大学院の合併の授業として提供されたが，平成29年度も続けられている．

　本書は，私たちが第1章を執筆し，上記の講義を担当したみずほフィナンシャルグループの方々が第2章から第14章までを執筆したが，いくつかの箇所にその章の担当者または私たちが執筆したコラムを入れて，専門性の高い論点や法改正等の動向について紹介するなど，全体として読者にわかりやすいような記述になるように努めた．なお，本書の記述のうちで意見にわたる部分は執筆者個人の見解であって，その所属する組織の見解ではない．

　本書の第2章から第4章までについては，島田法律事務所の古澤拓弁護士のご協力をえた．本書の出版に際しては，株式会社みずほフィナンシャルグループ企画管理部の嶋田隆文氏，法務部の喜田裕之氏にとりまとめ等の大変な作業をご担当いただいた．また，本書の企画段階から出版に至るまで，岩波書店の伊藤耕太郎氏に大変お世話になった．これらの方々に心より厚く御礼申し上げる．

　本書が，金融法に関心をもつ法学部や法科大学院をはじめとする学生の皆さんや社会人の方々にとって，参考になれば幸いである．

平成29年9月
神田秀樹
神作裕之

目　次

新版はしがき

第1章　金融法概観
1　金融法の範囲と基礎概念──1
2　金融取引の類型──4
3　金融取引に関する特別法──4
4　金融規制の目的と近年の動向等──6
5　本書の構成──8

I　伝統的銀行取引

第2章　受信取引法
1　はじめに──12
2　預金契約──12
3　預金の成立──31
4　預金の帰属──43
5　預金の払戻し──47
6　預金の相続──54
7　預金と時効──59
8　複数店預金に対する差押え──60
9　結びに代えて──63

第3章　与信取引法1──貸出し
1　はじめに──81
2　銀行の与信業務と根拠法──84
3　与信業務にかかる法規制──84
4　与信判断における善管注意義務──92
5　与信の相手方──96
6　銀行取引約定書──102
7　与信の具体的態様──112
8　保証・損失補償──117

9　担　保 —————————————————— 123

　第4章　与信取引法2——債権管理・債権回収
　　　1　債権管理 —————————————————— 143
　　　2　債権回収 —————————————————— 158

II　銀行監督法

　第5章　銀行規制
　　　1　銀行とは何か —————————————————— 192
　　　2　銀行に対する規制が必要となるのはなぜか —————— 197
　　　3　銀行の破綻の原因となる各種リスクと銀行規制の手法
　　　　—————————————————————————————— 199
　　　4　規制のグローバル化 —————————————————— 208
　　　5　銀行規制の潮流 —————————————————— 215
　　　6　我が国の銀行法の概要 —————————————————— 217

　第6章　銀行におけるリスク管理
　　　1　リスク管理の意義 —————————————————— 233
　　　2　銀行のリスク管理を巡る監督法制 —————————— 237
　　　3　銀行のリスク管理の実務 —————————————————— 249
　　　4　リスクアペタイトフレームワーク —————————— 254

　第7章　銀証分離規制
　　　1　はじめに —————————————————— 258
　　　2　銀証分離規制の概要 —————————————————— 259
　　　3　銀証連携ビジネスとコンプライアンス —————— 266
　　　4　銀証分離規制の問題点と方向感 —————————— 271

III　現代型金融取引

　第8章　シンジケート・ローン
　　　1　シンジケート・ローンの概要 —————————————— 276
　　　2　アレンジャーおよびエージェントの役割と責任 —— 284
　　　3　シンジケート・ローン契約の特徴 —————————— 302
　　　4　貸付債権売買市場（セカンダリー・マーケット） —— 311
　　　5　債権法改正 —————————————————— 320

第9章 デリバティブ

1 デリバティブ取引の概要 — 330
2 デリバティブ取引の債権金額 — 342
3 デリバティブ取引の内部統制問題と会計制度の概略 — 359
4 デリバティブ取引の意義と業法上の位置付け — 364
5 デリバティブ取引の説明義務 — 366
6 デリバティブ取引をめぐる近時の規制強化 — 376
7 おわりに――デリバティブ取引にどう対峙するか — 379

第10章 資産運用

1 はじめに — 383
2 主な運月商品・運用業者と関連法 — 383
3 投資信託の関連当事者と関連する法律 — 386
4 投資信託に関する最近の判例 — 400

第11章 社　債

1 公社債の種類と社債発行市場の規模 — 407
2 社債発行に関わる主な法律 — 409
3 社債管理者制度と社債権者集会 — 429

第12章 LBO・MBO

1 はじめに — 444
2 LBO・MBO総論 — 444
3 LBO・MBOにおける主要な証券関連規制 — 453
4 LBO・MBOと銀行・証券会社に対する規制 — 472
5 おわりに — 476

第13章 証券化

1 はじめに — 480
2 資産の証券化概論 — 483
3 証券化と法律 — 514
4 （補論）証券化と金融危機・金融システムの関係 — 543
5 おわりに — 551

IV 金融の将来

第14章 FinTech関連法
1　FinTechの概要―――554
2　決済分野に係る法規制の整備―――563
3　今後の課題―――575

資　料
事項索引
判例索引

コラム

第2章
　2-1：預金契約の意義と法的性質　21
　2-2：預金と銀行口座　24
　2-3：銀行実務と判例　34
　2-4：預金，投資信託および株式の共同相続　56
　2-5：外部機関からの照会　64

第3章
　3-1：銀行取締役の与信取引に係る善管注意義務　94

第4章
　4-1：濫用的な会社分割・事業譲渡と残存債権者の保護　155
　4-2：第Ⅰ部を執筆して　181

第5章
　5-1：預金保険制度　198
　5-2：銀行のガバナンス　204
　5-3：銀行の付随業務　218
　5-4：投資性の高い銀行商品についての金融商品取引法の行為規制の準用　223
　5-5：金融取引・金融業務と利益相反　225
　5-6：銀行とフィデューシャリー　228

第6章
　6-1：バーゼルⅡ合意後の世界（世界金融危機の広がり）　241

第 8 章
   8-1：マイナス金利への対応　318

第 9 章
   9-1：デリバティブ取引におけるマイナス金利　338
   9-2：ネッティングと清算機関　348
   9-3：リーマン社破綻に関連する損害金算定事例　357
   9-4：私法上の説明義務と業法上の説明義務　368

第 11 章
   11-1：社債管理者，社債権者集会，社債権者の個別的権利行使　429
   11-2：社債の元本減免　441

第 12 章
   12-1：利益相反と株式の価格決定・取締役の責任に関する事例　463
   12-2：他社株 TOB 等に係る公表措置　469
   12-3：村上ファンド事件　471
   12-4：LBO・MBO に係る利益相反　475

第 14 章
   14-1：資金決済法施行までの新しい決済サービスに関する主な議論等の経緯　566
   14-2：MTGOX 社の破綻経緯およびビットコイン引渡等請求事件の判例　570
   14-3：制度 WG における議論　578

凡　例

- 法令の名称は，正式名称のほか，市販の六法等で慣例として使われている略語を使用した．

- 本文中の記述と判例の表示に際しては元号年を使用した．なお，昭和については25，平成については88を加えると西暦年を知ることができる．

- 判　例
  大　判(決)　　大審院判決(決定)
  最大判(決)　　最高裁判所大法廷判決(決定)
  最一小判(決)　最高裁判所第一小法廷判決(決定)
  最二小判(決)　最高裁判所第二小法廷判決(決定)
  最三小判(決)　最高裁判所第三小法廷判決(決定)
  高判(決)　　　高等裁判所判決(決定)
  地判(決)　　　地方裁判所判決(決定)

- 判例集
  民　録　　　　大審院民事判決録
  刑　録　　　　大審院刑事判決録
  民　集　　　　大審院民事判例集
  　　　　　　　最高裁判所民事判例集
  集　民　　　　最高裁判所裁判集民事
  刑　集　　　　最高裁判所刑事判例集
  高民集　　　　高等裁判所民事判例集
  高刑集　　　　高等裁判所刑事判例集

執筆者紹介

神田秀樹　東京大学名誉教授・学習院大学大学院法務研究科教授(第1章)
神作裕之　東京大学大学院法学政治学研究科教授(第1章)
砂山晃一　元・みずほ銀行執行役員法務部長(第2章～第4章)
嘉幡丈裕　みずほ銀行法務部長(第5章)
武弘則幸　みずほフィナンシャルグループリスク統括部次長(第6章)
真木善夫　みずほ信託銀行コンプライアンス統括部長(第7章)
渡邉展行　みずほ銀行エージェント業務管理部調査役(第8章)
福島良治　みずほ第一フィナンシャルテクノロジー取締役(第9章)
村岡佳紀　アセットマネジメントOne法務部長(第10章)
藪田尚志　みずほ銀行証券部次長(第11章)
日比野俊介　みずほ銀行法務部次長(第12章)
大類雄司　みずほ銀行証券部長(第13章)
三宅恒治　みずほ総合研究所調査本部金融調査部長(第14章)

　東京大学における講義の速記録作成の際に，森・濱田松本法律事務所の小澤絵里子弁護士の尽力により，同法律事務所の柴田高宏弁護士，中島悠助弁護士，樋口彰弁護士(以上，平成22年度)，太田翔弁護士，野間裕亘弁護士，宮島聡子弁護士(以上，平成23年度)，白川佳弁護士，氷上将一弁護士，松田悠希弁護士，久野なつみ弁護士(以上，平成24年度)，湯田聡弁護士，青山正幸弁護士，戸田順也弁護士，田中洋比古弁護士(以上，平成25年度)，古市啓弁護士，五島隆文弁護士，中野恵太弁護士，河上佳世子弁護士(以上，平成26年度)，内津冬樹弁護士，江橋翔弁護士，小川友規弁護士，金村公樹弁護士，畑江智弁護士(以上，平成27年度)，高石脩平弁護士，林裕人弁護士，金光由弁護士，飯島隆博弁護士，山路諒弁護士，長谷川博一弁護士，冨永喜太郎弁護士，塚田智宏弁護士(以上，平成28年度)の助力を得た．

第1章　金融法概観

1　金融法の範囲と基礎概念

(1)　金融法の範囲——金融取引法と金融監督法

　「金融法」というのは，講学上の名称であって，金融法という題名の法律が日本に存在するわけではない．金融法には，大別すると，「金融取引法」と「金融監督法」の分野がある．前者は，金融取引に関する私法ないし民事法の分野であり，私人間の利害を調整することを目的とする．後者は，国が金融分野を規制する公法的規制の分野であり（一般に「業法」と呼ぶことも多い），金融分野の規制は，預金者や投資者を保護するとともに，金融システムの安定や金融市場の健全性を確保すること等を目的とする[1]．

　たとえば，みずほ銀行などのいわゆる普通銀行を考えてみよう．普通銀行とは，一般には，銀行法(銀行法という題名の法律が日本に存在する)に基づいて免許を得て銀行業を営む金融機関をいう．たとえば，この普通銀行が個人である顧客から預金を受け入れた場合，その預金契約は，私法的性格のものとして，民法や商法の規定が適用される．他方，銀行は，銀行法に基づく行為規制などの各種の規制の適用を受ける．日本では，銀行法の適用を所管する監督当局は金融庁であり，現行法制度のもとでは，金融庁は，若干の分野を除いて，普通銀行以外の金融機関を含めて，日本の金融機関に対する監督当局である．

(2)　金融法の基礎概念

(ア)　金融機関，金融仲介機関

　金融機関とか金融仲介機関というのは，講学上，広義においては，金融取引を仲介する役務(サービス)を提供する機関を広く意味する．この意味での金融機関には，次に述べる銀行などの預金取扱金融機関のほか，証券会社(金融商品取引業者)や保険会社なども含まれる．

他方，日本では，しばしば，金融機関という用語は，銀行などの預金取扱金融機関を意味するものとして使われ，証券会社(金融商品取引業者)や保険会社を含まないことが多いように見受けられる．

なお，具体的な個々の法律において金融機関概念が定義されることが多く，その場合にはその法律における金融機関はそこでの定義によることとなる(たとえば，銀行法4条5項，同法施行規則4条の2，金融商品取引法2条8項等，同法施行令1条の9参照)．

(イ) 預金取扱金融機関，銀行

預金取扱金融機関とは，預金の受入れを行う金融機関のことであり，銀行がその典型である．銀行とは，一般に，銀行法上の銀行を意味する．銀行法上の銀行とは，銀行法2条1項において「〔銀行法〕第4条第1項の内閣総理大臣の免許を受けて銀行業を営む者」と定義されており，一定の要件を満たした株式会社でなければならないとされている(銀行法4条の2以下参照)．

銀行以外にも預金取扱金融機関は多数存在する．信用金庫がその例であるが，日本では，業態別に監督法(業法)が設けられている．

(ウ) 金融会社，ノンバンク

金融会社とかノンバンク(原語である英語では「non-bank bank」というのが通常)は，銀行ではないけれども銀行と同じような機能を果たす機関をいうのが通常である．日本では，貸金業法に基づく貸金業者やリース会社・クレジット会社がこのジャンルに該当する．預金の受入れをしないで与信(広義)をするという面に着目した用語であるといえる．

(3) 金融取引

「金融取引」とは何か．これも講学上の概念である．法的には，おカネ(資金)を出す者とそれを受ける者との間の取引といえそうであるが，経済的には，将来キャッシュフローを契約で移転するという取引である．異なる時点を取引するものであるということもでき，その意味でのリスクを移転する取引であるということもできる．

(4) 銀行取引ないし銀行業務

「銀行」概念は上述したが，銀行取引とは，銀行が行う取引である．本書が主として取り上げるのは，この意味での銀行取引である．

日本の銀行法は，銀行が営むことのできる業務を限定している．第1に，銀

行法2条2項は，次のように定めている．「この法律において「銀行業」とは，次に掲げる行為のいずれかを行う営業をいう．1号　預金又は定期積金の受入れと資金の貸付け又は手形の割引とを併せ行うこと．2号　為替取引を行うこと．」

　これらは，銀行の「固有業務」と呼ばれるものである（銀行の本業といってもよい）．銀行法2条2項によれば，要するに，預金の受入れと資金の貸付けの両方をすることが銀行業である（銀行法上は，定期積金の受入れは法的に預金の受入れとは別概念，手形の割引は資金の貸付けとは別概念と整理されているが，ここでは主な場合である預金の受入れと資金の貸付けに着目して述べる）．これ以外に，為替取引をすることも，銀行業である．

　前者の定義，すなわち，預金の受入れと資金の貸付けの両方をすることが銀行業であるとする定義から，どちらか一方しかしない場合は，銀行業とはならない．したがって，資金の貸付けをするけれども預金の受入れはしない場合は，銀行業にはならず，銀行法に基づく銀行業の免許は不要である（上記のノンバンクとはこの場合に着目した呼称であるということができる）．ただし，銀行法上，その反対，すなわち，預金の受入れをするけれども資金の貸付けはしない場合については，特別の規定が置かれており，銀行法3条は「預金……の受入れ……を行う営業は，銀行業とみなして，この法律を適用する」と規定している．この結果，日本の銀行法のもとでは，預金の受入れを業としてすれば銀行業となる（みなし銀行業という）．

　以上に対して，「為替取引」については，銀行法上は定義が存在しない．最高裁判所の著名な判例は，為替取引を次のように定義している．「銀行法2条2項2号にいう「為替取引」とは，顧客から，隔地者間で直接現金を輸送せずに資金を移動する仕組みを利用して資金を移動することを内容とする依頼を受けて，これを引き受けること，又はこれを引き受けて遂行することをいう」（最三小決平成13年3月12日刑集55巻2号97頁）（刑事事件）．

　なお，銀行法上，銀行は固有業務しか営むことができないのではなく，固有業務以外の業務も一定の範囲で営むことが認められるが，この点については，後述する．

2　金融取引の類型

　一口に金融取引といっても多種多様であり，いろいろな取引が含まれるが，金融法を理解するうえでは，それらを2つの角度から分類すると分かりやすいように思われる．

　1つ目は，取引の当事者に着目した分類である．この観点からは，金融取引は，銀行その他の金融機関同士の間で行われる金融取引と，銀行その他の金融機関とそれ以外の顧客との間で行われる金融取引とに分類することができる（なお，銀行その他の金融機関以外の者同士の間で行われる金融取引もあるが，重要性が他の類型よりも低いため，省略する）．前者はいわば金融の専門業者間での取引であるのに対して，後者は，銀行その他の金融機関が個人などの顧客を相手に行う取引であり，法的観点からは，顧客保護のための規制が設けられる場合が少なくない．

　銀行その他の金融機関というのは回りくどいので，以下，銀行で代表させることとして，2つ目は，銀行間取引についても，銀行・顧客間取引についても，日本では，銀行が当事者となって行われる銀行取引の多くは「約款」による取引である[2]．そこで，一般には，約款による金融取引とそうでない金融取引という分類をすることができる．約款による取引については，あらかじめ作成された約款が取引の一方当事者である銀行によって他方当事者に提示されるものであること等を踏まえて，約款の条項について適切な解釈をすることが求められる．日本で銀行が顧客に対して与信取引をする場合の基本的な約款は「銀行取引約定書」であり，本書の第3章と第4章で詳しく述べる．

3　金融取引に関する特別法

　金融取引に適用される特別法がいろいろと存在する．主要なものとして，たとえば，私法的性質のものとして，利息制限法，消費者契約法，「金融商品の販売等に関する法律」（金販法と略称されることが多い）などがある．刑事法として，「出資の受入れ，預り金及び金利等の取締りに関する法律」（出資法と略称されることが多い）などがある．監督法として，「金融機関の信託業務の兼営等に関する法律」，信託業法，金融商品取引法，貸金業法などがある．

以上のほか，近年，金融取引に適用される特別法がいくつか制定されているので，ここで主要なものを簡単に紹介しておく．

(1) **偽造カード等及び盗難カード等を用いて行われる不正な機械式預貯金払戻し等からの預貯金者の保護等に関する法律**（平成17年8月10日法律94号）

長い題名の法律であり，「預金者保護法」などと略称されるようである．ATMカードの偽造などの不正があった場合等に被害者である預金者等を保護する法律である．

(2) **犯罪による収益の移転防止に関する法律**（平成19年3月31日法律22号）

「本人確認法」などと呼ばれることもあるようであるが，いわゆるマネーロンダリング等を防止するために制定された法律であり，金融機関等は顧客と取引をする際に顧客の本人確認をすること等が義務づけられる．

(3) **電子記録債権法**（平成19年6月27日法律102号）

「電子記録債権」制度を創設した法律である．電子記録債権は，手形や指名債権（売掛債権等）の問題点を克服した新たな金銭債権とされており（手形や指名債権をそのまま電子化したものではない），電子記録債権の発生・譲渡は，電子債権記録機関の記録原簿に記録することが，その効力発生の要件とされている．この法律のもとで，全国銀行協会は電子債権記録機関「株式会社全銀電子債権ネットワーク」（通称，でんさいネット）を設立し，平成25年2月から電子記録債権（でんさい）のサービスを開始している．

(4) **資金決済に関する法律**（平成21年6月24日法律59号）

この法律は，「資金決済に関するサービスの適切な実施を確保し，その利用者等を保護するとともに，当該サービスの提供の促進を図るため，前払式支払手段の発行，銀行等以外の者が行う為替取引及び銀行等の間で生じた為替取引に係る債権債務の清算について，登録その他の必要な措置を講じ，もって資金決済システムの安全性，効率性及び利便性の向上に資することを目的とする」（同法1条）．この法律は，いわゆる電子マネーなどを規制するほか，資金移動業や資金清算業を規制している．平成28年改正により，仮想通貨の定義規定が置かれ，仮想通貨交換業について登録制が導入された．

(5) 犯罪利用預金口座等に係る資金による被害回復分配金の支払等に関する法律（平成19年12月21日法律133号）

「振り込め詐欺救済法」と略称される．いわゆる振り込め詐欺による被害を救済しようとする法律である．

(6) 金融ADR制度

平成21年に金融ADR（裁判外紛争解決）制度が創設され，関係法令のなかに制度が整備された（銀行法12条の3・52条の62以下等）．全国銀行協会による金融ADR制度は平成22年10月1日に業務を開始している．

4　金融規制の目的と近年の動向等

(1) 金融規制の目的と潮流

金融規制の目的についてはさまざまな見解があるが，一般には，金融分野の規制は，預金者や投資者を保護するとともに，金融システムの安定や金融市場の健全性を確保すること等を目的とするとされている．銀行規制についていえば，一般には，預金者の保護と決済システムを含めた金融システムの安定を確保することがその目的であるとされている．

銀行規制の歴史を見ると，世界共通の流れとして，いくつかの潮流が見られる．まず第1に，昔は，銀行に競争させない規制が採用されていた（金利の規制や支店設置の規制など）．しかし，その後こうした規制は緩和（自由化）された．代わりに，銀行の財務規制によって銀行の健全性を確保するという規制スタイルに変化した．もっとも，2007年〜2009年の世界金融危機の後，再び規制強化の必要性が議論されているとともに，セーフティネット（預金保険制度等）や破綻処理制度の合理化の必要性が議論されている．

第2に，規制の国際的な統一という潮流が顕著である．銀行取引を含めた金融取引が国境を超えて行われるという今日の状況のもとでは，このことは自然な流れである．もっとも，金融市場のグローバル化とは，地球上に存在する金融市場は1つであるという意味ではない．ローカルな市場から国を超えた市場に至るまで，さまざまな市場が多層的・重層的に共存するという意味である．そして，これらの市場は互いに影響を及ぼし合う．金融取引は国を超えて行われ，金融機関は国を超えて活動する．これらの金融取引や金融機関の活動は多層的・重層的

な多数の市場のなかで行われるということを認識することが重要である．そのような状況下では，ある場所で生じたリスクは他の場所に容易に伝染する．しかし，こうした多層的・重層的な多数の金融市場のもとで，適切な規制をすることは容易ではない．

世界的なルールで著名なものは，主要国の銀行監督当局をメンバーとするバーゼル銀行監督委員会(Basel Committee on Banking Supervision)が作成した国際的に活動する銀行に対する自己資本比率規制である(現在，いわゆる「バーゼルIII」と呼ばれる規制が順次実施途上の段階にある)．なお，上述した世界金融危機の後の金融分野の規制のあり方をめぐる議論をリードしているのは G20 という団体であり，この G20 と連携して具体的な作業を行うのは主として FSB(Financial Stability Board)(金融安定理事会)という団体である．それ以前から存在してきたバーゼル銀行監督委員会や IOSCO(証券監督者国際機構)は，FSB と連携してルール整備の作業をしてきている．

第 3 に，近年の潮流として，横断的な規制および監督ということがある．これには，組織横断的という側面と業種横断的という側面，そして国を超えてという側面がある．まず，今日では，銀行を含めた金融機関は 1 つの会社等で組織されるのではなく，企業グループ化して組織されているのが通常である．持株会社のもとに各種の子会社がぶら下がり，各種の金融業務を行うという姿が典型的である．そこで，グループ全体を視野に入れた規制や監督を行うことが求められる．また，世界金融危機の後，銀行以外の金融機関(シャドーバンクと呼ぶ)の規制・監督の重要性が強調されている．最後に，各国による規制・監督の国境を超えた協力の重要性が強調されている．

(2) 金融取引および金融仲介の変化

金融法を考えるうえでは，金融市場における変化も見逃せない．この点についてここで詳しく述べることはできないが，一言だけ，IT 技術等を背景として，20 世紀終わり頃から，金融取引の分解現象(アンバンドリング)と金融商品(取引の対象)の分解現象が進展していることを指摘しておきたい．

昔は，銀行が受信(預金の受入れ)と与信(貸付け)の両方をするのが典型的な金融取引形態であり，金融仲介サービスであった．しかし，受信と与信は別の機関が行うように分解してきただけでなく，与信取引をとってみても，1 つの機関が，最初の貸出し(オリジネーション)，貸付債権の管理，担保の管理，債権の回収とい

った各段階の行為の全てを行っていた時代から，それぞれの行為を異なる機関が担うように分解現象が進展して今日に至っている（銀行から見れば，伝統的な与信取引の一部を分解してアウトソースすることが起きているということもできる）．このような業務の分解現象は，伝統的な銀行規制の枠組みの再考を迫るものとなっている．

他方，金融取引の対象についても分解現象が進展してきている．特にデリバティブの発展によって，リスクを分解して取引することが容易になり，こうした現象は，伝統的な金融取引の法制や規制の枠組みの見直しを迫るものとなっている．

5　本書の構成

以上に概観したように，金融法は広い範囲に及ぶ法分野であり，本書においてその全てをカバーすることは不可能であるが，第2章以下は，4部から構成され，13の章から成る．具体的には，次のとおりである．

「第Ⅰ部　伝統的銀行取引」（第2章から第4章まで）では，銀行の固有業務である受信取引と与信取引を取り上げる．伝統的な銀行取引である預金と貸出しをめぐる私法上の論点が中心になる．

「第Ⅱ部　銀行監督法」（第5章から第7章まで）では，金融監督法の基本構造と特に重要と考えられる2つの論点，すなわち銀行のリスク管理と銀証分離規制を取り上げる．金融規制における銀行法の位置付けと銀行法による規制の体系（第5章）を概観した後，銀行のリスク管理（第6章）と銀証分離規制（第7章）について取り扱う．

「第Ⅲ部　現代型金融取引」（第8章から第13章まで）では，第Ⅰ部で取り上げた伝統的な銀行取引とは異なり，現代型の金融取引とでもいうことができる各種の金融取引について，銀行が関与する面を中心として，取引の類型ごとに取り上げる．

「第Ⅳ部　金融の将来」（第14章）では，ファイナンス（Finance）とテクノロジー（Technology）を組み合わせた造語であるフィンテック（FinTech）が，金融取引および金融制度に与えつつある影響と，それが提起する課題と対応の方向性について検討する．

（神田秀樹・神作裕之）

1) 私法と公法との区分という観点からは，金融機関の組織面に適用される私法的規定は会社法などの法律に置かれている場合が多い．その意味では，金融取引法と金融監督法との二分法よりも，金融に関する私法的規律と金融監督法との二分法のほうがよいかもしれない．しかし，これまで金融法というと金融取引法と金融監督法とに区分して述べることが多かった（金融機関の組織面に適用される私法的規定についてはあまり取り上げられなかった）ように見受けられるので，ここではこの区分を使用しておく．なお，具体的な法律のなかに置かれている規定には私法的規定と公法的規定の両方がある場合があることに留意する必要がある．たとえば，銀行法の規定は，その多くは監督法的規定すなわち公法的規定であるが，なかには，会社法の特別規定が置かれており（同法4条の2以下・12条の4・14条2項・18条・23条等），それらは私法的規定の性格をも有するということができる．

2) 平成29年改正後の民法には，定型約款についての規律が設けられる（平成29年改正後の民法548条の2以下）．定型約款とは，ある特定の者が不特定多数の者を相手方として行う取引であって，その内容の全部または一部が画一的であることがその双方にとって合理的な取引（定型取引）において，当該契約の内容とすることを目的としてその特定の者により準備された条項の総体である（同条1項）．預金約款や銀行取引約定書が定型約款に該当するかどうか，該当する場合における平成29年改正後の民法の定型約款に関する規律の適用上の問題点等については，第2章および第3章参照．

I　伝統的銀行取引

第2章　受信取引法

1　はじめに

次のようなケースにおいて、銀行はどのように対応すべきであろうか.

> ケース
> 1. 夫名義の普通預金口座（本件口座）が開設されていた.
> 2. 本件口座の開設手続は妻が行っており、通帳・届出印・キャッシュカードも妻が保管していた.
> 3. 本件口座には、夫の勤務先から給与・賞与が振り込まれ、妻が払い戻して夫婦の生活費に充てていた模様である.
> 4. 夫からキャッシュカードの喪失の届出が行われたため、キャッシュカードについては利用の停止措置を行った.
> 5. 妻が、窓口で届出印・通帳を利用して、200万円を払い戻し、自己名義の口座に入金した.
> 6. 夫から、当該払戻しは無効であるとして、預金の払戻請求がなされた.
> 7. 妻は、昨年亡父からの相続により取得した金員を夫名義の口座に入金しており、（少なくとも払戻分は）自己の預金であると主張している.

以下では、このケースも念頭において、預金に関して述べることとする.

2　預金契約[1]

（1）預金契約の種類（概要）[2]

預金契約は、経済的な機能・用途という観点から、資産運用に重点のある「貯蓄性預金」と、現金所持の危険の回避と決済への利用に重点のある「決済性預

金」とに分類される.

また,入金・払戻しの態様という観点から,随時,入金や払戻しをすることができる「流動性預金」と,満期まで払戻しができない「定期性預金」とに分類される.流動性預金は決済性預金としての機能を持つ場合が多いが,定期性預金は貯蓄性向の強いものである.

以下,預金の中でも代表的な商品について,その特徴を概観する.

(ア) 普通預金

みずほ銀行でいえば,平成29年3月末現在,預金総額107兆7,898億円のうち,約半分の55兆8,123億円を占めている[3].

(a) みずほ普通預金規定の概観

みずほ銀行の普通預金規定のうち,いくつか代表的な条項を概観しながら,普通預金の特徴についてみていこう(普通預金規定の全体については,巻末に収録したので,そちらを参照されたい).

みずほ普通預金規定

2 証券類の受け入れ
  (1) この預金口座には,現金のほか,手形,小切手,配当金領収証その他の証券で直ちに取り立てのできるもの(以下「証券類」といいます.)を受け入れます.〔以下略〕
3 振込金の受け入れ
  (1) この預金口座には,為替による振込金を受け入れます.〔以下略〕

2条から4条までは,普通預金の入金(受入れ)の方法を定めている.普通預金では,現金だけではなく,直ちに取立てのできる証券類[4]や振込金によって,随時の入金が可能である.

---

5 預金の払い戻し
  (1) この預金を払い戻すときは,当行所定の払戻請求書に届出の印章(または署名)により記名押印(または署名)して,通帳とともに提出してください.
  (2) この預金口座から各種料金等の自動支払いをするときは,あらかじめ当行所定の手続をしてください.〔以下略〕

5条は，普通預金の払戻しの方法等を定めるものである．同条1項に定めるとおり，普通預金通帳が発行されており，通帳・払戻請求書・届出印(または署名)があれば，随時の払戻しが可能である(もっとも，現実には，現金自動支払機(CD)や現金自動預払機(ATM)でのキャッシュカードを利用した払戻しが多く行われている[5])．

さらに，同条2項に定めるとおり，所定の手続をすれば，授業料，公共料金，携帯電話料金等の引落し(口座振替)による自動支払も可能であり，決済機能も有する預金であることが分かる．

---

6 利息
　この預金の利息は，毎日の最終残高(受け入れた証券類の金額は決済されるまでこの残高から除きます．)1,000円以上について付利単位を100円として，毎年2月と8月の当行所定の日(以下，「利息支払日」といいます．)に，店頭に表示する毎日の利率によって計算のうえこの預金に組み入れます．〔以下略〕

普通預金の預入額については特に制限がないので，1円単位での預入れも可能であるが，利息に関しては，付利のための最低預入額および付利単位を定めている．また，年2回，利息を元本に組み入れることとしている(民法405条の特則)．

---

8 成年後見人等の届出
　(1) 家庭裁判所の審判により，補助・保佐・後見が開始された場合には，直ちに書面によって成年後見人等の氏名その他必要な事項を取引店に届け出て下さい．
　〔中略〕
　(5) 前4項の届出の前に生じた損害については，当行は責任を負いません．

高齢化社会に伴い，補助・保佐・後見といった制限行為能力制度の利用も増加傾向にある[6]．

これらの制限行為能力者が単独で法律行為を行っても後に取り消される可能性があるため，取引に際しては代理権ないし同意権を有する後見人等から署名・押印を得たり，本人によるキャッシュカードの単独利用を中止したりする必要がある．そこで，預金規定においては，補助・保佐・後見が開始された場合には銀行

に対して届出を行うよう求めるとともに，万一，届出前に制限行為能力者が単独で払戻しを行って払戻金を費消してしまったような場合には，銀行は免責される旨を定めている．銀行は大量の預金に関する事務処理を日々受け付けているところ，預金の払戻行為者に行為能力が備わっているか否かについて，登記されていないことの証明書(後見登記等に関する法律10条)の提出を受けるなどしてその都度チェックすることになれば，手続が煩雑となり，多大なコストもかかることになる．その結果，利用者にとっての利便性が損われるし，コストを手数料に反映させなければならなくなり，結局は，顧客一般の利益に反する事態になりかねない．他方で，成年後見人等から届出さえ行ってもらえれば，制限行為能力者単独での取引は容易に回避可能であり，制限行為能力者の保護にもつながると考えられることから，上記のような定めを設けているのである[7]．

9　印鑑照合等

払戻請求書，諸届その他の書類に使用された印影(または署名)を届出の印鑑(または署名鑑)と相当の注意をもって照合し，相違ないものと認めて取り扱いましたうえは，それらの書類につき偽造，変造その他の事故があってもそのために生じた損害については，当行は責任を負いません．

10　譲渡・質入等の禁止

(1) この預金，預金契約上の地位その他この取引にかかるいっさいの権利および通帳は，譲渡，質入れその他第三者の権利を設定すること，または第三者に利用させることはできません．〔以下略〕

11　解約等　〔(1)略〕

(2) 次の各号の1つにでも該当した場合には，当行はこの預金取引を停止し，または預金者に通知することによりこの預金口座を解約することができるものとします．なお，通知により解約する場合，…〔中略〕…当行が解約の通知を届出のあった氏名，住所にあてて発信した時に解約されたものとします．

① この預金口座の名義人が存在しないことが明らかになった場合または預金口座の名義人の意思によらずに開設されたことが明らかになった場合

② この預金の預金者が前条第1項に違反した場合

③ この預金が法令や公序良俗に反する行為に利用され，またはそのおそれがあると認められる場合　〔以下略〕

先にも述べたように，銀行では預金事務処理が大量に発生し，これを安定的に

処理していく必要がある．また，正当な預金者にとっても，払戻請求の都度，本人確認等を求められるとすれば不便極まりないし，そのコスト負担がかかるおそれもある．そこで，印鑑照合による免責規定(9条．後述5(1)(ア)(a)参照)，預金の譲渡・質入れ等を禁止する規定(10条．後述(3)(イ)参照)を定めている．なお，結果として普通預金口座が振り込め詐欺などの法令・公序良俗違反行為に悪用されていることが明らかになった場合等に対応するため，銀行からの一方的な預金解約条項(11条2項)を定めている．

(b) 普通預金の特徴

普通預金の特徴として重要なことは，次の2点である．

第一点は，以上見てきたところからも分かるように，要求払・決済性預金であるということである．すなわち，預金者は，通帳を持参するなど所定の手続を踏めば，いつでも普通預金の払戻しを請求することができ，銀行は，直ちに払戻しをしなければならない(要求払)．そして，このように随時に利用可能な預金であるため，公共料金の口座振替など自動支払いの手続を踏めば，決済にも利用することができる(決済性)．

前述1に掲げたケースについて言うと，仮に本件口座の預金が夫の預金だとすれば，夫から払戻請求があったにもかかわらず銀行がこれに応じないと，銀行は債務不履行となり，商事法定利率である年6分(商法514条)の割合による遅延損害金の支払債務を負うことになる(民法415条・419条)[8)9)]．

第二点は，残高がその都度変動することである．詳しくは後で述べるが(後述(2)(イ)参照)，普通預金においては，預入れや払戻しに伴って，常に既存の残高と合計された1個の預金債権が存在していると解されている．

前述1に掲げたケースについて言うと，残高が変動する1個の預金債権が成立するということは，仮に本件口座に夫の給与等1,000万円と妻が相続により取得した財産200万円とが入金されていても，それぞれ別個に預金債権が成立するわけではなく，1,200万円の1個の預金債権が成立するということを意味し，この1個の預金債権が夫に帰属するのか妻に帰属するのかが問題になるのである．

(イ) 当座預金

(a) 当座預金の意義

当座預金は，手形・小切手などの決済資金の受入れを目的として作成される，

決済性・流動性の預金である．利息を付すことが禁止されており[10]，決済に特化した預金といえる．みずほ銀行の場合，その当座預金残高は，平成 29 年 3 月末現在，約 8 兆 4,674 億円である[11]．

みずほ銀行　当座勘定規定

第 1 条（当座勘定の受け入れ）
① 当座勘定には，現金のほか，手形，小切手，利札，郵便為替証書，配当金受領証その他の証券でただちに取立てのできるもの（以下「証券類」といいます．）も受け入れます．
〔以下略〕

第 6 条（手形，小切手の金額の取り扱い）
　手形，小切手を受け入れまたは支払う場合には，複記のいかんにかかわらず，所定の金額欄記載の金額によって取り扱います．

第 7 条（手形，小切手の支払い）
① 小切手が支払いのために呈示された場合，または手形が呈示期間内に支払いのため呈示された場合には，当座勘定から支払います．
② 当座勘定の払い戻しの場合には，小切手を使用してください．

第 8 条（手形，小切手用紙）
① 当行を支払人とする小切手または取引店を支払場所とする約束手形を振り出す場合には，当行が交付した用紙を使用してください．
〔以下略〕

第 9 条（支払いの範囲）
① 呈示された手形，小切手等の金額が当座勘定の支払資金をこえる場合には，当行はその支払義務を負いません．
② 手形，小切手の金額の一部支払はしません．

第 10 条（支払いの選択）
　同日に数通の手形，小切手等の支払いをする場合にその総額が当座勘定の支払資金をこえるときは，そのいずれを支払うかは当行の任意とします．

　顧客は，上記のような当座勘定契約を締結し，当座預金を開設するとともに，銀行に対し，顧客が振り出した小切手・約束手形や引き受けた為替手形などについて，当座預金内の金員を支払資金として支払を行うことを委託する．銀行は，顧客から当該当座預金に支払資金を受け入れ，顧客が振り出した小切手，約束手

形または為替手形が呈示される都度，その当座預金から支払うことになる（要求払・決済性）．

当座預金残高が決済額に満たないと，資金不足により不渡りとなる．不渡りが多いと，手形・小切手の受取人の保護に欠け，ひいては手形・小切手制度への信頼や当該当座預金が開設された銀行への信頼にも影響するので，当座預金を開設するに際しては預金者の信用力を含め慎重に審査・判断している．

なお，預入れや払戻しに伴って常に既存の残高と合計された1個の預金債権が存在するものとして取り扱われる点は，普通預金と同様である．

（b）統一手形小切手用紙

当座勘定取引においては，全国銀行協会制定の統一手形小切手用紙が専ら使われる．

この統一手形小切手用紙には，当座預金が開設された銀行の支店を支払場所とする第三者方払の記載(手形法4条，小切手法8条)がされている．第三者方払の記載は，手形法上は必要的記載事項ではなく有益的記載事項であるが，実際に流通している手形においては，記載があるのが通常ということになる．

なお，手形・小切手について，法律上は，数字よりも文字の記載が優先されるという強行規定がある(手形法6条，小切手法9条)．しかし，一般的な当座勘定規定では，手形・小切手面上の所定の金額欄記載の金額によって取り扱う旨の定めがされている(6条)．そうすると，手形法・小切手法違反ではないかという疑問が生じるが，手形法6条・小切手法9条は手形上の権利義務関係を規定したものであるのに対して，当該当座勘定規定の定めは，銀行とその取引先との間の権利義務関係(手形・小切手による入金を受け入れる場合や，取引先が振り出した手形・小切手が呈示された場合には，金額欄記載の金額によって処理する旨)を定めた特約であって，このような当座勘定規定の定めも有効であると解されている[12]．

(ウ) 定期預金

定期預金は，あらかじめ一定期間(満期)を定めて金員を預け入れ，その期間中は原則として払戻しをすることができない預金である(定期性・期日払)[13]．中途解約に応じる法的義務はないことから，銀行は満期まで預金を払い戻さなくてよく，資金を安定運用できるため，他の預金に比べて相対的に高い金利が付される．そのため，貯蓄性預金の代表となっており，みずほ銀行の場合，その定期預金残高は，平成29年3月末現在，約36兆1,083億円である[14]．

定期預金の新たな預入れに際しては，定期預金証書が発行される場合と定期預金通帳に記帳される場合とがある．証書が発行される場合は，預入れごとに別の証書が発行される．通帳式の場合は，一冊の通帳であるが，預入れごとに明細番号が付与され，各々別個独立に取り扱われるため，各預入れに係る口座番号が同一であるとしても，残高は合算されない．このように，預入れ一口ごとに1個の預金債権が成立する点が，流動性預金とは決定的に異なる特徴である．

定期預金においては，上記のとおり銀行には中途解約に応じる法的義務はないが，実務上は，預金者からの申し出であると判断できれば，応じることも多い[15]．

なお，満期到来までに事前に申し出がない限り，自動的に同一期間の定期預金

契約として継続させる特約を付した，自動継続特約付の定期預金もあり，みずほ銀行においては，むしろ自動継続特約付が定期預金のほとんどを占めている．

また，現在は廃止されているが，かつては証書上に預金者名を表示しない無記名定期預金という商品が存在した．詳細については，後述4(2)を参照されたい．

(エ) その他

(a) 総合口座

総合口座は，①普通預金，②定期預金，③国債等公共債の保護預かり，④定期預金および国債等公共債を担保とする当座貸越[16]の4つを組み合わせた商品であり，現在では非常にポピュラーな商品となっている．

(b) 通知預金

通知預金は，預入日から一定の据置期間(一般的には7日間)中は払戻しをすることができず，払戻しを受けるには，払戻日より一定以上前の日(一般的には2日以上前の日)に，銀行に対して請求(通知)しなければならない預金である．払戻しに制限があり，その分だけ銀行が自由に運用できることから，普通預金よりも若干高い金利が付される．定期預金と同様，預入れ一口ごとに預金債権が成立する．

(c) 外貨預金・デリバティブ内在型預金

外貨預金は，外国通貨をもって表示される預金を総称するものである．外貨ベースで考えれば元本が返ってくることになるが，円貨ベースに換算すると相場の変動次第では実質的に元本割れすることがある．

デリバティブ内在型預金は，オプション取引やスワップ取引などデリバティブ(金融派生商品)が組み込まれた預金の総称である．たとえば，日経平均株価が一定以上の水準になると金利が上乗せになるが，原則として中途解約はできず，中途解約すると解約損害金がかかるといった仕組みの預金がある．

これらの預金は，円貨ベースに換算したり，銀行が中途解約に応じた場合に，元本割れとなるリスクがあるので，銀行法13条の4および銀行法施行規則14条の11の4において，「特定預金等」と呼ばれ，その受入れに際して金融商品取引法の行為規制(契約締結前および締結時の書面交付義務，不招請勧誘の禁止，適合性の原則，損失補てんの禁止など)が準用されている[17]．

(2) 預金契約の法的性質

(ア) 預金契約一般の法的性質

預金契約の法的性質については，消費寄託と解するのが通説である[18]．この点，

平成29年改正後の民法では「消費寄託」の条文の中に「預金又は貯金に係る契約」に関する特則が設けられた(平成29年改正後の民法666条3項). もっとも, 現実の預金契約においては, 単に金員を預かって保管するだけではなく, 普通預金規定を例にとって概観したように, 他からの振込入金を記帳したり, 利息の元本組入れを行ったり, 自動支払い(口座振替)を行ったりするなど, 預金契約そのものによりまたは預金契約に付随して, 約款に基づきさまざまな事務処理を行っている. それゆえ, 通説が, 単に金銭の預入れという側面にのみ着目して性質決定を行うものであるとすれば, それは預金契約の性質としては狭きに過ぎるように思われる[19].

近年, 最高裁も, 預金契約は複合的な性質を有するとの見解を示すに至った. すなわち, 「預金契約は, 預金者が金融機関に金銭の保管を委託し, 金融機関は預金者に同種, 同額の金銭を返還する義務を負うことを内容とするものであるから, 消費寄託の性質を有するものである. しかし, 預金契約に基づいて金融機関の処理すべき事務には, 預金の返還だけでなく, 振込入金の受入れ, 各種料金の自動支払, 利息の入金, 定期預金の自動継続処理等, 委任事務ないし準委任事務……の性質を有するものも多く含まれている」というのである[20]. 上記の平成29年改正後の民法666条3項も, 預金契約が消費寄託以外の性質も有することを否定するものではなく, 上記の最高裁判決の解釈が引き続き妥当するものと考える.

> **コラム 2-1：預金契約の意義と法的性質**
>
> 　本文に述べられているように, 預金契約の法的性質は, 預金者が金融機関に金銭の保管を委託し, 金融機関は預金者に同種・同額の金銭を返還する義務を負うことを内容とするものであることから, 一般に消費寄託契約であると解されている. ところが近時, 最高裁は, 預金契約に, 振込入金の受入れ, 各種料金の自動支払, 利息の入金, 定期預金の自動継続処理など複合的な性質を有するさまざまな金融サービスが付加されている場合には, 委任事務ないし準委任事務も含まれており, 委任類似の性質をも有することを明らかにした(最一小判平成21年1月22日民集53巻1号228頁). もっとも, 従来から, 当座預金として受け入れた金銭を支払資金として振り出される手形・小切手の支払委託事務を伴う当座預金勘定契約については, 委任契約と消費寄託契約とが結合した特

殊な預金契約であるとする説が多数を占めていた．預金契約においてどのような金融サービスの提供が含まれているかに鑑み，個別具体的に判断されることになろう．

さらに，預金契約の中には，譲渡性預金のように元利金の支払を約する金銭消費貸借契約と見る余地があるものや，デリバティブ取引が組み込まれたデリバティブ内在預金のように消費寄託契約といえるのかどうか判然としない新しいタイプの預金も登場している．預金は，つねに消費寄託契約であるといえるのかどうか，預金契約の類型に即して再検討する余地があろう．

従来，私法上も監督法上も，預金契約の法的性質は金銭消費貸借契約ではなく消費寄託契約であると一般に解してきた最大の理由は，預金の法的性質を消費寄託契約とすることによって，預金者の保護を厚くするためであったと考えられる．裏からいえば，国民生活に広く浸透した貯蓄機能や決済機能を果たす預金について，私法上も監督法上も，極力，預金者を保護する必要性が高いと考えられてきたのであろう．

消費貸借と消費寄託を比較した場合，後者の法律構成の方が預金者に有利となるのは，消費寄託の目的は，寄託物の価値を寄託者が自ら保管する場合の危険を回避する点にあり，寄託の利益が寄託者にあるとされ，次の点において消費貸借よりも寄託者に有利であると考えられてきたためである．具体的には，第1に，消費寄託であれば，別段の合意がない限り，寄託者はいつでも寄託物の返還を求めることができるのに対し，消費貸借であれば，期限の定めのない契約の場合には貸主は相当の期間を定めて返還の催告をなし得るにすぎない（民法666条2項）．第2に，消費寄託においては，返還の時期を定めた場合であっても，寄託者の利益のためにそれが定められたときは，寄託者はいつでも寄託物の返還を請求できるのに対し，消費貸借であれば貸主は当該期限が到来するまでは返還を請求できないと解されている（解釈論）．

平成29年改正後の民法は，預金契約により金銭を寄託した場合について，「消費寄託」に係る民法666条に特則を設けた（平成29年改正後の民法666条3項）．改正前の民法の下では，消費寄託においては，消費貸借の借主の任意解除権を定める民法591条2項が準用されていたため（改正前民法666条1項），受寄者は任意解除権を行使して消費寄託契約を解除することが可能であり，寄託者の保護に欠けるという問題点があると指摘されていた．平成29年改正後の民法は，消費貸借の規律自体を変更し，借主は，返還の時期の定めの有無にかかわらず，いつでも返還をすることができると定めるとともに（平成29年改正後の民法591条2項），当事者が返還の時期を定めた場合には，貸主は，借主がその時期の前に返還をしたことによって損害を受けたときは，借主に対しその

賠償を請求することができることとした上で(同591条3項),預金契約により金銭を寄託した場合について,改正後の民法591条2項および3項の規定を準用する.

　平成29年改正後の民法は,預金契約について定義規定を置いていない.平成29年改正後の民法666条3項の規定は,預金契約は消費寄託契約であるという前提に立っているわけではなく,消費寄託契約である預金契約により金銭が寄託された場合についての規律と解される.上述したように,預金者の保護という政策的な目的からその私法的な性質が決定されている面があると思われる.預金の多様化が進む中で,そもそも,預金とは何か,なぜ預金は保護されるべきかという問題にさかのぼって検討する必要がある.保護されるべき預金の範囲は,私法上の性質からは導出されず,経済的・社会的な実態から導かざるを得ないと考えられる.預金の定義に関する規定を民商法に置くことが困難なゆえんである.それとともに,経済的・社会的な実態から預金とされるものの私法的な性質については,類型ごとに,個別に検討していく必要があるように思われる.

（神作裕之）

(イ)　流動性・決済性預金に固有の法的性質

　前述のとおり,流動性・決済性預金では,預入れや払戻しに伴って,常に既存の残高と合計された1個の預金債権が成立することが大きな特徴であるが,その法的仕組みに関しては,さまざまな説明の仕方がある.

　前田庸教授は,段階的交互計算という考え方により,入金や支払によって銀行と預金者間で個別の債権が発生する度に決済が行われ,その債務原因を更新する1つの残高債権に置き換えられることになる,と説いておられる[21]（ただし,特に当座勘定取引を念頭においた議論である）[22].

　また,森田宏樹教授は,入金または支払の記帳が行われるごとに,弁済に相当する効果(更改的な効果)が生ずることとなり,個別の債権は消滅し,その時点における1個の残高債権に融合する,と説いておられる[23]（更新説と称されている）.この見解によれば,記帳の都度,新たな債権が発生することになる.これに対して,普通預金債権は,当初から存在している債権が同一性を保ったまま,ただその額が変動するものであると説く道垣内弘人教授の見解もある[24]（同一説と称されている）.

　このように,法的仕組みに関しては学説上さまざまに説明されており,いずれ

も納得的な見解であるが，いずれにせよ常に既存の残高と合計された1個の債権が成立することについては，ほぼ異論がない．近時，最高裁[25]も，普通預金契約は「一旦契約を締結して口座を開設すると，以後預金者がいつでも自由に預入れや払戻しをすることができる継続的取引契約であり，口座に入金が行われるたびにその額についての消費寄託契約が成立するが，その結果発生した預貯金債権は，口座の既存の預貯金債権と合算され，1個の預貯金債権として扱われるもの」であり，普通預金債権は，「1個の債権として同一性を保持しながら，常にその残高が変動し得るものである」と述べている．流動性・決済性預金の帰属の問題(後述4参照)等を検討するに際しても，このような特徴を踏まえて考える必要がある．

コラム2-2：預金と銀行口座

預金契約に基づき，銀行口座が開設され，預金取引は当該銀行口座に記帳される．総合口座の場合には，預金取引とともに貸出取引も当該総合口座に記帳される．現代においては，多くの取引が，銀行口座への振込みや振替など，普通預金や当座預金などの決済性を有する預金口座を通じて決済されている．なお，ここにいう「決済」とは，債権債務関係の清算という意味である．すなわち，銀行を通じた決済は，債権者の決済性預金口座への入金すなわち預金の成立という形で完了するのが通常である．決済を行う債務者の側も，預金口座の残高の減少を通じて決済を行う場合には，やはり預金契約の存在を前提にする．このように銀行を通じた決済は，決済性預金取引と密接不可分の関係にある．もっとも，後述するように，決済性預金口座における資金移動を通じた決済の法的性質や，それにより決済されようとしている金銭債務がいつの時点において消滅するのか等については，考え方が分かれており，立法的に解決をすべきかどうかも含めて，議論がある．

たとえば，振込依頼人と受取人との間の取引により振込依頼人が受取人に対して代金支払債務を負い，振込みにより決済をする場合について考えてみよう．振込みの原因になった法律関係——たとえば振込依頼人と受取人との間に締結された売買契約——は，原因関係といわれる．振込みの場合には，振込依頼人は，仕向銀行に対して振込依頼を行い，振込資金の交付または決済性預金口座から当該額を引き落とすよう依頼する．依頼を受けた仕向銀行は，為替通知を被仕向銀行に送信する．被仕向銀行は，受信した為替通知に基づき，受取人の

決済性預金口座に振込金額を入金記帳する．これらの情報は，電子的な情報として伝達され，電子的に口座に記録されることになる．

　決済性を有する預金口座をめぐっては，①決済性を有する口座に係る預金契約の法的性質，②上述した資金移動のプロセスにおいて過誤が発生した場合における関係者の義務・責任および危険分担，③預金が成立するための要件，預金者の認定および預金の成立時点(特に，原因関係に瑕疵があった場合や極端なケースとして誤振込みがなされた場合などにおいて問題となる)，④決済性預金口座への資金移動を通じた決済の法的性質(弁済か代物弁済か)，⑤決済の対象である原因関係に基づく金銭債務の消滅時期，⑥預金債権の譲渡・担保化(特に譲渡制限特約が付されている場合における譲渡の可否および譲渡がなされた場合の法的効果など)，⑦当該口座に係る預金債務に対する差押えの方法・法的効果など，多くの法律問題が存在する．

　これらの論点のいくつかについては，判例が出され，または立法的解決がなされルールがある程度明確になっている．たとえば，③について，最二小判平成8年4月26日民集50巻5号1267頁は，誤振込みの事案において，原因関係の有無にかかわりなく被仕向銀行と受取人との間に振込金額相当額の預金契約が成立すると判示し，その後もこれを前提とした判決が続いている(最二小決平成15年3月12日刑集57巻3号322頁，最二小判平成20年10月10日民集62巻9号2361頁等)．もっとも，前掲最決平成15年3月12日は，誤振込みの受取人が被仕向銀行に対する預金債権を行使した事案において詐欺罪の成立を認め，また下級審裁判例の中には，被仕向銀行による誤振込みに基づく預金債権を反対債権とする相殺による利益を不当利得と判示するものがある(名古屋高判平成17年3月17日金融法務事情1745号34頁，東京地判平成17年9月26日判例タイムズ1198号214頁)．学説においても，前掲最判平成8年4月26日の考え方に対しては，批判も強く，振込みの法的性格を振込依頼人の下にある資金の物権法的な帰属を受取人に移転しようとする有因の出捐行為であるとする新しい見方も唱えられるに至っており(岩原紳作「預金の帰属」江頭憲治郎先生還暦記念・企業法の理論下巻(商事法務，2007)468～469頁参照)，いまだ定説があるとはいえない状況である．

　また，⑦については，ある時点における決済性預金口座の残高に係る金銭債権を差し押さえることは可能であり，その効力は，差押え時点における残高に係る金銭債権についてのみおよび，それによっては決済性預金口座自体の決済性は失われないと一般に解されている．しかし，その理論構成を含め，必ずしも明確でない論点も少なくない．

　⑤および⑥については，立法的手当てがなされた．すなわち，⑤について平

成29年改正後の民法により，預金口座に対する払込みによる弁済の効力は，債権者が預金に係る債権の債務者に対してその払込みに係る金額の払戻請求権を取得した時点において生じるものとされた(同法477条).

⑥の債権譲渡禁止特約につき，平成29年改正後の民法は，譲渡禁止特約がなされた債権の譲渡の効力は妨げられないが(同法466条2項)，譲渡禁止特約の存在につき悪意または重過失である債権譲受人に対しては，債務者はその債務の履行を拒むことができ，かつ，譲渡人に対する弁済等の事由を第三者に対抗することができるとする新たな規律を導入した(同条3項).もっとも，預金債権に関しては，譲渡禁止特約の存在について悪意または重過失である債権譲受人その他の第三者に対し債務者は譲渡禁止特約を対抗することができるとし(同法466条の5第1項)，ただし，譲渡制限の意思表示がされた預金債権に対して強制執行をした差押債権者については，その効力は妨げられないとする(同条2項).譲渡禁止特約付きの債権についても，差押え・転付命令による債権の移転を認めるべきであるという見解は判例(最二小判昭和45年4月10日民集24巻4号240頁)・通説であり，現行民法の下でも同様である.

このように，日本においても，立法的解決に向けた実践や検討がなされているが(岩原紳作・電子決済と法(有斐閣，2003)第1編参照)，依然として多くの法的課題が残されているといえよう. 　　　　　　　　　　　(神作裕之)

(3) 預金取引の特色

(ア) 約款規制等

冒頭で普通預金を例にとって預金規定を概観したが，このように，銀行があらかじめ定めた約款に基づく附合契約であることが，預金取引の特色である．大量の預金取引を迅速に処理するという要請があるため，預金取引は，約款，つまり口座開設時に交付される預金規定によって画一的に規律されるのである．銀行取引判例百選[新版](新版といっても1972(昭和47)年に刊行されたものであるが)において鈴木竹雄教授と竹内昭夫教授が書かれた序文では，「銀行取引は，その定型性・集団性のために約款による規整に最もなじみやすい取引の一つであり，じじつわが国でも約款にもとづいて行なわれている」と述べられているところ[26]，預金取引においては，とりわけこの指摘がよく当てはまる．

このような約款に基づく附合契約は，両当事者が真に納得して合意したわけではないことを理由として，その拘束力に疑問を投げかける立場もあるところである．しかしながら，道垣内教授の言葉を借りれば，「契約が成立するのは両当事

者が「真に納得」している場合だけなのか，ということに，根本的な疑問を投げかける現象が現実社会には存在する」．たとえば，宿泊約款，運送約款，鉄道約款等を念頭におくと理解しやすいが，これらは，その内容が合理的である限り拘束力を認めた方が，個別の契約交渉を省くことができ，利用者にとっても効率的である．銀行取引における約款も，これと同様である．そこで，現在の議論は，約款の拘束力をどこに見出すかという問題もさることながら，合理的でない約款上の条項をどのように排除するか，といった方向へ移ってきているのである[27]．

(a) 民法上の規制

これまでの約款に基づく附合契約の議論を踏まえて，平成29年改正後の民法では，「定型約款」[28]に関する明文の規定が設けられた．規定内容は，大きく分けると①定型約款を契約内容とするための要件(組入要件)に関する規定(平成29年改正後の民法548条の2第1項)，②不当条項(不意打ち条項)規制に関する規定(同条2項)，③定型約款の内容の表示義務(平成29年改正後の民法548条の3)および④定型約款の変更に関する規定(平成29年改正後の民法548条の4)の4つである．

銀行が取り扱うさまざまな約定・規定類のうち，何が平成29年改正後の民法の約款規制の適用を受ける「定型約款」に該当するのかは必ずしも明らかでないが，預金規定がこれに該当することに異論は見当たらない．そこで，銀行としては，現在の預金取引に関する実務が，平成29年改正後の民法の約款規制との関係で問題を生じないか検討し，必要に応じて預金規定の内容や口座開設手続を見直すことが必要となっている．

(b) 銀行法上の規制

金融監督法上の規制の概観については第1章および第5章を参照されたいが，約款に関わるので簡単にここで触れておくと，銀行法12条の2および銀行法施行規則13条の3により，預金等の受入れに関し，預金者等に参考となるべき情報の提供義務が定められている．したがって，預金契約に際しては，約款の手交その他の方法により，商品ごとに必要な情報提供を行わなければならない．

具体的には，金利，手数料，預金保険の対象か否かについては，明示して情報提供することが必要である．また，預入期間，自動継続扱いの有無，払戻方法，利息の支払方法・計算方法，中途解約時の取扱い，金融ADRにおける指定紛争解決機関の名称といった特定の商品情報については，書面(商品概要説明書など)を用いて，預金者の求めに応じた説明や交付を行うことが必要である．さらに，元

本割れリスクのある仕組預金等の商品については，払込金が満期に全額返還される保証のないことその他当該商品に関する詳細な説明が，義務づけられている．

なお，前述のとおり((1)(エ)(c)参照)，「特定預金等」の受入れに際しては，金融商品取引法の行為規制が準用されており，その中で書面交付義務などが課されている．

(c) 消費者契約法上の規制

預金者が非事業性の個人である場合には，預金契約は消費者契約に該当するので，消費者契約法上の約款規制に従う必要がある．

すなわち，消費者契約法 8 条ないし 10 条において，内容が不当な条項に対する規制が定められており，一定の消費者契約の条項は無効であるとされている．たとえば，契約の解除に伴う損害賠償額の予定や違約金の条項のうち，同種の消費者契約の解除に伴い当該事業者に生ずべき平均的な損害を超えるものは無効とされている(9 条 1 号)．また，任意規定の適用による場合に比べて，消費者の権利を制限し，または消費者の義務を加重する条項のうち，信義則に反して消費者の利益を一方的に害するものも，無効とされている(10 条)[29]．加えて，平成 18 年の消費者契約法改正により，一定の要件のもとで，消費者契約法に基づく差止請求が認められるようになった．適格消費者団体すなわち「不特定かつ多数の消費者の利益のためにこの法律の規定による差止請求権を行使するのに必要な適格性を有する法人である消費者団体……として第 13 条の定めるところにより内閣総理大臣の認定を受けた者」(2 条 4 項)は，不当勧誘行為や不当条項規制違反行為が，現に行われ，または行われるおそれがある場合に，差止請求を行うことができるのである(12 条)．差止めの具体的内容としては，「当該行為の停止若しくは予防」や「物の破棄若しくは除去」などの請求が可能である．したがって，銀行としては，約款を用いた預金契約や金銭消費貸借契約等の締結を差し止められることのないよう，不当な条項を設けないようにしておかなければならないのは当然である[30]．

(イ) 譲渡禁止特約

(a) 銀行預金に係る譲渡禁止特約の意義

預金約款における重要な特約として，譲渡(および質入)禁止特約がある．銀行には多数の預金口座が存在しており，日々大量の事務処理が発生しているため，自由な預金の譲渡を認めると，銀行は預金者が誰であるか知ることが困難となっ

て真の預金者以外への過誤払いが発生するおそれがある．仮に過誤払いを極小化しようとすれば事務手続が煩雑なものとなってしまい，預金者の利便性を損うほか，過誤払いや事務処理による負担を手数料等に転嫁せざるを得なくなって，ひいては預金者一般の利益に反する結果となる．そこで，冒頭で普通預金規定に関してみたように（前述(1)(ア)(a)参照），預金取引においては広く譲渡禁止特約を定め，預金債権の自由な譲渡を禁止しているのである．

(b) 銀行預金に係る譲渡禁止特約の効力

現行民法上，譲渡禁止特約は債権者・債務者間で締結することが可能であるが，善意の第三者には対抗することができないものとされている（民法466条2項ただし書．ただし，平成29年改正後の民法につき後述(c)のとおり）．この点に関し，銀行預金に係る譲渡禁止特約の効力に関する重要な判例[31]を紹介する．

事案は次のようなものである．A社は，Y銀行に開設した預金について，Y銀行のために質権を設定していたが，業況悪化に伴う取引債権者からの要請を断りきれず，他の債権者Xに対して当該預金を譲渡してしまった（Y銀行に対する譲渡通知あり）．Y銀行が質権を実行して，A社に対する手形買戻債権を回収し，手形をA社に返還したところ，Xが，Y銀行に対し，《Xは，預金債権の譲受人すなわち担保物の第三取得者として，弁済をなすにつき正当の利益を有する者（民法500条）であったところ，Y銀行の質権実行によって，自己の出捐（財産）によりY銀行の手形買戻債権を消滅させたことになり，Y銀行に法定代位することになったので，Y銀行はXに対して手形を返還すべきであった．しかるに，Y銀行は，これをA社に返還してしまい，これによってXの求償権行使を妨げた》などと主張して，不法行為に基づく損害賠償等を請求したものである．

最高裁は，民法466条2項ただし書に関し，「譲渡禁止の特約の存在を知らずに債権を譲り受けた場合であつても，これにつき譲受人に重大な過失があるときは，悪意の譲受人と同様，譲渡によってその債権を取得しえないものと解するを相当とする」と判示した上で，預金債権について譲渡禁止特約が設けられていることは，少なくとも銀行取引につき経験のある者にとっては「周知の事柄」に属するとして，重過失かどうか更に審理させるため破棄差戻しとした．差戻後の控訴審[32]はXの重過失を認定して請求を棄却し，その上告審[33]もその認定判断を支持して上告を棄却している．

銀行預金においては，譲渡禁止特約を含む預金規定が預金者に交付されており，

預金規定は，いわゆる約款ではあるものの，あまねく知られ渡っているという実態を踏まえた判決といえよう．

(c) 民法改正

譲渡禁止特約につき，平成 29 年改正後の民法では，譲渡禁止特約がなされた場合にも債権譲渡の効力は妨げられず(平成 29 年改正後の民法 466 条 2 項)，ただし，譲渡禁止特約の存在につき悪意または重過失である債権譲受人に対しては，債務者はその債務の履行を拒むことができる(すなわち債権譲渡は有効である)とされた(同条 3 項)．

もっとも，銀行預金に関しては，上記規定の特則として，現行民法と同様に，譲渡禁止特約の存在につき悪意または重過失である債権譲受人に対しては，債務者は譲渡禁止特約を対抗することができる(すなわち債権譲渡は無効である)とされた(平成 29 年改正後の民法 466 条の 5 第 1 項)．

したがって，譲渡禁止特約に関する従前の議論は，銀行預金との関係では平成 29 年改正後の民法下においてもなお妥当するものと思われる．

(d) 預金の譲渡(質入れ)に対する承諾

以上のとおり，銀行は，銀行預金に関して広く譲渡禁止特約の効力を主張できるのであるが，実務上，当該預金からの債権回収の必要性が乏しく，事後的にトラブルにもならないと判断された場合には，個別の案件において，銀行が預金債権の譲渡(特に質入れ)を承諾することもある．

なお，本来であれば，譲渡・質入れに先立ち銀行に承諾依頼がなされるべきものであろうが，理論上は，譲渡禁止特約に反する債権譲渡について債務者が事後的に承諾したときは，譲渡の時に遡及して譲渡は有効となり，債務者は，承諾以後に債権差押え・転付命令を受けた第三者に対しても，譲渡が有効であることをもって対抗できると解されている[34]．このように承諾に遡及効を認めると，譲渡から承諾までの間に登場した第三者との関係が問題となるが，最高裁[35]は，民法 116 条(無権代理行為の追認)の法意に照らして，当該第三者を害することはできないと判示している[36]．

(e) 譲渡禁止特約の評価

譲渡禁止特約は，立法当時は，弱い債務者を保護するためのものとされていた．そのため，国，地方公共団体または銀行のような強い債務者が利用するのは，必ずしも妥当でないと批判する見解もある[37]．

しかしながら，銀行の預金に関して言えば，既に述べたとおり，大量の事務処理をする必要がある中で，預金の譲渡を認めると，預金債権者が変動することになって，誤払いが生じやすくなるため，譲渡禁止特約を設けておく必要性は高い．また，「譲渡」を行いたいのであれば，普通預金など要求払預金の即時に使える金員はもちろんのこと，定期預金についても，預金の払戻しと振込みとを行うことによって資金を移動させることが可能であり，むしろその方が自然であるから，預金債権の譲渡という形式による資金移動を認める必要性自体が乏しいともいえるのである．

　それゆえ，諸々の事情を十把一絡げにして，「強い債務者」などという括りで譲渡禁止特約一般の是非を論ずるのではなく，銀行預金の場合はどうか，国や地方公共団体に対する債権の場合はどうか，といったように，個別に事情を勘案して考えるべきではなかろうか．

　前述(c)の民法改正は，まさにかかる観点を考慮した結果ではないかと考えられる．

3　預金の成立

　冒頭で普通預金に即して概観したとおり（前述2(1)(ア)参照），預金は，口座を開設した上で，現金・証券類・振込み等による入金（受入れ）により成立する．以下では，各類型において預金がどのような場合に成立するのか，論じる．

(1)　店頭入金の場合

（ア）　預金の成立時期

　既に述べたとおり（前述2(2)(ア)参照），預金契約が金銭消費寄託契約そのものであるかという議論はあるものの，預金契約に金銭消費寄託契約の性質が含まれることについては，異論はない．この点，消費寄託契約の要物性につき，学説においては，諾成的消費寄託を認める見解が通説化しており，平成29年改正後の民法では，消費寄託を含め寄託契約は諾成契約として整理された（平成29年改正後の民法657条）．もっとも，こと預金について言えば，結局のところ銀行がいつ返還義務を負うのかが重要であるところ，消費寄託契約が諾成契約とされたとしても，返還義務を負うのは物の引渡しがあった時以降と考えられるため，現金による店頭入金の場合，銀行の窓口に提供した金銭がいかなる状況に達したときに

銀行が受け取ったと評価されるのかが問題となる[38]．

(イ) 窓口一寸事件

古い判例であるが，窓口一寸事件判決[39]を例にとって考えてみよう．

(a) 事案

Xの使用人Aが，Y銀行の窓口において，預金を依頼する旨を申し出て，金員および小切手を預金帳とともに窓口に差し出した．窓口の銀行員は，別の顧客の伝票を作成中であったため，Aからの申し出を認識して頷いたものの，金員等には手を触れずに，運筆を続けていた．そうしたところ，Aは，待っている間に，犯人一味にかかとを踏まれて紙でぬぐわれ，これに注意を奪われて後ろを向いて言葉を交えている間に，当該金員等を窃取されてしまった．

(b) 原審

預金の成否等が争われたが，原審は，「右の如く単に窓口内に差出したるのみにして，未だ銀行員において金員点検等相当手続を終了せざる前に在りては，預金として消費寄託の成立せざるはもちろんなれども，いやしくも預金の申出をなし窓口内に差出し，銀行員においてこれを認識して首肯応諾したる以上は，その差出したる物件に付暗黙の意思表示により一種の寄託関係成立し，銀行に保管義務の発生すべきものとするを相当とす」と判示した．

(c) 大審院

これに対し，大審院は，原判決を破棄し原裁判所に差し戻した．すなわち，預金としての消費寄託は成立していないが，暗黙の意思表示により一種の消費寄託が成立するというのは，果たして何を意味するのか理解不能であるし，原判決がいかなる見解のもとに引渡しありと認めたのか不明であり，たとえ係員が認識，首肯したといえども占有の移転ありとは言うべからず，としている．

(d) 判決に対する評価

この大審院の判断に対する学説の意見はさまざまである．

たとえば，我妻博士は，預金契約不成立とする大審院判決は正当であるが，預金者に対する警告と店内の警備不十分により銀行が損害賠償責任を負うべき場合が多い，と述べられている[40]．

これに対して，河本一郎教授は，大審院判決の趣旨は，消費寄託の成立を認めるためには理由をもっと明らかにすべきという点にあるとしつつ，窓口内に差し出したという事実を強調して，原審の事実認定が正しかったであろう，と述べら

れている[41]．また，田中誠二教授は，既に預金窓口内に金銭が入れられて，行員も了知したのであるから，引渡しはあったものとみるべき，と述べられている[42]．内田貴教授も，引渡しはあったとみるべきであり，今日の目から見れば，到底支持できない，と述べられている[43]．

　これら大審院判決に反対する見解は，金員を「窓口内に差し出した」という点を重視しているように思われる．しかし，本当に銀行に金員の占有は移っていたと評価し得るような事案だったのかというと，疑問である．銀行の窓口を思い浮かべれば分かるとおり，銀行の窓口にはカウンターがあり，これを挟んでテラー（窓口係行員）が対応をしているところ，「窓口内に差し出した」というのは，果してカウンターの内側にまで差し出したということだったのであろうか．上記のとおり，犯人グループはＡに対してのみ気をそらす行動に出ているが，それは当該金員が未だＡの支配領域内にあったことの証左ではなかろうか．本件において，Ｙ銀行が大審院まで上告して争ったのは何故なのだろうか（カウンターの上に放置されただけで損害賠償責任が認められたのでは実務上の影響が極めて大きいので，上告せざるを得なかったのではないか）．窓口の銀行員は別の顧客の伝票を作成中だったのであり，「首肯」したというのも，「（預入れをしたいことは分かったが）少々お待ちください」という程度のものであったと考えるのが自然ではないだろうか．実際の事実関係は定かではないので，あくまで推測になってしまうが，筆者としては，未だ金員をカウンターの上に置いたにとどまり，窓口の銀行員も積極的にこれを了承したわけではなく，占有の移転まで認め難い事案だったのではないかと考えている．なお，預金の成立時期について言えば，消費寄託の性質を有する契約である以上，金員の占有の移転に加えて，銀行員がいくらの金額を受け入れたものか（すなわち，いくらの払戻義務があるのか）を把握して記帳した段階で，預金が成立したとみるべきであろう[44]．

　以上の点から，大審院判決の結論には賛成できるのではないかと考えているが，我妻博士の指摘ももっともであり，どう見ても怪しい人物が店内を徘徊していたのであれば，管理義務違反として銀行の不法行為責任が成立する余地もないわけではないと思われる．

> **コラム 2-3：銀行実務と判例**
>
> 　銀行実務にかかる判例を理解するにあたっては，銀行実務における訴訟の位置づけを踏まえる必要がある．
> 　従来，銀行実務に占める訴訟の件数は極めて少ないと言ってよかったと思う．訴訟による解決を良しとしない日本において，信用を重んずる銀行が訴訟による解決をより嫌ったということの結果ではないだろうか．
> 　他方，昨今の銀行においては，たとえば，みずほ銀行の場合，法務リスク管理態勢・コンプライアンス管理態勢が整備されており，トラブル・紛争が起ると，内部的に事実調査の上，法務部も検討に加わり，弁護士の意見も参照しつつ，当否を判断し，銀行に非があるとなれば速やかに裁判外で解決をしてしまう．それゆえ，訴訟になるのは，①銀行に非がないと思われる案件か，②銀行として譲れない案件か，③裁判外での解決の機会なく訴訟の提起を受けてしまった案件，等が中心である．③で訴訟の提起を受けてしまった案件も，内部調査等の結果，銀行に非があるとなれば早期に和解決着を目指すこととなる．
> 　ただし，銀行によってかなり対応のスタンスが異なるというのも実感であり，「銀行だから」という括りが適切とは思えない具体的な事例もたくさんある．
> 　さらにいえば，金融実務に係る文献等の記載にも，執筆者の主観的な予見に基づくものが散見される．金融実務の最前線にいる実務家に必ずしも執筆の時間・意欲があるとは限らず，他方で執筆の動機を持つ金融を専門とする弁護士であっても，相談を受けるのは広範かつ深い金融の実務のごく一部であるからであろう．したがって，このような金融実務に係る文献の記載があるから銀行実務はこうなっている，と断じる裁判例や判例解説等も散見されるが，長年みずほ銀行の法務に与ってきたものとしては違和感を禁じえないこともままあるのである．
> 　　　　　　　　　　　　　　　　　　　　　　　　　　　　（砂山晃一）

（2）　有価証券による入金の場合

（ア）　預金の成立時期

　有価証券による入金(受入れ)は，預金者が銀行に対して，当該有価証券の取立ておよび取立代り金の預金への入金を依頼するものであり，銀行が有価証券を受領した時ではなく，有価証券の取立てが完了した時に，入金の効力が発生して預金が成立すると解されている．これがどのような意味を有するのか，手形・小切手について，自店券と他店券とに分けてみていこう．

「自店券」とは，手形・小切手のうち，自己の支店が支払場所となり，自己の支店にある当座預金口座(それに付随する当座貸越を含む)から決済することを委託されているものをいう．「他店券」とは，手形・小切手のうち，自己の支店以外の支店(他の金融機関の支店はもちろん，同一金融機関の他支店を含む)が支払場所とされ，当該他の支店の当座預金(それに付随する当座貸越を含む)から決済されるべきものをいう．銀行は，支店ごとに口座を管理しており，預金者AのB支店口座と預金者AのC支店口座とは各々の支店で別管理されている(いわば，支店ごとに独立しているような状態である)ので，同じ銀行であっても別の支店を支払場所とするものは他店券とされる．

(a) 他店券の場合

たとえば，みずほ銀行の甲支店が，預金者Xから，A商店振出しの小切手を受け入れたとする．

当該小切手の支払場所が三井住友銀行の乙支店であれば(他店券)，みずほ銀行の甲支店は，A商店の三井住友銀行の当座預金に小切手を決済可能な残高があるのか，直ちに確認できないため，いったん当該小切手を預かって，これを手形交換[45]による取立てに回すことになる．そして，手形交換により取立てが完了して初めて，入金の効果が生じることになるのである[46]．

このように，他店券による入金の場合には，銀行は取立完了までは支払義務を負わない点[47]に大きな特徴がある．

(b) 自店券の場合

他方，A商店の当座預金口座がみずほ銀行甲支店にあり，小切手の支払場所もみずほ銀行甲支店とされている場合(自店券)であっても，抽象的には，取立完了により預金が成立するという点では他店券と同じである．しかし，自店券の場合には，支払場所である甲支店に対する支払呈示が既になされている状態であり，甲支店では，直ちに当座預金の残高を確認し，決済可能な残高があれば振り替えることが可能であって，その振替によって取立てが完了し入金の効果が発生することになる[48]．したがって，手形交換の必要はなく，それに伴う問題も生じない．ここに，自店券と他店券とを区別する意義があるわけである．

(イ) 取立手形の誤払い

みずほ銀行の前身である富士銀行の事案で，有価証券による入金処理を誤り，取立てが完了しなかったにもかかわらず預金が成立したものとして払い戻してし

まったため，不当利得に関する著名な最高裁判例を作ってしまった例がある[49]．

事案は，Y から約束手形(額面 1,700 万円，支払期日昭和 59 年 2 月 25 日)を受け入れた X 銀行(富士銀行)が，手形が未決済であるにもかかわらず決済されたと誤解し，払戻請求に応じて 1,700 万円を交付してしまったことから，Y に対して返還請求を行ったというものである．当該約束手形が持ち込まれたのは，大都市にある非常に忙しい支店であり，また，当該手形の支払期日である 25 日というのは，一般的に企業の給料日が集中する日であった．手形の支払期日の翌営業日である 27 日(月)午後 1 時 40 分に，Y が X 銀行の店頭に現れて，「取立済みの連絡を受けたから」と虚偽の事実を述べた．X 銀行の担当者が事務センター(手形事務を集中的に行っている銀行の部署)に問い合わせたところ，事務センターが「処理済み」と誤解を招くような答え方をしたため，X 銀行の担当者は手形が決済されたと誤解し，Y に対して払戻しを行ったのである．しかし，実際には当該手形は不渡りとなり，1,700 万円の入金は生じず，預金は成立しなかった．そこで，X 銀行が，Y に対し，不当利得の返還を請求したところ，Y は，自分は手形の取立ての依頼を受けただけで，払戻金は A(Y と経済的に密接・一体関係にある)に渡したから，利得は現存していないと主張して争った．なお，A は，その後に倒産し，所在不明となっている．

最高裁は，「金銭の交付によって生じた不当利得につきその利益が存しないことについては，不当利得返還請求権の消滅を主張する者において主張・立証すべき」とした上で，本件においては，Y から利得した利益を喪失した旨の主張は行われていないとして，X 銀行を勝訴させた．

なお，最高裁は，さらに続けて，仮に，本件払戻金を直ちに A に交付し当該金銭を喪失したとの Y の主張事実が真実であるとしても，Y は，A に対して交付金相当額の不当利得返還請求権を取得し，その価値に相当する利益を有していることになる，と述べて，不当利得返還請求権の形で利得が現存することを認めた．そして，利得者が利得に法律上の原因がないことを認識した後の利益の消滅は，返還義務の範囲を減少させる理由とはならないと解すべきところ，Y が本件払戻しに法律上の原因がないことを認識するまでの間に，A が受領した金銭を喪失したり資力を失った等により利益が消滅したとの主張はないことから，Y は，なお本件払戻金と同額の利益を有していたというべきである，と判示している[50]．

(3) 振込みによる入金の場合

既に述べたように(前述 2(1)(ア)参照)，預金には為替による振込金も受け入れている．

(ア) 為替の意義

振込みは，銀行の主要業務の1つである「為替取引」(銀行法10条1項3号)に当たる．そこで，まず「為替取引」の意義について簡単に述べておく．

銀行法によれば，免許を受けた銀行でなければ為替取引を営業として行うことはできないものとされており(銀行法4条1項・2条2項2号)，いわゆる地下銀行のように銀行業の免許を得ないで海外送金を営むと，刑事罰(3年以下の懲役もしくは300万円以下の罰金またはその併科)の対象となる(銀行法61条1号)．

ここでいう「為替取引」の定義について，判例[51]は，「顧客から，隔地者間で直接現金を輸送せずに資金を移動する仕組みを利用して資金を移動することを内容とする依頼を受けて，これを引き受けること，又はこれを引き受けて遂行することをいう」としている[52]．

なお，従前，為替取引は銀行しか営業として行うことができなかったが，平成22年4月1日から施行された「資金決済に関する法律」により，銀行以外の者であっても，「資金移動業」として内閣総理大臣の登録を受ければ，100万円以下の為替取引を業として行うことが認められるようになっている(資金決済に関する法律2条2項，同法施行令2条，同法37条)[53]．なお，資金移動業者には，履行保証金の供託等が求められ，資金移動業者の倒産リスクからの送金資金の保全が図られている(資金決済に関する法律43条・59条)．

(イ) 振込みの仕組み

振込みとは，内国為替取引の一種であって，依頼人による振込依頼を受けた銀行(これを「仕向銀行」という)から，依頼人の指定した受取人の銀行(これを「被仕向銀行」という)の預金口座に入金がなされることをいう．

(a) 振込みの法律関係

振込みの法律関係について，順を追って整理してみよう[54]．

① 振込依頼人の振込依頼によって，振込依頼人と仕向銀行との間には，(準)委任契約の一種としての振込契約(振込依頼に従って被仕向銀行宛てに為替通知を発信する契約)が成立する[55]．

② 仕向銀行は，振込依頼人との振込契約に従って，被仕向銀行に対し，振込依

頼人により指示された金額を受取人口座に入金記帳すべき旨の為替通知を送付する．仕向銀行と被仕向銀行との間には，為替取引契約（為替取扱規則）が締結されており，被仕向銀行は，為替通知によって指定された預金口座に振込金を入金する義務を負う．
③　被仕向銀行と受取人（預金者）との間では，預金規定において振込金を預金として受け入れると約定しており（前述2(1)(ア)参照），被仕向銀行が，指定された預金口座の預金元帳に為替通知による振込金の入金を記帳することにより，受取人は預金債権を取得する．このように，この③の入金記帳時に預金が成立すると解されている．

　なお，振込依頼人と受取人との間には，資金移動の原因となる関係（たとえば，物の売買により売掛債権が発生した等）が存在するはずである．しかしながら，その存否および内容は，銀行の関知しうるところではない．
　ちなみに，みずほ銀行では，原則として，為替通知における受取人名および口座番号と，開設された預金の受取人名および口座番号のそれぞれが一致しなければ，被仕向銀行として入金記帳を行わない．
　該当口座がない等の理由により入金できない場合には，被仕向銀行は，原則として，遅滞なく仕向銀行に対してその旨の通信電文を発信して照会しなければならない．
　（b）組戻し
　組戻しとは，振込依頼人の申出等に基づき，振込みを取り消すことである．
　たとえ仕向銀行が為替通知を発信済みの場合であっても，被仕向銀行における入金記帳前であれば，被仕向銀行に組戻依頼電文を発信することにより，仕向銀行・被仕向銀行間の為替取引契約がその限度で解除され，資金が仕向銀行を通じて依頼人に返還される．
　問題は，既に被仕向銀行が入金記帳してしまっている場合である．この場合は，振込みに係る事務処理が全て終了し，既に当該振込みによる入金分を組み込んだ1個の預金債権が成立しているため，一方的な取消しはできず，受取人である預金者が承諾したときに限り振込資金の返還が可能と解するのが一般的である．
　被仕向銀行における入金記帳後に預金者の承諾を得ないで組戻しに応じた場合における，被仕向銀行の受取人に対する責任について判断した最高裁判決[56]があ

る.

　事案は，次のようなものである．A社は，経営不振に陥ったことから，破産手続開始を申し立てることを決定するとともに，従業員に支払うべき退職金および給料の原資を確保するため，B銀行に開設したA社の口座から，新たに開設したY銀行のA社の口座へと，資金を振り込んだ．取引銀行であるB銀行に預金を置いておくと，破産手続開始を申し立てても，B銀行の貸付金と当該預金を相殺されてしまうので，内密に，別の銀行の預金口座に資金移動させておこうとしたわけである．この振込み後のB銀行の当座預金残高では，B銀行に回ってくる手形の決済ができず不渡りが出ることになりそうであったため，B銀行の担当者は，不渡りを回避すべくA社の代表取締役等に連絡を取ろうとしたが，A社は，破産手続開始の申立てを予定しており不渡りを当然に覚悟しているので，いわゆる居留守を使った．B銀行の担当者は，A社からの振込依頼は資金操作の過誤によるものに違いないと判断し，A社の承諾がないにもかかわらず，Y銀行に対して組戻しの依頼を行った．被仕向銀行であるY銀行では，既に入金記帳を済ませていたところ，直接A社に組戻しに対する承諾の確認をとることができなかったにもかかわらず，B銀行の担当者から，A社の承諾が得られたとの連絡（実際にはB銀行でも承諾は得られていない）を受けたことから，組戻しに応じた．B銀行としては，戻った資金で手形の決済を行い，不渡りを回避してあげたつもりになっていたのであるが，結局，A社は直後に破産手続開始の申立てを行い，破産管財人であるXからY銀行に対して，当該組戻しは無効であるとして預金の払戻請求がなされる事態となった．

　最高裁は，Y銀行でいったん成立した預金は，承諾なしに行った組戻しによって消滅するものではないとし，さらに，「銀行の担当者が顧客の利益のため尽力することは相当であるとしても，いかに手形の不渡りを回避するためとはいえ，取引先の承諾を得ることなく振込みの組戻手続や預金の払戻手続をとることまでが銀行の権限に属するとされる余地はなく，Y銀行……は，A社の承諾の有無につき自ら確認することなく，本件預金を出金して本件組戻しに応じていることなどの事情をも併せ考慮すれば，本件においては，Xの本件預金の払戻請求が信義則に反するとまではいえない」と述べて，Xの請求を認容した原判決の判断を是認している．

　入金記帳後に組戻しを行うためには預金者の承諾が必要であるというのはそ

とおりであり，この判決以降は，必ず預金者の承諾を確認すべきものとして実務上取り扱われているであろう．もっとも，こと当該事案について言えば，手形の決済期限が迫り限られた時間・情報の中でB銀行が資金操作の過誤であると誤信して行動しており，また，A社に連絡をとろうとしてもとれなかったのであって，なかなか悩ましい面もある．

(c) 取消し

なお，組戻しは，振込依頼人の錯誤等によって誤った振込依頼がなされた場合の制度であるが，仕向銀行の事務ミスによって誤った為替通知が発信された場合(たとえば，100万円の振込指図に対して1億円の為替通知が発信された場合)には，入金記帳後でも受取人の承諾を得ることなく取り消すことができる．これを「(為替通知の)取消し」という[57]．

(ウ) 誤振込み

(a) 民事法上の預金の成否

誤振込みによっても，受取人に預金は成立するのだろうか．

平成8年の最高裁判決[58]は，第一勧業銀行(現みずほ銀行)の大森支店に開設された株式会社東辰(トウシン)の当座預金口座に振り込むべきところを，富士銀行(現みずほ銀行)の大森支店に開設された別法人株式会社透信(トウシン)の普通預金口座に振り込んでしまったという事案である．両法人のカタカナ名は同じであったところ，振込依頼人は，振込先を「カ) トウシン」と指定する一方，口座番号は株式会社東辰ではなく株式会社透信のものを指定して振込依頼を行った．前述((イ)(a)参照)のとおり，実務上は，為替通知における受取人名および口座番号と被仕向銀行に開設された預金の受取人名および口座番号のそれぞれが一致しないと振込入金は実行されないが，上記のとおり，本件ではこれが一致してしまった．銀行としては，依頼人から指定されたとおりに過誤なく処理したものにほかならないが，振込依頼人の内心としては，実は別人に振り込むつもりだったというものである．株式会社透信の預金口座への入金記帳後，株式会社透信の債権者が当該預金を差し押さえたことから，振込依頼人が第三者異議の訴え(民事執行法38条)を提起した．

最高裁は，「振込依頼人から受取人の銀行の普通預金口座に振込みがあったときは，振込依頼人と受取人との間に振込みの原因となる法律関係が存在するか否かにかかわらず，受取人と銀行との間に振込金額相当の普通預金契約が成立し，

受取人が銀行に対して右金額相当の普通預金債権を取得する」として，振込依頼人の訴えを棄却した．その理由について，最高裁は，「けだし，前記普通預金規定には，振込みがあった場合にはこれを預金口座に受け入れるという趣旨の定めがあるだけで，受取人と銀行との間の普通預金契約の成否を振込依頼人と受取人との間の振込みの原因となる法律関係の有無に懸からせていることをうかがわせる定めは置かれていないし，振込みは，銀行間及び銀行店舗間の送金手続を通して安全，安価，迅速に資金を移動する手段であって，多数かつ多額の資金移動を円滑に処理するため，その仲介に当たる銀行が各資金移動の原因となる法律関係の存否，内容等を関知することなくこれを遂行する仕組みが採られているからである」と述べている．

先にも述べたとおり，銀行は通常，振込依頼人と受取人との間の原因関係については知りうる立場になく，振込手続そのものは，原因関係とは関係なく振込依頼人との振込契約に基づき履行される．仮に，原因関係の不存在等を理由に預金が成立しないとなると，原因関係をその都度確認しなければ預金として取り扱ってよいか否かが分からないことになるが，重厚な手続が必要となってしまい，決済手段としての振込みの有用性が損われ，経済活動に支障を来してしまう．それゆえ，振込手続(および振込みによる預金の成立)と原因関係とを切り離す最高裁の立場は妥当であろう[59]．なお，振込依頼人が，受取人に対して，誤振込金相当額の不当利得返還請求権を有するのは当然である．

(b) 誤振込金の払戻しの可否

そうすると，誤振込金の受取人は，預金として成立している以上，これを払い戻すこともできそうに思えるが，判例[60]によれば，誤振込みであることを知った受取人が，情を秘して預金の払戻しを請求し，銀行窓口係員から預金の払戻しを受けた場合は，詐欺罪(刑法246条1項)が成立するとされている[61]．銀行窓口で払い戻した場合ではなく，キャッシュカードを用いてATMから誤振込金を引き出した場合には，人に対する欺罔行為を観念できないため，窃盗罪が成立するとされている[62]．

なお，民事法上も，誤振込金の払戻請求は権利濫用に当たるのではないかといった議論がある[63]．

(c) 誤振込みと相殺

では，被仕向銀行が，受取人に対する貸金債権を自働債権とし，誤振込みによ

り成立した預金債権を受働債権として相殺を実施し，貸金債権の回収を図ることは可能であろうか．前述した平成8年の判例[64]を前提とすれば，誤振込みによっても預金は成立していることになるため，形式的には相殺可能なようにも思える．

平成17年の名古屋高裁判決[65]は，振込依頼人が送金相手を誤ったことから組戻しを依頼したが，被仕向銀行はこれを拒否し，その後に受取人の預金と受取人に対する貸金債権とを相殺したという事案である．なお，受取人は，誤振込金入金後に銀行取引停止処分を受けて事実上倒産しているが，訴訟係属後，誤振込金を振込依頼人に返還されても何らの異議も述べない旨の確認書を作成している．名古屋高裁は，振込依頼人が組戻しを依頼し，受取人も誤振込みによる入金であることを認めて返還を承諾している場合には，正義・公平の観念に照らして，その法的処理においては，実質は預金が成立していないのと同様に構成すべきであるとして，振込依頼人から被仕向銀行に対する直接の不当利得返還請求を認容した．

同じく平成17年に下された東京地裁判決[66]も，送金先を誤った振込依頼が行われた事案であるが，被仕向銀行には，受取人の所在が不明であって組戻しの承諾を得ることができない事情について振込依頼人から相当の説明を受けた場合には，事実確認や振込金員を区別して管理するなどの適当な措置をとることが望まれるところであり，誤振込みの事実の有無を確認することのないまま相殺を行っても，振込依頼人との関係では，法律上の原因を欠き，不当利得になるとした．

また，平成27年の名古屋高裁判決[67]は，上記の2つの裁判例とは異なり，被仕向銀行に対し振込依頼人が組戻しを依頼するよりも前に被仕向銀行が相殺を行ったという事案である．名古屋高裁は，誤振込みが行われる2年以上前から受取人が債務の返済を遅滞し，その預金口座には支払差止めの設定がなされていたなどの事実から，被仕向銀行は当該振込みが誤振込みであることを知っていたと認定した上で，振込依頼人や受取人に対し，誤振込みか否か確認して組戻しの依頼を促すなど対処すべきであったとして，かかる相殺は，振込依頼人に対する関係においては，法律上の原因を欠いて不当利得になるとした．

これらの裁判例は，直接には相殺の有効性自体を論じるものではないが，相殺を行ったとしても振込依頼人との関係で被仕向銀行の不当利得になり得ることを認めている．実務上は，預金債権との相殺が可能か，相殺をした場合に不当利得

が成立するかといった法的評価もさることながら，誤振込金から相殺により回収すべきかという経営判断が非常に悩ましい問題である．なぜかというと，先にも述べたとおり，形式的に考えると預金債権が成立しており相殺可能とも思われ，そうだとすると，相殺による回収をしないこと自体，善管注意義務（債権を適切に管理回収すべき義務）違反ではないかとの疑念が生ずるからである．銀行としては，個別の事案に応じて対応しているというのが実情ではないかと思われ，みずほ銀行では，相殺を行わなくとも銀行取締役の善管注意義務等の問題は生じないと判断し，相殺を行わなかった事案が何件もある．世の中に情報として出回るのは，上記裁判例のように相殺を行い紛争化して訴訟になった場合であるため，道垣内教授からは「誤振込の金銭は返還したいと銀行が思っているのか，といえば，そうではないと思います．……銀行が心から返還したいと思っていると考えたら，まったく単純だとしか言いようがないですね」などと言われてしまっているが[68]，銀行が常に相殺による債権回収を図っているというわけでもなく，現実には各銀行が個別判断で対応しているのである[69]．

4　預金の帰属

(1)　総論

預金については，誰に帰属するのかという問題と払戻しが有効なのかという問題とがあり，両者は全く別の概念である．ここでは，まずその帰属について論じる．

たとえば，渋谷，新宿，池袋等のターミナルにある支店では，ATMも含めて1日に数千人を超える来店客がある．夫名義の預金を妻が払い戻しに来ることも珍しくない．また，窓口に第三者を行かせて預金口座を開設しようとする人もいる．仮に，預金の原資を拠った当該第三者が，開設を依頼した者の名義で預金口座を開設せず，自己の名義で開設した場合には，当該口座の預金は，出捐者に帰属するのか，それとも口座名義人に帰属するのかが問題となる．これが，預金の帰属（預金者の認定）の問題である．冒頭のケース（前述1参照）においても，本件預金が夫に帰属するのか妻に帰属するのかが問題となるのである．

この点，従来の学説では，預金預入行為者を基準に預金者を決定する「主観説」と，預金の出捐者を預金者と認定する「客観説」の対立があるとされてきた

が，平成 10 年代に登場した一連の最高裁判決を契機に議論が深められている．

（2） 定期性預金の場合

預金者の認定が初めて問題になったのは，無記名定期預金についてである．

無記名定期預金とは，「主として，ヤミ取引でもうけた者が所得の源をかくすために「タンス貯金」をしているためにインフレーションが進行するおそれのあることを防止する目的で，昭和 22 年に創始されたものである．利子に対して低率の源泉課税をするだけで，預金を無記名とすることによつて，総合課税の対象としないことを眼目とする」[70]ものである．通常の定期預金であれば，証書には「甲野太郎様」などと氏名が書いてあるが，無記名定期預金の場合には，証書には「無記名様」という表示があるだけである．印鑑の届出は受けているが，住所・氏名の届出は行われない（払戻しに際しては，預金証書に届出印を押印して提出する）．なお，この商品自体は昭和 63 年に大蔵省銀行局長通達で廃止されている．

このような無記名定期預金の帰属について，昭和 32 年の最高裁判決[71]は，客観説に立ったと思われる原判決の預金者の認定を特段否定しなかった[72]．その後，昭和 48 年の最高裁判決[73]は，無記名定期預金を受働債権として相殺することを見込んで新たな貸付けを行ったという事案であるが，無記名定期預金契約が締結されたにすぎない段階においては，銀行は預金者が何人であるかにつき格別利害関係を有するものではないなどと客観説を採用すべき根拠等についてより一般的に敷衍して説明した上で，「特段の事情のないかぎり，出捐者を預金者と認めるのが相当」と述べて，より明確に客観説の立場をとっている．なお，銀行による無記名定期預金と貸付金との相殺に関して，「銀行として尽くすべき相当な注意を用いた以上，民法 478 条の類推適用，あるいは，無記名定期預金契約上存する免責規定によつて，表見預金者に対する貸金債権と無記名定期預金債務との相殺等をもって真実の預金者に対抗しうるものと解するのが相当であり，かく解することによつて，真実の預金者と銀行との利害の調整がはかられうる」〔傍点筆者〕とも判示している．

さらにその後，一般の定期預金（記名式定期預金）に関しても，昭和 57 年の最高裁判決[74]により，「この理〔客観説〕は，記名式定期預金においても異なるものではない」（括弧内筆者）とされている．

以上のとおり，客観説に立ち出捐者を預金者と認定するが，そうすると銀行には真の権利者が誰か分からないので，準占有者に対する弁済の理論等により利益

衡量を図ればよい，というのが定期預金に関する最高裁判例の立場といえる．すなわち，真の預金者の利益と銀行の利益の双方のバランスを考えるというのが，預金の帰属に関する客観説の前提なのである．

ただし，これらの客観説をとる判例は，あくまで出捐行為が1回で完結する定期性預金に関する事例であり，他の種類の預金にも同じ考え方が及ぶのか否かについては，最高裁は言及していないことに注意が必要である．

（3） 流動性預金の場合

普通預金のような流動性預金については，入出金により価額が変動するものの，常に既存の残高と合計された1個の債権が成立すると解されているため（前述2(2)(イ)参照），出捐に着目する客観説の論理がうまく当てはまらないのではないかとの議論がなされていた[75]．そして，平成10年代になって，注目すべき最高裁判決が普通預金について登場している（ただし，いずれも若干特殊な口座に係る事案である）．

（ア） 請負工事前払金

請負工事前払金口座に関する預金の帰属が争われた最高裁判決[76]の事案を簡略化して説明すると，以下のとおりである．

地方公共団体の建設工事を請け負うと，建設会社は，「公共工事の前払金保証事業に関する法律」に基づき国土交通大臣（当時は建設大臣）の登録を受けた所定の前払金保証事業会社（東日本建設業保証株式会社，西日本建設業保証株式会社，北海道建設業信用保証株式会社）による前払金返還保証が行われることを条件として，地方公共団体から，一定の範囲内で工事の前払金を受け取ることができる（地方自治法232条の5第2項，同法施行令附則7条1項）[77]．ただし，建設会社は前払金を自由に利用できるわけではなく，地方公共団体と建設会社との間の工事請負約款において，前払金を当該工事の必要経費以外には支出しない旨が定められている．さらに，保証事業会社の保証約款（保証約款の内容は各地方公共団体にも通知されている）において，前払金は他の資金とは別口の専用普通預金口座に預け入れなければならず，当該預託金融機関に適正な使途に関する資料を提出して，その確認を受けなければ，払戻しを受けることができないものとされており[78]，前払金が適正に使用されていないと認められた場合には，保証事業会社は預託金融機関に対し，別口の専用普通預金口座の払出しの中止その他の措置を依頼することができる旨などが定められている．

なお，前払金保証事業に関する登録や監督等を定める「公共工事の前払金保証事業に関する法律」によれば，保証事業会社は，建設会社が前払金を適正に使用しているかどうかについて厳正な監査を行うよう義務づけられている(27条)．

上記の制度の下で，建設会社 A が破産し，破産管財人 X が当該預金は破産財団に属するとして Y 信用金庫に対して払戻しの請求を行ったところ，地方公共団体に対して保証履行を行い代位した保証事業会社 Z との間で，当該預金の帰属が争いになった(X が，Y に対する預金払戻請求訴訟と Z に対する自己が債権者であることの確認訴訟とを提起した)．

最高裁は，以上のような合意内容に照らせば，本件前払金が振り込まれた時点で，地方公共団体と建設会社 A との間で，地方公共団体を委託者，建設会社 A を受託者，本件前払金を信託財産とし，これを当該工事の必要経費の支払いに充てることを目的とした信託契約が成立したと解するのが相当であるとして，保証事業会社 Z 側を勝訴させた[79]．すなわち，前払金が振り込まれた預金は信託財産であり，建設会社 A 固有の財産ではないので，破産財団に組み入れられるわけではないということである[80]．

（イ）損害保険代理店

次は，損害保険代理店の事例[81]について述べる．損害保険代理店は，毎月一定時期に，保険契約者より収受した保険料から代理店手数料等を差し引いて，損害保険会社に送金している．この最高裁判決の事案は，損害保険代理店 A 社が，収受した保険料を入金するための預金口座を「X 保険会社代理店 A 社 B」(B は A 社の代表取締役である)という名義で Y 信用組合に自ら開設しており，通帳・印鑑も自ら保有し，その預入れ・払戻しを行っていたというものである．この保険代理店 A 社の業況が悪化したため，Y 信用組合が A 社に対する債権と当該預金とを相殺したところ，X 保険会社が Y 信用組合に対し，当該預金は自己に帰属するものであると主張して払戻請求訴訟を提起した．

原判決は，客観説に立ち，本件預金の出捐者は X 保険会社であり，預金債権は X 保険会社に帰属すると判断した．これに対して，最高裁は，預金口座を開設したのは損害保険代理店 A 社であること，本件預金名義は X 保険会社を表示しているとは認められないこと，X 保険会社が口座開設の代理権を付与した事情がうかがわれないこと，通帳・届出印は損害保険代理店 A 社が保管していること，入金・払戻しも損害保険代理店 A 社が行っていること，収受した保険料の

所有権はいったん損害保険代理店 A 社に帰属することなどを指摘し，本件事実関係の下においては預金債権は損害保険代理店 A 社に帰属すると判断した．

(ウ) 弁護士の預り金口座

次に，弁護士の預り金口座に関する預金の帰属が問題となった事案[82]について述べる．債務整理を受任した弁護士 X が，「X」という名義の普通預金を開設し，依頼者 A から受領した金銭を入金していたところ，税務署が，その預金債権は A の財産であると判断し，当該口座に対して A の租税滞納による差押えを行ったという事案である．

最高裁は，本件金員は委任事務処理の前払費用(民法 649 条)であり，前払費用は交付の時点で受任者に帰属することに言及しつつ，本件口座は，弁護士 X が受任者である自己に帰属する財産をもって自己の名義で開設し，その後も自ら管理していたものであるから，銀行との間で本件口座に係る預金契約を締結したのは，弁護士 X であり，本件預金債権は弁護士 X の債権であると認めるのが相当であるとしている[83]．

(エ) 最高裁判例の評価

これらを受けて，学説では，普通預金など流動性預金に関しては客観説は妥当せず，主観説あるいは一般の契約当事者の確定ルールに帰着するとの見解が有力となっている[84]．もっとも，最高裁判決は，誰が出捐したかも含めて諸般の事情を総合判断して結論を導いているようにも読めるし，誤解を恐れず言えば，理論的整合性よりも個別事案における妥当な解決の方にやや軸足を寄せた判断をしたという感がある．とはいえ，損害保険代理店の口座の帰属など従前から実務上悩んでいた問題について，最高裁が方向性を示してくれたことは重要である．

5 預金の払戻し

前述したとおり(前述 4 参照)，預金が誰に帰属するかという問題と，預金の払戻しが正当化されるか否かとは，別の問題である．

(1) 店頭での払戻し

(ア) 準占有者に対する弁済

銀行が預金者(またはその代理人)に預金の払戻しをすれば，預金債務が弁済されたことになり，払戻しの分だけ預金債務は消滅することになる．しかし，銀行が

払戻しをした相手方が，払戻権利者の外観を呈していたものの，実は真実の預金者(またはその代理人)ではなかった場合には，前述した昭和48年の最高裁判決[85]で触れられているとおり，準占有者に対する弁済(民法478条)[86]により銀行の払戻しが有効にならないかが問題となる．「準占有者」とは，取引の観念からみて真実の債権者その他受領権者らしい外観を有する者のことであり，銀行預金についていえば，預金通帳と届出印を持参し，その他に不審な点もない者が典型例である．準占有者に対する弁済による免責が認められなければ，銀行は，真実の預金者から払戻請求を受ければ二重払いをせざるを得なくなる(もちろん，その場合には，銀行は当初の払戻先に対して不当利得の返還を請求すること自体は可能であるが，払戻先の所在が不明であったり資力が不足しているなど，回収できないリスクを抱えてしまう)．

民法478条によれば，準占有者に対する弁済の成否に際しては，弁済をした者が善意・無過失であったかどうかが問題となる．そこで，以下では，銀行の過失の有無の判断方法について述べる．なお，かかる検討に際して，預金者保護という観点を強調する論調があるところ，それ自体は否定すべきものではないが，他方で，銀行に対応不可能な義務や多大な負担を伴う義務を課すことも不当であって，「預金者としては，ないし，銀行としては，どうしておけばよかったのか」という実質的な観点でみていくことが必要であると思われる．

（a）本人確認方法

預金者の本人確認方法の1つとして，印鑑照合がある(前述2(1)(ア)参照)．たとえば，重ね合わせ照合という方法では，印鑑票と払戻請求書の印影とを重ね合わせ，上げ下げを繰り返すと，残像によって両者が一致しているかどうかが判別できる[87]．実際に重ね合わせ照合をしてみると，おもしろいほど一致・不一致がよく分かる．それゆえ，実際には，それほど照合のミスは生じないはずであるが，悩ましいのは，印章の摩耗が生じたような場合である．

印鑑照合による払戻しと準占有者に対する弁済の適用の有無(過失の有無)について，判例[88]は，特段の事情のない限りは，折り重ねによる照合や拡大鏡等による照合をするまでの必要はなく，いわゆる平面照合の方法をもってすれば足りるけれども，「金融機関としての銀行の照合事務担当者に対して社会通念上一般に期待されている業務上相当の注意をもつて慎重に事を行なうこと」を要し，相当の注意を払って熟視するならば肉眼をもっても発見しうるような印影の相違が看

過されたときは，銀行側に過失の責任があるとした(約束手形による当座預金の払戻しの事案)[89]．穏当な判示であろう．

(b) 詐称代理人

通説は「債権者の代理人だといって債権を行使する者に対する弁済も準占有者への弁済とみるべきことはむしろ当然であろう」としており[90]，判例[91]も，調達局(現在の地方防衛局)が連合軍調達物資の購入代金を納入会社の代理人と称する者に支払ってしまった事案において，債権者の代理人と詐称して債権を行使する者も，民法478条の債権の準占有者に当たると判示している．

そこで，債権者の代理人であると信じたことについての過失の有無が問題となるが，銀行に関する判例として，預金者X社の取締役Aが取引印を盗用し，通帳なしで払戻請求し，Y銀行が応じてしまったというものがある[92]．X社は，Y銀行の長年の取引先であるB社により設立されたばかりの会社であったところ，AはB社の経理担当者を長年務めており，Y銀行は，AがX社設立事務に従事していることや設立後にX社取締役に就任している事実を認識していた．かかる状況下で，Aが，通帳はすぐに持ってくる，手形の決済資金が必要だから至急払い戻してくれ，などと巧妙に嘘をついてX社の預金の払戻しを求めたため，Y銀行は，Aには払戻しの権限が与えられていると信じてAに対する払戻しに応じてしまったのである．最高裁は，Y銀行はAに代理権があったと信じたことにつき過失はないと判断し，準占有者に対する弁済として弁済の有効性を肯定した．Y銀行にとって，Aに代理権があると信じて払い戻しても無理からぬ事案であり，正当であろう．

(イ) 民法478条の射程

民法478条については，その射程がどこまで及ぶかが問題となる．

(a) 定期預金の期限前解約

まず，定期預金の期限前解約について，昭和41年の最高裁判決[93]がある．預金者と同居していた義姉が，預金者の妻と詐称し，定期預金証書を呈示するとともに，預金者の印章および印鑑証明書を添付するなどして払戻請求をしたなどという巧妙な事例である．最高裁は，期限前払戻しの場合における弁済の具体的内容は契約成立時に既に合意により確定されているため，期限前解約の場合も民法478条の適用を受ける旨判示した(結論としては，銀行は善意無過失であるとした原審の判断を是認した)．

この点，期限前払戻しについて，「定期預金の解約」と「払戻し」とに分解して検討する余地もあるが，銀行が定期預金の中途解約を拒むのは，預金の帰属について疑問符が付く場合がほとんどであると思われ，特段の事情がない限りは期限前解約に応じているというのが実情であるため，期限前払戻しは経済実態としては「弁済」にほかならない．同判決の最高裁判所調査官によれば，定期預金の期限前払戻しは，大量かつ定型的になされる銀行取引の実情から，全体として見ればまさに弁済行為の一態様であって，解約等の行為について表見代理の成否を問題とするまでもなく，民法478条による弁済に該当するとされているが[94]，そのとおりである[95]．

(b) 預金担保貸付

銀行取引では，定期預金を担保として貸付けを行うことがある．かつては，定期預金の金利が高かったため，短期での資金需要がある場合には，これを期限前に解約して払い戻すよりは，定期預金として残したままこれを担保に借り入れた方が有利だった時代もあったのである．

この定期預金担保貸付を，真の預金者であると考えて行ったが，結果的に預金者以外の第三者に対して行ってしまった場合に，銀行による当該貸金債権と真の預金者の預金債務との相殺が可能か否かが問題となったのが，昭和59年の最高裁判決[96]である．XはY信用金庫に定期預金を開設しており，その定期預金証書の受領をAに依頼したが，Aは，定期預金証書の写しのみをXに渡す一方，Bを連れてY信用金庫へ行き，BをXと偽らせるとともに定期預金証書の原本を提出するなどして，当該定期預金を担保に預金と同額の借入れを行った．返済期日に返済がなかったことから，Y信用金庫が当該貸付金と定期預金とを相殺したところ，Xから定期預金の払戻請求訴訟が提起されたというものである．Y信用金庫は，民法478条の準占有者に対する弁済に準じて，相殺をもってXに対抗できると主張した．

最高裁は，「少なくともその相殺の効力に関する限りは，これを実質的に定期預金の期限前解約による払戻と同視することができ，また，そうするのが相当である」とし，貸付契約締結にあたり相当の注意義務を尽くしたと認められるときには，民法478条を「類推適用」して，相殺をもって真実の預金者に対抗することができるとした．なお，注意義務を払うべき時点は貸付契約締結時とされており，相殺の意思表示の時点では同一人でないことを知っていたとしても，結論

に影響はないものとされている.

　預金担保貸付は,あくまで貸付けであって弁済とは異なるとみる余地もあるが,前述のような預金担保貸付の経済実態に鑑みると,妥当な結論であろう[97].

(2) ATM, インターネットバンキング

(ア) ATM・CD

　前述の印鑑照合は,銀行窓口で払戻し等の手続を行う際に問題となるものであるが,最近では,ATM や CD で払戻しを行う場合の方が多いであろう.キャッシュカードを使う場合には,必ず暗証番号の入力を求められるが,暗証番号が一致すれば機械的に処理されるため,民法478条における善意・無過失をどのように判断するかが問題となる.

　平成5年の最高裁判決[98]は,みずほ銀行の前身である富士銀行の事例であるが,ATM・CDの免責約款に関する最初の最高裁判決である.原審の事実認定によれば,真正なキャッシュカードが盗用され,さらにその暗証番号が解読されたため,原告の預金口座からCDを利用した不正な預金の払戻しが行われたという事案である.約款には,キャッシュカードによる払戻しが可能である旨のほか,「支払機によりカードを確認し,支払機操作の際,使用された暗証と届出の暗証との一致を確認のうえ預金を払い戻しました場合には,カードまたは暗証につき偽造,変造,盗用その他の事故があっても,そのために生じた損害については,当行及び提携行は責任を負いません」との免責約款が設けられていた.最高裁は,CDを利用し預金者以外の者が払戻しを受けたとしても,真正なキャッシュカードが使用され,正しい暗証番号が入力されていた場合には,銀行による暗証番号の管理が不十分であったなど特段の事情がない限り,免責約款により免責されると判示した[99].

　これに対して,平成15年の最高裁判決[100]は,債権の準占有者に対する機械払の方法による預金の払戻しにつき銀行が無過失であるというためには,「払戻しの際に機械が正しく作動したことだけでなく,銀行において,預金者による暗証番号等の管理に遺漏がないようにさせるため当該機械払の方法により預金の払戻しが受けられる旨を預金者に明示すること等を含め,機械払システムの設置管理の全体について,可能な限度で無権限者による払戻しを排除し得るよう注意義務を尽くしていたことを要するというべき」とした上で,結論としては,当該事案において行われたATMでの払戻しについて,民法478条による免責は認められ

ないとした．この銀行では，通帳によるATMでの払戻しが可能であったが，約款には通帳でのATMでの払戻しが可能である旨の記載がなかったため，通帳について十分な管理が行われるほどの注意喚起が行われていないとして過失が認められたものである．

なお，みずほ銀行では，カードや通帳の管理について注意喚起をするのはもちろんのこと，暗証番号についても，不適切な番号についての危険性の告知などを行っている．たとえば，7777などの同一番号の連続，1234などの連番，生年月日，自宅の電話番号などについては，これを暗証番号にしないよう，ATM画面に注意喚起画面が表示される．万一キャッシュカードが盗まれてしまった場合，生年月日を暗証番号にしているようだと，盗む側もプロであるため，預金が即時に払い出されてしまうことも多い．

　(イ)　インターネットバンキング

インターネットバンキングとは，インターネットを使って家庭や企業から銀行取引(残高照会や口座振込等)を行うことができるサービスのことである(エレクトロニックバンキングなどと呼ばれることもある)．このインターネットバンキングも非対面取引であり，それが無権限者に利用された場合については前述した平成15年の最高裁判決[101]が参考になると思われ，可能な限度で無権限者による振込み等を排除し得るよう注意義務を尽くしていることが重要である．

みずほ銀行のみずほダイレクトというサービスでは，預金者にお客さま番号を付与する一方，預金者がログインパスワードを英数字6文字から32文字の範囲で指定し，さらに取引の都度，銀行が付与する第2暗証番号のうちから，ランダムに指定される順序で複数の数字を入力するものとしたり，近時では，取引の都度，一度しか使うことのできないワンタイムパスワードを付与するといった仕組みが設けられている．

みずほ銀行の事案であるが，何者かがインターネットバンキングを無断で利用して預金者の口座から振込送金を行っており，銀行において預金を安全に預かり保管する義務に違反していると主張して，銀行に対して債務不履行に基づく損害賠償請求が行われた訴訟がある[102]．不正アクセスや銀行から暗証番号が流出した形跡は認められない一方，預金者は法人であり，そのパソコンは第三者が使用できないようなシステムにはなっておらず，従業員にお客さま番号やパスワード等を教えてアクセスさせていたようである．なお，「本規定に記載された本人確

認方法により本人からの依頼として取扱いを受け付けたうえは，暗証番号等や宝くじ専用番号等に偽造，変造，盗用その他の事故があっても，それにより生じた損害について当行は一切の責任を負いません」という免責約款が設けられていた．原審[103]は，銀行が免責約款による免責を受けるためには，銀行が預金者保護の見地から社会通念上一般に期待されるところに相応する注意義務を払ったことが必要であるが，本件では，システムを全体として可能な限度で無権限者による払戻しを排除し得るよう構築し管理していたということができるとして銀行の免責を認め，東京高裁もこの判断を是認している．

(ウ) 偽造・盗難カード預金者保護法

以上は民法478条(および免責約款)による規律であるが，スキミング等により偽造キャッシュカードが作成され預金が引き出されるといった事件が社会問題化したことを背景として，平成18年2月10日に「偽造カード等及び盗難カード等を用いて行われる不正な機械式預貯金払戻し等からの預貯金者の保護等に関する法律」(以下「偽造・盗難カード預金者保護法」という)が施行され，偽造カードおよび盗難カードを用いて払戻しが行われた場合については，民法478条(および免責約款)の特則を定めている．

まず，偽造カードを用いた機械払については，民法478条は適用除外とした上で(法3条)，例外的に，①預金者の故意により払戻しが行われた場合，または②銀行が善意無過失であり，預金者の重過失により払戻しが行われた場合にのみ，預金債務の弁済としての効力を認めることとされている(法4条1項)．したがって，偽造カードを用いた機械払について軽過失の預金者は保護されるということになる．

他方，盗難カードについては，民法478条が適用されるものの，一定の要件(盗取後速やかに銀行に通知し，銀行の求めに応じて遅滞なく盗取状況に係る説明を行うとともに，警察に被害届を提出したことを申し出ること)を満たせば，預金者は銀行に対して損失補てん請求権を行使できる(法5条1項)．損失補てん請求が行われた場合，銀行は，①預金者の故意により払戻しが行われたことや，銀行が善意無過失であり，預金者の重過失により払戻しが行われたことなどについて主張立証すれば，補てん義務を免れる(法5条2項・3項)．また，②銀行が善意無過失であり，預金者の過失(重過失を除く)により払戻しが行われたことについて主張立証すれば，補てんすべき金額は払い戻された金額の4分の3となる(法5条2項)[104]．

このようにキャッシュカードを偽造されたケースと盗難されたケースとで規律が異なっているのは，一般に，盗難されるケースの方が，預金者においてこれを回避する方策をとりやすいからである．

なお，偽造・盗難カード預金者保護法は，その名のとおり偽造カード・盗難カードに限った規律であるが，その規律対象外である盗難通帳およびインターネットバンキングによる払戻等についても，平成20年2月19日に全国銀行協会が「預金等の不正な払戻しへの対応について」を発表し，個人向けの預金取引においては一定の場合は銀行が補償することを謳っている．また，平成26年7月17日には，近年，犯罪手口のいっそうの高度化・巧妙化により，インターネットバンキングによる不正な払戻等の被害が法人顧客にも拡大しているとの認識を踏まえ，全国銀行協会が「法人向けインターネット・バンキングにおける預金等の不正な払戻しに関する補償の考え方について」を発表し，法人向けインターネットバンキングにおける被害を対象とする補償についても各銀行がそれぞれ個別に検討することを謳っている．

（3）預金の供託

少し毛色が異なるが，供託をすることによっても，銀行は預金債務を免れることができる．

この点，預金について差押えが競合すれば，供託をすることが法的に強制される(民事執行法156条2項)．

これとは別に，後に述べるような，相続人間で預金の帰属に争いがあり，誰が預金者であるか分からないというときには，やむなく任意の方法としての債権者不確知による弁済供託を検討することになる(民法494条)．

このように，実務上，供託は非常に身近なものであり，供託実務の運用如何で少なからぬ影響を受ける[105]．

6 預金の相続

（1）預金債権の相続

次に，預金者が個人である場合における実務上の重要な問題として，預金の相続について論じる．預金者に相続が生じた場合，預金債権をめぐる法律関係は，どのようになるであろうか．

旧来の判例は，昭和29年の最高裁判決[106]以来，一貫して，相続財産中の可分債権は，法律上，当然に分割され，各相続人がその相続分に応じて権利を承継するとの立場をとってきた．そうすると，金銭債権である預金債権は可分債権であるため，預金債権についても当然に分割され法定相続分に応じた承継が生じることになり，相続人は，各法定相続分に応じて単独で預金の払戻請求が可能ということになりそうである[107]．

しかし，実際の相続を考えると，相続財産には預金債権だけではなく，不動産なども含まれることが多いため，預金債権だけが法律上当然に分割されるというのは，相続の実態からの乖離が大きく，かえってトラブルになるケースも多々ある．そこで，上記の判例理論と現実社会との狭間で，各行が悩みながら対応してきた．みずほ銀行では，一部の相続人から法定相続分に相当する預金の払戻請求を受けた際には，遺言の存在が認められない場合であって，かつ遺産分割協議中であるといった特段の事情がない場合には，他の相続人からのクレームリスクがあることを認識しつつ，やむを得ず払戻しに応じることとしてきた．

こうしたなか，平成28年の最高裁大法廷決定[108]は，共同相続人間で，相続財産である預貯金[109]が遺産分割の対象となるかが争われた事案において，「共同相続された普通預金債権，通常貯金債権及び定期貯金債権は，いずれも，相続開始と同時に当然に相続分に応じて分割されることはなく，遺産分割の対象となるものと解するのが相当である」とし，従来の判例を変更した．

上記の決定を受けて，みずほ銀行では，原則として相続人全員の連署を揃えなければ一部の相続人への払戻しには応じないという取扱いに変更している[110][111]．

（2） 投資信託の相続

預金の相続に似て非なるものとして，投資信託の相続という問題があるので，ここで簡単に論じておく．

投資信託は，販売会社が多くの投資家から資金を集め，専門家である投資信託委託会社が運用するものであり，投資家は，信託受益権を購入することにより資金を投資し，たとえば解約時に運用相当額の持分権の代り金などを受け取る（詳しくは第10章参照）．平成10年に，銀行が販売会社となって投資信託を顧客に販売することが認められるようになった．銀行は，投資信託の販売を行うとともに，投資家からの解約請求を受け付けたり，代り金を支払うなどする．投資信託受益権には，議決権などの権利も含まれており，預金債権のような純粋な金銭債権で

はないが，他方で，一口単位での取引が行われており一口一円であるなど，預金に類似する商品性の投資信託も多い．

この投資信託受益権を可分債権とみるのか，また，共同相続人の一部による解約権の行使が可能かについては，裁判例が対立していた．一方で，投資信託の一部解約実行請求権や一部解約金償還請求権等については可分債権であると位置付け，法定相続分に応じた分割承継を肯定する裁判例があった[112]．他方で，議決権や分配請求権等を含む投資信託受益権は不可分債権であり，共同相続人は投資信託受益権を準共有することになるため，民法251条に基づき他の共有者の同意を得なければ解約を行うことはできない，とする裁判例もあった[113]．

この点について，平成26年の最高裁判決[114]は，投資信託受益権に含まれる権利の内容および性質に照らせば，投資信託受益権は相続開始と同時に当然に相続分に応じて分割されることはないと判示した．また，平成26年の別の最高裁判決[115]は，投資信託受益権の相続開始後に元本償還金または収益分配金が発生し，それが預り金として受益権の販売会社における被相続人名義の口座に入金された場合にも，預り金の返還を求める債権は当然に相続分に応じて分割されることはないと判示した．この点，相続財産の資産運用方法に関し，それが預金であれば当然に相続分に応じて分割されるのに対し，投資信託であれば当然に分割されず遺産分割の対象となるというのはアンバランスであるようにも思えたが，前述(1)のとおり，預金債権についても相続により当然に分割されず遺産分割の対象となるとの判例変更がなされ，整合性が確保されるに至った[116]．

銀行による投資信託の窓口販売は，投資信託協会の統計によれば平成28年末で投資信託販売残高の49.70%を占めるに至るなど増加傾向にあり，相続の場合の法律関係についても非常に悩ましい問題となっていたが，実務上は，上記最高裁判決も踏まえ，一部の相続人から解約請求があった場合には，他の相続人にも投資信託の存在を認識させた上で一部解約について同意を得るなどして，慎重に対応している．

> **コラム 2-4：預金，投資信託および株式の共同相続**
>
> 複数の相続人が存在する共同相続の場合には，相続財産はその共有に属する（民法898条）．従来の判例は，預金について共同相続が生じた場合には，可分

債権は法律上当然分割され，各相続人がその法定相続分に応じて権利を承継するとし(最一小判昭和29年4月8日民集8巻4号819頁)，預金は可分債権であるとしてこの理を適用してきた．これに対し，学説は，当然分割説のほか，銀行預金を不可分債権とする説，持分の処分は認められず各相続人の持分は潜在的であるとする合有債権説などに分かれていた．合有債権説によれば，全相続人が共同しなければ，預金の払戻しを請求することはできない．ところが，平成28年の最高裁決定(最大決平成28年12月19日民集70巻8号2121頁)は，「共同相続された普通預金債権，通常貯金債権及び定期貯金債権は，いずれも，相続開始と同時に当然に相続分に応じて分割されることはなく，遺産分割の対象となる」と判示し，従来の判例を変更した．決定要旨の理由付けは重層的で複雑である．預貯金は，預金者においても，確実かつ簡易に換価することができるという点で現金との差をそれほど意識させない財産であると受け止められているという認識を前提に，それぞれの債権の性質について分析する．普通預金債権および通常貯金債権は，口座において管理されており，預貯金契約上の地位を準共有する共同相続人が全員で預貯金契約を解約しない限り，同一性を保持しながら常にその残高が変動し得るものとして存在し，各共同相続人に確定額の債権として分割されることはない．定期貯金債権は，契約上その分割払戻しが制限されているものと解されるとし，定期貯金の利率が通常貯金のそれよりも高い理由は，分割払戻しの制限がその前提となっており，定期貯金債権が相続により分割されると解すると，それに応じた利子を含めた債権額の計算が必要になる事態を生じかねず，定期貯金に係る事務の定型化，簡素化を図るという趣旨に反すると述べる．従来の判例法理の下でも，実務では，共同相続人全員による共同の払戻請求がなされた場合に限り払戻しに応じる銀行や，遺言の有無，相続の放棄，相続人の欠格・廃除，遺贈などの相続分に影響を及ぼす諸事情を確認した上で相続人からの払戻請求に応じる銀行もあったとされ，その取扱いは一様ではなかったとされる．判例法理の変更は，実務に大きな影響を与えることになるであろう．

　なお，株式の共同相続については，相続分に従った準共有関係が成立すると解するのが判例(最一小判昭和45年1月22日民集24巻1号1頁)・通説である．株式とは，株式会社における出資者である社員すなわち株主の地位を細分化して割合的地位の形にしたものである．会社法の規定により，共有株式について権利を行使するためには，共有者間において権利行使者を定め，株式会社に対し，その者の氏名または名称を通知しなければならない(会社法106条)．学説上は，預金の共同相続の場合と同様，株式もその最小単位までは当然に分割されると解する少数説がないわけではないが，通説は，判例と同様に，準共有関

係になり，当然に分割されるわけではないと解する．その理由として，株式は単に一定の配当を受領する権利あるいは売却して代金を受領するという単純な金銭債権ではなく，議決権などの会社の経営に関与することを目的とする権利を含む社員権を表章するものであることが挙げられる．

投資信託の受益権について共同相続が生じた場合については，下級審裁判例が分かれていた（投資信託については，第10章参照）．受益権の法的性質が債権か物権かは争いがあるが，日本では，債権説が通説とされている．下級審裁判例は，投資信託の受益権者が有する権利すなわち受益証券返還請求権並びに受益証券上の権利である収益分配金請求権，償還金請求権，一部解約実行請求権，一部解約金償還請求権等は，いずれも，給付を分割することについての障害が取引約款や信託約款によって除去されているものであって，可分債権であると解するのが相当であるとして，当然に分割されるとするもの（大阪地判平成18年7月21日金融法務事情1792号58頁）と，株式と同様に準共有になるとするもの（福岡高判平成22年2月17日金融法務事情1903号89頁）とに分かれていた．最高裁判所は，委託者指図型の投資信託受益権につき，口数を単位とするものであって，その内容として，金銭支払請求権のほか，委託者に対する監督的機能を有する権利のような可分給付を目的とする権利でないものが含まれているため相続開始と同時に相続分に応じて分割されることはないと判示し，判例を統一した（最三小判平成26年2月25日民集68巻2号173頁）．

さらに，上記最判平成26年2月25日は，個人向け国債についても，一定額をもって権利の単位が定められ，1単位未満での権利行使が予定されておらず，相続開始と同時に当然に相続分に応じて分割されることはないものと判示した．

また最高裁判所は，金銭については，可分の財産とは見ておらず，共同相続人は，遺産の分割までの間は，相続開始時に存在した金銭を相続財産として保管している他の相続人に対して自己の相続分に相当する金銭の支払を求めることはできないと判示している（最二小判平成4年4月10日金融・商事判例896号13頁）．

共同相続が生じた場合における相続財産の取扱いについては，判例は，可分債権であれば当然に相続分に応じて分割されるけれどもそれ以外の場合には当然に分割されることはないとした上で，可分債権である場合の認定を次第に厳格に行う傾向にあるように思われる．そこでは，当該相続財産の法的性質に加え，その流動性の程度や会社支配権の帰趨に与える影響など，さまざまな事情が考慮されているが，翻って，可分債権自体の取扱いについても再検討の必要があるのかもしれない．

（神作裕之）

7 預金と時効

(1) 預金への消滅時効の適用

預金債権も債権である以上,時効によって消滅する.預金債権は商行為によって生じた債権であるため,時効期間は5年である(商法522条)[117].もっとも,銀行に預けておいたら時効によって消滅したとなれば問題であるため,銀行が消滅時効を援用することは稀である.それゆえ,裁判例も極めて少ない状況にある.

(2) 決済性預金

普通預金債権については,預金者は預金契約成立時からいつでも払戻請求が可能であり,「権利を行使することができる」(民法166条)状態にあるため,預金契約成立時から消滅時効の進行が開始すると解するのが判例である[118].ただし,預金の一部払戻しや通常は年2回行われる利息の元本組入れはもちろん,通帳への入金記帳も「承認」(民法147条3号)に当たり,時効が中断されると解されているため[119],預金契約成立時から消滅時効の進行が開始するといっても,実際にはそれほど大きな意義は認められない.

当座預金債権については,判例[120]は,支払委託契約と一体となっており預金債権だけ単独に時効にかかるべきものではないことなどを理由に,当座勘定契約の存続中は消滅時効が進行することはなく,当座勘定契約終了時から進行すると解している.

(3) 定期預金

消滅時効がときに問題となるのは,定期預金である.たとえば,20年前の定期預金の通帳や証書が見つかったため,その払戻しをしてほしいとの申し出があった場合,銀行としては,慎重に確認した上で,その申出人が預金者であり,かつ,弁済の形跡もなければ,払戻しに応じる.しかし,調査をしたところ,既に払戻済みであることが情況証拠からうかがわれるものの,非常に古い預金であるため,払戻済みであることについて確実な立証手段が散逸してしまっているような場合には,消滅時効を援用することがあり得るのである[121].

定期預金は,満期到来前は預金者による自由な払戻請求はできないため,時効の起算点は預入期間が満了した時であると解されている.

もっとも,既に述べたように(前述2(1)(ウ)参照),実際には自動継続特約の付

いている定期預金が多く，自動継続特約付定期預金の消滅時効はいつ進行するのかが問題となっていた．下級審裁判例は，第1回目の満期日から進行するというものと，継続停止を申し出た後，最初に到来する満期日から進行するというものとに分かれていたが，判例は後者の立場をとることを明らかにした．すなわち，最高裁[122]は，自動継続特約付定期預金においては，満期日(継続したときはその満期日)より前に継続停止の申出をすることによって，満期日に払戻しを請求することができるようになるが，継続停止の申出をするか否かは預金者の自由に委ねられた行為であり，初回満期日から預金払戻請求権を行使することができると解することは，預金者に対し契約上その自由に委ねられた行為を事実上行うよう要求するに等しいものであって，自動継続定期預金契約の趣旨に反するから，初回満期日前の継続停止の申出が可能であるからといって，預金払戻請求権の消滅時効が初回満期日から進行すると解することはできないと判示した．そして，結論としては，消滅時効による預金債務の消滅を認めなかった．

　ただ，このような最高裁の論理は，永久に時効にかからない債権を当事者間で作り出すことになり，時効完成を困難にする特約(時効期間の延長，中断事由の排斥など)は一般に無効であると解されていること[123]との整合性をどのように考えるのか，気になるところである．銀行としては約款により自動継続の回数を制限すればよいのではないかといった議論もあるかもしれないが，それでは何回が適切なのかは現実的には決め難いし，回数の制限なく自動継続されることで相対的に高金利のメリットが得られたり，継続の都度の手続的負担が生じないという預金者の利益も無視できない．また，たとえば，ヤミ金業者が永久に時効にかからない自動継続貸出を生み出すなど，判例法理が悪用されることがなければよいがとも考えている．

8　複数店預金に対する差押え

(1)　問題の所在

　預金をめぐる悩ましい問題として，複数店預金に対する差押えの問題がある[124]．

　自店券・他店券という考え方からも分かるように，実務上は，基本的に支店単位で預金が管理されており，隣の支店の預金残高であっても，速やかには確認で

きないことが多い．他方で，預金者に対する債権者としては，どうやら債務者はみずほ銀行に預金を持っているらしいことは分かるものの，どの支店にあるのか分からないという場合が往々にしてあり，複数店の預金を対象として(仮)差押えを実行したいということになるわけである．

　従前の東京地裁の実務運用によれば，預金の存在する支店を特定し，請求債権額を支店ごとに割り付ける方式であれば，(仮)差押えが認められてきた．すなわち，2,000万円の債権を有するGとしては，「売掛債権500万円のためにA銀行渋谷支店の預金口座を(仮に)差し押さえる」，「売掛債権500万円のためにA銀行新宿支店の預金口座を(仮に)差し押さえる」，「売掛債権1,000万円のためにA銀行本郷支店の預金口座を(仮に)差し押さえる」などとするわけである．

　もっとも，差押債権者にとっては，具体的にどの支店にいくら債務者の預金があるのかは分からないから，割り付けるといっても「勘」に頼らざるを得ない．そこで，具体的な支店を特定することなく，A銀行における債務者の預金の存在する支店の預金から「支店番号の若い順」に，請求債権2,000万円に満つるまで預金を差し押さえる，といった方式(支店順位方式)での申立てが行われるに至っていたのである．しかし，この方式は，差押債権の特定性(民事執行規則133条2項)に欠けるのではないかが問題となり，裁判例の結論も積極と消極に割れた状態であった．

　たとえば，みずほ銀行の甲支店を順位1番とする支店順位方式の複数店預金の差押命令の送達を受けた場合，みずほ銀行は，まずは甲支店に債務者の預金があるか否かを調べ，その作業が終われば，今度は次の順位の乙支店の預金を調べ，その作業も終われば更に次の順位の丙支店の預金を調べる，といった作業を繰り返していくことになる．しかし，差押命令は第三債務者に送達されることにより直ちに弁済禁止等の効力を生じるので，金融機関としては速やかに差押債権の存否および額を調査し，差押えの効力の及ぶ部分については払戻しを停止する必要がある一方，差押えの効力が及んでいない部分については払戻請求があれば応じなければならず，調査中に払戻請求があれば二重払いや債務不履行責任の危険を負うことになる．このように，支店順位方式によれば，第三債務者である銀行には過大な負担がかかることになる．しかも，支店順位方式のうちでも，全店舗の預金の差押えを求める例(全店順位方式)もあり，その場合には全店舗についての調査を行わなければならないのである．

(2) 最三小決平成23年9月20日民集65巻6号2710頁

　この問題については，最近，最高裁決定が下されて一定の決着をみた．最高裁は，「民事執行規則133条2項の求める差押債権の特定とは，債権差押命令の送達を受けた第三債務者において，直ちにとはいえないまでも，差押えの効力が上記送達の時点で生ずることにそぐわない事態とならない程度に速やかに，かつ，確実に，差し押さえられた債権を識別することができるものでなければならないと解するのが相当」であるとした上で，金融機関に対する全店順位方式の差押えについては，「各第三債務者において，先順位の店舗の預貯金債権の全てについて，その存否及び先行の差押え又は仮差押えの有無，定期預金，普通預金等の種別，差押命令送達時点での残高等を調査して，差押えの効力が生ずる預貯金債権の総額を把握する作業が完了しない限り，後順位の店舗の預貯金債権に差押えの効力が生ずるか否かが判明しないのであるから，本件申立てにおける差押債権の表示は，送達を受けた第三債務者において上記の程度に速やかに確実に差し押さえられた債権を識別することができるものであるということはできない」として，不適法と判断した．

　裁判例や学説では，預金保険法に基づく名寄せシステム[125]の存在に言及し，銀行はさほど労力や時間をかけることなく差押対象預金の特定が可能であるはずだと説くものもあった．しかし，銀行が破綻に至った場合に顧客の預金残高を合計して預金保険の対象範囲を判断するためのシステム整備はしているが，瞬時に複数店の預金の有無および残高を検索するニーズは銀行には存在しない．たしかに，中にはリアルタイムで顧客の預金の有無および残高を全店ベースで検索する顧客管理システムを備えている銀行もあるかもしれないが，預金保険法に基づく名寄せシステムにおいて当然にそのようなシステムを整備しておくべきとは到底いえない．また，他の場面を考えても，業務遂行に際して，全店に存在する預金の状態を瞬時に確認することが必要な場面は想定し難い．したがって，そのようなシステムを整備するために多額の投資を行う合理的な理由の説明もつかない．なお，銀行が弁護士会照会に対して債務者の預金の有無を回答しなかったことを理由に特定性を肯定するかのような見解もあるが，第三債務者を審尋することなく発される差押命令において，弁護士会照会への回答の有無といった諸々の周辺事情を考慮することは妥当でないのではなかろうか．以上の点から，最高裁決定の立場は正当と考えられる[126][127]．

(3) 債務者財産開示制度に関する民事執行法の改正の動き

　以上に述べたとおり，債務者の預金に対して債権者が差押えを実行しようとする場合，債権者は銀行名および支店名を特定し，複数の支店を対象とするときは請求債権額を支店ごとに割り付ける必要がある．そのため，債権者は債務者の預金取引のある支店や預金残高を調査する必要があるところ，そのような調査手段の1つとして，民事執行法196条以下に定める財産開示手続を用いることが考えられる．しかし，現行法下の当該制度は，先行する強制執行の不奏効等の要件（民事執行法197条1項）があること，債務者以外の第三者に対する照会ができないこと，債務者の不出頭や陳述拒否等に対する制裁が弱いことなどから，実効性が十分ではないと評価する向きもあり，利用件数もそれほど多いとはいえない実情にある[128]．そこで，これに代わる手段として弁護士法23条の2に基づき金融機関に対して債務者の預金の有無等が照会されることがままあるが，後述のコラム2-5(2)のとおり，金融機関としては，顧客に対する守秘義務等との関係もあり，板挟みとなり悩ましい状況に置かれる．

　このような状況を踏まえ，民事執行法の改正に関する法制審議会民事執行法部会では，債務者財産に関する広い意味での開示制度の実効性を向上させる観点から，制度の全般的な見直しが議論されている．その中では，実施要件の緩和や債務者の手続違背への制裁の強化など，財産開示手続をより利用しやすく強力な制度にするという方向での検討に加え，債務者財産に関する情報を債務者以外の第三者から取得する手続を新たに創設する方向での検討も行われている．後者に関し，債務者の預金に関する情報を金融機関から取得できる制度を創設するのであれば，金融機関が負う回答義務と顧客に対する守秘義務との関係を整理し，板挟みの問題が解消されることが望まれる[129]．

9　結びに代えて

　はじめに(前述1)のケースの顛末について，簡単に言及しておこう．
　このケースは，実際に報告を受けた事案を題材にしている[130]．銀行実務では，このようなトラブルがしばしば発生するのである．
　実務的な目線で見ると，何よりまず，事実関係を調査することが必要である．このケースでは，妻の主張と夫の主張とが食い違っているため，トラブルになら

ないよう双方から事実関係をうまく聞き出すことも重要である．

　そこで前年の預金口座の入出金記録を確認したところ，妻が言うような亡父からの相続により取得した金員に相当する入金は見当たらず，給与・賞与の振込みがあるだけということが判明した．ただ，口座開設は妻が行っており，通帳・印鑑も妻が所持し，妻が通常の生活費の払戻しも行っている．しかし，夫名義で口座を開設していることにも鑑みると，あくまでも妻は夫の使者として払戻しを行ったものであり，預金は夫に帰属するものと考えるのが自然なように思われる．妻への200万円の支払についてはどう考えるかというと，基本的には準占有者に対する弁済として有効と解される可能性は高いものの，仮に，夫からキャッシュカードの利用停止措置のみならず，預金全体の払戻しを停止するよう要請を受けていたといった事情があれば，準占有者に対する弁済の成立は難しいかもしれない．

　さて，事実がこれだけであれば，法的には以上のように整理しつつ，実務的には，妻に対して払戻金の返還を求める一方，夫に対しては預金者に対する丁寧な姿勢を維持しつつ，夫婦間で話し合っていただけないかなどと対応していくのが現実的であろう．ただ，実際に出現する事例は試験問題のように与件が全て明らかになっているわけではなく，事実そのものが，いわばジグソーパズルのようになっていて，果たして全てのピースが揃っているかすら不明な状況下で意思決定を強いられるケースも多い．

（砂山晃一）

コラム 2-5：外部機関からの照会

　銀行に対する外部機関からの照会については，受信にも与信にも関係するが，実務上は預金に関する照会が比較的多くみられるため，ここでまとめて触れておこう[131]．

（1）　銀行の守秘義務

　前提として，銀行は，銀行取引により知った顧客情報について守秘義務を負っているとされている．法律の明文はなく，当事者の合理的意思解釈として銀行と顧客との間の取引契約に含まれていると解する見解[132]，信義則に基づき発生しているとする見解，商慣習に基づき守秘義務を負うとする見解など，諸々の学説があるが，結論として銀行が顧客情報に係る守秘義務を負っているという点については争いがなく，実務上もその前提で運用されている．

(2) 弁護士法23条の2による照会

(ア) 制度の概要

弁護士法23条の2第1項は「弁護士は，受任している事件について，所属弁護士会に対し，公務所又は公私の団体に照会して必要な事項の報告を求めることを申し出ることができる．申出があつた場合において，当該弁護士会は，その申出が適当でないと認めるときは，これを拒絶することができる」としている．そして，同条2項は，「弁護士会は，前項の規定による申出に基き，公務所又は公私の団体に照会して必要な事項の報告を求めることができる」としている．

この照会制度（「23条照会」とも呼ばれる）は，個々の弁護士に直接的な権利を与えず，弁護士会が所属弁護士から申出を受けて適否を判断し，弁護士会の名義で報告を求めるという形をとっていることに特徴がある．弁護士会は，照会者から提出された資料をもとに照会の必要性および合理性を判断するものとしているが，照会者と第三者との間で紛争状態が生じていたとしても（ほとんどの場合がこれに当たるだろう），第三者の意見を聴取するといった手続を経ることは必要とされておらず，また，照会先に対する事前の意見聴取や不服申立ての制度も用意されていない．なお，照会を求められた団体等が報告を拒絶したとしても，それによる罰則は定められていない．

銀行に対しても，この弁護士法23条の2に基づき，第三者の預金に関する情報の照会がなされるといった事態がしばしば起こる．典型的には，預金差押えにより債権回収を図りたい債権者から債務者の預金の存否，所在等の照会がある場合や，離婚訴訟中の夫婦の一方から他方の預金の存否，金額等の照会がある場合などである[133]．

(イ) 金融機関の悩み

この関係で金融機関に意識されている最高裁判決が，いわゆる前科照会に係る国家賠償等請求事件の最高裁判決[134]である．従業員からの仮の地位を定める仮処分により解雇の有効性が争われている中，使用者側の弁護士が，照会を必要とする事由を「中央労働委員会，○○地方裁判所に提出するため」として，京都市伏見区役所に対する従業員の前科および犯罪経歴について照会の申出を行った．京都弁護士会は，これを適当と認めて同区役所に照会を行い，同区役所から回付を受けた中京区役所は業務上過失傷害等の前科がある旨を回答した．これに対して，従業員から京都市への国家賠償等請求訴訟が提起され，最高裁は，前科等をみだりに公開されないことは法律上の保護に値する利益であり，これをみだりに漏えいしてはならず，一定の場合には回答することができるものの取扱いには格別の慎重さが求められるなどとした上で，漫然と前科等を報

告したことは公権力の違法な行使に当たると判断した．

　金融機関としては，弁護士法23条の2により報告を求められる一方，みだりに回答すれば顧客とのトラブルに巻き込まれるのみならず，銀行にとって重大な信用の毀損を惹起したり，顧客に対しては守秘義務があるため場合によっては不法行為責任等を負い得ることになり，紛争の当事者ではないにもかかわらず，板挟みの状態に置かれる．しかも，上記の最高裁判決に鑑みると，たとえ弁護士法23条の2に基づく照会であるからといって，それに回答したとしても，顧客との関係では違法性が阻却されるわけではないため，その悩みは深いものである．顧客情報の回答について当該顧客自身の了解を確認できない場合は，回答を求められている情報の顧客にとっての重要性，かかる情報の開示を必要とする事情の深刻さ，代替手段の有無等を勘案して，ケース・バイ・ケースで考えるしかない．

　（ウ）　近時の裁判例

　近時問題となったのは，違法貸金業者であるいわゆる「ヤミ金」[135]の口座に関する照会のケースである．すなわち，ある口座がヤミ金業者の口座であるとして，対抗措置をとるべく当該口座の預金者の住所等の必要な情報の報告を求めて，銀行に対する弁護士法23条の2に基づく照会が行われた．しかし，銀行からみると，与信取引のない預金者については，口座内の金員の移動くらいしか情報を持ち合わせておらず，本当に預金者がヤミ金であるのかの判断は容易ではない．たとえば，全国から数万円程度の金額が多数振り込まれているような場合，たしかにヤミ金の資金移動でもそのようなことがあるのかもしれないが，インターネットを使って物品を全国に販売しても同じような資金移動となるであろう．そして，万一，照会者側の見込み違いである場合，銀行がこれに応じて回答してしまうと，信頼にかかわる重大な守秘義務違反を犯したことになってしまうため，対応に苦慮するのである．

　三井住友銀行とみずほ銀行が，実際に回答を拒絶したところ，両行に対して不法行為に基づく損害賠償請求訴訟が提起された事案がある．大阪地裁[136]は，銀行が預金等の受入れを内容とする契約の締結等をするに当たり取得した当該顧客の氏名，住所，電話番号等の開示を求める内容の23条照会を受けた場合，①当該顧客の行為によって開示請求者の権利ないし法的利益が侵害されていることが明らかであること，②開示を求める情報が開示請求者の権利ないし法的利益の裁判制度による回復を求めるために必要である場合その他これに準じる当該情報の開示を受けるべき正当な理由があること，③当該顧客を特定するために他に適当な方法がないことの各要件をいずれも満たした場合には，銀行は，当該照会に対して報告をする義務を負う一方，顧客に対する秘密保持義務違反

に基づく法的責任を免れると判示した．結論的には，当該事案では23条照会に対する報告義務が認められるものの，不開示について過失がないものとされ，損害賠償請求は棄却されている．

大阪地裁は報告義務が生じる場合を明確化しようとしたのかもしれないが，結局のところ，照会を受けた金融機関としては，権利利益が侵害されていることが「明らか」であるのかどうか，「他に適当な方法がない」のかどうか等について，どのように材料を揃えてどのように判断すべきなのか悩んでいるのであって，メルクマールとして実務上本当に機能するのか疑問がある．

なお，控訴審[137]では，23条照会を受けた者は「照会をした弁護士会に対して，法律上，報告する公的な義務を負う」とした上で，その義務はプライバシーの保護や守秘義務の観点からは何らの制限を受けないものであるとの判断を示した(もっとも，結論としては，当該義務は個々の弁護士や依頼人に対する関係での義務ではなく，報告の拒否は開示請求者に対する関係では不法行為を構成しないから，銀行は損害賠償責任を負わないとして処理されている)[138]．しかし，判旨のいう「公的な義務」が何を意味するのか(また，何の意味があるのか)疑問であるし，プライバシーや守秘義務を凌駕する強力な力が何ゆえ現状の23条照会制度に認められるのか疑問なしとしない[139][140]．

(エ) 近時の金融機関の対応状況

銀行としては，上記の裁判例なども念頭におきつつ，個別事案ごとに真面目に悩みながら対応を検討してきたところであるが，近時においては，23条照会に対して金融機関が顧客の同意を得ずに(守秘義務違反やプライバシー侵害の問題を生じることなく)回答が可能であるケースを，①債務名義を有する債権者による強制執行のための照会，②犯罪が絡む案件についての被害救済のための照会，③誤振込における振込先口座の名義人の特定のための照会などに類型化する試みが行われている[141]．そして，かかる類型化を踏まえ，一定の条件を満たした照会に対しては，顧客の同意を得ずに回答する取扱いが広がりつつある[142]．

(3) 税務当局による照会

税務署から照会がなされる場合もある．その種類としては，①納税者の税金の裏付けを確認し租税債権を確定する目的で行われる，質問検査権に基づく反面調査(国税通則法74条の2など)や，②納税滞納者の財産を調査し強制執行する目的で行われる，滞納処分のための調査(国税徴収法141条)，③租税犯を処罰すべく事件の解明の目的で行われる，租税犯則調査(国税犯則取締法1条・2条)がある．

③は，裁判所の令状に基づく強制調査であり(刑事捜査でいうところの令状に基

づく捜索差押えに相当する），全面的に調査を受け容れる義務を負う．

　他方，①および②は，いわゆる任意調査であり，対象者である銀行の承諾の下で行われるものではあるが，「答弁せず若しくは偽りの答弁をし，又は……検査を拒み，妨げ若しくは忌避した者」や「偽りの記載又は記録をした帳簿書類を提示した者」などには罰則が科されるものとされている（国税通則法127条2号・3号，国税徴収法188条など）．これは，私人の秘密よりも租税の徴収という公共の利益の確保を優先させるものと解され，回答したとしても，法的にも銀行に守秘義務違反による法的責任は生じないものと解されるし，事実上も顧客情報を回答したことについて比較的顧客から理解を得やすく，調査に協力している例が多いと思われる．

(4) 文書提出命令

(ア) 文書提出義務

　民事訴訟法220条は，「次に掲げる場合には，文書の所持者は，その提出を拒むことができない」と規定している．そのうち4号においては，「文書が次に掲げるもののいずれにも該当しないとき」として一般的提出義務が定められており，4号の列挙事由に該当しない限りは提出義務があるという構成になっている．4号列挙事由としては，職業の秘密に関する事項で黙秘の義務が免除されていないものが記載されている文書（4号ハ・197条1項3号）や，専ら文書の所持者の利用に供するための文書（4号ニ）などが掲げられている．

(イ) 銀行の文書と文書提出義務

　銀行との関係でも，文書提出義務の存否が最高裁まで争われた事件が，いくつか存在している．

　まず，貸出稟議書[143]については，みずほ銀行の前身である第一勧業銀行の事案であるが，最高裁[144]により「貸出稟議書は，専ら銀行内部の利用に供する目的で作成され，外部に開示することが予定されていない文書であって，開示されると銀行内部における自由な意見の表明に支障を来し銀行の自由な意思形成が阻害されるおそれがあるものとして，特段の事情がない限り，「専ら文書の所持者の利用に供するための文書」に当たると解すべきである」との判断が下されており，文書提出義務が否定されている[145]．

　これに対して，一般的な業務遂行上の指針を示し，あるいは，客観的な業務結果報告が記載された銀行の社内通達文書（ただし，顧客の信用情報や銀行の高度なノウハウに関する記載は含まれていないもの）については，平成18年の最高裁決定[146]により，開示によりプライバシーが侵害されたり銀行の自由な意思形成が阻害されたりするわけではなく，「専ら文書の所持者の利用に供するための文書」には当たらず文書提出義務がある旨の判断が下されている．

他方，自己査定資料[147]については，平成19年の最高裁決定[148]により，金融庁検査において査定の正確性を裏付ける文書として使用が予定されていることを理由に，「専ら文書の所持者の利用に供するための文書」には当たらないと判断されている．もっとも，職業の秘密に関する事項で黙秘の義務が免除されていないものが記載されている文書（民事訴訟法220条4号ハ・197条1項3号）に該当しないかについて審理させるため差戻しとした．差戻控訴審である東京高裁[149]は，インカメラ手続（民事訴訟法223条6項）によって内容確認し，文書に含まれる情報の性質を分析した上で，情報の性質ごとに，開示により銀行業務に深刻な影響を与え，以後その銀行業務の遂行が困難になるものといえるかどうかを本件の個別事情に照らして検討し，財務情報など一部については文書提出を認めた（職業の秘密に該当する部分にはマスキングをした上で文書提出を命じた）．なお，その抗告審である最高裁[150]は，結論としては原審の判断を是認して抗告を棄却した．

　以上の諸判例については，たとえば，金融機関内部における査定のための資料であるはずの自己査定文書が，金融庁も使うことがあるというだけで，自己専利用文書性が否定され第三者への開示が広く認められるのは妥当かといったような個別の疑問はあるものの，判例の内容を子細に見ていくと，具体的に銀行の提出義務が認められるのは，客観的な取引先の財務情報などについてであり，顧客に対する分析・評価や融資に対する意見といった情報については原則として提出義務の対象にはならないものと解され[151]，その限りでは大きな違和感は感じていない．

(砂山晃一)

---

1) 預金全体に関して参考となる文献としては，幾代通＝広中俊雄編・新版　注釈民法(16)(有斐閣，1989)394頁以下[打田・中馬]参照．
2) 預金を分類する場合，銀行法施行規則の別紙様式5号などに従い，預金契約の種類に基づいて分類するのが一般的であるが(田中誠二・新版　銀行取引法(経済法令研究会，四全訂版，1990)93頁以下，経済法令研究会編・新営業店の金融法務(経済法令研究会，2010)48頁以下など)，本章の目的は預金契約の種類そのものを論じることではなく，金融法の全体像を概観することにあるため，その理解に必要な範囲で，まず，預金の性質等に応じた分類を示した上で，預金契約の種類ごとに特徴を概観することとしている．
3) ちなみに，全国銀行協会の統計によれば，全国銀行における普通預金残高は，平成29年3月末現在，預金総額768兆6,102億円のうち393兆8,942億円である．
4) 「直ちに取立てのできる」証券類とは，期日の到来している証券類であって，手形交換，本支店交換，店内振替などの方法によって取り立てることができるものをいうとされている(鈴木禄弥ほか・注釈　銀行取引約定書・当座勘定規定(有斐閣，1979)115頁)．したがって，期日未到来のものや，支払義務者の住所地払いの手形など金融機関を支払場所としないものは，取立てに手間がかかることから，「直ちに取立てのできる」証券類には該当しない．
5) みずほ銀行の場合，キャッシュカードを利用した払戻し等に関する事項については，普通預金

規定とは別に，キャッシュカード規定において定めている．なお，現状，キャッシュカードの利用に際しては，あらかじめ登録してある4桁の暗証番号を入力する仕組みが一般的である．銀行によっては，通帳を利用したCD・ATMでの払戻しが可能な銀行もあり，それに関連する判例を後に紹介する（後述5(2)(ア)参照）．

6) 最高裁判所事務総局家庭局が公表した「成年後見事件の概況」によれば，平成27年1月から同年12月までの全国の家庭裁判所の成年後見関係事件（後見開始，保佐開始，補助開始および任意後見監督人選任事件）の申立件数は，合計34,782件であり，対平成20年比で約31%増加している．

7) 東京高判平成22年12月8日金融法務事情1949号115頁は，被保佐人が，保佐人である父が保管していた被保佐人の預金口座の通帳とキャッシュカードを無断で持ち出し，ATMで約425万円を払い戻して費消してしまった後，銀行に対して，払戻行為を取り消す（民法13条4項）とともに預金返還請求訴訟を提起したという事案であり，免責約款の有効性が問題となった．東京高裁は，結論として免責約款の拘束力を肯定している．銀行としては，（個別の取引に際して預金者の行為能力に疑問を抱いた場合には，慎重に対応しているのは当然であるが，）与信取引のない純粋な預金先については，普段から継続的に接触の機会を有することは多くないし，特にATMでの払戻しが行われる場合には行為能力を確認しようがない．それもあって，銀行界では，成年後見制度創設の段階から免責約款の導入を検討する一方で，できる限りの現実的な対応策として，法務省，最高裁判所等にも積極的に働きかけ，届出すべき旨の約定が定められている場合があることについて注意喚起を行ってもらっていたのである（全国銀行協会事務システム部「新しい成年後見制度に係る銀行実務上の対応について」金融法務事情1570号(2000)31頁）．学説では，制限行為能力者保護の制度であることを強調して銀行に責任を帰せしめるべきとの見解もあるが（滝沢昌彦「判批」金融法務事情1953号(2012)7頁），筆者としては，それでは銀行に不可能を強いるのではないかとの疑問を禁じ得ないところであるし，また，後見人・保佐人・補助人としても制限行為能力者による単独での取引が行われないよう然るべき措置をとらなければ任務を全うできないはずであり，かつ，届出自体は容易になしうることであるから，東京高裁の立場は妥当と考えている．

8) 民法上は，金銭の給付を目的とする債務の不履行については，不可抗力をもって抗弁とすることができないものとされているが（民法419条3項），たとえば，預金の帰属等に争いがある場合に，一方で二重払いのリスクを負う銀行が他方で遅延損害金の支払債務まで負うのは，いかがなものかという考え方もあるところである．裁判例の中には，銀行が預金者本人を確認するための必要最小限の相当期間のうちは債務不履行責任を負わないことを示唆するもの（大阪高判平成10年2月13日金融・商事判例1049号19頁）や，預金者に共同相続が発生した場合において，戸籍謄本，除籍謄本等が提出されるなどして，払戻請求者が相続人であることおよびその相続分を確認できた時点で初めて遅滞に陥るものと解すべきとするもの（東京地判平成22年11月15日公刊物未登載）もある．

9) 平成29年改正後の民法404条は，法定利率を年3%とし，かつ3年ごとに法定利率の見直しを行い，法務省令により法定利率を修正するという変動性を採用する．これに伴い，商事法定利率に関する商法514条は削除され，商行為に関しても平成29年改正後の民法404条が適用されることになる．近時の低金利下において年5分ないし6分という法定利率は過度に高く，現下の経済状況に見合った改正であると評価できる．

10) 昭和23年1月10日大蔵省告示第4号（最終改正平成15年2月28日金融庁・財務省告示第4号）「金融機関の金利の最高限度に関する件」1号．

11) 全国銀行協会の統計によれば，全国銀行における当座預金残高は，平成29年3月末現在，50兆5,204億円である．

12) 前田庸・手形法・小切手法（有斐閣，1999）204頁参照．

13) 現行の民法の下では，返還の時期を定めなかったときは寄託者はいつでも返還を請求することができるが（民法666条2項），返還の時期を定めたときはその時期が到来するまでは返還を請求することができない（民法662条の適用は排除される）と解されている．これに対し，平成29年改正後の民法では，消費寄託についても寄託に関する定めが適用されるべきことを前提に，消費貸借の規定全般を準用する民法666条1項が削除されており，したがって，平成29年改正後の民法662条1項（現行の民法662条と同じ）に基づき，返還の時期を定めたときであっても，寄託者はい

つでも返還を請求することができることになる．もっとも，これと反対の特約を預金規定などにおいて定めれば，平成29年改正後の民法下においても，定期預金について満期到来前の払戻請求をできないようにすることは可能である．

14) 全国銀行協会の統計によれば，全国銀行における定期預金残高は，平成29年3月末現在，274兆7,006億円である．

15) 中途解約の際には，本来の定期預金の約定利息に比べて低い率での利息が付されることになるが，その計算方法は銀行により異なっており，みずほ銀行では，定期預金規定に計算方法を明記している（たとえば，預入日の3年後の応当日を満期日とする場合に，2年以上2年6か月未満で解約したときは，約定利率×40％の利率により計算する等）．

16) 当座貸越の意義については，第3章7(3)参照．総合口座には当座預金や当座勘定取引が含まれているわけではないため，厳密に言えば純然たる当座貸越とは異なるが，取引の類似性から，本文④の取引も「当座貸越」と呼ばれている．すなわち，総合口座においては，預金残高が払戻しや自動支払いに必要な金額に不足するとき（たとえば，総合口座の普通預金残高が10万円，定期預金残高が100万円であるところ，普通預金から30万円の自動引落しがあるとき），当座不足額（10万円－30万円＝－20万円）について，定期預金等の額に所定の掛目（みずほ銀行の場合，定期預金であれば90％）をかけた金額（100万円×90％＝90万円）または200万円のうちいずれか少ない額を限度として，自動的に貸出を行って当該不足額を補う．その後に普通預金に入金があると，貸越金残高まで自動的に返済に充てられる．

17) 各行為規制が準用される根拠について分析・検討したものとして，中田裕康「特定預金等契約における銀行の行為規制」金融法務研究会報告書(14)2頁．

18) 我妻榮・債権各論 中巻二 民法講義V3（岩波書店，1962）729頁，内田貴・民法Ⅱ債権各論（東京大学出版会，第3版，2011）307頁．

19) 通説に対しては，既に，末川博教授により，「一方の側だけの利益を眼中に置いて預金契約の性質や効力を論断することは，法律上の考察としても許さるべきではあるまい」との批判が加えられていた（末川博・契約法 下（各論）（岩波書店，1975）231頁）．

20) 最一小判平成21年1月22日民集63巻1号228頁．事案は，預金者の死亡に伴い定期預金および普通預金を複数の相続人が相続した場合に，共同相続人の一人が，他の共同相続人の同意なく，当該相続預金の取引経過の開示を求めることができるか否かが争われたものであり，最高裁は，本文記載の預金契約の法的性質も理由に挙げた上で，共同相続人の一人による単独での取引経過開示請求権の行使を認めている．取引経過開示請求権の限界については，東京高判平成23年8月3日金融法務事情1935号118頁も参照されたい．

21) 前田庸「交互計算の担保的機能について――交互計算残高に対する差押の可否をめぐって(1)(2・完)」法学協会雑誌78巻6号(1961)628頁・79巻4号(1962)391頁．

22) 交互計算とは，商人間または商人と非商人との間で平常取引をなす場合において，一定の期間内の取引により生ずる債権・債務の総額につき相殺をなし，その残額の支払をなすべきことを約する契約をいう（商法529条）．このような商法上の交互計算では，交互計算に組み入れられた個別の債権は，期間中，個別に譲渡・質入れはできず第三者が差し押さえることもできず，計算期間経過後に一方の当事者に生じる残額のみが請求可能な債権として取り扱われる（交互計算不可分の原則）．これに対して，段階的交互計算では，個々の債権債務は発生の都度決済されることとなり，その時々の残高債権が確定して1個の債権が成立するので，この1個の残高債権の処分や差押えも肯定される．

23) 森田宏樹「電子マネーの法的構成(3)」NBL 619号(1997)33頁．

24) 道垣内弘人「普通預金の担保化」中田裕康＝道垣内弘人編・金融取引と民法法理（有斐閣，2000）58頁．

25) 最大決平成28年12月19日民集70巻8号2121頁．

26) 鈴木竹雄＝竹内昭夫「銀行取引と約款・判例・立法」銀行取引判例百選〔新版〕（有斐閣，1972）6頁．

27) 道垣内弘人・リーガルベイシス民法入門（日本経済新聞出版社，第2版，2017）223頁．なお，金融取引における約款をめぐる諸問題については，金融法務研究会報告書(26)も参照．

28) 「定型約款」とは,「定型取引」(ある特定の者が不特定多数の者を相手方として行う取引であって,その内容の全部または一部が画一的であることがその双方にとって合理的なもの)において,契約の内容とすることを目的としてその特定の者により準備された条項の総体をいうものとされている(平成29年改正後の民法548条の2第1項).
29) 消費者契約法の不当条項規制に関しては,銀行に関する裁判例は見当たらないものの,他の分野において最高裁は比較的積極的な判断を示している.たとえば,大学入学試験の合格者があらかじめ納付する入学金・授業料の不返還特約に関して,入学金については,入学し得る地位を取得するための対価としての性質を有するものであり,大学が合格した者を学生として受け入れるための事務手続等に要する費用にも充てられることが予定されているものであるから,不返還特約は有効であるが,授業料については,在学契約に基づく大学の給付の対価としての性質を有するものであり,大学入学日より前,すなわち3月31日までに解除がなされれば原則として学生に返還しなければならないとの判断が示されている(最二小判平成18年11月27日民集60巻9号3437頁).
30) 神作教授は,定期預金に関して,「約款上は,定期預金を満期日前に解約できるのは,銀行が「やむを得ないものと認め」た場合に限られている.しかしながら,「やむを得ないものと認め」られるのはどのような場合か,きわめてわかりにくいと批判されている.さらに,解約が認められた場合には利率は「当行所定の利率によって計算」する旨の条項が置かれている例が多いが,「当行所定の」ルールが消費者にとって必ずしも明確でない場合が少なくないように思われる」と指摘されている(神作裕之「保険・金融関連の契約条項の現状と問題点」消費者契約における不当条項研究会『消費者契約における不当条項の実態分析』別冊NBL 92号(2004)79頁).もっとも,後者の利率の点については,少なくともみずほ銀行においては,定期預金規定において計算方法を明示している(前掲注15)参照).また,前者の解約事由についても,実務上,銀行が定期預金の中途解約を拒むのは,預金の帰属について疑問符が付く場合がほとんどであると思われ,実質的には,払戻しの相手が分からない場合に遅延損害金なく払戻しを留保できる手段として機能している.以上のことを踏まえると,実務上は,正常な運用がなされる限り,定期預金について,解約条項の不明確性が問題となる余地は乏しいように思われる.
31) 最一小判昭和48年7月19日民集27巻7号823頁.
32) 東京高判昭和50年5月7日金融法務事情758号36頁.
33) 最二小判昭和50年10月24日集民116号389頁.
34) 最一小判昭和52年3月17日民集31巻2号308頁.
35) 最一小判平成9年6月5日民集51巻5号2053頁.
36) その他,譲渡禁止特約に関する判例としては,譲渡禁止特約に反して債権を譲渡した債権者が同特約の存在を理由に譲渡の無効を主張することは,債務者にその無効を主張する意思があることが明らかであるなどの特段の事情がない限り許されない,とした最二小判平成21年3月27日民集63巻3号449頁がある.この点,預金債務の債務者としての銀行の立場からみると,いずれにせよ,当該預金の譲渡・質入れを許容するか否かを判断すればよいことに変わりはない.また,立場を変えて,債権者たる銀行が譲渡禁止特約の付された債権について譲渡担保ないし質権の設定を受けるという局面についてみても,実務上は,債権に質権や譲渡担保の設定を受けるに際しては,譲渡禁止特約の有無を確認した上で第三債務者の承諾を得るのが通常であり,それに尽きると思われる.
37) 米倉明「債権譲渡禁止特約の効力に関する一疑問(1)」北大法学論集22巻3号(1971)51頁以下.
38) なお,消費寄託契約は要物契約であると解するのがかつての通説であり,これによると,現金による店頭入金の場合には,顧客が金銭を銀行に交付し,銀行がこれを受け取ることが預金契約成立の前提となる.
39) 大判大正12年11月20日法律新聞2226号4頁.
40) 我妻榮・前掲注18)734頁.
41) 河本一郎「判批」銀行取引判例百選〔新版〕(有斐閣,1972)48頁.
42) 田中誠二・前掲注2)81頁.
43) 内田貴・前掲注18)304頁.

第 2 章　受信取引法　　73

44）　実務上，預金申込者は，預金通帳および現金と預入金額を記入した申込書とをテラー（窓口係行員）に渡し，テラーは，受け取った現金を，他の顧客の現金とは区別していったん預かり，これを数える．そして，数えた結果と申込書に記載された金額とが一致していれば，入金記帳をして，預金通帳を申込者に返還する．このような段階を踏んで初めて銀行は預金の金額を確認できるのであり，筆者としては，預金金額の確認ができない段階で，同種，同等，同量の物を返還するという契約が成立すると考えるのは，いかがなものかと考えている．
45）　各支店が，受け入れた他店券を支払場所である他店で個別に取り立てなければならないとすると，大きな労力と危険を伴う．そこで，構成員である一定地域内の金融機関が，相互に取り立てるべき手形・小切手を集団的に呈示・交換し，その差額分のみの資金を授受することで，決済の合理化と安全を図る「手形交換所」が整備されている．通常，受け入れた手形等は，当日の夜に集められて，翌日の手形交換によって支払銀行に渡り，そこで決済できなければ（すなわち不渡りになれば），翌々日の不渡返還時限までに手形交換により返還される（不渡返還）．したがって，実務上は，不渡返還時限までに手形等が返還されてこなければ，決済が確認されて手形等による入金がされたものとして取り扱われる．なお，手形・小切手を6か月間に2回不渡りにした支払義務者は，手形交換所の規則により，全ての交換参加金融機関との間で，2年間，当座勘定および新規の貸出取引を行うことができなくなる．これを「取引停止処分」といい，支払義務者の信用性が著しく悪化したことを示す事象であるといえる．
46）　みずほ銀行当座勘定規定 2 条 1 項参照．
47）　最一小判昭和 46 年 7 月 1 日金融法務事情 622 号 27 頁．
48）　みずほ銀行当座勘定規定 2 条 2 項参照．
49）　最三小判平成 3 年 11 月 29 日民集 45 巻 8 号 1209 頁．
50）　同判決の理論構成については，富越和厚・最高裁判所判例解説民事篇（平成 3 年度）443 頁参照．
51）　最三小決平成 13 年 3 月 12 日刑集 55 巻 2 号 97 頁．
52）　事案は，銀行ではない者が，外国送金の依頼を受けて送金資金を受領するが，そのまま当該資金を外国に輸送するのではなく，現地の共犯者に連絡して指図し，外国にある口座の資金を用いて同額を外国にある受取人の口座に入金した，というものである．最高裁は，本文のとおり為替取引について定義した上で，被告人を銀行法違反により有罪とした原審の判断を是認している．
53）　同法の制定経緯および内容について，詳しくは高橋康文編著・逐条解説資金決済法（金融財政事情研究会，増補版，2010）など参照．平成 28 年 12 月 31 日現在，47 社が資金移動業者としての登録を受けている．
54）　振込みの仕組みに関する参考文献として，鈴木禄弥＝竹内昭夫編・金融取引法大系　第 3 巻　為替・付随業務（有斐閣，1983）69 頁〔松本貞夫〕，森田宏樹「振込取引の法的構造——「誤振込」事例の再検討」中田裕康＝道垣内弘人編・前掲注 24）148 頁，大坪丘・最高裁判所判例解説民事篇（平成 8 年度）378 頁など参照．
55）　仮に振込契約が第三者のためにする契約であるならば，受取人が受益の意思表示をすれば，受取人は直接給付を請求する権利を有することになるが（民法 537 条 1 項），通説によれば，振込契約は第三者のためにする契約ではないと解されている．なお，振込みとは似て非なるものとして電信送金契約（電報により銀行を通じて送金を行うものであり，受取人は電報送達紙により支払を受けることができるもの．現在は主に海外送金で用いられる）があるが，これについては，特別の事情がない限り，第三者のためにする契約ではないとする最高裁判決が下されている（最一小判昭和 43 年 12 月 5 日民集 22 巻 13 号 2876 頁）．
56）　最一小判平成 12 年 3 月 9 日金融法務事情 1586 号 96 頁．
57）　内国為替取扱規則によって取扱いが定められており，①重複発信，②受信銀行名・店名相違，③通信種目コード相違，④金額相違，⑤取扱日相違の場合には，発信した電文の取消を依頼することができるものとされている（内国為替取扱規則②-138 頁）．これを受けて，銀行と預金者との預金規定においても，たとえば「この預金口座への振込について，振込通知の発信金融機関から重複発信等の誤発信による取消通知があった場合には，振込金の入金記帳を取り消します」といった条項が定められている（みずほ銀行普通預金規定 3 条 2 項参照）．
58）　最二小判平成 8 年 4 月 26 日民集 50 巻 5 号 1267 頁．

59) 同判決に対しては，銀行の抽象的な利益を守るために，誤振込の受取人の債権者に振込金を得させるという棚ぼたを認める結論になっているといった批判もあった(岩原紳作「判批」金融法務事情 1460 号(1996)11 頁参照)．しかし，この場面における銀行の利益とは，振込という資金移動手段を原因関係から切り離して遂行すること，ひいては円滑な資金仲介機能が果たされることにほかならないのであって，銀行の私的な経済的利益やエゴが保護されるといったものではなく，批判は当たらないのではなかろうか．
60) 最二小決平成 15 年 3 月 12 日刑集 57 巻 3 号 322 頁．
61) 平成 8 年判決と平成 15 年判決との関係については，諸々の議論があるが，最高裁判所調査官による解説として，宮崎英一・最高裁判所判例解説刑事篇(平成 15 年度)112 頁参照．
62) 佐伯仁志＝道垣内弘人・刑法と民法の対話(有斐閣，2001)41 頁〔佐伯発言〕参照．
63) 最二小判平成 20 年 10 月 10 日民集 62 巻 9 号 2361 頁は，結論として受取人からの払戻請求は権利濫用ではないとしたが，次のような特殊な事案に関するものである(松本恒雄「判批」金融・商事判例 1344 号(2010)7 頁参照)．すなわち，X が Y 銀行に開設した普通預金(残高 1,000 円弱)の通帳，A(X の夫)が B 信託銀行に開設した定期預金(元金 1,100 万円と元金 1,000 万円の 2 口)の通帳，それらの銀行届出印等が窃取された．盗取者は，当該通帳等を用いて B 信託銀行で預金を解約し払い戻そうとしたが，信託銀行である B には現金の在庫が少なかったため，A 名義の定期預金合計 2,100 万円のうち 1,000 万円分しか払戻しをすることができなかった．そこで，盗取者は，残りの定期預金 1,100 万円については，解約して Y 銀行の X の普通預金口座に振り込んだ上で，その通帳等を利用してこれを払い戻した．このような状況下で，まず A が B 銀行に対して無権限者による払戻しおよび振込みであったことを理由に 2,100 万円の払戻請求訴訟を提起し，さらに別訴として，X も Y 銀行に対して無権限者による払戻しであったことを理由に 1,100 万円の払戻請求訴訟を提起した．X と Y 銀行との訴訟において東京高裁は，X は自己のために払戻しを請求する固有の利益を有しないとして，権利濫用法理を用いて X の請求を全部棄却した．最高裁は，原因関係の存否にかかわらず受取人が預金債権を取得するという平成 8 年判決の立場を確認した上で，受取人による払戻請求を認めることが著しく正義に反するような特段の事情があるときは権利の濫用に当たるとしても，本件では権利濫用に当たるということはできない，として破棄差戻しとした．もっとも，A と B 銀行との間の訴訟では，X と Y 銀行との訴訟における東京高裁判決の後に，請求額の 6 割である 1,260 万円を B 銀行が支払うとの和解が成立しており，X の Y 銀行に対する 1,100 万円の支払請求が認容されると，X および A の二重取りが生じてしまう事態となった．結局，差戻審では，Y 銀行が X に 850 万円の支払をするとの和解が成立したようである．両訴訟が同一の裁判所で審理されていれば，このような事態は生じなかったのであろうが，本件では別々の裁判所で審理が進んだようである．
64) 前掲最判平成 8 年 4 月 26 日．
65) 名古屋高判平成 17 年 3 月 17 日金融法務事情 1745 号 34 頁．
66) 東京地判平成 17 年 9 月 26 日判例タイムズ 1198 号 214 頁．
67) 名古屋高判平成 27 年 1 月 29 日金融・商事判例 1468 号 25 頁．
68) 佐伯仁志＝道垣内弘人・前掲注 62)39 頁〔道垣内発言〕．
69) 誤振込みといっても一様ではない．たとえば，倒産危機にある X 社が，取引銀行である Y 銀行からの相殺による回収を免れるため，取引先である A 社に対し，Y 銀行の X 社口座ではなく B 銀行の X 社口座に代金を振り込むよう依頼したが，A 社が，誤って従前どおり Y 銀行の口座に振込みを行ったといったケースであれば，Y 銀行としては漁夫の利を得ているわけではなく，(倒産法上の相殺禁止規定に抵触しない限り)相殺が許容されるという考えもあろう．他方，振込詐欺の入金先口座が，なぜか住宅ローンの返済口座になっており，返済日に自動的に振込金から決済されてしまったという事例もあり，銀行の意図せざる回収であるとして返済充当を取り消す扱いとしたこともある．
70) 我妻榮・前掲注 18)734 頁．
71) 最一小判昭和 32 年 12 月 19 日民集 11 巻 13 号 2278 頁．
72) 最高裁判所民事判例集の判決要旨では，預金者は出捐者であると判断した判決と紹介されている．

73) 最三小判昭和 48 年 3 月 27 日民集 27 巻 2 号 376 頁.
74) 最三小判昭和 57 年 3 月 30 日金融法務事情 992 号 38 頁.
75) 森田宏樹「振込取引の法的構造――「誤振込」事例の再検討」中田裕康＝道垣内弘人編・前掲注 24)137 頁参照.
76) 最一小判平成 14 年 1 月 17 日民集 56 巻 1 号 20 頁.
77) 請負業者の工事資金調達の便宜を図るとともに, 請負契約が解除された場合には地方公共団体が確実に前払金の返還を受けられるようにしたものである. なお, 国についても, 同様の仕組みが設けられている(会計法 22 条, 予算決算及び会計令臨時特例 2 条 3 号).
78) 具体的には, 下請代金, 材料代金, 機械器具の賃借料等の振込みを行うには, 取引先からの振込依頼書等を提出すれば直接振込処理が可能である. また, これらのために立替払を行ったため, 自社の口座への振替または現金での払出しを行うには, 取引先からの請求書および領収書等を提出すれば振替または払出しが可能である. 他方, 小口保証の預託金や中間前払預託金の場合には, 保証会社の承認印のある払出依頼書を提出すれば, 払出しが可能である(いずれも東日本建設業保証会社の場合).
79) 信託契約とは, 受託者との間で, 受託者に対する財産の譲渡等および受託者が一定の目的に従い財産の管理または処分等をすべき旨の契約を締結することをいう(信託法 3 条 1 号参照. ただし, 本判決自体は平成 18 年法律第 108 号による信託法の全面改正前の事例である). 当該財産(信託財産)は委託者から受託者に移転され, 受託者は信託目的に従って受益者のために管理・処分する義務を負う. この信託財産は, 受託者に帰属するものの, 受託者の固有財産とは別個の独立した存在であり(信託財産の独立性), 受託者の倒産からも切り離される(倒産隔離).
80) 建設会社が倒産したような場合に, 銀行は, 建設会社に対する貸付金を自働債権とし, 前払金預入口座の預金債権を受働債権として, 相殺による回収(第 4 章 2(3)参照)を図ることができるだろうか. 前払金は, 工事の進捗割合(出来高)に応じて, 建設会社のものとなるべき部分とそれ以外の部分(地方公共団体に返還されるべき部分)とに分けられるが, 前者については, 銀行は当該部分が信託財産から外れて建設会社に帰属する段階になれば相殺することを期待できる立場にあり, 相殺可能と解すべきである. 裁判例としては, 建設会社が破産した事案についての名古屋高金沢支判平成 21 年 7 月 22 日金融法務事情 1892 号 45 頁および福岡高判平成 21 年 4 月 10 日金融・商事判例 1906 号 104 頁がある. 両裁判例は, 請負契約解除後に行われる「出来高確認」という外形的作業により, 出来高相当額の前払金が信託財産を外れて建設会社に帰属すると考え, 破産法 71 条 1 項 1 号の規律を適用して, 出来高確認による預金債務負担の時期と破産手続開始決定との先後によって相殺の可否を決する立場とも考えられる. しかし, 前払金に係る建設会社の預金債権は, 出来高確認によって新たに発生すると考えるべきなのであろうか. そうではなく, 預金開設当初から, 払出禁止の解除を停止条件とする停止条件付債権として生じていたと考えるのが, 実態に合うのではないか. そのように解するとすれば, 少なくとも破産手続との関係においては, 銀行は預金開設当初から停止条件付の預金債務を建設会社に対して負担していると考えられ, 「出来高確認」なる行為と破産手続開始との先後にかかわらず, 相殺は破産法 67 条 2 項により許容される(最二小判平成 17 年 1 月 17 日民集 59 巻 1 号 1 頁参照)と解すべきことになろう(畠山新「前払保証金の信託終了による破産財団への復帰と相殺禁止」金融法務事情 1906 号(2010)43 頁. ただし, 相殺できる範囲は, 上記のとおり建設会社のものとなるべき部分である). 銀行としては, 最高裁の判断は出ていないが, 上記裁判例も踏まえつつ, 個別に対応している.
81) 最二小判平成 15 年 2 月 21 日民集 57 巻 2 号 95 頁.
82) 最一小判平成 15 年 6 月 12 日民集 57 巻 6 号 563 頁.
83) 最高裁の事案は弁護士個人名義の口座であったが, 「A 代理人 X」や「弁護士 X, A 預り金口」といった名義の預金もあり得る. しかし, 名義の如何がどれほど重視されているのかというと明らかではなく, 最高裁判決を前提とすれば, これらの場合にも, 口座開設の経緯, 管理状況等を総合的に考慮して判断することになるのではないかと考えられる.
84) 森田宏樹「判批」ジュリスト 1269 号(2004)84 頁は, 少なくとも流動性預金口座については, 預金債権の帰属主体(債権者)としての「預金者」と, 枠契約たる預金契約の当事者として口座の利用権限を有する「預金者」(預金契約上の地位)とを区別して論じることが必要であるところ, 判旨

が問題としているのは後者の意味における預金契約の当事者は誰であるかであり，判旨の基礎には，普通預金口座に入金記帳された金銭（預金債権）は，普通預金契約の当事者として当該口座の利用権限を有する「預金者」に帰属するという考え方が存すると理解できようと分析している．実務上の観点からも，このような分析に違和感はない．

85) 前掲最判昭和48年3月27日．
86) 平成29年改正後の民法478条では，「債権の準占有者」との表現が，「取引上の社会通念に照らして受領権者としての外観を有する〔者〕」に改められた．もっとも，その意味内容は実質的に同一であり，現行民法478条の準占有者に対する弁済に関する議論は，民法改正後もなお妥当する．
87) そのほかに，平面照合（届出印鑑と印影とを並べて肉眼で比べる方法），折り重ねによる照合（届出印鑑の上に，書類の印影部分を折り曲げて密着させ，一致を確認する方法），科学的照合（拡大鏡等を用いて重ね合わせる方法）といった方法がある．
88) 最一小判昭和46年6月10日民集25巻4号492頁．
89) なお，この事案では，「手形小切手の印影が，届出の印鑑と符合すると認めて支払をなした上は，これによって生ずる損害につき銀行は一切その責に任じない」旨の当座勘定取引規定が存在していたが，最高裁は，銀行の預金取引規定等においては，「かかる免責約款は，銀行において必要な注意義務を尽くして照合にあたるべきことを前提とするものであって，右の注意義務を尽くさなかったため銀行側に過失があるとされるときは，当該約款を援用することは許されない趣旨と解すべきである」としている．それゆえ，結果的に約款の適用と民法478条の適用とは概ね重なり合うことになっている（奥田昌道・債権総論（悠々社，増補版，1992）506頁）．なお，既にみたように（前述2(1)(ア)参照），みずほ銀行の普通預金規定においても，「相当の注意をもって照合し，相違ないものと認めて取り扱いました」場合には免責される旨を定めている．
90) 我妻榮・新訂　債権総論　民法講義IV（岩波書店，1964）279頁．
91) 最三小判昭和37年8月21日民集16巻9号1809頁．
92) 最一小判昭和42年12月21日民集21巻10号2613頁．
93) 最三小判昭和41年10月4日民集20巻8号1565頁．
94) 栗原忍・最高裁判所判例解説民事篇（昭和41年度）419頁．
95) ただし，期限前に払い戻すというからには何らかの特別な事情があることも多い．実務上は，トラブルを回避し，ひいては銀行の信頼を維持する観点から，大量処理の要請に配慮しつつ可能な範囲で慎重な確認を行っている．
96) 最一小判昭和59年2月23日民集38巻3号445頁．
97) その他の裁判例として，総合口座取引において，無権限者からの払戻しの請求に応じて当座貸越を行い，これによって生じた債権と定期預金とを相殺した事案（最一小判昭和63年10月13日金融法務事情1205号87頁），預金者の代理人と称する者に対し預金担保貸付を行い，質権実行の趣旨で定期預金の払戻充当を行った事案（最三小判平成6年6月7日金融法務事情1422号32頁）において，いずれも民法478条の類推適用により銀行による相殺または払戻充当の有効性が認められている．
98) 最二小判平成5年7月19日判例タイムズ842号117頁．
99) 免責約款の効力を認めるためには銀行の無過失が必要であるとする従来の最高裁の判断方法に従いつつ，システム全体の安全性を基準に過失の有無を判断したものであるとされている（中田裕康・債権総論（岩波書店，第3版，2013）339頁）．
100) 最三小判平成15年4月8日民集57巻4号337頁．
101) 前掲最判平成15年4月8日．
102) 東京高判平成18年7月13日金融法務事情1785号45頁．
103) 東京地判平成18年2月13日金融法務事情1785号49頁．
104) 本人の重過失や過失となり得る場合の基準については，平成17年10月6日に発表された全国銀行協会「偽造・盗難キャッシュカードに関する預金者保護の申し合わせ」参照．
105) たとえば，相続預金の帰属が問題となっている場合において，係争の存在を一方当事者から聞いているだけでは足りず，係争者双方から銀行に対して払戻請求が行われていない限り，債権者不確知供託を受け付けないといった取扱いが行われることもあるようである．誰が預金者か分から

106) 最一小判昭和29年4月8日民集8巻4号819頁.
107) 共同相続人の一部が法定相続分に応じた預金の払戻しを求めた場合において，従前の多くの裁判例では，結論としては法定相続分に応じた請求を認容してきた．裁判例の分析については，山田誠一「預金者の死亡による相続と金融機関がする預金の払戻し」金融法務研究会報告書(19)21頁，安西二郎「相続預金払戻請求訴訟の論点」判例タイムズ1355号(2011)52頁参照．
108) 最大決平成28年12月19日民集70巻8号2121頁．
109) 同決定の事案で問題となったのは，普通預金，通常貯金および定期貯金であり，銀行の定期預金等その他の預金は含まれていない．もっとも，同決定は預貯金契約の一般的な性質や機能，遺産分割手続での実務上の取扱いなどを踏まえた上で判断をしていることから，同決定の射程は金融機関の取り扱う預貯金全てに及ぶものと考えられる．同決定の後に出された最一小判平成29年4月6日金融法務事情2064号6頁も，信用金庫の定期預金および定期積金について，平成28年の最高裁決定を参照した上で同様の判断をしている．
110) 我妻博士は，助教授時代に経済学部の学生に講義するために書かれた我妻榮・民法大意　下巻(岩波書店，第2版，1971)694頁以下で，「要するに，共同相続における相続開始から分割完了までの遺産の管理についての民法の規定はすこぶる不充分である．遺産合有の理論に基づいてこの関係を明らかにすると同時に，必要な立法をすることが望まれる」と書いておられる．当該記述は，直接には遺産の管理に関する規定についてのものであるが，我妻博士は，債権債務についても相続人の合有になると解すべきとしつつ，かかる解釈をとっても不十分な点として管理の規定を挙げるものであり，詰まるところ，相続に関する民法の規定は全体として不十分であることを指摘するものと解される．実務に携わる者として，同感である．なお，現在，法制審議会の民法(相続関係)部会において，相続法制の改正に関する検討が進められているところである．
111) なお，預金者の相続に関しては，法定相続分に応じた払戻しに応じてよいかという問題のほか，相続人の一部が遺留分減殺請求をしている場合の対応，遺産分割調停が成立している場合の対応，相続財産管理人から払戻請求があった場合の対応，遺言執行者が選任されている場合の対応，預金を「相続させる」旨の遺言がある場合の対応，葬儀費用のために相続人から一部の払戻しの要請があった場合の対応，従前の口座振替取引についての対応など，多種多様な問題がある．関心のある方は，平成28年の最高裁決定の登場以前の文献であるが，吉岡伸一＝渡邊博巳＝高橋悦夫・取引先の相続と金融法務(金融財政事情研究会，2010)など参照．近時は，外国籍の預金者について相続が発生し，その事実調査や法律関係に悩むことも稀ではない(法の適用に関する通則法36条により，相続は被相続人の本国法によるものとされている)．
112) 大阪地判平成18年7月21日金融法務事情1792号58頁．
113) 福岡高判平成22年2月17日金融法務事情1903号89頁，大阪地判平成23年8月26日金融法務事情1934号114頁．その他に，福岡地判平成23年6月10日金融法務事情1934号120頁は，投資信託受益権は準共有されると解した上で，解約実行請求については民法544条1項の適用ないし類推適用により相続人全員からのみ行うことができると解している．なお，同判決では，個人向け国債の中途換金請求権を共同相続人の一部が行使することができるか否かも問題となったが，これについても消極の判断が下されている．
114) 最三小判平成26年2月25日民集68巻2号173頁．
115) 最二小判平成26年12月12日集民248号155頁．
116) なお，前掲最判平成26年2月25日は，個人向け国債についても，相続開始と同時に当然に相続分に応じて分割されることはないと判示した．
117) 平成29年改正後の民法では，債権の消滅時効について，権利を行使することができることを知った時から5年，権利を行使することができる時から10年という二元的な消滅時効期間に変更され(平成29年改正後の民法166条1項)，これに伴い商法522条の消滅時効は廃止される(後述第4章1(1)(エ)参照)．
118) 大判明治43年12月13日民録16輯937頁．
119) もっとも，流動性預金の場合には，預金の預入れや払戻しの都度，段階的交互計算または更改的効果によって残額について新たな債権が発生すると考えれば(前述2(2)(イ)参照)，時効の中

断として捉えるのではなく，新たな債権について新たな時効が進行すると考える方が自然ということになる．
120) 大判昭和10年2月19日民集14巻2号137頁．
121) 銀行による定期預金の消滅時効の援用が認められた裁判例として，大阪高判平成6年7月7日金融法務事情1418号64頁などがある．
122) 最三小判平成19年4月24日民集61巻3号1073頁．
123) 我妻榮・新訂 民法総則 民法講義I(岩波書店，1965)452頁．
124) 預金の差押えに関しては，以下に述べるほかにもさまざまな論点がある．関心がある方は，金融財政事情研究会編・実務必携 預金の差押え(金融財政事情研究会，2012)参照．
125) 預金保険制度においては，金融機関が破綻した場合，預金保険機構が当該金融機関に代わって，「一般預金等」(利息の付く普通預金，定期預金等)については預金者1人につき元本1,000万円および破綻日までの利息を限度として，「決済用預金」(当座預金，利息の付かない普通預金等)については全額を，それぞれ支払うこととされている(預金保険法54条・54条の2)．そこで，金融機関が破綻した場合，預金保険機構は，複数の預金口座を預金者ごとに合算して保護される金額を算定しなければならず(預金保険法55条の2第1項)，この作業を「名寄せ」という．金融機関は，必要なデータを預金保険機構に迅速に提出できるよう，預金者のデータベースおよびシステムを整備しておかなければならないものとされている(同条4項)．
126) 全店順位方式の有効性を否定した前掲最決平成23年9月20日の後，「第三債務者の複数の店舗に預金債権があるときは，預金債権額合計の最も大きな店舗の預金債権を対象とする」という方式(預金額最大店舗方式)の差押命令は適法であるとする裁判例が下された(東京高決平成23年10月26日金融法務事情1933号9頁)．しかし，預金額最大店舗方式の場合にも，銀行としては，結局は全店舗の預金を調査し，その額に応じて差押対象となる預金を選別しなければならないのであるから，速やかに，かつ，確実に差し押さえられた債権を識別できない事情は全店順位方式の差押えの場合と同様であり，特定性に欠けるというべきであろう．その後，東京高決平成24年10月10日金融法務事情1957号116頁が，預金額最大店舗方式は差押債権の特定性を欠き不適法であると判断し，最高裁もこの判断を是認したため(最一小決平成25年1月17日金融法務事情1966号110頁)，この問題についても決着が付いた．
127) その他，預金の差押えに関する近時の裁判例としては，差押命令送達時に現に存する預金債権だけでなく，送達の日から起算して1年が経過するまでの入金によって生ずることとなる預金債権(将来預金)についても，入金時期の早いものから請求債権の金額に満つるまで差し押さえる，とする差押命令について，将来預金に関する部分は特定性を欠き不適法であると判示した最三小決平成24年7月24日金融法務事情1961号94頁や，個別の支店を特定することなく「複数の店舗に入金指定口座があるときは，第三債務者が随意に定める順序による」との差押命令について，差押債権の特定性を欠き不適法とした東京高決平成24年4月25日金融法務事情1956号122頁，差押命令送達の日の7日後に有する預金債権のうち，複数の店舗に預金債権があるときは，差押命令送達の時点で預金債権額合計の最も大きな店舗の預金債権を対象とする差押命令について，差押債権の特定性を欠き不適法とした東京高決平成26年6月3日金融法務事情2014号113頁がある．いずれも正当であろう．
128) 最高裁判所の公表する司法統計年報によると，平成27年度中の財産開示手続の新受件数は791件とされている．
129) この点につき，法制審議会民事執行法部会の部会資料6では，債務者が財産開示手続における開示義務を負うこと，あるいは預貯金債権が差し押さえられれば金融機関が債権の存否等の陳述義務を負うこと(民事執行法147条)を根拠に，債務者財産に関する情報については第三者が債務者に対して負う守秘義務により保護される正当な利益がないという考え方が示されている．
130) ただし，ケースそのものは非常に単純化させている．本文でも言及しているとおり，実際には，トラブルに向き合うに際しては，可能な限り詳細な事案(検討の前提となる生の事実)を的確に把握しつつ，慎重に対応せねばならない．
131) 以下全般にかかわる文献として，関心がある方は，「特集 金融機関の守秘義務」金融法務事情1802号(2007)8頁以下などを参照されたい．

132) 田中誠二・前掲注2)41頁．
133) なお，前掲注20)のとおり，被相続人の預金取引履歴に関しては，前掲最判平成21年1月22日により，共同相続人の一人が，原則として他の相続人の同意なく開示請求権を行使できることが明らかにされている．
134) 最三小判昭和56年4月14日民集35巻3号620頁．
135) ヤミ金とは，貸金業の登録を受けることなく貸金業を営む者のことであり，出資法の規制を超える高金利(たとえば，トゴすなわち10日間で5割)を取っていたり，暴力的な取立てを行ったりするといわれる．
136) 大阪地判平成18年2月22日判例タイムズ1218号253頁．
137) 大阪高判平成19年1月30日金融法務事情1799号56頁．
138) 控訴審判決に対しては上告および上告受理申立てが行われたが，最高裁は，実質的な判断を下すことなく上告棄却および上告受理申立不受理としたようである．
139) その他，東京地判平成24年11月26日金融法務事情1964号108頁は，債務名義を取得したものの，債務者に対する強制執行が奏功せず債権回収が極めて困難な状況にある債権者からの申出に基づき，銀行に対して，債務者名義の預金の有無や残高等の照会があったという事案において，銀行が公法上の義務として当該照会事項に対する報告義務を負っていることを認め，申出人からの公法上の法律関係に関する確認請求を認容した(ただし，銀行に対する損害賠償請求については棄却)．もっとも，控訴審において，確認の利益はないとして破棄されている(東京高判平成25年4月11日金融・商事判例1416号26頁).
140) 最三小判平成28年10月18日金融法務事情2053号33頁は，弁護士会が，23条照会に対する報告義務を拒絶した日本郵便株式会社に対して，不法行為に基づく損害賠償を求め，予備的に弁護士会照会に対する報告義務の確認を求めた事案において「23条照会に対する報告を拒絶する行為が，23条照会をした弁護士会の法律上保護される利益を侵害するものとして当該弁護士会に対する不法行為を構成することはない」として，弁護士会の損害賠償請求を棄却した．23条照会に対する報告義務の確認は原審に差し戻された．
141) 「弁護士法23条の2の照会に対する金融機関の対応」金融法務事情1991号(2014)6頁．
142) みずほ銀行では，債務名義が確認できれば債務者の預金情報の報告を行う取扱いを始めている．また，三井住友銀行における取扱いにつき，「弁護士会照会に関する三井住友銀行の取組み」金融法務事情2022号(2015)28頁参照．
143) 判旨によれば，ここにいう貸出稟議書とは，「支店長等の決裁限度を超える規模，内容の融資案件について，本部の決裁を求めるために作成されるものであって，通常は，融資の相手方，融資金額，資金使途，担保・保証，返済方法といった融資の内容に加え，銀行にとっての収益の見込み，融資の相手方の信用状況，融資の相手方に対する評価，融資についての担当者の意見などが記載され，それを受けて審査を行った本部の担当者，次長，部長など所定の決裁権者が当該貸出しを認めるか否かについて表明した意見が記載される文書」である．
144) 最二小決平成11年11月12日民集53巻8号1787頁．
145) 最高裁判所調査官によれば，開示によって団体の自由な意思形成が阻害されたりするなど所持者の側に看過し難い不利益が生じるか否かは，文書の種類に応じた類型的判断であり，個別具体的な記載を問題とするものではない，とのことである(小野憲二・最高裁判所判例解説民事篇(平成11年度)783頁)．また，特段の事情の有無に関しては，最一小平成12年12月14日民集54巻9号2709頁が，「文書提出命令の申立人がその対象である貸出稟議書の利用関係において所持者である信用金庫と同一視することができる立場に立つ場合をいう」として，信用金庫の会員代表訴訟を提起した会員は信用金庫と同一視することができる立場に立たない旨判断している．以上のことに鑑みると，現に活動中の金融機関について貸出稟議書の文書提出義務が認められることは，ほぼあり得ないであろう(伊藤眞「文書提出義務をめぐる判例法理の形成と展開」判例タイムズ1277号(2008)34頁)．貸出稟議書は，顧客の信用力をどのように評価しているかという，金融仲介機能を営む銀行の業務の根幹に関わる事項が記載された文書であり，判例の立場は妥当である．
146) 最二小決平成18年2月17日民集60巻2号496頁．
147) 銀行は，不良債権等について適切な償却・引当てを行うべく，自己資産の査定，すなわち，

銀行の保有する資産(債権を含む)について回収の危険性または価値の毀損の危険性を検討し，その不良化の度合いに応じて区分する作業を行っている(たとえば，債権の査定においては，正常先，要注意先，破綻懸念先，実質破綻先，破綻先などに区分する)．かかる資産査定は，監督官庁(金融庁)による検査において検査対象とされており，かかる検査に際しては銀行が査定の際に作成した資料等に基づいて検証を行うものとされている．

148) 最二小決平成19年11月30日民集61巻8号3186頁．
149) 東京高決平成20年4月2日民集62巻10号2537頁．
150) 最三小決平成20年11月25日民集62巻10号2507頁．
151) 前掲東京高決平成20年4月2日および前掲最決平成20年11月25日ともに，①銀行が守秘義務を負うことを前提に取引先自身から提供を受けた非公開の同社の取引情報に加えて，②財務情報等を基礎に銀行が行った財務状況，事業状況についての分析，評価の過程およびその結果並びにそれを踏まえた今後の業績見通し，融資方針が記載された部分についても，文書提出義務が認められている．しかし，申立人自身の情報であることや，民事再生手続開始決定により開示による同社への影響が小さくなっていること等を踏まえての事例判断であり，むしろ前掲最決平成20年11月25日が述べるように「一般に，金融機関が顧客の財務状況，業務状況等について分析，評価した情報は，これが開示されれば当該顧客が重大な不利益を被り，当該顧客の金融機関に対する信頼が損われるなど金融機関の業務に深刻な影響を与え，以後その遂行が困難になるものといえるから，金融機関の職業の秘密に当たると解され」るのである．

第3章　与信取引法1──貸出し

1　はじめに

(1)　貸出しのイメージ

銀行の貸出しのイメージを理解するため，非常に単純化した形で仮定して，企業の月間の資金繰りを見てみよう．

毎月の収入としては，月末に現金および手形による入金が合計3,000万円あるものとする．他方，毎月の支出としては，10日，25日および月末に，税金・給与その他の経費等として合計3,000万円の支出があるものとする．その結果，月中の25日には収支がマイナス1,500万円となるが，最終的には月末に帳尻が合う．

このプロトタイプの資金繰りをもとに，銀行取引のパターンを2つ考えてみたい．

(2)　取引の概要

(ア)　預金

株式会社A商店と株式会社B商店とがあって，それぞれ，みずほ銀行甲支店と取引があるとする．両社とも，財務体質はまずまず良好であり，過去の利益が預金として，それぞれ1,000万円ずつバランスシート(貸借対照表)に計上されている．

A商店は，みずほ銀行だけと取引をしており，他行とは取引をしていない．したがって，預金1,000万円は，全てみずほ銀行甲支店の当座預金に預け入れられている．他方，B商店は，預金1,000万円を全て他行に預け入れており，みずほ銀行は，バランスシートどおりの預金が実際に存在しているのか，その後にどのように変動しているのか，把握することができない．

(イ) 借入れ

(a) A商店

A商店は，預金の1,000万円に加えて，月初にみずほ銀行から1,000万円の借入れを行っている．その結果，みずほ銀行の当座預金の預金額は1,000万円増加し，残高は2,000万円となる．月中の支出(10日に1,000万円，25日に500万円)は，この預金額の範囲内であるため，月中の新たな借入れは発生しない．

(b) B商店

B商店は，月中にA商店と同じ金額の支出が発生するが，これをその都度みずほ銀行からの借入れにより調達し，月末に，預金を預け入れている他行口座からの振込みによって返済する．

(ウ) 手形割引

A商店については，月末ごとに手形割引2,000万円が発生する．これは，どのような意味を持つだろうか．

仮に，A商店がその取引先から振出しを受けた手形の満期(決済日)が，2か月後であるとしよう．A商店としては，その手形を持っていても，2か月後にならないと現金化できない．そこで，A商店は，振出しを受けた手形を，みずほ銀行に割引料を差し引いた金額で買い取ってもらうことにより(手形割引)，満期前であっても現金化することができるのである．

この手形割引は，銀行にとっては与信取引である．すなわち，2か月後に手形の振出人が支払をしない場合(不渡)には，銀行は，手形の売主である割引依頼人(A商店)に対して，手形の買戻しを請求することができる(後述する銀行取引約定書6条2項参照)．つまり，最終的には，割引依頼人の信用力をあてにした割引依頼人への与信取引にほかならないのである．A商店が2か月先を満期とする手形を毎月末にみずほ銀行に割り引いてもらっているとすれば，みずほ銀行はA商店に対して，1,000万円の貸出しの他に，常時4,000万円の手形割引による与信をしていることになる(与信残高は計5,000万円)．

(3) 銀行から見た取引

以上を前提に，みずほ銀行の甲支店長の立場になって考えてみた場合，A商店とB商店のどちらに対する貸出しがしやすいだろうか．

第1に，与信残高という観点からみると，B商店は，借入残高の最高額1,500万円が最大の与信残高である一方，A商店は，借入1,000万円と手形割引4,000

万円の5,000万円もの与信残高となっている．しかしながら，手形割引は，A商店だけの信用に依存するものではない．A商店が割引依頼をする手形の振出人が，一部上場の超優良会社であるC商事の手形であり，事実上決済されることが確実とみることができる場合は，当該手形割引の与信リスクは実質的には非常に低いと判断できる場合もある．

　第2に，預金という観点からみると，A商店はみずほ銀行に預金を預け入れているので，みずほ銀行としては，いざとなれば相殺ないし銀行取引約定書に基づく払戻充当により預金からの回収が期待でき(第4章2(3)参照)，預金残高が維持されている限りはA商店に対する与信リスクは更に低いものと考えることができる．

　これを踏まえると，具体的事情次第であるものの，A商店との取引のうち，純粋にA商店の信用力だけを頼りにしている部分は，与信総額から手形割引額と預金の最低残高を引いた500万円だけとみることもできるわけである．

　第3に，A商店がみずほ銀行との一行取引であり，手形の割引依頼を受けたり，A商店への振込入金がみずほ銀行の口座になされるため，諸々の情報がみずほ銀行に入ってくるという点も重要である．たとえば，特定の取引先からの振込入金が，ある月からなくなったとすれば，取引先が縮小したということであるし，逆に割引依頼を受けるC商事振出の手形が2,000万円から3,000万円になれば，C商事との取引が拡大したということである．銀行としては，このようなさまざまな情報をもとに，与信判断を行うことができるのである．

　一方，B商店は，ピーク時で1,500万円，平均すると約800万円の与信が生じているにとどまるようにも思われるが，バランスシートなどの提出を受けるにしても，貸出期間中の会社の情報が入ってこないので，信用悪化の兆候を的確に把握することができず，いきなり月末の返済が途絶して1,500万円の貸倒れが発生することもあり得るのである．

　以上のように，みずほ銀行甲支店からすれば，形式的には与信残高は多いものの，売上金の入金口座取引があり，預金残高もあるA商店のほうが与信取引に取り組みやすい，ということになる．相殺の担保的機能にかかわる一連の最高裁判例等には後ほど触れるが(第4章2(3))，こういった銀行の与信判断における預金取引の意義も念頭に置いて考えてほしい．

2　銀行の与信業務と根拠法

　第1章でも触れられたとおり，銀行の固有業務として，銀行法10条1項は「資金の貸付け又は手形の割引」を認めている．また，銀行の付随業務として，同条2項は「銀行は，前項各号に掲げる業務のほか，次に掲げる業務その他の銀行業に付随する業務を営むことができる」と定め，「債務の保証又は手形の引受け」(1号)や「有価証券の貸付け」(3号)[1]等を認めている．

3　与信業務にかかる法規制

　銀行に課される各種の規制を概観しておこう(与信業務に関するものを中心とするが，便宜上，他の業務や銀行の業務一般に関わるものについても，ここでまとめて触れることとしたい)．

(1)　銀行法
(ア)　大口信用供与規制

　銀行法13条は，「同一人」に対して，一定以上の与信(貸出し，債務保証，出資等)をしてはいけないという大口与信規制を設けている．特定の企業(または個人)に対して貸出しが集中すると，銀行経営の健全性上問題があるため，このような規制が置かれているのである．

　同一人(同一人自身だけでなくそのグループを合算した場合を含む)に対する与信限度額は，銀行の自己資本[2]の額の25％(平成29年3月末を基準とすれば，みずほ銀行では約2兆2,345億円)とされている(銀行法13条1項，同法施行令4条8項1号)．

　(意外かもしれないが)かつて都市銀行が10行以上存在していた時代には実際に問題になることもあったし[3]，現在のメガバンクの規模であっても，世界的な企業買収などに関連して大型ファイナンス案件が発生すれば，この規制を踏まえて検討する必要がある．

(イ)　アームズ・レングス・ルール

　銀行法13条の2は，アームズ・レングス・ルールを定めている．すなわち，銀行は，その銀行の子会社や銀行の持株会社といった「特定関係者」との取引(銀行法施行令4条の2，銀行法施行規則14条の7)または「特定関係者」の顧客との

取引において，当該銀行の通常の取引条件に比して，一方に不利益な取引をすることが原則として禁じられている（銀行法施行規則14条の10・14条の11）．身内同士の取引であっても，腕の距離を保って，互いに対等な立場で取引をしなければならないということであり，たとえば，子会社に対して，合理的理由なく貸出金利を特別に優遇したり，特に有利な条件で担保設定・債務保証を行ったりすることは許されない．

　（ウ）　銀行の業務に関する禁止行為

　その他にも，銀行法13条の3は，銀行の業務に係る禁止行為を列挙している．たとえば，同条2号は，断定的判断の提供を禁止しており，為替相場などの不確実な事項について，「絶対に上がりますよ」などと断定的な判断を提供し，または確実であると誤解させるおそれのあることを述べてはならない[4]．

　（エ）　銀行の説明義務

　第2章でも触れた（第2章2(3)(ア)(b)参照），預金者等に対する情報の提供義務（銀行法12条の2）は，銀行法上の重要な義務である（なお，リスク性商品の販売に係る説明義務については，第9章参照）．

　また，この業法上の規制のほかに，民法その他の私法上，信義則に基づく銀行の説明義務が認められることがあり，与信に際しても十分な説明を尽くすよう注意を払っている．稀有な例であるが，与信の局面において信義則に基づく金融機関の説明義務が訴訟で争われた例があるので紹介しておく．

　（a）　まず，信用金庫の従業員が，融資を受けて宅地を購入するよう積極的に勧誘したところ，実は土地購入契約当時から当該土地は建築基準法の接道要件[5]を具備しておらず，いざ建物を建てようとしたら建築確認[6]が受けられなかったという事案がある．借入人は，当該土地が接道要件を満たさない土地であることを説明すべき義務があったのにこれを怠った旨主張して，信用金庫に対し，損害賠償請求訴訟を提起した．

　最高裁[7]は，①信義則上，説明義務を肯認する根拠となり得るような特段の事情（たとえば，信用金庫の担当者が，接道要件が具備していないことを認識していながらこれを殊更に知らせなかったとの事情や，信用金庫が売主や販売業者との業務提携などにより販売活動に深くかかわっていたとの事情）は，記録上うかがうことができないこと，②契約当時，当該土地の前面道路を売主が所有しており，接道要件を満たすために当該前面道路部分につき道路位置の指定を受けること等の協力が売主から

得られることについて，十分期待することができ，建物を建築するのに法的な支障が生じる可能性の乏しい物件であったこと，③本件土地が接道要件を満たしているかどうかについては，宅地建物取引業法上，仲介業者に重要事項としての説明義務が課されており，信用金庫には同様の義務があるわけではないこと等の事情から，信用金庫の不法行為責任を否定している．

（b）一方で，平成 18 年の最高裁判決[8]は，みずほ銀行の事案であったが，銀行の不法行為責任を認める余地があるとしている．事案は，借入金をもとに土地上の建物の取壊しおよび再築を行った後，その賃料収入および余っている一部の土地（北側土地）の売却代金を返済に充てるという計画のもとに融資が行われたというものである．しかし，北側土地が売却されると，その余の敷地部分のみでは容積率の制限[9]を超える違法な建築物となり，また，買主も北側土地を敷地として建物を建築する際には，建築確認を直ちには受けられない可能性があった（なお，建築業者の担当者は敷地の問題を認識していたと認定されている）．その結果，北側土地を予定どおり売却することができず，借入人は，返済資金を確保できない事態に陥った．

最高裁は，銀行担当者には，返済計画の内容である北側土地の売却の可能性について調査した上で説明すべき義務が当然にあるわけではないとしつつ，銀行の側から建築業者を紹介するだけでなく，投資プランを作成し，建築業者の担当者とともにその内容を説明していたことに言及した上で，その説明の際に北側土地の売却について取引先に働き掛けてでも確実に実現させる旨述べたなど特段の事情が認められるのであれば，北側土地の売却可能性を調査し説明すべき信義則上の義務を肯認する「余地」があると述べて，その「余地」の有無について審理させるため高裁に差し戻した．差戻控訴審[10]では，返済資金の捻出方法にまで深くかかわっていた銀行担当者としては，売却可能性を大きく左右する法規制適合性の有無等を建築業者の担当者とともに十分調査を尽くして説明すべき信義則上の義務があったなどとして，銀行の不法行為責任が認められている．大手の建築業者が関与して計画を立てている案件であったが，当該事案における銀行の関与の程度が考慮されたのであろう．

（c）変額保険に関して銀行の説明義務違反が認められた裁判例[11]もある．変額保険とは，運用成果に応じて保険金や解約返戻金が変動する仕組みの保険契約であり，節税効果があり相続税対策になるなどとして保険会社が購入を勧誘し，そ

の購入のために銀行が融資を行うこともある．基本的には保険の説明義務は保険会社の責任のはずであるが，本件では，銀行の責任が認められた．ただ，判決を読んでいくと，相続税対策はそもそも不要ではなかったか，相続税対策であるとしても有効な提案ではなかったのではないか，と裁判所が疑問を抱いていることが窺われる．

（d）以上のように，いくつかの裁判例がみられるものの，実務上は，事後的に紛争が生じた際，行内調査を尽くした結果として，あってはならない説明義務違反が認められた場合には，紛争解決のために誠実に対応をしている．それもあって，訴訟において融資に際しての説明義務違反により銀行の法的責任が認められるケースは極めて少ない．

（オ）金融商品取引法の適用ないし準用

一定の取引には金融商品取引法の行為規制が適用ないし準用される[12]．たとえば，銀行が店頭デリバティブ取引等をするに際しては，金融商品取引法の適用により（金融商品取引法33条3項・33条の2第3号参照），契約締結前および契約締結時書面の交付義務や，損失補てん等の禁止といった行為規制の対象となる．また，デリバティブ内在型預金を受け入れるに際しては，金融商品取引法の準用により，同様の行為規制がかかる（銀行法13条の4，第2章2(1)(エ)参照）．

（2）独禁法

（ア）5％ルール

「私的独占の禁止及び公正取引の確保に関する法律」（以下「独禁法」という）による規制もある．

まず，銀行は，原則として，あらかじめ公正取引委員会の認可を受けなければ，他の国内の会社の議決権をその総株主の議決権の100分の5を超えて取得し，または保有することはできない（独禁法11条1項）．銀行による事業支配力の過度の集中を防止する趣旨である．なお，銀行法においても，銀行については，その子会社と「合算して」国内の会社の議決権の基準議決権数の100分の5を，銀行持株会社については，その子会社と「合算して」国内の会社の議決権の基準議決権数の100分の15を，それぞれ超えて議決権を取得し，または保有してはならないとされている（銀行法16条の4第1項・52条の24第1項）．

この規制には一定の例外も設けられている．

たとえば，銀行の合併により合併後の銀行が当該基準を超えて株式を保有する

ことになる場合には，原則として合併の期日までに基準を超える議決権を処分する必要があるが，売却に相当の期間を有すると考えられるなど一定の場合には，公正取引委員会の認可を受けることにより，期限付きで超過部分の株式を保有できる（独禁法 11 条 1 項ただし書．公正取引委員会「独占禁止法第 11 条の規定による銀行又は保険会社の議決権の保有等の認可についての考え方」参照．なお，銀行法 16 条の 4 第 4 項 2 号・3 号）．

また，当該会社による自己株式の取得の結果として基準を超過することになった場合には，引き続き超過部分を保有できるものの，公正取引委員会の認可を得ない限りは 1 年以内に超過を解消しなければならず（独禁法 11 条 1 項 2 号・2 項．なお，銀行法 16 条の 4 第 2 項，同法施行規則 17 条の 6 第 8 号），実務上は注意を要する．

株式担保の実行により取得することになる場合についても，原則として 1 年以内に超過を解消しなければならない（独禁法 11 条 1 項 1 号・2 項．なお，銀行法 16 条の 4 第 2 項，同法施行規則 17 条の 6 第 1 号．第 4 章参照）．

（イ）不公正な取引方法

独禁法 19 条は，事業者に不公正な取引方法を禁止している．不公正な取引方法については，独禁法 2 条 9 項に定義があり，その 5 号において優越的地位の濫用が禁止されている（なお，先に述べた銀行法 13 条の 3 第 4 号および同法施行規則 14 条の 11 の 3 第 3 号においても，優越的地位の濫用の禁止が定められている）．

従前，銀行が優越的地位の濫用により勧告等を受けたことはなかったが，平成 17 年 12 月 2 日，三井住友銀行が優越的地位濫用禁止規定に違反しているとして，公正取引委員会から勧告を受けた[13]．銀行の事例としては唯一のものである．すなわち，三井住友銀行が，自行と融資関係にある事業者であって，その取引上の地位が自行に対して劣っているものに対し，融資に係る手続を進める過程において，金利スワップの購入を提案し，購入することが融資を行うことの条件である旨，購入しなければ融資に関して不利な取扱いをする旨を明示または示唆することにより，購入を余儀なくさせていると指摘され，この違反行為の中止や内部規程の整備等を行うよう勧告されたのである．最終的に，三井住友銀行は，平成 18 年 4 月に，金融庁からも，法人営業部における金利系デリバティブ商品の販売の半年停止，法人営業部新設の 1 年禁止といった銀行法 26 条 1 項に基づく一部業務停止等の命令を受けた[14]．

この点，優越的地位の濫用は，①相手方に対して優越的地位にあること，②その優越的地位を利用して不当な取引を行うということという2つの要件からなるところ，銀行取引であっても，業績が好調な取引先については，銀行間での競争原理が働いているので，銀行にはそもそも①優越的地位などないと感じるケースが多いというのが銀行員としての実感ではあるが，上記の事件も参考としつつ，①仮に優越的地位にあると見られても問題がないよう，②濫用行為を行っていると誤解され得る行動を回避すべく，マニュアルを策定したり研修を行うなどして注意深く体制整備に努めている．

(3) 出資法

「出資の受入れ，預り金及び金利等の取締りに関する法律」(以下「出資法」という)は，昭和28年ころ，商法上の匿名組合方式で，出資金に元本を保証して，月2分の利益配当を約束して大衆から金員を集めた挙句に破綻したという保全経済会事件を契機に制定された法律である(昭和29年6月23日公布)．

(ア) 1条から4条の規制

1条は，何人も，不特定多数の者に対し，出資金の全額以上の金銭が返還されることを示して出資金の受入れをしてはならないと規定している．また，2条は，法律で認められている者を除いて，何人も業として預り金をしてはならないと規定している(銀行の預り金は，銀行法により認められているということになる)．最近では，平成19年に株式会社エル・アンド・ジーという健康寝具等の販売会社が，金員を預ければ元本を保証して年36％配当するなどと約束して，多額の資金を集めた挙句(報道によると，5万人以上から1,000億円以上を集めたとも言われている)，倒産したという事件が記憶に新しい．

3条では，いわゆる浮貸しの禁止が規定されており，銀行等の役職員が，その地位を利用して，自己または第三者の利益を図るため，金銭の貸付け，金銭の貸借の媒介または債務の保証を行うことを禁止している．平成11年の最高裁決定[15]は，銀行の支店長が，いわゆる仕手筋(投機筋)から融資のあっせんを依頼されたため，支店長の地位を利用し，自己および仕手筋の利益を図るため，支店の顧客に対して，ノンバンク等から資金を借り入れた上で仕手筋(投機筋)に対して，仕手株の8～10割を担保とするか無担保での融資を行うよう勧誘するなどして，顧客と仕手筋との間で合計438億円の金銭消費貸借を成立させたという事案である．最高裁は，出資法3条の趣旨は「当該金融機関の信用を失墜させ，ひい

ては一般預金者大衆に不慮の損害を被らせるおそれがあるため，これを取り締まろうとする点にある」とした上で，同条にいう「金銭の貸付け，金銭の貸借の媒介又は債務の保証は，金融機関の役職員等が，その業務の遂行としてではなく，自己の責任と計算において行うものであることを要するものと解すべきである」とした．そして，本件融資の媒介は，融資先や融資の条件等に照らし，銀行の業務として許容されるものではないことは明らかであり，銀行業務の遂行としてではなく，自己の責任と計算において行われたものであると認めて，出資法3条違反の罪が成立するとした原判決の判断を是認している．

4条は，金銭の貸借の媒介手数料の制限の規定であり，最大5％とされている．たとえば，与信判断の甘い他のサラ金を紹介して，高額のマージンを稼ぐといったことを禁止するものである．

（イ）　5条の規制（高金利の処罰）

5条に，高金利の処罰の条文が設けられている．金銭の貸付けを行う者が業として金銭の貸付けを行う場合において，年20％を超える割合による利息の契約等をしたときは，5年以下の懲役もしくは1,000万円以下の罰金またはこれらの併科となる（出資法5条2項）．この金利の計算に際して，出資法5条の4第4項は，「金銭の貸付けを行う者がその貸付けに関し受ける金銭」は，一定の例外を除いて，礼金，手数料，調査料その他いかなる名義をもってするかを問わず，利息とみなすとしている（みなし利息）．

制定当初の上限金利は年109.5％であったが[16]，いわゆるサラ金問題を契機として，昭和58年の貸金業規制法制定時に，出資法も併せて改正され，経過措置により段階的に年40.004％まで引き下げられた[17]．その後，平成10年ころに商工ローンによる中小企業を対象とした高利貸付けと脅迫まがいの取立てが社会問題化し，平成11年12月の改正により年29.2％まで上限金利が下げられた（平成12年6月1日施行）．さらに，平成18年改正において，上限金利は20％まで引き下げられている（平成22年6月18日施行）．

出資法は刑事法規であり，これに違反するのは犯罪であるため，銀行がこれに抵触しないようにすべきことは当然である．しかし，現実には，出資法が処罰を予定している場面ではないように思われるものの，形式的に出資法の規定を当てはめると出資法違反となりそうな悩ましい場面が存在する．たとえば，シンジケート・ローン（後述7(7)(ア)参照）の組成に際しては，アレンジャー（幹事）が組成の

手数料としてアレンジメント・フィーを収受するのが通常であるところ，アレンジャーも融資を行うという場合，形式的に出資法の上記みなし利息規定を当てはめると，このフィーも「金銭の貸付けを行う者がその貸付けに関し受ける金銭」に該当しそうである．そして，このフィーを収受したものの融資の実行自体はすぐには行われないといった場合，その時点でフィーを利息とみなして利率を計算すると，貸出しに対する利率が無限大になってしまい，出資法違反の事態が生じているのではないかとの疑義が生じる[18]．また，シンジケート・ローンでなくとも，融資に際して特別の工夫が必要であったことから融資取扱手数料を収受することがあるが，その後に顧客の都合で期限前に全額返済することになったような場合，借入期間で利息および融資取扱手数料の合計額を割り戻して計算された利率が上限利率を超えるときは，やはり出資法違反の事態が生じているのではないかとの疑義が生じる．これらの場合，アレンジや特別の工夫を行ったことに対する対価として手数料を収受するものであり，出資法の高金利処罰規制が想定していた場面ではないと考えられるものの，出資法の条文を形式的に当てはめると抵触の疑義を免れない．そこで，みずほ銀行では，手数料の性質如何によっては，みなし利息として計算した場合の超過部分を顧客に返還するなどしている[19]．

(4) 利息制限法

利息制限法は，金銭消費貸借における利息の上限を，元本100万円以上の場合には年15％，10万円以上100万円未満の場合には年18％，10万円未満の場合には年20％と定めており，この上限金利を超過すると，超過部分は私法上無効とされる（利息制限法1条）．

かつての利息制限法では，「債務者は，前項の超過部分を任意に支払つたときは，同項の規定にかかわらず，その返還を請求することができない」旨が定められていたが（旧利息制限法1条2項），幾多の判例を経て[20]，最終的には平成18年改正で同規定は廃止された．

利息制限法3条においても，「金銭を目的とする消費貸借に関し債権者の受ける元本以外の金銭」は，一定の例外を除いて，いかなる名義をもってするかを問わず利息とみなすとされており，実務上困難が生じうることは出資法の場合と同様である．

(5) 消費者契約法

第2章2(3)(ア)(c)において述べた消費者契約法による規制も，貸出しに際し

て意識すべきもののうちの1つである．たとえば，消費者に対する貸付において，期限前返済の場合には一定の金員を支払うべき旨を約定することは，場合によっては不当条項規制（消費者契約法9条・10条）との関係で問題となり得る[21]．

4　与信判断における善管注意義務

銀行も株式会社であるため，銀行の取締役は，会社法に基づき，銀行に対する善管注意義務・忠実義務を負っており（会社法330条，民法644条，会社法355条），与信取引に際しては，善良な管理者の注意をもって与信判断をする必要がある．また，図利加害目的で，任務に違背して融資を行ったときには，会社法960条の特別背任罪に問擬されることにもなる．

（1）　取締役の善管注意義務に係る一般論

取締役の善管注意義務については，取締役の裁量を広く認める経営判断の原則が説かれている．最高裁は，アパマンショップ株主代表訴訟[22]において，事業再編計画の一環として行われた完全子会社化のための子会社株式の取得について，事業計画の策定は将来予測にわたる経営上の専門的判断にゆだねられており，それに基づく当該株式の取得に係る意思決定については，意思決定の過程，内容に著しく不合理な点がない限り，取締役としての善管注意義務に違反するものではない，との判断を示している．

（2）　最三小決平成21年11月9日刑集63巻9号1117頁〔北海道拓殖銀行事件〕

与信判断に関して銀行の取締役の特別背任罪の成否が問題になった事例として，北海道拓殖銀行（当時）に関する刑事裁判がある．

北海道拓殖銀行が，実質倒産状態にあったAグループの各社に対し，赤字補てん資金等を実質無担保で追加融資したという事案である．最高裁は結論として取締役の任務違背を認めたが，注目されるべきは，判決理由において，銀行の取締役の注意義務の程度について触れている点である．すなわち，最高裁は，経営判断の原則により任務懈怠はなかった旨主張する上告理由に対して，「融資業務に際して要求される銀行の取締役の注意義務の程度は一般の株式会社取締役の場合に比べ高い水準のものであると解され，所論がいう経営判断の原則が適用される余地はそれだけ限定的なものにとどまるといわざるを得ない」と述べている．

もっとも，銀行の取締役の注意義務は一般的に事業会社に比べて高いというわけではなく，あくまでも銀行の固有業務である融資についての判断が問題となった事案であり，その専門性に応じた相当の注意義務があるのは当然のことである．したがって，銀行の取締役の注意義務一般について，事業会社と比べてその高低を論じたり，特別視しているものではないと考えられる．

（3） 最二小判平成 21 年 11 月 27 日判例時報 2063 号 138 頁〔四国銀行事件〕

もう 1 つ，四国銀行事件を紹介しておこう．これは，経営破綻していない銀行において，融資に係る取締役の善管注意義務が問題となった唯一の最高裁判例である．

事案は，次のようなものである．高知県は，A 社の再建資金として県による直接融資を計画したが，予算措置を執り融資を実行するまでに時間を要することから，県による融資実行までの暫定的な対応として，四国銀行に対し，銀行から A 社につなぎ融資を実行するよう要請した．この要請は，県の企画部長からのみならず，県の融資について専決権を有していた副知事からも行われた．銀行は，融資により A 社の事業の建て直しは可能と判断し，約 9 億 5,000 万円の融資を実行したが，連帯保証人からの回収は期待できない状況にあり，実質的には無担保融資であった．その後，高知県は予算措置を行ったものの，銀行からの再三の回答要求にもかかわらず，結局，高知県から A 社への融資は実行されなかった．こうしている間に，A 社が再び資金不足に陥ったので，四国銀行は，3 回にわたる追加融資を行った（2 億 9,700 万円 + 1 億 6,500 万円 + 3 億 9,350 万円）．最終的に，A 社は再生手続開始を申し立てるに至った．

なお，高知県が行った制度融資が巨額に焦げついたという別案件があり，それについて地方自治法 100 条に基づく 100 条委員会が設立されて調査が行われた際の調査報告書により本案件が明らかになったため，市民オンブズマンが四国銀行の取締役に対して株主代表訴訟を提起したということのようである．

第一審判決は，3 回目の追加融資 3 億 9,350 万円のうち 2 億 500 万円については，融資の決裁に関与した取締役の判断は不合理であり，善管注意義務違反であると判断した．これに対して，原判決は，一切の善管注意義務違反はないと判断した．

最高裁は，高知県知事の示した融資実行条件の実現を期待できる状況にはない

ことがほぼ明らかになっていたとの原審の事実認定に基づき，そのような状況下で，ほとんど回収見込みのない追加融資を実行することは，単に回収不能額を増大させるだけで，全体の回収不能額を小さくすることにつながるものとはいえないなどとして，上記時点以降に実行された3回目の追加融資3億9,350万円全体について，決裁関与取締役には善管注意義務違反があると判断した．そして，決裁関与取締役以外の取締役についての善管注意義務の有無および取締役が賠償すべき損害の範囲等について更に審理を尽くさせるため，原審に差し戻した．なお，報道によれば，その後，約3億円で和解が成立したとのことである．

原審の事実認定を前提とすれば，杜撰な判断であったことは否めないが，銀行の取締役としては，既に追加融資を実行したことがあるとしても，安易に更なる追加融資を検討してはならず，その都度冷静に与信判断を行うべきことを示すものであって，参考とすべき判例である．

> **コラム 3-1：銀行取締役の与信取引に係る善管注意義務**
>
> 　学説においては，①公共的な性格のある銀行業務を営む銀行には大きな社会的責任があること，②金融監督の手法として銀行法上の規制が取締役の注意義務に組み込まれていること，および③銀行経営は大きな外部性を有しているため，経営の裁量の幅を狭めることにより外部性の内部化が困難になる事態を回避する必要があることなどを根拠にして，銀行取締役の注意義務は一般事業会社の取締役のそれよりも高度であり，裁量の幅が制限されているとする見解が有力に主張されている．これに対し，銀行取締役であるからといって取締役の注意義務が一般事業会社の取締役の注意義務より高度であることを正当化する理由はないとする反論も有力である．
> 　本文で紹介されている刑事判例（最三小決平成21年11月9日刑集63巻9号1117頁）は，「銀行業が広く預金者から資金を集め，これを原資として企業等に融資することを本質とする免許事業であること，銀行の取締役は金融取引の専門家であり，その知識経験を活用して融資業務を行うことが期待されていること，万一銀行経営が破たんし，あるいは危機にひんした場合には預金者及び融資先を始めとして社会一般に広範かつ深刻な混乱を生じさせること等を考慮すれば，融資業務に際して要求される銀行の取締役の注意義務の程度は一般の株式会社取締役の場合に比べ高い水準のものであると解され，……経営判断の原則が適用される余地はそれだけ限定的なものにとどまる」と明言している．判旨は，

銀行の取締役の注意義務の程度が一般の株式会社取締役のそれに比べ高い水準にあることによって，経営判断の原則の適用範囲が限定的になると解している．

もっとも，判旨のいう経営判断の原則の意義自体，必ずしも明確ではない．学説では，経営判断についてのプロセスと判断内容の2つの側面に分け，前者については経営判断を下した当時の状況に照らして合理的な程度に情報収集・調査・検討等をしていたかどうかを審査し，後者については取締役としての通常の能力・識見を有する者の立場からみて当時の状況に照らし明らかに不合理でないかどうかを審査するという二重の基準を提唱する見解が有力である．しかし，最近出された最高裁の判決は，「本件取引は，AをBに合併して不動産賃貸管理等の事業を担わせるという参加人のグループの事業再編計画の一環として，Aを参加人の完全子会社とする目的で行われたものであるところ，このような事業再編計画の策定は，完全子会社とすることのメリットの評価を含め，将来予測にわたる経営上の専門的判断にゆだねられていると解される．そして，この場合における株式取得の方法や価格についても，取締役において，株式の評価額のほか，取得の必要性，参加人の財務上の負担，株式の取得を円滑に進める必要性の程度等をも総合考慮して決定することができ，その決定の過程，内容に著しく不合理な点がない限り，取締役としての善管注意義務に違反するものではないと解すべきである」と述べ（最一小判平成22年7月15日判例時報2091号90頁），決定の過程と内容につき同一の基準を採用するものと考えられる．この最高裁判決を含め，判例の総合的な分析の結果，現在の判例は，意思決定の過程と内容を共に審査するのが主流であると評価されている．

民事訴訟においても，最二小判平成20年1月28日判例時報1997号143頁〔北海道拓殖銀行事件〕は，銀行の追加融資について，健全な貸付先とは到底認められない債務者に対する融資として新たな貸出リスクを生じさせるものであるから，担保不動産を換価すればいつでも追加融資を確実に回収できるような担保余力が見込まれるか否かを，客観的な判断資料に基づき慎重に検討する必要があったが，そのような検討を行わなかったとして，取締役の善管注意義務違反に基づく損害賠償責任を肯定した．最二小判平成20年1月28日判例時報1997号148頁〔北海道拓殖銀行カブトデコム事件〕は，大幅な債務超過となって破綻に瀕した融資先に対し，もはや同社の存続は不可能であるとの認識を前提に，延命させることを目的として追加融資を行った取締役の損害賠償責任を肯定した．

銀行取締役の善管注意義務違反が認められたケースの多くが，銀行が破綻し，当該銀行の取締役に対する損害賠償請求権を預金保険機構から取得したと主張する整理回収機構が訴えを提起した場合である．経営判断の原則は，結果責任

を問うものではないが，結果的に経営が破綻した銀行の取締役が，特に健全な貸付先とは認められない債務者に対して融資を行い，新たに信用リスクを負担する場合には，意思決定の過程とその内容の双方について，より高いリスク管理が求められている点は否定し得ないように思われる．銀行が健全に経営され，破綻を極力回避するという監督法の目的が，民事法のレベルにおいても取締役の善管注意義務の水準に投影されているという説明は，有力な説明であると思われる．

（神作裕之）

5 　与信の相手方

　実際に与信を進めるに際しては，その相手方によって，特別の考慮が必要となることがある．

（1）　対象
（ア）　制限行為能力者
　個人については，与信の相手方が制限行為能力者の場合には，事後的に契約が取り消されるおそれがあるため，注意が必要である．たとえば，未成年者であっても，相続税対策の一環などから，銀行との取引が必要になる場合もある．そのような場合には，法定代理人である父母の同意を得るか，父母との直接契約によることになる（民法5条1項・824条本文）．なお，親の債務のために未成年者の財産に担保を設定するような場合には親と子の利益相反行為となるので，法的には，家庭裁判所の選任を受けた特別代理人との間で契約を締結するなどして取り扱うべきことになるが（民法826条），手間がかかるのでそこまでやりたくないと申し出られるケースもあり，悩ましい状況に置かれることも多い．特別代理人の選任手続を進めるには顧客側の協力が不可欠であるため，理解を得られるよう説明と要請を尽くしていくほかない．

（イ）　法人
　法人は，その目的外の行為を行うことはできず（民法34条），目的外の行為を行っても無効となるため，与信等の取引が当該法人の目的の範囲内か否かが問題となる．この点，株式会社など営利法人については，定款に明示された目的を遂行する上で直接または間接に必要な行為も目的の範囲内の行為であるとされていることから[23]，事実上，目的による制限はないに等しいことになっていると言われ

ている[24]．一方，宗教法人や学校法人，医療法人といった非営利法人については，目的の範囲が厳格に解されるおそれがある．また，これらの法人では，法令等により特別の内部手続が要求されていることもある．

たとえば，宗教法人から，境内地である不動産について担保の設定を受けるとしよう．宗教法人は，法令の規定に従い，根本規則である「規則」に定める目的の範囲内で権利義務を有するため(宗教法人法10条)，当該担保提供の目的が当該宗教法人の「規則」に定められた目的の範囲内といえるかが問題となる．仮に目的の範囲内であると認められる場合であっても，責任役員会での取引承認決議(宗教法人法19条)や担保提供行為をする旨の公告(宗教法人法23条1号)といった法令上の手続が適法に履践されているか否かについても，確認しなければならない．これらの手続の確認に際しては，法令により要求される要件・手続はもちろんのこと，当該宗教法人の「規則」により特別の要件や独自の手続が定められていないか，気を配る必要がある．そして，宗教法人を代表して行為するのは代表役員であるが(宗教法人法18条3項)，被担保債権の内容などにより代表役員または責任役員の個人的利益と宗教法人の利益とが実質的に衝突する場合には，利益相反行為として，仮代表役員・仮責任役員を選任するなどの特別の手続が必要となる可能性もある(宗教法人法21条)[25]．

法的には以上のとおりなのだが，取引先の協力を得なければ確認できない事項も多々あり，現実問題として，どこまで確認すべきなのか，どうやって確認するのかが，大変悩ましいケースもままあるのが実態である．

(2) 本人確認・借入意思確認等

(ア) 本人確認

本人確認とは，取引行為者が，取引の名義人と同一人物であるかを確認することである．

本人確認は，与信に限られない話である．マネーロンダリング防止を目的として，200万円を超える大口現金取引など一定の取引に際しては，犯罪収益移転防止法(犯罪による収益の移転防止に関する法律)によって，本人特定事項や取引を行う目的等を確認する義務が課されている(犯罪収益移転防止法4条，同法施行令7条，同法施行規則6条～12条)が，同法上の確認義務は，運転免許証などの一定の公文書を取引時確認資料として確認することを義務づけるものであり，その意味では形式の確認ともいえる．これに対して，与信の相手方としての本人確認は，その

者が真の権利者となる者か否かを確認する作業であって，たとえ運転免許証等の提出を受けていたとしても，事情次第では本人確認としては不十分とされる可能性もある．

なお，銀行取引においては，代理人と取引を行うこともあるが，その場合には，本人から代理人により取引を行う旨の届出書の提出を受けている．その際には，本人について本人確認および代理権授与の意思確認を行うほか，代理人について本人確認も行う．

(イ)　意思確認

貸付けを行ったり，保証や担保権の設定を受けるに際しては，申出人の借入意思確認や保証・担保意思確認を行うことは当然である．面談により意思確認を行った場合には，その日時，場所，面談状況等の事情を記録に残しておくなど，事後的に記憶喚起できるようにしている．また，契約書には，本人により実印を押してもらい，印鑑証明書の提出を受けるなどもしている．

ちなみに，契約書の印影と印鑑証明書の一致により意思確認をしたものとした事案において民法110条の正当な理由の有無が争われた，表見代理に関する最二小判昭和51年6月25日民集30巻6号665頁の原審である大阪高判昭和50年5月29日民集30巻6号681頁は，日常取引において，印鑑証明書が行為者の意思確認の機能を果たしていることは経験則上明らかであるなどとし，さらに「控訴人は電気器具等の販売業者であつて金融業者ではないから，金融機関と同様の本人の保証意思を確認すべき義務があると解することはできない」と述べて，正当な理由の存在を肯認している．逆に言えば，金融機関には，より高いレベルの意思確認義務があることが示唆されているわけである．最高裁は，単に金融業者でないことをもって可能な調査手段を有していたかどうかにかかわらず正当な理由の存在を肯認できると判断したのは審理不尽，理由不備の違法があるとして大阪高裁判決を破棄したが，金融機関に対する大阪高裁のような見方もあることも踏まえ，実務上は，実際の確認に際しては十分に注意を払うようにしている．

(ウ)　権限の確認

(a) 取締役会決議の不存在の効力

会社法362条4項によれば，株式会社(取締役会設置会社)が「重要な財産の処分」「多額の借財」など重要な業務執行の決定を行うに際しては，取締役会の決議を経る必要があるものとされている．

この点，この取締役会決議に基づかずに行われた重要な業務執行行為の効力については，困難な問題であり，事項ごとに考えるしかない[26]．学説上は，募集株式の発行や社債の募集といった取引の安全保護の要請が高い事項については，取締役会決議が欠けても効力に影響がないが，重要な財産の処分等については，善意（無重過失）の第三者は保護されるべきとの見解が多いようである．他方，判例[27]は，取締役会決議を欠いた取引行為について，民法 93 条を類推適用し，取締役会決議を経ていないことを相手が知り，または知り得べきときでない限り，有効であるとしている（すなわち，第三者は善意無過失の場合だけ保護され，過失（軽過失）のある第三者は保護されないことになる）．

(b)「多額の借財」の判断基準

そこで，銀行としては，与信取引に際しては，借入れや保証[28]が当該会社にとって「多額の借財」（会社法 362 条 4 項 2 号）に当たるか否か，当たるとすれば取締役会決議を経ているか否かについて注意を払わなければならないことになるが，そもそも，ある与信取引が当該会社にとって「多額の借財」に当たるか否かの判断にはなかなか難しいところがある．

最高裁[29]は，「重要な財産の処分」（会社法 362 条 4 項 1 号）の重要性の判断基準に関する判例であるが，重要な財産の処分に該当するかどうかは，当該財産の価額，会社の総資産に占める割合，保有目的，処分行為の態様，会社における従来の取扱い等の事情を総合的に考慮して判断すべきである旨述べ，結論としては総資産の 1.6% にすぎない株式譲渡も重要な財産の処分に当たらないとすることはできないと判示した．「多額の借財」の判断に際しても，当該借財の額，会社の総資産等に占める割合，借財の目的，会社における従来の取扱い等の事情を総合的に考慮して判断することになろうが，実務上は判断に迷うケースも多い．

多額の借財に関する裁判例としては，次のようなものがある．まず，出資金 100 万円，年間売上高約 2,200 万円の有限会社が 600 万円を借りたことは，多額の借財に該当すると判断した裁判例がある[30]．しかし，出資金が 100 万円程度であっても大きな事業をやっているところは多くあり，そのような場合には 600 万円程度の借入れはむしろ少額といえることもあるだろうから，やはり個別の事情を総合的にみるほかない．

他方，資本金約 129 億円，総資産約 1,937 億円，総負債約 1,328 億円，経常利益約 41 億円の Y 社が，X 銀行に対し，グループ会社の債務について，保証極度

額を10億円として保証予約を行ったという事案に関する裁判例もある[31]．当該グループ会社から弁済が行われなかったため，X銀行がY社に保証履行請求をしたところ，Y社は，当該保証予約は多額の借財に当たるにもかかわらず，取締役会決議が経られておらず無効であると主張した．東京地裁は，本件保証予約は多額の借財に該当すると認めた上で，X銀行担当者がY社の担当者と直接交渉を行っていないこと，Y社の取締役会議事録や社内規定の確認も行っていないことなどから，当該保証予約が多額の借財に当たるものとして取締役会の承認が必要であることについてX銀行担当者は認識していたか疑問なしとしないなどと述べて，X銀行の過失を認定し，保証債務履行請求を認めなかった．しかし，判決でも言及されているところではあるが，当該グループ会社による借入れは，Y社自らの100周年記念事業の一環として，Y社が製造した漢方薬を輸出するための仕入資金であり，Y社が保証を行うことは不自然ではないと思われるし，Y社の代表取締役の記名捺印のある保証予約念書および印鑑証明書の提出も受けていたのであって，取締役会決議を経ていると考えていたというのも首肯できなくはない事案である．なお，銀行は取引先の取締役会議事録を確認しなければならないかのように説かれることもあるが，その会社の経営判断や高度の機密事項が記載されている場合もあり，そう簡単に提出を受けられるものではない[32]．

なお，多額の借財の判断に際しては，資本金の額が重要な考慮要素とされることがあるが，どれほど意味があるのか疑問なしとしない．銀行としては，注意深く個別に調査して判断していくしかないが，相手方会社における従来の取扱い等については知るのは困難なこともあり，大変悩ましい問題である[33]．

(c) 外形理論

関連して，法人の代表者が権限なく取引行為を行い，それが不法行為に当たる場合について触れておく．法人の代表者の行為が不法行為に当たる場合，それが「職務を行うについて」行われたものであれば，法人が責任を負うものとされている（会社法350条，一般社団法人及び一般財団法人に関する法律78条等）．

通常の法人とは異なるが，地方公共団体の長が公印を不正に使用して手形裏書をした事案に関する最高裁判決[34]がある．具体的には，町長が，自己の借金の返済のために，自己が代表取締役を務める会社の名義で約束手形を振り出し，町長の公印を不正に使用して地方公共団体名義にて裏書し，さらに宅地造成業者に裏書譲渡した．その上で，当該宅地造成業者がX銀行に対し，「当該手形は地方公

共団体が振出人に土地を払い下げるに際して代金として差し入れられたもので，その後宅地造成業者が，施行した河川工事の代金として受領したものである」との虚偽の説明を行い，割引依頼を行った．X銀行は，直ちにはこれを信用しなかったものの，町長からもこれに沿う回答を得たため，適法に裏書交付されたものと誤信してしまった．

最高裁は，地方公共団体の長の行った行為が，その行為の外形からみてその職務行為に属するものと認められる場合には，旧民法44条1項(現在の一般社団法人及び一般財団法人に関する法律78条等)の類推適用により，地方公共団体が損害賠償責任を負う，ただし職務行為に属さないことについて取引の相手方が悪意または重過失の場合は責任を免れるとした(いわゆる外形理論)．結論としては，X銀行の重過失が認められている．上記説明のような手形の流通経緯は，実務上あり得ない話であり，致し方ないところであろう．

なお，この外形理論の判断に際しては，行為者の意思のみでなく，職務の性質，職務と行為との関係，当時の事情を斟酌して判断すべきものとされている[35]．

(d) その他

取引行為者の権限の判断については，実務上，極めて悩ましい事例もある．たとえば，みずほ銀行で実際に起きた事案として，次のようなものがある．平成16年の破産法の改正で廃止になったが，旧破産法206条1項には，破産管財人が寄託している高価品の返還には裁判所の許可が必要である旨の規定があった[36]．この点に関し，破産管財人名義の預金も寄託された高価品に当たると解されていたのであるが，実際には，破産管財実務において用いる口座であり頻繁に入出金が必要となるため，その都度裁判所の許可を客観的に確認するのは実務上馴染まなかった．ある時，破産管財人である弁護士から，実は裁判所の許可を得ていないにもかかわらず，許可は得た旨の虚偽の事実を告げられたため，破産管財人名義の預金の払戻しに応じたところ，破産管財人が当該払戻金を横領してしまったという事案が発生したのである．

そこで，後任の破産管財人から銀行に対して損害賠償請求訴訟が提起されたところ，当該事案の第一審判決[37]は，旧破産法206条2項に基づく銀行の善意無過失の主張に対し，当該当事者たる銀行以外の他の主要銀行においても破産管財人に対する預金の払戻しを行うに際し裁判所の許可の確認を行っていなかったとの事実を認定しつつ，当該事実は銀行の行為を何ら正当化できるものではない

とし，銀行が善意かつ無過失であったとは到底認めることはできないとした．これに対し控訴審判決[38]は，銀行の善意無過失については第一審判決を引用して同様の判断をしつつ，他方で前任の破産管財人が行った行為について銀行に対する不法行為責任を認め（ただし，過失相殺により損害賠償額は減額された），銀行からの相殺の抗弁を認めた．

このような事案を考えるに当たっては，「それでは当事者（銀行）はどのような注意義務を尽くせばよかったのか」という観点を考慮して判断していただきたいと思うこともある．銀行は何でも知っている，何でも提出を受けられるといったイメージで語られることもあるが，現実には，実務上対応に窮する事態はままあるのである．この点，上記の控訴審判決は，破産管財人が預金の払戻しを求めることは金融機関にとって格別のことではなく，また本件で預金の払戻しを求めた破産管財人は弁護士であって，その地位，職業に対して相応の社会的信用を有していたのであり，それらが相俟って当該払戻しに対する疑いを銀行に抱かせなかったことがうかがわれるとして，銀行の重過失を否定しており，当時の銀行実務の取扱いに対して一定の理解を示したことがうかがわれる．

6 銀行取引約定書

（1）沿革

銀行取引約定書とは，与信取引に関する総則的条項，ならびに与信取引一般および手形取引（手形貸付・手形割引）等について，その保全回収に関する条項が規定された約定書である．与信取引を開始するに際しては，銀行取引約定書を顧客との間で締結する．ただし，個人ローンだけの貸付先であるなど，継続的な与信取引が見込まれない顧客との間では，銀行取引約定書を取り交わすことはない．つまり，銀行取引約定書は，継続的に銀行と取引を行うことを前提として取り交わすものなのである．

当初は，各銀行が個別に制定した約定書を使用していたが，約定書の記載が不適切であるとして三菱銀行（現三菱東京UFJ銀行）が国税徴収をめぐる国との訴訟で敗訴した裁判例[39]が下されたのを契機に，全国銀行協会において統一的なひな型の作成が進められ，我妻榮博士ほかの学者・法務省民事局の参事官・弁護士などの第三者の意見も聴いた上，昭和37年に，銀行取引約定書のひな型が発表さ

れた(いわゆる「旧ひな型」).

　その後，昭和52年に，鈴木竹雄教授，鈴木禄弥教授，加藤一郎教授等にも議論に加わっていただき，新たなひな型が制定された(いわゆる「新ひな型」).

　これらのひな型は，各銀行が当然にこれを使用すべきものとされたわけではなく，あくまでひな型にすぎないものではあったが，各銀行が概ね導入するに至り，「業界共通の統一約款の機能を果たすに至っている」とも評されるようになった[40]．しかしながら，その後，公正取引委員会から「銀行間の横並びを助長するおそれがある」との指摘があり，平成12年に新ひな型は廃止され，現在では各行が独自の内容の約定を制定している．もっとも，現在も，新ひな型の内容を参考にしつつ，各行がそれぞれの銀行取引約定書を制定しているため，各行の銀行取引約定書の基本的な内容は，ほぼ共通である．

　なお，銀行取引約定書が平成29年改正後の民法548条の2以下に定める「定型約款」に該当するかどうかについては，個別交渉による条項の修正は非常に困難という認識を根拠に肯定する見解と，個別交渉による修正の可能性があることに加え，顧客の個性に着目して締結される側面があることなどを理由に否定する見解があり，いずれが定説とも言い難い．もっとも，「定型約款」に該当すると考えたとしても，現在の実務における銀行取引約定書の取扱いが，民法上の約款規制に抵触する可能性は低く，影響はないのではないかと考えている．

（2）概要

　以下では，みずほ銀行の銀行取引約定書のうち，いくつか代表的な条項を概観する(銀行取引約定書の全体については，巻末に収録したので，そちらを参照されたい).

（ア）約定の形式

　もともと，旧ひな型および新ひな型は，顧客だけが調印して銀行に差し入れるという差入方式であったが，現在のみずほ銀行の銀行取引約定書は，顧客と銀行との相互調印方式になっている．

（イ）銀行取引約定書1条

第1条（適用範囲）
　①　本約定は，甲〔債務者〕乙〔銀行〕間の手形貸付，手形割引，電子記録債権貸付，電子記録債権割引，証書貸付，当座貸越，支払承諾，外国為替，デリバティブ取引，保証取引その他甲が乙に対して債務を負担することとな

るいっさいの取引に関して適用されるものとします．
② 甲が振出，裏書，引受，参加引受もしくは保証した手形または甲がその発生記録における債務者，変更記録により記録された債務者もしくは電子記録保証人(以下「電子記録債務者」といいます．)である電子記録債権を，乙が第三者との取引によって取得した場合についても本約定が適用されるものとします．
③ 甲乙間で別途本約定と異なる合意を行った場合については，その合意が本約定の該当する条項に優先するものとします．

1条は，銀行取引約定書が適用される取引の範囲についての規定である．「その他……いっさいの取引」とあるので，与信取引全般に適用されるものである[41]．顧客との直接の取引以外にも，たとえば，顧客が振り出した手形を銀行が第三者からの割引等により取得したといった場合(いわゆる回り手形)についても，1条2項により銀行取引約定書の適用対象となる旨が規定されている．

(ウ) 銀行取引約定書3条

第3条（利息，損害金等）
① 甲が支払うべき利息，割引料，保証料，手数料等または乙が支払うべきこれらの戻しについての利率，料率および支払の時期，方法については，別に甲乙間で合意したところによるものとします．
② 金融情勢の変化その他相当の事由がある場合には，甲または乙は前項の利率等を一般に合理的と認められるものに変更することについて，協議を求めることができるものとします．ただし，固定金利の約定を締結している場合を除くものとします．
③ 甲は，乙に対する債務を履行しなかった場合には，支払うべき金額に対し年14％の割合の損害金を支払うものとします．この場合の計算方法は年365日の日割計算とします．

3条は，利息および損害金等についての規定である．客観的に見て，金融情勢の変化その他相当の事由がある場合には，利率等の変更について協議を求めることができるものとされている．

この点，新ひな型では，「一般に行われる程度のものに変更されることに同意

します」という文言であり，その意味するところについては，変更請求権説（銀行の変更の申込みに対して顧客は同意を為す義務を負うとする見解）と形成権説（銀行の一方的な意思表示により，変更の効果が発生するとする見解）とが説かれていた．もっとも，学説上説かれていたように[42]，形成権といっても，個々の場合の具体的事情により，形成権の行使がどうしても不当だと考える場合には，これを覆す余地はありうるし，請求権といっても，その行使が妥当な限り相手が承諾を拒むことはないであろうから，「実際上の適用の結果においてはほとんど差異がない」ものであったと思われる．

一方，現在の3条は，「協議を求めることができるものとします」と表現が改められている．これは，銀行と顧客の立場を対等なものとするために改めたものであるが，たとえば，金融情勢が変化し，市中の金利が変動したために，一方当事者が合理的な水準へ金利を変更することについて協議を求めた場合に，相手方は形式的に協議に応じさえすればよいわけではなく，信頼関係に基づき誠実に協議すべきは当然であって，融資実行当初の明示ないし黙示の合意内容，両当事者の信頼関係に基づく合理的金利水準への変更に対する期待や，融資実行後の取引経過等に照らせば，相手方に一定の応諾義務が認められる場合もあると思われるし，合理的提案であるのに応じないことは両当事者間の信頼関係の喪失につながることにもなる．

　(エ)　銀行取引約定書4条

第4条（担保）
　①　次の各号において乙が請求した場合には，甲は乙が適当と認める担保もしくは増担保を提供し，または保証人をたてもしくはこれを追加するものとします．
　　1．乙に提供されている担保について乙の責めに帰すことのできない事由により毀損，滅失または価値の客観的な減少が生じたとき．
　　2．甲または甲の保証人についての乙の債権保全を必要とする相当の事由が生じたとき．ただし，乙はその事由を明示するものとします．
　②　甲が乙に対する債務を履行しなかった場合には，乙は，担保および乙の占有している甲の動産，手形その他の有価証券（乙の名義で記録されている甲の振替株式，振替社債，電子記録債権その他の有価証券を含みます．）について，かならずしも法定の手続によらず一般に適当と認められる方法，時期，価

> 格等により取立または処分のうえ，その取得金から諸費用を差し引いた残額を法定の順序にかかわらず甲の債務の弁済に充当できるものとします．取得金を甲の債務の弁済に充当した後に，なお甲の債務が残っている場合には，甲は直ちに乙に弁済するものとし，取得金に余剰が生じた場合には，乙はこれを権利者に返還するものとします．

　4条1項は，増担保条項を定めたものである．新ひな型では「債権保全を必要とする相当な事由が生じたとき」だけが要件とされていたが，現在のみずほ銀行の銀行取引約定書では，既に提供されている担保について銀行の「責めに帰すことのできない事由により毀損，滅失または価値の客観的な減少が生じたとき」を追加している．なお，銀行は担保を設定するよう請求できるにとどまり，顧客との間で別途担保権設定契約が結ばれて初めて担保権が成立する（すなわち，形成権を定めたものではない）[43]．合理的な増担保提案であるにもかかわらず，どうしても顧客が担保権設定契約を拒み，信頼関係が失われているといわざるを得ないような場合は，与信判断上，たとえば当座貸越の極度額を縮減したり，手形貸付けの書替えを拒絶したり，あるいは期限の利益を喪失させるといったこともあり得ないではない．

　4条2項は，取立充当条項を定めたものである．顧客の債務不履行があった場合には，銀行は，担保のほか，銀行が「占有」している顧客の動産，手形その他の有価証券について，任意に取立てまたは処分し，顧客の債務の弁済に充当することができる．たとえば，銀行が割引依頼を受けて債務者から預かっている手形について，満期に取り立てた上で，取立代り金を債務の弁済に充当するといったことが行われる（第4章2(9)(イ)参照）．

　（オ）　銀行取引約定書5条

> 第5条（期限の利益の喪失）
> ①　甲について次の各号の事由が一つでも生じた場合には，乙からの通知催告等がなくても，甲は乙に対するいっさいの債務について当然期限の利益を失い，直ちに債務を弁済するものとします．
> 　1．支払の停止または破産手続開始，民事再生手続開始，会社更生手続開始もしくは特別清算開始の申立があったとき．

> 2. 手形交換所または電子債権記録機関の取引停止処分を受けたとき．
> 3. 甲またはその保証人（譲渡記録とともにされた保証記録に係る電子記録保証人を除きます．以下同じ．）の預金その他の乙に対する債権について仮差押，保全差押または差押の命令，通知が発送されたとき．
> 4. 甲の責めに帰すべき事由によって，乙に甲の所在が不明となったとき．
>
> ② 甲について次の各号の事由が一つでも生じ，乙が債権保全を必要とするに至った場合には，乙からの請求によって，甲は乙に対するいっさいの債務について期限の利益を失い，直ちに債務を弁済するものとします．
> 1. 乙に対する債務の一部でも履行を遅滞したとき．
> 2. 担保の目的物について差押または競売手続の開始があったとき．
> 3. 乙との約定に違反したとき．
> 4. 甲の保証人が前項または本項の各号の一つにでも該当したとき．
> 5. 前各号のほか甲の債務の弁済に支障をきたす相当の事由が生じたとき．
>
> ③ 前項において，甲が乙に対する住所変更の届け出を怠るなど甲の責めに帰すべき事由により，乙からの請求が延着しまたは到達しなかった場合には，通常到達すべき時に期限の利益が失われたものとします．

　5条は，期限の利益の喪失条項を定めており，銀行取引約定書の中でも最も重要な条項と言ってよい．期限の利益を喪失するということは，信用状態が悪化，ないし，信頼関係が喪失したことから，直ちに債務全額を返済しなければならない状態になるということである．民法137条において，一定の期限の利益喪失事由が法定されているが，銀行取引約定書5条は，これを補充するものである．

（a）当然喪失事由

　1項は，いわゆる当然喪失事由を定めるものであり，一定の事由の発生によって，銀行からの請求がなくても，直ちに顧客の負担する債務について期限の利益が失われることを定めている．

　各号に定められているのは甚だしい信用悪化の典型的兆候といえる事象であり，たとえば，破産手続を受任した旨の弁護士の通知が到来するなどして支払の停止があったと認められた場合，破産手続開始等の申立てがあった場合，手形交換所の取引停止処分（第2章注45）参照）があった場合，預金など銀行に対する債権について第三者からの差押命令の発送があった場合などである．

(b) 請求喪失事由

2項は、いわゆる請求喪失事由を定めるものであり、各号所定の事由が発生した場合には、銀行の請求によって、顧客の負担する債務について期限の利益が失われることを定めている。履行遅滞、契約違反のほか、担保目的物に対する差押えや、保証人の当然喪失事由該当などが定められている。

(c) 債権保全を必要とする客観的事情

期限の利益喪失条項は、《顧客の信用状態が顕著に悪化したと見得る事象が発生した場合にあっては、当初の約定の弁済期到来を待たずに債権回収を図ったとしても無理からぬ》という点を根拠とするものである。それゆえ、第三者から見ても、直ちに債権全額の保全を図るのもやむを得ないと認められる場合にこそ期限の利益の喪失の効果が生じると解すべきであって、形式的には当然喪失事由または請求喪失事由に該当する場合であっても、実態として、取引先の信用不安が生じていないという場合には、期限の利益の喪失は生じないと解される。すなわち、当然喪失事由においても請求喪失事由においても、債権保全の客観的必要性があることが常に要件であると解される[44]。

たとえば、当然喪失事由は、甚だしい信用悪化の典型的兆候を列挙したものであるが、顧客の預金に(仮)差押命令があったとしても、それが顧客とその取引先とのトラブルによる偶発的なものであり、他の取引先に対する債務履行等は滞りなく行われているなど、債権保全の必要性は格別認められないといった場合もあり得る。また、顧客について破産手続開始の申立てが行われたものの、それが第三者の嫌がらせ目的によるものであることが明らかであるといった特殊な場合にも、債権保全の必要性が認められないことがあろう。

また、請求喪失事由においては、全ての事由において債権保全の客観的必要性を慎重に検討すべきであり(みずほ銀行の銀行取引約定書では「債権保全を必要とするに至った場合」が共通の要件であることを明記している)、偶発的に約定に基づく分割弁済が1回不履行になったからといって信用不安が生じているとまではいえない場合もあろうし、保証人である代表者が破産手続開始を申し立てたからといって、主債務者である会社の事業継続可能性に支障がないという場合もあるであろう。

このような債権保全の必要性の判断については、第4章2(1)を参照されたい。なお、期限の利益喪失事由と貸付金債権の消滅時効との関係については、第4

章1(1)(イ)参照のこと．

(d) 通知が到達しない場合の効力

5条3項は，顧客の責めに帰すべき事由により，銀行からの期限の利益喪失請求（通知）が延着または到達しなかったときは，通常到達すべき時に，期限の利益が失われたものとみなしている．顧客が行方不明となってしまったような場合に，期限の利益を喪失させるために用いられる条項である．

（カ） 銀行取引約定書6条

> 第6条（割引手形または割引電子記録債権の買戻し）
> ① 甲が乙より手形または電子記録債権の割引を受けた場合，甲について前条第1項各号の事由が一つでも生じたときは，乙からの通知催告等がなくても，甲は全部の手形および電子記録債権について当然に手形面記載の金額または電子記録債権の債権額の買戻債務を負担し，直ちに弁済するものとします．
> ② 割引手形の主債務者もしくは割引電子記録債権の債務者が期日に支払わなかったときまたは割引手形の主債務者もしくは割引電子記録債権の債務者について前条第1項各号の事由が一つでも生じたときは，その者が主債務者となっている手形およびその者が債務者となっている電子記録債権について，前項と同様とします．
> ③ 前2項のほか，割引手形または割引電子記録債権について乙の債権保全を必要とする相当の事由が生じた場合には，乙からの請求によって，甲は手形面記載の金額または電子記録債権の債権額の買戻債務を負担し，直ちに弁済するものとします．なお，甲が乙に対する住所変更の届け出を怠るなど甲の責めに帰すべき事由により，乙からの請求が延着しまたは到達しなかった場合には，通常到達すべき時に甲は買戻債務を負担するものとします．
> 〔以下略〕

6条では，手形（および電子記録債権）割引に関して，顧客や手形の主債務者等に期限の利益喪失事由に相当する事由が生じた場合に，顧客に当該手形（および電子記録債権）の買戻義務を負わせることなどを内容としている．前述1(2)(ウ)のとおり，銀行が手形割引を行うに際しては，顧客が買戻義務を負うことが当然の前提である．なお，かかる特約の対第三者効力については，第4章2(3)(エ)参照．

(キ) 銀行取引約定書7条

> 第7条（反社会的勢力の排除）
> ① 甲は，甲または保証人が，現在，暴力団，暴力団員，暴力団員でなくなった時から5年を経過しない者，暴力団準構成員，暴力団関係企業，総会屋等，社会運動等標ぼうゴロまたは特殊知能暴力集団等，その他これらに準ずる者(以下これらを「暴力団員等」といいます。)に該当しないこと，および次の各号のいずれにも該当しないことを表明し，かつ将来にわたっても該当しないことを確約します．
> 〔中略〕
> ③ 甲または保証人が，暴力団員等もしくは第1項各号のいずれかに該当し，もしくは前項各号のいずれかに該当する行為をし，または第1項の規定にもとづく表明・確約に関して虚偽の申告をしたことが判明し，甲との取引を継続することが不適切である場合には，乙からの請求によって，甲は乙に対するいっさいの債務について期限の利益を失い，直ちに債務を弁済するものとします．
> 〔以下略〕

7条は，反社会的勢力の排除に関する条項である(平成21年4月に新規に規定され，その後も内容の改訂をされている)．いわゆる反社会的勢力はますます不透明化し，資金活動が巧妙化しており，結果的に銀行が知らずに反社会的勢力と取引をしてしまうことも皆無とはいえないため，そのような場合に，期限の利益を失わせ，取引を終了させることができることを定めるものである．全国銀行協会が銀行取引約定書等に盛り込む場合の暴力団排除条項の参考例を発表しており，各行共通の内容の条項になっているのではないかと思われる．

(ク) 銀行取引約定書8条

> 第8条（乙による相殺，払戻充当）
> ① 期限の到来，期限の利益の喪失，買戻債務の発生，求償債務の発生その他の事由によって，甲が乙に対する債務を履行しなければならない場合には，乙は，その債務と甲の預金その他の乙に対する債権とを，その債権の期限のいかんにかかわらず，いつでも相殺することができるものとします．

〔中略〕
③　前2項により乙が相殺または払戻充当を行う場合，債権債務の利息，割引料，保証料，損害金等の計算については，その期間を計算実行の日までとします．また，利率，料率等は甲乙間に別の定めがない場合には乙の定めによるものとし，外国為替相場については乙による計算実行時の相場を適用するものとします．

　8条は，銀行からの相殺予約（第4章2(3)(ア)参照）等を定めた条項である．なお，3項では，相殺をする場合の利息や外国為替相場の計算基準時を，「計算実行の日」（すなわち，相殺通知が発信され帳簿上の処理がされた日）としている．これは，相殺の遡及効を定める民法506条2項に従って預金債権および貸付債権の利息等を計算するのは煩雑だからとされているが[45]，いったん相殺処理すると決めた場合には，不当に計算処理日を遅らせることのないようにすべきは当然である．

（ケ）　銀行取引約定書12条・13条

第12条（乙による相殺等の場合の充当指定）
　乙が相殺または払戻充当をする場合，甲の乙に対する債務全額を消滅させるに足りないときは，乙は適当と認める順序方法により充当することができるものとし，甲はその充当に対して異議を述べることができないものとします．

第13条（甲による弁済等の場合の充当指定）
①　甲が弁済または相殺する場合，甲の乙に対する債務全額を消滅させるに足りないときは，甲は乙に対する書面による通知をもって充当の順序方法を指定することができるものとします．
②　甲が前項による指定をしなかったときは，乙は適当と認める順序方法により充当することができ，甲はその充当に対して異議を述べることができないものとします．
③　第1項の指定により乙の債権保全上支障が生じるおそれがあるときは，乙は，遅滞なく異議を述べたうえで，担保，保証の有無，軽重，処分の難易，弁済期の長短，割引手形または割引電子記録債権の決済見込みなどを考慮して，乙の指定する順序方法により充当することができるものとします．この場合，乙は甲に対して充当した結果を通知するものとします．
〔以下略〕

12条は，銀行からの相殺や払戻充当の場合には，銀行が充当指定できることを定めている(なお，第4章2(2)(ア)参照).

13条は，顧客による弁済や相殺の場合における充当方法について定めるものであり，民法488条の特別規定である．みずほ銀行の銀行取引約定書では，一義的には債務者である顧客が弁済・相殺すべき債務を指定できるが(1項)，たとえば，顧客から無保証債権ではなく保証付債権に充当指定が行われるなどして，債権保全上，支障が生じるおそれがある場合には，銀行の側から，異議を述べた上で充当方法を指定することができるものとされている(3項)．

（コ）銀行取引約定書15条

> 第15条（届出事項の変更）
> ① 甲は，その印章，署名，名称，商号，代表者，住所その他の乙に届け出た事項に変更があった場合には，書面により直ちに乙に届け出るものとします．
> ② 前項の届け出を怠るなど甲の責めに帰すべき事由により，乙が行った通知または送付した書類等が延着または到達しなかった場合には，通常到達すべき時に到達したものとします．

15条2項は，顧客が届出を懈怠するなどして，顧客への通知が到着しなかった場合には，通常到達すべき時に到達したものとみなす旨を定めている(みなし到達規定)．前述の5条3項は，到達したものとみなしているのでなく，到達しないことを条件として期限の利益が喪失するとしているのであり，本条とは構成が異なる．

なお，相殺の意思表示が到達したものと擬制する特約は，少なくとも第三者（差押債権者）には対抗できない旨判示する裁判例[46]もあるが，差押債権者に対する意思表示によっても相殺は可能であるため[47]，実務上は，債務者が行方不明の場合には差押債権者に対して意思表示すれば足りる．

7　与信の具体的態様

次に，与信の態様にはどのようなものがあるのか，その代表的なものについて

特徴を概観しよう[48]．

(1) **証書貸付**

平成29年3月末現在のみずほ銀行の貸出残高約71.3兆円のうち，約58.6兆円を占めるのが証書貸付である．

証書貸付とは，「貸付にあたり，証拠として借用証書を徴するもの」[49]であり，主として1年以上の長期の貸付けに使われる[50]．

(2) **手形貸付**

手形貸付とは，「貸付先から借用証書にかえて銀行を受取人とした約束手形の差入れを受け，資金の貸付を行うもの」[51]である．平成29年3月末現在のみずほ銀行の手形貸付の残高は，約2.6兆円である．

手形の原因債権たる金銭消費貸借の契約（合意）は存在しているが，借用証書は併用しない．手形債権に基づく回収に備えて，銀行取引約定書においても，手形債権による相殺の場合には手形の呈示・返還を要しない（11条）こととして同時履行の抗弁権を排除するなど，回収に係る規定を設けている．

証書貸付と比較すると，手形の振出し・交付の手続が簡便であるほか，印紙税が安く，また，手形書替（手形貸付の手形期日が到来した場合に，新手形に書き替えることをいう）を行う際に融資先の業況を聴取し契約条件を再検討することができる[52]等のメリットがあり，短期の貸付けに利用されることが多い．手形訴訟（民事訴訟法350条以下）を利用できることも，銀行にとっての利点であるとされてきたが，現在，手形訴訟はあまり利用されていないようである．

なお，手形書替が更改に当たるか否か，すなわち手形書替により新旧手形債務の同一性が失われるか否かについては若干の議論があった．仮に更改と解されれば，旧手形債務について受けていた保証・担保は，新手形債務を保証・担保しないということになる．しかし，手形書替は，特段の事情がない限り単に旧手形債務の支払を延長するものであって更改ではないと解される[53]．また，銀行実務上は，原因債権についての特定債務保証・特定担保を受けていたり，根保証・根担保として設定を受けているがゆえに，そもそも特段問題が生じないと解される場合が多い．ただし，実務上は，どうしても更改と見られては困る場合には，更改ではない旨の書面の提出を受けるなど個別対応を行っている．

(3) **当座貸越**

当座貸越とは，「銀行に当座勘定を有する銀行顧客がその銀行における当座預

金残高を超過して小切手を振り出した場合，銀行は一定の限度(極度額)までその小切手に対して支払をなすことをあらかじめ約束するもの」[54]である．返済は，当座預金口座への入金による．みずほ銀行の当座貸越の残高は，平成 29 年 3 月末現在，約 9.8 兆円である．なお，当座貸越では当座勘定貸越約定書に貼付すべき印紙税が 200 円と比較的安いこともあり，当座勘定による一般の手形・小切手の決済を行わず(したがって当座勘定を利用せず)，極度額の範囲内での貸出しに特化した特別当座貸越という形態も利用されている．

極度額の枠こそあるものの，経済や事情の変化に伴う危険に対応すべく，債権保全その他相当の事由がある場合は，銀行の与信判断によって当座貸越の解約・貸越しの中止・極度額の減額が可能である旨の条項が設けられている(銀行による解約・中止・減額の可能性を限定するニーズがある場合には，後述(7)(ウ)のコミットメント・ラインを用いる)[55]．

(4) 手形割引

手形割引は，「手形所持人が手形の満期前にこれを換金するために，銀行に対して手形を譲渡し，銀行から手形金額より譲渡日以後満期日に至るまでの利息相当額を控除した金額を受け取る」ものである[56]．前述のとおり(前述 6(2)(カ)参照)，手形が決済されなかった場合や，支払人の信用悪化が生じた場合には，割引依頼人に買戻義務が生じるものであり(銀行取引約定書 6 条 2 項)，銀行にとっては与信取引にほかならない．

手形の流通の減少に伴い，みずほ銀行の手形割引は，平成 29 年 3 月末現在で約 1,726 億円程度にまで残高が減少してきている．

なお，手形割引は手形の売買たる性質を有するので利息制限法の適用はないと述べる最高裁判決[57]があるが，反対する見解も多い．ただし，銀行が行う手形割引については，臨時金利調整法により，返済期限 1 年以上または 1 件の金額 100 万円以下の場合を除き，割引率の上限は年 15% とされていることもあり，少なくとも銀行実務上は問題となることは稀であろう．

(5) 支払承諾

支払承諾とは，「銀行の取引先の第三者に対して負担する債務を銀行が保証する」[58]ものである．銀行は，保証債務を負うことの対価として取引先から保証料の支払を受ける．みずほ銀行の保証残高は，平成 29 年 3 月末現在で約 5.8 兆円である．

たとえば，建築業者である取引先が発注者との間で工事請負契約を締結するに際して，銀行は，(建設工事の完成自体を保証することはできないが)期限内に工事をさせなかった場合の違約金支払債務を保証(支払承諾)することがある．

銀行は，取引先(主債務者)が債務を履行しなければ，保証人として第三者(債権者)に保証履行した上で，取引先に対して事後求償権を行使する．もっとも，支払承諾も，最終的には取引先の収入・資産等を引当てとした取引先に対する与信取引にほかならないところ，途中で取引先の信用力の悪化事象が生じた場合に，保証債務を履行した後でなければ回収行動に入れないというのでは，取引先の預金その他の資産の流出等を招きかねず，与信の前提が確保されない結果となってしまう．そこで，取引先の信用力の悪化事象が生じた場合には，求償権を保全するための行動をとれるようにしておかなければならない．この観点から，銀行の支払承諾約定書においては，民法460条の委託を受けた保証人の事前求償権を拡大する特約を約定しているのが一般的である．みずほ銀行の支払承諾約定書では，次のとおり，銀行取引約定書における期限の利益喪失条項に合わせて事前求償権を行使できる場合を定めている．

第8条（事前求償）
① 私について次の各号の事由が一つでも生じた場合には，銀行から通知催告等がなくても，当然に私は銀行が保証している金額または保証極度額についてあらかじめ求償債務を負い，直ちに弁済するものとします．
　1. 支払の停止または破産手続開始，民事再生手続開始，会社更生手続開始もしくは特別清算開始の申立があったとき．
　2. 手形交換所の取引停止処分を受けたとき．
　3. 私または保証人の預金その他の銀行に対する債権について仮差押，保全差押または差押の命令，通知が発送されたとき．
　4. 私の責めに帰すべき事由によって，銀行に主債務者の所在が不明となったとき．
② 私について次の各号の事由が一つでも生じ，銀行が債権保全を必要とするに至った場合には，私は銀行からの請求によって前項と同様あらかじめ求償債務を負い，直ちに弁済するものとします．
　1. 私が債務の一部でも履行を遅滞したとき．
　2. 担保の目的物について差押または競売手続の開始があったとき．
　3. 銀行との約定に違反したとき．

> 4. 保証人が前項または本項の各号の一つにでも該当したとき．
> 5. 前各号のほか私の債務の弁済に支障をきたす相当の事由が生じたとき．
> ③ 前項において，私が銀行に対する住所変更の届け出を怠るなど私の責めに帰すべき事由により，銀行からの請求が延着しまたは到達しなかった場合には，通常到達すべき時に請求の効力が生じるものとします．
> ④ 第1項および第2項の場合，私は銀行に対する求償債務または原債務に担保があると否とを問わず，供託によることなく即時求償に応ずるものとし，また，銀行に対して担保の提供または原債務の免責を請求しません．

なお，主債務者は事前求償権の行使に対して民法461条に基づく抗弁権を有しているところ，事前求償権を自働債権とする相殺は，この抗弁権を奪う結果となるため，行うことができないと解するのが判例・通説[59]である．しかし，銀行としては取引先の預金等を引当てに与信判断を行っており，取引先も保証を受けるに当たってそれを前提としていることから，銀行の支払承諾においては，上記支払承諾約定書8条4項のとおり，主債務者の抗弁権を排除しているのが一般的である．このような特約がある場合には，銀行は事前求償権に基づく相殺が可能であり，仮に取引先に対する債権者が取引先の預金を差し押さえた場合であっても，銀行は事前求償権との相殺により差押債権者に対抗することができると解される[60]．

(6) 代理貸付

代理貸付とは，「受託銀行が委託金融機関の代理として行う貸付」[61]である．銀行法10条2項8号および8号の2により認められている．委託金融機関となるのは，たとえば，日本政策金融公庫など，支店が少なく地方におけるネットワークが乏しい政府系金融機関などである．受託金融機関は委託金融機関から手数料を受け取る一方，貸付け・管理・回収を行うことになる．なお，受託金融機関が全部または一部の保証(支払承諾)を行うことが多い．

(7) その他

(ア) シンジケート・ローン

シンジケート・ローンとは，協調融資の意味であり，「中長期の大口または巨額融資案件を銀行が，その資金負担とリスクを分散するため，融資銀行団を組成して行なう融資のこと」[62]である．アレンジャー金融機関が参加金融機関を募集

して組成を行い，融資実行後はエージェント金融機関が事務代行等を行う．たとえば，取引先に 1,000 億円の資金調達需要がある場合に，みずほ銀行がアレンジャーとして参加金融機関を募集し，最終的には，みずほ銀行 500 億円，三井住友銀行 250 億円，三菱東京 UFJ 銀行 250 億円でそれぞれ融資を行うといったような場合であり，大口の資金需要に対応することが可能である（詳細は第 8 章参照）．

（イ）デリバティブ

デリバティブ取引とは，金融派生商品取引の意味であり，たとえば，金融商品・金融指標の先物取引，オプション取引，スワップ取引等のことである[63]．

たとえば，テナントビルの購入代金を支払うため 10 年分割弁済で変動金利での借入れを行っている場合に，毎月の支払額を一定にして金利変動リスクをヘッジすべく，変動金利と固定金利とをスワップ（交換）することにより固定化するといったことが行われる（詳細は，第 9 章参照）．

（ウ）コミットメント・ライン

コミットメント・ライン契約とは，銀行が，顧客に対して，一定の期間および極度額（コミットメント・ラインあるいはファシリティーという）の限度内において，顧客からの一方的な意思表示により金銭消費貸借を成立させることができる権利を付与し，借主がこれに対して手数料（コミットメント・フィーあるいはファシリティー・フィーという）を支払うことを約する契約をいう（特定融資枠契約に関する法律 2 条[64]参照）．当座貸越とは異なり，融資を行わないことについての広い裁量を認める特約が含まれていない．

なお，コミットメント・フィーと出資法および利息制限法の上限利率規制との関係については，前掲注 18) を参照されたい．

8　保証・損失補償

銀行が与信を行うに際して，顧客だけの信用力だけでは債権保全の観点から不足であるときは，信用力を補完すべく，第三者から保証（民法 446 条）を受けることを検討する．すなわち，保証人は，主債務者の収入や資産では債務の弁済に足りない部分について，保証を履行することが期待されているのである．保証契約締結の必要性や合理性を十分検討し，適切な保証人・保証形式・内容で保証を受けることが肝要である．

銀行取引においては，特定債務の保証も利用されるが，根保証が利用される場合も多い．また，保証専門機関である信用保証協会による機関保証もよく利用されるので，以下で述べる（保証契約の条項等については，第4章1(2)で述べる）．

（1） 根保証

根保証とは，一定の継続的取引関係から現在および将来において生じる不特定の債務を保証することである．このうち，保証期間・金額あるいは取引の種類などにより保証債務の範囲を限定するものを限定根保証と呼び，保証期間・金額あるいは取引の種類などに制限を設けないものを包括根保証と呼んでいる．

包括根保証とは，たとえば，「保証人は，本人が銀行取引約定書第1条に規定する取引によって貴行に対し負担するいっさいの債務について，本人と連帯して保証債務を負う」などとするものである．判例[65]により，このような包括根保証も有効とされている．ただし，保証契約を締結して相当期間が経過した場合，債務者の資産状態が急激に悪化し，それが保証契約締結の際に予期し得なかった特別の事情といえる場合，または保証人の債務者に対する信頼が喪失された場合などにおいて，将来に向かっての保証人の解約権が認められることがあるとされている．

もっとも，平成16年の民法改正により，貸金等根保証契約に関する規定が設けられた（民法465条の2以下）．すなわち，個人を保証人とする根保証契約（一定の範囲に属する不特定の債務を主たる債務とする保証契約）であって，「その債務の範囲に金銭の貸渡し又は手形の割引を受けることによって負担する債務……が含まれるもの」については，極度額の定めのないものは無効となり（民法465条の2第3項）[66]，元本確定期日の定めがないもの，および，元本確定期日が契約締結日から5年を経過する日より後の日と定められているものは，契約締結日から3年で元本が確定する[67]（民法465条の3第1項・2項）ものとされている．この規定は強行法規であり，貸金等根保証契約に該当する以上はこれに反する取扱いをすることはできない．それゆえ，銀行取引における個人保証は，この規律に服することとなる．ただ，内田貴教授は，「主たる債務者である会社の経営者が個人保証をしている場合にまでこのような規律が必要か，という点は，議論の余地があろう」と指摘されており[68]，同感である．

(2) 保証に関する民法改正の内容

(ア) 事業に係る債務についての保証契約

平成29年改正後の民法465条の6以下では，事業に係る債務についての保証契約[69][70]を個人が締結する場合に関し，次のような特則を設けている[71]．

まず，これらの保証契約および根保証契約は，その締結に先立ち，保証人になろうとする者が，締結の日前1か月以内に作成された公正証書で保証債務を履行する意思を表示していなければ，その効力を生じない(平成29年改正後の民法465条の6第1項)．かかる公正証書の作成に際しては，保証人になろうとする者は，主たる債務に関する事項，利息や損害賠償など従たる定めの有無および内容，根保証については極度額や元本確定期日など，法所定の事項を公証人に口授する必要がある(同条2項)[72]．

ただし，これらの規定は，主たる債務者が法人である場合であって主たる債務者の理事，取締役，執行役もしくはこれらに準ずる者もしくは総株主の議決権の過半数を有する者が保証人になろうとするとき，または主たる債務者が個人である場合であって主たる債務者と共同して事業を行う者もしくは主たる債務者が行う事業に現に従事している主たる債務者の配偶者が保証人になろうとするときは，適用されない(平成29年改正後の民法465条の9)．これらの者は，いずれも主たる債務に係る事業に携わる者であるから，情誼のみに基づき保証契約を締結するおそれが類型的に低いと考えられたことによる．事業に係る債務についての保証契約により個人が安易に過大な責任を負うことのないよう保護を図りつつ，実務上の経営者保証の有用性を損なわないよう配慮された法改正であるといえる．

(イ) 保証人に対する情報提供義務

平成29年改正後の民法においては，保証人に対する情報提供義務として，次のような規律が設けられている．

まず，主たる債務者は，事業に係る債務についての保証の委託をする際に，委託を受ける者に対し，その財産および収支の状況，主たる債務以外に負担している債務の状況および主たる債務の担保に関する情報を提供する必要があり(平成29年改正後の民法465条の10第1項)，これらの情報提供が適切に行われず，かつ債権者がそのことを知りまたは知ることができたときは，保証人は保証契約を取り消すことができるとされている(同条2項)．したがって，保証を受ける銀行にとっては，これらの情報提供が適切に行われたことをどのようにして確認するか，

言い換えれば「債権者がそのことを知りまたは知ることができた」と言われないためにはどのような手続をとる必要があるのかが問題であり，慎重に検討する必要がある．なお，この規定は，保証人が法人である場合には適用されない(同条3項)．

また，保証契約の締結後，債権者は，委託を受けた保証人の請求がある場合には，主たる債務の履行状況に関する情報を提供しなければならない(平成29年改正後の民法458条の2)．かかる情報提供は，実務上も保証人の請求があれば行われていたところ，債権者の義務として明文化されたものである．この規定は，保証人が個人であるか法人であるか，また事業に係る債務についての保証か否かにかかわらず適用される．

さらに，主たる債務者が期限の利益を喪失した場合には，債権者は，保証人(委託を受けた保証人には限られない)に対し，たとえ保証債務の履行を請求する予定がなくとも，2か月以内にその旨を通知しなければならず(平成29年改正後の民法458条の3第1項)，かかる通知をしなかったときは，債権者は保証人に対し，主債務者の期限の利益喪失時から現に通知をするまでに生じた遅延損害金に係る保証債務の履行を請求することができない，とされている(同条2項)．この点，主債務の期限の利益が失われれば，保証債務の期限の利益も失われるため，従前は，当然喪失の場合はもちろん，請求喪失の場合であっても保証人に対して期限の利益の喪失の請求を行うことは必須ではなく，必要に応じて保証人にも通知を行うといった対応にとどめる金融機関が多かったのではないかと思われる．しかし，平成29年改正後の民法の下では，主債務の期限の利益喪失時には必ず保証人に通知を行うこととして手続化する必要がある．なお，この規定は，保証人が法人である場合には適用されない(同条3項)．

(ウ) 保証に関する規定の債務引受への準用

平成29年改正後の民法では，債務引受について明文の規定が置かれている(平成29年改正後の民法470条以下)．もっとも，保証目的で併存的債務引受がなされる場合の保証に関する規定の準用の有無については定められておらず，この点は解釈に委ねられている．

(3) 信用保証協会

信用保証協会(みずほ銀行の実務では「マル保」と呼んでいる)とは，「中小企業者等が銀行その他の金融機関から貸付等を受けるについてその貸付金等の債務を保

証することを主たる業務」とする保証機関(公益法人)である(信用保証協会法1条).つまり,信用力に乏しく無保証では融資が困難な会社に対して,機関保証付での融資を受ける途を開く制度である.

銀行と各信用保証協会との間には,あらかじめ,個々の保証契約に共通する事項や手続等を定めた約定書が締結されている[73].個別の保証に際しては,債務者である中小企業と信用保証協会との間で信用保証委託契約が締結され,信用保証協会はその報酬として信用保証料を収受する.なお,債務者の信用状態次第では,信用保証に際して,銀行の貸付金または信用保証協会の求償権について他の連帯保証人の保証や担保の設定を受けることが保証条件とされることがある[74].

(4) 損失補償

(ア) 損失補償の意義

第三セクター[75]は,利益の追求ではなく,もっぱら公共事業をコストミニマムに実行するための仕組みとして導入されている法人形態であるが,利益を追求しないという性質から,融資を受けるのに困難を伴うという問題がある.それゆえ,融資を受けるに際しても,国や地方公共団体の支援が必要となる.

この点,昭和21年に制定された「法人に対する政府の財政援助の制限に関する法律」(以下「財政援助制限法」という)3条は,「政府又は地方公共団体は,会社その他の法人の債務については,保証契約をすることができない.ただし,財務大臣(地方公共団体のする保証契約にあっては,総務大臣)の指定する会社その他の法人の債務については,この限りでない」と定めている.これは,元来,戦前において特殊会社(国有企業)に対し債務保証がされて国庫の膨大な負担を招いたことに対する反省などから定められたものであるとされている.この法律の規定があるため,政府や地方公共団体は,原則として第三セクターの借入れを保証することはできない.そこで,保証と似て非なるものとして,第三セクターの借入れに際して,政府や地方公共団体が銀行との間で損失補償契約を締結するという手法が広範に用いられてきた.

損失補償とは,一方当事者が一定の事項または事業から損失を被ったときに,他方当事者がそれを塡補することを約する契約である.すなわち,地方公共団体と銀行との間で,銀行が第三セクターに融資することによって生じた損失について,地方公共団体が補償する旨を契約するのである.理論的には,債務の発生時期は損失確定時であり,主債務の存在を前提としていない点,責任範囲が主債務

と異なり得る点などで，保証とは異なる．

　行政実例においても，損失補償については財政援助制限法3条の規制するところではないという見解[76]が示されていたため，実務上は，議会の議決を経て損失補償契約を締結することが広く行われてきた．

　（イ）　裁判例の動向

　しかしながら，平成18年に横浜地裁[77]が，財政援助制限法3条の趣旨からすると，民法上の保証契約に類し，同様の機能・実質を有する合意も同条の規制に服するものであり，川崎市の締結した損失補償契約は違法であり無効であると判示し，実務界に小さからぬ衝撃を与えた．

　事案は，第三セクター設立に際して川崎市と金融機関との間で損失補償契約が締結されていたところ，当該第三セクターが破産したことから，川崎市が金融機関に対して，損失補償契約を前提に和解契約を締結して金員を支出したというものである．これに対して，市民オンブズマンが，損失補償契約は無効であり，これを前提とする川崎市の支出も違法かつ無効であるなどとして，川崎市長に対して損害賠償を，金融機関に対して川崎市から受領した金銭の返還をそれぞれ請求するよう求めて住民訴訟を提起した．

　横浜地裁は，上記のとおり述べ，損失補償契約は違法であり無効であると判示した．ただし，結論としては，川崎市長には故意・過失はなかったし，また，本事業は川崎市が主体的に推進してきたものであり，市議会の正式な決議を経て契約締結および支払いが行われたといった経緯に鑑みると，川崎市が金融機関に対して返還を求めることは信義則上許されないとして，請求棄却とされた．それゆえ，川崎市長および金融機関側からは控訴して争う機会がないまま，原告側の不控訴により事件としては終結し，損失補償を違法とする内容の判決が残ってしまったのである．

　その後も，損失補償契約の適法性・有効性に関する下級審裁判例が相次ぎ，結論が分かれた状況にあった[78]．

　（ウ）　最一小判平成23年10月27日金融法務事情1937号100頁

　このような状況の下で，平成22年8月30日の東京高裁判決[79]の上告審判決において，最高裁は，結論としては，既に金融機関が債務者から全額弁済を受けたことを理由に訴えを却下したものの，「なお，付言するに……」とした上で，損失補償契約が財政援助制限法3条の規定の類推適用によって直ちに違法，無

効となる場合があると解することは相当ではなく，損失補償契約の適法性および有効性は，「当該契約の締結に係る公益上の必要性に関する当該地方公共団体の執行機関の判断にその裁量権の範囲の逸脱又はその濫用があったか否かによって決せられるべき」と判示した．傍論ではあるが，損失補償契約も原則として有効であると考えてよいものと思われ，実務上の混乱が収束に向かうことが期待されている[80]．

9 担　保

次に，与信に際して債務者自身または第三者から担保の設定を受ける場合の問題を概観しよう．

担保に関して最も重要な点は，「回収できなければ担保ではない」ということである．銀行としては，担保を実行しなくとも債務者からの弁済により回収できることを前提に与信を行うが，そのようなスタンスで与信判断をしているからといって担保が不要というわけではないのは当然のことであり，債権の保全のために担保を取得した以上，いざとなれば担保の実行により実際に債権の回収を図ることができなければ意味がない．

なお，実務上は，国税との優劣も重要であるので，あらかじめ簡単に触れておく[81]．国税には，全ての公租その他の債権に対する優先権が認められているが（国税徴収法8条），かかる優先権を無制限に認めると取引の安定性を害することから，質権，抵当権，譲渡担保権等の担保付債権と国税との優劣については，担保の設定日（対抗要件具備の日と解するのが一般的である）と当該国税の法定納期限（国税を納付すべき期限）等の日の先後によって決まるというのが基本的な仕組みである（国税徴収法15条・16条・24条7項等）．つまり，国税の法定納期限等以前に抵当権を設定して登記を具備していれば，当該抵当権を実行しても，国税より被担保債権に優先して配当を受けられるということである．実務上，税金の滞納が疑われる場合には，納税証明書の提出を受けるなどして租税の未納状況および法定納期限を調査することもある．

（1）預金担保
（ア）自行預金担保

銀行が，債務者または保証人が自行に預け入れている預金について，質権の設

定を受けることがある．

　第4章2(3)で詳しく述べるとおり，銀行は，質権の設定を受けていなくても，相殺により差押債権者や破産管財人等の第三者に優先回収する余地が広く認められている．そうであれば，敢えて質権の設定を受ける必要はないようにも思われるが，銀行が自行にある預金に質権設定を受ける意味は，対象となる預金の払戻しを拒否できることにある（質権設定者は，質権者のために目的債権を健全に維持する義務を負い，目的債権の取立てもできない）．回収行為自体は，質権の実行という形ではなく相殺という形をとれば十分であり，実務上は，質権の対抗要件は具備しないことが多い．

（イ）　他行預金担保

　これに対して，他行預金については相殺による回収ができないため，一般の指名債権に対する質権・譲渡担保の設定と同様，対抗要件を具備する必要がある．また，通常，預金には譲渡質入禁止特約が付されているため，第三債務者である他行の承諾を得ることが必要である（第2章2(3)(イ)参照）．

（ウ）　普通預金担保

　預金担保の対象とされるのは，定期預金であることが多い．これに対して，平成10年代以降，普通預金（流動性預金）への担保設定の可否等に関する議論が活発に行われている．たとえば，キャッシュフローを引当てとした大規模なプロジェクト・ファイナンスにおいては，その事業の回収代り金が銀行の普通預金口座に入金されることがあり，そのような場合に，事業資金として一定の範囲での入出金を認めつつ担保の設定を受けるニーズが存在するわけである[82]．

　道垣内弘人教授は，普通預金債権は，当初から存在している債権が同一性を保ったまま，ただその額が変動するものと解すべきとの見解に立つが（第2章2(2)(イ)参照），その質権設定については，口座名・口座番号が特定されていれば，どの預金債務について質権が設定されるか一義的に判断できるため，対抗要件を具備し公示することが可能であるし，質権の対象としての適格性を有し，一物一権主義との関係でも問題ないなどとして，理論付けている[83]．これに対して，森田宏樹教授は，普通預金債権は，入金または支払の記帳がなされた時に，それを組み込んだ新たな1個の残高債権が成立するとした上で（第2章2(2)(イ)参照），その質権設定については，入金または支払の記帳ごとに成立する個々の残高債権の集合体について，将来債権として一括して担保権を設定するものと理論付けてい

る[84]).

　以上のように，学説上は活発な議論があるが，口座名・口座番号を特定することによって普通預金担保設定が認められることについては争いはなく，学説の議論の行末を注視しつつも，実務上の関心事は，質権設定者による預金払戻権限や預金残高維持義務などについて，どのように約定しておくべきかといった点に移りつつある．

(2) 不動産担保
(ア)　不動産担保

　不動産は，銀行が設定を受ける担保の目的物の中でも，最も典型的なものといってよい．土地および土地上の建物に共同で(根)抵当権の設定を受ける場合のほか，更地であるなど土地だけに(根)抵当権の設定を受ける場合や，借地上の建物だけに(根)抵当権の設定を受ける場合もある．

　学説上は，法定地上権の成否など，さまざまな論点が論じられているが，銀行実務上，それらは担保の設定を受けるに際して行う不動産価格の査定に織り込まれており，与信の段階で個別に意識することはあまりない．

(イ)　借地上の建物の担保取得

　筆者が銀行に入って，民法の教科書には載っていない実務上の問題として個人的に興味深かったのが，借地上の建物を担保取得した場合の賃料代払である．

　借地上の建物に担保権の設定を受けている場合において，担保権設定者である借地人が賃料を支払わない事態が生じると，賃貸借契約が解除され，借地上の建物は取り壊さざるを得なくなり，建物が取り壊されれば担保権も消滅してしまう．そこで，銀行実務上は，借地上の建物を担保取得するに際して，地主から，地代不払や無断転貸など借地契約の解除・変更を来すおそれがある場合には，担保権者に通知し，担保権者である銀行が地代を立替払しても差し支えない旨の承諾書の提出を受けることとしている．

- 甲(土地所有者)は，地代の支払の遅延，無断転貸など本借地契約の解約・変更をきたすおそれのある事実が生じた場合には，貴行に通知します．また本借地契約の解約・変更を行う場合にも，あらかじめ貴行に通知します．
- 甲は，地代の支払が遅延した場合，貴行が乙に代わって立替払いされても差し支えありません．

> ・甲は，（根）抵当権の実行又は売買等によって乙の建物所有権が他へ移転するときは，新しい建物取得者が本借地契約における借地人の地位を継承することを承諾します[85]．

　このような承諾書の提出を受けていない個人の抵当権者の事案については，地代不払による借地契約の解除に際して信義則を根拠に抵当権者に催告を行う義務はないとした裁判例[86]が存在する．これに対して，このような承諾書の提出を受けていたにもかかわらず，地主が賃貸借契約の解除に先立って通知をしなかった場合の効果については，長らく裁判例も存在しない状況であったが，近時，抵当権者である銀行が承諾書の提出を受けていた事案に関して，地主が地代不払の事実を通知せず，建物収去により建物の担保権が消滅してしまった場合には，地主が損害賠償責任を負うことを認めた最高裁判決が登場している[87][88]．この最高裁判決の登場を受けて，民法の教科書などにおいても，このような実務運用の存在について言及するものも登場するに至っている[89]．

　（ウ）出店妨害

　なお，出店妨害に関する興味深い最高裁判決[90]がある．これは，パチンコ業者らが，風俗営業の許可に係る規制（風俗営業等の規制及び業務の適正化等に関する法律4条2項2号）を利用して，競合者が購入した出店予定地での営業許可を受けることができないようにする意図のもとに，近接する土地を児童公園として社会福祉法人に寄付したというものである．仮に，銀行が出店予定者に対して，出店を見込んで土地に担保の設定を受けて貸付けを行うような場合を考えた場合，このようなことが行われると，担保不動産について見込んでいた価値が実現されなくなってしまう．しかも，貸付けを行う時点では，このような事態が生じるなど全く分からないわけであり，大変困った問題である．最高裁は，当該事実関係の下では，本件寄付は，許される自由競争の範囲を逸脱し，競合者の営業の自由を侵害したものであるとして，不法行為に基づく損害賠償請求を認めている．銀行としては，業者の営業許可が得られない以上，この損害賠償請求権の代位行使などを検討せざるを得ないであろう．なお，偶発的な事例かと思っていたところ，同種の裁判例[91]における判例時報の囲みコメントでは，「パチンコ業界では，業者が，風営法の規制を利用して競業者の出店を阻止するため，競業者の出店予定地の近くに，学校や病院を建設するという事例は少なくなく，種々のトラブルが発生し

ている」と記されており，悩ましい問題である．

(3) 有価証券担保

国債や株式，投資信託受益権等の有価証券について，質権や譲渡担保の設定を受けることもある．証券が発行されている場合には，その引渡しを受けることにより担保設定をすることが多いが，現在は，「社債，株式等の振替に関する法律」に基づく振替制度によって証券が発行されないまま口座の記録により有価証券が管理されている場合が多い．振替制度の対象となっている場合には，振替の申請により，質権者の口座の質権欄に質入れの記録を行うことにより担保権の設定を受ける（社債，株式等の振替に関する法律99条・141条・121条・74条）．

なお，担保権の設定を受けているわけではないが，銀行が占有しまたは口座管理機関となっている有価証券から優先回収を受け得ることについては，第4章2(9)(イ)参照．

(4) 債権担保

先に見た預金担保も債権担保の一種であるが，それ以外にも，たとえば売掛債権や入居保証金返還債権などに対して，質権や譲渡担保の設定を受けることがある．対抗要件については，民法467条の通知・承諾のほか，「動産及び債権の譲渡の対抗要件に関する民法の特例等に関する法律」に基づく登記によっても具備することができる．

(ア) 集合債権譲渡担保

近時は，債務者が現在および将来において有する売掛債権等について，包括的に担保の設定を受けることも増えつつある．ここでは，そのような将来債権譲渡担保・集合債権譲渡担保の有効性に関わる問題について述べる（その他の問題については，第4章2(6)にて詳論する）．

将来債権は，既発生の債権の担保とは異なり，実際に発生するかどうかは将来の事象であって不確実であるため，果たして有効に譲渡担保の設定を受けられるのか，かつて議論があった．

これについては，まず，昭和53年の最高裁判決[92]が，医師が健康保険団体連合会から受けるべき診療報酬債権1年分を信用組合に譲渡したという事案について，「〔当該〕債権は，将来生じるものであっても，それほど遠い将来のものでなければ，特段の事情のない限り，現在すでに債権発生の原因が確定し，その発生を確実に予測しうるものであるから，始期と終期を特定してその権利の範囲を

確定することによって，これを有効に譲渡することができる」と判示して，当該債権譲渡の有効性を肯定した．

その後，平成11年の最高裁判決[93]では，8年3か月の間に医師が社会保険診療報酬支払基金から受けるべき各月の診療報酬債権の一定額分を目的とする債権譲渡契約について，その有効性を認めた．原判決は，将来債権譲渡は一定額以上が安定して発生することが確実に期待されるそれほど遠い将来のものではないものを目的とする限りにおいて有効であると判示した上で，結論としては当該債権譲渡の有効性を否定していたが，最高裁は，適宜の方法により始期と終期を明確にするなどして譲渡の目的とされる債権が特定することが必要であるとする一方，「将来発生すべき債権を目的とする債権譲渡契約にあっては，契約当事者は，譲渡の目的とされる債権の発生の基礎を成す事情をしんしゃくし，右事情の下における債権発生の可能性の程度を考慮した上……契約を締結するものと見るべきであるから，右契約の締結時において右債権発生の可能性が低かったことは，右契約の効力を当然に左右するものではない」と判示しており，広く将来債権譲渡の有効性を肯定するに至った．これを踏まえ，平成29年改正後の民法466条の6第1項は，将来債権譲渡の有効性を明文で規定している．

ただし，平成11年判決によれば，特段の事情(①期間の長さ等の契約内容が譲渡人の営業活動等に対して社会通念に照らし相当とされる範囲を著しく逸脱する制限を加える場合，②他の債権者に不当に不利益を与えるものであると見られる場合など)が認められる場合には，公序良俗違反により，債権譲渡契約の全部または一部が無効になることがあるとされている．このことは，平成29年改正後の民法の下でも同様であると思われる．

実務上は，これらの判例を踏まえ，売掛債権等について包括的に担保権の設定を受ける必要性や合理性を十分に検討した上で，始期や終期を特定するなどして，適切な債権・範囲・内容で担保権の設定を受けることとしている．

(イ) 一括支払システム

(a) 一括支払システムの意義

債権譲渡担保を利用したシステムの1つとして，一括支払システムという制度を紹介する．

従来，商取引における買掛債務の支払にあたっては，約束手形を振り出すことが一般的であった．しかし，多数の商取引が存在する場合，その都度，約束手形

を振り出すには手間もかかるし，印紙代もかさむといった課題があった．そこで，これらの課題を解決するために考案されたのが，一括支払システムである．一括支払システムにも複数の方式があるが，代表的な方式として，ここでは，債権譲渡担保方式を採り上げる．

(b) 債権譲渡担保方式の一括支払システムの仕組み

債権譲渡担保方式の一括支払システムにおいては，あらかじめ，買掛債務の支払企業，その債権者である仕入先および銀行の3者間で基本契約を締結しておき，その中で，仕入先は売掛債権を銀行に対して担保として包括的に譲渡する旨を合意しておく．また，仕入先と銀行との間では，当座貸越契約を締結しておく．支払企業は，買掛債務を負う都度，銀行に対してその明細書を交付するとともに，その支払事務を銀行に委託し，併せて，当該代金債権の譲渡について，確定日付のある異議なき承諾をする．仕入先は，売掛債権の期日前に資金を必要とするときは，あらかじめ銀行に譲渡した売掛債権の範囲内で，当座貸越による借入れを受けることができる（手形でいうところの手形割引に相当する）．支払企業は，支払期日に決済資金を金融機関に支払う．

(c) 債権譲渡担保方式の一括支払システムと国税滞納処分との関係

一括支払システムと国税の滞納処分による差押えとの関係では，議論があった．国税徴収法24条によれば，納税者の財産について滞納処分を執行してもなお不足するときは，原則として当該納税者が譲渡担保に供した財産からの徴収を認めており（譲渡担保権者の物的納税責任），例外的に法定納期限等以前に譲渡担保財産となっており対抗要件を具備した事実を証明した場合には，譲渡担保財産からの国税の徴収は行われないこととされている．そうすると，仕入先が国税を滞納した場合，その法定納期限等が債権譲渡の確定日付ある承諾よりも早ければ，銀行は担保の設定を受けたはずの売掛債権からの回収が実現できなくなってしまうわけである．そこで，契約書において，代金債権に対して国税徴収法24条に基づく告知が発せられたときに，これを担保とした当座貸越債権は当然に弁済期が到来するものとし，同時に代金債権は当座貸越債権の代物弁済に充当されるものとする旨の停止条件付代物弁済特約を追加することとしたのである．すなわち，国税当局から告知を受ける前に，譲渡担保財産である売掛債権は消滅することになり，国税徴収法24条の適用を免れることになるのである．このような考え方に基づいて，契約書が変更された[94]．

しかし，最高裁[95]は，かかる特約について，国税徴収法24条5項(現在の同条7項．「第2項の規定による告知……後，納税者の財産の譲渡により担保される債権が債務不履行その他弁済以外の理由により消滅した場合……においても，なお譲渡担保財産として存続するものとみなして，第3項の規定を適用する」)の適用を回避するものであり，効力を認めることはできないと判断した．したがって，債権譲渡担保方式の一括支払システムは，国税との関係で課題を残すということになってしまった．

しかしながら，一括支払システムは，納入企業の資金調達の便宜のため，支払企業にとって印紙税の負担がかかる手形割引の代替手段として考案されたものであるところ，支払企業が手形を振り出して納入企業が銀行に手形割引を行った場合には国税との優劣の問題すら生じないはずであって，たまたま譲渡担保方式で行ったことにより，国税の優先回収資産となるのは違和感がある．

(d) 現状

その他，信託方式(売掛債権を信託譲渡するもの)，ファクタリング方式(売掛債権を真正譲渡するもの)，併存的債務引受方式(銀行が債務引受人となるもの)などの一括支払システムなども開発されていたが，現在では，電子記録債権法の施行(平成20年12月1日)に伴い，電子記録債権[96]を利用した一括決済スキームが構築されつつあるという状況である．

(5) 動産担保

(ア) ABL

動産担保は，いわゆるABL(Asset Based Lending)の一環として注目を集めている．ABLとは，動産・債権等の事業収益資産を担保とし，担保資産の内容を常時モニタリングし，資産の一定割合を上限に資金調達を行う手法のことであり[97]，従来はあまり担保として活用されてこなかった在庫や機械設備といった事業収益を生む動産について，包括的に譲渡担保の設定を受けるというものである(先に述べた集合債権譲渡担保もABLの一要素として利用されることがある)．

この在庫等への包括的な担保権の設定として，集合動産譲渡担保の手法が用いられる．法的には後述のような諸々の議論があるところであるが，先にも述べたように回収できなければ担保ではないので，ABLを普及させるべきとの見解はあるが，実務上，動産譲渡担保を実行した際に，担保処分が可能であるか，どの程度の価格で処分可能なのかを抜きにした議論はできない．

たとえば，和牛担保融資といったものもあり，最高級の国産牛であれば1頭

1,000万円前後の値段を付けることもあるが，銀行には管理や売却のノウハウはないので，「牛の個体識別のための情報の管理及び伝達に関する特別措置法」の対象となる肉牛を対象とし，全国肉牛事業協同組合にデータの提供，管理，担保処分の協力の約束を取り付けるなどの工夫が必要となる．また，集合動産譲渡担保ではないが，個別の高価な絵画を担保とした融資に際して，いざというときには買取りを行う旨の第三者の保証を受けて融資を行ったこともある（したがって，厳密には保証付融資である）．

経済産業省のアンケート調査[98]によると，ABL の融資残高は，平成 23 年 3 月末時点の約 4,338 億円から平成 28 年 3 月末時点の約 2 兆 4,476 億円と大きく増加しているとのことであるが，動産譲渡担保によりどれだけ回収可能であるのかについては注意深く判断しなければならないし，逆に目的物たる動産を売却できる流通市場の拡大や管理・売却手法の確立が図られれば，今後もさらに発展していく可能性はあるだろう．

（イ）集合動産譲渡担保

ここでは，集合動産譲渡担保の有効性に関わる問題について触れておこう（その他の問題については，第 4 章 2(7)にて詳論する）．実務上は，在庫商品について担保の設定を受けるような場合には，目的物が日々変動し担保管理に手間もかかることから，必要性や合理性を十分に検討している．

判例[99]は，「構成部分の変動する集合動産についても，その種類，所在場所及び量的範囲を指定するなどなんらかの方法で目的物の範囲が特定される場合には，一個の集合物として譲渡担保の目的となりうる」としている（いわゆる集合物理論）．

問題は特定の有無であるが，「乾燥ネギのうち 28 トン」を譲渡担保として提供するとの合意は，特定性を欠くものと判断されている[100]．譲渡担保の合意当時には，倉庫に 44 トンの乾燥ネギを所有していたようであり，どの部分が譲渡担保の目的になっているのか不明と言わざるを得ないであろう．また，設定者の居宅および店舗内の「商品（種類・食料品等），運搬具，什器，備品，家財道具一切のうち債務者所有の物」を譲渡担保として提供するとの合意のうち「家財道具一切」という部分は，家族の共同生活に使用される物件は多種多様であり識別困難であるし，債務者所有の物とそれ以外の物とを明確に識別する措置が講じられていないなどとして，特定性を欠くものと判断されている[101]．他方，債務者の「第 1 ないし第 4 倉庫内及び同敷地・ヤード内を保管場所とし，現にこの保管場

所に存在する普通棒鋼，異形棒鋼等一切の在庫商品」を譲渡担保として提供するとの合意は，特定性が認められると判断されている[102]．実務上も，店舗や倉庫などにより保管場所を特定した上で，一切の在庫商品といったように包括的な譲渡担保の設定を受ける場合が多い．

（6） 代理受領・振込指定

国や地方公共団体に対する建設工事請負代金債権などのように，譲渡・質入れが禁止されている債権については，質権や譲渡担保の設定を受けることができない．そのため，建設会社としては，国や地方公共団体という支払能力に懸念のない受注先の工事を行うにもかかわらず，代金債権をファイナンスを受けるための担保に用いることができないことになってしまう．そこで，用いられるのが代理受領・振込指定である．

（ア） 代理受領・振込指定の仕組み

代理受領とは，たとえば，銀行が建築請負業者に融資をするに際して，あらかじめ建築請負業者との間で請負代金の代理受領委任契約を締結し，銀行が建築請負業者の代理人として請負代金の弁済を受領する権限の付与を受けるとともに，そのことにつき第三債務者である発注者の承認を得ておくというスキームである．発注者(国，地方公共団体)より請負代金を代理受領すれば，建築請負業者に対する貸付金債権と当該代金の返還債務とを相殺することにより，債権を回収することができるのである．

他方，振込指定とは，直接に金員を受領するわけではないが，請負代金について，債権者である銀行に開設された建築請負業者の口座に振り込むことを約するとともに，そのことにつき第三債務者である発注者の承認を得るというスキームである．発注者(国，地方公共団体)より請負代金が振り込まれれば，建築請負業者に対する貸付金債権と預金債務とを相殺することにより，債権を回収することができるのである．

ここからも分かるように，代理受領は債権者が銀行である場合に限らず利用できるが，振込指定は債権者が銀行である場合に利用されるものである．

両方とも担保物権ではないが，債権の保全を図る方法として利用されているものである．

（イ） 第三債務者の承認の意義

上記のとおり，代理受領および振込指定のいずれにおいても，あらかじめ第三

債務者から承認を得ておくことが行われる．それでは，第三債務者が，その承認を無視して，債務者に直接に代金を支払ったり，他の金融機関の預金口座に振込みをしたような場合，どうなるであろうか．

(a) 代理受領に係る裁判例

債務者に対する手形金債権の弁済を確保すべく，債務者の発注者(国)に対する工事請負代金債権について，代理受領が合意され，発注者においても事情を知りつつこれを承認していたにもかかわらず，倒産状態の債務者に対して工事請負代金を支払ってしまったため，債権者が発注者に対して不法行為に基づく損害賠償を請求したという事案がある[103]．最高裁は，まず，発注者による承認は，単に代理受領を承認するというにとどまらず，代理受領によって得られる債権者の利益(請負代金を受領すれば，手形債権の満足を得られるという利益)を承認し，正当な理由がなく当該利益を侵害しないという趣旨をも当然包含するものと解すべきであると述べた．その上で，最高裁は，発注者としては，この承認の趣旨に反し，債権者の利益を侵害しない義務があるところ，同義務に違背し，過失により請負代金を債務者本人に支払い，代理受領権者が支払を受けることができないようにしたというのであるから，債務者に対する支払が有効であるとしても，発注者の行為は違法なものであると判示した．

ただし，代理受領を承認したからといって，特段の事情がない限り，第三債務者からの相殺が制限されるわけではなく[104]，また，第三者からの差押えに対抗できるわけでもないので，道垣内教授が述べられているとおり「効力は弱い」[105]という言い方もできよう．もっとも，譲渡禁止特約付の債権を担保とするために他により強力な方法があるわけではなく，「弱い担保」であってもこれらの方法によらざるを得ないわけであって，正式な担保との比較を行っても仕方がないというのが実務感覚である．

(b) 振込指定に係る裁判例

振込指定も，法的には「代理受領とほぼ同様に考えうる」[106]とされている．

X銀行がA社に対して5,600万円の手形貸付けを行うとともに，A社がY社に対して有する請負代金債権について，手形貸付債権の弁済を確保すべく，振込指定の合意を行ったが，Y社が請負代金を直接A社に支払ってしまったという事案において，福岡高裁[107]では，Y社は債権担保目的であることを知りつつ振込指定を承認しており，この承諾は，振込みにより得られる銀行の債権満足とい

う利益を承認し，正当な理由なく当該利益を侵害しないという趣旨をも当然包含するものであるとして，やはりX銀行のY社に対する不法行為に基づく損害賠償請求を認容している．

(c) 第三債務者にとってのメリット

以上のとおり，代理受領および振込指定における第三債務者の承認には，法的な意味での責任が認められている．それでは，なぜ第三債務者は代理受領や振込指定を承認するのであろうか．

たとえば，工事請負業者を入札で選定する場合，代理受領や振込指定を承認することにより工事請負業者がファイナンスを受けられる可能性を増やせば，結果として多くの請負業者が入札に参加し，競争原理によってより好条件の請負業者が見つかる場合もあると考えられる．他方，（上記の裁判例の事案では，たまたまミスが起きて紛争となってしまったが）承諾したとおりの方法で支払えば，二重弁済の危険はないはずであって，第三債務者は承認により特段のリスクを負うわけではないのである．

(ウ) 退職金等による返済

工事請負代金債権の担保取得以外に振込指定が用いられる場面として，退職金等による返済がある．

住宅ローンなどにおいては，毎月の給与および賞与等を原資として一定額を返済していき，退職時に退職金でもって完済すべき旨を約定するのが一般的である．

しかし，労働基準法24条1項本文では「賃金は，通貨で，直接労働者に，その全額を支払わなければならない」とされているところ，退職金も労働の対価としての賃金に該当し，退職者に対する支払については，労働基準法24条1項本文の規定が適用ないし準用されるため（最三小判昭和43年3月12日民集22巻3号562頁），雇用主である企業は労働者に対して，現金または振込みにより直接支払わなければならない．

そうすると，退職金債権について質権も譲渡担保も代理受領も利用できないということになるので，弁済を確保するための方法としては，振込指定が使われるのである．

(エ) 倒産法上の相殺禁止規定との関係

倒産法上，一般に，支払停止等の危機時期より後に危機時期にあることを知って負担した債務を受働債権とする相殺は禁止されているが，当該債務負担が，債

権者が危機時期を知るより「前に生じた原因」に基づいて負担したものであれば，相殺禁止が解除され相殺できるものと定められている（破産の場合につき，破産法71条1項・2項2号）．

　それでは，振込指定を受けた後に，当該債務者が支払停止等の危機時期に至り，さらにその後，倒産手続開始決定前に振込指定の対象債権が振込入金されたという場合，金融機関は，当該振込みに係る預金債務を受働債権として貸付金債権と相殺することにより回収することができるであろうか．預金債務自体は危機時期より後に負担した債務に当たるので，振込指定の合意が「前に生じた原因」に当たるかどうかが問題となる．

　この点，退職金を引当てとして企業との提携融資制度に基づいて融資を行った銀行が，債務者（労働者）の破産申立後に振り込まれた退職金と貸付金とを相殺した事案について，名古屋高裁の判決[108]では，銀行は住宅資金の貸付けをする際，破産者および企業との間で将来発生する破産者の退職金引当金について，銀行にある破産者の預金口座に振込指定を受けることを約し，将来その振込みにより発生する預金債務と貸金債権とを相殺することを前提として貸付けをしたものであって，預金債務の負担は破産という危機状態を知る以前の振込指定により当初より予定されていて，これを具体的，直接的な原因として発生したものであり，かつ相殺の担保的機能は信頼性に足るものであるため，「前に生じた原因」に基づく債務負担であるとして相殺を認めるとの判断が下されている．

　学説では，青山善充教授が，相殺が許されるか否かは，振込指定の実態によると解すべきであって，一種の弁済方法の指定にとどまる弱い振込指定では許されないが，銀行と連名で依頼する等の強い振込指定であれば相殺を許してよいのではないかと論じられており[109]，同感である．

　　　　　　　　　　　　　　　　　　　　　　　　　　　　（砂山晃一）

---

1) 「有価証券の貸付け」とは，銀行が所有している国債等の有価証券を，貸付料を徴して顧客に貸し付けることであり，顧客はこれを第三者への担保に供するなどして利用する（小山嘉昭・詳解銀行法（金融財政事情研究会，全訂版，2012）179頁）．銀行は，いわば物的信用を供与している状態であり，顧客が第三者に対する債務不履行に陥ると，銀行が貸し付けた有価証券が担保として処分されるリスクがある．その意味では，与信取引にほかならない．
2) 国際統一基準行においては，普通株式等Tier1（普通株式，内部留保など），その他Tier1（優先株式など）およびTier2（劣後債，劣後ローン，一般貸倒引当金など）の合計額である．
3) たとえば，大手商社における多額の資金需要に当該商社と同一財閥系の銀行1行で対応しようとすると，大口信用供与規制に抵触してしまうため，同一財閥系以外の銀行からも借入れを行う必要があるといった事案もあった．

4) 断定的判断の提供に関しては，金融監督法上は，金融商品取引業者等に関する金融商品取引法38条2号に，金融取引法上は，一定の金融商品に関する金融商品販売法4条，消費者取引に関する消費者契約法4条1項2号にも関連する条文がある．
5) 建築物の敷地は，原則として，道路に2メートル以上接していなければならないという要件のことである(建築基準法43条)．
6) 建築物の工事に着手する前に，一定の建築物の建築計画について，法令に適合するものであることを確認する行為のことである(建築基準法6条)．接道要件に適合しないと，建築確認を得られず，建築を進めることができない．
7) 最二小判平成15年11月7日判例タイムズ1140号82頁．
8) 最一小判平成18年6月12日判例タイムズ1218号215頁．
9) 容積率とは，建築物の延べ面積の敷地面積に占める割合のことである(建築基準法52条)．建築物の種別に応じて，容積率を一定の割合以下に抑えなければならないとの制限がある．
10) 大阪高判平成19年9月27日金融・商事判例1283号42頁．
11) 東京高判平成16年2月25日金融・商事判例1197号45頁．
12) 金融商品取引法による横断規制の考え方については，神田秀樹「いわゆる受託者責任について――金融サービス法への構想」フィナンシャル・レビュー56号(2001)98頁参照．
13) 当該勧告に係る審決につき，勧告審決平成17年12月26日審決集52巻436頁参照．
14) 金融庁「株式会社 三井住友銀行に対する行政処分について」(http://www.fsa.go.jp/news/newsj/17/ginkou/20060427-5.html)．
15) 最三小決平成11年7月6日刑集53巻6号495頁．
16) 業として行わない場合の上限金利は現在もこの利率である(出資法5条1項)．
17) 昭和58年11月1日から年73％，昭和61年11月1日から年54.75％，平成3年11月1日から年40.004％．
18) シンジケート・ローンでは，後述7(7)(ウ)のコミットメント・ラインを用いて融資を実行することも多い．コミットメント・ラインでは，コミットメントの手数料(コミットメント・フィー)を収受することが一般的であり，かつ，当該フィーは契約締結時に収受するのが一般的であるため，やはり利息が無限大になっているのではないかとの問題が生じる．
19) 平成11年に施行された「特定融資枠契約に関する法律」により，「特定融資枠契約」については，みなし利息規定が適用されないものとされ，一定の立法的解決が図られた．同法の適用対象となる「特定融資枠契約」については，当初はいわゆる大会社(資本金5億円以上または負債200億円以上の会社)に対する貸付けであることを要件としていたが，その後実務のニーズを踏まえて徐々に範囲が拡大されつつあり，平成23年改正では純資産の額が10億円を超える会社や保険業法上の相互会社等に対する貸付けも範囲に含まれるようになっている．しかし，未だ同要件を満たさない契約もままみられる．そして，同法が制定されたことにより，同法の適用対象とならない契約については，かえって解釈による例外を認めないリスクが高まっているのではないかとの懸念も拭えないところである．各種フィーと上限利率規制との関係については，金融法委員会「論点整理：シンジケートローン取引におけるアレンジメントフィー／エージェントフィーと利息制限法及び出資法」(2009)，金融法委員会「期限前弁済手数料及びアップフロントフィーと利息制限法及び出資法に関する中間論点整理」(2011)，日本銀行金融研究所「「金融取引の多様化を巡る法律問題研究会」報告書――金融規制の適用範囲のあり方」(2017)などを参照されたい．
20) 最大判昭和39年11月18日民集18巻9号1868頁は，債務者が，利息制限法所定の制限を超える利息・損害金を任意に支払った場合，超過部分は民法491条によって残存元本に充当される，とした．さらに，最大判昭和43年11月13日民集22巻12号2526頁は，旧利息制限法1条2項にもかかわらず，計算上元本が完済になったとき，その後支払われた金額は，債務がないのに支払ったものであるので，債務者は不当利得返還請求ができる，とした．道垣内教授は，「実質的には，法律の変更である．裁判所が，このような法律の変更を判決のかたちですることが許されるか，にはかなりの問題がある」と指摘されている(道垣内弘人・リーガルベイシス民法入門(日本経済新聞出版社，第2版，2017)167頁)．
21) もっとも，一般的に銀行が固定金利貸付などでかかる約定を設ける場合，単に銀行が当該貸付

において見込んでいた利益を確保する趣旨ではなく，金利の固定化とその解消に伴い生じる費用ないし損害（ブレークファンディングコスト等）を補塡する趣旨であること，また金利の固定化は消費者のニーズに基づき行われたものであることなどからすれば，かかる約定が民法上の信義則に反し消費者の利益を一方的に害するものではないと考える．

22) 最一小判平成22年7月15日判例時報2091号90頁．
23) 最大判昭和45年6月24日民集24巻6号625頁．
24) 神田秀樹・会社法（弘文堂，第19版，2017）5頁参照．
25) その他各種法人との取引の留意点については，吉原省三監修・取引の相手方と金融実務（金融財政事情研究会，改訂版，2013），「特集 各種法人との金融取引上の留意点」金融法務事情1949号（2012）6頁以下など参照．
26) 神田秀樹・前掲注24）225頁．
27) 最三小判昭和40年9月22日民集19巻6号1656頁など．
28) 「多額の借財」には，約束手形の振出し，債務保証，保証予約，デリバティブ取引等も含まれ得る（落合誠一編・会社法コンメンタール8（商事法務，2009）224頁〔落合〕）．
29) 最一小判平成6年1月20日民集48巻1号1頁．
30) 東京高判昭和62年7月20日金融法務事情1182号44頁．
31) 東京地判平成9年3月17日金融法務事情1479号57頁．
32) 会社との取引ではなく社会福祉法人との取引という特殊な事案に関する裁判例であるが，東京高判平成28年8月31日金融法務事情2051号62頁は，証券会社が社会福祉法人に対して金融商品を販売するに際し，同法人において法律や定款等で必要とされる手続を全て経ている旨が記載された注文書兼確認書の提出を受けていたが，実際には理事会決議が経られておらず取引の有効性が争われたという事案において，理事会議事録を徴求していないことなどを理由に証券会社の過失を認め，民法110条の類推適用を否定して，当該取引は同法人に効果帰属しないと判示した．これが，法人顧客が必要な手続を経ていることを確認するために常に議事録の提出を受けるべき旨をいうものであれば適切なものとは言い難いが，同判決については，上記のとおり社会福祉法人との取引であることに加え，販売の仲介を行った銀行の担当者の面前で，同法人の財務担当理事が会長名義の注文書兼確認書に記名・押印した事実が認定されているなど，特殊な事情の下での事例判断であると捉えるのが適切であると思われる．
33) その他，会社法に基づく取締役会決議が必要な事項として，会社と取締役との利益相反取引（会社法356条1項・365条）がある．しかし，銀行実務からすると，利益相反取引と多額の借財では問題状況が全く異なる．すなわち，利益相反取引とは，たとえば取締役の借入れについて会社が保証するといった場面であって，銀行にとっても，外形的にその該当性を判断しやすいものといえる．これに対して，多額の借財の該当性については，本文記載のとおり，取締役会決議を経るべき取引に該当するか否かの判断自体が銀行にとって困難を伴う．
34) 最二小判昭和50年7月14日民集29巻6号1012頁．
35) 大判大正7年3月27日刑録24輯241頁．
36) 旧破産法206条1項「破産管財人カ其ノ寄託シタル貨幣，有価証券其ノ他ノ高価品ノ返還ヲ求ムルニハ監査委員ノ同意，監査委員ナキトキハ裁判所ノ許可ヲ得ルコトヲ要ス但シ債権者集会ニ於テ別段ノ決議ヲ為シタルトキハ其ノ決議ニ依ル」．
37) 東京地判昭和63年11月8日判例タイムズ703号273頁．
38) 東京高判平成元年9月25日判例タイムズ713号273頁．
39) 京都地判昭和32年12月11日下民集8巻12号2302頁．
40) 鈴木禄弥編・新版 注釈民法(17)(有斐閣，1993)287頁〔鈴木・山本〕．
41) ただし，住宅ローンなど反復継続する取引が見込まれない場合には銀行取引約定書を締結しないこともあるし，シンジケート・ローンなど複数行の規律を一元化する必要がある場合には銀行取引約定書の適用を明示的に排除する旨が定められることがある．
42) 鈴木禄弥編・前掲注40）306頁〔中馬〕．
43) 事業会社の事案であるが，増担保条項は形成権を定めたものではないと判断された裁判例として，東京高判平成19年1月30日判例タイムズ1252号252頁．

44) 鈴木禄弥編・前掲注40)332頁〔鈴木・山本〕．
45) 詳しくは，全国銀行協会連合会法規小委員会編・新銀行取引約定書ひな型の解説(金融財政事情研究会，1977)110頁以下参照．
46) 東京高判昭和58年1月25日金融法務事情1037号43頁．
47) 最三小判昭和39年10月27日民集18巻8号1801頁．
48) なお，銀行が行う与信のうち，証書貸付や手形貸付などの代表的なものの契約の性質は，民法上の消費貸借である．民法上の消費貸借契約は要物契約であったが，銀行実務上は事務処理の都合などから貸付の実行前に金銭消費貸借契約書を作成することが日常的に行われている．これについては(要物契約性を維持した上で)消費貸借の予約であるとの説明もあり得るが，それにとどまらず，判例・学説は(事実上)諾成消費貸借契約の成立を認めていたところ，民法改正により，書面による諾成消費貸借契約の成立が条文上も認められることになった(平成29年改正後の民法587条の2)．
49) 小山嘉昭・前掲注1)135頁．
50) 銀行に入って，興味深かった事象の1つに，契約証書に貼付する印紙の問題がある．金銭消費貸借契約書，約束手形，保証書など一定の文書には，印紙税が課される(印紙税法2条)．当該文書の作成者は，印紙税に相当する印紙を文書に貼付する方法により，これを納付しなければならない(印紙税法3条・8条)．貸付けの形式選択に際しても，この印紙代が1つの考慮要素となることがある．たとえば，1,500万円の貸出をするにあたり，1枚の金銭消費貸借契約証書にすると印紙代が2万円になるのに対し，500万円の金銭消費貸借契約証書3枚にすると印紙代は6,000円(2,000円×3)になるので，3枚に分けるといったことがある．税法が実務を変容させている事例の1つである．なお，近時，保証人が複数ある被担保債権の一部を代位弁済した場合の担保権の取扱いの問題(最一小判平成17年1月27日民集59巻1号200頁)や，保証人が破産手続開始後に複数ある被担保債権の一部を弁済した場合における開始時現存額主義の問題(最三小判平成22年3月16日民集64巻2号523頁参照)などが議論されているが，こういった事例があることにも留意しなければならない．
51) 小山嘉昭・前掲注1)136頁．
52) 運転資金目的で融資が行われる場合には，手形の満期到来に伴い一括返済できることは稀であり，その都度新手形を書き替えることにより，期限を延長していくのが通常である．
53) 最一小判昭和29年11月18日民集8巻11号2052頁は，手形書替は「旧手形を現実に回収して発行する等特別の事情のない限り……単に旧手形債務の支払を延期する」ものであると判示した．判旨後段による限りは原則として期限延長であるということになるが，判旨前段があるため，手形書替に際して旧手形を債務者に返却した場合には更改と解される余地が残るものとも読め，銀行実務上，やや混乱を生ぜしめていたようである(石井眞司＝伊藤進＝上野隆司「鼎談　金融法務を語る」銀行法務21・534号(1997)18頁．最高裁判所調査官の解説は，手形書替と支払の延期とは異なると考えている節もあるが，実務的には，満期到来ごとに手形書替によって期限を延長していくのが通常である．このような手形書替は更改ではないと解されよう．なお，上記最高裁判決以降の裁判例では，東京地判平成8年9月24日金融法務事情1474号37頁が，支払期日の到来した手形と新手形を交換する方式により行われた手形書替は，旧債務についての弁済期日を単に延期する手段としてなされるものであるから，更改契約が成立したものとは認められないとしている．また，東京地判平成10年2月17日金融・商事判例1056号29頁は，弁済期変更に際して手形が書き替えられ，旧手形が返還されたとしても，手形上の債務とは別個の原因関係上の貸付債務まで消滅させるものではなく，原因関係上の貸付債務については弁済期変更がなされたものと解するのが相当であるとしている．
54) 小山嘉昭・前掲注1)138頁．
55) 当座貸越やシンジケート・ローンにおいて銀行に貸付義務があるかどうかは議論があるところである．ただ，いずれにせよ，個別の約定書において，貸越し(貸付け)の中止・極度額減額・解約に関する定めが設けられているため，中止・極度額減額・解約に当てはまらない場合であるにもかかわらず貸付けを行わないといった場合にはじめて問題となる議論である．
56) 小山嘉昭・前掲注1)140頁．

57) 最一小判昭和48年4月12日金融・商事判例373号6頁．
58) 小山嘉昭・前掲注1)173頁．
59) 最二小判昭和58年12月19日集民140号663頁，我妻榮・新訂　債権総論　民法講義Ⅳ(岩波書店，1964)493頁．
60) 支払承諾の一種として，関税保証という商品がある．輸入業者は，輸入商品に関する関税・消費税を輸入申告に際して一括納付しなければならないのが原則であるが，金融機関の保証書を税関長に差し入れることにより，3か月を限度として納期限の延長を受けることができる(関税法9条の2・9条の6)．輸入業者に，輸入後の販売により資金を得て関税を納付できるというわけである．なお，最三小判平成23年11月22日民集65巻8号3165頁は，弁済による代位により財団債権(破産債権に先立ち随時優先弁済を受けられる債権．破産法151条)を取得した者は，同人が破産者に対して取得した求償権が破産債権(破産手続内で按分弁済となる債権．破産法100条)にすぎない場合であっても，財団債権を行使して随時優先弁済を受けられると判断しているところ，田原睦夫裁判官の補足意見は「なお，租税債権のごとく，弁済による代位自体がその債権の性質上生じない場合は別である」と述べている．また，かかる補足意見に沿う裁判例として，東京地判平成27年11月26日金融法務事情2046号86頁が存在する．たしかに，租税債権は，税収確保の観点から強制的な徴収権限の付与など特別な取扱いが図られている債権であり，一般論として言えば，私人が租税債権を弁済しても代位は生じないとの結論はあり得るところであろう．もっとも，少なくとも関税保証について言えば，上記のとおり関税法が税収確保の観点から保証の提供による納期限の延長を認めているのであり，(代位が生じるか否かはともかく)優先弁済効を保証履行後の求償権に認めた方が，法の趣旨にも合致するという考え方もあるのではなかろうか．
61) 小山嘉昭・前掲注1)200頁．
62) 吉原省三＝貝塚啓明＝蠟山昌一＝神田秀樹・金融実務大辞典(金融財政事情研究会，2000)895頁．
63) 銀行法10条2項12号，同法施行規則13条の2の2によれば，デリバティブ取引とは，金融商品取引法2条20項にいう市場デリバティブ取引，店頭デリバティブ取引または外国市場デリバティブ取引をいうものとされている．また，銀行法10条2項14号は，金融等デリバティブ取引を定義して，「金利，通貨の価格，商品の価格，算定割当量……の価格その他の指標の数値としてあらかじめ当事者間で約定した数値と将来の一定の時期における現実の当該指標の数値の差に基づいて算出される金銭の授受を約する取引又はこれに類似する取引」と定めている．
64) コミットメント・ライン契約においては，借主が権利行使をした場合には諾成的消費貸借契約が成立すると説かれることがある．ただし，改正前の民法の下で諾成的消費貸借契約が認められるか否かについては，古くより議論のあるところであり，特定融資枠契約に関する法律においても「金銭を目的とする消費貸借を成立させることができる権利」を付与するとの建付けをとることにより，諾成的消費貸借契約の有効性を正面から認めることをさりげなく回避していると指摘されていた(道垣内弘人・リーガルベイシス民法入門(日本経済新聞社，2014)180頁)．
65) 最一小判昭和33年6月19日集民32号327頁．
66) 平成29年改正後の民法465条の2第2項では，貸金等根保証以外の個人が締結する根保証契約についても，極度額の定めのないものは無効であるとされた．
67) 元本が確定すると，以後，保証人は確定した元本とこれに対する利息・損害金等についてのみ保証債務を負い，その後に発生した主たる債務の元本については保証債務を負わないことになる(中田裕康・債権総論(岩波書店，第3版，2013)512頁)．
68) 内田貴・民法Ⅲ　債権総論・担保物権(東京大学出版会，第3版，2005)364頁．
69) 事業のために負担した貸金等債務を主たる債務とする保証契約および主たる債務の範囲に事業のために負担する貸金等債務が含まれる根保証契約をいう．
70) どのような借入れが「事業のために負担した」ものに該当するかについて，「民法(債権改正)部会資料78A」20頁によれば，事業とは一定の目的をもってされる同種の行為の反復的継続的遂行を意味し，営利という要素は必要ではない，とされる．かかる定義を前提にすると，たとえばアパートローンのように，純然たる事業のための借入れとは別異に取り扱う余地のある借入れについても，アパート経営行為が同種行為の反復的継続的遂行であるとして，平成29年改正後の民法

465条の6以下の規律が及ぶ可能性がある．保証契約の有効性に関わる以上，金融機関としては慎重を期して，文言上「事業」に該当する可能性があればこれらの規律に従った運用を行わざるを得ないだろう．
71) 事業に係る債務についての保証契約に基づく求償権に係る債務を主たる債務とする保証契約や，主たる債務の範囲にその求償権に係る債務が含まれる根保証契約についても同様である（平成29年改正後の民法465条の8）．
72) 公正証書作成時点で主たる債務の条件が定まっていない場合も想定されるから，そのような場合にどういった対応をすべきかは実務上の課題であるが，あらかじめ一定の幅を持たせた内容で公正証書を作成するといった方法が考えられる．
73) 約定書においては，信用保証協会が保証債務の履行の責任を免れる場合として，①銀行が旧債振替禁止条項に違反したとき，②銀行が保証契約に違反したとき，③銀行が故意もしくは重過失により被保証債権の全部または一部の履行を受けることができなかったときが定められているのが一般的である．①の旧債振替禁止条項とは，実行された信用保証協会の保証付貸付金をもって，既存の他の貸付金の弁済に充当することを禁止する条項である．信用保証協会の保証は，中小企業者の金融の円滑化を図りその健全な育成を目的として行うものであるため，その貸付金が事業資金に使用されずに他の貸付金の弁済に充てられたのでは，信用保証協会の保証制度の趣旨に反するからである．
74) 近時，金融機関と信用保証協会との間の訴訟が散見される．信用保証協会の損失は最終的には公的資金により負担されることになるため，信用保証協会としても，トラブルが生じた際に裁判所の判断を仰ぐことなく決着させることに慎重になっている傾向があるのかもしれない．まず，債務者が企業実体を偽るなどして貸付金を詐取するケースがある．これについては，中小企業者（中小企業信用保険法2条参照）としての実体がなかったことにより信用保証協会の保証は錯誤無効になるとした裁判例（東京高判平成19年12月13日判例時報1992号65頁）があったが，その後，債務者に実は事業開始の意思がなく創業者支援融資制度の要件を満たしていなかった事案において錯誤無効を認めなかった裁判例（福岡高那覇支判平成23年9月1日金融・商事判例1381号40頁，福岡高那覇支判平成24年7月26日公刊物未登載）や，貸付金の詐取は債権回収ができない事態の1つとして信用保証協会において引き受けられたリスクであったとの判断の下に錯誤無効等を認めなかった裁判例（東京地判平成25年8月8日金融・商事判例1425号44頁）が登場するに至っている．次に，貸付後に債務者が実は反社会的勢力であったことが発覚するケースがある．これについては，保証契約の錯誤無効の成否について裁判例が分かれていたところ，平成28年1月12日に出された4件の最高裁判決（金融法務事情2035号6頁）は，いずれも，主債務者が反社会的勢力でないことそれ自体は金融機関と信用保証協会との間の保証契約の内容とはならず，また主債務者が反社会的勢力でないことという信用保証協会の動機が明示または黙示に表示されていたとしても，保証契約の意思表示に要素の錯誤はないと判示した．金融機関と信用保証協会というプロフェッショナル同士である以上，両者間の契約に明確に定められていない事項まで契約内容に含まれていたと裁判所が判断するのは，私的自治への過度な介入であり，本判決の内容は首肯できる．他方，前掲注73)で述べた免責条項の適用可能性については，上記4件のうちみずほ銀行が当事者となった事件において，金融機関と信用保証協会は，約定書に基づく基本契約上の付随義務として，個々の案件の実行に先立ち，相互に主債務者が反社会的勢力であるか否かについて，その時点において一般的に行われている調査方法等に鑑みて相当と認められる調査をすべき義務を負い，金融機関がこの義務に違反したときは，約定書の免責条項にいう，金融機関が「保証契約に違反したとき」に当たるとし，この点について審理を尽くさせるため原審に差し戻した．何をもって「相当と認められる調査」と認められるのか，不明瞭な部分もあるものの，主債務者が反社会的勢力であることのリスクを，保証免責という形で金融機関に負担させるべきか否かという観点からみれば，金融機関の帰責性の有無でこれを決するのは理論的整合性があるといえる．ただし，判示内容にあるとおり，信用保証協会もまた相当と認められる調査をすべき義務を負っていることからすれば，免責条項が適用されるのは，金融機関が当該義務に違反した場合であって，かつ信用保証協会に当該義務違反がないか，金融機関よりも義務違反の程度が小さいときである，というのが適切であろう．なお，この差戻控訴審（東京高判平成28年4月14日金融法務事情2042号12頁）において裁判所は，銀行が

貸付実行に先立ち行った調査は，政府関係機関の指針等の内容に照らし，その時点において一般的に行われている調査方法等に鑑みて相当と認められ，免責条項にいう「保証契約に違反したとき」には当たらないと判断している．

75) 総務省が行っている「第三セクター等の状況に関する調査」では，①一般社団法人及び一般財団法人に関する法律等の規定に基づいて設立されている社団法人，財団法人および特例民法法人のうち，地方公共団体が出資を行っている法人，②会社法の規定に基づいて設立されている株式会社，合名会社，合資会社，合同会社および特例有限会社のうち，地方公共団体が出資を行っている法人を「第三セクター」として調査の対象としている．すなわち，第三セクターとは，地方公共団体が出資を行っている法人である．

76) 昭和29年5月12日自丁行発第65号行政課長から大分県総務部長宛て回答．

77) 横浜地判平成18年11月15日判例タイムズ1239号177頁．

78) 福岡高判平成19年2月19日判例タイムズ1255号232頁〔適法〕，東京地判平成21年9月10日金融・商事判例1326号57頁〔適法〕，東京高判平成22年8月30日金融法務事情1907号16頁〔違法・無効〕，横浜地判平成23年10月5日金融法務事情1932号6頁〔適法〕．

79) 前掲東京高判平成22年8月30日．

80) その後，東京高判平成24年3月21日金融法務事情1957号127頁では，最高裁判決を前提に，損失補償契約が財政援助制限法3条にいう保証契約であるとの拡張解釈をとることはできないとしつつ，「損失補償」に名を借りた保証契約そのものであるとの市民オンブズマンの主張に対しては，①前文に損失補償契約を締結する旨が明記されていること，②損失補償を請求できる時期が借入金の履行期限から6か月後とされていること，③てん補されるべき損失には，補償履行の日までの損害金を含むとされていること，④損失補償の履行として支払う金銭に限度が設けられていること，⑤損失補償が履行されても求償権および代位権が発生するのではないこと，⑥随伴性および補充性に関する規定がないことから，保証契約ではないことは明らかであると判断した．

81) 詳しくは，金子宏・租税法(弘文堂，第22版，2017)949頁以下参照．

82) その他，資産流動化においてサービサーが回収金を保管する普通預金口座への担保設定，被担保債権の金額が変動するデリバティブ取引債権のための担保設定などにおいて，普通預金担保のニーズがあるとされている．

83) 道垣内弘人「普通預金の担保化」中田裕康＝道垣内弘人編・金融取引と民法法理(有斐閣，2000)43頁．

84) 森田宏樹「普通預金の担保化・再論」道垣内弘人＝大村敦志＝滝沢昌彦・信託取引と民法法理(有斐閣，2003)299頁．その他，普通預金債権ではなく普通預金口座(すなわち，普通預金契約上の地位)を担保化することを検討する見解もある(中田裕康「「口座」の担保化」金融法務研究会報告書(14)20頁)．

85) 借地上の建物に設定を受けた(根)抵当権を実行した場合には，従たる権利である借地権も新たな建物取得者に移転する(最三小判昭和40年5月4日民集19巻4号811頁参照)．また，任意処分の場合にも，借地権付きの建物として売却される．しかし，これらの場合も借地権の譲渡に当たるため，無断譲渡として賃貸借の解除事由にならないよう(民法612条)，本来であれば，地主との承諾交渉を行ったり，裁判所に譲渡許可の申立て(借地借家法19条・20条)を行うことになるが，それでは時間がかかり結果として担保価値が減損するおそれもある．そこで，こうした承諾書をあらかじめ得ておき，スムーズに担保処分を進められるようにしているのである．

86) 東京高判昭和56年9月24日金融法務事情991号44頁．

87) 最一小判平成22年9月9日判例タイムズ1336号50頁．ただし，同判決の損害論については，注意を要する．まず第一審判決は，仮に不払の通知があったとしても，担保価値維持のためには担保権者は競売完了までほぼ1年の間は立替払を行うことが必要であるとの考えのもと，根抵当不動産について把握している価値相当額から1年分の賃料を控除した額について根抵当権者の請求を認容した．これに対して控訴審判決は，第一審の損害論を前提とした上で，さらに，金融機関側の過失事情(合意・念書に係る説明等が不十分であり通知義務に関する認識が明確でなかった，メインバンクであり経営状態の悪化を知っていたにもかかわらず，地主または債務者に対して支払状況等を問い合わせるなどしなかった等)をもとに，8割という大幅な過失相殺を認めた．最高裁も，

「被上告人の過失をしん酌し，上告人らが上記の義務を履行しなかったことにより被上告人に生じた損害の額から，8割を減額するにとどめた原審の判断は相当というべきである」としている．しかし，銀行から地主に対して地代不払の有無等を確認したのでは，債務者の更なる信用不安を招くことになりかねず，なかなか悩ましいところであり，抵当権者は当然に地主に確認すべきであるとまではいえないのではないか．

88) 偶発的な賃料の1回延滞のみで解除が行われたなど，借地権解除の有効性自体に疑問がある場合には，抵当権者としては，賃貸借契約の有効性を確認する訴訟を自ら提起する余地もある（ただし，既に建物が収去され担保権が消滅するに至った段階では意味がない）．東京高判平成23年8月10日金融法務事情1930号108頁は，賃貸借契約の当事者でない根抵当権者が賃貸借契約の有効性を確認する訴えについては確認の利益がないとする一方，債務者に対する担保価値維持請求権を保全するために債務者の敷地賃借権確認請求権を代位行使することはできるとしている．
89) 山野目章夫・物権法（日本評論社，第5版，2012）302頁．
90) 最三小判平成19年3月20日判例タイムズ1239号108頁．
91) 盛岡地判平成23年1月14日判例時報2118号91頁．
92) 最二小判昭和53年12月15日金融法務事情898号93頁．
93) 最三小判平成11年1月29日民集53巻1号151頁．
94) 新堂幸司「修正一括支払システムの有効性」金融法務事情1183号(1988)12頁参照．
95) 最二小判平成15年12月19日民集57巻11号2292頁．
96) 電子記録債権とは，その発生または譲渡について，磁気ディスク等をもって作成される記録原簿への電子記録を要件とする金銭債権であり（電子記録債権法2条），手形と同様に，善意取得(19条)や人的抗弁の切断(20条)も認められるものである．
97) ABL研究会「ABL研究会報告書」(2006)4頁．
98) 三菱UFJリサーチ＆コンサルティング「平成23年度産業金融システムの構築及び整備調査委託事業」「間接金融の機能強化のための調査研究」報告書」57頁，株式会社帝国データバンク「ABLの課題に関する実態調査 調査報告書」11頁．
99) 最一小判昭和54年2月15日民集33巻1号51頁．
100) 前掲最判昭和54年2月15日．
101) 最一小判昭和57年10月14日判例時報1060号78頁．
102) 最三小判昭和62年11月10日民集41巻8号1559頁．
103) 最三小判昭和44年3月4日民集23巻3号561頁．
104) 東京高判平成2年2月19日金融法務事情1257号35頁．
105)106) 道垣内弘人・担保物権法(有斐閣，第4版，2017)350頁．
107) 福岡高判昭和59年6月11日判例タイムズ535号228頁．
108) 名古屋高判昭和58年3月31日判例タイムズ497号125頁．
109) 青山善充「倒産法における相殺とその制限(1)」金融法務事情910号(1979)4頁．

第4章　与信取引法 2
──債権管理・債権回収

1　債権管理

　ここでは，貸付債権の管理について述べる．具体的には，債権の消滅時効について述べた上で，担保・保証の管理という観点から保証書の条項につき概説し，さらに当事者に変動が生じた場合の法的問題について述べる．

（1）　時効の管理[1]
（ア）　時効期間

　銀行の貸付債権や保証債務履行請求権は，商行為によって生じた債権であるため，その消滅時効期間は，5年である（商法522条）．他方，手形貸付における手形上の債権の消滅時効期間は，3年である（手形法77条1項8号・70条1項）．

（イ）　時効の起算点

　消滅時効の起算点は，権利を行使することができる時である（民法166条1項）．

　分割払の貸付債権の弁済期が到来した場合には，当該弁済期から，弁済期到来分については「権利を行使することができる」ことになり，時効が進行する．また，期限の利益の当然喪失事由（第3章6(2)(オ)(a)参照）が発生した場合には，その事由の発生日から，残債務全額について「権利を行使することができる」ことになり，時効が進行する．

　これに対して，期限の利益の請求喪失事由（第3章6(2)(オ)(b)参照）が発生した場合には，起算点をいつと考えるべきであろうか．判例[2]は，債権者が特に残債務全額の弁済を求める旨の意思表示をした場合（すなわち期限の利益喪失の請求をした場合）に限り，その時から残債務全額について消滅時効が進行するとしている．これに対して，我妻博士は，請求喪失事由が発生すれば，債権者は全額について請求できる，すなわち「権利を行使することができる」ことになるのだから，実際に通知（請求）しなくとも，請求喪失事由の発生時点から消滅時効は進行すると

解すべきであると説いている[3]．

　請求喪失条項は，それだけでは直ちに信用悪化と断じ難い事象が発生した場合に，諸事情を勘案の上，約定の弁済期の到来を待たずに債権回収を図ったとしても無理からぬと認められた状況下で，銀行の判断により期限の利益を喪失させることを認める条項であって，まさに債権回収のステージに突入するスイッチであるため，実務上は，請求喪失させるだけの事情があるか否か，仮にあるとしても実際に請求喪失を行って回収行動に入るか否かについては，当然ながら慎重に判断を行っている．仮に請求喪失事由が発生したというだけで直ちに時効が進行するとすれば，銀行としては喪失請求を行い債権回収を図ることを強いられかねず，請求喪失事由として定めた趣旨が没却され，ひいては債務者の利益にも反する結果となろう．このような実務の目線で見ると，最高裁の立場は支持し得るものである[4][5]．

　(ウ)　時効の中断
　(a)　時効の中断事由
　実務上，弁済の履行遅滞が積み重なっている場合や，期限の利益を喪失するに至っている場合には，いかにして貸付債権の時効の中断を図っていくかが非常に重要な問題となる．みずほ銀行では，コンピューターに時効期日を入力して管理し，期日が迫ってくると以下のいずれかの措置をとることとしているが，中でも②承認が最も重要である．

　①　請求
　学説では，「請求」(民法147条1号)が「最も典型的な中断事由」と説かれている[6]．
　ここでいう請求とは，単に債務の履行を求めるだけでは足りず，訴訟を提起するなど裁判所が関与する手続の中で行うことが必要であり，裁判所によって権利の存在が確定されることが中断の根拠である．典型的には，原告となって支払請求訴訟を提起する場合であるが，債務不存在確認訴訟に応訴して権利の存在を主張することも含まれる[7][8]．その他には，破産手続・再生手続・更生手続への債権届出や，債権者として行う倒産手続開始の申立て[9]なども「請求」に当たる．

　②　承認
　実務上は，「承認」(民法147条3号)が最も重要であり，最もよく利用されている．債務の承認を得られないということは，銀行と債務者との間の信頼関係が失

われている事態にほかならず，回収のステージに移行する契機ともなるのである．
　具体的には，債務の一部の弁済，利息の支払，担保の供与，支払猶予の懇請などが承認に当たると解されており，法律上は特にその方式を問わないが，承認の存在は債権者に立証責任があるとされていることから[10]，実務上は，銀行取引印（個人の場合は実印）が押された債務承認書の提出を受けるなどしている．

③　差押え，仮差押え，仮処分

　「差押え，仮差押え又は仮処分」(民法147条2号)も，時効中断事由となる．担保権の実行としての競売申立ても，これに含まれる．
　実務上は，不動産競売事件において，執行力ある債務名義を有する債権者として行う配当要求は差押えに準ずるものとして消滅時効を中断するが[11]，民事執行法50条に基づく抵当権者の債権届出は時効中断事由に該当しない[12]といった判例法理や，物上保証人に対する担保権実行は債務者に対して通知をしなければ被担保債務の時効を中断しないという民法155条の規律[13]などを踏まえつつ，時効管理を行っている．

④　催告

　裁判外で債務者に債務の履行を求めることを「催告」といい，裁判上の「請求」とは異なって，それ自体に時効中断効は認められていない．すなわち，催告をした場合には，催告から6か月以内に裁判上の請求や差押え等を行うことにより，時効中断の効力が発生したことになる(民法153条)．
　なお，最高裁判決では，裁判外での催告に対して，催告を受けた相手方が請求権の調査のために猶予を求めた場合は，民法153条の時効期間は回答があるまでは進行しないと判断したものもある[14]．妥当であると考えられるが，実務上は，催告後すぐにその後の対応策を検討し，次なる方法を念頭に置いて交渉に当たっており，この判例に頼る局面は少ないであろう[15]．

(b)　時効中断の効果

　中断した時効は，中断事由の終了時から再進行する(民法157条)．裁判上の訴えによる中断であれば，判決が確定した時点であるし，差押えによる中断であれば，配当等により債権の満足を得た時点である．
　なお，確定判決により権利が確定した場合や，訴訟上の和解や倒産手続における届出債権の調査・確定手続等により債権に確定判決と同一の効力が認められた場合には，再進行する時効期間は10年間に延長される(民法174条の2)[16]．

(エ) 民法改正

(a) 時効期間と起算点

　平成29年改正後の民法の下では，商法522条の5年の消滅時効(商事消滅時効)は廃止され，平成29年改正後の民法166条に一本化される．すなわち，貸付債権や保証債務履行請求権の消滅時効期間は，「債権者が権利を行使することができることを知った時」(主観的起算点)から5年(平成29年改正後の民法166条1項1号)，「権利を行使することができる時」(客観的起算点)から10年(同項2号)となる．なお，手形上の債権の消滅時効期間は引き続き3年のままである．

　これらにいう「権利を行使することができる」とは，現行民法と同じ文言であり，その解釈を巡っては，上記(イ)で述べた現行民法下での解釈論が引き続き妥当するものと思われる．そして，銀行は，通常，弁済期の到来や債務者の期限の利益の喪失等の事由が発生して権利を行使することができるようになったことを直ちに知るべき立場にあるから，主観的起算点と客観的起算点とは原則として一致するものと思われ，その意味では，現行民法下と同様，弁済期の到来や債務者の期限の利益の喪失等から5年を時効管理の基本とすることになると考えられる．

(b) 時効障害——時効の完成猶予および更新

　平成29年改正後の民法の下では，現行民法における時効障害制度につき，「中断」を「更新」と，「停止」を「完成猶予」と呼び替えたうえで，当事者および関係者に生じた事態の類型ごとに規定を編成しているため，条文の建付けは現行民法と大きく異なっている．

　もっとも，基本的に現行民法における解釈や判例法理を整理して規定するものであり，実質的な改正は多くない．銀行実務において留意すべきは，①仮差押えおよび仮処分が時効の更新事由ではなく完成猶予事由とされ，その終了の時から6か月を経過するまで時効の完成が猶予されるだけになること(平成29年改正後の民法149条)および②権利について協議を行う旨の合意が書面でなされた場合，時効の完成が猶予される旨の規定が新設されたこと(平成29年改正後の民法151条)程度であろう．

(c) 時効の更新の効果

　時効の更新があった場合，時効は更新事由の終了時から再進行する．確定判決または確定判決と同一の効力を有するものによって確定した権利については，再

進行する時効期間は10年に延長される(平成29年改正後の民法169条)．これらは現行民法と同様である．

(オ)　保証人・物上保証人との関係

実務上重要なのは，保証人や物上保証人との関係である．

前提として，保証人は，自己の保証債務の消滅時効を援用できるほか，主債務の時効も援用することができ[17]，主債務が時効により消滅すれば保証債務も付従性により消滅する．また，物上保証人も，被担保債務の時効を援用することができる[18]．

では，いかなる時効中断措置をとれば，主債務と保証債務の時効を適切に中断させることができるだろうか．

まず，主債務を時効中断させれば，保証人にも時効中断の効果は及ぶ(民法457条1項)．それゆえ，主債務者から一部弁済を受けたり債務承認書の提出を受けている限りは，主債務についても保証債務についても時効中断を図れているということになる．

これに対して，連帯保証人に対する時効中断の効果が主債務にも及ぶかという点については，現行民法下では時効中断事由により異なる．連帯保証人に対する「請求」には，主債務の時効中断効が認められる(民法458条・434条)ため，銀行の実務でも，主債務者が行方不明の場合は，連帯保証人に対する訴訟提起等により時効中断を図ることがある[19]．これに対して，連帯保証人による保証債務の承認や，連帯保証人に対する差押え・仮差押え・仮処分には，主債務の時効中断効は認められないことから，注意しながら時効管理を行っている．

他方，平成29年改正後の民法では，連帯保証人について生じた事由のうち，相殺，更改および混同以外の事由については，原則として相対的効力しか有しないこととされた(平成29年改正後の民法458条)．このため連帯保証人に対する「請求」によっては主債務につき時効の完成は猶予されないこととなる．しかし，これでは時効の完成猶予のためには，常に主債務者も訴訟の被告としなければならないことになりかねない．もっとも，債権者と主債務者とが別途合意することにより，連帯保証人に生じた事由について，相対的効力事由を絶対的効力事由に変更することができるとされていることから(平成29年改正後の民法458条・441条ただし書)，実務的には，主債務に係る金銭消費貸借契約等で，銀行の連帯保証人の一人に対する履行の請求が主債務者に対してもその効力を有する旨を約してお

くことで，この問題に対応することが可能である．

（2） 担保・保証の管理

次に，担保・保証の管理として，みずほ銀行で使用している保証書のひな型について，代表的な条項を抜粋して述べる（保証書の全体については，巻末に収録したので，そちらを参照されたい）．

（ア） 保証書1条（担保保存義務免除特約）

保証書1条は，民法504条の担保保存義務を免除する，いわゆる担保保存義務免除特約を定めたものである．

（a）担保保存義務が問題となる局面

> 第1条　保証人は，銀行がその都合によって担保もしくは他の保証を変更，解除しても免責を主張しません．

銀行による担保・保証の解除は，貸出しが完済になった場合だけでなく，貸出しの一部返済に伴い債務者から申し出があった場合にも行われる．後者の場合，銀行は，返済された貸出しに解除申し出のあった担保が見合うか，残る担保が残債務の担保として十分かを，慎重に判断して対応する（この検討を怠ると，債権の管理回収に際して尽くすべき義務に反したものとして，善管注意義務違反や特別背任に問われかねない）．検討の結果，担保の一部解除を許容できると判断したが，残債務について保証を受けているケースでは，保証人との関係で担保保存義務（民法504条）の違反とならないかが問題となる．

たとえば，A銀行が債務者Bに対して5億円を融資しており，不動産担保としてB所有のα物件（A銀行評価2億円）およびβ物件（A銀行評価4億円）に抵当権の設定を受けるとともに，保証人Cの保証を受けていたとする．こうしたなかで，D銀行がBに対して，利率を安くするので債務のうち4億円の肩代わり（他行債務弁済のための新規融資実行）をさせてほしいという話をもちかけた．A銀行は，β物件の価値を4億円と評価しているから，4億円を返してもらえばβ物件の抵当権を解除する（新たにD銀行が担保の設定を受ける）というのが自然な流れである．ところが，保証人Cとしては，α物件の価値は5,000万円であり，βの価値は5億円であると見ており，担保解除に反対するケースもあり得る．もちろんA銀行としては，専門の不動産調査会社などに依頼して不動産評価を行いβ物件を4

億円と評価しているのであるから，上記のとおり担保解除したとしても「故意又は過失」によって担保を減少させたわけではないと十分に解され得るものではあるが，「故意又は過失」の解釈において異論の余地が全くないではないし，いずれにせよ係争に巻き込まれてしまう．しかし，だからといって，このような担保解除に応じることができないとすれば，債務者Bの利益に反することになり，社会経済上も不合理であろう．そこで，あらかじめ保証人Cとの間で担保保存義務免除特約を締結しておけば，このようなケースでも担保解除に応じることができ，債務者Bの利益にもかなった対応をすることができるというわけである．

(b) 担保保存義務免除特約の意義および有効性

このような担保保存義務免除特約の有効性については，いくつかの最高裁判例が下されている．

まず，昭和48年の最高裁判決[20]において，保証人に対する債権者の担保保存義務を免除し，保証人が民法504条に享受すべき利益をあらかじめ放棄すべき旨を定めた特約は有効であるとされた．

その後，平成2年の最高裁判決[21]は，担保保存義務免除特約は原則として有効であるが，債権者がこの特約の効力を主張することが信義則に反し，または権利の濫用として許されない場合があり得ると判示した．すなわち，担保保存義務免除特約を約定していたとしても，無制限に有効なわけではないということである．もっとも，結論としては，信義則違反・権利濫用が否定されている．事案は，信用保証協会が債務者の要請に応じて，求償権のために設定を受けていた担保について差替えを行ったところ，その後に実際に競売となり，その最低売却価格が差替え時の信用保証協会による評価額の10分の1程度にとどまったため，求償債務の保証人から担保保存義務違反による免責を主張されたというものであった．最高裁は，差替えに際して，現地の見分を行い，銀行にも評価を尋ね，付近の分譲地の地価を考慮して評価を行ったといった事実に言及した上で，信用保証協会には，結果的に担保が減少したことについて故意があるとはいえないことはもちろん，取引上の通念に照らし債権者には重大な過失があるということもできないと判断したのである．

さらに，平成7年の最高裁判決[22]は，債権者の行為が「金融取引上の通念から見て合理性を有し，保証人等が特約の文言にかかわらず正当に有し，又は有し得べき代位の期待を奪うものとはいえないときは，他に特段の事情がない限り，

債権者が右特約の効力を主張することは，信義則に反するものではなく，また，権利の濫用に当たるものでもない」として，信義則違反・権利濫用の判断基準として，金融取引上の通念から見て合理性を有するか否かという観点を示している．

先にも述べたとおり，銀行の立場からすれば，担保や保証について全く合理的理由もなく解除を行ったのでは，場合によっては善管注意義務(債権を適切に管理・回収すべき義務)違反や背任等に問擬されるおそれもあるため，債務の一部弁済や担保物件の任意売却に伴い担保解除を行うといった場面においては，他の保証人から担保・保証の解除について承諾を得られるか否かにかかわらず，実務上は，当然のこととして担保解除の合理性を慎重に判断している．その意味では，最高裁の考え方は，実務の立場から見ても，ごく自然なものとして受け容れられるものである[23)24)]．

(c) 担保物件の第三取得者との関係

なお，前述した平成7年の最高裁判決[25)]では，担保保存義務免除特約の効果は特約の当事者ではない第三取得者には及ばないのではないかも問題となった．事案としては，債権者が，債務の一部(追加融資分)の弁済を受ける代わりに共同担保の一部を放棄したところ，その後，放棄されなかった方の抵当不動産が物上保証人から第三者に対して譲渡され，この第三取得者から担保保存義務違反が主張されたというものであった．

最高裁は，まず前提として，本件担保放棄は信義則違反・権利濫用ではないため民法504条による免責の効果は生じなかったと判断した上で，さらに，第三取得者は，その免責の効果の生じていない状態の担保の負担がある物件を取得したことになるので，免責の効力を主張することはできないと判断している．

(d) 民法改正

平成29年改正後の民法においては，担保保存義務違反を理由とする責任の減免規定(平成29年改正後の民法504条2項)は「債権者が担保を喪失し，又は減少させたことについて取引上の社会通念に照らして合理的な理由があると認められるときは，適用しない」旨を規定しているが，これは上記平成7年の最高裁判決((b)参照)の考え方を明文化するものである．

(イ) 保証書2条(相殺権不行使特約)

> 第2条　保証人は，借主の銀行に対する預金，その他の債権をもって相殺を

> しません.

　保証書の2条は，相殺権不行使特約であり，民法457条2項の適用を排除するものである．銀行にとって相殺は強力な債権回収の手段であるが(後述2(3)参照)，預金口座に預け入れられている運転資金や決済資金からの相殺を行ってまで回収するとなれば，債務者の倒産のトリガーを引くことにもなり得る．そこで，実務上は，債務者の事業継続可能性等を十分に見極め，相殺による回収を図るか否かを慎重に判断している．それにもかかわらず，たとえば，主債務者に十分に事業継続の蓋然性があり，そうした方が弁済額の増加につながると判断されるのに，保証人が主債務者の当座預金を用いて相殺を行って債務者が不渡りとなり，結果として倒産に至ったというのでは，銀行の債権回収に影響がある上，債務者の合理的な事業継続の機会を失わせることにもなりかねない．そこで，このような規定が設けられたのである．

　もともと保証は，与信取引において，債務者の信用だけでは債権保全のために不足していると考えられた部分を補完することを目的とするものである．すなわち，保証人には債務者の信用不足部分を補うことが期待されているのであるから，保証人に債務者の預金を利用した相殺を認めないとしても，保証の趣旨に反するものではなく，不合理な特約とはいえないと考えられる．

　なお，学説上は，民法457条2項について，保証人は，主債務者の債権について処分権限まで有するわけではないから，主債務者の相殺権を行使できると解すべきではなく，主債務者の有する相殺権の範囲で履行を拒絶できる抗弁を有するものと解すべきという抗弁権説が通説であるとされていたが[26]，平成29年改正後の民法457条3項においてこれが明文化された．したがって，本条は，履行拒絶の抗弁権を放棄する旨の特約と理解されるべきことになる．

(ウ)　保証書3条(代位権不行使特約)

> 第3条　保証人がこの保証債務を履行した場合，代位によって銀行から取得した権利は，借主と銀行との取引継続中は，銀行の同意がなければ行使できないものとします．また，代位の目的となった権利の対価たる金銭については，銀行が保証人に優先して弁済に充当することができます．

保証人が保証債務の履行によって主債務の一部のみを弁済したというケースでは，弁済による代位により，銀行と保証人が担保権を準共有する事態が生じる．本条は，このような場合における保証人の代位権不行使特約を定めたものである．

　このような代位権不行使特約がない場合には，その法律関係は民法501条および502条に従って解釈されることになる．この点，大審院[27]は，民法501条に関し，債権の一部について代位弁済した者は，債権者とは別個に，債権者の有する抵当権を実行できるものと解した．これによれば，保証債務の一部弁済をした保証人は，自己の独自の判断に基づき単独で準共有する抵当権の実行が可能であることになってしまう．この判例に対しては，学説上も，担保権実行を強いられる原債権者を甚だしく害するものであるとの批判が強く寄せられていた．その後，昭和60年の最高裁判決[28]は，弁済による代位は代位弁済者が債務者に対して取得する求償権を確保するための制度であって，そのために債権者が不利益を被ることを予定するものではないから，配当については，債権者が代位弁済者に優先すると判示した[29]．そして，平成29年改正後の民法502条1項は，一部弁済による代位について，代位者は債権者の同意を得て債権者とともにその権利を行使することができるとし，上記の大審院の判例法理を変更し，代位者の単独での権利（担保権）行使を否定するに至った．銀行界としては，こういった流れを先取りして保証書に織り込んでいたものともいえる．

　実務上は，たとえば，業況が悪化した会社が，事業に不可欠な工場設備を担保に入れた上で金融機関から担保付貸出の支援を受けて事業を再建しようとしている場合において，一部弁済をした保証人が当該担保権を行使することになれば，事業再建計画自体が頓挫し，銀行の債権回収額が減少する結果となる懸念がある上，債務者の合理的な事業継続の機会を失わせることにもなりかねない．そこで，再建の当否を判断できる立場にある銀行が意図しない時期に担保権が実行されることを回避すべく，このような規定が設けられているのである．

　もともと担保権や保証は，債務者の信用不足部分について，それぞれ期待された範囲で補完するものであって，債権者の債権の回収に支障を生じさせてまで保証人が担保権から満足を得るのは保証を受けた趣旨に反する事態であり，前述した昭和60年の最高裁判決[30]は当然の判断と評価することができよう．そうであれば，さらに一歩進めて，平成29年改正後の民法が，一部弁済をした保証人が単独で担保権を実行することを否定したことも，保証の趣旨に照らせば決して不

合理ではないのである．

（3） 当事者の変動

次に，貸付債権の当事者に変動が生じた場合の問題点について述べる．

（ア） 相続

債務者に相続が生じた場合，貸付債権など銀行の債権の帰属はどうなるだろうか．

この点，被相続人の有していた預金債権に関しては，既に触れたように（第2章6参照），平成28年の最高裁大法廷決定により，判例変更がなされ，相続開始と同時に当然に相続分に応じて分割されることはない，とされた．もっとも，判例[31]によれば，特定の遺産を特定の相続人に「相続させる」趣旨の遺言は，その趣旨を遺贈と解すべき特段の事情がない限り，遺産分割方法を定めたものであり，その遺産は，特段の事情がない限り何らの行為を要せずして，被相続人の死亡時，直ちに相続人に承継されると解されているので，預金債権を特定の相続人に「相続させる」趣旨の遺言があった場合には，当該特定の相続人が当該預金債権を当然に取得することになる．

これに対して，被相続人の貸付債務は，可分債務として法定相続分に応じて当然に分割され各相続人に承継されると解されている．この点，遺言によって，債権者である銀行の了解なく勝手に帰属が変更されてしまうのでは，債権回収に支障が生じることになるが，判例[32]は，全ての遺産を特定の相続人に「相続させる」趣旨の遺言は，特段の事情がない限り，相続債務を全て相続させる旨の意思が表示されたものであるとしつつ，他方で，そのような相続分の指定は，相続債権者の関与なくされたものであるから，相続債権者に対してはその効力が及ばないと解するのが相当であるとした．すなわち，相続債権者である銀行としては，貸付債務について特定の相続人に「相続させる」趣旨の遺言があったとしても，各相続人に対して法定相続分に従った相続債務の履行を求めることができ，各相続人はこれに応じなければならないということである．債権者の利益が無断で害されるいわれはなく，当然のことであろう．なお，同判決も認めているとおり，相続債権者の側から相続債務についての相続分の指定の効力を承認した上で，指定相続分に応じた相続債務の履行を請求することは妨げられない[33]．

以上のとおりであるから，実務上は，各相続人の資力や融資対象物件の帰属等を考慮し，「相続させる」趣旨の遺言で指定された特定の相続人への債務承継を

認めるか，それとも別の特定の相続人に債務を引き受けてもらうよう交渉するか，債務承継する相続人以外の他の相続人には保証人となってもらうよう交渉するかといったことを検討することになる．

なお，みずほ銀行では，債務者に相続が発生した場合をも見据えた商品も用意している．たとえば，親子リレーローンという商品では，親と特定の子との連帯債務としつつ，親の存命中は親の負担部分を100％としておき，親の死亡後は当該特定の子が返済するという商品設計にしている．

(イ) 会社分割

近時，実務的にも理論的にも話題になっているのが，濫用的会社分割である．

会社分割は，平成12年の改正商法で導入された制度である．当時は，会社分割の対象は，債務と財産の一体性を確保し債権者を保護するとの観点から，「営業の全部又は一部」とされていた（平成12年改正商法373条・374条の16）．また，各会社の債務の履行の見込みがあることが実体的効力要件であると解されており，債務の履行の見込みがなければ，会社分割の無効事由になると考えられていた（平成12年改正商法374条の2第1項3号参照）．こういった前提の下で，なおかつ，物的分割（分割により承継会社の株式その他の資産が，分割会社の株主等には交付されず，分割会社のみに交付される場合）においては，分割対価を受け取る分割会社の資産には変動が生じないことから，分割会社に対し分割後も債権を有する債権者は債権者保護手続の対象外とされていた．

しかし，会社法の制定により，会社分割の対象が「その事業に関して有する権利義務の全部又は一部」に変更され，極端に言えばフライパン一式でも会社分割の対象となり得るとの考え方も成り立つようになっている．さらに，立案担当者により，会社分割の際の開示事項が，「債務の履行の見込みがあること」から「債務の履行の見込みに関する事項」へと変更されたことに伴い，「債務の履行の見込みがあること」は会社分割の実体的効力要件ではなくなったものとの解釈が説かれるようになった[34]．他方，それにもかかわらず，債権者保護手続においては，分割後も分割会社に請求できる債権者は依然として債権者保護手続の対象外とされたままとなっている（会社法789条1項2号・810条1項2号）．このような状況を前提に，債権者を害するような会社分割を行う余地が生じているのである．

たとえば，12月決算の会社があり，決算が大幅赤字となりそうだったとする．その決算が確定する2月ころに，銀行に対して，リスケジュール（債務弁済の繰延

べ)の要請があり，さらに3月になると延滞が始まったため，銀行としてはどうしようかと思っていたところ，4月に会社分割が行われて，銀行に対する貸付金債務は分割会社（バッドカンパニー）に残される一方，預金や事業用設備等は全て承継会社（グッドカンパニー）に移転されてしまい，新会社から預金の払戻請求が行われるといったケースが現実に起きているのである．もちろん，形式的には，分割会社は分割対価として逸出した財産に見合う承継会社の株式等を取得するのではあるが，換価困難であり実質的な価値は乏しいのである．

しかし，会社法施行後に，「債務の履行の見込みがあること」が会社分割の要件であるか否かが判断された裁判例は見当たらず，引き続き会社分割の要件と解すべきとの見解も有力である[35]ことから，今後の裁判例については引き続き注視が必要である．

このような濫用的会社分割に対する対応としては，たとえば，会社分割の詐害行為取消しまたは否認，法人格否認による新会社への請求，会社法22条に基づく商号続用責任の類推適用などの追及方法があり，裁判例が積み重ねられつつある中，立法論としては，会社法上何らかの手当を設けることが望ましい問題であった[36]．かかる議論状況を踏まえ，平成26年の会社法改正により，濫用的会社分割に関する規定が明文化された．すなわち，分割会社が承継会社に承継されない債務の債権者（以下「残存債権者」という）を害することを知って会社分割をした場合には，承継会社が会社分割の効力が生じた時において残存債権者を害すべき事実を知らなかったときを除き，残存債権者は，承継会社に対して，承継した財産の価額を限度として，当該債務の履行を請求することができるとされた（会社法759条4項）．ただし，物的分割でない会社分割については，分割会社の債権者全てが債権者保護手続の対象となるため，本規定の適用はない（同条5項）．

> **コラム 4-1：濫用的な会社分割・事業譲渡と残存債権者の保護**
>
> 　平成12年改正商法により導入された会社分割制度は，平成17年に制定された会社法により改正された．人的分割制度は廃止され，物的分割に一本化される一方，会社分割の対象が「営業の全部又は一部」から「権利義務の全部又は一部」に変更され，開示事項が「債務の履行の見込みのあること」から「債務の履行の見込みに関する事項」に改められた．
>
> 　会社債権者の保護についていえば，承継会社にその債務が承継される債権者

や承継会社の債権者は債権者異議手続の対象であるのに対し，分割会社に対し引き続き履行を請求できる分割会社の残存債権者は，分割対価が分割会社の株主に会社分割と同時に交付される場合を除き，債権者異議手続による保護を受けることができない．そのような状況の下，優良な資産や有望な事業部門を新設会社・承継会社に承継させ，残存債権者に不利益を与える濫用的な会社分割が横行するようになった．

　裁判所は，濫用的な会社分割に対し，積極的な対応をしてきた．第1は，会社分割について詐害行為取消しや否認を認めるものである．かつては，会社分割のような組織法上の行為については，詐害行為取消権や否認権の規定の適用はないとする考え方も有力であった．会社分割に瑕疵があるのであれば，会社分割無効の訴えによるべきであるという議論もあり得るところである．しかし，裁判所はそのような立場には立たず，会社分割について詐害行為取消しや否認を認めている．すなわち，最二小判平成24年10月12日民集66巻10号3311頁は，「株式会社を設立する新設分割がされた場合において，新設分割設立株式会社にその債権に係る債務が承継されず，新設分割について異議を述べることもできない新設分割株式会社の債権者は，民法424条の規定により，詐害行為取消権を行使して新設分割を取り消すことができると解される．この場合においては，その債権の保全に必要な限度で新設分割設立株式会社への権利の承継の効力を否定することができるというべきである」と判示した．会社分割に詐害行為取消権の行使を認めつつ，それを行使できる債権者の範囲を会社法上の債権者異議手続の対象外の残存債権者に限っている点や，詐害行為取消権の行使の法的効果として，債権保全に必要な限度で設立会社への権利の承継の効力を否定するなど，同判決には重要な判示事項が含まれている．また，下級審の裁判例であるが，否認権の行使を認めたものも存在する（福岡地判平成22年9月30日金融法務事情1911号71頁，東京高判平成24年6月20日判例タイムズ1388号366頁）．否認の場合には，詐害行為取消しの場合と異なり，被保全債権額による限定がないという特徴に加え，否認した場合の法的効果として，設立会社・承継会社が発行した株式や分割会社からこれらの会社に承継された債務をどのように取り扱うのか等の難問が生じる．

　第2は，会社法22条1項の類推適用により，分割会社の債権者が設立会社・承継会社にその弁済を請求することを認めるものである（東京地判平成22年11月29日金融法務事情1918号145頁，最三小判平成20年6月10日集民228号195頁〔ゴルフクラブの名称を承継会社が続用した事案において，特段の事情がない限り会員の預託金返還債務を負うと判示〕）．同条同項は事業譲渡に係る規定であり，商号を続用して事業を譲り受けた場合について，譲受会社が譲渡会社の債権者に対

して責任を負う旨の規定であるが，濫用的会社分割のケースにおいては，商号の続用がないにもかかわらず，会社法22条1項の規定の類推適用が認められている．この法的救済方法による場合には，会社分割による権利義務の承継を巻き戻すことなく，解決が図られるというメリットがある．

　第3に，法人格否認の法理を適用する裁判例がある(大阪地判平成22年10月4日金融法務事情1920号118頁，福岡地判平成23年2月17日判例タイムズ1349号177頁)．

　さらに，濫用的会社分割・事業譲渡については，平成26年会社法改正により，立法的な手当てがなされた．たとえば，濫用的な吸収分割の場合を例にとると，分割会社が承継会社に承継されない残存債権者を害することを知って会社分割をした場合には，残存債権者は，承継会社に対して，承継した財産の価額を限度として，当該債務の履行を直接請求することができるものとする(会社法759条4項)．ただし，吸収分割の場合であって，承継会社が吸収分割の効力が生じた時において残存債権者を害すべき事実を知らなかったときは，この請求権は認められない(同項ただし書)．要件としては詐害行為取消しと同様の主観的要件，すなわち「残存債権者を害することを知って」分割会社が会社分割を行った場合に，残存債権者は，承継会社に対し，分割会社から承継した財産の価額を限度として直接に請求する権利を認めるものである．この権利は，分割会社が残存債権者を害することを知って会社分割をしたことを知った時から2年以内に請求をしない残存債権者に対してはその期間を経過したとき，または会社分割の効力が生じた日から20年を経過したときに消滅するものとされている(同条6項)．この請求権は，分割会社について破産手続開始の決定，再生手続開始の決定または更生手続開始の決定がされたときは，行使することができないものとして(同条7項)，倒産手続との調整規定が置かれている．上述した規律は，濫用的事業譲渡についても適用される(同法23条の2)．事業譲渡を用いても，会社分割の場合と同様に残存債権者が害されるおそれがあるためである．

　なお，平成26年会社法改正により残存債権者に新たに認められた法的救済方法は，詐害行為取消しなど判例法上認められてきた既存の法的救済を否定するものではないと一般に解されている．

(神作裕之)

(ウ) 債権譲渡

　かねてから，銀行がバルクセールという形で貸付債権を債権譲渡することが行われてきた．バルクセール(bulk sale)とは，「ひとまとめにして売却する」という

意味であり，貸付債権(主として不良債権)を集合的に一括売却することである．個別には買い手がつきにくい貸付債権であっても，これを多く束ねることによって流動性を高めて売却することを目的とするものであるが，大量の不良債権を迅速にオフバランス(貸借対照表に計上されない状態とすること)化して与信ポートフォリオを改善するとの観点から行われるものである．買い手となるのは，国内外の投資家のほか，サービサー[37]と呼ばれる債権回収会社などである．

最近は，信用リスクのパートアウト，パートインという形で債権譲渡が用いられることもある．たとえば，シンジケート・ローン(第3章7(7)(ア)参照)の組成を検討しているものの，時間的余裕がなく参加行の最終調整まで至らないといった理由から，とりあえずメインバンクが単独で融資を実行し，その後にシンジケート・ローンを組成して，もともと持っていたローン債権の一部を他行に譲渡する(パートアウト)ことが行われる．

2　債権回収

以下では，銀行の債権回収手段について述べる．

銀行の場合，通常の債権回収は，口座振替の方法により行われる．すなわち，銀行取引約定書と併せて口座振替依頼書の提出を受け，指定口座を返済口座として，約定の弁済期に当該口座から引き落とすことを約しておくのである．なお，民法上，弁済の提供や受領遅滞といった概念があるが，実務上は，返済口座に返済額以上の金員が入っていればそれが弁済の提供であり，通常は問題とならない．

(1)　期限の利益の喪失

(ア)　請求喪失事由の解釈

期限の利益を喪失するということは，債務の一部または全部の期限が未到来であったとしても，直ちに債務全額を返済しなければならない状態になるということである．銀行の与信取引は，債務者との高度の信頼関係を基礎とするものであるところ，債務者の信用状態が顕著に悪化したと見得る事象や行動があった場合には，信頼関係が崩れているため，銀行としては，直ちに債務全額の返済を求め，債権の保全回収を図るのもやむを得なくなる．すなわち，期限の利益を喪失するということは，銀行と債務者との関係が保全回収のステージに移行することにほかならない．

期限の利益の喪失事由は，民法 137 条に規定されているが，第 3 章 6(2)(オ)で述べたとおり，実務上は，銀行取引約定書などによって債務者の期限の利益の喪失事由が補充されているのが通常である．

当然喪失事由については，「手形交換所の取引停止処分を受けたとき」など信用状態の著しい悪化が客観的に顕著であると判断できる事象を掲げており，実務上は，それほど悩むことは多くない[38]．

他方，請求喪失事由のうちの，「その他債務の弁済に支障をきたす相当の事由が発生したとき」については，実務上は，大いに悩むところである．

銀行取引約定書の新ひな型を作成した際に全国銀行協会の法規小委員会が作成した解説では，5 条 2 項 5 号にいう「債権保全を必要とする相当の事由」(現在のみずほ銀行の銀行取引約定書でいえば「債務の弁済に支障をきたす相当の事由」)に該当する代表的な事例として，商品等に処分禁止の仮処分がなされたケース，会社の内紛に伴い営業の継続に支障が発生しているケース，赤字会社と合併しようとしているケース，大口の販売先が倒産して連鎖倒産のおそれがあるケース，主力工場が罹災したケース，ストライキ・ロックアウトの応酬で泥沼の労使紛争が長期化しているケース，会社が清算に入ったケースなどが，「客観的にみて債権保全の必要性があ」る場合として挙げられている[39]．結局のところ，実務上は，客観的な諸事情を総合的に勘案し，直ちに回収行動に入って債権の保全を図っていかなければ債務の弁済に支障をきたすおそれがあるか否かを慎重に判断していくことになる[40]．実際，みずほ銀行の舞台裏では，審査部長が法務部の部長室に飛び込んできて，期限の利益喪失事由が発生したといえるのか議論するようなこともあった．

(イ) 裁判例[41]

(a) 最一小判昭和 57 年 11 月 4 日金融法務事情 1021 号 75 頁

期限の利益の喪失事由の有無は，あくまでも事実認定の問題なので，これに関する最高裁判決が下されることは稀である．厳密には期限の利益喪失条項が問題となった裁判例ではないが，参考となり得る最高裁判決がある．事案は，X 酒店が，仕入先 B 社に対する買掛金の支払に充てるために，Y 銀行から 300 万円の融資を受けたが，その翌日，X 酒店の代表者 A が融資代り金が入金された口座から 420 万円を払い戻し，家族にも無断で愛人と温泉に出かけてしまったという事案である．X 酒店と Y 銀行との約定書には，X 酒店の債務不履行のとき，

または履行困難とＹ銀行において認めたときは，Ｘ酒店のＹ銀行に対する一切の債権は，通知を要しないでＹ銀行に対する一切の債務に振替充当されても異議がない旨の特約があった．Ｙ銀行は，Ａが現金等を所持したまま行方不明となっていることを知り，貸付金が約定した資金使途と異なる支払に充てられ，貸付金の回収が困難になるおそれがあると判断し，Ｘ酒店の取締役に通知した上で，当座預金残高の全額を，相殺目的で銀行の管理する別段預金という預り金口座に振り替えた．その結果，Ｘ酒店がＢ社に振り出した小切手が決済されず，Ｂ社は，Ｘ酒店の営業が急激に悪化したものと判断してＸ酒店の店舗にあった全商品を引き揚げた．以上の事態を受けて，Ｘ酒店がＹ銀行に対し，Ｙ銀行が違法に小切手の決済を怠ったために損害を被ったとして，損害賠償請求をした．最高裁は，ごく簡潔に，約定書の規定に基づき当座預金残高を別段預金に振り替えたＹ銀行の処置に不当はなく，Ｘ酒店の請求を棄却した原審の判断は正当というべきであると判示した．

（ｂ）東京地判平成 19 年 3 月 29 日金融法務事情 1819 号 40 頁〔木村建設事件〕

もう 1 つ，東京地裁の判決を採り上げる．

これは，いわゆる耐震偽装問題に関連する事案である．平成 17 年 11 月，Ａ建築士が，委託を受けた構造計算につき構造計算書を改ざんした疑いがあるとの耐震偽装問題が発覚した．11 月 19 日（土）の朝には，Ａ建築士が構造計算を行った完成済みの建物 14 棟のうち 9 棟が木村建設が施工したものであり，うち 8 棟は同社自らＡ建築士に構造計算を委託していたなどといった新聞報道がされた．そこで，木村建設のメインバンクであるＹ銀行は，休日であったものの昼過ぎには預金の支払停止措置をとり，夕方には債権保全を必要とする相当の事由が生じたことを理由とした期限の利益の喪失通知を発送した．さらに，Ｙ銀行は，午後 10 時 40 分ころから木村建設の代表取締役らと面談を行い，期限の利益喪失通知を発送した旨などを告げ，さらに貸付金と当座預金等との相殺を通知した．その結果，21 日（月）に取立てのために呈示された木村建設振出の手形が不渡りとなり，木村建設は破産するに至った．そこで，木村建設の破産管財人ＸがＹ銀行に対して，違法に期限の利益喪失請求および預金の支払停止措置を行ったことなどを理由に，損害賠償等を求めて提訴したものである．

東京地裁は，木村建設が将来的に建設工事を受注できることがＹ銀行の木村建設に対する信用供与の前提となっていたが，新聞報道等の内容は木村建設の耐

震偽装問題への関与を疑わせるものであり，木村建設が新規の受注を得ることができず，既存の工事についても代金支払の留保や損害賠償請求を受ける可能性があったと判断することもやむを得なかったなどとして，銀行取引約定書5条2項5号にいう「債権の保全を必要とする相当の事由」があったと認め，預金の支払停止措置も適法であると判断した．ただし，相殺については，黙示の支払の停止を認定し，破産法71条1項3号により，それ以前に入金されていた預金による相殺のみを認めたため，約43億円の請求のうち約13億円の限度で請求が認容された．

　裁判所の事実認定どおりであったとすれば，大変悩ましい判断であったと思われるものの，筆者としては，通常の「債権の保全を必要とする相当の事由」の判断と比べると，期限の利益を喪失させるには若干早かったのではないかという印象をぬぐいきれない．一般的に言えば，実務上は，まずは顧客を訪問するなどして，実際に経営への影響があるかどうかを確認すべきようにも思われるところである（実際，本件でもそのように行動した銀行もあるようである）．ただ，本件については，木村建設に事情を確認したところでどれだけの情報が明らかになったのだろうかという疑問もあり，悩ましいところである．いずれにせよ，銀行としては，この事件でトラブルになったということも念頭に置きつつ，尽くすべき確認作業は尽くして判断していくほかないと思われる[42]．

（2）　弁済による回収

（ア）　弁済の充当

　弁済による回収については，みずほ銀行においては，銀行取引約定書12条・13条で充当の特約を定めている（第3章6(2)(ケ)参照）．たとえば，担保付の債権と無担保の債権とがあるときに，一部弁済を担保付債権に充当するよう債務者から指定があると，与信判断の前提としていた担保への期待が害されることになるため，そのような場合には銀行の側から充当を指定することを認めている[43)44)]．

（イ）　第三者による弁済

　債務の弁済は，債務者以外の第三者であってもすることができる（以下「第三者弁済」という）．民法の規定に従えば，弁済について利害関係を有しない者による第三者弁済は，債務者の意思に反して行うことはできない（民法474条）[45)46)]．

　たとえば，住宅ローンにおいて，債務者であり担保付不動産の所有者でもある夫が行方不明になってしまったが，妻が第三者弁済を行うような場合に問題とな

る．妻としては，引き続き当該不動産に住み続けたいと考えているが，夫による弁済が行われないと担保権が実行され退去せざるを得なくなってしまうので，自らが弁済を継続していきたいというケースがあるのである．

このような事情であれば，銀行としても，妻からの弁済を受けても困ることはないはずである．しかし，通説によれば，弁済についての利害関係は法律上の利害関係でなければならず，兄弟であるといった事実上の利害関係では認められないとされており，夫婦関係にあるというだけでは法律上の利害関係があるとは認められないとも考えられる．そこで，実務上は，夫の意思を確認できない場合には，妻に，弁済する範囲でいったん連帯保証人になってもらって法律上の利害関係を生じさせた上で，第三者弁済（保証債務の履行）をしてもらうといった取扱いをすることがある．

（3） 債務者等の預金からの回収

実務上，回収手段として最もよく登場するのが，債務者および保証人が自行に有している預金からの相殺による回収である（なお，預金を担保として取得する場合においても，その意義は債務者からの払戻しを拒める点にあり，実際の回収は相殺により行うことが多いことについては第3章9(1)(ア)で述べたとおりである）．貸付金と預金とを相殺すれば，法的手続によることなく簡易に債権回収を図ることができるのである．

（ア） 差押えとの関係

預金からの回収に際して，実務上も講学上も重要な問題として論じられてきたのが，第三者が債務者の預金を差し押さえた場合に，第三債務者であり貸付人である銀行は，預金と相殺することで差押債権者に優先して債権回収を行うことができるか否かという問題である．すなわち，民法511条は，「支払の差止めを受けた第三債務者は，その後に取得した債権による相殺をもって差押債権者に対抗することができない」と定めているが，この条文はいかに解釈されるべきかという問題である．

（a）制限説以前

差押前に既に相殺適状（同種の自働債権と受働債権とが，ともに弁済期にある状態）が生じている場合には，第三債務者が相殺をもって差押債権者に対して対抗することができることは，早くから判例も認めていた[47]．

さらに，債権譲渡または転付命令との優劣（後述(イ)(ウ)参照）が問題となった事

案ではあるが，昭和8年の大審院判決[48]は，相殺適状にあるというためには受働債権については弁済期にあることを要しないとし，さらに昭和32年の最高裁判決[49]でも，転付当時に自働債権(手形償還債権)を有しその弁済期が到来していれば，その時点で受働債権(定期預金債権)の弁済期が未到来であっても，相殺をもって転付債権者に対抗することができるとした．つまり，第三者が登場した時点で自働債権について弁済期が到来していれば，相殺により対抗できるとの発想を見出すことができる．

(b) 制限説

その後，昭和39年の最高裁大法廷判決[50]は，制限説と言われる立場を明確にした．事案は，租税債権に基づき預金債権に対して滞納処分としての差押えが行われたが，差押えの当時には自働債権である手形貸付債権および受働債権である定期預金債権がともに弁済期未到来であったというものである．

最高裁は，①自働債権の弁済期が被差押債権である受働債権の弁済期より先に到来する場合には，「被差押債権の弁済期が到来して差押債権者がその履行を請求し得る状態に達した時は，それ以前に自働債権の弁済期は既に到来しておるのであるから，第三債務者は自働債権により被差押債権と相殺することができる関係にあり，かかる第三債務者の自己の反対債権を以つてする将来の相殺に関する期待は正当に保護さるべきである」として相殺をもって差押債権者に対抗することを認める一方，②自働債権の弁済期が被差押債権である受働債権の弁済期より後に到来する場合には，「差押当時自己の反対債権を以つて被差押債権と相殺し自己の債務を免れ得るという正当な期待を有していたものとはいえないのみならず，既に弁済期の到来した被差押債権の弁済を拒否しつつ，自己の自働債権の弁済期の到来をまつて相殺を主張するが如きは誠実な債務者とはいいがたく，かかる第三債務者を特に保護すべき必要がない」として，差押債権者に対して相殺を主張できないとした．

また，第三債務者である銀行と債務者との間の相殺予約特約(借主が差押えを受けるなどしたときは債務の全額について期限が到来したものとする旨，および，銀行に対する預金その他の債権は弁済期の如何にかかわらず相殺されても異議がない旨の特約[51])についても，上記①の場合に限って効力を認めるべきであるとした．

裁判官の意見は大きく分かれ，制限説は7名の裁判官の多数意見によるものであったが，6名の裁判官が反対意見を付していた．

この昭和39年判決の立場からすれば，銀行の普通預金は要求払であり（第2章2(1)(ア)(b)参照），弁済期にあると考えられるため，差押時に債務者（預金者）が返済を延滞していない限りは銀行は相殺できないということになりそうである．

(c) 無制限説

しかし，最高裁判決としては異例の急展開であるが，昭和39年判決から5年半後，昭和45年の大法廷判決[52]は，「第三債務者は，その債権が差押後に取得されたものでないかぎり，自働債権および受働債権の弁済期の前後を問わず，相殺適状に達しさえすれば，差押後においても，これを自働債権として相殺をなしうるものと解すべき」と判示し，昭和39年判決を変更して無制限説と言われる立場をとった．最高裁は，相殺は「受働債権につきあたかも担保権を有するにも似た地位が与えられるという機能」を果たすものであり，「この目的および機能は，現在の経済社会において取引の助長にも役立つものであるから，この制度によって保護される当事者の地位は，できるかぎり尊重すべきもの」としている．

なお，この事案でも，やはり第三債務者である銀行と債務者との間には，上述のような相殺予約特約があったが，最高裁は，その効力についても，「かかる合意が契約自由の原則上有効であることは論をまたない」として有効と判断した[53]．

この昭和45年判決でも裁判官の意見が分かれ，無制限説が8人に対し，制限説に立つが相殺予約特約の対外効を認める裁判官が3名，制限説に立ち特約も無効とする裁判官が4名であった．したがって，結論としては11：4であるが，無制限説と制限説で言えば8：7で分かれたということになる．

銀行取引においては，貸付債権や預金債権が継続的に発生し変動し続けるため，銀行も借主も，何か問題が生じた時点で存在する債権・債務について相殺が行われることを前提に取引を続けており，個別の債権・債務の弁済期の先後によって相殺を期待するわけではない．昭和45年判決も，このような銀行取引の実状を踏まえた判断をしているものと評価することができる[54]．

(d) 民法改正

平成29年改正後の民法511条1項は，かかる無制限説を明文化するとともに，同条2項は差押え後に第三債務者が取得した債権についても，それが差押え前の原因に基づいて生じたものであるときは，その債権による相殺をもって差押債権者に対抗することができるとした．何が「差押え前の原因に基づいて生じた」債権に該当するのかは，必ずしも明確ではなく今後の議論に委ねられるが，倒産

法上の相殺禁止ルールにおける解釈論が参考になると思われる．

　（イ）　債権譲渡との関係

　相殺と債権譲渡の優劣に関しても昭和50年の最高裁判決[55]がある．ただし，銀行に関する判例ではない[56]．手形債権と売掛債権とが相対立している状況下において，先に弁済期が到来する売掛債権を第三者が譲り受けて対抗要件も具備していたところ，当該売掛債権の弁済期到来後に譲渡人が倒産し，これにより手形債権の期限の利益も失われたという事案である．当該売掛債権の債務者が，相殺の抗弁を主張して譲受人に対する弁済を拒んだところ，最高裁は，「原審の確定した以上の事実関係のもとにおいては，上告人〔売掛債権の債務者〕は，本件売掛債権を受働債権とし本件手形債権を自働債権とする相殺をもって被上告人〔売掛債権の譲受人〕に対抗しうるものと解すべき」（括弧内筆者）と判示した．

　結論的には，3：2で裁判官の意見が分かれた．岸上裁判官の補足意見（および岸上裁判官に同調する岸裁判官の補足意見）は，45年大法廷判決にいう相殺権者保護の要請は，被差押債権の債務者のみならず，被譲渡債権の債務者であってもひとしく妥当すると述べている．一方，藤林裁判官の反対意見（および藤林裁判官に同調する下田裁判官の反対意見）は，「45年判決は銀行関係の事件について判断を示したものであるが，私は，この判決の法定相殺の要件に関する説示はいささか広きに過ぎるおそれがあるものと感じていたところ，本件事案の判断をするにあたつて，そのおそれが具体化したように思われてならない．すなわち，金融機関が当事者でない場合，相殺予約が存しない場合，もしくは，債権の発生，対立そのものが偶発的な場合，例えば，自働債権が不法行為に基づく損害賠償請求権であるとか，不当利得返還請求権であるとかいうような場合にまで，右判例は推及されるおそれがある．そこで，これに対しては，差押債権者と反対債権者との利益衡量の見地から，歯止めをかける必要があると思う」などと述べている．ちなみに，団藤裁判長は，個別の意見を開陳しておられない．

　学説上は，債権譲渡と相殺に関しては，制限説的な見解がむしろ通説であるとされている．

　もともと差押えと相殺に係る判例は，銀行預金を舞台に積み重ねられてきたものであり，昭和45年判決の意義や射程については，銀行取引の中における銀行と債務者の関係性（すなわち，銀行と債務者との間では，継続的な預金取引および貸出取引が存在し，両者が密接な牽連関係に立つこと）を踏まえて考えるべきであろう．す

なわち，銀行取引と同じレベルで債権債務の牽連関係を前提とする経済取引がほかにもあれば，債権譲渡の局面であっても昭和45年判決のように相殺の効力を広く認めるべきとの議論が妥当するのではないかと思われる一方，昭和45年判決がすべからく相殺の無制限的な効力を認めていたのかというと，疑問がある[57]．

もっとも，平成29年改正後の民法469条は，第三債務者が債権譲渡の対抗要件具備時より前に取得した債権，対抗要件具備時より前の原因に基づいて生じた債権および譲渡債権の発生原因に基づいて生じた債権による相殺をもって譲受人に対抗できるとし，債権譲渡と相殺の局面についても無制限説を明文化するに至った[58]．

（ウ）　転付命令および逆相殺との関係

転付命令とは，差押えを行った債権者の申立てにより，債務の支払に代えて，券面額で差押金銭債権を転付債権者に転付する命令である(民事執行法159条)．これにより，転付債権者に対して券面額で(代物)弁済されたものとみなされ(民事執行法160条)，差押金銭債権が転付債権者に債権譲渡されたのと同様の関係になる．

昭和54年の最高裁判決[59]の事案では，信用金庫に対する預金債権について転付命令を得て確定した転付債権者が，自己も信用金庫に対して債務を負っていたため相殺を行ったところ，その後さらに，信用金庫の側から，元の預金者に対する貸金債権と預金債務とを相殺する旨の意思表示が行われたことから，いずれの相殺が優先するのかが争われた．

最高裁は，「相殺適状は，原則として，相殺の意思表示がされたときに現存することを要するのであるから，いつたん相殺適状が生じていたとしても，相殺の意思表示がされる前に一方の債権が弁済，代物弁済，更改，相殺等の事由によって消滅していた場合には相殺は許されない」と述べ，第三債務者である信用金庫が相殺する前に転付債権者が転付命令によって取得した債権を自働債権として相殺してしまうと，第三債務者は，もはや相殺できなくなるとした．

そうすると，銀行の相殺への期待が害されるようにも思えるところであるが，転付命令は送達されてから確定(送達より1週間経過時)しないと効力を生じないので(民事執行法159条5項)，転付命令が確定する前に銀行から相殺すれば足りるとされている[60]．

（エ）　補論——手形買戻請求権

関連問題として，手形買戻請求権を自働債権とする相殺と差押えとの関係について触れておく．

第3章7(4)で触れたとおり，手形割引も与信にほかならないところ，銀行取引約定書において，期限の利益喪失事由と同様の事由が生じた場合には，銀行は手形割引依頼人に対して買戻しを請求することができることとされている（6条1項・3項）．

昭和51年の最高裁判決[61]は，みずほ銀行の前身である第一勧業銀行の事案であるが，上記の約定の効力が問題となった訴訟である．事案は，Xが，AのY銀行に対する預託金返還請求権に対して，仮差押えを行い，さらに差押命令・転付命令を得た．XがY銀行に対して預託金返還請求をしたところ，Y銀行は，仮差押前にAから約束手形の割引を行っており，銀行取引約定書の約旨に基づき仮差押申立時点でAに対する即時の手形買戻請求権を取得したとして，転付された債権を受働債権とする相殺を行ったというものである．最高裁は，差押えと相殺に関する昭和45年の最高裁判決[62]に言及した上で，手形割引も割引依頼人に対する信用供与の手段ということができ，割引依頼人の信用悪化の事態が生じた場合の回収手段として満期前においても割引手形買戻請求権が発生するとの事実たる慣習が形成され，銀行取引約定の中にその旨が明文化されるに至っていることは公知の事実であると述べた上で，上記の銀行取引約定が差押債権者等に対する関係でも原則として有効であることは「当裁判所の判例の趣旨に徴しても明らか」であるとして，Y銀行による相殺を有効と認めた．

手形割引の経済実態にも即して判断したものであり，妥当である．

（4）　不動産担保の実行による回収

（ア）　執行妨害

不動産担保の実行に係る議論のうち，抵当権の効力の範囲や物上代位などについては，実務上は担保評価に織り込んでおり，個別に問題となることは少ない．そこで，これらの論点については体系書などに譲るとして，ここでは，担保執行制度の改正につながった執行妨害について触れておきたい．

一口に執行妨害と言っても，その手法は，以下に述べるとおり多種多様である[63]．道垣内教授の言葉を借りれば，執行妨害の分野は，まさに「日進月歩」なのである[64]．

- 債権者と名乗る暴力団員が抵当建物を暴力団事務所用に改造したという事例
- 抵当土地上の未使用建物を暴力団関係者が保存登記して，根抵当権設定の仮登記等を行い，さらに廃棄物を大量に投棄したという事例
- 抵当建物の室内の壁に暴力団の組織図を貼った事例
- 抵当建物の所有者自身が全く別人になりすまして自らが賃借人と主張した事例
- 抵当建物であるマンションの全室に日本語をほとんど解しない外国人を住まわせ，占有の状態について聴取できなくした事例
- 隣地に別建物を建設した上で，これを抵当建物に付合させようとした事例

　このような執行妨害に対して，民法上は抵当権に基づく妨害排除請求の可否などが議論されてきたが[65]，手続法の整備による対応が必要ということで，平成16年4月に担保執行制度が改正され，保全処分の要件の緩和(民事執行法55条等)，不動産の明渡執行手続の改善(民事執行法27条3項等)，債務者の財産開示手続の導入(民事執行法196条)などが行われた[66]．ちなみに，財産開示手続について言えば，債務者との返済交渉等に際して，こういう制度があるということ自体に意味があるのではないかと思われるが，第2章8(3)で述べたとおり，現実にはあまり使われていないというのが実情である．

　(イ)　不動産担保と商事留置権

　上述の担保執行制度改正の際に検討されたものの未改正のまま残されている問題として，不動産担保と商事留置権の関係がある．

　銀行が土地購入および建物建築目的資金を貸し付ける場合，土地を購入した時点で土地に(根)抵当権の設定を受け，さらに建物が建築された時点で建物にも(根)抵当権の設定を受けることが予定されている(実務上は，土地上に建物を新築した場合には追加担保として差し入れる旨の念書をあらかじめ提出してもらうなどしている)．しかし，建物の建築途中に借主が請負代金を支払えなくなり，建築請負契約が解除された場合において，銀行が土地の(根)抵当権を実行しようとすると，借主に対して請負代金債権を有する建物の建築請負業者が，当該土地について商事留置権(商法521条)を主張することがある．

　仮に土地について商事留置権が成立するとすれば，土地の競売によっても商事留置権は消滅せず，買受人が被担保債権を弁済する責任を負うため(民事執行法188条・59条4項)，建築請負業者は買受人から請負代金の弁済を受けるまでは土地を留置し続けることができることになり，当該土地の担保としての価値が減損

し，請負業者が事実上最優先順位の回収を受けられる結果となる．ちなみに，民法上は，請負業者保護の制度として不動産工事の先取特権が用意されているが（民法338条），あらかじめ建築費用予算額を登記する必要があり，「ほとんど機能していないといわれる」[67]．そこで，建築請負業者を保護するために土地に対する商事留置権の成立が認められないかというわけである．

平成14年の「担保・執行法制度の見直しに関する要綱中間試案」の時点では，不動産は商事留置権の対象外とする案も検討されていたが，最終的には担保執行制度の改正に際して法改正には盛り込まれなかった．

このような建築請負業者の土地に対する商事留置権の成否について，裁判例は，理由および結論においてさまざまに分かれている[68]．

また，学説上も，諸々な見解が説かれている．道垣内教授は，商事留置権の対象としては，単に「債務者の所有する物」とされているので，不動産を含むと解するのが素直であるが，少なくとも債務者の破産手続においては，建設機械抵当法15条を類推適用し，抵当権が優先すると解すべきであると説かれている[69]．また，淺生元判事は，商事留置権の沿革などから，不動産について商事留置権は成立しないという見解を唱えられている[70]．

上述のような金融機関による融資の典型的な事例で考えると，途中で請負代金支払債務の不履行があった場合に，建築請負業者に商事留置権が認められるようであれば，銀行としては，常に担保の価値が減損する可能性にさらされ，しかもその予見可能性が乏しいため，建物建築目的での融資自体を躊躇せざるを得ず，結局は建築工事請負業者の利益にもならないように思われる．それゆえ，商事留置権は成立しないと解すべきではないだろうか．裁判例も，近時の大勢は，商事留置権の成立を否定し，または商事留置権は成立するが抵当権に劣後すると解している状況である[71]．

（5）有価証券担保の実行による回収

有価証券（手形，株式，公社債等）に設定を受けた担保による回収については，実務上あまり大きな論点はないが，そもそも有価証券の所有者が誰なのかといった基本的かつ悩ましい問題がある．たとえば，取引先の社長が所有する株式について担保の設定を受けていたので，いざ実行しようとしたところ，同人より，当該株式は実は妻の所有物であり，自分が勝手に持ち出したものであるなどと主張された事例もある．

また，上場会社等の株式に設定を受けた担保権（質権・譲渡担保権）の実行に際しては，インサイダー取引規制にも留意する必要がある．金融商品取引法166条は，上場会社等の会社関係者や第一次情報受領者等が，その業務等に関して重要事実を知りつつ，その公表前に，当該上場会社等の株式等の「売買等」を行うことを禁止しているところ，株式担保の実行も「売買等」に当たると解されている[72]．銀行は，さまざまな取引を通じて上場会社等の未公開の重要事実を入手することがままあるため，上場会社等の株式について担保権の設定を受けていたとしても，タイミング次第では肝心の担保権の実行ができない事態もあり得るのである[73]．

その他にも，銀行には，銀行法16条の4，銀行法施行規則17条の6ならびに独占禁止法11条により，他の会社の議決権に対する保有制限(いわゆる5%ルール)が課せられており(第3章3(2)参照)，担保権の私的実行(株式の取得)により当該保有制限を超える株式を取得することになる場合には，原則として，1年以内に処分しなければならないという規制がある(銀行法16条の4第2項，独占禁止法11条2項)．

(6) 債権担保の実行による回収

ここでは，債権担保の実行による回収に関して，債務者が現在および将来にわたり取得する債権に担保の設定をうける集合債権譲渡担保に関わる諸問題を採り上げる(その有効性に関する議論については，第3章9(4)(ア)参照)．

(ア) 集合債権譲渡担保と対抗要件具備

(a) サイレント方式の債権譲渡担保

債権譲渡担保について，第三者に優先して回収するためには，第三者に先駆けて対抗要件を具備しておかなければならない．集合債権譲渡担保においても，契約締結時に現在および将来有すべき債権の全体について対抗要件を具備することは可能であり，この対抗要件を具備しておけば，担保設定契約後に二重譲受人，差押債権者，破産管財人等の第三者が登場したとしても，担保権者はこれに対抗することが可能である．

しかしながら，かつては債権担保は「添え担保」として位置付けられており，債務者が売掛債権に担保を設定していることが明らかになると，そうした財産まで担保に提供せざるを得ないほど経営が悪化しているのではないかとみられ，場合によっては債務者の信用不安を惹起する懸念があった[74]．そこで，債務者の取

引先である第三債務者には知られないように担保設定を行うというニーズが債務者側にあったのである(サイレント方式の債権譲渡担保).

ところが，民法上，債権譲渡担保の対抗要件は第三債務者に対する債権譲渡通知または第三債務者の承諾であるため，これにより対抗要件を具備しようとすると，第三債務者に担保設定の事実を知られてしまうことになる．そこで，実務上はさまざまなスキームが検討されてきた．

(b) サイレント方式実現のための諸スキーム

まず，集合債権譲渡担保権の設定契約自体を留保しておき，債務者の信用不安が生じた段階で設定契約を締結して対抗要件を具備するスキームが考えられる．しかし，これでは危機時期の担保供与として偏頗行為否認(破産法 162 条 1 項，民事再生法 127 条の 3 第 1 項，会社更生法 86 条の 3 第 1 項)の対象となり得る．

そこで，あらかじめ集合債権譲渡担保契約自体は締結しておくが，対抗要件については債務者の信用不安が生じた段階で譲渡通知を送るなどして具備するというスキームが考えられる．しかし，対抗要件具備の時期が遅くなるため，第三者に対抗できないおそれがある．また，破産法 164 条 1 項(民事再生法 129 条 1 項，会社更生法 88 条 1 項も同様)は，「支払の停止等があった後権利の設定，移転又は変更をもって第三者に対抗するために必要な行為…〔中略〕…をした場合において，その行為が権利の設定，移転又は変更があった日から 15 日を経過した後支払の停止等のあったことを知ってしたものであるとき」は，当該対抗要件具備行為は否認の対象になるものとしているため，債務者の支払の停止や破産手続開始の申立てを知ってから対抗要件を具備したのでは，否認され，譲渡担保権を破産管財人に対抗できなくなるおそれがあった．

そこで，支払の停止など債務者の信用不安を停止条件とする集合債権譲渡担保契約を締結しておくという方式(停止条件型)が考案された．すなわち，譲渡担保契約自体は危機時期より前に行われているので，偏頗行為否認の対象にはならないし，権利移転の効力は停止条件成就時に生じるため，停止条件が成就してから直ちに対抗要件具備行為を行うことにより，破産法 164 条の対抗要件否認の適用を回避することも可能ではないかというわけである．

また，支払の停止など債務者の信用不安を予約完結事由とする集合債権譲渡担保予約契約を締結しておく方式(予約型)も考案された．すなわち，停止条件型と同じく，譲渡担保契約自体は危機時期より前に行われており偏頗行為否認の対象

にはならないし，権利移転の効力は予約完結権行使時に生じるため，予約完結権行使後直ちに対抗要件具備行為を行うことにより，破産法164条の対抗要件否認の適用を回避することも可能ではないかというわけである．

しかしながら，平成16年の最高裁判決[75]は，停止条件型の集合債権譲渡担保を設定していた債務者が破産した事案において，このような契約は危機時期に至るまで債務者の責任財産に属していた債権を債務者の危機時期が到来するや直ちに責任財産から逸出させることを目的としたものであり，破産法162条1項1号(当時は72条2号)の規定の趣旨に反するものであるとして，危機時期到来後の債権譲渡と同視すべきであり否認の対象になると判断した．その後，予約型についても，危機時期後の予約権行使に対する否認を認める裁判例が登場している[76][77]．

したがって，停止条件型も予約型も否認の対象になるということである．

(c) 債権譲渡登記制度の整備

それでは，どうすればよいのだろうか．

平成10年に「債権譲渡の対抗要件に関する民法の特例等に関する法律」が施行され，登記によって債権譲渡の対抗要件を具備する道が開かれた(平成16年の改正により「動産及び債権の譲渡の対抗要件に関する民法の特例等に関する法律」と改められている)．

この登記制度においては，債務者対抗要件と第三者対抗要件の分離が図られ，第三者対抗要件については譲渡の登記により具備することができ，債務者対抗要件については登記事項証明書を交付して債務者に通知することなどにより具備することができるものとされた(動産及び債権の譲渡の対抗要件に関する民法の特例等に関する法律4条1項・2項)．したがって，集合債権譲渡担保契約を締結するとともに譲渡登記を具備しておき，債務者に対する通知は留保しておけば，債務者に知られることなく第三者対抗要件を具備することができるようになった．この方法であれば，危機時期より前に(停止条件付でも予約でもない)債権譲渡担保契約を締結しており，危機時期になってから財産を逸出させることにはならないので偏頗行為否認のおそれはないし，また，第三者対抗要件はあらかじめ具備しているので破産法164条1項等による対抗要件否認のおそれもないことになる．

前述した平成16年の最高裁判決[78]が停止条件型について否認を認めた背後にも，債権譲渡登記制度の整備により譲渡人の信用不安の惹起という問題は解消さ

れており,「優先権を確保する以上は,本道に従った対抗要件の具備を要求するのが筋である」との価値判断があったものと思われる[79].

現在の実務でも,サイレント方式で集合債権譲渡担保の設定を受ける必要がある場合には,譲渡担保契約を締結するとともに,債権譲渡登記を行う方法により対抗要件を具備している.

(イ) 権利の移転時期

(a) 契約時移転説と債権発生時移転説

集合債権譲渡担保は,現在および将来有する債権について包括的に譲渡担保の設定を受けるものであるが,このうち将来債権の譲渡担保については,債権の移転時期をいつと解すべきかという議論があり,①将来債権の譲渡契約時に債権または何らかの権能ないし地位が移転するという契約時移転説と,②譲渡契約締結後,現実に債権が発生した時点で債権移転の効果が生じるという債権発生時移転説があるとされている[80].

この議論は,債権移転の効果が発生していないにもかかわらず対抗要件を具備できるのかといった理論的な問題意識に加えて,国税滞納処分との関係や破産法との関係も念頭において議論されてきた.すなわち,国税徴収法24条1項および8項によれば,納税者が国税を滞納した場合には,原則として納税者が譲渡担保に供している財産から国税を徴収できるが(譲渡担保権者の物的納税責任),国税の法定納期限等以前に譲渡担保財産となっている場合には徴収できないものとされているところ,将来債権譲渡担保における債権移転時期をいずれと解するかによって,国税の法定納期限等以前に譲渡担保財産となっているか否かについての結論が異なるのではないかという問題である.また,設定者が破産した場合において,仮に将来債権が債権発生時に移転するとすれば,倒産危機時期後に発生した債権については偏頗行為否認(破産法162条1項など)の対象となるのではないか,あるいは倒産手続開始決定により設定者の処分権限自体が失われるのであるから譲渡担保権者は倒産手続開始後に発生した債権を取得できないことになるのではないかという問題である.

(b) 判例の立場——最一小判平成19年2月15日民集61巻1号243頁

平成19年の最高裁判決により,国税と集合債権譲渡担保との優劣の問題については,決着がつけられた.

最高裁は,「将来発生すべき債権を目的とする譲渡担保契約が締結された場合

には……譲渡担保の目的とされた債権は譲渡担保契約によって譲渡担保設定者から譲渡担保権者に確定的に譲渡されているのであり，この場合において，譲渡担保の目的とされた債権が将来発生したときには，譲渡担保権者は，譲渡担保設定者の特段の行為を要することなく当然に，当該債権を担保の目的で取得することができるものである」とした上で，「以上のような将来発生すべき債権に係る譲渡担保権者の法的地位にかんがみれば，国税徴収法24条6項の解釈においては……譲渡担保の目的とされた債権が国税の法定納期限等の到来後に発生したとしても，当該債権は「国税の法定納期限等以前に譲渡担保財産となっている」ものに該当すると解するのが相当である」とした．

したがって，国税の法定納期限より前に将来債権を含む集合債権譲渡担保契約を締結し，第三者対抗要件を具備しておけば，国税に優先することになる．

ただし，あくまでも国税徴収法の解釈として決着をつけており，債権の移転時期については明確な判断は行っていない[81)82)]．

(c) 集合債権譲渡担保の将来

森田宏樹教授は，平成16年の金融法学会の講演において，事業の収益性すなわちキャッシュフローに着目した担保においては，担保権の機能として，債務者に対する継続的なモニタリング機能や，他の債権者を排除して事業の継続性を確保するという防御的機能が重要となり，収益を生み出す事業を構成する資産（在庫，売掛債権，回収金の預金）を包括的に担保化する特徴があると述べられている．その上で，集合債権譲渡担保については，当初の譲渡契約時に権利移転の効果が生じると解すべきであり，理論的には将来債権の「処分権」が譲渡契約時に譲受人に移転するものと説明できるなどと論じておられた[83)]．前述した平成19年の最高裁判決[84)]（およびこれに先立つ平成13年の最高裁判決[85)]）によれば，譲渡担保権者の有する権利は，一方で，確定的な「債権譲渡の効果の発生」によって移転しており，それについて債権譲渡として第三者対抗要件を具備することができるものであり，他方で，将来において債権が現実的に発生したときは当該債権を取得することができる権能であって，これを森田教授のいう「処分権」であると構成する余地もあろう[86)]．

いずれにせよ，細かい理論構成はともかく，賃貸オフィスビルの建築資金を将来の賃料収入のみで賄うノンリコースローンや，風力発電設備の建設資金等を電力会社への電気売却代金で賄うプロジェクト・ファイナンス等を念頭に置くと，

平成16年の金融法学会における森田教授の指摘は重要であり，納得できるものである．個別の論点における集合動産譲渡担保の効力については，最高裁が国税との優劣について個別の法解釈として決着を付けたとおり，最終的には個々の局面ごとに考えていかざるを得ないものであろうが[87]，銀行実務としては，議論の行方を注視している次第である．

(7) 動産担保の実行による回収

(ア) 集合動産譲渡担保と対抗要件具備

第3章9(5)(イ)でみたように，判例は，いわゆる集合物理論をとり，構成部分の変動する集合動産であっても一個の集合物として譲渡担保の目的とすることができるというのが判例の立場である．

集合動産譲渡担保の対抗要件具備に関して，昭和62年の最高裁判決[88]では，占有改定の方法により集合物の構成部分として現に存在する動産の占有を取得した場合には，「債権者は，当該集合物を目的とする譲渡担保権につき対抗要件を具備するに至つたものということができ，この対抗要件具備の効力は，その後構成部分が変動したとしても，集合物としての同一性が損なわれない限り，新たにその構成部分となつた動産を包含する集合物についても及ぶものと解すべきである」とされた．

ただし，平成16年以降，「動産及び債権の譲渡の対抗要件に関する民法の特例等に関する法律」により，動産譲渡登記による対抗要件具備も認められている（同法3条）．

(イ) 集合動産譲渡担保の法律構成

次に，集合動産譲渡担保における法律関係について，述べる．

(a) 判例の到達点

平成18年の最高裁判決[89]は，Yが複数のいけす内に持っている養殖魚（ハマチやブリなど）について，複数の債権者A・B・Cのために複数の集合動産譲渡担保権を順次設定していたが，他方でその一部についてXにも二度にわたり譲渡していた（その法的性質には争いがある）ところ，Yに民事再生手続が開始されたため，XがYに対し，所有権に基づき引渡しを求めたという事案である．最高裁は，①Xへの1つ目の譲渡契約については，その性質は譲渡担保契約であると認定した上で，所有権に基づく引渡請求を認めることはできないとし，重複して譲渡担保を設定すること自体は許されるが後順位担保権者の私的実行を認めることは

できないなどとして，引渡請求を認めなかった．また，②Xへの2つ目の譲渡契約については，真正な売買契約であると認めた上で，「構成部分の変動する集合動産を目的とする譲渡担保においては，集合物の内容が譲渡担保設定者の営業活動を通じて当然に変動することが予定されているのであるから，譲渡担保設定者には，その通常の営業の範囲内で，譲渡担保の目的を構成する動産を処分する権限が付与されて」いるとした上で，通常の営業の範囲内での処分であれば，処分の相手方は何ら拘束を受けることなく確定的に所有権を取得し，通常の営業範囲を超える売却処分であれば，保管場所から搬出されるなどして集合物から離脱したと認められる場合でない限り，処分の相手方(すなわちX)は目的物の所有権を承継取得できないとした(通常の営業の範囲内かどうかを審理判断するため原審に差戻し)[90]．

さらにその後，養殖魚を目的とする集合動産譲渡担保の設定を受けていたところ，その一部が赤潮で死滅し，債務者が損害填補のための共済金請求権を取得したため，譲渡担保権者である金融機関が譲渡担保権に基づく物上代位権の行使として当該共済金請求権を差し押さえたという事案において，平成22年の最高裁決定[91]は，「構成部分の変動する集合動産を目的とする集合物譲渡担保権は，譲渡担保権者において譲渡担保の目的である集合動産を構成するに至った動産(以下「目的動産」という．)の価値を担保として把握するものであるから，その効力は，目的動産が滅失した場合にその損害をてん補するために譲渡担保権設定者に対して支払われる損害保険金に係る請求権に及ぶと解するのが相当である」が，「譲渡担保権設定者が通常の営業を継続している場合には，目的動産の滅失により上記請求権が発生したとしても，これに対して直ちに物上代位権を行使することができる旨が合意されているなどの特段の事情がない限り，譲渡担保権者が当該請求権に対して物上代位権を行使することは許されない」と判示した．

(b) 集合動産譲渡担保の理論構成

以上が現時点での最高裁判例の到達点であるが，これらも踏まえつつ，集合動産譲渡担保の理論的基礎付けについては，なお学説上活発な議論が行われている．

「一個の集合物」に対する譲渡担保の設定を認めるのが判例の立場であるが，道垣内教授は，この集合物理論を支持しつつ，さらに個々の動産は譲渡担保の直接の目的物とはなっておらず，債務者が債務不履行に陥り譲渡担保を実行するに際して「固定化」を行うことにより，個々の動産それぞれが譲渡担保の目的物に

なると論じている[92]．

これに対して，森田宏樹教授は，前述した昭和62年の最高裁判決[93]が集合物の占有改定という無理のあるフィクションを援用したのは，動産譲渡の登記制度が存在しない法状況のもとでは，このフィクションを認めなければ，当初の時点で第三者対抗要件の具備を認めることができないという実際上の不都合にあり，目的物の物理的支配を前提としない動産譲渡登記制度が導入されれば，このフィクションをとることなく端的に，現在または将来取得する動産を含む集合動産について一括して譲渡担保権を設定すれば足りるのではないか，と問題提起されている[94]．そして，個別動産も譲渡担保の目的物であることを肯定すれば（譲渡担保権者から設定者に対する個別動産の処分権限の付与を認める最高裁も，この立場を採っていると解される），「固定化」という概念も不要であり破棄されるべきであると論じている[95]．

実務上も，以上のような理論的検討の行方については注視しているところであるが，集合動産譲渡担保に関して言えば，第3章9(5)で述べたように，どちらかと言えば当該動産により実際に回収することができるのかが最大の関心事である．そして，（固定化という概念を必要とするかどうかはともかく）譲渡担保の実行の前であれ後であれ，ひとたび動産が無断で処分されてしまえば，現実問題として動産そのものの返還および回収を行うのは困難なケースが多いため，あらかじめ処分禁止・占有移転禁止の仮処分を検討したり，既に第三者に譲渡されてしまっているのであれば速やかに代金債権に対して物上代位に基づく差押えを行うといったことを検討したりすることになる．

(8) 責任財産の保全

民法上，債務者の責任財産を保全するための制度として，債権者代位権（民法423条）および詐害行為取消権（民法424条）が用意されている．

いずれの制度についても，判例[96]によって代位債権者・取消債権者に事実上の優先弁債権が認められており，総債権者のための責任財産保全という制度目的と現実の機能がずれているという問題があると指摘されている[97]．

この点，道垣内教授は，債権者代位権や詐害行為取消権は，本来は債権者みんなのために，債務者の財産を確保する目的の制度であるが，複数の債権者が競合する場面で，「みんなのために」手間暇かけて権利行使をするほど，一般に債権者はお人好しではない，それゆえ本来の制度趣旨を超えて抜け駆け的回収に用い

られることになるが，それも当然のことであるなどと極めてクールに説いておられる[98]．

　次のように考えられないだろうか．これまでも述べてきたとおり，銀行は自行預金については，他の債権者は知ることが困難である上，相殺による回収が期待できるため，結果的には自行だけが独占できる関係にあり，与信の前提としても，回収可能な資産と捉えている．逆に，他行預金であれば，他行が独占する関係にあり，基本的には回収不可能な資産と捉えている．不動産については，概ね全ての債権者が認識可能なものであり，各債権者がそれぞれの立場に応じて（すなわち，担保権の設定を受けられるのであれば担保権者として，受けられないのであれば一般債権者として），どの程度回収の引当てとできるかを検討して与信判断を行うことになる．預金・不動産以外の財産については，もし債権回収の引当てとなり得る財産があることを知っていれば，当該債権者はそれを与信判断の前提としていかなる回収が可能かを考えることになるし，知らなければ与信判断の前提事情とはしようがない．そして，実際の回収の局面においても，各債権者はそれぞれ与信判断の前提として期待していた引当資産の範囲で回収行動をとるのであるから，期待していた回収資産が予期せず他の債権者の回収に充てられたといったような，抜け駆け的に想定外の回収が行われているという実感はあまりない．むしろ，債権者代位権や詐害行為取消権というのは，こういった制度があること自体をもって，債務者による財産隠しの抑止力としての意義があり[99]，詰まるところ，総債権者のために，個々の債権者があらかじめ期待した回収の範囲内において，責任財産を保全する制度として機能しているのではないであろうか[100][101]．

　なお，濫用的会社分割と詐害行為取消しの問題については，前述1(3)(イ)参照．

(9) 法的整理との関係

(ア) 相殺禁止・否認等

　法的倒産手続においては，債務者が支払停止等の危機時期に至った場合，これを知って行った回収行動は，相殺禁止の対象となったり否認の対象となったりする（破産法につき同法71条・72条・160条・162条等）[102]．

　たとえば，朝，銀行員が出社したところ，貸出先A社の申立代理人と称するX弁護士から，法的倒産手続を申し立てる予定である旨のファックスが，A社の営業収入金の回収日（すなわち銀行に開設されたA社口座に入金がある日）の午前4時

ころに入っていたといった事例を経験したことがある．この場合，銀行はA社の支払停止を認識しているため，仮にその後に営業収入金が入金記帳されても，当該部分の預金は，後の法的倒産手続においては相殺禁止の対象になるはずだ，というのである．なかなかやるなと思った次第である[103]．

(イ) 手形からの回収

　銀行が取引先から手形の割引依頼や取立委任を受け，割引や取立てを実行しないまま手形を占有していたところ，取引先に法的倒産手続が開始されることがある．この場合，銀行は，当該手形について商事留置権が成立していること等を理由に，取立期日まで手形を留置した上で，これを取り立て，その取立代り金により回収を図ることができないであろうか．

　この点，支払停止等より前に手形取立委任があり，破産手続開始決定前に手形の取立期日が到来したので取立てを行ったという場合であれば，銀行は，手形取立委任という危機時期より「前に生じた原因」に基づき債務を負担したものであるといえるため，倒産法上の相殺禁止に抵触することなく相殺による回収を行うことが可能である(破産法71条2項2号，民事再生法93条2項2号，会社更生法49条2項2号)[104]．問題は，手形の取立期日が倒産手続開始より後に到来する場合であり，この場合には「前に生じた原因」に基づく債務負担であっても相殺禁止は解除されないので[105]，どのように考えるべきかが議論されているのである．

(a) 破産手続と手形の商事留置権

　まず，破産手続に関する平成10年の最高裁判例[106]を紹介しよう．

　前提知識として，破産法は，破産手続が開始されると民事留置権は効力を失うと定める一方(破産法66条3項)，商事留置権については特別の先取特権とみなしている(破産法66条1項．本判決当時は93条)．一方，全国銀行協会の銀行取引約定書の新ひな型では，取引先が銀行に対する債務を履行しなかった場合には，銀行の占有している取引先の動産，手形その他の有価証券は，銀行が必ずしも法定の手続によらず一般に適当と認められる方法，時期，価格等により取立または処分することができるとされていた(4条4項．現在のみずほ銀行の銀行取引約定書4条2項に相当する)．

　事案は，次のようなものである．Y銀行が，平成5年1月にA社に対して4,000万円の貸出しを行った．同年3月24日，Y銀行は，A社から手形(約100万円)の割引依頼を受けてこれを預かり，その割引をするか否か審査していたと

ころ，翌 25 日に全く決済の見込みがない A 社振出しの手形が交換呈示されたことから，Y 銀行は手形割引の実行を見送った．そうしたところ，A 社は，結局二度の不渡処分により銀行取引停止となり，3 月 30 日に破産申立てを行い，4 月 15 日に破産宣告(現在の破産手続開始決定)を受けるに至った．その後，破産管財人 X が手形の返還を請求したところ，Y 銀行は，これを拒絶し，満期(6 月 10 日)に手形を取り立てて貸付金の弁済に充当した．そこで，破産管財人 X が，Y 銀行の不法行為責任を追及した．

最高裁は，まず，①破産財団に属する手形の上に存在する商事留置権を有する者は，破産宣告後においても留置的効力を保持して破産管財人からの手形返還請求を拒むことができる(すなわち，破産手続において商事留置権が特別の先取特権とみなされても，その留置権能は失われない)と判断した．その上で，②銀行が手形について適法な占有権限を有し，かつ特別の先取特権に基づく優先弁済権を有する場合には，銀行が自ら取り立てて弁済に充当し得るとの趣旨の約定をすることには合理性があり，被担保債権額も手形金額を超えており，他に優先する特別の先取特権者が存在することをうかがわせる事情もないといった事実関係の下においては，銀行取引約定書 4 条 4 項による合意に基づき，手形交換制度(取立者の裁量等の介在する余地がない方法である)によって取り立て，債務の弁済に充当することができるのであり，破産管財人に対する不法行為とはならないとした．

(b) 民事再生手続と手形の商事留置権

他方，民事再生手続との関係でも，破産手続と同様に銀行が手形から回収を図ることができるかについては，もともとは大きな議論があった．破産手続においては，商事留置権は特別の先取特権とみなされるのに対し，民事再生には商事留置権を特別の先取特権とみなすといった明文規定がない．それゆえ，民事再生手続においては，破産手続とは異なって商事留置権には優先弁済権は付与されておらず，銀行取引約定書に基づく取立ておよび弁済充当も禁止されるのではないかが問題となり，下級審の裁判例では結論が大きく分かれた状態にあった[107]．

しかし，民事再生法に商事留置権に優先弁済権を付与する旨の規定がないというのは，そのとおりであるが，立法当時，破産手続と明確に区別すべく検討された形跡は認められない．また，債務者がいかなる倒産手続を選択するかという専ら債務者側の事情で商事留置権者の地位に大きな違いが生じることになり，商事留置権者を不安定な地位に置くことになるとの問題もある．さらに言えば，手形

の金額等次第では，商事留置権者である銀行は，民事再生手続に反対して自ら破産手続開始決定の申立てを行う方が経済合理性が認められるといったことにもなりかねない．以上から，破産の場合と同様，銀行による弁済充当は可能と解されるべきである．

近時，みずほ銀行の事案で，この点が争われた訴訟がある．事案は，みずほ銀行が，債務者の再生手続開始後に，債務者から取立委任を受けていた合計約5億6,225万円の約束手形を期日に取り立て，貸金債権の一部に充当したところ，債務者から不当利得返還請求訴訟が提起されたものである．原審（東京高判平成21年9月9日金融法務事情1879号28頁）は，みずほ銀行による充当を否定したため，みずほ銀行から上告および上告受理申立てを行った．最高裁[108]は，取立委任を受けた約束手形につき商事留置権を有する者は，取立金についても留置することができると解した上で，その結果として取立金は，通常，再生計画の弁済原資や事業原資に充てることは予定し得ないところであること等に鑑みると，「上記取立金を法定の手続によらず債務の弁済に充当できる旨定める銀行取引約定は，別除権の行使に付随する合意として，民事再生法上も有効であると解するのが相当である」とし，銀行が再生手続開始後に取立金を債務の弁済に充当しても，法律上の原因を欠くことにならないと判断した．妥当な判断である． （砂山晃一）

> **コラム 4-2：第Ⅰ部を執筆して**
>
> 銀行実務を踏まえた金融法の論点を駆け足で概観してきた．
>
> 銀行は金融仲介機能を果たしていると言われるが，その実態を踏まえ，銀行が果たしている仲介機能の全体感を見ながら個々の判例等を見ていただきたい．
>
> たとえば，2(9)(イ)(b)で触れた手形取立代り金による回収に関する平成23年の最高裁判例[109]の事案で，仮に高裁判決どおりにみずほ銀行敗訴の判断が下された場合，みずほ銀行は5億円を超える支払をしなければならない．決して少ないとはいえない金額ではある．しかし，問題の本質はそこにあるのではなく，その場合のみずほ銀行のみならず銀行全体の仲介機能に与える影響である．
>
> 平成23年度の仕向けの代金取立手形の取扱金額は，みずほ銀行単体のみでも6兆円を上回る．したがって，この最高裁判例を踏まえて，担保に供することが可能な資産が乏しいという大多数の企業が，代金取立手形からの充当が認められることによって，どれだけ銀行から与信を供与されうるのかを考えて

> ほしい．
> 　メガバンクの一角を占めるみずほ銀行としては，かかる影響の大きさ故に上告せざるを得なかった訳である．第一審・控訴審でともに敗訴した上での上告であり，上告審で逆転勝訴できる見込み，敗訴した場合の遅延損害金などを考えると，法務部長としても簡単な決断ではなかったが，みずほ銀行のためのみならず，銀行界および銀行から信用供与を受けている取引先のために，最高裁には適切な判断をしていただいたと思っている．
> 　相殺についての最高裁判例についても同様のことがいえよう．訴訟の当事者は，銀行と破綻した企業(破産管財人)等であり，どうしても両者間の利益衡量に目が行ってしまうが，銀行が相殺可能預金を見込んで信用を供与している大多数の健全な企業を視野に入れて考えれば，最高裁判決の意味もより理解しやすいのではないかと思う．
> 　金融の仲介機能というのは，単なる経済的な概念ではなく，法的な問題を検討するために理解しなければいけない前提であると言ってもよいかもしれない．
>
> 　　　　　　　　　　　　　　　　　　　　　　　　　　　(砂山晃一)

---

1) 時効については，きちんと管理されていれば問題は少ないこともあってか，時効管理を詳細に取り扱った文献は意外と数少ない．実務上の取扱いに関心がある方は，「特集　時効管理の理論と実務」金融法務事情1398号(1994)6頁以下などを参考にされたい．
2) 最二小判昭和42年6月23日民集21巻6号1492頁．
3) 我妻榮・新訂　民法総則　民法講義I(岩波書店，1965)486頁．
4) もっとも，我妻博士も，債権者が期限の利益を奪わない旨を，改めて，明示または黙示に債務者に表示したときは，時効も全額については進行しないと考えるべきであると説かれており(我妻・前掲注3)488頁)，必ずしも上記の実務的視点や前掲最判昭和42年6月23日(約定弁済の遅滞が始まってから6年近く経って通知を行ったという事案)と相対立する見解ではないとの見方も可能ではないかと思う．
5) 当座貸越やカードローンの場合も，当座勘定貸越約定書およびローン約定書に当然即時支払事由および請求即時支払事由が定められており，同様の議論が当てはまる．なお，第3章7(5)でみたとおり，銀行が支払承諾を行っている場合も，債務者との保証委託契約において，当然喪失事由や請求喪失事由と同様の事前求償権発生事由が定められているのが一般的であるが，仮に事前求償権の消滅時効が成立したとしても，現に保証債務履行を行った場合に取得する事後求償権は事前求償権とは別個の権利であることから，その消滅時効は，事前求償権の消滅時効とは無関係に代位弁済時から進行することになる(最三小判昭和60年2月12日民集39巻1号89頁)．
6) 内田貴・民法I　総則・物権総論(東京大学出版会，第4版，2008)321頁．
7) 大判昭和14年3月22日民集18巻4号238頁．
8) 他方，受益者に対する詐害行為取消訴訟の提起は，被担保債権の時効を中断しない(最二小判昭和37年10月12日民集16巻10号2130頁)．本文で述べたように，時効中断の根拠が裁判所によって権利の存在が確定される点にあるため，訴訟物として判断の対象になっていない債権については，原則として，時効中断効は認められないのである．それゆえ，時効管理に際しても，単に訴訟になっているというだけでは安心することができないのは当然であり，その内容に即して時効中断

9) 最一小判昭和35年12月27日民集14巻14号3253頁参照.
10) 大決昭和12年5月28日大審院判決全集4輯10号25頁.
11) 最三小判平成11年4月27日民集53巻4号840頁.
12) 最二小判平成元年10月13日民集43巻9号985頁.
13) 判例によれば，物上保証人に対する競売開始決定があり，その開始決定の正本が民事執行法188条・45条2項に基づき債務者に送達された場合には，民法155条の通知があったものとして時効が中断する(最二小判昭和50年11月21日民集29巻10号1537頁). より具体的には，かかる送達が特別送達または付郵便送達により行われた場合には，現に債務者に正本が到達した時に(最三小判平成7年9月5日民集49巻8号2784頁参照)，公示送達により行われた場合には，公示送達の効力が発生した時に(最二小決平成14年10月25日民集56巻8号1942頁)，時効が中断する.
14) 最二小判昭和43年2月3日民集22巻2号122頁.
15) その他，いわゆる「裁判上の催告」が判例により認められているのは周知のとおりである. たとえば，訴えを取り下げた場合には，時効中断効は失われることになるが(民法149条)，裁判手続を通じた権利主張が継続的に行われていたものとして，取下げまでは催告としての効力が認められる. 債権者破産の申立てを取り下げた場合(最一小判昭和45年9月10日民集24巻10号1389頁)や，破産手続で債権届出を行ったが債権が確定されないまま破産手続が廃止されたような場合なども，同様である.
16) 最三小判昭和44年9月2日民集23巻9号1641頁(破産手続において債権が確定した事案).
17) 大判昭和8年10月13日民集12巻23号2520頁.
18) 最一小判昭和43年9月26日民集22巻9号2002頁. 他方，最一小判平成11年10月21日民集53巻7号1190頁は，後順位抵当権者は先順位抵当権の被担保債権の時効を援用することはできないとしている. 時効を援用できる「当事者」(民法145条)の基準について，判例は抽象的には「時効により直接利益を受ける者」という基準を用いているが(大判明治43年1月24日民録16輯22頁など)，その理解については，森田宏樹「時効援用権者の確定基準について(1)(2)」法曹時報54巻6号1頁・7号1頁(2002)などを参照.
19) 主債務の時効期間が主債務者に対する判決の確定等によって10年に延長された場合(民法174条の2)には，保証債務にも延長の効果が及ぶ(最一小判昭和43年10月17日判例時報540号34頁. ただし，倒産手続での債権確定による場合には議論あり). これに対して，保証債務の時効期間が保証人に対する判決の確定等によって10年に延長された場合であっても，主債務には延長の効果は及ばないことに注意が必要である(中田裕康・債権総論(岩波書店，第3版，2013)499頁).
20) 最一小判昭和48年3月1日金融法務事情679号34頁.
21) 最一小判平成2年4月12日金融法務事情1255号6頁.
22) 最二小判平成7年6月23日民集49巻6号1737頁.
23) 昭和37年に全国銀行協会が制定した銀行取引約定書ひな型(旧ひな型)に担保保存義務免除特約が規定された際の解説においても，「本約定による保証は，特に主たる債務者に対する債権の最終残高を保証しようとする趣旨からでた保証であるところから，特に債権者が保証人を害する意図で，または過失によって担保保存義務(含保証)に違反した場合以外は，それらの事情にかかわらず，一切の保証債務を全額負担することを特約したものである」とされており(「銀行取引約定書雛型の解説〈金融法務事情特集号〉」(金融財政事情研究会，1962)128頁)，その制定の経緯に照らしても，銀行が合理的な判断を行っていることが前提とされていたものといえる.
24) したがって，法的には，銀行が当然のこととして合理的な判断を尽くしている限り，民法504条ないし担保保存義務免除特約の解釈において保証人の責任減免が認められることはないと考えられるが，実務上は，保証人とのトラブル防止の観点から，担保解除に際して個別に保証人の承諾を得ておくこともある.
25) 前掲最判平成7年6月23日.
26) 我妻榮・新訂　債権総論　民法講義IV(岩波書店，1964)483頁.
27) 大決昭和6年4月7日民集10巻535頁.

28) 最一小判昭和 60 年 5 月 23 日民集 39 巻 4 号 940 頁．
29) 複数の被担保債権のうち，一部の債権について全部弁済をした場合については，議論がある．まず，普通抵当権が複数の債権を担保し，そのうち 1 つの債権のみについての保証人が全額保証を履行した事案については，最一小判平成 17 年 1 月 27 日民集 59 巻 1 号 200 頁により，債権者と保証人との間に特段の合意がない限り，抵当不動産の売却代金は，債権者が有する残債権額と保証人が代位によって取得した債権額で按分して弁済するとして按分主義となることが明らかにされている．これに対して，根抵当権が複数の債権を担保し，そのうち 1 つの債権のみについての保証人が，元本確定後に全額保証を履行した場合は，按分主義ではなく，債権者が優先して配当を受けるものと解される(最一小判昭和 62 年 4 月 23 日金融法務事情 1169 号 29 頁，福岡高判平成 19 年 3 月 15 日判例タイムズ 1246 号 195 頁)．なぜなら，根抵当権は不特定の被担保債権について極度の限度で優先弁済性を確保するものであるため，極度の限度において担保される債権全体が実質的に 1 個の債権とみることもでき，元本確定後に 1 つの債権のみについての保証人が履行をしたとしても，1 個の債権の一部につき代位弁済がされた場合に等しいと評価し得るからである(中村也寸志「判解」法曹時報 59 巻 10 号(2007)276 頁参照)．
30) 前掲最判昭和 60 年 5 月 23 日．
31) 最二小判平成 3 年 4 月 19 日民集 45 巻 4 号 477 頁(香川判決とも呼ばれている有名な判決である)．
32) 最三小判平成 21 年 3 月 24 日民集 63 巻 3 号 427 頁．
33) 以上の理は，相続人間で特定の相続人が被相続人の貸付債務を承継する旨の遺産分割協議がなされた場合にも同様に当てはまるものであり，銀行は，当該遺産分割協議の結果に拘束されるものではない．
34) 相澤哲＝細川充「組織再編行為」相澤哲編・立案担当者による新会社法関係法務省令の解説(商事法務，2006)133 頁．
35) 江頭憲治郎・株式会社法(有斐閣，第 6 版，2015)905 頁．
36) 会社分割の詐害行為取消しに関する裁判例等については，難波孝一「会社分割の濫用を巡る諸問題」判例タイムズ 1337 号(2011)20 頁や滝澤孝臣「会社分割をめぐる裁判例と問題点」金融法務事情 1924 号(2011)62 頁なども参照．会社分割の詐害行為取消しについては，会社の組織に関する行為である会社分割が詐害行為取消しの対象となり得るかといった議論があったが，最二小判平成 24 年 10 月 12 日民集 66 巻 10 号 3311 頁は，新設分割が詐害行為取消の対象になり得ることを認めている．他方，商号続用責任の類推適用については，ゴルフクラブの預託金返還債務に関する事案であるが，最三小判平成 20 年 6 月 10 日集民 228 号 195 頁を参照．立法化に向けた議論については，神田秀樹「会社分割と債権者保護」ジュリスト 1439 号(2012)63 頁を参照．
37) バブル崩壊後の平成 10 年に「債権管理回収業に関する特別措置法」(いわゆるサービサー法)が制定され，「特定金銭債権の処理が喫緊の課題となっている状況にかんがみ，許可制度を実施することにより弁護士法……の特例として債権回収会社が業として特定金銭債権の管理及び回収を行うことができるように」された(同法 1 条)．具体的には，取締役として 1 名以上の弁護士を置くことといった要件を満たした上で，法務省の許可を受ければ，債権回収会社(サービサー)は，金融機関が保有する債権の債権管理回収業を行うことができる．サービサーは，金融機関から委託を受けて管理回収を行うことができるほか，金融機関から債権の譲渡を受け自己の債権として管理回収を行うことが可能である．
38) ただし，第 3 章 6(2)(オ)(c)で説明したとおり，当然喪失事由であっても債権保全の客観的必要性がなければいけないから，銀行預金に対する差押えがあったとしても，それが偶発的なものである場合や，破産手続開始の申立てがあったとしても，それが第三者からの嫌がらせ目的であることが明白な場合には，債務者の信用悪化に結び付かず債権保全の必要性も格別生じないため，期限の利益喪失事由に該当しないものと解すべきこともある．また，弁護士から債務整理の受任通知が届いた場合にも，その通知の文言のほか従前の債務者の業況等も総合的に勘案し，債務者が支払不能(債務のうち弁済期にあるものにつき，一般的かつ継続的に弁済することができない状態)にあるのか，一時的な手元不如意にとどまるのかを検討し，当然喪失事由である「支払の停止」に該当するか否かを検討する．

39) 全銀協法規小委員会・新銀行取引約定書ひな型の解説(金融財政事情研究会, 1977)87頁．
40) ここでは，銀行取引約定書5条2項5号を例にとって説明を行ったが，第3章6(2)(オ)(c)で述べたように，同項1号ないし4号についても「債権保全を必要とするに至った」ことが要件であり，その判断が必要である．
41) なお，債権者が期限の利益喪失条項に基づき期限の利益を喪失した旨主張することが，信義則に反し許されないとされた裁判例(最二小判平成21年9月11日金融法務事情1886号50頁)もあるが，貸金業者に関する事例判断であり，銀行の金融実務に影響を及ぼすものではないと考えられる．
42) 東京地裁判決に対しては破産管財人XおよびY銀行の双方から控訴がされたが，Y銀行の臨時報告書によると，控訴審において，Y銀行が17億円を支払う旨の和解が成立したとのことである．
43) 不動産競売事件における配当金の充当指定について，最二小判昭和62年12月18日民集41巻8号1592頁は，不動産競売手続における配当金が，数個の被担保債権の全てを消滅させるに足りないときは，数個の債権について民法489条ないし491条に基づく法定充当が行われるべきであって，弁済充当特約に基づく債権者の指定は許されない旨判示している．しかし，配当に際して債権者と債務者との間で充当順序を改めて合意することは可能なはずであるし，債権者による充当の結果について債務者の側に異議がないため，黙示的に上記合意が成立していたと解し得る場合もあると思われる．
44) 最三小判平成22年3月16日民集64巻2号523頁は，銀行の事案ではないが，弁済を受けてから1年以上経過後に初めて弁済充当特約に基づく充当指定権を行使したところ，充当指定権の行使は法的安定性を著しく害するものとして許されないとされたものである．もっとも，事案は，やや特殊なものである．すなわち，債務者の破産手続開始後に物上保証人所有の担保物件の任意売却による一部弁済が行われたが，債権者が有する債権合計5口について，当該弁済金を控除しない額をもって破産債権を行使(届出)することができるのかが争われた．破産法104条によれば，破産債権者は，破産手続開始後に保証人や物上保証人からの弁済等があっても，債権の全額が消滅した場合を除き，破産手続開始時に有する債権全額で債権届出を行い配当を受けることができるものとされている(開始時現存額主義)．本訴訟では，複数の債権のうち一部が完済されているときでもなお総債権をもって権利行使ができるのか(開始時現存額主義の適用範囲)が争われる一方，債権者側は充当指定により債権の完済は生じていないなどと予備的に主張したものである．ただ，実務上は，弁済金等を仮受金として一時的に保管することはあるものの，1年も充当せずに放置するということは基本的には考え難い．事案の解決としても，既に充当は完了しており，充当指定権によっても完了した充当を覆滅させることはできないと評価する余地もあったかもしれない．
45) 最三小判昭和39年4月21日民集18巻4号566頁．
46) 平成29年改正後の民法474条2項ただし書は，債務者の意思に反することを債権者が知らなかったときは，弁済として有効であるとの例外を定めている．
47) 大判明治31年2月8日大審院民事判決録4輯2巻11頁．
48) 大判昭和8年5月30日民録12巻1381頁．
49) 最二小判昭和32年7月19日民集11巻7号1297頁．
50) 最大判昭和39年12月23日民集18巻10号2217頁．
51) みずほ銀行の銀行取引約定書でいうところの5条および8条1項に相当する．
52) 最大判昭和45年6月24日民集24巻6号587頁．
53) 大隅裁判官の意見は，銀行取引において相殺予約が有効と解される根拠についてより詳細に述べており，①銀行取引において，預金と貸付金とは牽連関係にあり，預金債権は貸付金債権などの担保としての機能を営んでいるのが実状であること，②銀行取引において相殺予約が定められていることは，取引界においてほぼ公知の事実となっていることを挙げている．納得できるものである．
54) 無制限説といっても，相殺の意思表示を行う時点で自働債権と受働債権の弁済期が各到来し相殺適状が生じている必要があるのは当然である．それもあって，銀行取引約定書において，差押えや仮差押えが期限の利益の当然喪失事由とされているのである．なお，この当然喪失事由の条項において「仮差押，保全差押または差押の命令，通知が発送されたとき」〔傍点筆者〕とされているのは，以上の判例法理の変遷の名残である．すなわち，前掲最判昭和32年7月19日により，第三

者の登場時に既に自働債権の弁済期が到来していれば相殺の効力が広く認められるとの理解が広まったことを受け，全国銀行協会が昭和37年に制定した銀行取引約定書のひな型(旧ひな型)では，差押の効力発生時より前に自働債権の弁済期が到来するよう，「仮差押，差押もしくは競売の申請……があったとき……」〔傍点筆者〕が当然喪失事由として定められた(旧ひな型5条1項1号)．昭和52年に制定された新ひな型でも，その名残が引き継がれ，「私または保証人の預金その他の貴行に対する債権について仮差押，保全差押または差押の命令，通知が発送されたとき」〔傍点筆者〕に期限の利益を当然に喪失するとされたのである(新ひな型5条1項3号)．昭和45年判決が採用した無制限説を前提とすれば，「発送されたとき」ではなく「送達されたとき」を当然喪失事由としても相殺は可能である．

55) 最一小判昭和50年12月8日民集29巻11号1864頁．
56) 銀行預金の場合には，譲渡禁止特約が付されているはずであり(第2章2(3)(イ)参照)，債権譲渡と相殺の優劣が問題となること自体が想定し難い．ただし，後述する転付命令の場合には，譲渡禁止特約があっても債権移転の効力を生じるため，相殺との優劣が問題となり得る．
57) 藤林裁判官が前掲最判昭和50年12月8日に関して後に明かしたところによれば，団藤裁判官は「この事案は債権の譲渡を受けたのが取締役兼従業員であつた人で，その間の事情を全部知っているのだから，こういう特別の事情の場合には，債権譲渡を受けた人は相殺されてもしかたがないのではないか」との意見であったとのことである．その上で，藤林裁判官は，債権譲渡の場合にも昭和45年判決が当然適用になるのだといった判例の見方をしてはいけないと説いておられる(藤林益三「金融法務と判例」金融法務事情942号(1980)4頁．最高裁判所調査官の解説である柴田保幸・最高裁判所判例解説民事篇(昭和50年度)658頁も，本件は特異な事実関係の下で多数意見が形成されるに至ったものであり，「債権譲渡と相殺に関する事案であっても，本件と別異の事実関係の事件については，本判決は先例としての意義を有するものではない」と述べている．
58) 民法(債権改正)部会の公開資料を読む限り，無制限説か制限説かの議論よりも，無制限説を明文化するか明文化せずに解釈に委ねるかの議論が中心だったようである．なお，制限説が採用されなかったことに関し，中田裕康教授は，「これまでの判例及び実務の定着ということを考えると，立法論としては無制限説のようなことになってもやむを得ないのではないかというのが，私だけではなくて，従来，制限説を唱えてこられた方も同じような理解ではないか」との発言をされている(「民法(債権改正)部会第61回会議 議事録」60頁)．
59) 最三小判昭和54年7月10日民集33巻5号533頁．
60) 内田貴・民法III 債権総論・担保物権(東京大学出版会，第3版，2005)265頁，奈良次郎「判批」金融法務事情928号(1980)13頁，石井眞司「民事執行法と相殺実務」判例タイムズ426号(1981)37頁．
61) 最一小判昭和51年11月25日民集30巻10号939頁．
62) 前掲最大判昭和45年6月24日．
63) 住田昌弘「債権回収妨害に対する管理機構の対応——隠匿財産追求と執行妨害排除事案の概要報告を中心に」金融法務事情1495号(1997)50頁，古島正彦「執行官の執行現場等における問題点」判例タイムズ1069号(2001)67頁など．
64) 道垣内弘人「抵当権実行に対する妨害」法学教室304号(2006)119頁．
65) 最大判平成11年11月24日民集53巻8号1899頁，最一小判平成17年3月10日民集59巻2号356頁参照．
66) 同改正の詳細については，道垣内弘人ほか編・新しい担保・執行制度(有斐閣，補訂版，2004)など参照．なお，本文記載の諸改正のほか，担保不動産収益執行制度の導入(民事執行法180条2号)なども行われている．
67) 道垣内弘人・担保物権法(有斐閣，第4版，2017)64頁．
68) 商事留置権の成立を認める例として，東京高決平成6年2月7日判例タイムズ875号281頁．商事留置権の成立自体は認めるが，商事留置権はその成立前に登記された抵当権に劣後するとした例として，東京高決平成10年11月27日判例タイムズ1004号265頁，大阪高決平成23年6月7日金融法務事情1931号93頁など．商事留置権の成立の否定例として，東京高決平成8年5月28日高民集49巻2号17頁，東京高決平成10年6月12日金融法務事情1540号61頁，東京高決平

成10年12月11日判例タイムズ1004号265頁,東京高決平成11年7月23日判例タイムズ1006号117頁,東京高決平成22年7月26日金融法務事情1906号75頁,東京高決平成22年9月9日金融法務事情1912号95頁,東京地判平成23年5月24日判例時報2151号116頁など.裁判例および学説の詳細な分析については,畠山新「抵当権と不動産の商事留置権」金融法務事情1945号(2012)44頁,日向輝彦「不動産競売手続における商事留置権の成否」竹田光弘編著・民事執行実務の論点(商事法務,2017)249頁などを参照.
69) 道垣内弘人・前掲注67)21頁.
70) 淺生重機「判批」金融法務事情1452号(1996)16頁.
71) 東京地方裁判所民事執行センターでは,従来,原則として商事留置権が成立するとの立場に立って,被担保債権(請負代金)を控除して土地を評価し事件を処理してきた.しかし,前掲東京高決平成22年7月26日および前掲東京高決平成22年9月9日において,建物未完成の事案で商事留置権の成立を否定する判決が相次いだことから,少なくとも建物が完成していない事案については土地に対する商事留置権は成立しないものとして土地を評価し,当該評価に基づき売却基準価額および買受可能価額を定めるとの取扱いに変更したとのことである(村上泰彦「建物建築工事請負人の建物の敷地に対する商事留置権の成否」金融法務事情1912号(2010)81頁).
72) 松尾直彦・金融商品取引法(商事法務,第4版,2016)604頁.
73) 未公開の重要事実は,融資部門等が入手することが多い.そこで,融資部門等と回収部門等との間に情報遮断措置(チャイニーズウォール)を設けた上で,債権回収に携わる営業店の起案関与者(支店長・副支店長・課長・担当者等),決裁権限部の決裁権限者・担当者および実際に処分行為を行う者について,インサイダー情報を保有していないことのチェックができれば,理屈上は,担保処分を行ってもインサイダー取引規制に反しないと解される.もっとも,情報伝達が全く行われなかったことの立証には困難も付きまとうため,実務上は,インサイダー取引規制違反の疑い自体を生ぜしめないよう,一部店でも未公開の重要事実を取得した場合には,原則として当該上場会社等の株式の売買等を控えるといった,より保守的な取扱いも検討せざるを得ないところである.
74) 近年,添え担保としての在庫担保・債権担保という発想を脱却し,企業の生む収益資産(在庫,売掛債権,預金)の総体を積極的に担保に活用しようという動きが活発になっている(内田貴「担保法のパラダイム」法学教室266号(2002)7頁,企業法制研究会報告書「「不動産担保」から「事業の収益性に着目した資金調達へ」別冊NBL86号(2004).なお,第3章9(5)(ア)で言及したABLも,この流れの一環といえる).
75) 最二小判平成16年7月16日民集58巻5号1744頁.
76) 東京地判平成22年11月12日金融・商事判例1365号56頁.
77) 予約型に関しては,最三小判平成13年11月27日民集55巻6号1090頁により,「指名債権譲渡の予約につき確定日付のある証書により債務者に対する通知又はその承諾がされても……予約の完結による債権譲渡の効力は,当該予約についてされた上記の通知又は承諾をもって,第三者に対抗することはできない」との判断が下されている.したがって,サイレントの必要がない場合であっても,予約契約締結の時点では予約完結による債権譲渡の対抗要件を具備できないということになり,いざ予約完結権を行使して対抗要件を具備しようとした場合にタイミング次第では第三者に遅れるリスクがあるということになる.
78) 前掲最判平成16年7月16日.
79) 宮坂昌利・最高裁判所判例解説民事篇(平成16年度)523頁.
80) 中田裕康・前掲注19)562頁.
81) 判例批評として,「〈特集〉決着!将来債権譲渡担保と国税債権の優劣」NBL854号(2007)10頁以下などを参照.道垣内教授は,譲渡時期の議論を真正面から行うことは避けていること,移転時期がいつかではなく債権発生時以前の譲渡担保権者の法的地位を検討することにより結論を導いていることを挙げ,「単純な判決ではない」とされているが(道垣内弘人「単純な判決ではない」NBL854号(2007)46頁),同感である.
82) 将来債権譲渡の目的債権が発生したときには,譲受人は譲渡人の特段の行為を要することなく当然に当該債権を取得するとの判例法理は,平成29年改正後の民法466条の6第2項で明文化された.もっとも,債権の移転時期については引き続き解釈に委ねられている.

83) 森田宏樹「事業の収益性に着目した資金調達モデルと動産・債権譲渡公示制度」金融法研究21号(2005)81頁.
84) 前掲最判平成19年2月15日.
85) 最一小判平成13年11月22日民集55巻6号1056頁.
86) 森田宏樹「譲渡の客体としての将来債権とは何か」金融・商事判例1269号(2007)1頁.
87) 倒産手続との関係についても,さまざまな見解が唱えられている.担保としての効力を広範に認めることで債務者のファイナンスに資する面がある一方,倒産後もその効力が強力に認められると,債務者の事業再建が困難となるのではないかというのがここでの問題である.山本和彦「判批」NBL 854号(2007)64頁は,手続開始後の債権にも譲渡担保の効力が及ぶこととなろうとしつつ,担保権消滅請求の類推適用が必要であるなどとする.伊藤眞・破産法・民事再生法(有斐閣,第3版,2014)904頁は,再生手続が開始されたという事実をもって譲渡担保の効力がその後に発生する債権に及ばないと解すべき理由は見出し難いが,譲渡担保の実行に着手すれば,その時点で目的物の範囲が固定するため,それ以後に発生した債権については譲渡担保の効力は及ばないなどとする.
88) 最三小判昭和62年11月10日民集41巻8号1559頁.
89) 最一小判平成18年7月20日民集60巻6号2499頁.
90) 道垣内教授は,当該判例を評して,集合動産譲渡担保論をめぐる議論は「新たな段階」に入ったと述べられている(道垣内弘人「集合動産譲渡担保論の新段階」金融・商事判例1248号(2006)1頁).
91) 最一小決平成22年12月2日民集64巻8号1990頁.
92) 道垣内弘人・前掲注67)334頁,347頁.
93) 前掲最判昭和62年11月10日.
94) 森田宏樹「事業の収益性に着目した資金調達モデルと動産・債権譲渡公示制度」金融法研究21号(2005)81頁.
95) 森田宏樹「集合物の「固定化」概念は必要か」金融・商事判例1283号(2008)1頁.
96) 大判昭和10年3月12日民集14巻482頁,大判大正10年6月18日民録27輯1168頁.
97) 内田貴・前掲注60)289頁,297頁.内田教授は,詐害行為取消には「早いものまけ」の問題もあると説かれている.すなわち,いち早く弁済を受けた債権者(受益者)は,当該弁済が取り消されると結局は回収できなくなってしまい,一歩出遅れた債権者(取消債権者)が回収できる結果となるというのである.
98) 道垣内弘人・リーガルベイシス民法入門(日本経済新聞出版社,第2版,2017)348頁以下.
99) 実務上,詐害行為取消請求訴訟を提起する場合の大部分は,回収資産として見込んでいた不動産が同居の配偶者などに無償で移転されたといった財産隠しのケースである.
100) 関心がある方は,詐害行為取消権をめぐる問題について同様の検討をしている文献として,森田修・債権回収法講義(有斐閣,第2版,2011)51頁以下も参照.
101) なお,平成29年改正後の民法423条の3および424条の9は,債権者代位権や詐害行為取消権を行使する債権者に対し,その目的である金銭の支払や動産の引渡しを求め得る地位を明文で認めるに至り,本文で述べたような抜け駆け的な回収を可能とする規律を維持している.もっとも,債権者代位権に関しては,平成29年改正後の民法423条の5が,債権者が被代位権利を行使した場合であっても,債務者が被代位権利について自ら取立てその他の処分をすることや,相手方が債務者に対して履行をすることを認めており,債務者が相手方からの履行を受領した場合には被代位権利は消滅することになる.その場合には,代位債権者は抜け駆け的な回収を行うことができないから,改正前と比べて,事実上の優先弁済が認められる範囲は縮小しているといえよう.
102) 銀行が債務者から受けた融資金の弁済について否認権行使が認められた事案として,高松高判平成26年5月23日金融法務事情2027号69頁がある.造船事業者であるA社は,大幅な赤字を抱えていたが,これを粉飾した収支実績予想表を提出し,メインバンクであるY銀行から継続的に融資を受けていた.その後,Y銀行がプロジェクトチームをA社に派遣し,経営改善状況のチェックを開始したことにより,大幅な赤字の存在と粉飾の事実が発覚した.このような状況で,Y銀行が平成21年6月30日に3億7,000万円の手形貸付を実行し,A社はこれを手形債務,買掛

金その他の経費の弁済に充てた．また，Y銀行は同年7月15日にも2億円の手形貸付を実行し，A社はこれを外注工賃や従業員の給与等の支払いに充てた．その後，A社は，同月23日にY銀行に対し借入金の弁済を行ったが，同月末には破産手続開始の申立てを行うに至り，破産管財人XからY銀行に対し，当該弁済を否認するとして弁済金の返還請求訴訟が提起された．裁判所は，当該弁済時にA社は客観的に支払不能であったと認定した上で，Y銀行は平成21年7月15日までにA社が大幅な赤字であることを認識し，同月31日の追加融資の打切りの方針を内部的に固めていた等の事実をもって，Y銀行は当該弁済を受けた時点でA社の支払不能を知っていたと認定し，否認を認めた（なお，Y銀行から上告および上告受理申立てが行われたが，最高裁は，実質的な判断を下すことなく上告棄却および上告受理申立不受理としたようである）．しかし，銀行は，実行時点での取引先の財務状況のみならず，事業の見通しや取引先の属する業界の状況，取引先との長期的な関係などの種々の要素を考慮して融資の実行の可否を判断しているところ，その結果として現時点では更なる与信拡大・維持は適切ではないと判断して追加融資の打切りの方針を固めたとしても，そのことをもって銀行は債務者が支払不能である（換言すれば，直ちに債権全額の保全・回収措置を図る必要があるような顕著な信用悪化状況にある）と判断していたとは直ちにはいえないはずである．したがって，単に追加融資の打切りの方針を内部的に固めていたというだけで，銀行の支払不能の認識が安易に認められるべきものではない．
103) 民事再生手続と相殺に関し，近時の2件の最高裁判決を紹介する．最一小判平成26年6月5日民集68巻5号462頁は，みずほ銀行の事案であるが，再生債務者が，支払の停止の前に銀行から投資信託受益権を購入し，その管理を銀行に委託していたところ，銀行が，再生債務者の支払の停止後に，再生債務者に対して有する保証債務履行請求権を保全するため，債権者代位権に基づいて当該投資信託受益権に係る信託契約の解約実行請求を行い，これにより再生債務者に対する解約金の支払債務を負担した上で，保証債務履行請求権を自働債権とし，上記解約金の支払債務に係る債権を受働債権とする相殺を行った，という事案である．最高裁は，解約実行請求は銀行が再生債務者の支払の停止を知った後にされたものであることなどの事情から，銀行が本件相殺の担保的機能に対して合理的な期待を有していたとはいえず，上記解約金の支払債務の負担が民事再生法93条2項2号にいう「支払の停止があったことを再生債権者が知った時より前に生じた原因」に基づく債務負担には当たらず，本件相殺は許されないとした．また，最二小判平成28年7月8日民集70巻6号1611頁は，再生債務者に対して債務を負担する者が，当該債務を同じくする労働債権に，自己と完全親会社を同じくする他の会社が再生債務者に対して有する債権を自働債権とする相殺（3者間相殺）について，これをすることができる旨の合意があらかじめされていた場合であっても，民事再生法92条1項によりすることができる相殺に該当しないとして，上記相殺を無効とした．2当事者が互いに債権を有する関係ではないとはいえ，同一企業グループ内の2会社が同一の相手方に対し債権を有し債務を負担するという関係に鑑みれば，相殺の担保的機能への期待を抱くことにも合理性があるようにも思われるが，裁判所は，そのような場合であっても他人の有する債権をもって相殺することと異ならず，再生債権者間の公平や平等という民事再生手続の基本原則を没却するものと判示した．
104) 最三小判昭和63年10月18日民集42巻8号575頁．
105) 破産法71条2項の柱書を見れば分かるように，「前に生じた原因」により相殺禁止が解除されるのは，「前項第2号から第4号まで」（すなわち倒産危機時期後の債務負担）の場合であり，1号（すなわち破産手続開始決定後の債務負担）については相殺禁止は解除されない（民事再生法93条，会社更生法49条についても同様）．
106) 最三小判平成10年7月14日金融法務事情1527号6頁．
107) 後述する最判平成23年12月15日の原審である東京高判平成21年9月9日金融法務事情1879号28頁は，再生手続において商事留置権に優先弁済権が付与されていると解することはできず，取立委任手形が金融取引において担保的な機能をしている実体が公知かつ周知されているとしても，優先弁済権を含む担保権であるとはいえないなどとして，再生債務者から銀行に対する不当利得返還請求を認容した．また，東京地判平成23年8月8日金融法務事情1930号117頁は，再生手続開始決定後に手形を取り立てて回収に充てていたところ，再生手続が破産手続へ移行したという事案においても，銀行による弁済充当または相殺の有効性を否定した．他方，名古屋高金沢支

判平成 22 年 12 月 15 日金融法務事情 1914 号 34 頁は,商事留置権者である銀行が手形交換に回し,取立金を被担保債権に充当することは,別除権の行使として許されるとしていた.
108) 最一小判平成 23 年 12 月 15 日金融・商事判例 1397 号 4 頁.これを踏まえ,前掲東京地判平成 23 年 8 月 8 日の控訴審判決である東京高判平成 24 年 3 月 14 日金融法務事情 1943 号 119 頁は,破産手続移行前に再生手続中で行った銀行による弁済充当は有効であると認めた.
109) 前掲最判平成 23 年 12 月 15 日.

II　銀行監督法

第5章　銀行規制

1　銀行とは何か

　銀行規制を理解するためには，そもそも規制がなぜなされるのかという根拠を理解しておく必要があり，その根拠を理解するためには，「銀行とは何か」ということを理解する必要がある．

（1）　社会的機能からみた銀行

　まず，社会において銀行がどのような機能を果たしているかという観点から見た場合，銀行の機能には大別して，「金融仲介機能」「決済機能」「信用創造機能」の3つがあると言われている．

　第一の金融仲介機能は，資金が余剰している主体から資金を預かり，資金不足主体に対してお金を貸す機能である．図表1で説明すると，家計Aという資金余剰主体から，企業Bという資金不足主体にお金を流す機能ということになる．もちろん，家計が企業に対して直接お金を貸すということも可能ではある．これは直接金融と言われるが，通常，家計，すなわち一般個人には，どんな企業がお金を必要としているか，その企業にお金を貸してお金が返ってくるかどうかについての情報を持ちあわせていない．したがって，銀行が家計に代わって，家計からお金を預金という形で預かり，お金を必要としている企業（図表1の企業B）を審査して，お金を貸すに足る企業と判断した場合には，預かったお金をそこに貸し付けることになる．これを間接金融と言う．銀行はこの間接金融を担っており，この機能のことを金融仲介機能と呼ぶ．金融仲介機能を果たすために，一般個人から大切な財産，お金を預かるわけであるから，銀行自身の財務内容や経営状態も健全でなければならず，そのための規制を受けることになる．

　第二の決済機能の「決済」とは，簡単に言えば債務の弁済をすることである．企業Aが企業Bから代金100万円で商品を買うとした場合，現実の経済取引に

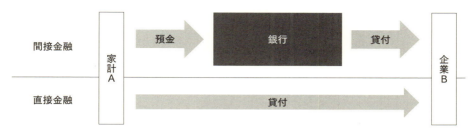

図表 1 　銀行の金融仲介機能

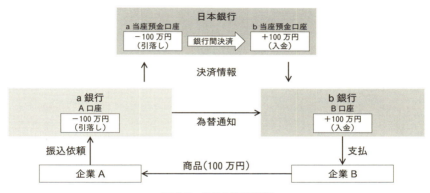

図表 2 　銀行の決済機能

おいて，企業 A が企業 B に対して 100 万円を現金の形で直接渡すことは一般的ではなく，その代わりに企業 A は銀行の決済機能を利用して企業 B に支払いを行うということになる．その流れは，図表 2 にあるように，まず，a 銀行にある企業 A の口座から 100 万円の引落記帳がなされ，次に，為替通知が a 銀行から b 銀行に送られて，送金の内容，情報が伝えられ，それを受けた b 銀行が企業 B の口座に 100 万円を入金することになる．もちろんこれだけでは両銀行の間でお金が動かないため，a 銀行と b 銀行がそれぞれ日本銀行に保有する当座預金口座において，すなわち a 銀行の当座預金口座から 100 万円が引き落とされて，b 銀行の当座預金口座に入金されるというかたちで最終的な決済が行われるという構造になっている．

　大切なのは，こういった決済のネットワークが，銀行間，あるいは銀行と顧客との間で日本中，あるいは世界中，網の目のように張り巡らされていることであり，それによって十分な決済機能が維持・発揮され，日本ないし世界の経済にと

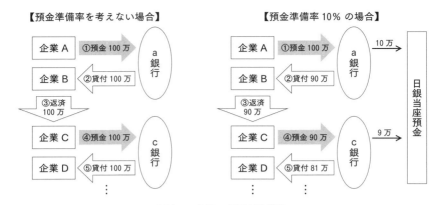

図表3　銀行の信用創造機能

って極めて重要なインフラを形成していることである．このシステムを決済システムとか，金融システムと称しており，この金融システムの安定性を維持するために銀行はさまざまな規制を受けている．なお，「金融システム」という言葉は，銀行に対する金融規制を語る上では極めて重要な概念であることを記憶しておいてほしい．

　第三の機能は，信用創造機能である．信用創造機能は，銀行が金融仲介機能，決済機能の2つの機能を果たすことで，通貨の供給量，すなわち，社会に出回っているお金を増減させる機能である．

　現在，マイナス金利といわれるように，日本銀行によって低金利の金融政策が採られている．中央銀行がなぜ金利を下げるかというと，それによってマネーサプライを増やすためである．マネーサプライが増えるということは，市中に出回っているお金が増えるということであり，これにより，企業が低利のお金を利用して，さまざまな投資を行ったり，あるいは自ら事業を行う．経済を活性化させるということが，この政策の目的であることから，マネーサプライが増えるか減るかということは景気の動向に非常に大きな意味を持つ．ちなみに，マネーサプライが増える仕組みは，図表3をご覧いただきたい．

　まず，企業Aが銀行に100万円預けているとする．このa銀行が，資金不足主体である企業Bにお金を貸し，企業Bが企業Cとの取引において，借り入れた100万円を決済に使う．さらにこの企業Cが，受け取った100万円を銀行に預け，今度はc銀行がまた企業Dにお金を貸す，という形で，もとは企業Aの

100万円の預金が，銀行の金融仲介機能を通じて，言ってみれば理論的には無限大に市中に流通する，すなわちマネーサプライが増えることになる．

現実には，市中銀行は日本銀行に対して準備預金を預けることが求められている．たとえば預金準備率10％（預金額の10％を準備預金として日本銀行に預ける）の場合，最終的には最大でマネーサプライは1,000万円まで増える．預金準備率がもっと上がればマネーサプライは減るという形で，中央銀行がマネーサプライをコントロールする仕組みになっているが，いずれにせよこのようにして市中に出回ったお金を利用して企業が物をつくり，我々の生活が豊かになり，経済は成長していくという仕組みになっている．経済成長に必要な信用創造機能を銀行が健全に発揮できるためにも，銀行は規制を受けていることになる．

（2） 銀行法上の銀行

次に，銀行は日本の法律上どのように位置づけられているかを見ていく．

まず，第1章にも触れられているように，銀行法2条1項において銀行の定義がなされている．すなわち銀行とは，「内閣総理大臣の免許を受けて銀行業を営む者をいう」とされている．次に，「銀行業」とは何かという点については，銀行法2条2項において，「次に掲げる行為のいずれかを行う営業をいう」とされ，①「預金又は定期積金の受入れと資金の貸付け又は手形の割引とを併せ行うこと」，平たく言うと，預金と貸し出しを併せ行うということと，②「為替取引を行うこと」，これらのいずれかを行う③「営業」が銀行業とされている．そしてこの「銀行業」を，免許を受けて営む者が銀行であるということになる．

では，「預金」とは何か．簡単に言えば，預金とは他人からお金を預かる仕事である．ただ，我が国の場合，他人から金銭を預かる業は，出資法（出資の受入れ，預り金及び金利等の取締りに関する法律）という法律によって一般的に禁止されており，特別な法律によって認められている場合に限り，これが許されることになっている．もちろん，銀行以外にも，信用金庫，信用組合など，銀行以外の業態でも，銀行とは別の法律に基づいて，銀行業と同じ業務を行うことができる．それらもみな「預金」と「資金の貸付け」を行っている．その中でもっとも代表的な業態が，銀行法上の銀行ということになる．

お金を預かってお金を貸し出すということは，預かったお金を大切に運用するということにほかならない．預金の属性の1つである「元本保証」，すなわち元本を保証した上で，確実にこれを預金者に返さなければならないという，いわば

「預金者保護」が，銀行が規制を受ける理由の1つになる．加えて，銀行が預金を受け入れているということは，預金者からお金を借りている（受信）ことになるわけであるが，一方で銀行は企業等に対してお金を貸して（与信）もいる．銀行は，この双方を行うことで信用を仲介しており，この点において，銀行は，経済的に重要な存在であり，公共的な性格を負っているがゆえに，免許を受けて銀行法の規制を受けるという構図になっている．なお，預金の法的性格については第2章に記載されているので参照していただきたい．

次に，「資金の貸付け」とは何か．貸付けについては，預金と異なり，これを業とすることを一般的に禁止している法律はない．ただし，業として営む場合は，貸金業法などの規制を受ける．ノンバンク，消費者金融と言われる業態が貸金業者の代表例であり，これらの会社は，預金業務は行わず，貸付けのみを行っているのが通常である．こうして見ると，銀行は「預金」と「資金の貸付け」の両方を行っているなかで，個別に見れば預金を受け入れること自体に特別な意味がある．なお，「資金の貸付け」についての説明は第3章に譲りたい．

次に，②「為替取引」についてであるが，すでに説明したとおり為替取引，具体的には送金や振込みなどによって銀行は決済機能を果たしている．

最後に，上記①，②のいずれかを③「営業」として行っているということが要件とされているが，ここでいう「営業」とは，営利の目的をもって同種の行為を組織的・集団的に反復継続して行うことをいう．行為の相手方は具体的に特定の者ではなく不特定多数でなければならず，内輪で特定少数の者のみを対象にしてお金を預かることは営業には当たらない．

なお，銀行法3条においては，「みなし銀行業」として，「預金又は定期積金等の受入れ……を行う営業は，銀行業とみなして，この法律〔銀行法〕を適用する」と規定されている．預金は受け入れているけれども，それを貸付けに回さずに，たとえば有価証券の運用で回すビジネスは当然考えられる．その場合でも，その預かっているお金が預金という形態で，元本保証がある場合は，それを業として営む以上は銀行と同じ規制を受けなければいけないということになる．ここからも預金という業務が特別な業務であることがうかがい知れると思う．

最後に内閣総理大臣の免許についてであるが，銀行免許がなければ銀行業は営めない．銀行免許を得るためには厳格な審査を受ける必要があり，健全な経営を維持していくうえで十分な財産的な基礎や人的な構成等が求められることになる

ほか，一旦免許を受けると，当然のことながらその基準を継続して満たしていなければならず，免許を維持するために不断の努力が求められることになる．

なお，為替を業として行うだけの場合は，2010年に施行された資金決済法（資金決済に関する法律）という法律により，「資金移動業」として登録を受ければ，小規模な為替取引を銀行免許がなくても行うことができるという例外が，規制緩和の中で設けられている．

2 銀行に対する規制が必要となるのはなぜか

これから金融規制，銀行規制について見ていく．

銀行に対する規制の目的は，まさしく銀行法1条に記されているように，「銀行の業務の公共性にかんがみ，信用を維持し，預金者等の保護を確保するとともに金融の円滑を図るため，銀行の業務の健全かつ適切な運営を期し，もって国民経済の健全な発展に資すること」である．冒頭に述べたように，「銀行とは何か」についてのこれまでの説明を前提に，銀行に対してなぜ規制が必要となるのかについて，銀行の機能別に，もう少し詳しく見ていきたい．

まず，金融仲介機能との関係である．預金者は銀行に対してお金を預けている．その預金は，銀行が破綻すると返ってこなくなる．それが大切な生活資金だと預金者にとっては死活問題である．預金者に預金が返せなくなるという事態を防止すること，すなわち「預金者の保護の確保」が銀行に対する規制が必要となる理由の1つである．また，銀行からお金を借りている企業にとっても，取引金融機関が破綻すると，別の新しい金融機関を探してお金を借りなければならなくなる．しかしながら，銀行が破綻するような経済状況のなかで，新しい銀行を見つけて，お金を貸してくださいと言っても，簡単に貸してくれるとは限らない．そもそも相手は自社のことを全く知らないわけであるから，一から審査を行わなければならず，その結果，融資を断られる可能性も十分にある．そうすると，企業は資金繰りに行き詰まり，最終的には金繰り倒産につながりかねない．すなわち「信用の維持」ということも規制の理由となる．もちろん，銀行の破綻は波及するおそれがあることにも留意が必要である．1つの銀行が破綻すると，健全に営業中の銀行の預金者も，自分の取引銀行も危ないのではないかということで預金を引き出しに走る．取り付け騒ぎのことを文字どおり「バンクラン」というが，

やがてそういう銀行がたくさん出てくる．銀行は，預金の引出しに対応するために，巨額の現金を急遽調達しなければならなくなる．預金は，基本的にはほとんどが貸出しに回っているはずであるから，万一，当座の現金が用意できない銀行が出てくると，その銀行は破綻する．その破綻が取り付けを通じてさらに別の破綻を呼ぶという形で，他の銀行の破綻に波及することがある．こういう問題を避けるためにも，銀行に対する規制が必要である．

次に，決済機能との関係であるが，たとえばある企業が，取引の資金を決済するために銀行を通じて振込をしたとする．この振込の最中に銀行が破綻すると，振込を依頼した企業はもちろんだが，振込のお金を受け取る予定だった企業も，そのお金を受け取ることができなくなる．そして，そのお金をあてにして，次の取引の決済に使おうとしていた企業は，その決済ができなくなり，最悪の場合，破綻することになる．

同様に，銀行同士も決済機能でつながっており，銀行間でもお金の貸し借りをしていることから，1つの銀行が破綻すると他の銀行に波及するということで，連鎖的な破綻も当然起こりうる．

このようにして，ある銀行の破綻が，その預金者，借り手である企業やその取引先，更には他の銀行の破綻を引き起こし，結果として金融システム全体の機能不全，下手をすれば金融恐慌の引き金になりかねない．これが，決済機能という観点から銀行に対する規制を行う根拠である．

コラム5-1：預金保険制度

預金保険制度は，銀行等の金融機関が破綻した場合でも，預金者の保護と資金決済の確保を通じて，信用秩序の維持を図ることを目的とするものであり，金融機関が預金保険料を預金保険機構に支払い，万が一，金融機関が破綻した場合には，預金保険機構が一定額の保険金を支払うことにより預金者を保護する制度である．預金者が預金保険の対象金融機関に預金をすると，預金者・金融機関・預金保険機構の間で，預金保険法に基づいて自動的に保険関係が成立することとされている（預金者自身が預金保険加入の手続を行う必要はない）．

日本では，臨時の措置として平成8年から預金等全額保護という特例措置が採られてきたが，それは金融システムの安定化等に伴って平成13年度で終了し，平成14年4月から，当座・普通・別段預金を除く定期預金等について

は一定の範囲で預金等を保護する定額保護に移行した．そして，平成 17 年 4 月からは，金融危機対応として例外的な措置が発動されない限り，「決済用預金」に該当する預金以外は，全て定額保護となった(預金を定額のみ保護して金融機関の破綻処理を行うことをペイオフといい，平成 17 年 4 月から「ペイオフ解禁」となったと言われている)．現在の制度のもとでは，一金融機関ごとに合算して，預金者一人当たり元本 1,000 万円までと破綻日までの利息等が保護される．

(神田秀樹)

3　銀行の破綻の原因となる各種リスクと銀行規制の手法

　以上を要約すれば，銀行の 3 つの重要な，公共的な性格を帯びた機能が，安定的・継続的に社会に対して提供されるように，言い換えれば銀行の経営が不健全な状態に陥り，あるいは破綻することがないようにすることが銀行向けの規制の根拠となる．そして銀行の破綻の原因は何かと問われれば，銀行の経営に及ぼしている各種のリスクが制御不能に陥って顕在化するからであり，規制の設計上のポイントは，これらのリスクをどのようにすれば適切に管理することができるか，ということになる．

(1)　信用リスク

　銀行経営に及ぼすリスクのもっとも典型的なものは信用リスクである．信用リスクとは，信用供与先の財務状況の悪化等により，資産の価値――一般的に銀行の資産のうち，もっとも重要なものは貸出資産である――が減少ないし消失し，金融機関が損失を被るリスクである．

　信用リスクが顕在化した代表的な事例としては，日本国内においては 1990 年代のバブル崩壊がある．1980 年代からのいわゆる土地神話といわれる資産価格の上昇を背景にした経済の過熱と銀行の貸出競争，それに続く金融政策の引き締め，金融当局による融資規制の導入等がきっかけとなって景気が一気にピークアウトしバブルの崩壊に向かっていく一連のプロセスがバブル経済である．一行たりとも銀行は潰さないというそれまでのいわゆる護送船団行政はやがて維持できなくなり，バブル処理の過程で金融機関の破綻が相次ぐこととなった．貸出先企業の破綻や中小金融機関の破綻を経て，やがて最終過程においては，巨額の不良債権が大手銀行に集約されてゆき，そこに公的資金が投入されるという形でよう

やく処理のヤマを越えることとなった.

バブルの処理を終えた後には，金融機関経営のあり方をはじめとしてさまざまな教訓が残されたが，規制の観点から見ると，たとえば，規制というものが，金融政策と同様にバブル崩壊の引き金やきっかけになりやすい，したがって，景気過熱時の規制の導入や運用は慎重に行わなければならないこと，一旦景気が過熱するとそれをコントロールするのは非常に難しく，ゆえに景気過熱を避けるような予防的な仕組みや規制があらかじめ導入されていることが望ましいこと，バブル崩壊時には経済恐慌に至る更なる負のスパイラルを避けるためにも金融機能の維持が特に至上命題となるものの，市場原理に任せていたのではこれが困難であることから公的介入による金融機関の救済を行わざるを得なくなったこと，不良債権の処理を経済への影響を極小化する形で進めていくには不良債権の適切な開示が必要であること，等であった．そして，これらの反省が，その後の金融規制に活かされていくことになる．

また，信用リスクが顕現化した別の事例としては，アメリカのサブプライムローン問題が挙げられるが，同問題の詳細については，第13章(証券化)を参照されたい．

さて，こうした信用リスクの危機を経て，銀行の信用リスク管理に関する規制の現在はどうなっているか．

金融庁は，銀行向けの検査を担当する職員が検査を行う際のマニュアル(「金融検査マニュアル」)を公表しており，金融機関自身もそのマニュアル中の「リスク管理態勢の確認検査用チェックリスト」等を目安としてリスク管理を行っている．そして，過去の与信リスク管理に係る苦い反省の知恵がこうしたマニュアルに反映されているといえる．

さて，信用リスク管理についてこのチェックリストを見てみると，信用リスク管理には大きく2つの内容がある．1つは自己査定，2つ目は自己査定に基づいて償却・引当を行うということである．

自己査定とは，金融機関自らが資産の査定を行うということである．資産の査定というのは，金融機関が持っている貸出などの資産を，回収の危険性，あるいは価値の毀損の危険性の度合いに従って区分することである．銀行は預金者から預かったお金を貸出に回すなどして資産化しているわけであるから，自己査定とはとりもなおさず預金者から預かっている預金がどの程度の危険にさらされてい

るのかを推し量ることにほかならない．次に，償却・引当とは，自己査定の結果に基づき，貸倒れ等の実態を踏まえて債権等の将来の予想損失額等を適時かつ適正に見積もって，これを銀行の貸借対照表から切り離してオフバランス化し，あるいは貸倒引当金を積むということである．こういうルールに基づいて銀行は信用リスク管理を行っている．

最後に，銀行の貸出が特定の1つの企業に集中しすぎないようにリスク分散を行うという観点から，大口信用供与に対する規制が行われている．銀行の同一人に対する信用の供与等の額は，銀行の自己資本の一定割合を超えないようにするという内容の規定が銀行法13条におかれている．

(2) 市場リスク

2つ目は市場リスクである．市場リスクとは主として，市場性の価値変動を伴うファクター，たとえば金利，為替，保有有価証券の価格等の，予期しない変動によって資産，負債の価値自体が変動して損失を生じるリスク，あるいは資産・負債から生み出される収益が想定よりも悪くなるというような形で損失を被るリスクを指す．主な市場リスクとしては，金利リスク，為替リスク，価格変動リスクが挙げられる．金利リスクとは，金利変動に伴って損失を生じるリスクのことであり，資産・負債の金利，あるいは期間のミスマッチが存在する中で，それらが変動することによって損が生じることである．為替リスクとは，外貨建ての資産・負債について，たとえば銀行の場合，ドル建ての資金調達（負債）と貸出を行っているが，これをネットアウトした価値に対して想定以上の為替変動が生ずることによって発生する損失を言う．また，価格変動リスクの代表的なものは，銀行が保有する国債をはじめとする有価証券について，想定以上の価格変動がもたらす損失のことを指す．

市場リスクが顕在化した事例として，アメリカのS&L危機について紹介しておきたい．

S&LとはSavings and Loan Association（貯蓄貸付組合）の略であり，顧客から小口の貯蓄を預かり，それを主として長期固定金利の住宅ローンで運用するという，比較的規模の小さい金融機関であったが，これが1980年代末に相次いで破綻した．1973年の変動為替相場制度移行や二度の石油ショック等によりインフレが進行し，金利の変動性が非常に高まったことが1つの背景として指摘されているが，S&Lはその構造のとおり，こうした金利変動の影響に対して脆弱であっ

た．すなわち，調達した預金を，それより期間の長い固定金利の住宅ローンで運用するため，市場金利が上がると預金者に支払わなければならない利息が増える一方，貸出サイドの受取利息は増えないという構造から，逆ザヤが生じてしまう．この経営難に対応するために運用規制の緩和が行われ，商工企業向けの貸付が解禁されたものの不慣れな業務でもあり審査のノウハウもなかったため，巨額の焦げ付きをつくってしまった．それに加え，監督当局の延命策や監督が不十分であったということもあり，1980年代の後半から1990年代にかけて，3,234あったS&Lがほぼ半分になってしまったのである．市場金利の上昇による逆ザヤ，すなわち損失の発生というこの事例は，市場リスクが金融機関の経営に影響を与えた1つの典型的な例といえる．

　市場リスクの規制手法についても，同様に「金融検査マニュアル」において，ストレス・テストの実施状況を検証するということになっている．ストレス・テストというのは，一定のリスクファクターが変動するというシナリオ，言い換えれば，金利，為替や各種の市場価格が大きく下落するなど，ストレスがかかった状態を想定したうえで生ずる損失をカバーするだけの経営上のバッファーが銀行に備わっているかをテストするということである．よく工夫された十分に悲観的なシナリオを想定することによって，銀行に対していざというときの適切な備えを求め，それにより市場リスクを管理していくというルールになっている．

（3）　流動性リスク

　次に，流動性リスクについてである．流動性リスクとは，資金繰りのリスクのことである．すなわち運用と調達の期間のミスマッチや予期しない資金の流出等によって，必要な資金の確保が困難になる，あるいはその資金を確保するために市場で通常時より著しく高い金利でなければお金を調達できない状況，そしてそれによって損失が生じるリスクのことである．

　流動性リスクには，市場流動性リスクといわれるものがある．これは銀行が，店頭での預金や貸出のような個別相対の取引ではなく，有価証券の売買などを市場を相手に取引をしている場合において，何らかの外的ショックによって市場が混乱し市場参加者がみな一斉にリスクを嫌うという状況が生じ，自分が持っている資産を一斉に投げ売りするような状況においては，そこで自行も同様に資産を売って資金を調達しようとしても，通常に比べて著しく不利な価格での取引，場合によってはほとんどただ同然のような価格で資産を売らないとお金が手に入ら

ないことが生じうる．こういうリスクのことである．

　流動性リスクの顕在化事例としては銀行の「取付け」がある．流動性リスクは非常にデリケートであり，健全な金融機関も流動性リスクが顕在化すると，あっという間に破綻の危機に陥ることになりかねない．我が国にも過去に，女子高生の冗談が発端となって26億円の預貯金の引出しがあったとか，チェーンメールが原因で500億円の預金引出しにつながった等の事例があるなど，リスク管理上は非常に注意を要するリスクである．

　流動性リスクの規制手法についても，市場リスクと同様に，ストレス状況のときに，なおすぐに換金できる良質な流動性資産を銀行が保有しているかということを見ていくことになる．いざ危機に陥ったとき，誰からどういう条件でお金を調達することが可能か，というような危機対応のためのコンティンジェンシー・プランをあらかじめ策定しておき，これを毎年レビューするといった形で検証するのが，流動性リスク管理の基本的なルールとなっている．

（4）　オペレーショナルリスク

　最後にオペレーショナルリスクである．オペレーショナルリスクとは要するに，これまで説明した流動性リスク，市場リスク，信用リスク以外のリスクであって，たとえば銀行が事務ミスを犯したり，システム障害の発生によって損害を生じたり，重大な訴訟に負けて賠償責任を負わされる，あるいはマスコミの報道によりブランドが毀損する，さらには職員の不正などの人的な要因によって損失をこうむる等のリスクのことである．

　オペレーショナルリスクの顕在化は，小さなものまで含めれば銀行においては日常的に生じているといってよい．一方，顕在化した場合の1件当たりの影響が非常に大きい有名な事例としては，トレーダーによる損失の隠蔽が嵩じて一千億円規模の損失につながったという，イギリスのベアリングスという証券会社や日本の大和銀行（現りそな銀行の前身）の事件がある．ベアリングスの場合はこの事件がもとで破綻したほか，大和銀行はニューヨークから撤退を余儀なくされるなど，いずれも重大な結末に至っている．

　オペレーショナルリスクの規制手法としては，リスクを一定のルールに従って計量化し，その水準がしっかり管理されているかということをモニタリングしていくというのが基本的な管理のルールである．

コラム 5-2：銀行のガバナンス

1 一般のコーポレートガバナンスと銀行のガバナンスとの関係

　一般のコーポレートガバナンスの目的は，法令を遵守しつつ企業価値を高めることである．これに対して，銀行ガバナンスの目的は，銀行に対する規制目的をも達成しなければならない．つまり，預金者の保護と金融システムの安定である．そのために，銀行規制では，銀行に対して厳格なリスク管理を求める規制や顧客保護のための利益相反管理を求める規制などが設けられるが，その手法には，一定の行為を制限するなどの直接規制とともに間接規制すなわちガバナンス規制が採用される．銀行についてのもっとも新しいガバナンスのあり方を示した文書は，BCBS（バーゼル銀行監督委員会）が定めた「銀行向けコーポレートガバナンス原則」である．これは，世界金融危機（BCBS によれば 2008 年から 2009 年）を受けて，2010 年に改訂されたものであるが，それを再度改訂する作業がされ，2015 年 7 月に改訂版が公表されている．これは，銀行の適切なリスク管理に重点が置かれている．

　一般のコーポレートガバナンスと銀行ガバナンスとの関係をどのように考えるべきであろうか．一般に，リスク管理や利益相反管理といった銀行に対する規制については，そうした規制を遵守することが一般のコーポレートガバナンスにおける法令遵守に含まれるということができる．そのため，銀行におけるコーポレートガバナンスという場合には，こうした銀行に対する業法（監督法）規制を遵守することもコーポレートガバナンスの重要な役割の 1 つであると説かれることが多い．しかし，そのように問題を整理することは，間違っているわけではないが，コーポレートガバナンスという概念をややあいまいなものにする．むしろ，次のように問題を整理したほうが分かりやすい．すなわち，コーポレートガバナンスの主な目的は企業価値（会社の利益）の最大化（多くの場合は株主の利益の最大化にもなる）をはかることであることが強調されるべきである．このことを強調すると，預金者保護や金融システムの安定を目的とする銀行規制はコーポレートガバナンスに優先するのであって，そうした規制を守ったうえで，企業価値を最大化することが銀行におけるガバナンスの課題であるということになる．そうだとすれば，リスク管理や利益相反管理は，一般的な意味でのコーポレートガバナンスに優先するものとして位置づけられるべきことになる．

2　銀行ガバナンスの課題(その1)──取締役会の機能強化

　ガバナンスは仕組み作りである．そして，重要なことは，仕組み作りはそれ自体が目的なのではないということである．仕組みは目的を達成するための手段である．銀行ガバナンスの場合には，2つの目的を達成するものでなければならない．1つは，リスク管理などの銀行規制の目的(ひとことでいえば健全性の確保)であり，もう1つは，コーポレートガバナンスの目的である企業価値の最大化である．この両方を達成するための仕組みを作って動かしていく必要があり，これが銀行ガバナンスの課題であるということになる．

　こうした銀行ガバナンスという仕組み作りのポイントは何か．この点に関して，一般のコーポレートガバナンスについては，2015年6月のコーポレートガバナンス・コードの施行後は，2015年9月以降，金融庁と東京証券取引所を共同事務局とする「スチュワードシップ・コード及びコーポレートガバナンス・コードのフォローアップ会議」において，「形式から実質へ」を標語として，仕組み作りと運用の具体的なあり方が議論されている．コーポレートガバナンス・コードは，まず形式から入ったけれども，企業価値最大化という目的を達成するためにはいうまでもなく実質が伴わなければならないので，実質を議論して実践しようというわけである．そして，コーポレートガバナンスにおいて重要な役割を果たすのは取締役会であり，独立社外取締役であるという認識のもとで，取締役会や独立社外取締役の果たすべき役割などについて議論がされている．

　銀行ガバナンスにおいても，一般のコーポレートガバナンス改革における検討の成果を取り入れていくことが望ましいが，同時に，前述したように，それ以前の問題として，銀行ガバナンスではリスク管理などの銀行規制の目的を達成するための仕組み作りが求められる．そして，BCBSの銀行向けガバナンス原則を見ると，銀行規制の目的を達成するための仕組み作りにおいても重要なのは取締役会の役割であるとされている．したがって，銀行ガバナンスの改善のポイントは取締役会改革にあるといってよさそうである．

　会社法は，大規模な株式会社について，伝統的な監査役会設置会社という機関設計のほかに，指名委員会等設置会社と監査等委員会設置会社という選択肢を認めている．会社法はこれら3つの選択肢のどれかが他と比べてつねにすぐれていると考えているわけではなく，各企業がその自主的な選択によってその企業にふさわしい機関設計を採用することを期待しているのである．

　この点に関連して，会社法の規定は取締役会に会社の業務執行の決定と会社

経営の監督という2つの機能を求めているが(会社法362条2項)，諸外国における近年の考え方としては，監督と執行を分離し，取締役会の役割は会社の基本的な経営戦略の設定のほかは会社経営の監督とするという考え方(モニタリング・モデル)が主流となっている．そして，この場合の監督とは業績ないし経営の評価を意味する．コーポレートガバナンスの観点から見ると，企業価値最大化という目的を達成する手段としての仕組み作りとしては，取締役会の役割を会社の業務に関する決定については基本的な戦略の設定に限定し，取締役会の役割としては会社の業績ないし経営の評価を独立社外取締役を中心として行うことを重視する考え方が，モニタリング・モデルであるということになる．

指名委員会等設置会社では，会社の業務に関する決定権限を取締役会から執行役に委譲することが認められるので，これによってモニタリング・モデルを実現することができる．監査等委員会設置会社でも，取締役会の過半数が社外取締役である場合または定款で定めた場合には，会社の業務に関する決定権限を取締役会から取締役に委譲することが認められ，これによってモニタリング・モデルを実現することができる．

日本の上場企業についての内外(特に海外)の投資家の声は，日本の企業の中に株主の観点から企業の業績や経営を評価する仕組みというものが不足しているということである．それゆえ，そういう仕組みを独立社外取締役が中心になって企業の中に作ってほしいということである．これにこたえるためには，取締役会についてモニタリング・モデルを採用するのが一番の近道である．しかし，日本の上場企業のほとんどは，これまでのところモニタリング・モデルを採用してきてはいない．ほとんどの企業では，取締役会は業務の決定をする場であった(これをマネジメント・モデルと呼ぶことがある)．今後，モニタリング・モデルを採用する企業が出てくるとしても，マネジメント・モデルとの併用型とでもいうべきハイブリッド・モデルとなる可能性がある．しばらくは試行錯誤が続きそうである．

では，銀行では3つのうちのどの機関設計が望ましいのであろうか．繰り返しになるが，一律にどの機関設計がベストであるということはできない．それぞれの銀行が置かれた実情に即してもっともふさわしい機関設計が選択されることが求められる．そして，これも繰り返しになるが，銀行ガバナンスには，まずはリスク管理や利益相反管理などの銀行規制の目的(健全性)を達成することが求められ，そのうえで，コーポレートガバナンスの目的である企業価値の最大化という目的を達成することが求められる．この観点から銀行における取締役会の機能強化をどのようにはかっていくかということが，日本の銀行に今求められている課題である．そして，各銀行における取締役会の機能強化は，

形式だけではなく実質を伴うものでなければならない．

3 銀行ガバナンスの課題(その2)
　　——グループガバナンスの強化

　銀行ガバナンスを考えるうえでの重要な注意点として，今日では，どこの国でも，金融業はグループで行われているという実態があるということがある．そうだとすれば，銀行ガバナンスも必然的にグループガバナンスということになる．

　金融審議会での審議に基づいて2016年の5月に成立した銀行法等の改正は，銀行を頂点とするグループや銀行持株会社を頂点とするグループについて，「頂点にある銀行や銀行持株会社は，その属する金融グループの経営管理を行わなければならない」との規定を設けた．この法改正によって，日本の銀行規制上，金融グループの構造(グループの頂点が銀行か銀行持株会社か)にかかわらず，金融グループの経営管理はグループの頂点の親会社が行うべきことが明記されたことになる．この場合の「経営管理」が何を意味するかの詳細については，ここで詳述することはできないので，金融審議会のワーキンググループの報告および改正法の規定にゆずることとせざるをえないが，そのポイントは，リスク管理や利益相反管理といった銀行規制の遵守である．重要なことは，金融グループの頂点の会社がグループ経営に責任をもたなければならないということであり，その意味は，金融グループの頂点の会社がグループ全体におけるリスク管理や利益相反管理といった銀行規制の遵守に責任をもたなければならないということである．そして，責任をもつような仕組み作りこそがグループガバナンスということになるが，ここでも，頂点の会社の取締役会をどのように機能させるかが重要なポイントになる．

　一般のコーポレートガバナンスにおいては，企業価値を最大化するためのグループ経営には，2つの典型的なパターンがあるといわれている．1つは，子会社の独立性を重視するやり方であり(独立型運営)，もう1つは子会社を親会社と一体のものとして運営するやり方である(一心同体型運営)．これもどちらかがつねにすぐれているとはいうことはできず，それぞれの企業グループにおいて最適解は異なると考えられる．ただ，どちらのパターンでグループを運営するにせよ，グループの運営に責任を負うのは頂点の会社の取締役会である．銀行ガバナンスにおいては，まずは銀行規制の目的を達成するために頂点の会社の取締役会の機能強化が求められ，そして，企業価値最大化という目的を達成するために頂点の会社の取締役会の機能強化が求められるということになる．

4 小括

　銀行をとりまく環境は，一昔前とは様変わりである．「マイナス金利付き量的・質的緩和」という金融政策が2016年の2月中旬から実施され，金融市場や金融機関の収益は大きな影響を受けており，金融機関の経営はむずかしいかじ取りを求められている．他方，フィンテックにより新しいビジネスへの機会は飛躍的に変化することが予想され，金融機関の経営はこうした新しい流れにも対応していかなければならない．新しい時代への銀行経営を支える仕組み作りこそが銀行ガバナンスであり，銀行ガバナンスの強化が今後の銀行経営の帰趨を左右することになりそうである．

〈神田秀樹〉

4　規制のグローバル化

　ここまでは銀行規制がなぜ必要なのかという観点を中心に説明した．次にいかにして金融規制は今あるような姿になったのかという観点からの説明に移る．

(1)　グローバル金融危機

　金融規制の現在を語る上で非常に大事なことは，規制がグローバル化しているという点である．そして，現在のグローバル化の流れを促進した大きな要因の1つは，2000年代最初の10年間に起きた，リーマンショックを1つの頂点とするグローバル金融危機であった．

　なぜグローバル金融危機によって規制のグローバル化が進んだのか．その理由は，グローバルな金融危機に対応するためには，世界の主要国が内容的に調和のとれた，あるいは統一のとれた規制を同じタイミングで導入しないと意味がないという教訓に基づく．もう1つの理由は，グローバルな危機であったがゆえに，その規制の策定プロセス自体もグローバル化したということである．リーマンショックに代表されるグローバル金融危機を踏まえて，どのような問題点がどのような規制につながったのかを俯瞰していく．

　グローバル金融危機において指摘された問題として，第1に，日本のバブル景気の時と同様に，グローバル金融危機前には先述のサブプライム問題のような，土地神話や資産価格の上昇を前提とした銀行の過度なリスクテイクがあったとい

うことが挙げられる．第2に，そのリスクを十分に吸収するだけの財務上のバッファーが欠けていた，あるいは銀行自身のリスク管理の甘さがあったということがある．第3に，巨大な銀行，システム上非常に重要な銀行は，経済に与える影響が大きすぎるために破綻させることができず，財政資金を投入して救済せざるを得ない．その結果として，たとえば銀行経営者のモラルハザードの問題――どうせ救済される，破綻処理されないから何をやってもいい――とりわけ高額の報酬をもらっている経営者がそのように考えていたという問題――あるいは，そもそも大規模な金融機関を破綻処理するためのルールや制度が整備されていないという問題がクローズアップされた．さらに，第4に，グローバル金融危機の当時にも既存の規制はあったものの，金融機関が規制の抜け穴を利用していたという実態である．肝心の危機が起こったときには，既存の規制は役に立たなかったという，規制・監督のアービトラージという問題が生じた．

また，第5に，グローバル金融危機においてクローズアップされた非常に大きな要素の1つとして，デリバティブ市場に関するものが挙げられる．巨大な規模の無数のデリバティブ契約の取引の受け皿となった保険会社グループ（AIG）が経営危機に陥った．デリバティブ取引の参加者が倒産すると，取引の相手方が多大な影響を受けるため，その影響がグローバルにどれほど波及するのかを把握するために米国の金融当局が検査に入ったが，そもそも誰とどのような契約を締結しているか当事者もよく分からないという状態であった．こうして，デリバティブ市場の透明性の問題や，取引情報の整備，情報インフラの整備などが課題として認識された．

これらの反省点が，バーゼルⅢに代表される，現在の銀行規制を形成する大きなモメンタムになったのである．

(2) グローバル金融規制設定主体の枠組み

まず，規制の設定主体がグローバル化してきた点について説明する．

図表4は，現在のグローバル金融規制の設定主体の構図である．中央にFSB（Financial Stability Board：金融安定理事会）がある．主要国の財務省，中央銀行，監督当局の高官で構成されているという点で，FSBがグローバル金融規制の設定のいわば主役であり，国際的な規制の基本原則を決定する．FSBの前身となるFSF（Financial Stability Forum：金融安定化フォーラム）は，任意性の高い，必要に応じて規制の議論をするフォーラムであったが，リーマンショック後，サミットで

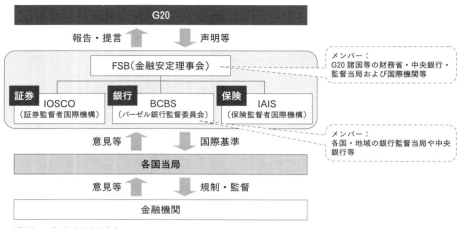

図表4 金融規制改革の国際的な検討の枠組み

の議論を経て，2009年4月にFSBとして改組され，権限が強化された．この下に各国の金融当局の専門家が集まった下部組織が業態ごとに存在する．銀行はBCBS(Basel Committee on Banking Supervision：バーゼル銀行監督委員会)，証券はIOSCO(International Organization of Securities Commissions：証券監督者国際機構)，そして保険会社はIAIS(International Association of Insurance Supervisors：保険監督者国際機構)である．

BCBSでは，銀行に関する国際的なルールを策定する．FSBでは議論できない，より専門性の高いものを議論して規制の提案を作成し，パブリックコメントに付した上で決定する．FSBの上には，G20という政治の主体がある．常にG20という政治主体によって，FSB以下がコントロールを受けている．実際には毎年サミットが開催され，サミットにおけるG20の場で金融規制の課題が提示され，それが宿題としてFSBに示されると，FSBはBCBS，IOSCO，IAISを巻き込んで規制の議論を実施し，規制の提案を作成してパブリックコメントに付し，そして翌年，宿題の解答としてG20に報告する．このように，民主国家の統治構造と比較的パラレルに，民主的なコントロールの下でグローバルな規制の策定が行われる構図となっている．

日本の金融規制，銀行規制は日本の当局が定めるという点はもちろん変わって

いないが，グローバルな議論の強い影響下に今や置かれているということである．規制設定の実質的な主導権は，各国の金融当局からグローバルな設定主体に移行しつつあると言えるだろう．日本の金融当局はBCBSやFSBの構成員として，これらの組織の中における規制議論に深く関与し，日本の国情や国益を主張しながら，一旦そこで下された結論については，誠実にそれを国内法制化するというスタンスで臨んでいる．

　規制設定のプロセスにおいては，官民の対話も盛んに行われており，民間と話をすべき重要な課題であるとFSBやBCBSが判断した事項については，官民会合が随時行われてきた．また，策定された規制提案については，それが真に有効に機能するのか，逆に金融機関の経営に過大な負の影響を与えることにならないか，等を検討するため，主要金融機関を対象に定量影響調査(QIS: Quantitative Impact Study)なども随時行われてきた．我々みずほフィナンシャルグループも，大規模な金融機関の1つとして，グローバルなロビーイング団体を通じるなどして，こうした官民の対話の場や調査活動に参加して，ビジネスの現場の実情を規制に反映させる活動を行ってきており，今後も行っていく．

　なお，バーゼルⅠからバーゼルⅢへと至るグローバル金融規制の変遷については，第6章(銀行におけるリスク管理)を参照されたい．

(3) "Too Big To Fail" 問題への対応

　次に，金融システム上重要な銀行に対する規制，Too Big To Fail問題への対処を説明する．大規模な銀行は，その影響の大きさから破綻させることができずに，度々"bail-out"すなわち公的資金による救済が行われてきた．こうした措置に対しては金融危機以降に社会的批判が高まったこともあり，"Too Big To Fail"「大きすぎて潰せない」問題としてFSBがその解決に着手した．

　Too Big To Fail問題への対策としては，「グローバルに活躍する，金融システムにとって重要な銀行(G-SIBs: Global Systemically Important Banks)」の特定と，G-SIBsに対する規制強化の検討が行われた．

　まず，G-SIBsの特定については，当該銀行の破綻が金融システム全体に伝播するおそれがあるかという観点で，「規模」「相互連関性」「代替可能性」「国際的活動」「複雑性」などを総合的に勘案した上でFSBが指定する．G-SIBsは2011年以降年次で更新されており，2016年11月に公表された最新のリストは図表5のとおりである．日本からは，三菱UFJフィナンシャルグループ，三井住友フ

上乗せ水準	グループ数	銀行グループ名
3.5%	0	―
2.5%	2	【米】JPモルガン・チェース，シティグループ
2.0%	4	【米】バンク・オブ・アメリカ 【英】HSBC 【独】ドイツ銀行 【仏】BNPパリバ
1.5%	6	【米】ゴールドマン・サックス，ウェルズファーゴ 【英】バークレイズ 【スイス】クレディ・スイス 【日】三菱UFJ 【中】中国工商銀行
1.0%	18	【米】モルガン・スタンレー，BNYメロン，ステート・ストリート 【英】RBS，スタンダード・チャータード 【仏】クレディ・アグリコル，ソシエテ・ジェネラル，BPCE 【スイス】UBS 【西】サンタンデール 【伊】ウニクレディト 【蘭】ING 【スウェーデン】ノルデア 【日】みずほ，三井住友 【中】中国建設銀行，中国農業銀行，中国銀行
計	30	

(資料) みずほ総合研究所作成(G-SIBsリスト2016年11月時点)

図表5 G-SIBsリスト

ィナンシャルグループ，みずほフィナンシャルグループの3メガバンクグループが指定されている．

次に，G-SIBsに対する追加的な規制としては，まずG-SIBバッファーがある．これは，G-SIBが資本不足に陥ることがないように追加的に自己資本の積み増しを求める規制である．G-SIBsは重要度に応じて5段階に分かれており，それぞれ1～3.5%の資本上乗せが求められる．重要度が高まると資本上乗せ水準も増すことから，銀行が大きくなろうとするインセンティブを低減する効果も期待できる．G-SIBバッファーは2016年から段階的に適用されており，2019年から完全に実施される．

その他，G-SIBsに対する追加的な規制としてTLAC規制(Total Loss-Absorbing Capacity：総損失吸収力要件)も検討されている．G-SIBが破綻したとき，損失の吸収を図る観点から，バーゼルIII適格自己資本とTLAC適格負債の合計額について十分な水準を確保するよう求めるものである．TLAC適格負債とは，金融機関が破綻したときに，元本の削減，あるいは株式への転換等により，債権者に，預金者よりも先に損失を吸収することを求めることができる負債をさす．TLAC規制は，2019年から段階適用が開始され，2022年完全適用を予定している．

(4) 市場の透明性・安定性確保等

店頭デリバティブに対する規制についても改正が行われている．デリバティブ

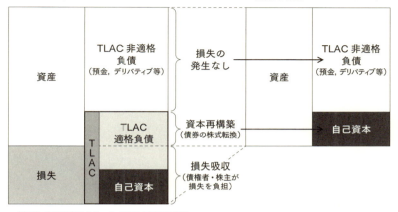

(資料) 金融庁資料より,みずほ総合研究所作成

【TLAC 適格負債の必要条件】

- 除外債務(※1)以外の負債(普通社債等)
- 破綻処理エンティティ(※2)が発行・維持
- グループ内部から調達していない
- 債権の優先順位が除外債務よりも劣後(※3)
- 無担保
- 満期までの期間が1年以上　他

※1 除外債務……預金保険対象預金,デリバティブから生じる負債,仕組債等

※2 破綻処理エンティティ……各 G-SIB の破綻処理戦略に沿って当局による破綻処理手段(資産移転,債務の元本削減等)が適用されるエンティティ

※3 劣後要件……以下のいずれかの方法によって充足する必要
　①契約によって劣後させる方法
　②各国の法令に基づき劣後させる方法
　③除外債務の少ない持株会社等の破綻処理エンティティが発行・維持することによって劣後させる方法

(資料) みずほ総合研究所作成

図表 6　TLAC 規制

にも市場を通じて行うデリバティブと,相手方と直接相対で行うデリバティブ取引があり,相対デリバティブのことを店頭デリバティブ,あるいは OTC(Over The Counter)デリバティブと呼ぶ.先般の金融危機時には取引参加者が破綻し,他の金融機関への危機の伝播や,取引関係の複雑性による混乱が生じたことから,店頭デリバティブ市場の規制強化が行われた.詳細については,第 9 章(デリバ

ティブ）を参照されたい．

　加えて，シャドーバンキング問題への対応という課題もある．これは銀行規制の強化を実効あらしめるために，規制回避への対処のため，銀行ではないが実質的に金融機能を担っている非銀行セクター，いわゆるシャドーバンキングへの規制が必要ということである．たとえば，ヘッジファンドやMMF等，お金を預かって金融の実質的な仲介を行っている主体があり，経済的な機能としては銀行と同様に，金融危機を波及させる要素になり得るため，このセクターに対する規制について現在議論が行われている．

　最後に，コーポレートガバナンスに関する規制も整備が進められている．金融機関の不正な行動が一連の金融危機の中で問題となっており，ガバナンスが十分でなかったという反省を踏まえてさまざまな改革が行われている．特に報酬の問題は金融機関にとって特徴的である．欧米の金融機関の経営者が野放図に巨額の報酬を得ており，その報酬体系が金融機関の巨大化やビジネス行動への負の影響を有していた点を踏まえ，健全な報酬慣行の確立が議論され，規制が導入されたのである．

(5) 欧米における独自改革

　以上が，主なグローバル金融規制であるが，他方で，各国独自の金融規制も行われている．特に，米国や欧州では，国際的な議論を無視はしないが，国際的な議論と必ずしも平仄の整わない独自の規制の導入を実施している．本項では例として米国規制について説明する．米国は金融危機の主たる舞台であったこともあり，金融機関に対する規制を強化せよ，罰せよという議論が政治的に非常に高まった結果として，かなり極端な規制強化が進められた．その代表的なものが，2010年7月に成立したドッド・フランク法である．ドッド・フランク法にはかなり多くの規制が含まれるが，その中から「ボルカールール」と「外国銀行規制」について紹介する．

　ボルカールールは，預金保険等のセーフティネットとつながっていて最終的に政策支援を受ける可能性のある金融機関がリスクの高い業務に従事することを規制している．たとえば，銀行の自己勘定によるトレーディングであるが，これは顧客のために顧客に代わってトレーディングをするということではなく，銀行自身が収益を上げるために行っている取引であり，そのリスクの高さを踏まえて規制対象となっている．

ドッド・フランク法は米国の法律なので，米国が自国の規制を強化したところで日本の金融機関への影響はないように思われるかもしれないが，実際は，金融機関はグローバルに業務展開しており，とりわけ金融の中心である米国で非常に大きなビジネスを行っているので直接的に影響が及ぶことになる．加えて，米国の規制は，何らかの形で米国内に影響が及ぶことが懸念される場合には，米国外で行われている取引についても規制するという域外適用の考え方をとるものが多いため，米国外の金融機関にとっても米国金融規制の動向には注意が必要である．

次に，外国銀行規制を紹介する．これは米国以外の銀行に対する規制であり，一定規模以上の米国外銀行に対して，米国の銀行持株会社と同等の健全性要件等の適用を求めるものである．具体的要件の1つとして，米国での中間持株会社の設立義務づけがある．たとえば，米国に銀行の現地法人，証券の現地法人，信託の現地法人，あるいはデリバティブ業務を行う現地法人など，さまざまな現地法人があり，日本の同じグループの銀行，証券，信託銀行などからの出資という形でそれぞれ保有されている場合，これらは米国現地法人であるため，米国当局が一つひとつ監督しなければいけない．しかし，一旦米国の中で1つ持株会社を設立し，その下にそれぞれの現地法人を全部ぶら下げるという形でまとめてしまえば監督しやすいということである．また，その中間持株会社に米国ビジネスを全て管理させることにすれば，持株会社との対話によって米国ビジネスが全部把握でき，米国当局にとっては非常に大きなメリットがあると同時に，仮に米国の現地法人，特に銀行現地法人で問題が発生したときや破綻処理においても，その中間持株会社を通じて行えばよいことになる．そういう意味でも米国当局にとってはメリットがある．

5 銀行規制の潮流

次に，銀行規制全体の潮流について紹介したい．銀行規制では，「リスクベース・アプローチ」，「ルール・ベースとプリンシプル・ベース」という考え方が採られている．

(1) リスクベース・アプローチ

リスクベース・アプローチとは，金融システムに影響を与えるリスクの高い金融機関に重点的に監督資源を投入するという考え方であり，リスクの大きさに応

じて，監督の仕方に軽重をつけるものである．事務不備検査や，自己査定の適切性の検査を全ての金融機関に対して同様に行うのでは，銀行の業務が昨今多様化し，地理的にも広がっている中，行政における体力的負担が高まりすぎる懸念もあって，効率化して監督すべきところを重点的に見ていく観点からリスクベース・アプローチが提唱されているのである．

（2） ルール・ベースとプリンシプル・ベース

監督行政の手法は，ルール・ベースとプリンシプル・ベースの2つに大別することができる．ルール・ベースとは，ルールや規則を詳細に設定して個別事例に適用していくというアプローチである．詳細まで明確化されることで，行政の恣意性が排除され，銀行側の予見可能性も向上するというメリットがある一方で，ビジネスの自由度，いい換えれば自主的にさまざまなビジネスをやっていくインセンティブがそがれることもある．

プリンシプル・ベースは，規制対象の金融機関が尊重すべき重要ないくつかの原則や規範を示したうえで，それに沿った行政対応を行っていくというアプローチである．要するに，尊重すべき原則を示し，それを踏まえどのように行動するかは金融機関の合理的な判断に委ねる．そうすることで金融機関の自主的な取り組みが促され，経営の自由度も確保される．

最近，"Comply or explain" という言葉をよく耳にするが，これは，ルールを守るか，守らない場合は，それでもプリンシプルが達成できるという理由を説明せよ，説明できるのであれば問題ないという考え方である．現時点では，ルール・ベースもプリンシプル・ベースも，どちらがいいということではなく，適切に組み合わせていくことで監督行政の質的向上を図っていくという考え方が金融庁ではとられている．

（3） プルーデンス規制

最後に，プルーデンス規制について説明する．金融システムの安定を目的とする金融規制のことで，ある意味当たり前のことであるが，金融危機を経て，改めてこういうことが切実に言われている．プルーデンス規制には2つの側面があり，1つはミクロ・プルーデンス，もう1つはマクロ・プルーデンスである．ミクロ・プルーデンスは，個別の金融機関の経営を監督当局が監視・監督することで，それぞれの金融機関を適正に維持し，金融システム全体の安定性を維持するというものである．これに対し，マクロ・プルーデンスは，金融機関全体に対す

る規制や，マクロ経済への影響を考慮して行う規制によって金融システムの安定性を確保するというものである．たとえば，金融機関全体に対して行われる自己資本比率規制，流動性規制等，あるいは景気変動のプロシクリカリティ（循環を増幅する性質）を抑制するために金融機関に対して行われる規制がある．景気の循環に対して，民間の金融ビジネスは基本的にはこれを増幅する方向で作用するという属性があり，景気が良い時はどんどんお金を貸し，景気はどんどん過熱していく．反対に景気が縮小していくと，信用も縮小し，景気がさらに悪くなる．そういうプロシクリカリティを抑制するために，カウンターシクリカル（循環とは逆に作用する）な規制を実施していくということである．

ミクロとマクロはどのような関係にあって，どのように位置づけたらいいのかというのは，グローバル金融危機の後，継続して規制当局の間で議論されてきたが，ミクロの監督機関とマクロの監督機関を分けるべきだ，あるいは一緒にするべきだという，やや政治的な議論と結びついたところもあって甲論乙駁しており，現時点で確たる結論が出ているとはいいがたいため，ここでは概念を紹介するにとどめたい．

6 我が国の銀行法の概要

最後に，我が国の銀行法について紹介する．

銀行法は頻繁に改正が行われているものの基本的な骨格は変わっておらず，銀行に対するプルーデンス規制としては，業務範囲規制，あるいは株主規制としての株式保有規制，行為規制としての大口信用供与規制，アームズ・レングス・ルール，財務規制としての自己資本比率規制，そして情報開示等で構成される．

(1) 銀行の業務の範囲（銀行法10条～12条）

まず，10条～12条の業務範囲規制とは，銀行が営むことができる業務範囲の規制である．この規制の目的は，他業のリスクの回避，本業に専念することによる効率性の発揮，利益相反取引の防止等である．決済機能を有する銀行の公共的性格によって，セーフティネットとしての預金保険制度が存在することも考慮されている背景から，銀行経営の健全性確保が求められている．

銀行業務というのは，a)固有業務(10条1項)と，固有業務に伴って発生する，あるいは固有業務と関連性のある業務としてのb)付随業務(10条2項)，それか

ら c)他業証券業務等(11条)であり，それ以外の業務を禁止する他業禁止(12条)という構造になっている．固有業務は，先述の銀行業の定義で説明したとおりである．付随業務については，たとえば，債務の保証，投資の目的をもってする有価証券の売買，有価証券の貸付け，売出し目的のない公共債の引受けおよびその募集の取扱い，一定範囲のデリバティブ取引，両替等がある．

他業証券業務等は，固有業務・付随業務以外に，投資助言業務や一定の範囲の有価証券関連業等が認められている．

他業禁止については，上記銀行業務のほか，その他の法律で別に認められている業務以外については営むことができない旨が定められている．たとえば，宝くじに関する業務については，当せん金付証票法で認められていることで銀行が実施している．

コラム 5-3：銀行の付随業務

　銀行の固有業務に関する銀行法10条1項の規定に続いて，同条2項は付随業務について規定する．2項の本文柱書きでは，「銀行は，前項各号に掲げる業務のほか，次に掲げる業務その他の銀行業に付随する業務を営むことができる」と定め，1号から19号までの付随業務を列挙する．しかし，銀行の付随業務はこれに限られるわけではなく，1号から19号に掲げられた業務は例示にすぎない．「その他の銀行業に付随する業務」と規定していることから，法文上，例示にすぎないことは明らかである．

　「銀行業に付随する業務」の意義についてはいくつかの解釈指針や，判例がある．主要行等向けの総合的な監督指針Ⅴ-3-2(4)①〜④では，つぎの4つの基準を掲げる．

　(i) ある業務が銀行法10条1項各号(固有業務)及び2項各号に掲げる業務に準じるか．
　(ii) 当該業務の規模がその業務が付随する固有業務の規模に比して過大なものになっていないか．
　(iii) 当該業務について銀行業務との機能的な親近性やリスクの同一性が認められるか．
　(iv) 銀行が固有業務を遂行する中で正当に生じた余剰能力の活用に資するか．

　しかし，実際にはこの解釈は容易ではない．具体的にこの4つに当たると

されてきた業務は，コンサルティング業務，ビジネスマッチング業務，M&Aに関する業務，事務受託業務，オフラインデビットにおける電子カードを含む電子マネーの発行に係る業務，資金の貸付け等と同様の経済的効果を有する取引などである．実務では，一般的な法令解釈に係る書面照会手続やノーアクションレター制度における回答が参照されている．

なお，銀行法10条2項については裁判例が何件か存在する．たとえば融資の媒介，受信等に関連して顧客に対しその資産の増殖に寄与する投資案件を紹介すること等が付随業務に該当するかどうかが判例上問題となった．融資の媒介につき付随業務に該当するとした裁判例がある（東京高判平成8年5月13日刑集53巻6号603頁）．このように具体的に何が付随業務に当たるかは，各号に掲げられていないものについては解釈に委ねられており，必ずしも明確ではないが，付随業務に当たれば銀行が営むことができる．

なお，前述した4つの基準以外に，実際に解釈論において非常に重要な影響を与えているといわれているのは，沿革的な理由である．すなわち，これまで銀行が営んできた機能と同様の機能を営む業務については，銀行がこれまで同様の機能を営む業務を行ってきたという沿革的な理由が，実際の判断においては大きなウエートを持っている．たとえば，金融商品取引法により規制される以前は，そのような理由から金利や為替に係るデリバティブ取引は，銀行の付随業務であると解されていた．

（神作裕之）

（2） 大口信用供与規制（銀行法13条）

13条の大口信用供与規制では，先述のとおり，銀行の与信先が特定の先に集中しないようにするため，銀行の同一人に対する貸出金等の額は，一定の水準に制限されている．

（3） アームズ・レングス・ルール（銀行法13条の2）

13条の2のアームズ・レングス・ルールは，グループの中で銀行が子会社や兄弟会社等の特定関係者を優遇して，これらの者との間で銀行に不利益を与えるような取引を行うこと等を規制している．不透明な取引により，結果として預金者に不測の不利益を与えるおそれがあるためである．手が届く適正な距離（アームズ・レングス）を保つように，銀行のグループ内であっても，グループの外の会社との取引と同じような条件での取引である独立当事者間取引を義務づけている．

（4） 自己資本比率規制（銀行法14条の2）

14条の2の自己資本比率規制には，先述のバーゼルIIIの内容等が規定されて

いる．

（5） 銀行の子会社の範囲（銀行法 16 条の 2）

16 条の 2 では，銀行が子会社を通じていかなる業務も営めるようでは銀行本体の業務範囲を規制した趣旨が潜脱されてしまうことから，銀行の子会社についてその業務範囲を規制している．

（6） 出資制限（5％ルール）（銀行法 16 条の 3）

16 条の 3 では，銀行による議決権保有規制，いわゆる 5％ルールと呼ばれる出資制限を規定している．銀行とその銀行の子会社とを合算して，国内の一般事業会社の議決権の 5％を超える議決権を取得または保有してはならないとしている．銀行グループとして保有する議決権が 50％以下のため子会社には該当しないものの，銀行グループとして実質的に支配が可能な他の会社が存在した場合，その会社が銀行の子会社に認められた業務以外の業務を行うと，「銀行の業務の範囲」や「銀行の子会社の範囲」の規定の趣旨の潜脱となり，ひいては銀行が財務・経営の健全性を損なうおそれがあるためである．なお，銀行持株会社グループに銀行がいくつもある場合，各社が議決権 5％を保有すると，合計で 50％を超えて保有してしまう場合を考慮し，銀行持株会社をコアにした規制として 15％ルールと呼ばれる出資制限も規定されている．

（7） 銀行持株会社（銀行法 52 条の 17〜52 条の 35）

52 条の 17 から 35 は銀行持株会社に関する条項である．銀行持株会社は，その子会社である銀行等の経営管理を行う会社であり，その業務範囲は原則として子会社に対する経営管理およびこれに付帯する業務に限定されている．銀行持株会社は，その子会社の経営管理を行うにあたっては，銀行経営の健全性確保や預金者保護といった銀行法の趣旨を十分に踏まえたうえで，子銀行の業務の健全かつ適切な運営の確保に努めなければならないとされている．ここでは，銀行持株会社の業務範囲規制，大口信用供与規制，銀行持株会社の子会社の業務範囲規制，国内の会社の議決権取得規制などが規定されている．〈みずほ〉を例に挙げると，みずほ銀行，みずほ信託，みずほ証券等のグループ会社の親会社であるみずほフィナンシャルグループが，銀行持株会社として，上記の各種規制の適用を受けている．

（8） 監督（銀行法 24 条〜29 条，52 条の 31〜52 条の 34）

最後は監督の項で，銀行に対する監督当局による監督，銀行持株会社に対する

監督当局による監督についての規定がなされている．

(9) 2016年の銀行法改正

　銀行規制は生き物のように年々変化している．金融危機の後，しばらくは規制強化一辺倒という議論であったが，ここ数年はまた，どちらかと言うと業務の自由化，あるいは金融機関の競争力の強化ということを念頭に置いた規制の改定が続けられている．

　ここでは，2016年に行われた銀行法改正の概要を紹介する．キーワードは，「FinTech」，「グループ運営の効率化」，「グループ経営管理の充実」である．

　まず「FinTech」に関しては，ITの進展に伴う技術革新の波が金融業界にも押し寄せており，ブロックチェーンに代表されるような新しい技術を金融サービスに取り込んでいこうとする動きが金融機関で起こっている．このような技術革新について強みがあるのは，巨大な金融機関自身ではなく，スタートアップ企業，ベンチャー企業等である．そこで，欧米の金融機関は，自社での取り組みに加えて，FinTechスタートアップ企業等との提携・協業により外部の技術を積極的に活用していく「オープンイノベーション」の取り組みを推進している．

　日本の金融機関が欧米と同様にオープンイノベーションの取り組みを加速させていくためには，FinTechスタートアップ企業等の銀行業と直接関係がない業務を行う企業に対する出資が柔軟化される必要が出てきた．すなわち，業務範囲規制や，出資比率規制が障害になりかねないという問題意識を踏まえて銀行法の改正が行われた．具体的には，銀行のサービスの向上に資すると見込まれる金融関連IT企業等に対する出資が柔軟化され，金融庁の個別の認可を得ることで出資が可能となった．

　また，決済関連事務の合理化等を通じたコスト構造の見直しや戦略的なIT投資の必要性が高まっていることを踏まえ，決済事務等の受託に関する改正も実施されている．これまでの銀行法では，銀行の子会社・兄弟会社の営む「従属業務」(銀行からみれば他業であるが，銀行が分社化を通じて経営の効率化等を図る観点から認められている業務，例：営業用不動産管理，ATM保守・点検，現金小切手等集配等)に関しては「収入依存度規制」があり，親銀行グループからの収入が，従属業務の種類ごとに「総収入の50％以上」等の要件を満たさなければならないとされていた．そこで，現在一律に50％以上等とされている収入依存度の閾値についての緩和が行われることとなった．

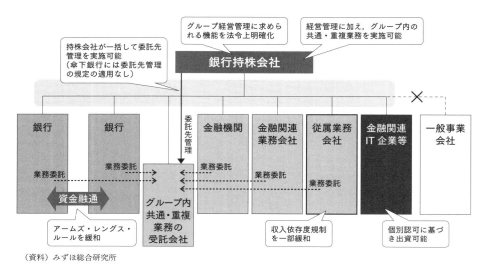

図表7　直近銀行法の改正の概要

　次に、「グループ運営の効率化」は、共通・重複業務の集約等を通じた金融仲介機能の強化のための改正である。銀行持株会社を中心とした銀行グループの形態はさまざまなタイプがあるが、最近の潮流として、地方銀行の統合による銀行グループの再編が挙げられる。少子高齢化、マイナス金利政策などの影響もあって、地銀の経営が徐々に厳しくなってきている中で、統合・再編の動きが相次いでいる。その際、単純に合併をするのではなく、共同で銀行持株会社を設立して、その下にいくつかの地銀がぶら下がる方法がある。最近だと、九州の熊本の肥後銀行と鹿児島の鹿児島銀行が九州フィナンシャルグループという銀行持株会社を設立してその傘下に入ったというケースがある。それぞれ肥後銀行も、鹿児島銀行も、もともと銀行グループであったため、事務子会社やシステム開発の子会社など、さまざまなグループ会社を持っている。単純に銀行持株会社にぶら下げただけでは、同様の業務を行う会社が2つ並んでしまう。これを効率化するためには、「①銀行持株会社自身がその事業を行う方法」と、「②グループの中での管理を一本化する方法」が考えられる。①の観点からは、銀行持株会社の業務範囲の見直しが行われ、グループ内の一定の共通・重複業務について、持株会社による業務執行が可能とされた。②の観点では、従来、委託元である各子銀行がそれぞれ委託先のグループ会社に対する管理義務を負っていたところ、当該委託先管

理業務を持株会社に一元化することを可能とする効率化が図られた．

　最後に，「グループ経営管理の充実」に関する改正内容について説明する．金融グループが行う業務は，近年ますます多様化し，地理的にも広がっており，銀行持株会社の傘下にさまざまな事業体が併存する状況になっている．たとえば，メガバンクグループでは，銀行以外の業態の位置づけが大きくなってきたり，あるいは海外子会社のグループ全体に占める割合が増加している．また，先述のとおり，地銀の統合・再編が加速する中で，銀行持株会社の傘下に複数の銀行が並存するケースも増えてきている．こうした状況下，グループを一元的に管理する重要性がますます高まっており，グループ経営管理を充実させるための改正が行われた．従来の銀行法では，銀行持株会社の業務範囲については規定される一方，銀行持株会社によるグループの経営管理を義務化する規定はなかった．そこで，今回の改正においては，銀行持株会社に求められるグループの経営管理に係る機能の法令上の明確化，および義務化が行われた．改正法で規定された事項には，グループの経営の基本方針等の策定およびその適正な実施の確保，グループ内の会社相互の利益相反の調整，グループのコンプライアンス体制の整備等がある．

（嘉幡丈裕）

コラム 5-4：投資性の高い銀行商品についての金融商品取引法の行為規制の準用

　金融商品取引法（以下「金商法」という）は，銀行商品分野と保険商品分野を除く投資商品分野をカバーする法律であるが，銀行商品と投資商品の線引きと保険商品と投資商品の線引きをする必要がある（このほか信託商品分野等についても同様の問題があるが，省略する）．

　考え方としては，投資性の高いものは銀行商品であっても保険商品であっても横断的に金商法のルールが適用されるべきである．つまり，金商法の規定する販売・勧誘ルールを業者ルールとして銀行や保険会社にも適用すべきことになる．ただ，実際の法令の作りは複雑である．

　内容的には金商法のルールなのであるが，規定を置く場所としては，銀行法および保険業法に規定が置かれている（銀行法13条の4・52条の45の2，保険業法300条の2）．より具体的には，銀行法・保険業法の方から金商法の規定を準用するという形とされている（図表8参照）．ルールの中身は，投資性の高い商品については一貫しており，同じルールが適用されるが，ルールの所在は，金

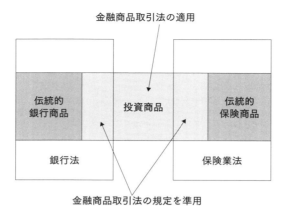

図表 8　金融商品と業者の販売・勧誘規制

　商法にあるのは図表 8 でいえば真ん中部分であって，銀行商品・保険商品についてはそれぞれ銀行法・保険業法の方から準用するという形がとられている．この線引きをする際の伝統的銀行商品というのは伝統的な預金などであり，デリバティブ預金になると投資性の高い商品に入る．保険の方も，変額保険になると投資性の高い商品に入る．

　このような規制構造になった理由は，各業法の既存の行為規制との重複適用を避けることと，銀行・保険会社についての監督およびエンフォースメントの一元化を認めることにある．銀行や保険会社には健全性規制がかかっているため，監督当局が併せて投資性の高い商品についての金商法規定の準用についても所管しようという考え方である．図表 8 でいうと，真ん中の投資商品の部分は業者の検査を含めて証券取引等監視委員会が担当する．金融商品取引業者（証券会社を含む）の検査も，現在は金融庁から証券取引等監視委員会に委任されている．したがって，業者の検査も行為規制のエンフォースメントも証券取引等監視委員会が担当する．これに対して，銀行法・保険業法という枠組みの中に入ったものについては，業者の検査も行為規制のエンフォースメントも，証券取引等監視委員会ではなく，金融庁の監督局が担当するということになる．機能的規制の実をとろうとした工夫であるということができる．　　（神田秀樹）

コラム 5-5：金融取引・金融業務と利益相反

(1) 背景

　金融取引または金融業務において，金融機関と顧客との間，あるいは金融機関の顧客同士の間に利益相反が生じ得る．また，同一の金融グループに属する企業間においては，さらに複雑な利益相反が生じ得る．金融コングロマリットに属する複数の金融機関あるいはそれぞれの顧客の間で諸々の利益相反が生じるおそれがあるからである．金融取引または金融業務に係る利益相反問題は世界各国でさまざまに論じられているが，利益相反の意義については，確立した定義は存在しないと言われている．利益相反については，一般に概念上きちんと定義しないまま扱われてきているという点自体に特徴があるが，それは利益相反問題の背後にある次のような事情を反映しているためであると解し得る．

　金融取引において利益相反が問題となる背景は，2つある．第1に，銀行の業務自体が拡大し，また，金融市場で行われている各種の機能・サービスの提供が銀行に求められるようになってきたことと相まって，さまざまな顧客の間で多様な利益が衝突する局面が増加している．特にシンジケート・ローンやM&Aのアドバイス，社債管理や証券化など証券に関わる現代的な取引やサービスの提供に際して，伝統的な銀行業務である貸付けや預金については生じなかったタイプの利益相反が生じている．第2に，特にグローバルに金融業務を展開する金融機関は，金融コングロマリット形態で業務を営むことが少なくないが，企業グループに一般的に生じる従属企業が支配企業に搾取される等の利益相反問題が発生するとともに，当該企業グループに属する個々の金融機関とそれぞれの顧客の間にも利益相反の状況が出現するに至っている．

(2) 利益相反の規制モデル──監督法上の規制と私法上の規律

　金融取引または金融業務に係る利益相反について，監督法上の規制と私法上の規律をひとまず区別する必要がある（第1章注1)参照)．もっとも，監督法上の規制と私法上の規律との関係自体が，特に利益相反規制においては，重要かつ困難な問題を引き起こす（後述(4)参照)．監督法上の規制は国(監督当局)と金融機関との間の公法関係を規制するのに対し，私法上の規律は私人と金融機関との間の民事関係を規律する．しかし，利益相反に係る規制のタイプ自体は，基本的に両者に共通しており，大別して3つのモデルがある．

　第1は，予防的禁止モデルである．事前的，予防的に利益相反取引または利益相反行為を禁止するというものである．予防的禁止モデルは明確性にすぐれる半面，とりわけ複雑な金融分野において，変化し続ける金融商品やマーケットの状況に応じた適切な事前禁止ルールを制定することは容易でないという

問題点がある．予防的禁止モデルは，一般に利益相反による弊害が類型的・定型的に大きいと認められる行為や取引に限られるのが通常である．禁止の対象が明確であればあるほど，その実効性が大きいというメリットがあるものの，実効性が大きいということは過剰規制のおそれと背中合わせであることを意味する．イノベーションを阻害するおそれが大きいことが，予防的禁止モデルのもう1つの欠点である．銀行による有価証券関連業または投資運用業の禁止がその典型例である（金商法33条1項）．もっとも，銀証分離規制の趣旨は，利益相反の防止だけではないことについては，第7章2(1)参照．

　第2は，事後的に信認義務違反の有無を判断する責任モデルである．責任モデルの下では，一般条項である善管注意義務や忠実義務を金融機関に課し，利益相反行為を行った場合に当該義務違反の責任が問われる．監督法による場合は監督当局による制裁，民事法上の規律の場合は民事責任の追及等をおそれて不適切な行動を抑止することに期待するものであって，一般条項に基づく規制であるが故に責任モデルは非常に広範な射程を有する．そのことは，同時に，適用範囲が不明確であるというデメリットを意味する．責任モデルの最大のメリットは，少ない時間と労力でルールを作成することができる点にある．他方，事前的には法的不明確性を惹起し，事後的には裁判所が当該一般条項を解釈適用するのが必ずしも容易でないというデメリットがある．また，金融機関は，責任モデルの下で発生し得る将来のコストを内部化して，ビジネスの中に織り込んで行動する可能性があり，顧客の利益を最優先にせずに責任の回避やコストの転嫁を目的とする本末転倒なサービスが提供される危険があると指摘されている．民事法上は，第11章で扱われる社債管理者に課される公平誠実義務や善管注意義務がその例である（会社法704条）．監督法上は，銀行が登録金融機関として登録を受け，有価証券関連デリバティブ取引以外のデリバティブ取引等を行ったり，投資助言・代理業等を行ったりする場合には（金商法33条の2），金商法上の公平誠実義務を課される（同法35条の3）．

　第3は，手続モデルである．利益相反取引等について，一定の手続を経ればそれを行うことを認めるものである．この手続においては，意思決定のプロセスが重視される．意思決定がされた後で，事後的に当該決定について法的評価を行うという点では，責任モデルと類似しているが，このモデルの大きな特徴は，決定の実質ではなく，そのプロセスに着目する点にある．すなわち適切な決定者が意思決定を行っているか，換言すると，重大な利益相反関係にある者が単独で意思決定するような状況がプロセス上排除されているかという点が大きなポイントとなる．このタイプの規制は，望ましいリスクテイクを過度に抑制するおそれが少ないというメリットがある一方で，プロセスを構築するこ

とに場合によっては非常に大きなコストがかかるというデメリットがある．たとえば取締役の利益相反取引は，取締役会において必要な情報を提供して，利害関係のない取締役による承認決議を得れば，利益相反取引の禁止は解除される（会社法356条・365条）．利益相反管理体制整備義務も業法上の手続モデルと見ることができよう（銀行法13条の3の2・52条の21の2）．

なお，これらの3つの規制モデルは，監督法上の規制としても民事法上の規律としても採用し得るし，相互に排他的なものではなく，重畳的に適用されることもある．

（3） 銀行法の規制――利益相反管理体制整備義務を中心に

銀行法は，業態別子会社方式による証券業務への参入等を認めた平成4年金融制度改革法を契機に業務範囲規制の緩和を進める一方で，①健全かつ適切な業務の運営を確保するための措置を講ずべき義務（銀行法12条の2），②アームズ・レングス・ルール（同法13条の2）および③禁止行為（同法13条の3）に係る規制を導入した．平成20年改正銀行法は，銀行・証券間の顧客に関する未公開情報の授受や役職員の兼職を禁じるファイアーウォール規制の緩和を受け，利益相反管理体制整備義務を新設した（同法13条の3の2．なお，銀行持株会社につき同法52条の21の2参照）．すなわち，銀行は，「顧客の利益が不当に害されることのないよう，……当該業務に関する情報を適正に管理し，かつ，当該業務の実施状況を適切に監視するための体制の整備その他必要な措置を講じなければならない」．なお，法文は利益相反という言葉は使わずに，顧客の利益が不当に害されるかどうかという基準を提示しているが，実務上および監督指針上は利益相反の問題として位置づけられている．利益相反管理体制とは，利益相反の発生を意思決定の過程で特定し，業務を行うに際し評価・判断を行うための内部的な方針および手続を意味する．監督法上，手続モデルを採用したものである．

内閣府令では，利益相反管理上の措置として，当該銀行またはそのグループ金融機関等が行う取引により当該銀行またはその子金融機関等が行う業務に係る顧客の利益が不当に害されるおそれのある取引を適切な方法により特定するための体制，および，当該顧客の保護を適正に確保するための体制を整備し，利益相反管理上の措置の実施の方針を策定しその概要を公表すべき旨を規定する（銀行法施行規則14条の11の3の3・34条の14の3）．利益相反管理のための具体的な措置としては，①対象取引を行う部門と当該顧客との取引を行う部門の分離，②対象取引・当該顧客との取引条件・方法の変更または中止，③顧客の利益が不当に害されるおそれがあることについての顧客への開示が挙げられている．上記①～③の措置以外にも，顧客に対し利益相反について明確に説明し

た上でその同意を得ることも考えられる．

　なお，金商法上も，金商業者に対し利益相反管理体制整備義務が課されており，規制の内容は銀行法とほぼ同様であるが，金商業者については誠実公正義務を課す金商法36条1項に続けて同条2項に置かれているのに対し，銀行法上は銀行には誠実公正義務がそもそも課されていないという違いがある．

　手続モデルによる銀行法上の利益相反管理体制整備義務は，各銀行が利益相反の管理を自ら行うことによって，健全かつ顧客の利益にとって適正な業務を運営するとともに，顧客ひいてはマーケットの評価を通じて，自律的な利益相反へのコントロールの手法自体が発展してゆくことに期待するものである．

（4）　監督法上の義務と民事責任

　ある銀行が，銀行法上の利益相反管理体制整備義務に則り，利益相反管理体制を構築し，その一環として，チャイニーズウォール(情報の隔壁)を設けたとする．当該銀行が，情報の隔壁を構築し，ある業務部門の情報が他の業務部門には伝わらないという前提の下で，しかしながら外形的に判断すると利益相反に該当し得る行為を行ったとする．情報の利用はないので，実質的には利益相反がないと考えることもできる．ところが，たとえばM&Aに係る助言契約のように銀行のある部門と顧客との間に締結された契約が銀行の信認義務をもたらすものであったとすると，民事法のレベルで考えると，当該顧客にとってはチャイニーズウォールを超えて他の部門の情報も有効に活用してサービスを提供してくれたほうが利益になったという場合が考えられる．そのような場合に，当該顧客が銀行の善管注意義務違反を追及することが考えられる．監督法上の規定に従って，一定の措置を講じそれを運用することによって民事責任を問われるおそれが生じるという難問が生じる．

（神作裕之）

コラム5-6：銀行とフィデューシャリー

（1）　英米法におけるフィデューシャリーの概念

　コラム5-5において述べたように，銀行が利益相反規制に服するか，あるいは，信義則に基づき情報提供義務を課されるかどうか等の判断に際して，フィデューシャリー(受認者)という概念が問題とされることがある．英米では，フィデューシャリー・デューティー(信認義務)が，金融取引においても重要な意味をもつ．信認義務とは，信認関係に基づく義務であり，たとえば委任契約とか信託などの法律関係において，一方の当事者が一定の裁量権を持ち，その権限を濫用すること等によって，委任契約における委託者や信託関係における

受益者が害されるおそれがある場合に，事務を受任している者または受託者に課される加重された義務である．一定の者が他方の者に対し裁量権を有しており，当該権限の濫用等によって，他の者が害される関係があるときに信認関係が認められ，裁量権を有する者に信認義務すなわち善管注意義務に加えて忠実義務や分別管理義務，公平義務等(以下，たんに「利益相反規制」という)が課される．

　金融取引において，顧客から金銭その他の財産を受け入れ，キャッシュフローを交換することとした場合，金融機関は，当該金融取引の目的を達成するために当該財産の管理・運用等を適切に行い，財産の安全性・健全性を確保することが極めて重要となる．日本では金銭には所有権が観念されず占有＝所有であるといわれることもあるように，いったん顧客の占有を離脱すると，顧客は当該金銭に対するコントロールを失い，他方，金融機関は，一般に広範かつ裁量の余地がある権限を契約上または事実上有することになる．このように，顧客は，金融機関に大きく依存することになり，とりわけ金銭の上述した性格から，金融機関による濫用の危険性が大きい．さらに，運用・投資された財産および当該金融取引の実現に係る事務は金融機関の管理下にあり，そもそも，利益相反行為が行われたのかどうかということすら，情報偏在の下で，顧客は把握することが困難な状況に置かれている．

　英米法の下では，信認関係は，契約関係に基づいて認められるだけでなく，事実上の関係に基づいても認められる．直接的な契約関係が存在しない場合，たとえば，ある金融グループに属するグループ会社の顧客と，当該顧客との間に契約関係は存在しない同一の金融グループの他の会社の間にも利益相反規制が問題となる余地があるのである．そして，信認関係が認められるための実質的根拠は，大きく3つあると考えられる．第1は，意思決定権・裁量権の範囲および程度．第2は，どのような情報にアクセスすることができ，それがどの程度法的にも保護されるべき情報か．第3に，当該取引について，代理権・代表権といった法的な対外的権限を有しているか．これらの3つの実質的な要素を総合的に勘案して，利益相反規制に服する者かどうかが判断されることになると考えられる．英米法においては，利益相反規制に服する者をフィデューシャリー(受認者)と呼ぶが，利益相反規制に服するかどうかの1つのポイントは，その者がフィデューシャリーに該当するかどうかである．

　金融サービスに即して述べれば，①販売・勧誘，②売買(ディーリング)，③仲介(ブローカレッジ)，④引受け(アンダーライティング)・売出(セリング)，⑤資産運用(アセット・マネジメント)，⑥資産管理(カストディ)，⑦助言(アドバイス)，⑧仕組み行為(アレンジング)に分類されるが，このうち少なくとも③〜⑦はフ

ィデューシャリーであるとされる．フィデューシャリーという法観念を用いることにより，金融サービスの機能に即した横断的な規律の適用が可能になる点においても，金融サービスにフィデューシャリーという概念を導入する意義は大きいと思われる(くわしくは，神田秀樹「いわゆる受託者責任について──金融サービス法への構想」財務省財務総合研究所フィナンシャル・レビュー March-2001, 98 頁以下参照)．

(2) 日本法における銀行の利益相反規制の根拠

　銀行が(準)委任契約に基づき利益相反規制に服することが明らかな例として，銀行が企業との間に M&A に関連して助言を行うアドバイス契約を締結する場合を挙げることができる．たとえば，M&A アドバイス契約の相手方である A 社に B 社を敵対的に買収するためのファイナンス等の助言をしながら，他方で，B 社に対して買収防衛のための助言等をすることは，利益相反に該当する可能性がある．M&A アドバイス契約は，準委任契約の一種であり，銀行が善管注意義務および忠実義務を負うことは否定し難い(民法の起草者は，「善良な管理者の注意をもって」とは「忠実に」または「誠実に」と同義と解していた(商事法務版・日本近代立法資料叢書法典調査会民法議事速記録四 603～605 頁))．このように，銀行が顧客との間に(準)委任類似の取引を行う場合には，当該取引に基づいて銀行には善管注意義務および忠実義務が生じ，利益相反規制に服することになる．また，預金取引の中には，たとえば振込みや振替など委任・準委任類似の部分も含まれており，その場合には，銀行と預金者との間に(準)委任関係が生じ，銀行はフィデューシャリー的な立場にあると解される余地があろう．

　なお，銀行が会社法上の社債管理者に就任した場合には，社債管理者に対しては会社法の規定により公平誠実義務が課され(会社法 704 条 1 項)，利益相反の状態が生じた場合における特別代理人制度(同法 707 条)や，利益相反行為に基づく損害賠償責任について公正誠実義務違反の有無と損害との因果関係の証明責任を転換する規定(同法 710 条)の適用を受けるなど，所定の利益相反規制に服する(くわしくは，第 11 章 3(1)(イ)参照)．

　これに対し，伝統的な銀行業務に関しては，一般的には銀行はフィデューシャリーであるとは解されていない．すなわち，伝統的な銀行取引，具体的には預金取引や貸出取引については，通常は利益相反の問題が生じるとは考えられていない．

　ただし，金融機関が契約上，あるいは法令上，利益相反規制に服する場合でなくても，信義則上または不法行為法上の責任を惹起するような場合については，それを回避すべき義務が認められることがあり，注意を要する．

　顧客との間の情報格差に着目して，金融機関がそのような利益相反の関係に

あるということを知りながら，その事実を開示せずに顧客を誘引することは，金融機関としては避けるべきであるとして，銀行の責任を認めた例がある．東京地判平成7年2月23日（金融法務事情1415号43頁）は，建物の注文者であるXからの着手金をY銀行が紹介した建築業者Aの預金口座に入金してもらい，建築業者Aが弁済期の到来したY銀行に対する債務の弁済にそれを充当したところ，その後Aが倒産し，結局，建物を発注したXが，ビルが完成しないまま，着手金だけを支払う結果となった事案において，「取引銀行と顧客との関係において，銀行は顧客と比べて経済的優位にあり，顧客の経営的方面の指導的役割を果たすべき立場にあるのであるから，顧客が契約の対価としてAに支払った出捐を銀行が合意に基づくとはいえ，Aから回収して自行の利益に充てる行為は，債権関係を侵害した第三者の行為に匹敵するものであって，信義則上，社会的妥当の範囲を超えているものというべきである」と判示し，自由競争の競争原理を逸脱した行為であったとして，Y銀行の不法行為責任を認めた．もっとも，控訴審判決である東京高判平成7年12月26日（金融法務事情1445号49頁）は，Aが倒産に至って，Xに迷惑をかけるということについて，Y銀行の側で予測をしていたという特段の事情は認められないと判示し，Xの請求を棄却した．

このように，日本ではフィデューシャリー・デューティー（信認義務）違反に基づく損害賠償という法律構成によらなくても，信義則に基づく注意義務違反による不法行為責任や法令の定める利益相反規制により，銀行が責任を問われる可能性があることに注意を要する．実務においては，私法上，利益相反規制が適用される受認者的な法的地位に立っているかどうかが初めに検討されることになると考えられる．そして，私法上，利益相反を防止する義務を負っている場合には，規律されるべき利益相反の状況が実際に発現しているのか，利益相反に係る義務に対する違反があったとしたら，そこからどのような法的効果が導かれるのかということについて，個別に検討してゆくことになろう．さらに，受認者的な地位にない場合であっても，顧客との間の情報格差や提供しているサービスの態様等から，信義則に基づく情報提供義務等が認められる可能性がないか，そのような場合に，情報提供以外に，利益相反の状況を解消すべき措置をとる余地がないかどうか等が，利益相反管理体制に則って検討されることになろう．

(3) 「顧客本位の業務運営に関する原則」とフィデューシャリー

金融庁は，平成29年3月30日，「顧客本位の業務運営に関する原則」を策定した．同原則は，次の7つの原則から成っている．①顧客本位の業務運営に関する方針の策定・公表等，②顧客の最善の利益の追求，③利益相反の適切

な管理,④手数料等の明確化,⑤重要な情報の分かりやすい提供,⑥顧客にふさわしいサービスの提供,および⑦従業員に対する適切な動機づけの枠組み等である.

　同原則は,金融事業者が各々の置かれた状況に応じて実質において顧客本位の業務運営を実現することができるよう「プリンシプルベース・アプローチ」を採用する.銀行を含む金融事業者は,同原則に従うかどうか,自ら判断し決定する.同原則に従うこととした金融事業者は,同原則の趣旨・精神を自ら咀嚼した上で,それを実践していくためにはどのような行動をとるべきかを適切に判断し,顧客本位の業務運営を実現するための明確な方針を策定し,当該方針に基づいて業務運営を行うことが求められる.もっとも,自らの状況等に照らして実施することが適切でないと考える原則があれば,一部の原則を実施しないことも可能であるが,その場合にはその理由を十分に説明することを要する.この原則は,法規範としてのフィデューシャリー・デューティーを超えた金融事業者としての規範を業者が自ら策定し,業務活動において実践していく中で当該規範が内在化されることに期待するものであると考えられる.金融事業者は,顧客本位の業務運営を実現するための方針を開示することで顧客もしくは市場の評価に委ねるという市場メカニズムを利用したソフトローのアプローチによるものである.

〔神作裕之〕

第6章　銀行におけるリスク管理

1　リスク管理の意義

(1)　はじめに

　企業経営における「リスク管理」の必要性については，広く認知されており，これは銀行経営に限った話ではない．そこで，まずはじめに，銀行の果たす社会的役割を整理したうえで，銀行経営上のリスク管理の意義を，一般の事業会社との比較という視点で概括する．

(2)　銀行の社会的役割とリスク管理の意義

　銀行とは，「免許を受けて銀行業を営む者」をいい，銀行業とは，「預金〔中略〕の受入れと資金の貸付け〔中略〕とを併せ行うこと」若しくは「為替取引を行うこと」のいずれかを行う営業，と定義される(銀行法2条)．このうち，預金の受入れ(受信)と資金の貸付け(与信)とを「併せ行う」というところがポイントであり，これが一般的に，金融仲介と称される機能である．

　銀行法の目的条文は「銀行の業務の公共性にかんがみ，信用を維持し，預金者等の保護を確保するとともに金融の円滑を図るため，銀行の業務の健全かつ適切な運営を期し，もつて国民経済の健全な発展に資することを目的とする」旨を謳っており(銀行法1条1項)，銀行業務の公共性を端的に表している．金融仲介とは，受け入れた預金を原資として，これを貸付けに充当する資金の流れを指すが，この機能が成り立つ大前提として，預金者保護の確保が決定的に重要である．すなわち，金融仲介の担い手たる銀行の健全性に疑義が生じ，預金者保護が危うくなれば，預金の受入れ自体がストップしてしまう訳である．このとき，金融仲介機能を通じて，通貨供給量(マネーサプライ)が連鎖的に増大する効果(信用創造機能)を勘案すれば，100単位の預金減少は，貸付けを100単位減少させる以上の影響を及ぼす点に留意が必要である．

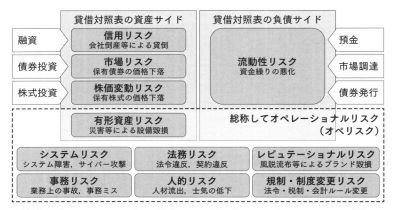

(資料)みずほフィナンシャルグループ作成．なお，上記の他に，コンプライアンスリスク，情報セキュリティに係るリスク等がある

図表1　リスクの類型化の例

このように，銀行が担う公共的役割を踏まえると，経営の健全性確保のために，必然的に高度なリスク管理が求められることとなり，金融当局における銀行監督上の指針にも，かかる視点が明示的に盛り込まれている[1]．誤解を恐れずに表現すれば，「銀行は，その公共性に鑑みて勝手に潰れてもらっては困る」ということであり，銀行がリスク管理に失敗し，経営破綻する状況というのは，単に企業経営上の結果責任の問題に留まらないということである．その意味では，一般の事業会社との比較上，銀行のリスク管理に対する要求水準は高いといってよいのではないだろうか．

(3) 銀行を取り巻くリスクの概観

続いて，銀行を取り巻くリスクにはどのようなものがあるのかを概観する．

「リスク」とは端的にいえば，損失発生の可能性である．実務上の観点からは，銀行経営に付随するさまざまなリスクを，その性質や態様に応じて類型化して把握することが有用であり，類型化の例示としては図表1のとおりである(みずほフィナンシャルグループにおいては，「リスクカテゴリー」という呼称で類型化している)．なお，リスクの類型化方法は，銀行ごとに相違があり，必ずしも一様ではない．各銀行が自身のビジネスモデルの特性と，それに付随するリスクの態様に応じて，最も適切と考える類型化を実施している．

（ア） 収益機会の追求に伴う直接的なリスク

収益機会の追求，すなわち事業の拡大に伴って直接的に増大するリスクであって，一般的に，貸借対照表上の資産サイドの拡大に呼応して増大する．たとえば，融資の増加や有価証券投資の増加に伴って増大する，信用リスクや市場リスク等がある．

信用リスク	信用を供与している先の財務状況の悪化等により，資産(オフバランス項目を含む)の価値が減少または消失し，損失を被るリスク
市場リスク 株価変動リスク	金利，有価証券等の価格，為替等の変動により，保有する資産・負債の価値が変動し損失を被るリスク 市場の混乱等により市場において取引が出来なかったり，通常よりも著しく不利な価格での取引を余儀なくされることにより損失を被るリスク(市場流動性リスク)を含む

（イ） 収益機会の追求に付随するリスク

事業の拡大，すなわち貸借対照表上の資産サイドを拡大する動きに対応した，負債サイドの拡大に伴って増大するリスク．たとえば，融資を増加させる場合には，その貸付け原資を外部から資金調達する必要がある．このとき，その資金調達が今後も継続的かつ安定的に確保できるか，というところに不確実性が伴うため，リスクの増大に繋がることとなる．

流動性リスク	財務内容の悪化等により，必要な資金が確保できなくなり，資金繰りがつかなくなる場合や，資金の確保に通常よりも著しく高い金利での資金調達を余儀なくされることにより損失を被るリスク

（ウ） 事業活動を行ううえで不可避なリスク(かつ，収益機会の追求に伴い増大するリスク)

事業活動を行ううえで，不可避なリスクが存在する．たとえば，どのような業種であれ，必ず事務処理作業が発生するが，そこには必ずミスを犯してしまうリスクが伴う．このようなリスクは，オペレーショナルリスクと総称され，こうしたリスクは，事業を拡大するにつれて，更に増大する．

有形資産リスク	災害，犯罪または資産管理の瑕疵等の結果，有形資産(動産・不動産等)の毀損や執務環境等の質の低下により，損失を被るリスク
システムリスク	コンピューターシステムのダウンもしくは誤作動等のシステムの不備またはコンピューターが不正に使用されること等により損失を被るリスク
事務リスク	役職員の不正・過失・懈怠等または事務体制自体に起因して不適切な事務が行われることにより，損失を被るリスク
法務リスク	法令や契約等に反すること，不適切な契約を締結すること，その他の法的原因により損失を被るリスク
人的リスク	人材の流出，士気の低下，不十分な人材育成，不適切な就労状況・職場・安全環境，人事運営上の不公平，差別的行為等により損失を被るリスク
レピュテーショナルリスク	営業活動に関連して現実に生じた各種のリスク事象，または虚偽の風説・悪意の中傷等が報道されたり市場関係者等が知ることで，結果的に信用または自社のブランドが毀損し，損失を被るリスク
規制・制度変更リスク	法律，税制，会計制度等の各種規制・制度が変更されることにより，損失を被るリスク

(4) 銀行を取り巻くリスク顕在化の歴史

以上で，銀行を取り巻くリスクを概観してきたが，過去を振り返ると，これらのリスクは，現実に繰り返し顕在化してきたことが分かる．

リスクイベントの発生に伴う経済全般の低迷に起因して，貸出し資産の不良債権化(信用リスクの顕在化)や，保有有価証券の価値下落(市場リスク・株価変動リスクの顕在化)等，影響が広範囲に及ぶ場合もあれば，事務処理ミスによる損失発生(事務リスクの顕在化)のように，特定個社に損失が発生する場合もある．

(5) 銀行におけるリスク管理の意義

銀行はさまざまなリスクに晒されており，こうしたリスクは現に顕在化してきた訳であるが，では，銀行のリスク管理は一体どのように行うのか．

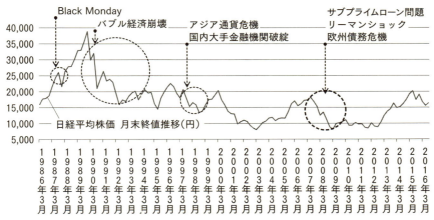

（資料）みずほフィナンシャルグループ作成．なお，株価データは「日経平均プロフィル」を参照した．
http://indexes.nikkei.co.jp/nkave/index

図表2　リスク顕在化の歴史

　銀行のリスク管理の究極的な目的は，リスク（損失可能性）を，自己資本の範囲内に制御することによって，預金者保護を確保するということである．自己資本とは，損失吸収のための財務基盤であり，リスクがこの範囲内に制御されている限りにおいては，たとえば銀行株主が損失を被ったり，事業展開に制約が及ぶといったことは起こるにせよ，預金者保護という究極の一線は守ることができるからである．

2　銀行のリスク管理を巡る監督法制

（1）　はじめに

　銀行におけるリスク管理の重要性を踏まえ，その管理のあり方がどうあるべきか，については，監督法制上の定めが存在する．以下では，銀行のリスク管理を巡る監督法制の変遷について概括する．

　銀行のリスク管理のあり方を巡っては，1980年代以降，国際的な統一ルールについて合意形成を図り，これを各国が持ち帰り，所要の国内法制化を行う，という枠組みが確立した．この国際的な統一ルールの策定主体が，バーゼル銀行監督委員会（Basel Committee on Banking Supervision）である．

　同委員会は，各国の中央銀行および金融監督当局から構成される，銀行監督規

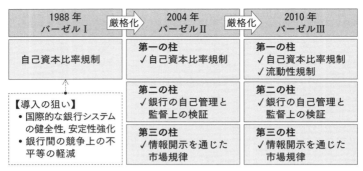

図表3　バーゼル規制の変遷

制に係る国際ルール設定機関であり，日本からは日本銀行と金融庁が参加している．以下では，バーゼルI─バーゼルII─バーゼルIIIへと至る，国際的規制強化の変遷を整理した後，現行規制が，我が国の法制上，どのように手当てされているのかを概観していく（以下，本章では，全て国際統一基準行を念頭において記載することを，あらかじめお断りしておく）．

（2）　バーゼルI

バーゼルI[2]において，国際的に統一された自己資本比率規制が，初めて導入された．自己資本比率という，共通の定量的指標が導入されたことによって，国境を跨いだ銀行間の比較可能性が向上した．

自己資本比率は，保有資産（リスクアセット）の内容や規模に応じて，損失吸収のための財務基盤である自己資本を，一定比率以上確保することを求めるものである（計算式は図表4のとおり）．

* Risk Weighted Asset
（資料）バーゼル銀行監督委員会公表文書を基に，みずほフィナンシャルグループ作成

図表4　自己資本比率規制（バーゼルI）1996年改定後

リスクアセットおよび適格資本の計算にあたっては，貸借対照表上の資産あるいは純資産を単純に用いる訳ではない．たとえば，分子側の適格資本は，損失吸

収力の多寡に応じて，普通株式等はTier1資本，劣後債務等はTier2資本といった区別がなされる他，控除すべき項目等，詳細な定めがある．また，分母側のリスクアセットの計算においても，信用リスクの計算を例にとれば，住宅ローンはリスクウェイト50％の掛目，事業法人向け与信はリスクウェイト100％の掛目で加重和を計算する，といった詳細な定めがある．

自己資本比率規制は，その後，要件厳格化等の改正が加えられつつも，その基本的考え方は，現行バーゼルIIIに至るまで継承されており，銀行監督における中心的規制として，バーゼルIにおいてその基礎が確立したといえる．

なお，市場リスクの捕捉ならびに，市場リスクの損失吸収に充てられるTier3資本（短期劣後債務）の計上については，1988年当時のルールでは考慮されておらず，1996年のルール改定時に追加された[3]．

(3) バーゼルII

バーゼルII[4]におけるルール改正のポイントは，バーゼルI以来の「自己資本比率規制」の強化に加え，「銀行の自己管理と監督上の検証[5]」ならびに「情報開示を通じた市場規律[6]」という新たな枠組みが追加され，3つの柱からなるパッケージ規制へと高度化が図られた点にある．

(ア) 第一の柱：自己資本比率規制の強化

バーゼルIIにおいて，自己資本比率の計算式は，次のとおり変更となった．

(資料) バーゼル銀行監督委員会公表文書を基に，みずほフィナンシャルグループ作成

図表5　自己資本比率規制（バーゼルII）

主要な変更点のみ紹介すると，まず第1に，信用リスクアセットの計算手法に複数の選択肢が与えられ，各銀行に対して，より高度な管理手法を選択するインセンティブが与えられた点，第2に，リスクアセットの捕捉対象にオペレーショナルリスク（オペリスク）が追加され，かつ信用リスクアセットと同様に，その計算手法について，複数の選択肢が与えられた点，である．

（信用リスクアセットの計算手法）

①標準的手法	・バーゼルIをベースに精緻化が図られた

	・与信先区分が細分化され,適用されるリスクウェイトは 0〜150% に ・事業法人も格付ごとに,異なるリスクウェイトを適用
②基礎的 　内部格付手法	・リスクウェイト＝f(銀行推計 PD(デフォルト確率)[7],各行共通 LGD(デフォルト時損失率)[8],M(マチュリティ))
③先進的 　内部格付手法	・リスクウェイト＝f(銀行推計 PD(デフォルト確率),銀行推計 LGD(デフォルト時損失率),M(マチュリティ))

(オペレーショナルリスクの計算手法)

①基礎的手法	年間粗利益に掛目 15% を乗じて得た額の 3 年平均値
②粗利益配分手法	年間粗利益を 8 つの業務区分に配分し,リスクに応じた掛目(12%,15%,18%)を乗じて得た額の合計額の 3 年平均値
③先進的計測手法	独自の内部モデルに基づき,統計的に算出した損失額

(イ) 第二の柱:銀行の自己管理と監督上の検証

　自己資本比率規制の導入(バーゼルI)の意義は,共通の定量的指標によって,国境を跨いだ銀行間の比較可能性が向上した点にあった.バーゼルIIへの改定後も,第一の柱として継承・強化されたように,その意義は不変である.

　一方で,「共通の」定量的指標であるが故に,各銀行の個別性を精緻に反映できるか,という点では,弱点を有していた.そうした中,個々の銀行においては,業務領域の拡大や,より高度なサービス提供の推進等によって,自身の経営上の必要性から,ビジネスモデルの変化に付随するリスクの態様を,より精緻に把握・管理する手法を,自ら模索する動きが見られるようになった.

　こうした背景から,バーゼルIIにおいて新たに,第二の柱として,各銀行に対して,自己管理に基づく態勢整備を求めると同時に,その内容について,金融監督当局が検証・評価を行い,必要に応じて監督上の措置を求める,という枠組みが導入された.

　第二の柱については,その導入背景から明らかなように,第一の柱(自己資本比率規制)のような画一的かつ詳細なルールが提示された訳ではなく,銀行および監督当局が目指すべき姿が,4 つの「基本原則(key principles)」として定められた[9].

（ウ）　第三の柱：情報開示を通じた市場規律

バーゼルⅡでは，第二の柱に加えて，さらに第三の柱が導入された．第二の柱が，各銀行と監督当局との関係によって，リスク管理高度化を促す枠組みであるのに対して，第三の柱は，さらに市場規律によって，管理の高度化を促すという考え方であり，これを実現する方法として，銀行による情報開示を充実させる，という手法がとられた．

具体的には，各銀行に対して，リスク管理の状況や自己資本の充実の状況など，詳細な情報を広く開示させ，預金者や株主を始めとするステークホルダーが，各銀行のリスク管理の巧拙を比較できる環境を整え，間接的に銀行のリスク管理高度化を促す枠組みである．

コラム 6-1：バーゼルⅡ合意後の世界（世界金融危機の広がり）

バーゼルⅡに関する国際合意が形成され，最終文書が公表されたのは，2004年6月のことである．バーゼル規制は，あくまでも国際合意であり，それ自体が各国における法的拘束力を有する訳ではなく，各国における国内法制化のプロセスが必要である．このため，各国での導入時期に差異が生じ得るが，バーゼルⅡの導入時期は，EUでは2007年1月から，日本では2007年3月末からであったが，米国では2008年1月からであった．

ここで，サブプライムローン問題[10]に端を発する，世界金融危機が広がった時期を振り返ってみたい．サブプライムローン問題は，ローン債権が，RMBS[11]（住宅ローン債権担保証券）やCDO[12]（債務担保証券）等の，証券化商品・再証券化商品という形で，広く投資家に販売されていた（すなわち，リスクが分散していた）ことから，影響範囲がローンの貸し手に留まらず，より広範囲に波及していった点が特徴であった．何をもって世界金融危機の端緒と呼ぶかは難しいが，2007年〜2008年にかけて，大きなリスクイベントが立て続けに発生した[13]．

つまり，バーゼルⅡの適用が始まったばかりという，まさにそのタイミングで，バーゼルⅡの弱点が露呈してしまった訳である．世界金融危機の混乱終息は，G20[14]各国首脳レベルの重要課題となり，2008年11月に開催されたワシントンDCサミット（金融サミット）において，「危機の再来を防止するために，金融市場と規制の枠組みを強化する改革を実施する」旨の首脳宣言が採択されるに至り[15]，以後のバーゼル規制のさらなる強化（バーゼルⅡ.5〜バーゼルⅢ）の流れへと繋がっていった．

（武弘則幸）

(4) バーゼルⅡ.5

サブプライムローン問題以降の世界金融危機を契機として，バーゼルⅡの見直し・強化に向けた流れが加速していったが，手当てすべき範囲が広範囲に及び，包括的な見直しを行うには時間がかかりすぎることが懸念された．そこで，バーゼルⅢという，包括的な改定作業を念頭に置きつつ，限定的な応急対応として措置されたのが，バーゼルⅡ.5である[16]．

詳細は省略するが，サブプライム問題で特にフォーカスされた，証券化商品・再証券化商品の取扱い等に関して，そのリスク捕捉を強化するための追加措置が手当てされた．

(5) バーゼルⅢ

バーゼルⅡ.5を経て，2010年12月に，漸く包括的な規制強化パッケージとしてバーゼルⅢ[17]が公表された．バーゼルⅢでは，バーゼルⅡ以来の，3つの柱から成る規制体系が維持されつつ，多岐に亘る規制強化が盛り込まれている．ここでは，特に大きな改定が加えられた，第一の柱に関する内容を取り上げることとし，(ア)資本の質と量の強化，(イ)新たな上乗せ資本要件，(ウ)流動性規制の導入，(エ)レバレッジ比率規制の導入，の順に内容を見ていくこととする．

なお，バーゼルⅢ導入は，本稿執筆時点において，段階移行の途上にあるが，特に注記のない限り，2019年に予定されている完全施行ベースのルールに基づいて記載することとする．

(ア) 第一の柱の強化：資本の質と量の強化

第一の柱に位置付けられる自己資本比率規制は，バーゼルⅢにおいても継承されており，見直し後の計算式は次のとおりである．

(資料) バーゼル銀行監督委員会公表文書を基に，みずほフィナンシャルグループ作成

図表6　自己資本比率規制（バーゼルⅢ）

リスクアセットの捕捉に関しても見直しが加えられているが，適格資本に関して，その質と量の両面において，大幅に規制強化が図られた．その方向性としては，より質の高い資本を，より高い水準で確保することを求める内容となっている．

従来あった Tier3 資本（短期劣後債務）が除外された等，資本調達手段の商品性等を踏まえた資本性認定要件が，総じて厳しくなった他，控除項目も拡大した．また，バーゼルⅡでは資本性の高い区分として扱われていた，Tier1 資本についても，特に資本性の高い「普通株式等 Tier1 資本」という区分が括り出され，一定水準以上（リスクアセット比 4.5% 以上）の確保が求められることとなった．

（イ）　第一の柱の強化：新たな上乗せ資本要件

自己資本比率規制については，上記の規制強化に加えて，さらに上乗せ資本として3段階の要件が課された．

①　資本保全バッファー（Capital Conservation Buffer）

銀行株主への配当等の，いわゆる社外流出をどの程度の規模で行うかは，銀行経営上の裁量であるが，自己資本を充実させる観点からは，流出額が小さい方が望ましい．資本保全バッファーは，経営環境が先行きストレス状態におかれる可能性を想定して，平時に一定の上乗せ資本の確保を求めることで，社外流出の規模に一定の抑止力を持たせるものである．

（資料）バーゼル銀行監督委員会公表文書を基に，みずほフィナンシャルグループ作成
＊バーゼルⅢ完全施行ベース（2019年以降）の水準であり，それまでは段階的に水準が引き上げられる

図表7　資本保全バッファー

②　カウンターシクリカルバッファー（Countercyclical Capital Buffer）

サブプライムローン問題には，米国住宅バブルを背景に，ローン総額とそれに応じたリスクが金融システム内に急速に積み上がった，という構造がある．この反省として，一定の上乗せ資本の確保を求めることで，景気過熱時におけるリスクの積み上がりに対する抑止力を持たせるものである．資本保全バッファーと似た考え方ではあるが，各国当局の裁量によって，景気過熱状況を判断し，0%～2.5% の範囲内で，上乗せ幅を決定する枠組みとなっている．

図表8　カウンターシクリカルバッファー

③　G-SIBs追加資本サーチャージ（G-SIBs Additional Loss Absorbency）

G-SIBs（Global Systemically Important Banks）とは，その規模等に鑑みて，国際金融システム全体に与える影響が大きな銀行をいい，当該銀行を「グローバルなシステム上重要な銀行」と指定し[18]，規制内容を加重する枠組みである．現在，日本のメガバンクグループを含む，30グループが指定されている．

G-SIBs追加資本サーチャージは，G-SIBsに対する複数の政策パッケージの一部を成すものであり[19]，金融システムに与える影響度合いを勘案して，5段階の区分に分類され，区分ごとに上乗せ資本の幅が決められている．

詳細については，第5章（銀行規制）4(3)を参照されたい．

（ウ）　第一の柱の強化：流動性規制の導入

世界金融危機においては，十分に高い水準の自己資本比率を確保しているにもかかわらず，保有資産の流動性不足により，債務の返済に窮する金融機関が見受けられたことから，流動性リスク管理の高度化を促すことを目的として，流動性規制の導入が決定された．従来，バーゼルIIにおける第一の柱とは，「自己資本比率規制」と同義であったが，バーゼルIIIでは，自己資本比率規制と並ぶ定量的規制として，流動性規制が位置付けられることとなった．

①　流動性カバレッジ比率　LCR（Liquidity Coverage Ratio）

短期的な流動性リスク管理の高度化を促す枠組みであり，経済がストレス状態に陥った場合に見込まれる，資金流出予定額をカバーできるだけの，流動性の高い資産の保有を求める指標である．

② 安定調達比率 NSFR(Net Stable Funding Ratio)(本稿執筆時点で本邦未導入)

中長期的な流動性リスク管理の高度化を促す枠組みであり，銀行のビジネスモデル上，資産・負債の期間構造の相違は不可避であるものの，長期運用の資産に対して，中長期的に安定的といえる調達が確保できているかを測る目的で，保有資産の内容と調達手段の内容に応じて計算される比率を，一定水準以上確保することを求める指標である．

(エ) 第一の柱の強化：レバレッジ比率規制の導入(本稿執筆時点で本邦未導入)

世界金融危機においては，十分に高い水準の自己資本比率を確保しているにもかかわらず，借入れ・債券発行の程度が過大であった金融機関が見受けられた．

リスクアセットの規模に応じて，必要な自己資本の規模が規定される自己資本比率規制の下では，リスクウェイトの低い資産を過大に積み上げることが可能であったことから，これを抑止する目的で，自己資本比率規制を補完するものとして，リスクウェイトを勘案しないレバレッジ比率規制の導入が検討されている．

(6) バーゼル規制の本邦法制上の措置

国際的な銀行監督規制の変遷は以上のとおりであるが，以下では，現行バーゼルIIIの内容が，我が国の法制上，どのように措置されているのかを見ていく．

① 第一の柱(自己資本比率規制，流動性規制)

第一の柱に対応する定量的規制については，銀行法14条の2にその規定がある．同条の柱書きにおいて，「内閣総理大臣は，銀行の業務の健全な運営に資するため，銀行がその経営の健全性を判断するための基準として次に掲げる基準その他の基準を定めることができる」とされ，このうち「次に掲げる基準」に対応して自己資本比率に関する基準[20]が，後段の「その他の基準」に対応して流動性比率に関する基準[21]が，それぞれ金融庁告示によって定められている．

なお，銀行持株会社グループに対しても，同様の規定がおかれている(銀行法52条の25および関連告示[22])．

② 第二の柱(銀行の自己管理と監督上の検証)

すでに述べたとおり，第二の柱については，第一の柱のような，画一的かつ詳細なルールという位置付けではない．したがって，我が国の制度上も，法律上の手当てがある訳ではなく，「主要行等向けの総合的な監督指針[23]」ならびに「金融コングロマリット監督指針[24]」において，監督行政上の「評価項目」あるいは「監督上の着眼点」として，その内容が定められている．

		銀行	銀行持株会社
第一の柱 自己資本比率規制 流動性規制 （レバレッジ比率）	自己資本比率規制 （自己資本比率 資本保全バッファー カウンターシクリカルバッファー）	銀行法14条の2 H18年金融庁告示第19号	銀行法52条の25 H18年金融庁告示第20号
	（G-SIBs サーチャージ）		H27年金融庁告示第80号
	流動性カバレッジ比率	H26年金融庁告示第60号	H26年金融庁告示第62号
	安定調達比率	（本邦未導入）	（本邦未導入）
	レバレッジ比率	（本邦未導入）	（本邦未導入）
第二の柱 銀行の自己管理と 監督上の検証	銀行の自己管理と 監督上の検証	主要行等向けの総合的な監督指針：Ⅲ-2 財務の健全性等 金融コングロマリット監督指針：Ⅱ-2 財務の健全性	
第三の柱 情報開示を通じた 市場規律	自己資本の充実の状況	銀行法21条 銀行法施行規則19条の2 H26年金融庁告示第7号	銀行法52条の29 銀行法施行規則34条の26 H26年金融庁告示第7号
	流動性カバレッジ比率	H27年金融庁告示第7号	H27年金融庁告示第7号
	レバレッジ比率	H27年金融庁告示第12号	H27年金融庁告示第13号

（資料）みずほフィナンシャルグループ作成

図表9　バーゼル規制を踏まえた本邦法制上の措置

③　第三の柱(情報開示を通じた市場規律)

第三の柱に対応した情報開示義務については，銀行法21条・銀行法施行規則19条の2他に規定があり，その詳細は，それぞれ金融庁告示によって定められている[25]．

銀行は，「ディスクロージャー誌」等の名称で，情報開示冊子を定期的に発行しているが，これは法令上の要請に基づく，「業務及び財産の状況に関する説明書類」であり，これを作成し，営業所に備え置き，公衆の縦覧に供することが義務づけられている．

なお，銀行持株会社グループに対しても，同様の規定がおかれている(銀行法52条の29，銀行法施行規則34条の26他および関連告示[26])．

（7）　規制抵触時の監督上の措置

以上で，国内法制上，バーゼル規制が，どのように手当てされているかを概観した．続いて，規制要件に抵触した場合に，いかなる監督上の措置が講じられるのかを見ていく．

（ア）　一般監督権限

銀行法上，銀行監督上必要と考えられる権限が，主務大臣に付与されている．すなわち，報告徴求(銀行法24条)，立入検査(銀行法25条)，業務改善命令・業務停止命令(銀行法26条)，免許取り消し(銀行法27条・28条)である．

このうち，免許取り消しを除いて，その権限発動のトリガーは，内閣総理大臣が，銀行の業務の健全かつ適切な運営を確保するため「必要があると認めるとき」であり，非常に裁量の大きな権限といえ，監督の実効性を確保するための源泉となっているといえよう．

なお，銀行持株会社グループに対しても，同様の規定がおかれている(銀行法52条の31から52条の34．ただし，銀行免許取り消しに相当する規定は，銀行持株会社に係る認可の取り消しである)．

（イ）　自己資本比率規制抵触時の監督上の措置

①　早期是正措置

第一の柱のうち，自己資本比率規制に抵触した場合，その程度に応じて(すなわち自己資本の不足の程度に応じて)，個別に監督上の措置が規定されている．その具体的内容は，図表10のとおりであり，最も厳しい措置としては，業務停止の命令があり得る(銀行法26条2項，銀行法第二十六条第二項に規定する区分等を定める命令1条1項1号および同条2項1号)．

なお，銀行持株会社グループに対しても，同様の規定がおかれている(銀行法52条の33第2項，銀行法第二十六条第二項に規定する区分等を定める命令3条1項1号)．

②　社外流出制限措置

自己資本比率規制における，3つの上乗せ資本(資本保全バッファー，カウンターシクリカルバッファー，G-SIBs追加資本サーチャージ)部分についても，これら上乗せ資本部分を総称した比率である，「資本バッファー比率」が，規制に抵触した場合，その程度に応じて(すなわち自己資本の不足の程度に応じて)，監督上の措置が規定されている．その具体的内容は，図表11のとおりであり，最も厳しい措置としては，社外流出額をゼロとする旨の命令があり得る(銀行法26条2項，銀行法第二十六条第二項に規定する区分等を定める命令1条1項2号および同条2項2号)．ここでいう社外流出額には，剰余金の配当，自己株式の取得，普通株式等Tier1比率に算入できる株式に係る自己新株予約権の取得，その他Tier1資本調達手段に対する配当・利息の支払・買戻し・償還，役員・経営上重要な従業員に対する賞

	連結自己資本比率	命令の内容（国際統一基準）
非対象区分	普通株式等 Tier1 比率 ≧4.5 % Tier1 比率　　　　　≧6.0 % 総自己資本比率　　　≧8.0 %	
第一区分	4.5 ％＞普通株式等 Tier1 比率≧2.25 % 6.0 ％＞　　Tier1 比率　　　≧3.0 % 8.0 ％＞　総自己資本比率　　≧4.0 %	経営の健全性を確保するための合理的と認められる**改善計画**（原則として資本の増強に係る措置を含むものとする）の提出・実行の命令
第二区分	2.25％＞普通株式等 Tier1 比率≧1.13 % 3.0 ％＞　　Tier1 比率　　　≧1.5 % 4.0 ％＞　総自己資本比率　　≧2.0 %	次に掲げる措置に係る命令* ①**資本の増強**に係る合理的と認められる計画の提出・実行 ②**総資産の圧縮**または増加の抑制 ③取引の通常の条件に照らして不利益を被るものと認められる条件による預金等の受入れの禁止または抑制 ④一部の営業所における**業務の縮小** ⑤本店を除く一部の営業所の廃止 ⑥子会社等の業務の縮小 ⑦子会社等の株式または持分の処分 ⑧固有業務以外の業務の縮小または新規の取扱いの禁止 ⑨その他金融庁長官が必要と認める措置
第二区分の二	1.13％＞普通株式等 Tier1 比率≧0.0 % 1.5 ％＞　　Tier1 比率　　　≧0.0 % 2.0 ％＞　総自己資本比率　　≧0.0 %	**自己資本の充実，大幅な業務の縮小，合併または銀行業の廃止**等の措置のいずれかを選択した上当該選択に係る措置を実施することの命令
第三区分	0.0 ％＞　いずれかの比率	**業務の全部または一部の停止の命令**

*上記は銀行連結ベースの措置であり，銀行持株会社の場合は③④⑤⑥⑧が除かれる
（資料）「銀行法第二十六条第二項に規定する区分等を定める命令」を基に，みずほフィナンシャルグループ作成

図表10　銀行法上の早期是正措置

与，その他これに準ずるものが含まれる．

なお，銀行持株会社グループに対しても，同様の規定がおかれている（銀行法52条の33第2項，銀行法第二十六条第二項に規定する区分等を定める命令3条1項2号）．

（ウ）　流動性規制抵触時の監督上の措置

第一の柱のうち，流動性規制については，現状，流動性カバレッジ比率（LCR）のみが法令上手当てされている．流動性カバレッジ比率規制に抵触した場合の措置については，現在のところ，自己資本比率規制に係る早期是正措置や社外流出制限措置のような，詳細な規定はおかれておらず，「流動性リスクの管理態勢について改善が必要と認められる」銀行については，一般監督権限に基づく対応

	連結資本バッファー比率*	命令の内容(国際統一基準)
資本バッファー非対象区分	資本バッファー比率≧最低比率	
資本バッファー第一区分	最低比率＞資本バッファー比率≧最低比率×3/4	**社外流出制限計画*1 の提出の求めおよびその実行の命令** *1 社外流出額の制限に係る内容(**調整税引後利益の60%の額から，その連結会計年度において既に支出した社外流出額を控除した額を上限として社外流出額を制限する内容をいう**)を含む連結資本バッファー比率を回復するための合理的と認められる改善計画をいう
資本バッファー第二区分	最低比率×3/4＞資本バッファー比率≧最低比率×1/2	**社外流出制限計画*2 の提出の求めおよびその実行の命令** *2 *1同様．但し，調整税引後利益の40%の額を基準とする
資本バッファー第三区分	最低比率×1/2＞資本バッファー比率≧最低比率×1/4	**社外流出制限計画*3 の提出の求めおよびその実行の命令** *3 *1同様．但し，調整税引後利益の20%の額を基準とする
資本バッファー第四区分	最低比率×1/4＞資本バッファー比率	**社外流出制限計画*4 の提出の求めおよびその実行の命令** *4 *1同様．但し，社外流出額を0に制限する

*資本保全バッファー＋カウンターシクリカルバッファー＋G-SIBサーチャージ
(資料)「銀行法第二十六条第二項に規定する区分等を定める命令」を基に，みずほフィナンシャルグループ作成

図表11 銀行法上の社外流出制限措置

(資金繰り改善措置)が想定されている[27]．

（エ）情報開示義務違反時の監督上の措置

情報開示義務違反に対しては，銀行法上の罰則規定がおかれているが(銀行法63条・64条)[28]，罰則規定の有無にかかわらず，適切な情報開示が確保されていない状況というのは，その程度や内容によっては，一般監督権限の行使対象になり得ると思われる．

3　銀行のリスク管理の実務

以上で，銀行のリスク管理を巡る，監督法制の内容を概観してきた．では，銀行実務において，どのようなリスク管理が行われているのだろうか．

以下では，みずほフィナンシャルグループにおけるリスク管理実務を例として紹介するが，その内容は主として，バーゼル規制上の第二の柱に対応する部分が

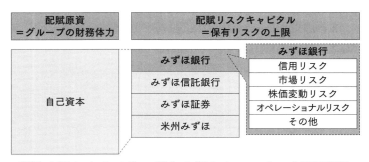

(資料) みずほフィナンシャルグループ作成．みずほフィナンシャルグループ「統合報告書」2017 年版の内容を一部編集した．

図表 12　キャピタルマネジメントの概念図

中心である．

（1）　キャピタルマネジメントの基本的枠組み

　銀行のリスク管理の究極的な目的は，リスク(損失可能性)を，自己資本の範囲内に制御することによって，預金者保護を確保する点にあることは，すでに述べた．これを実現するため，①銀行経営上のリスクを可能な限りリスク量として定量化し，②管理上適切な単位(銀行グループを構成する会社単位，リスクカテゴリー単位，事業部門単位等)で，リスク量に応じた資本(リスクキャピタル)を自己資本の範囲内で配賦し，③その範囲内で業務を行うことによって，総体としてのリスク量がリスクキャピタルを超過しないような管理を行う，というのが基本的枠組みである．

　これは経営資源の配賦管理そのものであり，経費予算等と同様の考え方といえるが，リスク量は日々増減することから，日常的なモニタリングがより重要となる．

（2）　リスク量の計量

　上記の枠組みの根幹を成すのが，リスクの定量化である．リスクを制御しようとしたとき，まず何よりリスクを定量化し，可視化することが必要である．そこで，一般的にリスクの定量化に用いられるのが，VaR(Value at Risk)という尺度である．VaR とは，保有資産から生じる予想最大損失額をいい，過去の観測データに基づく統計的手法によって，将来の一定期間内に，一定の発生確率の範囲内で見込まれる最大損失額を推計するものである．

　以下では，リスク量の計測イメージを取り上げるが，あくまでも例示であり，これが唯一の手法という訳ではなく，また計測手法を適宜見直す，といったことも実務上行われている．かかる取り組みは，リスク管理の高度化に向けた不断の

取り組みであり，バーゼル規制の第二の柱の精神に通じるものである．
（ア）　信用リスク量（信用 VaR）

各貸出し先のデフォルトに伴う損失が累積して，ポートフォリオ全体の損失となる様子を，乱数を用いたシミュレーションによって計測する（モンテカルロシミュレーション）．

与信先	デフォルト判定	与信残高 a	保全額等 b	信用 LGD* c	定数 LGD* d	デフォルト時損失 (a−b)×c+a×d
A 社	デフォルト	1,500	500	35%	5%	425
B 社	生存	3,000	1,000	35%	5%	0
C 社	デフォルト	2,500	2,500	35%	5%	125
D 社	デフォルト	2,125	0	35%	5%	850
合計	—	—	—	—	—	α　　1,400

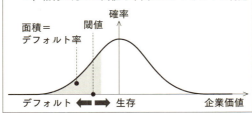

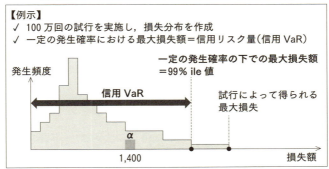

*LGD: Loss Given Default（デフォルト時損失率）
（資料）みずほフィナンシャルグループ作成

図表 13　信用 VaR の計測

(イ) 市場リスク量(市場 VaR)

保有する金融資産等のポートフォリオ全体について，過去の値動きから仮想損益を算出し，一定の確率内に発生する最大損失額を計測する(ヒストリカルシミュレーション).

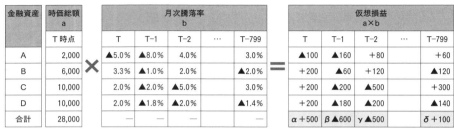

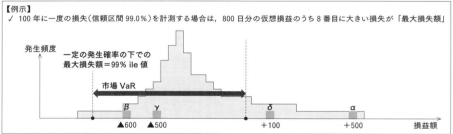

(資料)みずほフィナンシャルグループ作成

図表 14　市場 VaR の計測

(ウ) オペレーショナルリスク量(オペレーショナル VaR)

損失事象タイプごとに設定する，損失発生確率・損失金額規模の分布から，乱数を用いたシミュレーションによって計測する．自社内で実際に過去発生した損失に加えて，外部で発生した低頻度高損失事象も参考に分布を作成している．

損失事象タイプ	事例
内部不正	横領，着服，情報窃盗，故意の違反
外部不正	窃盗・強盗，偽造・盗難，詐欺
労務慣行	不当解雇，交通事故，セクハラ
取引慣行	説明義務違反，情報漏えい

損失事象タイプ	事例
資産損傷	災害，テロ
システム障害	ハード障害，ソフト障害
プロセス管理	誤入金・誤送金，重要物紛失

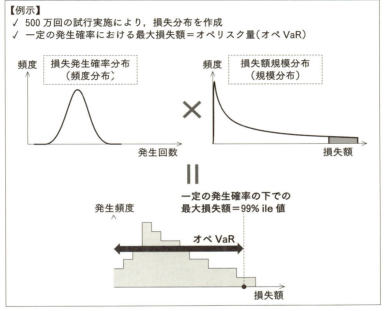

(資料) みずほフィナンシャルグループ作成

図表15　オペレーショナルVaRの計測

(3) VaRの限界とストレステストによる補完

VaRは，過去の観測データに基づき，統計的手法により計測される推定値であるため，過去に経験したことのない環境変化が起きるような場合には，将来の損失推計を過少評価してしまう可能性がある．また一定の発生確率の範囲内(たとえば信頼水準99％等)での最大損失額を推計するため，発生確率が極小さく，かつ損失額が非常に大きいケース(Tail-Risk)を排除してしまう，といった弱点がある．

そこで，ストレステストによって，統計的仮定を超える事象が発生した場合の

損失シミュレーションを行い，VaR の限界を補完している．

具体的には，将来発生し得るシナリオを設定し，それに応じて変動させるリスクファクター(たとえば金利・株価等)を設定し，リスクファクターの変動幅を設定し，VaR では捕捉できない損益を計測する，という手順である．

(4) リスクの制御方法

リスク管理における管理対象は，主として上記のリスク量であり，これを制御することが，リスク管理の直接の目的である．しかしながら，融資業務や市場取引といったビジネスの現場においては，リスク量という単位を意識しながら業務を行う訳ではない．

したがって，銀行全体としてのリスク量制御をワーカブルなものにするためには，一定の翻訳作業が必要である．たとえば，与信残高ベースの与信ガイドライン[29]設定や，投資上限等のポジション枠[30]設定などを有機的に組み合わせることが必要であり，斯かる一連の枠組みが総体となって，リスク管理体制が整備されている訳である．

4 リスクアペタイトフレームワーク

(1) 銀行経営上のリスクとの向き合い方

2008 年 11 月の金融サミット以降の一連の金融規制改革において，リスクアペタイト(Risk Appetite)という概念が非常に注目を浴びるようになった．

リスクアペタイトとは，「金融機関が，戦略目的と事業計画を達成するために，リスク負担能力の範囲内で，受け入れる意思のある(willing to assume)リスクの種類と水準」とされる概念である[31]．本章では，ここまで一貫してリスク管理の強化，リスクの制御・抑制という文脈で解説してきたが，「アペタイト」という積極的な語感を有するキーワードは，非常に対照的である．

多分に私見を交えて筆者なりにこの「アペタイト」を解釈すると，銀行の健全性規制は永年強化の途を辿り，銀行がリスクテイクに対して消極化しかねない環境になっているが，それでは金融仲介機能の発揮という，銀行の本源的役割の放棄に繋がりかねない，ということではないか．ここで，銀行法の目的条文を思い出してほしい．銀行の健全性維持は，預金者保護と金融の円滑を図るための「手段」であり，最終的な目的は，国民経済の健全な発展を目指すことにあった．す

なわち,銀行が金融仲介機能の発揮においてシュリンクすることは,本末転倒といえ,リスク管理に万全を期すことは当然の前提として,リスクテイクの側面においても適切に戦略設定し,これらを経営目標として一体的に運営することが,銀行のガバナンスの根幹をなすべき,という考え方が,改めて強調されたということではないだろうか.

2016年10月に公表された「平成28事務年度金融行政方針」の中では,金融行政運営の変革が謳われた.金融庁(発足当初は金融監督庁)は,その発足当初,不良債権問題等の緊急課題対応として実施した,「ルール重視の事後チェック型行政」は所期の成果を挙げた,と総括する一方で,こうした手法を機械的に継続することについては,「副作用が生じるおそれがある」と,かなり直截な表現を用いて,行政運営を変革していく方針が打ち出された[32].

(2) リスクアペタイトフレームワーク

リスクアペタイトの概念を踏まえたうえで,リスクアペタイトフレームワークとは「リスクアペタイトを設定し,伝達し,モニターするためのアプローチ全体(方針,プロセス,内部統制,システム等を含む)」と定義される[33].あまりにも抽象的であるので,みずほフィナンシャルグループにおける,リスクアペタイトフレームワークをご紹介する.すなわち「お客さまの実需に焦点をあてた適切なリスクテイクとソリューション提供を通じて競争優位を確立し,持続的かつ安定的な収益確保による企業価値の向上を実現し,公共的使命を全うすることを目指し〔中略〕この目的を達成するために,中期経営計画や業務計画〔中略〕の策定において,リスクアペタイトを明確にしたうえで戦略・施策や資源配分・収益計画を決定し,期中においてその運営状況をモニタリングする等,戦略とリスク管理の一体運営を通じたリスク・リターンの最適化」を行う枠組みと整理している[34].

(武弘則幸)

---

1) 金融庁「主要行等向けの総合的な監督指針」I-4「主要行等向けの総合的な監督指針の策定上の重点事項」を参照されたい.http://www.fsa.go.jp/common/law/guide/city.pdf
2) "International Convergence of Capital Measurement and Capital Standards"(バーゼル銀行監督委員会,1988年7月)
3) "Amendment to the Capital Accord to incorporate market risks"(バーゼル銀行監督委員会,1996年1月)
4) "International Convergence of Capital Measurement and Capital Standards A Revised Framework"(バーゼル銀行監督委員会,2004年6月)

5) バーゼルⅡ公表文書における表記は，単に「監督上の検証(Supervisory Review Process)」であるが，前後の文脈を踏まえて，本章ではこのように記載した．
6) バーゼルⅡ公表文書における表記は，単に「市場規律(Market Discipline)」であるが，前後の文脈を踏まえて，本章ではこのように記載した．
7) Probability of Default，債務者が1年間のうちにデフォルトする確率．
8) Loss Given Default，デフォルト時の与信残高に対する経済的損失額の割合．
9) "International Convergence of Capital Measurement and Capital Standards A Revised Framework"(バーゼル銀行監督委員会，2004年6月)段落725以下．
10) サブプライムローンは，2000年代前半に，米国の住宅バブルを背景として，急速に取扱が増えた住宅ローンである．ローンの借り手は，一般の住宅ローンが利用困難な顧客層(過去に延滞履歴がある等)であったことから，相対的に大きな債務不履行リスクを抱えていたが，住宅バブルの局面では，無理なローン借り入れであっても，資産価値の上昇メリットが享受できた．その後，住宅価格は2006年をピークに下落に転じ，サブプライムローンが抱えるリスクが一気に顕在化した．
11) Residential Mortgage Backed Securities.
12) Collateralized Debt Obligation.
13) BNP Paribasによる傘下ファンドの解約凍結(2007年8月)，JP Morgan ChaseによるBear Stearns買収(2008年5月)，Lehman Brothersの倒産手続き開始，FRBによるAIG救済策公表(ともに2008年9月)等．
14) 日本・米国・英国・フランス・ドイツ・イタリア・EU・オーストラリア・中国・韓国・インド・インドネシア・アルゼンチン・ブラジル・カナダ・メキシコ・ロシア・サウジアラビア・南アフリカ・トルコの20カ国・地域である．
15) "Declaration Summit on Financial Markets and the World Economy"(2008年11月)．http://www.un.org/ga/president/63/commission/declarationG20.pdf
16) "Enhancements to the Basel II framework", "Revisions to the Basel II market risk framework", "Guidelines for computing capital for incremental risk in the trading book"(バーゼル銀行監督委員会，2009年7月)
17) "Basel III: A global regulatory framework for more resilient banks and banking systems", "Basel III: The Liquidity Coverage Ratio and liquidity risk monitoring tools", "Basel III: The Net Stable Funding Ratio"(バーゼル銀行監督委員会，2010年12月)
18) "Global Systemically Important Banks: Assessment Methodology and the Additional Loss Absorbency Requirement"(バーゼル銀行監督委員会，2011年11月)．
金融システムに与える影響度合いは，国際的活動度合い(Cross-jurisdictional activity)，規模(Size)，相互関連性(Interconnectedness)，代替可能性(Substitutability/financial institution infrastructure)，複雑性(Complexity)を勘案して検討される．
19) その他の政策メニューについては，"Policy Measures to Address Systemically Important Financial Institutions"(金融安定理事会，2011年11月)，"Key Attributes of Effective Resolution Regimes for Financial Institutions"(金融安定理事会，2011年10月)を参照されたい．
20) 平成18年金融庁告示第19号「銀行法第十四条の二の規定に基づき，銀行がその保有する資産等に照らし自己資本の充実の状況が適当であるかどうかを判断するための基準」
21) 平成26年金融庁告示第60号「銀行法第十四条の二の規定に基づき，銀行がその経営の健全性を判断するための基準として定める流動性に係る健全性を判断するための基準」
22) 平成18年金融庁告示第20号「銀行法第五十二条の九の規定に基づき，銀行持株会社が銀行持株会社及びその子会社の保有する資産等に照らしそれらの自己資本の充実の状況が適当であるかどうかを判断するための基準」，平成27年金融庁告示第80号「銀行法第五十二条の二十五の規定に基づき，銀行持株会社が銀行持株会社及びその子会社の保有する資産等に照らしそれらの自己資本の充実の状況が適当であるかどうかを判断するための基準第二条の二第五項第一号及び第二号の規定に基づき，金融庁長官が別に指定する銀行持株会社及びその子会社等及び金融庁長官が別に定める比率」，平成26年金融庁告示第62号「銀行法第五十二条の二十五の規定に基づき，銀行持株会社が銀行持株会社及びその子会社等の経営の健全性を判断するための基準として定める流動性に係

る健全性を判断するための基準であって，銀行の経営の健全性の判断のために参考となるべきもの」．

なお，日本における G-SIBs は，現在，全て銀行持株会社グループであるため，「G-SIBs 追加資本サーチャージ」関連告示は銀行持株会社向けのみが存在する．

23) http://www.fsa.go.jp/common/law/guide/city/03b.html
24) http://www.fsa.go.jp/common/law/guide/conglomerate/index.html
25) 平成26年金融庁告示第7号「銀行法施行規則第十九条の二第一項第五号ニ等の規定に基づき，自己資本の充実の状況等について金融庁長官が別に定める事項」，平成27年金融庁告示第7号「銀行法施行規則第十九条の二第一項第五号ホ等の規定に基づき，流動性に係る経営の健全性の状況について金融庁長官が別に定める事項」，平成27年金融庁告示第12号「銀行法施行規則第十九条の二第一項第五号ニ等の規定に基づき，自己資本の充実の状況等について金融庁長官が別に定める事項第一条第一項第五号の規定に基づき，金融庁長官が別に定める連結レバレッジ比率」．

なおレバレッジ比率については，第一の柱としての法令上の手当てはないが，開示義務は課されている．

26) 平成26年金融庁告示第7号「銀行法施行規則第十九条の二第一項第五号ニ等の規定に基づき，自己資本の充実の状況等について金融庁長官が別に定める事項」，平成27年金融庁告示第7号「銀行法施行規則第十九条の二第一項第五号ホ等の規定に基づき，流動性に係る経営の健全性の状況について金融庁長官が別に定める事項」，平成27年金融庁告示第13号「銀行法施行規則第十九条の二第一項第五号ニ等の規定に基づき，自己資本の充実の状況等について金融庁長官が別に定める事項第一条第一項第七号の規定に基づき，金融庁長官が別に定める持株レバレッジ比率」．
27) 金融庁「主要行等向けの総合的な監督指針」III-2-3-4-3(1)③「オフサイト・モニタリングに基づく早期警戒」を参照されたい．
28) 行為者に対する1年以下の懲役または3百万円以下の罰金および，法人に対する両罰規定(2億円以下の罰金)がある．
29) たとえば，特定の大口個社や企業グループへの与信集中に伴う信用リスクを制御するため，格付に応じた個社別の与信残高上限の設定(格付別個社与信ガイドライン)や，企業グループ別の与信残高上限の設定(企業グループ別与信ガイドライン)を行っている．
30) たとえば，ファンド投資に係る投資上限設定や，満期保有目的債券に係る投資上限設定などを行っている．
31) "Observations on Developments in Risk Appetite Frameworks and IT Infrastructure"(シニアスーパーバイザーグループ，2010年12月)や，"Principles for An Effective Risk Appetite Framework"(金融安定理事会，2013年11月)において，リスクアペタイトの概念が提示されている．
32) 「平成28事務年度金融行政方針」(金融庁，2016年10月)を参照されたい．http://www.fsa.go.jp/news/28/20161021-3/02.pdf
33) "Principles for An Effective Risk Appetite Framework"(金融安定理事会，2013年11月)
34) みずほフィナンシャルグループ「統合報告書」2016年版74頁．

第7章　銀証分離規制

1　はじめに

　銀証分離規制とは，銀行等の金融機関が証券業を営むことを禁止する規制のことをいう．我が国における銀証分離規制は，1948年制定の旧証券取引法(以下「証取法」という)65条にて導入され，現在の金融商品取引法(以下「金商法」という)33条に受け継がれている．金商法33条は，銀行等の金融機関は，法律にて定める例外を除いて，有価証券関連業または投資運用業を行ってはならないことを定めており，銀行による証券業務の禁止を原則としつつ，弊害のおそれが少ないと考えられる一定の場合についてのみ許容する構成となっている．

　現在，我が国の金融機関は，「貯蓄から投資へ」のスローガンのもと，資産運用ニーズのある銀行顧客を証券会社に紹介するといった銀証連携ビジネスの推進に力を入れている．当然ながら，連携ビジネスは銀証分離規制(ファイアーウォール規制等を含む，以下同じ)に留意しながら行われているが，規制の複雑さ故に，銀行や証券会社の営業現場では，コンプライアンス(法令等遵守)態勢の運営に多大なコストをかけている．

　本章では，この銀証分離規制の全体像を説明すべく，沿革や規制内容，諸外国の状況等を概観したうえで，銀証連携ビジネスの法的形態およびコンプライアンス上の留意点について解説する．そして最後に，実効的・効率的な規制に向けての方向感を考察する．

　なお，記載されている意見・見解は筆者個人のものであり，所属会社としての意見・見解ではないということを，念のために付言する．

2 銀証分離規制の概要

(1) 規制の目的

銀証分離規制の目的は，①銀行財務の健全性確保による「預金者保護」，②利益相反取引の防止による「投資者保護」，③優越的地位の濫用防止による「産業界保護」の3つとされる．銀行等が証券業を営むことを禁止することにより，市場変動の影響を受けやすい証券業務を銀行のバランスシートから切り離し，財務を安定させることができる．また，経営不振先が発行した株式や社債を，銀行等がその事実を伏せて一般投資家に販売し，その販売代金で融資を回収するといった利益相反取引を防止できる．さらに，融資先に対して一定の影響力を持つ銀行等が，直接金融による資金調達パイプも握ることにより，その影響力を不当に行使して産業支配を行うことも防止できる．

(2) 規制の沿革

銀証分離規制は，1948年の導入以降，銀行等が証券業務を行うことを禁止するという原則は維持しつつも，例外的に許容される範囲が拡大されてきた[1]．まず，1993年に施行された金融制度改革法[2]にて，業態別子会社方式による銀証間の相互参入が解禁された．これにより銀行が証券会社を子会社として設立したり，証券会社が銀行を子会社として持つことが認められるようになった[3]．

その一方で，相互参入により想定される優越的地位の濫用防止や利益相反取引等の弊害を防止することを目的に，新たに「ファイアーウォール規制(弊害防止措置)」が導入された．当時導入されたファイアーウォール規制は，銀証間での役職員の兼職規制，信用供与を利用した抱き合わせ行為の禁止，非公開顧客情報の授受の禁止，共同訪問の禁止，人事交流の制限，店舗の共用制限など多岐に渡る．

次に，1998年の「金融システム改革」[4]において，銀行・証券会社を保有する金融持株会社の設立や，銀行等による投資信託の窓口販売が解禁された．また，1999年には，ファイアーウォール規制のうち，銀証による共同訪問の解禁，人事交流制限の廃止，店舗の共有制限の撤廃等が行われた．その後も，銀行と証券の共同店舗解禁(2002年)，銀行による証券仲介業務(金融商品仲介業務)の解禁(2004年)等が行われている．

次の節目となったのが，2007年の「金融・資本市場競争力強化プラン」[5]であ

る．プラン策定にあたって，当時の金融審議会分科会で，銀証分離規制見直しの是非が議論された．見直し賛成の立場からは，銀証分離規制がその目的に照らして過剰な規制であり，特に非公開顧客情報の授受規制や役職員の兼職規制が総合金融グループとしてのサービス提供の障害になっている等の主張がされる一方，見直し反対の立場からは，見直しに伴い利益相反取引や優越的地位の濫用といった弊害が顕在化することへの懸念が表明された．このような議論を経て，2008年の金商法改正において，グループベースでの利益相反管理態勢の整備義務や，優越的地位の濫用の禁止が新たに法令に織り込まれる一方で，特に金融界から見直しの要望が強かった銀証間での役職員の兼職規制の撤廃が行われるとともに，法人顧客に限定した非公開情報の共有制限の緩和等も行われている[6]．

(3) 現在の銀証分離規制

次に，このような変遷を経た，現在の銀証分離規制について説明する．

銀証分離規制を構成する個々の規制は，「金融商品取引法」「金融商品取引法施行令」「金融商品取引業等に関する内閣府令」(以下「業府令」という)等の法令に定められている[7]．また，法令本体だけではなく，当局により公表されている監督指針やQ&A等も，規制に基づく実務運営を行っていく上で重要な役割を担っている．

(ア) クロスマーケティングの禁止

銀証分離規制の根幹をなすのが「クロスマーケティングの禁止」である．金商法33条は，銀行等の金融機関が，有価証券関連業(いわゆる証券業)または投資運用業を行ってはならないことを定めている．ただし，投資信託の窓口販売など，一定の有価証券関連業に該当する行為[8]については，登録金融機関業務として銀行等が行うことを認めている．

(イ) ファイアーウォール規制(弊害防止措置)

「ファイアーウォール規制(弊害防止措置)」は多岐にわたるが，そのうち主なものを紹介する(図表1)．なお，本章では金融商品取引業者に対する規制を中心に記載しているが，登録金融機関業務に対しても同様の規制が定められていることが多いので留意が必要である．

① アームズ・レングス・ルール

金融商品取引業者は，通常の取引の条件と異なる条件であって取引の公正を害するおそれのある条件で，当該金融商品取引業者の親法人等または子法人等と有

【親法人等又は子法人等が関与する行為の制限】（金商法44条の3第1項）
金融商品取引業者又はその役員若しくは使用人は、次に掲げる行為をしてはならない(注1).
【金融商品取引に係るアームズ・レングス・ルール】（金商法44条の3第1項1号） 通常の取引の条件と異なる条件であって取引の公正を害するおそれのある条件で，親法人等又は子法人等と有価証券の売買その他の取引等を行うこと．
【信用供与を利用した抱き合わせ行為の禁止】（金商法44条の3第1項2号） 金融商品取引業者との有価証券の売買その他の取引等の契約を締結することを条件としてその親法人等又は子法人等が顧客に対して信用を供与していることを知りながら，当該顧客と当該契約を締結すること．
【内閣府令への委任】（金商法44条の3第1項4号） 金融商品取引業者の親法人等又は子法人等が関与する行為であって投資者の保護に欠け，若しくは取引の公正を害し，又は金融商品取引業の信用を失墜させるおそれのあるものとして内閣府令で定める行為．
【利益相反に係る開示】（業府令153条1項3号） 　親法人等又は子法人等に対して借入金に係る債務を有する者が発行する有価証券の引受人となる場合であって，当該有価証券に係る手取金が当該債務の弁済に充てられることを知りながら，その旨を顧客に説明することなく当該有価証券を売却，あるいはその旨を金融商品仲介業務の委託を行う者に説明することなく売却の媒介等をさせること．
【バックファイナンスの禁止】（業府令153条1項5号） 　有価証券の引受人となった日から6月を経過する日までの間において，当該金融商品取引業者の親法人等又は子法人等がその顧客に当該有価証券の買入代金につき貸付けその他信用の供与をしていることを知りながら，当該有価証券を売却すること．
【非公開情報の授受の禁止】（業府令153条1項7号） 　有価証券関連業を行う金融商品取引業者が発行者等に関する非公開情報を当該金融商品取引業者の親法人等又は子法人等から受領し，又は当該親法人等若しくは子法人等に提供すること(注2)．
【非公開情報を利用した業務運営の禁止】（業府令153条1項8号） 　金融商品取引業者等の親法人等又は子法人等から取得した顧客に関する非公開情報を利用して金融商品取引契約の締結を勧誘すること．
【別法人であることを開示しない業務運営の禁止】（業府令153条1項11号） 　金融商品取引業者等が，その親銀行等又は子銀行等と共に顧客を訪問する際に，その親銀行等又は子銀行等と別の法人であることの開示をせず，同一の法人であると顧客を誤認させるような行為を行うこと．
【利益相反管理態勢の整備義務】（金商法36条2項） 特定金融商品取引業者等は，当該特定金融商品取引業者等又はその親金融機関等若しくは子金融機関等が行う取引に伴い，当該特定金融商品取引業者等又はその子金融機関等が行う金融商品関連業務に係る顧客の利益が不当に害されることのないよう，内閣府令で定めるところにより，当該金融商品関連業務に関する情報を適正に管理し，かつ，当該金融商品関連業務の実施状況を適切に監視するための体制の整備その他必要な措置を講じなければならない．

（注）1. 公益または投資者保護のため支障を生じることが認められるものとして内閣総理大臣の承認を受けたときは，その限りではない．
　　 2. ①事前に書面同意がある場合，②内部統制報告書を作成するために必要な情報，③法令等に基づいて非公開情報を受領し，提供する場合等を除く．

図表1　主なファイアーウォール規制および利益相反管理態勢の整備義務

価証券の売買その他の取引等を行うことが禁止されている(金商法44条の3第1項1号). 証券会社などの金融商品取引業者が, グループ会社と有価証券の売買等を行う場合, その取引条件は, グループ外の第三者と行う場合と原則同一とする必要がある. 本規制は, 誰とでも一定の間隔(腕の長さ)を置く必要があるとの主旨から「アームズ・レングス・ルール」と呼ばれており, 主として金融商品取引業者の経営の独立性・健全性を確保することを目的としている[9].

② 信用供与を利用した抱き合わせ行為の禁止

金融商品取引業者は, 金融商品取引業者と有価証券の売買その他の取引等の契約を締結することを条件としてその親法人等または子法人等が顧客に対して信用を供与していることを知りながら, 当該顧客と当該契約を締結することが禁止されている(金商法44条の3第1項2号). 銀行が, グループ内の証券会社からの株式購入を条件として, 取引先に購入代金の貸出を実行し, 証券会社が, そのような事情を知りながら, その取引先に株式を売却するようなケースがこれに該当する(図表2). 本規制は, 銀行が債権者として取引先に対して有する影響力を不当に行使して株式を買わせるといった優越的地位の濫用行為の防止等を目的としている.

図表2　信用供与を利用した抱き合わせ行為の禁止

③ 非公開顧客情報の授受の禁止

有価証券関連業を行う金融商品取引業者は, 発行者等(顧客を含む[10])に関する非公開情報を, 当該金融商品取引業者の親法人等若しくは子法人等から受領し, または提供することが禁止されている(金商法44条の3第1項4号, 業府令153条1項7号). 例外として授受できるのは, 非公開情報の授受について, あらかじめ書面による同意を得ている場合や, 内部監査のような内部管理目的での情報授受である場合等[11])に限定されている(業府令153条3項)[12]. 本規制は, 主として顧客の保護を目的としている. 銀行や証券会社では, 本規制を遵守すべく, 非同意先顧客の情報授受を誤って行わないよう, 電子メール監査を行ったり, 電話録音によるモニタリングを行うなどのコンプライアンス態勢を整備している[13].

なお，法人顧客の非公開情報の授受に限定して，書面同意ではなく，オプトアウト方式での同意取得も認められている（業府令153条2項）．また，外国法人に対しては書面同意ではなく，一定要件のもと，電子メールによる同意も「同意」として認められている．

その他のファイアーウォール規制として，利益相反に係る開示，親・子法人等の発行証券の引受主幹事制限，バックファイナンスの禁止，引受証券の売却禁止，別法人であることを開示しない業務運営の禁止等がある．

(ウ) 利益相反管理態勢の整備義務

利益相反管理態勢の整備義務は，銀証間のファイアーウォール規制の緩和等にあわせて，2008年の金商法改正により法制化された．金融機関の提供するサービスの多様化や，世界的な金融コングロマリット化の進展に伴い，金融機関内または金融グループ内において，競合・対立する複数の利益が存在し，利益相反が発生するおそれが高まっているとの状況認識のもと，金商法36条2項にて，特定金融商品取引業者等（証券会社および登録金融機関）[14]は，利益相反取引により金融商品関連業務に係る顧客の利益が不当に害されることのないよう，当該業務に関する情報を適正に管理し，かつ，当該業務の実施状況を適切に監視するための体制の整備その他必要な措置を講じなければならない旨が定められた[15]．銀行・証券会社は，法令および監督指針に基づき，グループ内で利益相反のおそれがある取引を特定・類型化し，類型ごとの管理フローに基づき利益相反チェックを実施．顧客の利益を不当に害すおそれがある場合は，そのリスクに応じて，「情報遮断措置の導入」「価格の公正性の確認」「取引の回避」等の対応を指示する態勢を整備する必要がある．

利益相反の管理対象となる典型的な事例として，取引先同士の敵対的買収が挙

図表3　利益相反管理の対象事例

げられる(図表3)．取引先A社がB社を敵対的買収しようとしている局面で，銀行がA社に対して買収資金を貸し出し，一方で同じグループ内の証券会社が，B社の買収防衛アドバイスを行うケースである．この場合の対応としては，いずれかの取引(役務)を回避することが通常である．

(4) 諸外国・地域における銀証分離規制

次に，諸外国・地域における銀証分離規制を，我が国の規制と比較する(図表4)．

まず，米国の銀証分離規制は，1933年に制定されたグラス・スティーガル法を原点としている．1929年に発生した大恐慌時に，銀行が，経営が悪化した取引先に社債を発行させ，その代金から貸出金を回収するという行為が横行した．その後，社債は紙くずとなり，購入した一般投資家が多額の損失を被った．その反省から，グラス・スティーガル法において，銀行本体による証券業務の禁止，証券会社による預金受入の禁止が定められるとともに，その実効性を持たせるため，証券業務に従事する子会社の保有禁止，銀行と証券会社間の役職員兼職の禁止等の規制もあわせて導入された．

その後，時代が進み，1987年に，銀証分離規制の一部緩和として，銀行持株会社の子会社による一部証券業務の解禁が行われ，代わりに，弊害防止措置としてのファイアーウォール規制の導入，具体的には非公開顧客情報の共有制限等が導入された．続いて1997年にファイアーウォール規制自体も緩和され，この段階で非公開顧客情報の共有制限が撤廃された．さらに，1999年のグラム・リーチ・ブライリー法で，金融持株会社形式での銀行・証券会社グループ化等も可能になった．

我が国も，米国と同様の軌跡を辿って銀証分離規制の緩和を進めており，結果として現在の米国の規制と比較すると，金融グループ内における非公開顧客情報授受に関する規制が異なる点を除き，概ね同一となっている．

米国以外の国・地域では，その多くが銀行の証券業参入を認めている．

まずEU(European Union：欧州連合)では，「資本要件指令(Capital Requirement Directive)」にて，銀行業務を行う金融機関(信用機関)の業務範囲を定めている．加盟国は，「指令」に基づき国内法を整備し，金融機関に適用する[16]．その結果，EU域内では，国により金融機関の呼び方等は異なるものの，ほぼ同一の規制が

米国	①銀行本体による証券業務の実施は原則不可 ②金融持株会社のもとで銀行・証券会社のグループ化が可能 ③銀証間での役職員兼職が可能 ④金融グループ内における非公開顧客情報授受を制限する規制なし
EU各国	①ユニバーサルバンク方式の下，金融機関による銀行業務と証券業務の兼業が可能 ②金融コングロマリットとして銀行・証券のグループ化が可能 ③銀証間での役職員兼職が可能 ④金融グループ内における非公開顧客情報授受を制限する規制なし(※) ※実務上は顧客保護等の観点から顧客同意を取得(国により若干の差異あり).
シンガポール	①銀行本体において証券業務を実施可能 ②銀行・証券のグループ会社化禁止規定なし ③銀証間での役職員兼職が可能 ④金融グループ内における非公開顧客情報授受を制限する規制なし(※) ※実務上は守秘義務等の観点から書面同意を取得要.
香港	①銀行は登録をうけることにより証券業務を実施可 ②銀行・証券のグループ会社化禁止規定なし ③銀証間での役職員兼職が可能 ④金融グループ内における非公開顧客情報授受を制限する規制なし(※) ※実務上は守秘義務等の観点から口頭またはオプトアウト方式による同意を取得.
中国	①銀行による証券業務の実施は原則不可(一部の証券業務につき認可を前提に許容) ②金融持株会社方式による銀行・証券・保険の相互参入が可能(禁止規定なし) ③金融グループ内における非公開顧客情報授受を制限する規制なし(※) ※実務上は守秘義務等の観点から書面または口頭同意を取得.

(注) 非公開顧客情報授受については，法人顧客の情報を対象とした状況を記載.
(資料) 三菱UFJリサーチ＆コンサルティング「諸外国における金融制度の概要」(平成26年3月)等により作成.

図表4 諸外国・地域の銀証分離規制
(下線が我が国の銀証分離規制との相違箇所)

適用されている．EUにおける規制の最大の特徴は，ユニバーサルバンク方式の下，金融機関による銀行業務と証券業務の兼業が可能という点にある．EU各国では，金融コングロマリットにおいて銀行・証券のグループ化が可能であり，役職員の兼職も可能である．

次に，アジアにおける金融センターであるシンガポールをみると，同国では，その歴史的経緯から，英国をモデルとした金融制度が導入されており，EUのユニバーサルバンク方式と同じく，銀行本体において証券業務の実施が可能である．銀行・証券のグループ会社化についても禁止規定がなく，銀証間での役職員の兼職も可能である．また，同様に，香港についても，銀行は登録を受けることにより，証券業務を原則として実施可能である．一方で，中国では，我が国と同様に，銀証分離規制を導入しており，銀行による証券業務の実施は原則不可である．

一方，金融グループ内における非公開顧客情報授受については，EU 各国・アジア諸国とも，守秘義務等の観点から顧客同意を得ることを必要とする国は多いものの，ファイアーウォール規制の観点から書面同意を必須としている国はない．

なお，本章では触れないが，2008 年のリーマンショック後，銀行の健全性確保のため，自己勘定でのデリバティブ取引のような高リスク取引の銀行本体での実施を制限するといった規制が各国に導入されている．

3　銀証連携ビジネスとコンプライアンス

（1）　銀証連携ビジネスの法的形態

我が国の主要金融グループ（いわゆる3メガ）は，いずれもグループ内に銀行と証券会社を擁しており，銀証連携ビジネスの推進を営業戦略の柱に掲げている．また，地方銀行も，富裕層との取引拡大等を目的として，証券子会社の設立を活発化させている．

銀証連携ビジネスの法的形態は，大きく「証券会社紹介」「銀証兼職」「金融商品仲介」「銀行代理」の4つに区分できる．法人ビジネスでは，企業の調達・コンサルティングニーズへの対応が銀証連携の柱であり，株式上場を展望している銀行取引先に証券会社を紹介したり（証券会社紹介），資金調達を予定している取引先に銀証兼職者が銀行借入・起債による調達を提案する（銀証兼職）等の方法で活用されている．一方，個人ビジネスにおいては，運用ニーズのある銀行顧客に対して証券会社を紹介したり（証券会社紹介），銀行営業店にて証券会社が取り扱う社債を販売する（金融商品仲介）等の方法が中心である．なお，「銀行代理」は，銀行法に基づく制度であり本章での説明は省略するが，証券会社等が預金・貸出・為替といった銀行業務を銀行に代理して行い，または銀行に取り次ぐ業務をいう．証券会社の窓口で銀行預金口座の開設を受け付けるサービスがこれに該当する．

（2）　証券会社紹介

「証券会社紹介」とは，顧客からの要請に基づき，銀行等の金融機関が証券会社を紹介する形態をいう[17]．例として，退職金等まとまった資金があり，リスクが多少あっても有利な運用をしたいと望んでいる個人顧客が，なじみの銀行員に対して証券会社を紹介することを要請．連絡を受けた証券会社の担当者が顧客に

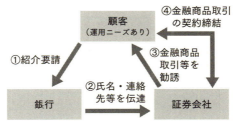

図表5　証券会社紹介

対して，株式・社債等による運用を提案（勧誘）するといったスキームが典型である（図表5）．

「証券会社紹介」を行うに当たってのコンプライアンス上の留意点は，大きく2つある．

第1が，紹介行為が，金融商品取引の「勧誘」に該当しないようにすることである．「勧誘」とは，一般的には，「金融取引への誘引を目的として，特定の利用者を対象として行われる行為」と解されている[18]．「紹介」との境界はあいまいであるが，監督指針において，「勧誘」に該当しない行為（「紹介」に含まれる行為）として，①当該銀行等の店舗に，金融商品取引業者が自らを紹介する宣伝媒体を据え置くことまたは掲示すること，②当該銀行等と金融商品取引業者の関係または当該金融商品取引業者の業務内容について説明を行うことが例示されている（Ⅷ-2-5）．これを受けて銀行は，銀行員の行為が「紹介」の範囲を逸脱し，個別の金融商品取引の「勧誘」にならないよう，証券会社の業務内容の説明は可とするも，社内ルール等にて，個別の金融商品の説明やパンフレットの配付を行うことにより証券会社との金融商品取引の契約の成立を支援することを禁止している．

第2の留意点が，証券会社に顧客の非公開情報を伝達しないようにすることである．前述のとおり，金商法等にて，有価証券関連業を行う金融商品取引業者は，事前に書面同意がある場合等を除き，発行者等（顧客を含む）に関する非公開情報を親法人等または子法人等から受領し，または提供することが禁止されている（業府令153条1項7号）．書面同意なく伝達できるのは，顧客の氏名や連絡先等，紹介を行うに必要な最低限の情報のみであり，購入したい金融商品の銘柄等の伝

(3) 銀証兼職

「銀証兼職」とは，一般的に，営業部門の役職員が銀行と証券会社を兼職し，兼職先各々の立場で顧客に金融サービスを提供する業務をいう[19]．例として，銀行の法人営業部門の職員が，証券会社のインベストメントバンキング（投資銀行業務）部門の職員を兼職し，法人取引先に対して，銀行員の立場で銀行借入れによる調達を提案，証券会社社員の立場で社債発行による調達を提案するケースが該当する（図表6）．銀証兼職を行うことにより，銀行員の立場では銀行業務，証券会社社員の立場では証券業務を提供することができるため，銀証連携ビジネスにおいて効果的な形態であるが，実際は，兼職者には銀行と証券会社双方の業務知識が必要であり，また，制度上，日本証券業協会への外務員登録は片方の兼職先でしかできず，証券業務と登録金融機関業務をかけもちで行うことはできないこと等から，導入は一部にとどまっている．

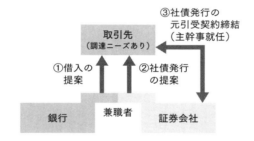

図表6　銀証兼職

「銀証兼職」において留意しなければならないのは，第1に誤認防止である．法令上，金融商品取引業者が，その親銀行等または子銀行等と共に顧客を訪問する際に，当該金融商品取引業者がその親銀行等または子銀行等と別の法人であることの開示をせず，同一の法人であると顧客を誤認させるような行為を行うことが禁止されている（業府令153条1項11号）．このため，兼職者は，顧客に対して，銀行員・証券会社社員いずれの立場で金融サービスを提供しているのかを，顧客面談時等において明示する必要がある．

第2に，顧客の書面同意がない限り，銀行業務にて入手した非公開顧客情報を証券業務で利用したり，証券業務にて入手した情報を銀行業務で利用すること

ができない.ただし,現実的には,兼職者自身の頭の中に情報隔壁(チャイニーズウォール)を設けることはできず,銀行・証券業務間で情報の授受・相互利用を行わない旨の社内ルールを作ったとしてもその実効性を保つのは難しいことから,銀証兼職を導入する際は,兼職者の担当先を,情報共有同意書の提出を受けている顧客,または,銀行・証券会社いずれかの金融サービスへのニーズしか想定されない顧客に限定すること等により対応する場合が多い.

第3に,銀証兼職に適用される「ホームベース規制」への対応である.ホームベース規制は,2008年の兼職規制の撤廃時に,監督指針に定められた(Ⅳ-3-1-4(2))[20].銀証兼職者は,銀行・証券会社いずれかをホームベースとして選択した上で,たとえば銀行をホームベースとして選択した場合,銀行サイドでは同意先・非同意先いずれの顧客情報にもアクセスできるが,証券会社サイドでは同意先顧客情報だけにアクセスすることができ,証券会社が保有する非同意先の顧客情報を見ることはできない(図表7).このような複雑な規制(の解釈)を導入した目的は,兼職者を通じて非同意先顧客情報が銀行・証券会社間で授受されてしまうこと,つまり「非公開顧客情報の授受禁止」の潜脱行為の防止といわれている.

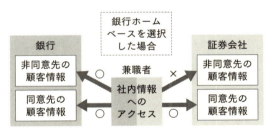

図表7 ホームベース規制

現実的には,銀行・証券会社の社内で同意先・非同意先情報が分別管理されているケースは少ない.そのため,兼職者が銀行をホームベースとして選択した場合は,証券会社の社内データベースへのアクセスや,社内会議への出席を原則禁止とすること等により対応する場合が多く,銀証兼職を導入するに当たっての制約要因となっている.

(4) 金融商品仲介

「金融商品仲介」とは,金融商品仲介業者が,所属金融商品取引業者[21]の委託

を受けて，株式や社債等の有価証券の売買の媒介や募集の取り扱い等を行う業務をいう（金商法2条11項）．銀行は，金融商品仲介を，登録金融機関業務の一環として行うことができる．銀行顧客による株式等の証券商品へのアクセスを容易にし，「貯蓄から投資へ」の流れを促進すること等を目的に，2004年の証取法改正において，銀行等に認められた．例としては，銀行の金融商品仲介部署の職員が顧客に対して社債や株式の購入を勧誘．顧客が購入の意向を示した場合，証券会社に対して契約締結に必要な情報を連絡し，取引契約が成立するというスキームが典型的である（図表8）．銀行員が金融商品の「勧誘」を行うことができる点が，「証券会社紹介」と異なる．

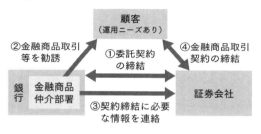

図表8　金融商品仲介

金融商品仲介業務の従事者は，金融商品の商品性やリスク等の専門知識が必要になるので，取り扱う金融商品の販売に必要な知識の程度に応じて，営業店で幅広く取り扱うのか，本部の専門部署にとどめるのかの見極めが行われる．たとえば，政府外債等の低リスクの運用商品は，銀行の営業店の窓口で幅広く取り扱う一方，仕組債等の高リスク商品の取り扱いは，銀行本部の専門部署に限定する場合が多い．なお，最近では銀行営業店での金融商品販売に関する知識・ノウハウの向上に伴い，営業店で政府系企業の株式売り出しを金融商品仲介で取り扱うなど，対象商品が拡大しつつある．

銀行が金融商品仲介業務を行う場合において留意する必要があるのは，銀行と証券会社間の情報授受だけではなく，銀行内の金融商品仲介部署と融資業務部署との間の情報授受も制限されていることである．法令は，金融商品仲介業務に従事する役員または使用人が，有価証券の発行者である顧客の非公開融資等情報を融資業務等に従事する役員若しくは使用人から受領し，または融資業務等に従事

する役員若しくは使用人に提供する行為を，事前に顧客の書面による同意を得て提供する場合を除き禁止している(業府令150条5号)[22]．そのため，銀行は，金融商品仲介業務を行う部署(ライン)を独立させ他の組織と情報遮断を行ったり，融資先が発行する有価証券は金融商品仲介では取り扱わないといった対応を行うことが多い．

以上の他，金融商品仲介業務の導入にあたっては，従業員の証券外務員資格管理，銀行との誤認防止，顧客の適合性確認の実施などを行うための態勢整備が求められる．

4　銀証分離規制の問題点と方向感

(1)　プリンシプル・ベースの規制重視

最後に，銀証分離規制の問題点と方向感を考察する．

一般的に，規制の枠組みはルール・ベースとプリンシプル・ベースに大別することができる．ルール・ベースとは，詳細なルールを設定し，個別事例に適用するアプローチのことをいう．また，プリンシプル・ベースとは，いくつかの主要な原則を示し，それに沿った民間の自主的な取り組みを促すアプローチのことをいう．これを金融行政にあてはめると，プリンシプル・ベースとは，金融機関に対して主要な原則に従った自主的な規律付けによる内部管理態勢の整備を求め，その状況について金融当局が適切にモニタリングする枠組みのことを指す[23]．もともと金融行政におけるプリンシプル・ベースのアプローチは，1990年代から英国金融サービス機構(当時)が積極的に推進してきた．我が国も2008年に金融庁が「金融サービス業におけるプリンシプル」を公表し，ルール・ベースの監督とプリンシプル・ベースの監督の最適な組み合わせを追求する姿勢を打ち出した[24]．この姿勢は，現在の金融行政に継承されている[25]．

一方，現行の銀証分離規制の問題点は，第1が，銀証連携ビジネスの推進が各金融機関の営業戦略の柱という状況の中，あらかじめ全ての事象を想定してルールでカバーすることは不可能であり，銀証間の弊害防止に対応しきれない場面が多くなる可能性があるということである．銀証分離規制をみると，旧証取法時代に導入されたファイアーウォール規制は，役職員の兼職規制や共同訪問の禁止などルール・ベースが中心であった．2008年の金商法改正で，利益相反管理態

勢の整備義務などプリンシプル・ベースの規制が一部導入されたが，非公開顧客情報の授受の禁止など，ルール・ベースの規制も多く残存している．

また，第2が，ファイアーウォール規制の遵守コストが大きいという点である．たとえば，銀行・証券会社間の非公開顧客情報の授受規制を守るため，複雑な規制内容の理解に加え，電子メール監査等のモニタリングの負担が，営業現場の「コンプライアンス疲れ」を招いている面もある．

銀証分離規制の目的は，前述のとおり，銀行財務の健全性確保，利益相反取引の防止，優越的地位の濫用防止の3点である．さらに最近は，「顧客本位の業務運営」が金融行政の新たな考え方として示され，銀行，信託，証券等による多様なサービスの提供を行う金融グループにおいては，優越的地位の濫用等といったコンプライアンス上の問題を生じさせないのはもちろんのこと，顧客に最適な商品の提供が行われる必要があるとの問題意識が示されている[26]．こうした点を踏まえると，ルール・ベースの規制のさらなる撤廃を進める一方で，規制の目的である優越的地位の濫用防止と利益相反の適切な管理，なかんずくは「顧客本位の業務運営」について，各金融機関の自主的な取組みを求めるアプローチが実効的・効率的であると考える．

（2） グローバルな金融サービスの提供力強化

我が国の金融機関がグローバル展開を加速させていくにあたり，海外で提供できる金融サービスは，ユニバーサルバンク方式を導入している国の金融機関と比べると制約がある．たとえば海外で欧米系グローバル企業に資金調達の提案を行う際，欧州系の銀行は証券プロダクツを含めて全ての選択肢を提示できるのに対して，我が国の金融機関は，顧客の書面同意をもらった上で，証券会社と一緒に訪問しないと同じ選択肢が提示できないことや，そもそも海外においては書面同意という慣行がなく，同意書の取得が難しいという制約がある．

2007年の金融審議会分科会において，我が国の銀証分離規制が，金融グループとして総合的なサービス提供の障害となり，利用者の利便性がかえって損なわれているのではないかといった問題提起や，我が国金融機関の競争力の観点から見たとき，欧米グループとの競争条件を不利なものとしているのではないかといった意見が出された[27]．その後，金融庁は，一定要件のもと外国法人に対しては書面同意ではなく電子メールによる同意も「同意」として認めるなど[28]，グローバルな金融サービス提供力強化を目的として規制緩和を進めているが，今後も，

ユニバーサルバンク方式を導入している欧州はもとより，アジア各国の多くも銀証間の相互参入を認めている現状を踏まえると，我が国としても銀証分離規制の一層の緩和が望まれる． (真木善夫)

---

1) 松尾直彦・金融商品取引法(商事法務，第4版，2016)384頁．
2) 正式名称は「金融制度及び証券取引制度の改革のための関連法律の整備等に関する法律」．
3) 子会社方式による相互参入の解禁は，①銀行と証券会社の両業態間の競争促進による金融市場の効率化・活性化，②預金や株式，債券など良質で多様な金融商品の提供促進，③国際的にも調和のとれた金融制度の実現を狙いとしている．
4) 「金融システム改革」とは，国民に，よりよい資産運用と資金調達の道を提供するため，ニューヨーク・ロンドンと比肩しうる，自由で公正な金融システムを構築することを目的として，金融の各業態を越えた総合的な改革を一括して行うための，証券取引法，証券投資信託法，銀行法，保険業法等の一体的・総合的な改正を指す．
5) 「金融・資本市場競争力強化プラン」とは，金融庁が，我が国市場の競争力を強化することを目的に，2007年に公表した「市場強化プラン(金融・資本市場競争力強化プラン)」を指す．
6) 非公開の顧客情報に係る授受制限の見直しとして，個人顧客についてはオプトイン(顧客の事前の同意取得)を維持しつつ，法人顧客については，一定の要件のもと，オプトアウト(顧客が不同意の場合に共有を制限)方式の導入を可能とした．また，内部管理目的での顧客情報の共有(顧客の同意不要)についても，当局の事前承認が必要であったのを不要化している．
7) その他，銀行法(業務範囲規制，アームズ・レングス・ルール等)や独占禁止法(優越的地位の濫用禁止等)にも銀証分離に関連する規制項目あり．
8) 具体的には，公共債の窓口販売，投資信託の窓口販売，地方債および国内CPの引受け・売出し，有価証券(社債券等)の私募の取扱，有価証券の管理業務，金融商品仲介業務，信託受益権(指定金銭(金外)信託かつ自益信託)の契約の締結の媒介等の業務がこれに該当する．
9) アームズ・レングス・ルールは，金融商品取引業者が行う有価証券の売買に限らず，資産売買などの一般取引(業府令153条1項1号)にも適用される．また，銀行法にも，銀行を対象として同趣旨の規制が存在する(銀行法13条の2)．
10) 業府令147条2号．
11) 親子法人等に金融商品仲業にかかる委託を行う場合，親子銀行等に金融商品仲介業にかかる委託を行う場合，システムの保守・管理に必要な場合，法令等に基づく場合，内部管理・運営に関する業務を行うために必要な場合等(業府令153条1項7号・3項・4項)．
12) 同様の規制が，登録金融機関において金融商品仲介業務に従事する役員・使用人についても課されている．
13) なお，銀行には民事上の守秘義務があり，義務の不履行により顧客に損害が生じた場合は，損害賠償責任を負う．一方で，ファイアーウォール規制における非公開顧客情報の授受の禁止は，守秘義務に加重されている義務であると理解すべきであり，法令に反して非公開顧客情報を銀証間で交換した場合は，民事上の損害賠償責任に加えて，行政法上の制裁も受ける可能性がある．
14) 「特定金融商品取引業者等」とは，金融商品取引業者等のうち，有価証券関連業を行う金融商品取引業者(第一種金融商品取引業を行うことにつき第29条の登録を受けた者に限る．)その他の政令で定める者をいう．(金商法36条3項)
15) 同様の規制が，銀行法にて，銀行を対象としても定められている(銀行法13条の3の2)．
16) EUの法体系としては，「指令(Directive)」の他に，全加盟国に対して直接適用される「規則(Regulation)」，特定の対象に対して直接適用される「決定(Decision)」，法的拘束力を持たない「勧告(Recommendation)」がある．
17) 法令に明示的に規定されている業務ではないが，「金融商品取引業者等向けの総合的な監督指針」にて，金商法33条1項の解釈に関して，「勧誘行為をせず，単に顧客を金融商品取引業者に

紹介する業務」は，33条1項で禁止している行為には該当しないとされており(VIII-2-5)，銀行が証券会社への顧客紹介を行うことを前提とした書き振りとなっている．

18) 松尾直彦・金融商品取引法(商事法務，第4版，2016)423頁．

19) もともと金商法には，①有価証券関連業を行う金融商品取引業者の役員が当該金融商品取引業者の親銀行等の役職員を兼職すること，②金融商品取引業者の役職員が，当該金融商品取引業者の子銀行等の役員を兼職することを禁止する条項(改正前31条の4)があったが，2008年に当該条項が廃止(一部は事後届出制に変更)されたことにより，新たに行えるようになった業務である．

20) 証券会社等または非公開顧客情報の授受を行う親子法人等の営業部門その他の非公開顧客情報を用いて業務を行う部門の役職員について，当該職員が，当該証券会社等または非公開情報の授受を行う親子法人等のうち，一の法人等が管理する非共有情報以外の非共有情報にアクセスできないような措置を講じることが定められている(監督指針 IV-3-1-4(2))．

21) 第一種金融商品取引業または投資運用業を行う金融商品取引業者または登録金融機関．

22) 「非公開融資等情報」とは，顧客の行う事業に係る公表されていない情報その他の特別な情報であって，顧客の投資判断に影響を及ぼすと認められるものまたは金融商品仲介業務に従事する役員若しくは使用人が職務上知り得たその顧客の有価証券の売買その他の取引等に係る注文の動向その他の特別の情報であって当該有価証券の発行者に係る融資業務等に重要な影響を及ぼすと認められるものをいう(業府令1条4項13号)．ここでの問題点は，顧客の投資判断に影響を及ぼす情報や，発行者に係る融資業務等に重要な影響を及ぼす情報を事前に区別して管理することが難しいことである．

23) 佐藤金融庁長官講演「金融規制の質的向上について(ベター・レギュレーションへの取組み)」(平成19年7月31日)

24) 「金融サービス業におけるプリンシプル」の中から銀証分離規制に関係するものをピックアップすると，第1が，「利用者の合理的な期待に応えるよう必要な注意を払い，誠実かつ職業的な注意深さをもって業務を行う」こと．具体的には優越的地位の濫用の防止，利用者の情報保護の徹底，アームズ・レングス・ルールの遵守などが該当する．第2が，「自身・グループと利用者の間，また，利用者とその他の利用者の間等の利益相反による弊害を防止する」こと．具体的には利益相反管理態勢の整備義務が該当する．

25) 平成28事務年度金融行政方針では，規制の形式的な遵守のチェックより，実質的に良質な金融サービスの提供(ベスト・プラクティス)に重点を置いたモニタリングが重要としている．また，特定の個別問題への対応に集中するより，真に重要な問題への対応ができているか等に重点を置いたモニタリングが重要としている．

26) 平成28事務年度金融行政方針では，銀行，信託，証券等による多様なサービスの提供を行う金融機関及びそうしたサービスの提供を1つのグループ内で進める金融グループにおいては，こうした商品・サービスの提供が優越的地位の濫用等といったコンプライアンス上の問題を生じさせないのはもちろんのこと，顧客本位の業務運営が行われ，顧客に最適な商品の提供が行われる必要があるという問題意識のもと，金融機関において利益相反管理や優越的地位の濫用防止等の取組みが適切に行われ，金融機関及び金融グループ全体として顧客本位のサービス提供が行われる態勢となっているかについて対話を行うこととしている．

27) 金融審議会金融分科会第一部会報告「～我が国金融・資本市場の競争力強化に向けて～」(2007年12月18日)

28) 2013年の金商法改正において，外国法人(法人でない団体で代表者または管理人の定めのあるものを含む)であって，かつ，当該外国法人が所在する国の法令上，金商法上の非公開情報の授受に関する行為に相当する行為を制限する規定がない場合において，当該外国法人が電磁的記録により同意の意思表示をしたときまたは非公開情報の提供に関し当該外国法人が締結している契約の内容および当該国の商慣習に照らして当該外国法人の同意があると合理的に認められるときは，当該外国法人の書面による同意を得たものとみなすとの規定が追加された(業府令153条1項7号イ)．また，「非公開情報の授受の制限に関するQ&A」にて，証券会社が顧客より受領する他社情報が，どのような場合に，受領に当たって同意が必要な「発行者等に関する非公開情報」に該当するかについての考え方が示された．

III　現代型金融取引

第8章　シンジケート・ローン

1　シンジケート・ローンの概要

(1) シンジケート・ローンの仕組み

(ア)　シンジケート・ローンとは

「シンジケート・ローン」[1]とは，一般に，一人の借入人に対し複数の貸付人[2]が同一契約書に基づいて貸付けを行うことを指す．

シンジケート・ローンの貸付人は主に銀行を中心とした金融機関であり[3]，シンジケート・ローンは，事業会社の資金調達のほか，M&A ファイナンス，不動産等の流動化ファイナンス，プロジェクト・ファイナンスなど，比較的大規模な資金調達[4]に用いられることが多い．

通常の相対貸付けにおいて複数の金融機関から資金調達を行う場合には，借入人はそれぞれの金融機関と貸付条件を交渉し，個々に金銭消費貸借契約を締結するが，シンジケート・ローンでは，借入人は同一内容の金銭消費貸借契約書を複数の貸付人と締結することになる[5]．

このため，借入人と複数の貸付人との間の調整等を行う「アレンジャー」または「エージェント」という役割を担う者が登場する．これがシンジケート・ローンの主な特徴の1つである．

(イ)　アレンジャー

シンジケート・ローンによる資金調達が行われる際に，借入人と複数の貸付人間の交渉を調整する主体が「アレンジャー」である．「アレンジャー」は，資金調達を希望する借入人より委託(マンデート)を受けて，シンジケート・ローンを組成するために尽力する[6]．

アレンジャーは，資金調達のスキームについて借入人に提案や助言を行うほか，シンジケート・ローンに参加する金融機関(貸付人)の招聘，借入人と参加金融機

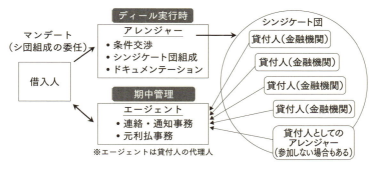

図表 1 シンジケート・ローン

関間の貸付条件の交渉，調整等を担い，最終的なシンジケート・ローン契約（金銭消費貸借契約等）の締結に至らしめる．

アレンジャーが行う業務の少なくとも一部は，「金銭の貸借の媒介」に該当すると考えられ，一般に，アレンジャーに就任するのは「金銭の貸借の媒介」を業として行うことのできる主体[7]である．そして，アレンジャーには，借入人と従前より取引関係があり借入人のことをよく知っているメインバンク等が就任することが多い．また，特にシンジケート・ローンの組成額が大きい場合は，複数の金融機関が共同でアレンジャーに就任するケースもよくみられる．

アレンジャーはシンジケート・ローン契約の締結をもってその任務を完了するが，通常は当該シンジケート・ローンに一貸付人としても参加する[8]．

（ウ）エージェント

シンジケート・ローン契約の締結後，実際に貸付けが実行され，借入人による弁済が行われるまでの間，借入人と複数の貸付人間の調整等を行う主体が，「エージェント」である．

エージェントは全貸付人の代理人であり，借入人が貸付人に通知等する場合は，原則としてエージェントに対して行えばよい仕組みになっている[9]．

借入人が弁済を行う場合も，各貸付人に直接支払うのではなく，エージェントに対して支払うことが契約上義務づけられている．エージェントは，受け取った金銭を参加割合に応じて各貸付人に分配する．よって，決済機能を持つ銀行等の金融機関でなければ，エージェントに就任することは難しいと考えられている．

エージェントには，アレンジャーを務めた金融機関がそのまま就任することが

図表2　シンジケート・ローン組成額推移

多い．シンジケート・ローン契約の締結を機に，「借入人」の委託を受けて就任するアレンジャーから，「貸付人」の代理人であるエージェントに，その立場を変えることになる．

(エ)　与信の態様

シンジケート・ローンで一般的に利用される与信態様の種類は以下のとおりである．

(a) タームローン（期間貸付契約）

「タームローン」は，一定額の貸付けを一定日に実行する一般的な貸付契約である．通常は，金銭消費貸借契約書の中で貸付人の貸付義務が規定され，契約締結日の2〜3営業日後に貸付けを実行する．タームローンといわれる場合，契約そのものは金銭の交付以前に成立し，種々の前提条件が充足されてはじめて借入人は金銭の交付を求めることができる，という双務・諾成契約の形式をとることが多い．

(b) コミットメント・ライン（融資枠契約）

第3章7(7)(ウ)でも触れられたコミットメント・ライン契約である．

一定期間および極度額の範囲において，契約上の前提条件が充足されている限り，借入人の借入申込みの都度，貸付人が貸付けを行う義務を負う契約である．

貸付人は貸付義務を負う見返りに，コミットメント・フィーまたはファシリティー・フィーと呼ばれる手数料を借入人から得る[10]．

　通常，金融機関が貸付けを行うには，借入人の審査を行った上で貸付判断を行うため，借入人の借入申込みから相応の時間がかかるところ，コミットメント・ライン契約(以下「融資枠契約」という)を締結していれば，借入申込みの数営業日後には貸付けを受けることが可能である．借入人は余分な手元流動性(流動性預金等)を確保しておく必要がなく，借入人にとってメリットのある契約である．

(2) シンジケート・ローンの組成規模および普及の背景

(ア) 国内組成額推移

　シンジケート・ローンはもともと欧米では盛んに利用されていた[11]が，我が国では1990年代末頃より急速に普及した方法である．近年では年間25～30兆円程度の組成が行われている．

　シンジケート・ローンの組成タイプは，参加する貸付人の属性によって大きく2つに分類される．

　1つは「クラブディール」と呼ばれるもので，これは借入人と既に取引がある金融機関のみが貸付人として参加するシンジケート・ローンである．もう1つは「ジェネラルディール」と呼ばれるもので，借入人と従前の取引関係がない金融機関も参加するシンジケート・ローンを指す．

　シンジケート・ローンが組成されるようになった当初はクラブディールが中心であったが，2004年ごろからジェネラルディールも多く組成されるようになり，シンジケート・ローンの組成額が一層拡大したと言われている．そして，2008年のリーマンショック時には公募社債市場がほぼ機能しなくなったこともあり，シンジケート・ローンによる調達額は過去最大となった．

　その後，企業の資金調達需要が低迷し，シンジケート・ローン組成額も伸び悩んだが，2011年の東日本大震災および福島原発事故を契機に，社債の発行が困難となった電力会社が資金調達手段を借入れにシフトしたこと等により，シンジケート・ローンの組成額は拡大している．近年の特徴としては，むしろクラブディールによる組成が増えており，その理由としては，借入人が銀行政策を明確化する動きが高まっていることや，業績不芳の借入人や秘匿性の高い買収案件等に対して，既往取引行のみが参加するシンジケート・ローンの組成が選好されていることが挙げられる．

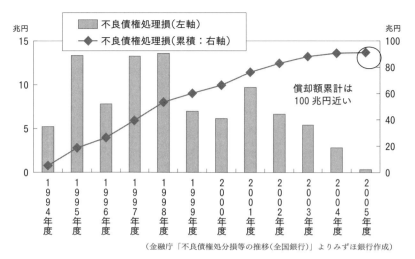

図表3　銀行の不良債権償却額推移

（イ）　借入人のメリット

シンジケート・ローンは，借入人にとって以下のようなメリットがあると言われている．

借入人が相当額の資金を調達する場合，1つの金融機関から貸付けを受けられる金額には限界があるため，複数の金融機関から融資を受ける必要がある．一般的な金融機関の相対貸付けの場合，借入人は，貸付けを受ける個々の金融機関と銀行取引約定書等の基本契約を締結し，期間，金利，貸付額等の条件をそれぞれの金融機関と交渉する必要がある．当然，各金融機関に預金口座を開設する必要もある．

シンジケート・ローンであれば，アレンジャーやエージェントが存在するため，原則として，借入人は複数の金融機関に直接コンタクトを取る必要はなく，交渉窓口をアレンジャーに集約して，金融機関からの資金調達を行うことができる．預金口座もエージェントとなる金融機関に開設していればよい．

また，シンジケート・ローンでは，アレンジャーを通じて複数の金融機関と一度に貸付条件の交渉を行うことができるため，いわゆる「マーケット・メカニズム」が機能すると言われている．たとえば，A銀行の貸付条件は金利3%であっても，B銀行とC銀行が2%でよいとする場合，借入人が希望する調達金額

がB銀行とC銀行の参加金額で足りるのであれば，A銀行は参加しなくても，シンジケート・ローンは組成できる．借入人は，複数の金融機関の間で客観的に決まったより低利な条件に基づき，資金調達を行うことが可能である．

そのほか，シンジケート・ローンの組成時にはアレンジャーを介して参加検討金融機関に対し自らの事業内容や財務の状態を説明するため，複数の金融機関が求める水準において自らの財務内容や事業内容を説明できる会社であるという借入人自身のアピールにつながり，IR(インベスター・リレーションズ)[12]活動としての効果もあると言われている．

(ウ) シンジケート・ローン普及の背景

(a) 1990年代の金融危機の教訓

シンジケート・ローンが我が国で普及した背景には，1990年代後半以降の金融危機(以下「本邦金融危機」という)の教訓があると言われている．

戦後日本の伝統的な金融システムの特徴として「メインバンク制度」がある．メインバンクは，借入人にまつわる付帯ビジネス(預金・為替業務等)を一手に獲得できることが多く，銀行は，貸付残高の維持・拡大を図り，メインバンクとしてのステータスを維持することに熱心であった．こうして銀行が借入人との緊密な関係の維持・拡大に努めた結果，過度に与信集中した状況が生まれ，バブル崩壊により大量の不良債権を抱えることになったと言われている．1994年から10年間の銀行の不良債権処理損は累積で100兆円近い規模に達し，当時，我が国の金融システム自体が大きく揺らぐ結果となった．

このような状況を再び発生させないための方策の1つとして注目が集まったのが，「シンジケート・ローンの活用」や「貸付債権売買市場の整備」(後記4参照)による金融機関のリスクシェアリング機能の強化であった．

シンジケート・ローンは，複数の貸付人が参加するため，借入人の多額の資金需要にも応えられる一方で，貸付人は1件あたりの信用供与額を抑えることができる．1件あたりの拠出金額を抑え，多様な借入人に貸付けを行うことで，金融機関は債権回収不能リスクを分散することができる．

さらに，シンジケート・ローンはあらかじめ債権譲渡が許容され，譲渡にかかるルールや手順が契約内に明記されるため，流通性のある貸付債権であるともいわれている．貸付実行後，期中に貸付債権を譲渡し，一方で別の貸付債権を買い入れることによっても，金融機関は債権回収不能リスクを分散することが可能である．

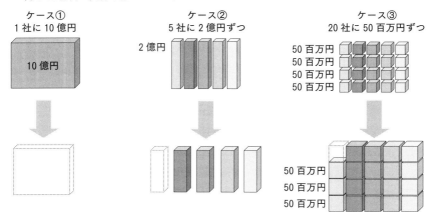

図表4　リスクの分散

　なお，シンジケート・ローンには，借入人と取引関係のない貸付人でも貸付けに参加できる仕組みが備えられている．地域金融機関の場合は，自らの本拠地で盛んな業種・事業分野に借入人の業種が偏ることが多いが，シンジケート・ローンであれば，拠点のない地域の借入人に対しても貸付けを行うことができる．本拠地の借入人とは異なる業種や事業分野の借入人に信用供与を行うことで，資産運用の多様化と効率化を図ることが可能であるとも言われている．

　一方，アレンジャーやエージェントに就任する金融機関にとっては，シンジケート・ローンを組成することで自らの信用供与額を抑えることができるため，従前から取引のある借入人に対する自らの与信集中を回避することができる上，アレンジャーやエージェントに就任する対価(アレンジメント・フィーやエージェント・フィーという手数料収入)を得られることから，収益源の多様化というメリットもある．

(b) 融資枠契約の普及

　国内でシンジケート・ローンの利用が拡大した時期は，前述の融資枠契約が広まった時期とも一致する．

　融資枠契約は欧米では一般的なものであったが，1998年以前の我が国ではほとんど利用されていなかった．その理由の1つは，本邦金融危機以前のメインバンク制度の下では，借入人はメインバンクから容易に資金供給を受けることが

でき，当座貸越契約等のアンコミットの契約でも同様の効果を得ることが実質的に可能であったことが挙げられる．

　もう1つは，融資枠契約で貸付人が貸付義務の対価として受領する「コミットメント・フィー」が，利息制限法や出資法に定める「みなし利息」に該当するのではないかという懸念があったことによる．みなし利息の定義は「金銭を目的とする消費貸借に関し債権者の受ける元本以外の金銭は，……いかなる名義をもってするかを問わず，利息とみなす」[13]であり，みなし利息に該当すると利息制限法や出資法の上限金利規制[14]が適用されることになる．

　融資枠契約では，契約期間中に借入人が借入れの申込みを行わなければ，貸付けが実行されないこともあり[15]，かかる場合理論上は利率が無限大になってしまうため，コミットメント・フィーが「みなし利息に該当する」とされた場合，上限金利規制がどのように適用されるかが不明確であった．

　そのような状況の中で，1999年3月に施行された「特定融資枠契約に関する法律」(以下「特定融資枠法」という)3条では，一定以上の規模を有する借入人(上場会社や会社法上の大会社等)の場合，融資枠契約のコミットメント・フィーについては，利息制限法および出資法の「みなし利息」に関する規定は適用されない旨が明記された．これを契機として，特定融資枠法の適用対象となる大会社等の借入人を中心に，融資枠契約の利用が広まることになったのである．

　この点，融資枠契約は，本邦金融危機後のメインバンク制を補う手段としてシンジケート・ローン形態で組成されることも多かったことから，結果として，シンジケート・ローンの普及につながることになったものである．

(c) 日本ローン債権市場協会(JSLA)

　日本ローン債権市場協会(JSLA)[16]は，我が国におけるローン債権(貸付債権を指す．以下同じ)の流動性の向上およびシンジケート・ローンの組成市場やローン債権の売買市場(セカンダリー・マーケット)等の健全な成長に資することを目的として2001年1月に設立された団体である[17]．シンジケート・ローンのアレンジャー，エージェントまたは貸付人として参加する金融機関を中心に，格付会社，マーケット情報提供会社，弁護士事務所などさまざまな立場の市場関係者から構成されている．

　JSLAはシンジケート・ローンの標準的な契約書(推奨契約)や，シンジケート・ローン取引およびローン債権売買取引に関する各種論点整理等を公表しており，

特に JSLA 推奨契約書[18]は広く利用されている．

　個別の金融機関の利益を代表するのではない，中立的・第三者的な業界団体である JSLA がシンジケート・ローン等に関する一定の基準を示したことで，世間の理解が広がり，ローン債権市場全体の拡大に寄与したといわれている．

(3)　金融商品取引法との関係

　ここで，シンジケート・ローンと金融商品取引法との関係について若干触れておきたい．

　シンジケート・ローンは「貸付け」であるものの，その組成時には同時期に均一の条件で参加者(貸付人)を募り，貸付実行後は債権譲渡を行うことも前提としているといった取引の性質から，2007 年 9 月に施行された金融商品取引法の検討の際に，同法の規制対象とすべきかどうかについて議論があった．結論としては，シンジケート・ローンの資金の出し手の大宗が融資を業とする金融機関であるとの実態や，条件や開示内容について個々に交渉を行う余地があり，法制的にも通常の相対の貸付けと切り分けて規定することが困難等の理由で，金融商品取引法の規制対象とはならなかった[19]．

　ただし，「学校法人」が借入人となるシンジケート・ローン(学校法人向けシンジケート・ローン)に関しては，2007 年施行の金融商品取引法における「みなし有価証券」に指定された[20]ため，学校法人向けシンジケート・ローンを組成するアレンジャー業務は，みなし有価証券の「私募の取扱い業務」として取り扱われていた．

　その後，規制の見直しが行われ，2012 年 4 月から銀行等(法令により貸付けを業として行うことができる者)のみが貸付人となる場合は，学校法人向けシンジケート・ローンは金融商品取引法の「みなし有価証券」には該当しないこととなった[21]．今では，一般的なシンジケート・ローンであれば，学校法人向けであっても金融商品取引法の適用はないものとされている．

2　アレンジャーおよびエージェントの役割と責任

(1)　シンジケート・ローンの組成プロセス

　シンジケート・ローンの組成は，一般に，以下のとおり行われる．

　アレンジャー候補の金融機関は，借入人に対してシンジケート・ローンの組成

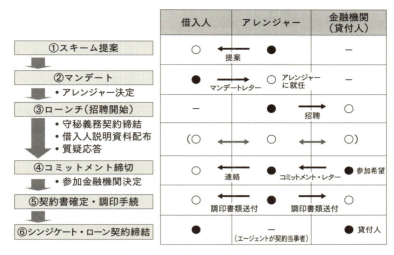

図表5　シンジケート・ローンの組成プロセス

にかかる提案を行い(①)，基本的な条件について合意したところで，借入人より「マンデートレター」を受け入れ，シンジケート・ローンのアレンジャーに就任[22]する(②)．

アレンジャーは，参加する貸付人(金融機関)の招聘活動を開始(ローンチ)する(③)．まず，アレンジャーは，当該シンジケート・ローンの仮条件や借入人の概要等を記載した資料(インフォメーション・メモランダム)および契約書[23]案等を，参加を検討する金融機関と守秘義務契約を締結した上で，送付する．アレンジャーが作成するこれらの説明資料[24]は，借入人が情報開示に同意した内容をもとに作成され，アレンジャーが独自に保有している借入人の取引審査情報等が含まれることはない．

各金融機関はアレンジャーから入手した資料を吟味の上，当該シンジケート・ローンに参加するかどうかを各々検討し，追加で資料が必要な場合や借入人に質問がある場合は，アレンジャーを通じて借入人と交渉する．

一定の検討期間後，参加を希望する金融機関は，アレンジャーに対してコミットメント・レターを提出する(④)．コミットメント・レターは，合意された貸付条件の下，各金融機関が当該シンジケート・ローンへ参加することおよび参加額等を表明する書面である[25]．

コミットメント・レターの提出締切日に，参加する金融機関が確定し，契約内容の最終調整[26]が行われ，契約書が確定する．アレンジャーが契約書の最終版（調印用）の書面を借入人および参加金融機関に送付し，調印手続を実施（⑤），契約の締結に至る（⑥）．

アレンジャーはシンジケート・ローン契約締結と同時にその役割が完了するため，国内では通常，シンジケート・ローン契約書には調印しない．もっとも，アレンジャーに就任する金融機関は「貸付人（参加金融機関）」または「エージェント」を兼ねるケースが大半を占めており，その場合は，貸付人またはエージェントとして，立場を変えて契約書に調印することになる．

（2） アレンジャーと貸付人（参加金融機関）との関係（JSLAの整理）

（ア） 問題の所在（組成時の情報開示）

シンジケート・ローンへの参加を検討する金融機関は，原則，アレンジャーを経由して借入人の状況や資金調達スキームの説明を受ける．しかし，アレンジャー業務の依頼人は借入人であり，参加（検討）金融機関とアレンジャーとの間には契約関係は存在しない．

そこで，シンジケート・ローン組成後まもなくして，組成時に貸付人（参加金融機関）に開示されていなかった事情により借入人が破綻し，参加金融機関の貸付債権が回収不能となった場合，アレンジャーは参加金融機関に対して何らかの責任を負うのかが問題になる．

借入人が破綻した場合，参加金融機関に発生する損害額は貸付実行額（参加額）そのものとなる蓋然性が高い．シンジケート・ローンの組成額は最低でも数億円単位の金額になることが多いため，アレンジャーに責任ありとされた場合の影響は相応に大きいと考えられる．

貸付けを受けるにあたっての借入人の情報開示は本来借入人が行うべきものではあるが，アレンジャーには借入人のメインバンクが就任することが多く，アレンジャーは参加金融機関が了知していない過去からの借入人の事情に通じていることも多い（情報の非対称性）．極端なことをいえば，アレンジャーが了知している「借入人に不都合な情報」をあえて参加金融機関には開示せずに，シンジケート・ローンを組成する[27]ことも可能といえる．このように，アレンジャーと貸付人（参加金融機関）との関係では，主にシンジケート・ローン組成時のアレンジャーの情報開示義務の点で問題が生じうる．

(イ) JSLAの整理(行為規範と実務指針)
(a) 背景

JSLAでは，2003年に「ローン・シンジケーション取引における行為規範」(以下「JSLA行為規範」という)を，2007年には「ローン・シンジケーション取引に係る取引参加者の実務指針について」(以下「JSLA実務指針」という)を公表している[28]．

JSLA行為規範が公表された2003年当時は，シンジケート・ローンの利用がちょうど広まり始めた頃であり，特にアレンジャーやエージェントの役割に関して，我が国の金融機関の間に共通認識が形成されていない時期であった．当時は，アレンジャーに就任するのはメガバンクまたは外資系金融機関が大半であり，貸付人としてシンジケート・ローンに参加する金融機関の中には「与信判断に関してもアレンジャーに任せておけばよい」「エージェントが与信管理を行ってくれる」といった誤解に基づく期待を抱く向きもあった．

そのような背景もあり，JSLA行為規範では，「組成段階における情報の取扱い」と「ローン・シンジケーション契約の尊重」の2項目に分けて，取引参加者が最低限理解しておくべき共通認識として，参加金融機関，アレンジャーおよびエージェントの役割と責任について整理を行った．

さらに，2007年施行の金融商品取引法の検討の中で前述のシンジケート・ローンを同法の適用対象とすべきか否かの議論が行われたことを受け，JSLA実務指針では，シンジケート・ローンの組成段階における参加金融機関，アレンジャーおよび借入人のベスト・プラクティスをまとめている．

以下，シンジケート・ローン組成時の情報開示に関するアレンジャーと参加金融機関の役割に関するJSLAの整理についてみていきたい．

なお，JSLAの整理は国内のシンジケート・ローンが対象であり，貸付人は「貸付けのプロである金融機関」であることが前提であるため，シンジケート・ローンの貸付人を一貫して「参加金融機関」と呼称している．

(b) シンジケート・ローン組成時の開示情報の範囲等

JSLA行為規範では，シンジケート・ローンの「I. 組成段階における情報の取扱い」として「開示情報の範囲等」を次のとおり整理している．

① アレンジャーが参加金融機関に開示する借入人に関する情報は，借入人の

> 　承諾する範囲のものとなる．
> ②　参加金融機関は，貸付取引のプロとして，ローン・シンジケーション取引への参加の意思決定のために必要な信用情報を自ら特定し，その情報を入手するための方法を自ら模索した上で，自ら適切と認める資料及び情報等に基づき，自らの責任で参加の意思決定を行うべきである．参加の意思決定に際し，参加金融機関は追加として必要となる情報開示をアレンジャーを通じて借入人に要請することができる．
> ③　アレンジャーは，参加金融機関より追加的な情報開示の要請を受けた場合，自ら保有する独自の情報を開示する義務はないが，借入人に追加情報の開示を要請することができる．
> ④　アレンジャーは，借入人が参加金融機関に開示する借入人に関する情報の中に虚偽のものがあることを知った場合は，これを故意に放置すべきではない．

　アレンジャーは借入人の依頼を受けてその業務を遂行しているのであり，原則として①借入人が開示を承諾する情報を参加（検討）金融機関に伝達する役割を負うにすぎず，③参加（検討）金融機関から追加の情報開示の要請を受けたとしても，アレンジャー自らが保有する独自情報の開示義務を負うことはないが，円滑な取引のため，追加の情報開示を借入人に要請することは可能である，との表現に止めている．②貸付けのプロである参加（検討）金融機関は自ら取引に必要な情報を特定することが可能であり，参加検討に必要な情報をアレンジャーを通じて要請したにもかかわらず，必要な情報が開示されなければ，そのシンジケート・ローンに参加しないことによってリスクを回避できるからである[29]．ただし，たとえばアレンジャーが参加（検討）金融機関に配付するインフォメーション・メモランダム[30]等において，④虚偽の情報が含まれていることを知りながら，これを故意に放置するようなことがあれば，アレンジャーは参加金融機関に対して責任を負う可能性がある．

　前述のとおり，アレンジャーには借入人のメインバンクが就任することが多いため，アレンジャーと参加金融機関の「情報の非対称性」を原因とした問題が起こりうる．ただし，メインバンクには借入人に関する多種多様な情報が蓄積されていると考えられる一方，金融機関がシンジケート・ローンへの参加を検討するに際して，これらメインバンク（＝アレンジャー）が有する借入人情報の全てが必要になるわけではない．このことは，相対貸付けを行う場合を考えてみても，同

じ借入人に貸付けを行っている金融機関の全てが，必ずしも同じ情報を持って取引を行っているわけではないことからも明らかであろう．だからこそ，②のように，参加(検討)金融機関自らが，必要な情報を特定して情報開示を要請する必要があるといえる．

これらの事情を前提とした上で，JSLA行為規範およびJSLA実務指針では，アレンジャーの参加金融機関に対する情報開示に関し，参加金融機関に対するアレンジャーの責任が生じうる場合を次のように整理している．

(c) アレンジャーが参加金融機関(貸付人)に責任を負う可能性のある場合

> (JSLA行為規範5.(2)③・JSLA実務指針3.(2)①より)
> 　以下の要件を満たすような事態が発生した場合において，アレンジャーが借入人による情報開示を促すことなくローン・シンジケーションの組成を進めたときは，民法709条にもとづく不法行為責任を負う可能性がある．
> (i)　アレンジャーが知っていながら参加金融機関に伝達していない情報が存在すること
> (ii)　その情報が借入人より開示されない限り，参加金融機関が入手しえないものであること
> (iii)　その情報は，参加金融機関のローン・シンジケーションへの参加の意思決定のために重大な情報(「重大なネガティブ情報」)であること

JSLA実務指針では，(iii)の「重大なネガティブ情報」に如何なる情報が該当するかは個々の取引に応じて判断されるべきものであり，一定の画一的な基準を設定することは困難であるとしているが，「組成後短期間の間に借入人からの資金の回収が困難となることが，相当程度の蓋然性をもって見込まれると判断される情報」を例として挙げている[31]．つまり，組成後まもなく借入人が破綻する可能性があるような情報(「重大なネガティブ情報」)で参加金融機関が知り得ない情報をアレンジャーが保有しながら，シンジケート・ローンを組成し，結果として参加金融機関の債権が回収不能となった場合には，アレンジャーは参加金融機関に対して責任を負うべき場合がある，と整理していた．

このような事態を避けるため，アレンジャーに期待されるベスト・プラクティス[32]として，JSLA実務指針では次のとおり述べており，重大なネガティブ情報が存在していた場合には，借入人に正確な開示を促し，それが受け入れられなけ

> (JSLA 実務指針 3.(2)②より)
> そこで，アレンジャーとしては，自らの組織体制に応じ，……以下のようなプロセスを組成フローの中に組み込むことを検討することが期待される．
> （ア） アレンジャー自らは保有しているが，参加金融機関に開示されていないか，又は，アレンジャーの保有する情報[33]との比較照合による限り，参加金融機関に対してその内容が正しく伝えられていない重大なネガティブ情報があれば，かかる情報を参加金融機関に正確に開示するよう借入人に促すこと．
> （イ） かかる情報開示に借入人が応じない場合，当該重大なネガティブ情報の内容によっては，ローン・シンジケーション取引の組成を中止するといった判断を行うこと．

なお，参加金融機関に対する留意点として，「アレンジャーは……借入人から委任を受けてローン・シンジケーション取引の組成を行う者であり，……かかるプロセスを経ることが参加金融機関に対するアレンジャーの義務となるものではない」，「組成後短期間の間に，借入人からの資金回収が実際に困難となった場合[34]であっても，ただその事実をもってアレンジャーが責任を問われるべきものではない」点も付言している(JSLA 実務指針 3.(2)③)．

（3） アレンジャーの責任に係る判例

ここで，シンジケート・ローンのアレンジャーの責任を認めた国内初の判例(最三小判平成24年11月27日金融法務事情1963号88頁)について紹介したい．本件は，シンジケート・ローン組成後まもなくして借入人が破綻し，これに参加した金融機関三社がアレンジャーに対して損害賠償を求めた事例である．

第一審では参加金融機関の請求は棄却されたが，原審は請求認容．アレンジャーは上告したが棄却され，アレンジャーの損害賠償責任を認める判決が確定した．

（ア） 事案の概要

(a) 当事者
- 本件シンジケート・ローンの参加金融機関：X1 信用金庫，X2 信用金庫，X3 銀行(以下「Xら」という)
- 本件シンジケート・ローンのアレンジャー：Y 銀行

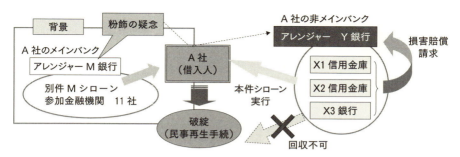

図表6　アレンジャー責任を認めた判例（最三小判平成 24 年 11 月 27 日）

〈以下，訴外の登場者〉
- 本件シンジケート・ローンの借入人：A 社
- 借入人 A 社のメインバンク：M 銀行

(b) 経緯

本件事案の経緯の概要は以下のとおりである（③を除き，原審の事実認定にもとづく）．

① 本件の借入人 A 社のメインバンクは Y 銀行ではなく M 銀行であり，M 銀行はアレンジャーとして平成 19 年 3 月末に別件 M シンジケート・ローンを組成していた（参加金融機関は M 銀行の外 11 社．総額約 30 億円．Y 銀行は不参加）．

② Y 銀行は，平成 19 年 8 月 29 日に A 社よりマンデートを受けて本件シンジケート・ローンのアレンジャーに就任し，参加金融機関の招聘活動を開始した．これとほぼ同時期に，A 社は，別件 M シンジケート・ローンのアレンジャー M 銀行より，A 社に粉飾決算があるとの懸念の表明および財務調査の申し入れを受けていた．

③ Y 銀行の担当者に，9 月 5 日に A 社の代表者より M 銀行が A 社に対し融通手形および粉飾決算懸念を有していることにつき口頭で開示（以下「9.5 会話」という）を受けたが，その後，M 銀行が問題ないとして謝罪を入れてきた旨，A 社代表者から電話連絡を受けた．

④ A 社は M 銀行の申し入れを受け，別件 M シンジケート・ローンの参加金融機関宛てに「決算書に不適切処理の懸念あり．調査会社に調査を依頼する」旨を記載した A 社名義の通知書（以下「M 通知書」という）を 9 月 10 日付で送付した．M 通知書の記載のとおり，9 月 20 日から調査会社 R に

よる財務調査がA社に入った(10月29日まで).
⑤ Y銀行は，9月20日頃までにXらより本件シンジケート・ローンへの参加表明を受け，9月21日に調印手続(9月26日付締結)のためにA社を訪問した．その際，Y銀行の担当者はA社よりM通知書の開示を受けたが，その事実をXらには告げずに，本件シンジケート・ローンの調印手続を進め，9月28日には，貸付人としても参加したY銀行とXらがA社に対し，貸付けを実行した(貸付実行額はY銀行4億円，X1信金2億円，X2信金2億円，X3銀行1億円の総額9億円).
⑥ その後，10月19日にA社は大口取引先から取引解除通知を受領．10月末には調査会社Rの調査によりA社の粉飾決算が明らかとなり，10月31日には別件Mシンジケート・ローンは期限の利益を喪失し，翌年3月28日にはA社は民事再生手続開始の申立てを行い，4月11日に民事再生手続開始決定を受けるに至った．その結果，Xらはシンジケート・ローン参加額(貸付実行額)につきA社からの返済を受けることができなくなった．
⑦ Xらは，Y銀行に対し，以下を理由としてそれぞれのシンジケート・ローン参加額について損害賠償を請求した．
a) アレンジャーは，参加金融機関の利益に配慮しながら適正なシンジケート・ローンの組成に努める義務(信認義務)を負い，その一内容として参加金融機関が参加の是非を判断するための情報を適正に提供すべき義務(情報提供義務)を負う．
b) アレンジャーが，参加の意思決定のために重大な情報(借入人から提供されない限り参加金融機関が入手できないもの)の存在を知りながら参加金融機関に提供しなかった場合，またはインフォメーション・メモランダムに重大な虚偽記載があることを知りながら参加金融機関に虚偽であることを告知する等の適切な情報提供を怠った場合は，信義則上，債務不履行責任または不法行為責任を負う．

(イ) 裁判所の判断

(a) 第一審(名古屋地判平成22年3月26日金融法務事情1921号43頁)

第一審は，信認義務としてのアレンジャーの参加金融機関に対する情報提供義務を否定したが，シンジケート・ローンの参加金融機関が適正な情報に基づき参加の可否の意思決定をする法的利益を認め，具体的事情の下でアレンジャーが故

意・過失によりかかる法的利益を侵害したといえる場合には不法行為責任を負うことがあるとした．

ただし，この意味で本件のアレンジャーに情報提供義務違反が認められるためには，対象となる情報が「金融機関の参加の可否の意思決定に影響を及ぼす重大な情報」であり，かつ「正確性・真実性のある情報であること」，さらにそのような情報であることについて「アレンジャーが特段の調査を要することなく容易に判断し得ること」を要件とした[35]．

第一審は，上記③の「9.5 会話」を事実と認定し，上記⑤の「M 通知書の開示」は事実として認めていない．そして上記③「9.5 会話」は，アレンジャーに情報提供義務違反が認められるための対象となる情報の要件を満たしているとは認められず，アレンジャーは信義則上，情報提供義務を負っていたとはいえないとして，アレンジャーの不法行為責任を否定した．

 (b) 原審（名古屋高判平成 23 年 4 月 14 日金融法務事情 1921 号 22 頁）

原審でも，アレンジャーの契約上の債務または法定の義務としての情報提供義務を否定した[36]．ただし，シンジケート・ローンの参加金融機関は公開情報については独自に取得できるものの，借入人の非公開情報についてはアレンジャーを通じて取得するしかなく[37]，そのような制約の中で，アレンジャーが有する「参加可否を決定する上で重要な情報」を提供しないのは不当であって信義に反するから，アレンジャーは信義則上，このような重要な情報を参加金融機関に提供すべき義務があるというべきであり，アレンジャーがこれを故意に怠った場合[38]あるいは重大な過失[39]により参加金融機関の判断を誤らせた場合には，アレンジャーは信義則上，参加金融機関に対して当該情報を提供すべき義務に反し，不法行為責任を負うことがあるとした．

そして提供義務の対象となる情報は，参加の招聘を受けた金融機関が参加するかどうかを決定するのに重要であって自らは知ることが困難な情報であればよく，その内容が疑念の段階に止まるものであっても，対象となり得るとした．なお，アレンジャーが守秘義務を負う借入人の情報であっても，招聘を受けた金融機関が参加するかどうかを決定するのに必要な情報については守秘義務がなく，反対にこれを参加金融機関に提供する義務があるとした[40]．

原審では上記③「9.5 会話」を事実として認定せず，⑤「M 通知書の開示」を事実として認定した上で，A 社のメインバンクである「M 銀行が A 社決算に

不適切処理がある旨の疑念を有していること」および「M 通知書の存在と記載内容」は「シンジケート・ローン参加可否を判断する上で極めて重要」であり，X らが公開情報としてこれを知りうる可能性もないため，Y 銀行はこれを X らに開示すべきであり，本件シンジケート・ローンの実施時期を遅らせる等しても X らにこれらの情報を検討する機会を付与すべきであったとして，Y 銀行の情報提供義務違反を認めた．

（c）本判決（最三小判平成 24 年 11 月 27 日金融法務事情 1963 号 88 頁）

本判決では，以下のように述べて Y 銀行の不法行為責任を肯定した．

借入人 A 社が Y 銀行に対して，M 銀行が A 社決算に不適切処理がある旨の疑念を有しており別件 M シンジケート・ローンの参加金融機関に「M 通知書」を送付した旨（以下「本件情報」という）を告げたことについて，「本件情報は A 社の信用力についての判断に重大な影響を与えるものであって，本来，A 社自身が X らに対して明らかにすべきであり，X らがこれを知っていれば参加を取り止めるか，少なくとも財務調査の結果を待つことにするのが通常の対応であるということができ，その対応をとっていたならば，本件シンジケート・ローンを実行したことによる損害を被ることもなかった」とした．

他方で，本件情報は「X ら自らが知ることは通常期待し得ないもの」であり，インフォメーション・メモランダム等に免責文言[41]の記載があるとしても，「アレンジャー業務の遂行過程で入手した本件情報は X らに提供されるものと期待するのが当然」であり，X らを招聘した Y 銀行としても，「そのような対応が必要であることに容易に思い至るべきもの」とした．また，A 社の代表者 B は，アレンジャーである Y 銀行に本件シンジケート・ローンの組成・実行手続の継続に係る判断を委ねる趣旨で本件情報を Y 銀行の担当者に告げたと述べており，この事実関係の下では，「Y 銀行の A 社に対する守秘義務違反は問題になるものとはいえず，他に Y 銀行による本件情報の提供に何らかの支障があることもうかがわれない」とした．

よって，Y 銀行は X らに対し，信義則上，本件シンジケート・ローンの組成・実行前に本件情報を提供すべき注意義務を負うものと解するのが相当であり，Y 銀行には X らに対する不法行為責任が認められるとして，上告を棄却した．

以上のように本判決によって，JSLA でも指摘されていたように，シンジケー

ト・ローンにおけるアレンジャーは，一定の場合に借入人に関する情報を参加金融機関に提供する信義則上の義務を負い，これに違反した場合には不法行為責任を負う可能性があることが明らかになったといえる．ただし，本判決は，特殊な事実関係の下でのアレンジャーの責任を認めた事例判決であって，アレンジャーが参加金融機関に対して負う情報提供に関する責任の一般的な基準を示すものではないと考えられている．

(ウ) 実務の観点からの評価

原審の事実認定のとおり，本件アレンジャーが「M 通知書」の開示を受けていたにもかかわらず，何らの措置を検討することなく，シンジケート・ローンの組成を行ったことを前提とすれば，本件アレンジャーが参加金融機関に対して不法行為責任を負うとした本判決は，妥当といわざるを得ない．

ただし，本件はかなり特殊なケースである．シンジケート・ローンの実務上，自らがメインバンクではない借入人のシンジケート・ローンをアレンジしている最中に，メインバンクが組成した別件シンジケート・ローンの表明保証・コベナンツ抵触通知[42]と考えられる「M 通知書」が発送されていることを知ったにもかかわらず，シンジケート・ローンの組成をそのまま継続し，貸付実行に至らせる[43]という行動は，通常では考えにくい．

さらに，本件アレンジャーは，貸付人としても本件シンジケート・ローンに参加している[44]．すなわち，M 通知書の存在を知りながら，自らも一貸付人として貸付けを実行しており，金融機関の与信判断としても，理解に苦しむところがある．

なお，本判決では「借入人に対する守秘義務が問題になる事案ではなかった」とされているが，原審では[45]「参加金融機関がシンジケート・ローンへの参加可否を決定するのに必要な情報については (借入人に対する) 守秘義務はなく，(アレンジャーは) 参加金融機関に提供する義務がある」としている．しかしながら実務上は，借入人に情報開示を促し応じない場合は組成を中止することも検討するという対応が通常であり借入人の承諾なく情報開示することはハードルが高いと考えられる．

また，アレンジャー実務の観点では，アレンジャーが借入人に関するどのような情報を保有し，または入手した場合に，参加金融機関に開示が必要か (あるいは，情報開示に借入人が応じない場合に組成を中止すべきか) という具体的な判断基準が問

題となる[46]．

　シンジケート・ローンは，複数のさまざまな金融機関が参加する取引であることが特徴であり，貸付けのプロたる各金融機関がどのような情報をもとに各々の与信判断を行っているかは，厳密にはアレンジャーは知りえない．参加金融機関が与信判断に必要とする情報の範囲，量，質は，金融機関の属性や規模，参加する金額等によってもある程度は異なることが想定され，さらにその借入人とのリレーションの有無または深度によっても異なることは当然であろう[47]．

　このような中で，アレンジャーがどこかに判断基準を置くのであれば，やはり自らが参加金融機関として与信判断する場合を基準にして，主観的に推測せざるをえないのではなかろうか[48]．

　本件アレンジャーは，M通知書の事実を知りながら自らも貸付けを実行しているのであり，（詳細は不明ながらも，1つの可能性としては）M通知書は本件アレンジャーの与信判断上は影響がないとみなされたということも考えられる．

　となると，アレンジャーが情報開示義務を負うこととなるという情報の範囲（またはJSLA実務指針のように，借入人に開示を促し，借入人が応じない場合に組成を中止すべき情報の存在）は，一概に判別することは困難であり，判断が分かれる場合も多いものと考えられる．

（4）　エージェントと貸付人（参加金融機関）との関係

　次に，エージェントの役割と責任についてもみておきたい．エージェントは貸付人（参加金融機関）の代理人であるが，前述のとおり，エージェントにはアレンジャーがそのまま就任することが多く，エージェントと貸付人との間でも「情報の非対称性」等の問題は同様に存在する．よって，エージェントのみが借入人の業況悪化等の情報を先んじて入手した場合に，エージェントは他の貸付人に情報開示義務を負うのか，または当該情報にもとづいてエージェントが自らの債権保全を図った場合に他の貸付人に対して何らかの責任を負うのかという点が問題となりうる．

（ア）　エージェントの役割と責任

　アレンジャーとは異なり，エージェントの役割や権利義務は，シンジケート・ローン契約内で具体的に規定される．エージェントと貸付人間の契約は，委任もしくは準委任契約とされ，エージェントは善良な管理者としての注意をもって委任事務を処理する義務を負う（民法644条）．善管注意義務は，一般に高度の注意

義務であり，それを厳格に解釈した場合，エージェントは委任者たる各貸付人の利益のために最善を尽くすべきであり，借入人がシンジケート・ローン契約の規定を遵守しているかどうか（特に期限の利益喪失事由が発生していないかどうか）を監視すべき義務や，自己や第三者の利益のために行動してはならないとする忠実義務を負うとの解釈も可能になりうる．

ただし，このように解釈すると，エージェントの負担は膨大なものになることが予想され，エージェントを引き受ける金融機関は皆無にすらなりかねない．一方，シンジケート・ローンの貸付人は貸付けのプロである金融機関であり，自己責任にもとづく与信判断が可能であることが原則である．これらをあわせて考えると，エージェントにあまり過大な義務を課すことは得策ではないとして，実務上，エージェントの役割や義務を一定範囲に限定する形で，一般に運用されている．

エージェントが担う主な役割および権利義務としては，以下のようなものがシンジケート・ローン契約に定められる．

(a) エージェントの主な役割

---
①（融資枠契約の場合）借入申込書の受領および各貸付人への伝達
②貸付実行の前提条件の充足の確認（ただし，前提条件のうち，必要書類の提出等，形式的事項の確認に限定されている場合が多い）
③借入人からの元利金の弁済の受領および各貸付人への分配
④多数貸付人または全貸付人による判断が必要になった場合の意思結集手続
⑤借入人の通知，提出資料等の各貸付人への交付

(b) エージェントの権利義務にかかる主な規定

---
①エージェントは全貸付人の委託に基づき全貸付人のためにエージェント業務を行う（借入人の代理人ではない）[49]．
②エージェントは契約上明示された義務以外は負わず，貸付人がその義務を履行しないことについても一切責任を負わない．
③エージェントは一定の真正かつ正確と思われる文書または専門家の意見書等に依拠することができる．
④エージェント業務を行うにあたり，善管注意義務を負う．
⑤故意又は（重）過失がない限り，貸付人に対して一切責任を負わない．
⑥エージェントは契約の有効性および契約上の表明事項につき何ら保証を行わ

ない．
⑦エージェントが貸付人を兼ねる場合には，本契約上のエージェントの義務にかかわらず，本契約上の貸付人としての権利義務は他の貸付人と同等である．
⑧エージェントは本契約外で借入人と一般に認められる銀行取引を行うことができる．
⑨エージェントは本契約外の取引において取得した借入人に関する情報を，他の貸付人に対して開示する義務を負わない．
⑩エージェントは本契約外の取引において借入人から支払いを受けた金員を他の貸付人に分配する義務を負わない．
⑪エージェントは借入人または貸付人から通知を受領した場合は速やかに貸付人または借入人に交付する．
⑫エージェントの辞任・解任の方法（一定の場合，辞任できる）

　エージェントには，一般に「代理人」といったときに想起されるような裁量は原則として存在せず，エージェントの責務がいたずらに拡張して解釈されないよう，事務的かつ機械的な業務として契約上明記される（(a)および(b)②）．

　さらに，エージェントは借入人のメインバンクであることが多いため，エージェントがシンジケート・ローン契約外の取引で取得した借入人に関する情報を他の貸付人に開示する義務は負わない旨を明記し，利益相反取引の観点からも，借入人との間で一般的に認められる銀行取引を行うことを貸付人が了承している形で規定するのが通例である（(b)⑨）．

（イ）　JSLA 行為規範の整理

　JSLA 行為規範では，エージェントと貸付人との関係を，「II. ローン・シンジケーション契約の尊重」の中で次のとおり整理している[50]．

①（省略）
②ローン・シンジケーション取引の契約当事者は，シンジケーション契約書の内容を尊重すべきであり，他の契約当事者に対し契約書上で明示された以外の権利・義務を主張すべきではない．
③ローン・シンジケーション契約期間中における借入人に関する情報開示義務は借入人の義務であり，契約書に明示されない限り，アレンジャー及びエージェントは何ら開示義務を負わないことを，参加金融機関は了解すべきである．

> ④エージェントと参加金融機関は，エージェントに委任される事務内容，エージェントの責任範囲について明確な合意をローン・シンジケーション契約書において行うべきである．
> ⑤参加金融機関は，ローン・シンジケーション契約書で明示的にエージェントに委任した事務の遂行及び責任以外の事項をエージェントに期待すべきではない．
> ⑥エージェントは，ローン・シンジケーション契約書上で明示的に委任された事務を善管注意義務を以て遂行すべきであり，また，授権の範囲を超えて権限を行使すべき義務にない．

　まず，参加金融機関(貸付人)がエージェントに特定の役割を望むのであれば，その役割についてシンジケート・ローン契約上に明記するよう契約締結前に交渉を行うべきであり，そのような交渉および合意が特段なされないのであれば，参加金融機関はそれ以上を期待すべきではないとする．シンジケート・ローン契約においてエージェントの権利義務の範囲や免責条項等を明記している限りは，契約どおり認められるべきであり，エージェントは貸付人に対して契約書に記載されている以上の義務を負うものではないとしている．

　(ウ)　借入人に関する情報の実務上の取扱い

　エージェントにはメインバンクが就任することが多いため，アレンジャー同様，エージェントと貸付人との間には情報の非対称性が存在する可能性が高い．とはいえ，ここまで述べてきたように，エージェントには貸付人に対する特別な開示義務は存在せず，契約上決められた業務しか行わないことが原則である．そして，エージェントに就任した銀行は，借入人とシンジケート・ローン以外の通常の銀行取引[51]を行うことも可能である．

　では，そのような前提のもと，シンジケート・ローン契約期間中に借入人の信用力に重大かつネガティブな影響を与えるような事象——その多くは期限の利益の喪失事由に該当すると考えられる——が発生した場合，エージェントに就任した銀行のみが当該事象の発生を認識しており，他の貸付人(または一部の貸付人)は当該事象の発生を知りえないまま放置されることになるのだろうか．

　国内で用いられているシンジケート・ローン契約では，一般に，借入人の期限の利益の喪失事由の発生を知った貸付人は，その旨をエージェントに通知しなければならないという「貸付人の通知義務」が規定される[52]．期限の利益の喪失事

由の発生は，借入人の確約条項(コベナンツ)により，一義的には借入人に報告義務がある[53]ものだが，その事由の存在を知った貸付人にも，エージェントに通知する義務があるのである．（なお，エージェントは，貸付人としてもシンジケート・ローンに参加していることが多いが，前述のとおり((ア)(b)⑦)，貸付人としての権利義務はその他の貸付人と同等であり，貸付人としてのエージェントへの通知義務も同様に負っている．）

しかし，実際には，期限の利益の喪失事由の発生(発生の懸念等を含む)を知ったからといって，それを直接エージェントに通知しようとする貸付人は，決して多くない．そうした情報を入手しうる貸付人は，メインバンク等，借入人とその他の取引関係がある場合が大部分であり，その事実を知った貸付人は，（借入人がいまだ通知義務を果たしていない場合は）シンジケート・ローン契約にもとづいてエージェントおよび貸付人に通知すべく借入人に助言し，原則どおり借入人が契約に従って通知を行う形で事態を収めているケースが多いと考えられる．

つまり，実際の取引では，まず借入人自身に開示(通知)する義務があることを前提に，その通知が行われない場合には，エージェントというよりむしろ一部の貸付人が，借入人に情報開示を慫慂し，借入人の確約条項(コベナンツ)の履行という形で全貸付人宛て通知を実現しているため，貸付人(間)およびエージェントとの情報の非対称性による問題が顕在化する例は多くないと考えられる．

また，こうした借入人の業況悪化等の情報をもとにエージェントに就任した銀行が自らの債権保全を図るような場合については，利益相反管理体制(次項(5))の枠組みの中で，利益相反状況を勘案した具体的な対処方法を決定しているケースが多いものと考えられる．

（5）　アレンジャー業務，エージェント業務と利益相反管理体制(銀行法等)

利益相反管理体制の整備は，2009年6月施行の銀行法等の改正により，導入された制度[54]である．銀行等[55]またはそのグループ会社による取引に伴って，顧客の利益が不当に害されることのないよう，情報を適正に管理し，業務の実施状況を適切に監視するための内部管理体制(利益相反管理体制)の整備が求められており，レピュテーショナルリスクも含めた配慮が必要とされている．

利益相反管理体制においては，各銀行等およびそのグループ会社の業務内容・規模・特性等をふまえて，利益相反のおそれのある取引をあらかじめ特定・類型化するとともに，継続的に評価する態勢を整備する必要がある．利益相反管理方

針の明確化や，社内規則等の整備，利益相反管理統括部署の設置等による一元的な管理も必要とされている．

シンジケート・ローンのアレンジャー業務やエージェント業務に関しても，この利益相反管理体制の枠組みの中で，利益相反のおそれのある取引類型の1つとして定め，実際に管理している銀行等も多いものと考えられる．というのも，利益相反管理制度が導入された当時に行われた「主要行等向けの総合的な監督指針[56]」等の改正案のパブリックコメント[57]において，「シンジケート・ローンのアレンジャー・エージェントにとっての参加金融機関といったものは，（利益相反管理体制上の）「顧客」には該当しないと考えてよいか」という質問に対し，「いずれの相手方の間でも利益相反取引が生じるおそれはあると考えられます」との当局回答があり，シンジケート・ローンの参加金融機関（貸付人）も利益相反管理上の「顧客」に該当しうると考えられているからである．

シンジケート・ローンのアレンジャー業務またはエージェント業務についての「利益相反のおそれがある取引」および「その管理方法」の具体例としては，たとえば以下のようなものが考えられる．

立場	利益相反のおそれがある取引類型（例）	利益相反状況の管理方法（例）
アレンジャー	シンジケート・ローンの組成によって，業況不振先に対して自らが有する貸付債権等を回収する場合（業況不振先に対する与信リスクを参加金融機関に転嫁）	①参加金融機関への下記事項の開示 ・アレンジャーの既往貸付債権の返済原資となること ・借入人による十分な業況等の説明 ②取引の方法の変更または取引回避 ・資金使途の変更（返済原資としない） ・アレンジャー就任の辞退
エージェント	自らがエージェントに就任するシンジケート・ローンの借入人に業況悪化等の事由が生じた場合に，当該シンジケート・ローンに優先して自らの既往貸付債権の保全や回収を行う場合	①参加貸付人への開示 ・左記の利益相反の状況にあること ②取引の方法の変更または取引回避 ・シンジケート・ローンの返済・保全に係る諸条件の変更（参加貸付人の同意を取得） ・自らの既往貸付債権に係る回収・保全の留保等 ・エージェントの辞任

なお，これらは，外形的に上記に該当したからといって必ずしも「利益相反状況」に置かれているというものではなく，レピュテーショナルリスクの観点をふまえて幅広に類型化している事例である．これらを利益相反の取引類型として管理している場合において，実際に該当する事象が発生したときは，適宜，利益相

反管理統括部署との調整の下，具体的な対応方法を決定し，対処することになる．なお，利益相反に関する制度一般については，第 12 章(LBO・MBO)4(2)を参照されたい．

3　シンジケート・ローン契約の特徴

　シンジケート・ローンの契約書[58]は，相対貸付けで用いる一般的な金銭消費貸借契約書と異なり，条項数が多く，数十頁に及ぶ．一般に，アレンジャーが用意した文案(アレンジャー行が独自に作成するシンジケート・ローン用の標準契約書)をもとに借入人と貸付人が交渉し，契約書を確定させるため，個別案件によって，シンジケート・ローン契約書の内容は異なる．ただ，アレンジャーの標準契約書は，その内容において JSLA が公表する推奨契約書[59]と大きく相違しないことが多いことから，以下では，JSLA の推奨契約書を前提にシンジケート・ローン契約の特徴について述べていきたい．

（1）　貸付人間の公平性への配慮

　シンジケート・ローンは，複数の貸付人が同一の金銭消費貸借契約に基づき貸付けを行うが，借入人に対する貸付人の貸付債権はそれぞれ個別独立しており[60]，貸付人間で共有関係にあるわけではない．本来は，各貸付人は自らの貸付債権について，個別に権利行使できるのが原則である．

　しかし，ここで，「ジェネラルディール」すなわち借入人と既往取引関係のない金融機関も参加するシンジケート・ローンについて考えてみたい．同一のシンジケート・ローン契約に基づき同じ条件で貸付けを実行しているにもかかわらず，一部の貸付人が優先して弁済を受けることが許されているとすると，それまで借入人と何ら取引関係もなく，債権回収のための情報入手において劣後しうる新規参加の貸付人は，当該取引に参加することを躊躇するであろう．そこで，シンジケート・ローンでは，借入人と取引関係がない貸付人であっても，公平に弁済を受けられる仕組みを確保することが重要になる．

　このような事情を踏まえ，シンジケート・ローンでは，以下のような規定を契約上置くことが多い．

（ア）　銀行取引約定書の適用除外

　借入人と取引関係を有する金融機関が，基本契約として締結している「銀行取

引約定書」等は，シンジケート・ローンには，適用されない旨を規定する．銀行取引約定書は，各銀行によって独自の様式が使用されていること，シンジケート・ローンには借入人と銀行取引約定書を締結していない貸付人，外国銀行，その他の業態の金融機関など銀行取引約定書を用いない貸付人も参加することから，貸付人の公平性を維持する観点から一部の貸付人が借入人と締結した銀行取引約定書等の影響を遮断する必要があるためである．

（イ）エージェントを通じた弁済方法

シンジケート・ローンでは，原則として，借入人はエージェントを通じて弁済を行わなければならない．借入人が直接各貸付人に対して支払ったとしても，債務の履行とは認められず，契約上，①借入人がエージェント口座（エージェント名義の口座）に入金したとき（エージェント口座方式）または②エージェントが借入人口座から引落しをしたとき（シンジケーション口座方式）が，債務の履行時点となる旨が規定される[61]．②の場合は，借入人が借入人口座に入金したときは，借入人による弁済の提供があったものとして[62]，以降は，借入人は債務の不履行により生ずべき一切の責任を免れる[63]．

なお，借入人が各貸付人に直接支払った場合は，支払いを受けた貸付人には受領金をエージェントに支払う義務が生じ，エージェントがこれを受領した時点が借入人の債務の履行時点となる旨も規定する．

エージェントは，受領または引き落とした弁済資金から，契約に従いエージェントフィーや第三者へ支払われるべき経費等の優先して支払充当される金額を控除した上で，各貸付人の債権額に応じて按分して分配する．

こうした「エージェントを通じて弁済が行われる」という仕組みがあるからこそ，それまでの借入人との取引関係等の有無にかかわらず，シンジケート・ローンの参加金融機関は公平に債権を回収することができる[64]．

（2）　表明保証および確約条項（コベナンツ）

借入人の表明保証条項や確約条項は，相対貸付けの契約においても見られる内容であり，シンジケート・ローン契約に特有の規定というわけではない．しかし，借入人との直接の取引関係のない貸付人が参加することを前提とするシンジケート・ローンでは，これらの条項が，より重要な意味を持つ．

（ア）表明保証条項

借入人の「表明および保証」とは，契約締結時や貸付実行時において借入人に

関する事実が真実かつ正確であることを契約の相手方（貸付人・エージェント）に対し，借入人が明示的に表明し，保証するものである．これにより，借入人と直接の取引関係がなく，借入人の状態を直接把握するのが難しい貸付人でも，貸付けを実行するにあたり前提としている一定の状態と実際の借入人の状態に乖離がないことを確認することができる．

主なものは以下のとおりである．

【主な表明保証条項】

項　目	内　容
(a)法人としての有効性等	・借入人は適法に設立され，現在有効に存続する法人であること． ・（融資枠契約の場合）借入人が特定融資枠法2条1項各号に掲げる者に該当すること[65]．
(b)権利能力・行為能力	・借入人は，本契約の締結，履行およびこれに基づく取引（以下「本締結等」という）を行う権利能力を有し，必要な全ての手続を完了していること． ・本締結等は借入人に適用のある法令等に反せず，借入人の定款等に反せず，借入人の第三者との契約に反しないこと．
(c)契約締結権限	・本契約に署名する者は，必要な手続に基づき，必要な権限を有すること．
(d)契約の有効性	・本契約は，借入人に対し有効な拘束力を有し，各条項に従い執行可能なこと．
(e)財務諸表等の正確性	・借入人の決算書類等は，一般に公正妥当な会計基準に照らして正確かつ適法に作成されており，必要な監査を受けていること． ・重要な後発事象等は発生していないこと．
(f)期限の利益喪失事由等の不存在	・期限の利益喪失事由は発生しておらず，そのおそれもないこと．
(g)その他	・本契約上の義務の履行に重大な悪影響を及ぼす訴訟等が開始されておらず，開始するおそれのないこと． ・暴力団排除条項

（イ）　確約条項（コベナンツ）

「借入人の確約（コベナンツ）」は，貸付人の適切な与信管理を実現することを目的として，借入人の信用力に悪影響を及ぼす可能性のある行為を特定し，特定した行為について借入人が行うべきこと（作為義務）あるいは行ってはいけないこと（不作為義務）等を定めるものである．

一般的なコベナンツは以下のとおりである．

【主な確約条項】

項　目	借入人の確約の内容
(a) 借入人の行為にかかる制限（事前通知や事前承諾が必要とされるもの，または禁止されるもの）	・担保提供制限（第三者または一部の貸付人のみに担保提供しない） ・主たる事業の継続および維持 ・合併，会社分割，株式交換，株式移転，重要な資産譲渡等の制限 ・出資，借入，保証等の制限（債務の弁済に重大な影響を及ぼすもの） ・暴力団排除条項
(b) 財務制限条項	・一定の財務条件（純資産，経常損益，各種財務比率等）の維持 　例）2期連続で経常損失にならないこと ・格付機関による一定の格付の維持
(c) 報告・情報提供義務	・期限の利益喪失事由（債務の履行遅滞，契約上の義務違反，表明保証違反等を含む）の発生または発生するおそれがある場合の報告 ・財務情報の提供（定期的な決算書類等の提出等） ・貸付人またはエージェントが要請した場合の情報提供 ・その他重大な変化の発生または発生するおそれがある場合の報告

　借入人の表明保証が真実でなかったことが判明した場合や，コベナンツに違反した場合（違反するおそれがある場合を含む）など，貸付人が把握している借入人の状況に変化があった場合は，後述する期限の利益喪失事由に該当するおそれがあるため，借入人はエージェントおよび貸付人に報告する義務を負う．さらに，貸付人およびエージェントから求められたときは，借入人は自身の財産状況，業況等について報告する義務を負うのが一般的である．コベナンツの1つである「借入人の報告義務」の履行により，貸付人は借入人の状態をモニタリングすることを可能としているのである．

　特に無担保貸付けの場合は，回収可能性は借入人の信用力に依拠することから，借入人に合ったコベナンツの的確な設定が重要となる．コベナンツの内容が厳しすぎると借入人の事業の成長を萎縮させ，逆に阻害してしまうような事態を招くおそれがあるし，コベナンツが緩すぎれば借入人の放漫経営や極端な拡大戦略を容認してしまうことにもなりかねない．

　コベナンツの設定にあたっては，借入人の信用状態，事業の性質，支払能力等の属性を十分に理解した上で工夫する必要があり，シンジケート・ローンの組成時に，アレンジャーが中心となって借入人および参加金融機関が交渉し，合意の上，契約に規定されることになる．

（ウ）　表明保証条項および確約条項への違反

借入人の「表明保証条項」が真実かつ正確であること，および借入人が「確約条項」に抵触しておらず，抵触のおそれがないことは，貸付人の「貸付実行の前提条件」の1つであり[66]，貸付けの実行後においてはその違反が「期限の利益喪失事由(請求喪失)」の1つとして規定されている．当該条項の違反の結果，借入人にとって重大な影響をもたらすことで，表明保証条項および確約条項を遵守すべきインセンティブを借入人に持たせている．

なお，表明保証条項が真実でないこと，または確約条項ほかシンジケート・ローン契約に借入人が違反したことにより貸付人またはエージェントに損害等が発生した場合に，借入人が当該損害等を負担する旨も，同時に，契約に規定されることが多い．

（3）　期限の利益喪失

シンジケート・ローンでも，借入人の期限の利益喪失事由は，相対貸付けで利用される銀行取引約定書[67]と同様に，一定の事由の発生によって当然に借入人の債務の弁済期が到来するとされる「当然喪失事由」と，貸付人の請求により同じ効果をもたらす「請求喪失事由」とに分けられる．

そして，期限の利益を喪失した場合は，借入人は貸付けの元本，利息および清算金[68]等を直ちに支払わなければならないこと，および全貸付人の貸付義務が消滅する旨が定められる．

（ア）　当然喪失事由

当然喪失事由が発生すると，貸付人またはエージェントからの通知催告等の手続がなくても，借入人は自動的にシンジケート・ローン契約にかかる全債務について期限の利益を失い，直ちに支払義務を負う．

当然喪失事由に関しては，相対貸付けで用いられる銀行取引約定書等の内容とほぼ同様である．銀行取引約定書において「預金など銀行に対する債権に差押命令の発送があった場合」[69]として規定される条項は，「貸付人に対して借入人が有する預金債権その他の債権について差押命令の発送等があった場合」として規定され，参加金融機関全てに対して借入人が有する債権が対象となる．

（イ）　請求喪失事由

シンジケート・ローンの請求喪失は，一定の事由の発生時に「多数貸付人の請求」にもとづきエージェントが借入人に通知することによって，借入人の期限の

利益が喪失するものである．相対貸付けでは銀行単独の判断で期限の利益喪失を請求できるところ，シンジケート・ローンでは貸付人の多数決にもとづかなければ請求することができない．

シンジケート・ローン契約の請求喪失事由として規定される典型的な内容は，下記のとおりである．

請求喪失事由の主な内容
(a) 借入人が貸付人またはエージェントに対する債務の全部または一部の履行を遅滞したとき[70]．
(b) 借入人の表明保証条項の1つでも真実でないことが判明したとき．
(c) その他，借入人の契約上の義務違反が発生したとき（かかる義務違反が解消可能な場合は，違反が○日以上解消しないとき[71]）．
(d) 借入人が貸付人に差入れている担保の目的物について差押え等の命令の発送，または競売手続の開始があったとき．
(e) 特定調停の申立があったとき．
(f) 借入人が発行する社債について期限の利益を喪失したとき．
(g) 借入人が本契約外の債務の全部または一部（合計額が○億円を超えるもの）について期限の利益を喪失したとき．
(h) 事業を停止し，事業の停止・廃止を決定し，または所轄政府機関等から業務停止等の処分を受けたとき．
(i) その他，借入人の事業や財産の状態が悪化し，または悪化するおそれがあり，債権保全のために必要が認められるとき．

前述のとおり，シンジケート・ローンのコベナンツ（確約条項）は具体的かつ細かな内容が定められていることが多いため，借入人がこれらの条項に抵触してしまうケースは比較的多い．ただし，請求喪失事由に一度抵触したからといって，必ずしも，直ちに期限の利益喪失を請求する意思決定が行われるわけではない．コベナンツは，貸付人の与信管理上のセンサーとしての意味を持ち，コベナンツへの抵触は，借入人と貸付人の間の貸付条件の再交渉の契機となる．借入人の信用リスクの増大を反映して適用金利を上げる代わりに，抵触した基準（コベナンツ）を緩和させる等の再交渉を行い，その結果，契約を変更することにより，シンジケート・ローンを存続させるということも一般に行われる．

(ウ) 貸付人の通知義務

シンジケート・ローンの貸付人間の公平性という観点，および請求喪失事由の発生時は多数貸付人の意思結集が行われることから，当然喪失事由または請求喪失事由が発生し，貸付人がそれを知った場合には，当該貸付人はエージェント[72]に対して通知を行う義務を負い，通知を受けたエージェントは他の全ての貸付人に通知する旨が契約上規定される．

このように，シンジケート・ローンの貸付人およびエージェントは一定の情報共有を行う必要があるため，貸付人およびエージェント間の情報共有につき借入人が異議を述べない旨も別途定められる[73]．

(4) 多数貸付人または全貸付人の意思結集——貸付人の団体性

相対貸付けとシンジケート・ローンとの間で，貸付人の権利行使に関して最も異なる部分は，シンジケート・ローンの多数貸付人または全貸付人の意思結集であろう．前記(3)の期限の利益の請求喪失のほか，多数貸付人や全貸付人の同意を必要とする事項を契約上定め，これに関して貸付人の行動を制限し，一定の団体性を付与する．

ただし，これは，あくまでシンジケート・ローンに参加する貸付人間の任意契約上の定めであって，法制度上の要請によるものではない．

(ア) 多数貸付人または全貸付人の意思結集を必要とする主な事項

シンジケート・ローン契約では，期限の利益喪失の請求のほか貸付人の債権管理に重要な影響を与える事項について，貸付人間の意思結集を必要とし，個々の貸付人による権利行使を禁じている場合が多い．

多数貸付人の定義は「債権総額の3分の2以上を有する(意思結集時点の)貸付人」と定める場合が多いが，過半数，6割，7割などの割合が指定される場合もある．組成時の貸付人の当初参加額の構成比により，一貸付人が単独で，意思結集の決定権や拒否権を有することにならないように工夫する場合が多い[74]．

各事項について，全貸付人あるいは多数貸付人，いずれの意思結集を必要とするかは，個々の契約で定めることができ，決して一律なものではない．JSLA推奨契約の主な区分は以下のとおりである．

【全貸付人または多数貸付人の意思結集が必要な主な事項】

区　分	主な事項
(a)全貸付人の意思結集を要するもの （エージェントの同意も必要）	①契約の変更（借入人の同意も必要） ②借入人の契約上の地位の譲渡（債務引受） ③借入人以外の第三者による弁済 ④期限前弁済 ⑤代物弁済 ⑥担保提供制限の一部解除　など
(b)多数貸付人の意思結集を要するもの	①貸付不能事由の発生および解消[75] ②借入人に対する期限の利益喪失の通知の請求 ③エージェントへの指示（契約上明記されていないもの[76]） ④エージェントの任命，解任その他手続 ⑤借入人による公正証書の作成[77]　など

(イ) 貸付人の意思結集手続と期限の利益喪失

期限の利益の請求喪失事由が発生した場合の貸付人の意思結集の一般的な手続は以下のとおりである．

	借入人	エージェント	貸付人
①報告事項(コベナンツ抵触等)の発生	● →抵触等の通知	○ →全貸付人に通知	○
②意思結集の要請		○ ←意思結集の要請通知	●
③意思結集の実施		● 意思結集の実施通知	
④意思結集		◎ とりまとめ ←通知	● 意思決定
⑤意思結集の結果通知	○ ←通知	● 通知	○

図表7　意思結集手続

① 契約上，借入人に報告義務が課せられている事項(コベナンツ抵触等)が発生すると，借入人からエージェントに通知が行われ，エージェントは全貸付人に通知する．
② 全貸付人または多数貸付人による指示が必要な事由が発生したと判断した貸付人は，エージェントに対して意思結集を要請することができる．
③ エージェントは全貸付人に意思結集を行う旨の通知を速やかに行う．（意思結集が必要な事由が発生したとエージェント自らが判断した場合にも，エージェントは意思結集を行う旨の通知を行うことができる．）
④ エージェントから②の通知を受けた貸付人は，自らの意思決定を行い，エージェントの指定する期限までにその内容を通知する．
⑤ エージェントは貸付人からの通知(回答)をとりまとめる．多数貸付人または全貸付人の意思結集がなされた場合には，多数貸付人または全貸付人による指示として，その内容を借入人および全貸付人に対して速やかに通知する．

(ウ) 貸付人の意思結集を行う理由

貸付人の貸付債権は個々に独立しているにもかかわらず，シンジケート・ロー

ンに多数貸付人の意思結集の仕組みを設けている理由は，以下のとおりであると考えられる．

たとえば，借入人に期限の利益の請求喪失事由が発生した場合に，各貸付人が各々の判断にもとづく請求により借入人の期限の利益を喪失させ，直ちに借入人に債権の全額の支払いを求めることができるとすると，一人の貸付人が期限の利益喪失の請求をした場合に，他の貸付人はそれを静観していたのでは，自らの債権回収に後れをとることになる．結果，一貸付人が期限の利益喪失の請求を行えば，残りの貸付人も追随して請求せざるを得なくなることが予想され，たとえ，他の貸付人の大半が期限の利益を喪失させる必要はないと判断していても，期限の利益喪失が必要だと考える一人の貸付人の判断に追随せざるを得ない状況となる．また，担保付きのシンジケート・ローンの場合には，全貸付人が一斉に期限の利益を喪失させないと担保権の実行が実務上機能しないという問題がある．よって，こうした混乱を避けるためにも，あらかじめ定めた多数決ルールの下，貸付人の意思決定を図る方法を採用していると考えられる．

（5）シンジケート・ローンの譲渡性

相対貸付けとは異なり[78]，シンジケート・ローンは譲渡前提の貸付債権であるといわれている．その理由の1つは，債権譲渡を行う際の条件や必要な手続について，あらかじめ契約に明記されていることである．シンジケート・ローンの債権譲渡は，債務者対抗要件および第三者対抗要件を具備して行われることが前提である．

さらに，「借入人と取引関係のない金融機関も参加可能」であるシンジケート・ローンの仕組みは，貸付実行後に貸付債権を譲り受けることによって「貸付人（債権者）」となる場合でも，取引上，特段の支障がないということも意味する[79]．債権譲渡が行われた場合は，譲渡される貸付債権に関する契約上の譲渡人の権利義務の一切が譲受人に移転することも明記される．

ただし，シンジケート・ローンの貸付債権は，「誰」に対しても譲渡可能であるわけではない．債権譲渡があった場合でも，弁済の局面で貸付人の公平性を保つ必要があるため，譲受人が「シンジケート・ローン契約の各条項に拘束されること」は必須であり，そのことに同意していることが譲受人の要件となる．また，シンジケート・ローンの貸付人はプロの金融機関を前提としているため，譲受人の属性についても一定の制限[80]を設けることが通例である．

債権譲渡が行われた際は，譲渡人および譲受人はエージェントに譲渡の事実を通知する義務を負う．エージェントに譲渡の通知が行われない場合は，エージェントが借入人の弁済資金を分配するに際して，従前の貸付人を有効な貸付人として取り扱えば，エージェントは免責される旨も契約上明記される．

なお，コミットメント・ライン契約においては，貸付人の契約上の地位の譲渡が行われることがあり，一般に「契約上の地位の譲渡」についても同様に規定がある[81]．

（6）シンジケート・ローンの個別性

ここまで述べてきたように，シンジケート・ローンには，借入人と取引関係がない貸付人が参加するための仕組み(貸付人間の権利の公平性や団体性等)や債権譲渡に係る規定等，多様な契約条項が用意されている．しかしながら，具体的な案件を組成する際に，その公平性や団体性等をどこまで取り入れるか(取り入れる必要があるか)は，借入人やアレンジャー，参加金融機関の意向次第となる．前述のとおり，シンジケート・ローン契約は，案件ごとの個別性が高いのである．

借入人と既往取引のない貸付人が参加するジェネラルディールであれば，前述の条項がほぼ盛り込まれたJSLAの推奨契約に近い形の契約が締結されることが考えられるが，借入人と既往取引のある貸付人のみが参加するクラブディールの場合は，むしろ債権保全時の行動は各々の自主性に任せることを選好する内容で契約が締結されることもある．

4　貸付債権売買市場(セカンダリー・マーケット)

次に，貸付債権売買市場，いわゆる「セカンダリー・マーケット」に関しても簡単に紹介しておきたい．

（1）貸付債権売買市場の概要

（ア）セカンダリー・マーケットの意義

前述(1(2)(ウ)(a))したとおり，我が国の伝統的なメインバンク制度の下では，金融機関は，借入人とのリレーションの象徴である貸付債権を満期まで保有することが当然であった．借入人が破綻してしまった場合の不良債権のバルクセール等を除き，貸付債権の売却はほとんど行われていなかった．自らが貸付けを行った債権は満期まで保有する以外になく，金融機関の与信ポートフォリオは構造的

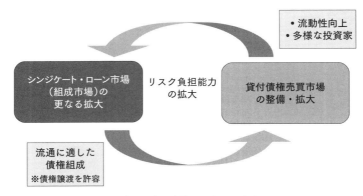

図表8　貸付債権売買市場の意義

な硬直性を抱えていたといえる．こうした背景の下，バブル崩壊後に与信集中リスクが顕在化し，金融危機が起こったともいえる．

そこで，これらの教訓を踏まえ，機動的かつ経常的に貸付債権の売買を行う市場が整備されれば，金融機関の与信ポートフォリオの硬直性を緩和し，金融機関同士のリスクシェアリング機能の強化に繋がるのではないかと考えられた．譲渡を前提としたシンジケート・ローンの組成市場と貸付債権の売買市場は，車の両輪の位置づけであり，双方の市場の拡大による相乗効果が期待されている．

金融機関にとっては，自ら貸付けを行った債権を期中で売却することが可能であれば，与信余力の再生産につながり，新たな貸付けも行えることになる．さらに，満期保有を前提としない多様な投資家(貸付人)層が取引に参加するようになれば，貸付(ローン)取引全体の規模の拡大に繋がる．

また，貸付債権が売買されるということは，貸付実行後も継続的にプライシングを行うことにつながり，効率的な価格形成と価格の透明性も期待できる．

こうした貸付債権売買市場の拡大は，資金調達を行う借入人にとってもメリットになると考えられる．

（イ）　取引市場規模

図表9は，貸付債権が年間どのくらい売買されているか，国内銀行を対象としたグラフである．近年は超低金利という経済環境もあって，取引量が伸びてはいないのが現状である．2008年のリーマンショック時には銀行のリスクアセットの調整等を理由に，取引量が一時的に増加している．

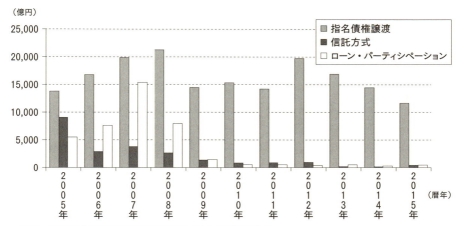

(出典:全国銀行協会「貸出債権市場取引動向」よりみずほ銀行が作成)
※1　統計対象は全国銀行116行(都銀,信託銀行,地銀等).(2015年4月30日現在)
※2　信託方式とは,金融機関が貸付債権を信託譲渡することにより,貸付債権を流動化するもの.
※3　ローン・パーティシペーションとは,金融機関の貸付債権について,その債権・債務関係を移転させずに,貸付債権の経済的利益とリスクを移転するもの.

図表9　国内銀行による貸付債権の流動化実績(正常債権)

(ウ) 貸付債権売買取引の構図

貸付債権売買を行う場合は,売り手と買い手が相手方を直接見つけて取引する場合もあるが,仲介者が入って取引が行われる場合が多い.

売買対象の貸付債権は,シンジケート・ローンに限らず,相対貸付けの債権も含まれる.貸付債権の譲渡に関してもJSLAが推奨契約書[82]を公表しており,実際の取引も,JSLA推奨契約に準拠した形の譲渡契約書を用いて行われることが多い.

(2) 貸付債権譲渡の方法

実際に金融機関が行っている貸付債権の譲渡の方法は,対抗要件具備の方法等により,以下のとおり分けられる.

(ア) 真正譲渡

債権譲渡に係る債務者対抗要件および第三者対抗要件を確定日付のある債務者承諾書[83](または債務者への書面通知)により具備する方法である.シンジケート・ローンや相対貸付けの売買を行っている金融機関間では,「真正譲渡」と呼ばれることが多い.

シンジケート・ローンの債権譲渡は,原則としてこの方法がとられる.ただし,

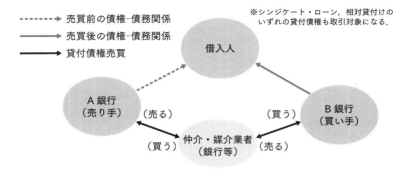

図表 10　貸付債権売買取引

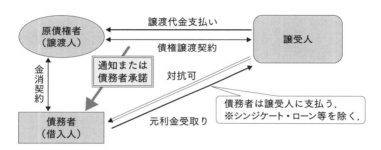

図表 11　真正譲渡（債務者対抗要件・第三者対抗要件を具備して譲渡する方法）

シンジケート・ローンでは，借入人はエージェントに支払うことになるため，債務者対抗要件を具備しても，借入人の支払先（エージェント）は変更されない．

（イ）　サイレント譲渡

「動産及び債権の譲渡の対抗要件に関する民法の特例等に関する法律」による登記（以下「特例法登記」という）を行って，債権譲渡の第三者対抗要件のみ[84]を具備する方法である．「サイレント譲渡」と呼ばれることが多い．

債務者対抗要件を具備しないため，債務者（借入人）は引き続き元の債権者（貸付人[85]）に弁済する．したがって，サイレント譲渡を行う場合は一般的に，譲渡人（元の債権者）が回収した元利金を譲受人に引き渡すための「事務委任契約」を譲渡人と譲受人間で締結する．

（ウ）　（参考）ローン・パーティシペーション

ローン・パーティシペーションは債権譲渡ではなく，貸付債権にかかる経済的利益（元利金等）とリスクの移転手法の１つである．借入人と債権者（貸付人）間の

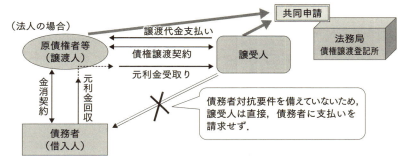

図表 12　サイレント譲渡(特例法登記)

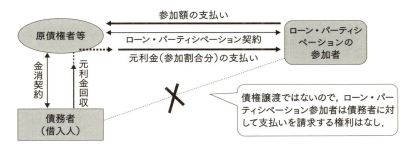

図表 13　ローン・パーティシペーション

　権利義務関係は一切変わらず，借入人が支払う元利金等を受領する利益(参加利益)の一部または全部を，債権者(貸付人)が「参加者」に譲渡することを約し，参加者はその対価を支払う．参加者は借入人に直接請求等を行うことはできないため，借入人および債権者(貸付人)双方の破綻リスクを引き受けることになる．

　債権者である金融機関が一定の要件を満たして本取引を行う場合，対象債権のオフバランス化が可能なため，本邦金融危機の際に，一時盛んに利用されていた手法である．

（3）　**貸付債権の流動性向上への取組み**

　次に，シンジケート・ローンに関する貸付債権の流動性向上のための，比較的新しい取組みについても紹介しておきたい．

（ア）　電子記録債権の活用

　電子記録債権は，電子債権記録機関[86]の記録原簿上の記録により，発生，譲渡等が行われる金銭債権である．2008 年 12 月の電子記録債権法の施行以降，複数

の電子債権記録機関が設立され，主に売掛金決済や手形代替目的で利用されている．この電子記録債権を，シンジケート・ローンに活用しようという取組みが一部の金融機関で始まっている．

（a）通常の貸付債権譲渡の問題点

ここで，通常の貸付債権譲渡が有している問題点について触れておきたい．

まず１つは，前述した貸付債権譲渡の対抗要件具備手続の煩雑さである．シンジケート・ローンでは，原則として，前述の真正譲渡による方法で対抗要件具備手続を実施する．しかし，対抗要件具備手続を行ったからといって，自らに先んじて対抗要件を具備した第三者が存在しないとも限らず，二重譲渡されているリスクは皆無ではない．

また，貸付債権の譲受けにあたり，当初の金銭消費貸借契約書を確認したとしても，その後，契約の変更が行われている可能性も本来は否定できない．通常は，取引相手の譲渡人から債権の内容について開示を受けるであろうが，転々売買されている債権であれば，譲渡人が把握していない事情がないとも限らない．

このように，貸付債権売買の法的安定性は，必ずしも十分とはいえないのである．現在の貸付債権売買市場の取引参加者の大半は金融機関であるため，一定の取引上の注意を払っていれば大きな問題は発生しえないであろう，という相互の信頼関係の上で，取引が行われているともいえる．

（b）電子記録債権の利用

このような貸付債権譲渡の不安定さを払拭する方法の１つとして，電子記録債権を利用する試みがある．電子記録債権は，譲渡記録が譲渡の効力要件であるため，通常の貸付債権譲渡のような二重譲渡は起こりえない．そして，譲渡記録は，譲渡人と譲受人の譲渡記録請求によって行われるため，原則として，債務者（借入人）の承諾等は不要である．電子記録債権は，電子記録によって債権の内容が決まり，たとえ記録事項の変更が複数回行われていようと，何度も売買されていようと，記録原簿を参照すれば，現時点の債権の内容を確認することができるというメリットがある．

ただし，電子記録債権はあくまで「金銭債権」であるため，シンジケート・ローン契約に含まれる貸付債権以外の権利義務――貸付人間の契約や貸付人とエージェント間の委任契約等――を電子記録債権そのものの内容とすることはできない．そこで，シンジケート・ローンに電子記録債権を利用する際は，従来のシン

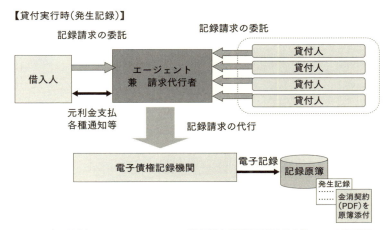

図表14　電子記録債権の活用

※2017年8月現在，シンジケート・ローンに利用可能な電子記録債権を取り扱っている電子債権記録機関は2社で，いずれもシンジケート・ローンのエージェントが請求代行者(利用者による記録機関への記録請求を代行する者)に就任するスキームを採用している．

ジケート・ローン契約(金銭消費貸借契約)を締結した上で，シンジケート・ローンの貸付債権について電子記録債権を発生させ，貸付債権と電子記録債権双方を併存させる方法をとっている[87]．また，シンジケート・ローン契約上に，電子記録債権は貸付債権に優先して行使される旨を定め，電子記録債権の支払いは，原則として口座間送金決済契約[88]によって行われる．あわせて電子記録債権と貸付債権は必ず同時に譲渡されることとし，シンジケート・ローン契約にもその旨を明記する方法が採用されることで，併存させることによる矛盾が生じないような手当ても同時になされている．

(イ)　セキュリティトラスト

セキュリティトラスト(担保権信託)[89]は，担保付シンジケート・ローンの譲渡性の向上を目的として利用されている仕組みである．担保権を被担保債権から切り離して信託財産とし，受託者が担保権者となって，受益者たる被担保債権者のために担保権の管理・行使を行うことを目的とする信託のことを指す．

シンジケート・ローンでは複数の貸付人が存在するため，その担保の取得方法が問題になる．前述のとおり，シンジケート・ローンの債権は貸付人ごとに個別独立している．よって，原則として，同順位の個別独立の担保権を設定することが多いが，担保権の種類等によっては，同順位で準共有の担保権を設定する場合

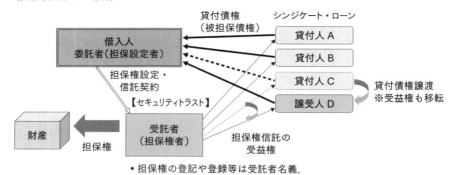

図表15　セキュリティトラスト（担保権信託）

もある[90]．

　抵当権の場合は，同順位の個別独立の担保権を設定することが可能であり，登記上も，被担保債権者であるシンジケート・ローンの各貸付人が同順位で抵当権の設定登記を行う．しかし，債権譲渡があった場合には移転の付記登記が必要になり，登記費用の問題や事務手続が煩雑なため，債権譲渡を行うにあたっての実務上の妨げとなる．

　セキュリティトラストを用いれば[91]，担保権者は受託者となるので，受託者名義で抵当権の設定登記をしておけばよく，債権譲渡の都度，付記登記を行う必要がない．被担保債権者（貸付人）は担保権信託の受益者となる．

　そのほか，振替機関の口座の振替によって担保権が設定される上場株式等に担保権を設定する場合や，M&Aファイナンス等の借入人等の全資産に担保権を設定する場合等にもセキュリティトラストが利用されている．

コラム8-1：マイナス金利への対応

　2016年1月末に導入された日本銀行のマイナス金利政策は，シンジケート・ローンの分野にも少なからず影響を与えている．ここでは，マイナス金利政策の影響と対応について概観する．

（1）　マイナス金利とは

　日本銀行は2016年1月29日にいわゆるマイナス金利政策[92]の導入を発表

した．マイナス金利政策とは，中央銀行が政策金利をゼロ・パーセントよりも低い水準にする政策であり，日本の場合，民間銀行は預金者から集めたお金を日本銀行の当座預金に預けているが，その当座預金の金利の一部をマイナスに設定することで，当該資金を当座預金に預金されたままにせず，民間企業の融資や有価証券の購入に資金を振り向けさせ，経済を活性化する効果を見込むものである．

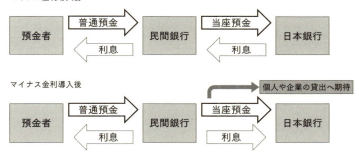

図表 16　マイナス金利とは

（2）ローン金利の決定方法

マイナス金利政策がシンジケート・ローンを含むローンに対し，どのように影響を与えたかを考えるためには，ローン金利の決定方法につき理解する必要がある．ローン金利の決定方法として，いわゆる変動金利については主として「基準金利」＋「スプレッド」という形で決定されることが多い．「基準金利」とは，銀行間がマーケットで取引する場合の指標金利をいい，「LIBOR」[93]や「TIBOR」[94]が一般的である．他方，「スプレッド」とは貸付人の利ざやを指し，借入人の信用力や貸付の年限などに応じて決定される．

マイナス金利政策の導入以降，基準金利は一律に低下し，特に LIBOR はマイナス金利政策導入前から既にゼロ・パーセント近辺であったこともあって，ほどなくして，一部はマイナスの水準となった．一方，TIBOR はマイナスとならずに，マイナス金利政策の導入以降横ばいの状況を保っている．適用金利は，前述のとおり基準金利＋スプレッドで算出するため，基準金利が仮に－0.40％であったとしても，スプレッドが＋0.70％であれば，適用金利は計算上＋0.30％とプラスになるため問題がないが，スプレッドが＋0.30％だとすると，適用金利が計算上－0.10％となりマイナスになってしまう問題が発生するということである．

(3) 金融法委員会の論点整理（骨子）

以上を踏まえ，適用金利がマイナスの場合には，貸付人は利息を支払わなければならないのかというのがローン契約において問題となる．

この点，結論としては，金融法委員会[95]から発表された「マイナス金利の導入に伴って生ずる契約解釈上の問題に対する考え方の整理」[96]に基づき，実務上は概ねかかる見解に則って運用されていると言ってよい．なお，金融法委員会の整理の骨子は以下のとおりである．

(ア) 金銭消費貸借上，利息の支払義務を負っているのは，借入人である．

(イ) 適用金利が負の値となることは，契約締結当時，契約当事者にとって想定外の事態であった．

(ウ) 「利息」とは一般に「元本利用の対価」であり，借入人が貸付人に支払うべきものと通常解される．

(エ) 以上から，適用金利がマイナスになった場合には，特に反対の合意を認定すべき特段の事情が存しない限りは，単に利息としての性格を有する金額がなくなるに留まり，貸付人が借入人に対し当該負の値の絶対値を用いて計算される金額の支払義務を負うものではないと解される[97]．

(4) シンジケート・ローン契約における論点

(3)はローン契約一般に対するものであるが，シンジケート・ローンにおいても特に別異に解すべき理由がない以上，同様に解しても特段問題ないものと考える[98]が，とりわけ，シンジケート・ローンにおいては，①貸付人間で取扱いを異ならせることは，シンジケート・ローンの公平性に反するため，統一的な対応を採る必要がある，②貸付人が利息を支払わなければならないとすると，かかる事務を想定したエージェントの規定が必要という点にも留意が必要である．

（渡邉展行）

5 債権法改正

続いて，民法（債権関係）改正のシンジケート・ローンへの影響につき概観することにしたい．

(1) 債権の譲渡制限に関する改正

現行民法では，譲渡制限特約に反する譲渡は無効で，ただし，善意・無重過失の第三者には主張できないと解されている（現行民法 466 条 2 項）．改正後は，譲渡

制限特約に反する譲渡も有効とした上で，ただし，悪意・重過失の第三者には履行拒絶・抗弁対抗可とされている（平成29年改正後の民法466条2項・3項）．改正法は，債権の譲渡性を貫徹しながらも，悪意・重過失の第三者には履行拒絶・抗弁の対抗を可能にすることで，債務者の弁済先の固定化の利益に配慮したものであるとされる[99]．

シンジケート・ローン契約においては，譲受人の制限として，一般的に金融機関等に限定するなど業種の制限がある[100]ことから，本改正がかかる譲受人の制限に対しどのように影響するかが問題となる．この点，①シンジケート・ローン契約の場合，譲受人の制限自体が契約書に明記されており，譲受人は常に悪意または重過失と解されるのではないか，また，②改正法の趣旨が，上述のとおり，債務者の弁済先の固定化の利益に配慮するものであるとすれば，シンジケート・ローンにおいて借入人はエージェントに弁済すれば足りるため，そもそも債務者の弁済先の固定化の利益は問題とならないのではないかという点が論点となり得ると考える．

（2） 異議をとどめない承諾の廃止

従来，シンジケート・ローンを含めた金融の実務では，譲渡の場合に譲受人に瑕疵のない債権を取得させるため，一般的に，債権譲渡の際に債務者から異議をとどめない承諾（現行民法468条1項）を取得してきた．今回の改正では，異議をとどめない承諾による抗弁切断の制度が，債務者が譲渡の事実を認識しただけで債務者にとって予期しない抗弁放棄という重い効果が生じることが問題視[101]され，抗弁切断のためには，別途抗弁放棄の意思表示が必要となった（平成29年改正後の民法468条1項）．そのため，シンジケート・ローンの譲渡において，抗弁放棄の意思表示をどのように確保するかは今後の検討課題となっている．

1つの対応策として，個別に債務者から抗弁放棄の意思表示を含む書面をもらうということが考えられる．もう1つの対応策としては，シンジケート・ローン契約にあらかじめ抗弁を放棄する文言を規定する方法が考えられる．現状の方向性は未定であるが，包括的に抗弁放棄させるというのは債務者保護の観点から問題があり，改正趣旨を踏まえた対応の検討が必要である．

（3） 差押えと相殺に関する明確化

差押えと相殺とは，債権が差し押さえられた場合に，第三債務者が，被差押債権を受働債権とし，自己が有する債権を自働債権とする相殺を差押債権者に主張

できるかどうか，自働債権と受働債権の弁済期の先後により結論が異なるかどうかという問題である．この点，従来から差押え時における相殺の効力については制限説[102]と無制限説の対立があり，判例上は昭和45年の大法廷判決で無制限説の立場を採用したと一般的に解されている[103]．しかしながら，銀行実務では，より確実に相殺を可能とする観点から，制限説の立場を前提として，差押えの効力発生前に期限の利益を当然に喪失させて，相殺適状を生じさせることとしている[104]．

今回の改正法では，無制限説の採用が明文化される[105]ため，銀行実務としても無制限説を前提とすれば足り，差押えの効力発生前に期限の利益を当然に喪失させる必要はないのではないかが問題になる．差押えと相殺の問題が発生する典型的な場面は，銀行の預金債務に対して仮差押えがなされた場合に，銀行が自己の貸付債権を保全するために相殺を行う場面であるが，預金に対する仮差押えは，銀行の取引先（差押債務者）が第三者との訴訟で敗訴した場合などにも発生し，銀行が有する貸付債権の回収に特段の懸念がないのにもかかわらず，当然喪失事由に該当してしまうことがある．当然喪失事由に該当すると，シンジケート・ローンに係る債務は，直ちに返済しなければならず，他の契約においてもいわゆるクロスデフォルト条項[106]が記載されている契約に影響を及ぼすことになり影響度は大きいため，本改正を機に議論が進むことが期待される．

（4） 連帯債権に関する規定の新設

最後に，連帯債権に関する規定の新設である．連帯債権については，連帯債務と異なり，現行民法では明文の規定がないが，解釈上，認められてきた．今回の改正では，連帯債権の規定を新設し明文化される（平成29年改正後の民法432条）．シンジケート・ローン実務との関係では，連帯債権規定の明文化により，いわゆる「パラレルデット」が促進されることが期待される．「パラレルデット」は，エージェントの債権と他の貸付人の債権を連帯債権関係にすることで，エージェントの債権に設定した担保権の効果を他の貸付人にも及ぼすものである．シンジケート・ローンで担保権を設定する場合に，各貸付人はそれぞれ個別の債権を有するため，原則として各貸付人ごとに担保権を設定しなければならないが，特に貸付人の数が多い場合には管理が煩雑になる．そこで，「パラレルデット」の仕組みを用いることで，担保権の管理を容易にすることが期待されている．

（渡邉展行）

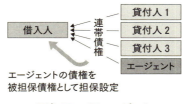

図表17　パラレルデット

---

1) 「シンジケート・ローン」として法令上明確に定義されたものはないが，金融商品取引法のみなし有価証券に指定された「学校法人向けシンジケート・ローン」の定義は後掲注21)を参照のこと．
2) 一般に，組成1件当たり，貸付人の数は数社から数十社であるが，多いものでは，100社以上の貸付人が参加する場合もある．
3) シンジケート・ローンの貸付人は，銀行のほか，生保，損保，協同組織金融機関等を中心とした金融機関が大半を占めるが，最近では，ファンドやリース会社等のその他の業態の貸付人が参加することもある．ただし，シンジケート・ローンはあくまで「貸付け」であることから，（自らに適用される業法等のもとで貸付けを行う権限を有しない場合には）貸金業法のもとで貸金業の登録を受けていることが，最低限必要になると考えられる．
4) 1回の組成で，小規模なものでも数億円単位の調達，大規模なものだと数千億円以上の調達が行われる場合もある．
5) シンジケート・ローンの金銭消費貸借契約書は，印紙税法の課税文書（消費貸借契約書）としての取扱いが行われること等を理由として，原本を一部のみ作成してエージェントが保管し，借入人および貸付人は原本の写しを保管する場合も多い．
6) アレンジャーへの就任は，引受方式（借入人の一定額の資金調達を約束する）による場合と，ベストエフォート方式（参加する金融機関等を「ベストエフォートで」勧誘するという意味で，調達額の約束は行わない）による場合がある．引受方式による組成の場合は，当初からアレンジャーが総額を引き受ける（＝貸し付ける）ケースと，当初予定していた資金調達額に見合う投資家が契約締結時までに集まらない場合に残額をアレンジャーが引き受けることを約束するケースとがある．
7) 銀行，協同組織金融機関等であればそれぞれ固有の業法により貸付けの媒介を行うことができると解されている．それ以外では，貸金業法に基づく貸金業登録を受ける必要があると考えられる．
8) 予定した調達額に対し，参加を希望する金融機関が十分に集まった場合など，アレンジャーが貸付人として参加しないシンジケート・ローンもある．この場合でも，契約締結後，アレンジャーはエージェントに立場を変えて，そのシンジケート・ローンに関与する場合が多い．
9) シンジケート・ローン契約上，借入人が直接，各貸付人に通知等すべきと規定されている場合を除く．
10) コミットメント・ライン契約の手数料（フィー）の収受方法には主に2種類ある．貸付極度額から貸付実行額（未弁済のもの）を差し引いた「未使用貸付極度額」に対して一定率の手数料を取るものを「コミットメント・フィー」方式と呼び，計算期間が経過してから手数料を収受する（後取り）．一方，貸付実行額にかかわらず，貸付極度額に対して一定率の手数料を取るものを「ファシリティー・フィー」方式と呼び，計算期間の期初に手数料を収受する（前取り）．一般的に非常時以外の借入申込みが予定されていない場合（万が一の手元流動性の確保等）にコミットメント・フィー方式を利用し，常時の借入申込みが予定されている場合（弁済と借入申込みが繰り返し行われるような場合）にはファシリティー・フィー方式が利用される．ファシリティー・フィー方式の契約を「リボルビング・クレジット・ファシリティ契約」等と呼ぶ場合もある．
11) シンジケート・ローンは，1960年代末頃からユーロ市場を起点として発展し，1980年代以降の米国を中心としたM&A（企業買収）の活発化によるLBO（レバレッジド・バイアウト，買収相手

の資産を担保として買収資金を調達するファイナンス)の積極利用などにより，欧米で広く利用されるようになった．
12) 日本 IR 協議会(http://www.jira.or.jp)による「IR」の定義は次のとおり．「IR(インベスター・リレーションズ)とは，企業が株主や投資家に対し，投資判断に必要な企業情報を，適時，公平，継続して提供する活動のことをいいます．企業は IR 活動によって資本市場で適切な評価を受け，資金調達などの戦略につなげることができます．株主・投資家も，情報を効率よく集めることができるようになります．」
13) 利息制限法 3 条．出資法 5 条の 4 第 4 項も同様である．
14) 利息制限法(1 条)では元本 100 万円以上の場合，年率 15% が上限であり，出資法(5 条)では年率 20% である．
15) コミットメント・フィー方式の契約等，借入人は万が一の手元流動性の確保のために融資枠契約を締結するため貸付が実行されないことも多い．
16) https://www.jsla.org/
17) JSLA の目的は，①市場の健全な拡大(日本におけるローン債権の流動性を高め，プライマリーおよびセカンダリーのローン債権市場(以下「ローン債権市場」)の健全な拡大に資すること)，②標準的契約書の整備(プライマリーおよびセカンダリーのローン債権取引における標準的な契約書を整備すること)，③標準的取引方法の整備(ローン債権市場における市場参加者間の標準的な約定方法，決済方法を整備すること)，④広報活動(ローン債権市場に関する情報整備と広報活動を行うこと)である．
18) JSLA が公表している推奨契約書の主なものに，「タームローン契約書」「コミットメントライン契約書(旧「リボルビング・クレジット・ファシリティ契約書」)」「貸付債権譲渡に関する基本契約書」「貸付債権等譲渡契約書」がある．これらは 2001 年から 2003 年にかけて公表され，2013 年にそれまでの実務の蓄積を踏まえた改訂が行われている．
19) 金融審議会金融分科会第一部会報告「投資サービス法(仮称)に向けて」(2005)40 頁．
20) 当時の「学校債」の取引の実態より，投資者保護が必要かつ適当とされ，以下の条件の全てに該当する学校法人等に対する貸付け(学校法人向けシンジケート・ローン)に係る債権は，みなし有価証券として指定された(金融商品取引法施行令 1 条の 3 の 4，金融商品取引法第二条に規定する定義に関する内閣府令 8 条)．①利率および弁済期が同一であり，複数の者が行うもの(当該貸付けが無利息であるものを除く)．②当該貸付けの全部または一部が次のいずれかに該当すること．イ 当該貸付けを受ける学校法人等の設置する学校に在学する者その他利害関係者以外の者が行う貸付けであること．ロ 当該貸付けに係る債権の利害関係者以外の者に対する譲渡が禁止されていないこと．
21) 2012 年 4 月に金融商品取引法施行令 1 条の 3 の 4 に下記③が追加されたため，銀行等のみが参加する学校法人向けシンジケート・ローンについては，みなし有価証券から除かれることとなった．③当該貸付けの全部または一部が次のいずれかに該当すること．イ 銀行その他の法令の規定により当該貸付けを業として行うことができる者(ロにおいて「銀行等」という．)以外の者が行う貸付けであること．ロ 当該貸付けに係る債権の銀行等以外の者に対する譲渡が禁止されていないこと．
22) 借入人とアレンジャーとの間には，シンジケート・ローンの組成に係る準委任契約が成立すると考えられている．
23) タームローン契約の場合は「金銭消費貸借契約書」，コミットメント・ライン契約の場合は「コミットメントライン契約書」等の表題の契約であることが多い．契約書案はアレンジャーが作成する．
24) インフォメーション・メモランダムには，記載された情報の正当性・妥当性をアレンジャーが保証するものではない旨の免責文言が記載されることが一般的である．
25) JSLA 行為規範では，コミットメント・レターの提出により借入人と貸付人との間に契約が成立するものではないが，コミットに際して明示的に条件をつけた場合を除き，それを根本から覆すような重要な変更を申し入れること(参加のコミットの取消しを含む)は，当初想定しえなかった重要な変化が生じた場合を除き，(取引慣行上)原則としてできないものと考えられる，としている

(JSLA「ローン・シンジケーション取引における行為規範」(2003)5.(1)②).
26) 微調整に止まる．この段階で，コミットメント・レターの前提となる重要な条件を変更する修正は行われない．
27) さらには，そのシンジケート・ローンで調達した資金によって自らの相対貸付けの回収を行うような場合も考えられる．
28) JSLA 行為規範および JSLA 実務指針でいう「ローン・シンジケーション」は「シンジケート・ローン」のことを指す．
29) 本来，金融機関であれば，最低限必要な情報の開示が得られない借入人に，あえて貸付けを行うことは考えにくい．よって，開示される情報が少なければ，借入人が希望する調達額の組成に支障を来すため，情報開示の範囲は，法的義務というより経済メカニズムの問題として，取引当事者が納得する範囲の情報開示が実現される，と JSLA では整理していた．
30) インフォメーション・メモランダムには一般に「情報の正確性については借入人が確認した」または「情報の正当性・妥当性については参加金融機関自らの審査にもとづき判断すべき」等のアレンジャーの免責文言が記載される．JSLA 行為規範では，情報の真実性・正確性についてアレンジャーが何ら責任を負うものではない(アレンジャーが積極的に情報を調査すべき義務を負うものではない)という免責文言自体は有効だと考えられるが，上記④のように，重大な虚偽表示があることを知りながらアレンジャーがそれを告げずに参加金融機関に配付した場合には，アレンジャーは参加金融機関に対して損害賠償責任を負いうるとした．
31) JSLA 実務指針の脚注 6．これとて明確な基準にはならないとしている．
32) ベスト・プラクティスは，アレンジャーの「義務」ではなく，「健全なシンジケート・ローン市場の育成のためにアレンジャーに期待される望ましい行為」としての位置づけである．
33) 「アレンジャーが保有する情報」とは，「アレンジャーが通常の方法でアレンジ業務を行う過程で保有しうると合理的に判断される範囲と考えるべき」とされ，「アレンジャー業務の担当部署及びリレーション所管部署がその業務遂行上は通常知りえない情報についてまで，上記(ア)のプロセスを踏むことは，期待されるべきではない」としている．
34) 「様々な理由により，借入人の業績が急激に悪化するケースも考えられ，また，メイン乃至はコアバンクであっても借入人に関する全ての情報を常に保有しているわけではないことから，アレンジャーとしてこのような場合に当然に責任を負うべきものではないことは当然である」としている．
35) これらを要件とした理由は「アレンジャーは借入人に対して守秘義務を負っているため，それが正確性・真実性のある情報であることを確認できない段階で外部に漏らせば，正当な理由のない開示行為として守秘義務違反となるおそれがあり」，借入人，アレンジャー，参加金融機関の関係に照らせば，「アレンジャーが入手した情報が参加金融機関の参加可否の意思決定に影響を及ぼす重大な情報であり，かつ正確性・真実性のある情報であることについて，アレンジャーにおいて独自に調査して明らかにする負担を課すのは相当でない」ことにある．
36) 「アレンジャーは，シンジケート・ローンに参加する金融機関に参加を働きかける(招聘する)ものの，参加金融機関との間に契約その他の何らかの法的関係を合意することはなく，その証拠もない」から，「契約上の債務としての情報提供義務を負うとは認められない」とした．
37) 原審ではこのように述べられているが，実務上は必ずしもこのとおりではなく，アレンジャーが借入人に働きかけて，借入人と参加検討金融機関とのバンクミーティング等の機会を設定することもある．
38) インフォメーション・メモランダムに重要情報と異なる記載を故意にした場合を含む．
39) 重過失を要件にしたのは「参加金融機関は融資の専門家であるから，本来可能な限り自ら取得した情報を基礎にして融資をするかどうかを決定すべきである上，アレンジャーが故意かそれに匹敵する重大な過失により参加金融機関の判断を誤らせた場合にはアレンジャーとしての情報提供義務違反を問われてもやむを得ないが，単なる過失により参加金融機関の判断を誤らせた場合にも上記義務違反を問われるということでは，アレンジャーと参加金融機関との間の均衡を欠き，シンジケート・ローンの組成が事実上相当に困難になるから」である．
40) 借入人は融資を受けるための審査を受ける立場であって，参加金融機関にネガティブ情報等を

秘匿することは本来許されないから，アレンジャーの借入人に対する守秘義務を理由に，借入人がネガティブ情報を秘匿できるとするのは不合理であり，借入人もシンジケート・ローンの組成委託時にアレンジャーによる参加金融機関への情報提供は黙示的または慣習上容認しているというべき，とした．

41) インフォメーション・メモランダムには「アレンジャーは資料の正確性・真実性について一切の責任を負わず，参加金融機関で独自にA社の信用力等の審査を行う必要がある」旨が記載されていた．

42) 後記3(2)(イ)「確約条項(コベナンツ)」を参照．M通知書は，借入人の表明保証・確約条項等への抵触(期限の利益の請求喪失事由の1つ)またはその懸念があるときに，借入人がエージェントおよび貸付人に通知する義務を負う書面であると考えられる．単なる形式的な抵触を通知する場合もあるが，M通知書は，A社の決算に不適切処理の懸念があり，調査会社による調査を開始することを告げる内容である．調査の結果次第では，期限の利益の請求喪失につながることも考えられ，A社の信用力についての判断に重大な影響を与える可能性のあるものといわざるを得ない．

43) A社によるM通知書の開示は契約調印手続を行った際であり，契約締結日および貸付実行日までの時間が非常に限られていたことは理解できるが，それにしても，事実確認のために契約締結および貸付実行を延期する等の措置をとることが通常の対応であると考えられる．

44) 本件アレンジャーの参加金額4億円のうち3億円は既存貸付金の回収に充当されているものの，このシンジケート・ローンによりA社に対する与信を1億円増額していることになる．

45) 本判決の田原裁判官の補足意見でも同様の趣旨が述べられている．

46) JSLA行為規範およびJSLA実務指針でいうところの「重大なネガティブ情報」とは何かという議論と同様であると考えられる．前記(2)(イ)(c)参照．

47) 借入人が複数の金融機関から相対で融資を受ける場合について考えてみても，借入人は相手先のいずれの金融機関にも同じ範囲，量，質の情報を提供するわけではなく，通常は，その金融機関との取引関係に応じて，開示する情報の範囲は異なるものと考えられる．

48) JSLA実務指針の脚注6のように，アレンジャー自らが，組成後短期間の間に，借入人からの資金の回収が困難となることが相当程度の蓋然性をもって見込まれると「判断される」情報ということになるのではないか．

49) エージェントは貸付人の代理人として位置付けられているが，シンジケート・ローン契約による仕組み(借入人は原則としてエージェントに各種報告，通知義務を履行すればよい等)により便益を得ているのは借入人であるとの理解により，エージェントの報酬であるエージェント・フィーは，借入人が負担するのが通常である．なお，当該フィー水準や支払時期についてはシンジケート・ローン契約には具体的な規定を置かないのが一般的である(別途，フィーレター等で取り決める)．

50) 前記2(2)(イ)(a)のとおり，JSLA行為規範が公表された時期はエージェントの役割に対する理解が得られていなかった(過剰な期待があった)という背景もあり，エージェントの免責を中心に記載されている．

51) 債権保全，回収にかかる行為も当然に含まれる．

52) 後記3(3)(ウ)参照のこと．

53) 後記3(2)(イ)参照のこと．

54) 銀行法13条の3の2(顧客の利益の保護のための体制整備)．

55) 銀行のほか，証券会社，保険会社，協同組織金融機関等も対象であり，それぞれの業法に定めが置かれている．

56) 主要行等(メガバンク等)を対象とした監督事務を担当している行政部内の職員向けの手引書．

57) 金融庁「「主要行等向けの総合的な監督指針」，「中小・地域金融機関向けの総合的な監督指針」，「保険会社向けの総合的な監督指針」，「少額短期保険業者向けの監督指針」及び「金融コングロマリット監督指針」の一部改正(案)に対するパブリックコメントの結果等について」，(別紙1)コメントの概要及びコメントに対する金融庁の考え方 No. 14，平成21年1月30日．

58) 前掲注23)参照．

59) 前掲注18)参照．JSLA推奨契約の平成25年2月改訂では，JSLA会員が使用している各々の標準契約書を持ち寄って比較対照し，共通化が可能な箇所を抽出のうえJSLAの推奨契約に反映す

60) シンジケート・ローン契約書に,「別段の定めがある場合を除き,貸付人は本契約に基づく権利を個別かつ独立して行使できる」旨が明記される.
61) なお,シンジケート・ローンは,貸付実行時についても①エージェント口座方式と②シンジケーション口座方式があり,いずれかの方法が選択され(債務の履行時の方式と必ずしも同一ではない),契約に規定される.①は,各貸付人が一定の時限までに貸付実行金をエージェント口座に入金し,エージェントがそれをとりまとめて借入人口座に入金した時点が貸付実行時点となる.②は,貸付実行日に各貸付人が借入人口座に各々貸付実行金を入金し,その各々の入金時点が貸付実行時点となる.
62) 民法493条.
63) 民法492条.
64) 貸付人の債権回収の例外的な取扱いとして,借入人と一部の貸付人との間の「相殺」による場合や,許容担保権の行使による場合には,一部の貸付人による直接の回収を認める規定を置くことが一般的である.許容担保権とは,担保権実行時に貸付人間で按分分配を行わない担保権としてシンジケート・ローン契約に定めるもので,契約締結時に設定済みであった根担保権や,シンジケート・ローン契約締結後に契約に違反することなく設定された担保権等を指すことが多い.「相殺」による直接回収が行われた場合は,相殺により消滅した債権の金額をエージェントが受領した場合に,相殺した貸付人が支払いを受けたであろう金額以外の部分(他の貸付人が支払いを受けるはずであった部分)について,他の貸付人やエージェントとの間で債権譲渡を行う(貸付債権を買い取る)ことで貸付人間の調整を行う旨を定めることが多い.
65) その融資枠契約に,特定融資枠法3条の適用があること(コミットメント・フィー等について利息制限法および出資法のみなし利息にかかる規定は適用されないこと.前記1(2)(ウ)(b)参照)を確認するための規定.
66) 貸付実行の前提条件が全て充足されない限り,貸付人は貸付けを実行することを要しない.なお,貸付実行の前提条件が充足されているか否かは,一般に,各貸付人が個別に判断する.タームローンの場合は,特定の貸付実行日(一般に,契約締結日の2〜3営業日後)において判断するだけだが,融資枠契約の場合は,一定期間において借入人の借入申込みの都度,判断することとなる.
67) 第3章6(2)(オ)参照.
68) 清算金は,満期日前に貸付けの元本の返済(任意の期限前弁済を含む)または相殺がなされた場合において,借入人が支払うべきであった利率よりも,貸付人がインターバンク市場で再運用する利率(仮定の下,貸付人が合理的に決定する)の方が低い場合に発生し,その利率の差分に残存期間(弁済または相殺がなされた日から次の利払日または満期日までの期間)を乗じることで算出する.
69) 巻末資料 銀行取引約定書 5条1項3号.
70) シンジケート・ローン契約上の債務に限定されない.
71) 一時的な義務違反で速やかに解消される場合に備え,一定の治癒期間を設けるもの.
72) 借入人が自らに対して有する預金債権等について差押等があった貸付人は,その時限性から,エージェントのほか,直接,借入人および他の貸付人に通知する旨が定められる.
73) 貸付人の守秘義務の例外として通常「一般規定」(JSLAコミットメントライン契約書33条,同タームローン契約書28条)に定められるもの.ほかに,貸付実行の前提条件の充足の判断を各貸付人が行う際に,貸付けの不実行を決めた貸付人が他の貸付人に送付することのできる不実行通知の共有についても,借入人は異議を述べない旨が規定される.
74) たとえば,総額の35%分について参加している貸付人Aがいる場合は,多数貸付人の定義を60%とすれば,貸付人Aが単独で拒否権を有することになる.
75) 貸付不能事由は,①天災・戦争・テロ攻撃の勃発,②電気・通信・各種決済システムの不通・障害,③東京インターバンク市場において発生した円資金貸借取引を行い得ない事由,④その他貸付人の責によらない事由のうち,これにより貸付人の全部または一部による貸付けの実行が不可能になったと多数貸付人が判断するもの,と定義される.一般に,貸付不能事由が発生している期間は,貸付人の貸付義務は免除される旨が規定される.
76) 契約上の明示の規定に違反せず,かつ適法であるものに限る.

77) 借入人は，「エージェントまたは多数貸付人が請求したときはいつでも，公証人に委託して契約証書の債務の承認および本契約上の債務について強制執行の認諾文言のある公正証書の作成に必要な手続をとる」旨が契約上規定される．
78) 相対貸付けで用いられる銀行取引約定書や金銭消費貸借契約書は，最近でこそ債権譲渡が可能な旨を明記している場合も増えているものの，譲渡について全く記載されていない場合も多い．
79) アレンジャーが組成額全額について貸付実行し，貸付実行後に債権譲渡を行うことによって（譲受人による）シンジケート団を組む方法も，一般によく行われる．
80) 譲受人の属性要件として，「日本国内に居住する法人（日本国内に日本法に基づき登記された本支店または営業所があるもの）かつ金融機関等（銀行・保険会社・機関投資家等），または資産流動化（証券化）のために設立された特別目的会社であること」といった制限を置くことが多い．
81) 貸付義務を負う貸付人の契約上の地位を第三者に譲渡する場合について定めるもの．
82) 「貸付債権譲渡に関する基本契約書」と「貸付債権等譲渡契約書」（個別契約），あらかじめ取引相手方と基本契約を締結しておき，個別債権の譲渡時に個別契約を都度，締結するものである．
83) 債務者承諾による場合は，債務者（借入人）の譲渡人に対する抗弁を切断するため，一般に「異議なき承諾」（民法468条）を取得する．
84) 特例法登記を行う場合でも，登記事項証明書を債務者（借入人）に交付することで債務者対抗要件を具備することも可能であるが，実務的には，特例法登記による場合は債務者対抗要件の具備は留保することが多い．
85) サイレント譲渡は，通常，当初貸付人から第三者への譲渡であって，転々売買されていることは少ない．
86) 電子記録債権法51条1項の規定により指定を受けた株式会社．
87) 貸付債権の「支払いのために」電子記録債権を発生させ，両債権を併存させる．記録原簿には金銭消費貸借契約書も参考情報として添付する．
88) 電子記録債権法62条の債務者，電子債権記録機関および銀行等の間で締結される「口座間送金決済契約」のこと．「口座間送金決済」とは，3者間のあらかじめの合意に基づき，電子債権記録機関が債権記録に記録された支払期日等の情報を銀行等に提供し，当該支払期日に当該銀行等が債務者口座から債権者口座に対する払込みの取扱いをすることによって，債務者の支払いを取り扱うもの．銀行等が口座間送金決済が行われた旨を電子債権記録機関に通知することによって，電子債権記録機関は，その口座間送金決済についての支払等記録を行う義務がある（電子記録債権法63条）．シンジケート・ローンに利用する場合は，エージェントが口座間送金決済を扱う銀行等を兼任する．なお，支払等記録は，電子記録債権が消滅したこと等を第三者に対抗するための記録である．
89) 2007年9月施行の改正信託法により，担保権の信託が可能であることが明確化された（信託法3条1号・2号）．
90) 青山大樹編著，佐藤正謙＝丸茂彰監修・詳解シンジケートローンの法務（金融財政事情研究会，2015）272頁以下．なお，事業会社が借入人となる通常のシンジケート・ローンを前提とする．プロジェクト・ファイナンスやM&Aファイナンス，不動産ファイナンス等に利用されるシンジケート・ローンの場合は，貸付債権自体にシニア，メザニン等の優先・劣後構造を設けることも多く，その場合は担保権にも順位付けが行われる．
91) 借入人等が受託者（信託銀行等）と信託契約を締結し，シンジケート・ローンの貸付人を被担保債権者とする担保権を設定することで，信託を設定する（直接設定方式）．
92) 日本銀行『「マイナス金利付き量的・質的金融緩和」の導入』，2016年1月29日．
93) 「ライボー（London Interbank Offered Rate）」といい，ロンドンにおける銀行間の取引金利をいう．
94) 「タイボー（Tokyo Interbank Offered Rate）」といい，東京における銀行間の取引金利をいう．
95) 金融法委員会とは，金融取引について実務経験を有する弁護士および金融取引に関する法律を専門とする学者が1998年6月に自発的に設立した委員会で，日本銀行に事務局を委託している．金融分野において実務上困難を招来していると考えられる法律問題について，それぞれの問題の性格に応じ，適切な解決方法を提言することによって，金融取引に関するルールの透明性を高め，我

が国の金融分野における法的不確実性を可能な限り取り除いていこうとすることを目的としている．(http://www.flb.gr.jp/)
96) 金融法委員会公表資料「マイナス金利の導入に伴って生ずる契約解釈上の問題に対する考え方の整理」，2016年2月19日．
97) 「適用金利がマイナスになった場合には，〔中略〕単に利息としての性格を有する金額がなくなるに留まり，貸付人が借入人に対し当該負の値の絶対値を用いて計算される金額の支払義務を負うものではないと解される」という点については，実務上，適用金利はゼロ・パーセントとして運用されている．
98) JSLA会員向け契約書雛型の解説書においても，2016年9月にマイナス金利に対応する改訂がなされている．
99) 青山大樹編著・条文から分かる民法改正の要点と企業法務への影響（中央経済社，2015）160頁．
100) 青山大樹編著ほか・前掲注90)199頁．
101) 青山大樹編著・前掲注99)165頁．
102) 最大判昭和39年12月23日民集18巻10号2217頁．
103) 最大判昭和45年6月24日民集24巻6号587頁．
104) 巻末資料　銀行取引約定書　5条1項3号，JSLA契約書雛型については，JSLAホームページ参照(コミットメントライン契約書JSLA平成25年版　22条1項5号)．
105) 青山大樹編著・前掲注99)206頁．
106) クロスデフォルト条項とは，当該契約書における期限の利益喪失事由のうち，同一債務者の別の契約における期限の利益喪失を事由としている条項をいう．

第9章　デリバティブ

　本章では，まずデリバティブ取引の概要について述べる．続いて，デリバティブ取引の法務，特に債権金額と内部統制問題，そして説明義務やリスク管理などの規制について述べる．本章に通底するテーマは，デリバティブ取引は時価によるリスク管理が重要であって，これを法的にも重視しなければならないということである．

1　デリバティブ取引の概要

(1)　デリバティブ取引の市場規模
(ア)　取引残高の推移
　デリバティブ取引の市場規模について見てみよう．図表1がグローバルな店頭デリバティブ取引残高の推移，図表2が日本国内での金利関連店頭デリバティブ取引残高の推移である．

　グラフ標題にある「店頭デリバティブ取引残高推移」の店頭デリバティブ取引とは，取引所を経由しない直接の取引であり，非上場取引になる．この反対概念が取引所取引である．後述するが，店頭デリバティブ取引というのは，融通無碍にいろいろな条件で取引ができることを特徴としている．期限はもちろん，元本金額も，一定であっても，途中で変化しても可能な条件を設定できる．

　さて，図表1の国際的な店頭デリバティブ取引残高の推移は平成13年(2001年)以降平成20年(2008年)くらいまで大きく増えてきている．そこで金融危機（リーマンショック）が起きたので伸びが止まったのだが，その後も，一定の残高が現在も続いているし，実質的には残高が増えているといえる．リーマンショック後の残高の伸びが減速したのは，デリバティブ取引のリスクがあまりにも脚光を浴びたことや，規制が強化されたことによる可能性もあるが，リスク削減のための「コンプレッション(compression)」の利用が国際的に拡大していることも大き

331

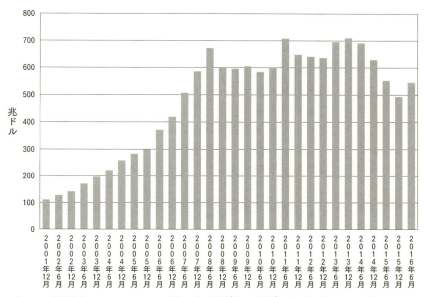

Semiannual OTC derivatives statistics at end-December 2016 (March. 2017) by Bank for International Settlements より筆者作成

図表 1　店頭デリバティブ取引残高推移　BIS 統計（想定元本）

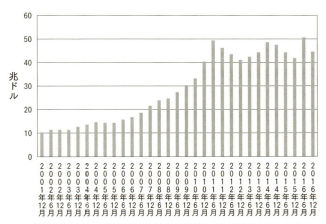

日本銀行「デリバティブ取引に関する定例市場報告」の調査結果（平成 28 年 12 月末）：（平成 29 年 3 月 10 日）より筆者作成

図表 2　東京市場金利関連店頭デリバティブ取引残高推移（想定元本）日銀統計

な原因である．これは，金利スワップ取引やクレジットデリバティブ取引について，金融サービス業者の提供するシステムにより，それらの時価が相殺し合う関係にある複数取引を市場参加者が一斉にキャンセルすることである．国際的なコンプレッションにより，2011年から2016年6月までの金利デリバティブ取引の67％が縮減されている[1]．それを差し引いても，最近の残高はおおよそ500兆ドルであるので，1ドル＝100円としたら，円換算で5京円くらいになる．簡単には想像できない数字になっている．

次に，図表2で我が国の市場における残高を見てみよう．デリバティブ取引というのは，金利だけではなくて，為替，商品，信用リスクなど，いろいろなものを対象にしているが，ここで示しているのは，一番取引量の多い金利関連店頭デリバティブ取引の残高である（我が国市場のデリバティブ取引のデータに関しては，日本銀行が統計をとって，これをBIS：国際決済銀行に提出している）．リーマンショックにもかかわらず，増加している．近年，40兆ドル程度の残高になっており，約4,000兆円（1ドル100円と仮定）になる．ちなみに，日本国内の金融機関，すなわち都市銀行・地方銀行・信用金庫の貸付けと有価証券等で運用している資産規模の合計は800兆円を上回る金額である[2]．金利関連店頭デリバティブ取引は，金融機関の総資産残高の5倍くらいの残高があるということになる．

ただし，これらは「想定元本」の残高である．この「想定元本」という概念はデリバティブ取引の知識として重要なものである．金利スワップ取引を例に挙げよう．金利スワップ取引というのは，固定金利と変動金利を交換するデリバティブ取引である．たとえば5年間，借入れにおいて一定の固定金利を払っている債務者があるとすると，それを変動金利に変えたいというニーズがある場合に，これを可能とする取引が金利スワップ取引である．実際の金銭の授受は，固定金利と変動金利の部分だけであり，元本は授受されない．ただし，授受される金利は，パーセント単位では授受ができないため，金額に計算する必要がある．そこで，計算の根拠となる元本を提示する必要があるが，それは授受されない，想定される元本という意味で「想定元本」といわれるのである．

したがって，デリバティブ取引の実際のキャッシュフローは，元本でなくて金利の部分であったり，オプション取引であれば，そのプレミアムであったりするので，統計で見られる大きな金額の想定元本が実際に動いているのではないということに注意しなければならない．

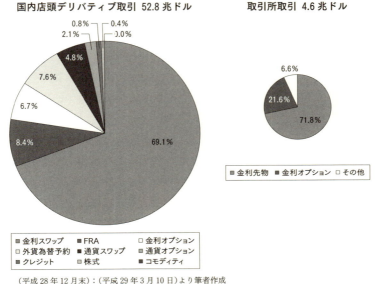

(平成28年12月末)：(平成29年3月10日)より筆者作成

図表3 日本銀行「デリバティブ取引に関する定例市場報告」の調査結果

(イ) 我が国におけるデリバティブ取引商品別シェア

図表3は，我が国のデリバティブ取引商品別のシェアである．店頭取引のほうが圧倒的に多い．ここには金利関連店頭デリバティブ取引だけではなく，ほかの店頭デリバティブ取引も対象にしているので，残高が約53兆ドルになっている．その中でも圧倒的に多いのが金利スワップ取引で，70％近くにのぼる．次に，FRA(1回だけ交換を行う金利デリバティブ取引)，金利オプション，外国為替予約，通貨スワップ，通貨オプション等の順になる．

(2) デリバティブ取引の定義と種類

デリバティブ取引とは「原資産の将来の価格やキャッシュフローを取引したり，条件をつける仕組み」といえよう．また，正味現在価値が概ねゼロであることが必要と思われる．

ただし，抽象的な定義よりは，具体的にどのようなものがあるのかというところから見ていくほうがいいと思われる．先述のとおり，デリバティブ取引には，店頭取引と取引所取引がある(図表4参照)．

まず，取引所取引には，先物取引とオプション取引があり，取引所に上場され

取引所(上場)取引
- 先物取引
    債券先物
    金利先物
    通貨先物
    株式先物(日経225, 東証株価指数(TOPIX))
- オプション取引
    円短期金利先物オプション
    債券先物オプション
    株式オプション(日経225等)

店頭(非上場)取引
- スワップ取引
    金利スワップ, 通貨スワップ, エクイティスワップ, クレジット・デフォルト・スワップなど
- 先渡取引
    外国為替予約
    FRA(金利先渡契約)
    FXA(外国為替先渡契約)
- オプション取引
    債券店頭オプション
    通貨オプション
    金利オプション(キャップ, フロアー, スワップション等)

図表4　金融デリバティブ取引の分類例

ていて，そこで指標(インデックス)が日々刻々と提示されているものである．たとえば3月，6月，9月，12月の20日(休業日の場合は繰下げ)などのように決済期日が決まっていて，取引金額の単位も決まっている．我が国では金融機関同士で，銀行自身のリスクヘッジとして使う取引が中心になっている．

店頭取引には，スワップ取引，先渡取引とオプション取引がある．先物取引と先渡取引は，内容もほぼ同じで，一般用語でいうと「将来の取引を予約する」ということである．先物取引は，定型化された取引で，先渡取引は定型化されていない，すなわち相対で決める取引で，典型的な例が為替予約である．為替予約は，一般用語として「為替の先物」ということがあるが，ファイナンスの定義上は先渡取引である．

なお，図表4には金融に即した取引だけを提示しており，オイルや金属等の価格を対象とした商品デリバティブ取引や気温や降水量等の指標にリンクした天候デリバティブ取引等は，重要ではあるものの記載していない．

以下では，特に「店頭デリバティブ取引」として強調する場合を除いて，全て

のデリバティブ取引を単に「デリバティブ取引」と表記する．

(3) 最もポピュラーなデリバティブ取引

(ア) 金利上昇リスクヘッジ目的の金利スワップ取引

最もポピュラーなデリバティブ取引として，金利スワップ取引について述べる．

先述したように日本国内における金利関連店頭デリバティブ取引は金融機関資産合計の約5倍に増大しているのだが，それらの90％以上が金融機関同士の取引（そのうち74.1％が中央清算機関との取引）である[3]．その内容は，銀行等のアセット・ライアビリティ・マネジメントの一環として行っているケースが多いと思われるが，仕組みが専門的なので，本章では，企業（事業法人）がデリバティブ取引を行うケースで説明したい．

図表5では，上の図の企業が左の銀行から融資を受けていることが前提となっており，その金利が変動金利だとする．たとえば5年の借入契約の場合，3か月ごとの変動金利だと，4×5＝20回の金利の支払いが発生するが，そのたびに，計算期間当初に市場で決まる金利をインデックスとして3か月分の利息金額を決めることになる．現在，世界的に金利が低い状況であるが，変動金利の形態では，今後，借入金利が上昇するリスクがある．

そこで，変動金利の上昇リスクをヘッジする場合に用いられるのが，金利スワップ取引である．なお，ここでいう「ヘッジ」とは，リスクを制御するという，金融では基本的かつ重要な用語，特にデリバティブ取引ではよく使う用語であり，たとえば保険をかけることもリスクヘッジの一種である．

図表5の下の図は，この取引のキャッシュフローのイメージ図で，金銭の受け払い，すなわち左から右への時間軸に応じた金融取引をイメージとして描いたものである．上がプラス，下がマイナスと考える．企業が変動金利を支払うタイミングで下向きに矢印がある．この矢印は変動金利なので，大きくなると企業の支払負担が増大するということである．

そこで，金利スワップ取引を行うとどうなるのか．図表5の上の図で，企業は，右の銀行と金利スワップ取引を行う．左の銀行に支払う金利と同じ形態の変動金利を受け取って，右の銀行に固定金利を支払う．その際，通常は，金利の計算根拠となる想定元本を左の借入れ元本に合わせる．金利スワップ取引は，金利だけを交換するものである．その他，期間や利払日等の諸条件を合わせると，下図のような金利スワップ取引のキャッシュフロー・イメージになる．借入れと金利ス

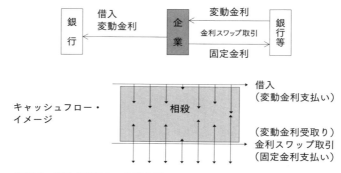

図表5　変動金利借入の金利上昇リスクをヘッジする金利スワップ取引

ワップ取引の変動金利部分が企業の勘定の中で相殺されることで，企業の支払金利は実質的に固定金利になる．これで，企業の借入支払金利の上昇リスクがヘッジされるのである．

図表5の上の図では，左にある借入先の銀行と右にある金利スワップ取引先の銀行とが別に書かれているが，同一の銀行のケースも多い．取引当初に同一の銀行が変動金利の借入れと金利固定化のスワップ取引とを併せて提案することが多い．最初から固定金利でお金を貸せばいいではないかとも考えられるが，銀行財務にとって融資の利鞘から生じる利益は期間按分計上になる一方で，デリバティブ取引という市場取引は，時価会計の対象であるため，利益が当初一括で計上できるという理由もある．

なお，市場取引等に習熟した企業であれば，借入れ先銀行とデリバティブ取引の相手銀行とを分けて，それぞれ自分に有利な条件を提示する銀行を選択することもある．

（イ）　銀行融資金利体系の基礎

ところで，変動金利，固定金利等の銀行融資の金利体系について，参考までに整理して述べておこう．

変動金利とは，利払いごとに金利が変動する形態である．融資における利払いは，通常，毎日行われるのではなく，3か月後払い，6か月後払い等の形態で行われるので，一定の期間概念がそこに付随する．そうすると，変動金利というのは短期金利になる．短期金利というのは1年未満の金利のことをいい，1年以上の金利を長期金利という．

(a) 短期金利

我が国の銀行融資における最も典型的な短期金利は，TIBOR(Tokyo Inter-Bank Offered Rate)と LIBOR(London Inter-Bank Offered Rate)である．国内融資では，TIBOR が多く用いられる．TIBOR は，一般的に一般社団法人全銀協 TIBOR 運営機関(平成 26 年 3 月 31 日までは全国銀行協会)から提示される「全銀協 TIBOR」が代表的な指標として利用されている．これは，無担保コール市場の実勢を反映した「日本円 TIBOR」と本邦オフショア市場の実勢を反映した「ユーロ円 TIBOR」からなり，各リファレンス・バンク(レート提示銀行)が，毎営業日，午前 11 時時点における 1 週間物および 1・2・3・6・12 か月物の 6 種類について，市場実勢レートを全銀協 TIBOR 運営機関に提示する．全銀協 TIBOR 運営機関は，各期間における提示レートについて，それぞれ上位 2 行と下位 2 行の値を除外して，それ以外の提示レートを単純平均した数値を情報提供会社を通じて公表している．LIBOR はロンドンで提示されている銀行間の金利である．米ドルやユーロの金利は LIBOR を見ることが多い．

また，短期プライムレートがあり，これは銀行が短期の最優遇貸出金利として提示する金利である．通常は，TIBOR よりも高い数値となる．

なお，TIBOR や LIBOR は，Inter-Bank Offered Rate，すなわち，銀行間でやりとりされている金利であり，これをそのまま融資金利として利用することはなく，通常はそれに一定の金利(スプレッドまたは利鞘という)を付加して企業等に提示される．

(b) 長期金利

最も基本となる長期金利は，各年限に対応する国債金利である．ファイナンスの世界では，それをリスクフリーレートというが，今や欧州財政危機や米国債の格付け低下等に見られるように，本当にリスクフリーなのかという議論はまた別途ある．ただし，各国通貨において当該通貨国の国債より安い金利は，なかなか見つけにくいので，ベース金利と考えられている．

さて，銀行取引に登場する長期金利の例として，スワップレートと長期プライムレートがある．

スワップレートとは，代表的な短期金利(TIBOR，LIBOR)と一定期間交換できる固定金利のことをいう．たとえば，5 年金利スワップ取引の場合，交換対象の TIBOR 等の値は，6 か月等の利払いごと(計 10 回)に変化するが，スワップレー

トは 5 年間変わらない．市場でのスワップレートは時々刻々と変化する．なお，日本経済新聞には前日一定時刻のレートが掲載されている．

長期プライムレートは，一般的には 1 年を超える融資金利の指標であり，みずほ銀行等の民間銀行が長期の最優遇貸出金利として提示する金利である．5 年物銀行債券にスプレッドを乗せて決められている．

(c) スプレッド

TIBOR, LIBOR, スワップレート等は，銀行間取引の金利であり，これらの金利を企業融資に適用する際には，企業の信用力(信用リスクともいい，倒産リスク，担保の有無や内容に応じるものである)や流動性等を考慮して，スプレッドが勘案される．担保が国債であれば信用リスクは小さいという判断になるが，価格変動の激しい株式であればリスクは高いと判断される．また，流動性は，その融資や債券が転売しやすいかという観点から考慮される要素である．その他，人件費等の銀行のコストも考慮される．これらをトータルで勘案したスプレッドが，TIBOR・LIBOR・スワップレート等の基準金利に上乗せされて，個別企業等に対する融資金利として提示されるのである．

(d) 短期金利と変動金利，長期金利と固定金利

短期金利が変動金利ということは先述したとおりである．たとえば，3 か月物 TIBOR を 4 回支払う 1 年間の融資の場合，TIBOR は 3 か月ごとの市場変化に応じた金利になる．

長期金利であるスワップレートは，常に市場にさらされて変化する金利である．しかし，契約が締結されたら，その時点で決定された固定金利として契約期間の最終期日まで適用される．このように長期金利と固定金利は一般的には同じとみなせるが，そうでない場合がある．たとえば，10 年の長期融資契約において，半年ごとの利払い(計 20 回)を，その時点(正確には利息計算期間初日の 2 営業日前)における 2 年物スワップレート(変動金利)とする契約もありうる．

コラム 9-1：デリバティブ取引におけるマイナス金利

マイナス金利が実際に適用されるとデリバティブ取引にも検討すべき問題が生じる．LIBOR のような変動金利がマイナスになることもありうるし，「LIBOR－1%」のようなキャッシュフロー条件では結果的にマイナスになることがある(たとえば，LIBOR が 0.5% ならば，LIBOR－1% ＝ －0.5% になる)．その

場合，このようなマイナス金利の支払義務者が金利を受け取ることができるのか，逆にいえば変動金利の受取り側がその金利を支払うことになってしまうのか，それともマイナスはゼロ（またはゼロ・パーセントのフロアがついている）とみなすのかという問題である．

　この問題に対しては，第5章で述べられているように，金融法委員会から意見書[4]が出されている．全体を通して，契約当事者が契約当時にどういうことで合意していたかを探るのが基本ではあるが，変動金利連動型の金銭消費貸借および社債については，締結当時，適用金利が負の数値となることは契約当事者にとって想定外の事態であり，金銭消費貸借における利息は，一般に元本利用の対価と考えられるから，その性質上，借入人が貸付人に支払うべきものであり，貸付人が支払うべきものとは解されないとされている．

　しかし，デリバティブ取引においては，従前からマイナス金利の授受を容認している．すなわち，変動金利の受取り側がその金利を支払うことを契約上定めることが行われており，金銭消費貸借とは違い，金利スワップ取引において変動金利相当額の支払主体が入れ替わることについて，契約類型として解釈上の困難があるわけではないと考えられる．

　なお，変動金利利息の融資契約と金利固定化スワップ取引（マイナス金利について明記されていない）がセットで締結されている場合で，総合的に見れば借入人に固定金利の支払負担のみが生じる合意が当事者間で成立していたと認められるケースで，融資契約の貸付人にはマイナスの変動利息支払義務がないと解されるのであれば，金利スワップ契約の解釈としてもマイナスの変動金利支払義務は生じないと解すべきである．しかし，このような組み合わせの総合的な合意がない場合，または，借入れ銀行とデリバティブ取引が違う銀行を相手とする場合は，金銭消費貸借契約に関してマイナス金利の支払いの有無にかかわらず，金利スワップのマイナス金利は発生すると考えられる．　　　（福島良治）

(ウ)　為替予約と通貨オプション

(a)　為替予約

　一般事業法人で用いられるデリバティブ取引として，為替予約もよく知られている．

　ここで，ある輸入企業を例に挙げる．原材料等を輸入する場合，米ドル等の外貨を支払うケースが多い．製品化して国内で販売する価格が，円ドル為替レートに連動するのであれば，為替リスクを考慮する必要はないが，そうでなければ，円安ドル高になると輸入品の円換算価格が上昇するリスクを抱えることになる．

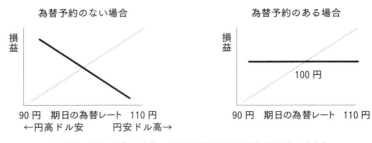

図表 6　輸入企業の支払い代金円換算損益例（為替予約の有無）

　なお，輸出企業にとっては，輸出品の代金の外貨を円換算するため，円高ドル安がリスクになる．

　たとえば，外貨 1 米ドル＝100 円近辺の時点で輸入契約（ドルベース）が締結されたとする（図表 6 の左グラフ参照）．輸入の支払代金であるドルを買う時点で，1 ドル＝110 円の円安になった場合は，円換算での支払コストが高くなり，利益が減少する．ところが，1 ドル＝90 円の円高になると，10 円利益が増えることになる．

　企業自身の営業方針や経営方針と関係のない為替市場の変動によって，自社の損益が左右されるリスクを除去したいという思いは，経営者であれば誰しもが抱くであろう．そこで，一般的には為替予約（正確には外国為替の先渡契約）に取り組むことになる．為替予約は，一定の期日（満期日）の為替レートを予約することである（図表 6 の右グラフ参照）．たとえば，100 円で 3 か月後の為替予約を組んだとすると，3 か月後の為替レートが 110 円になっていても，1 ドルを 100 円で買うことができる．為替市場が円安になった場合に為替予約のメリットが効いてくる．

　逆に 3 か月たったところで 90 円の円高になっていると，本来何もしなければ 1 ドルを 90 円で買えるはずだったのに，予約レートの 100 円で買わなければいけないことになり，損失となる．コストを 100 円で確定する代わりに，何もしなかったら享受できた円高のメリットを放棄してしまうということになる．

　ちなみに為替予約レートは，2 通貨の金利差で計算できる．現在の為替レートが，1 ドル＝100 円，円の金利が 1％，ドルの金利が 3％ だとした場合，今予約できる 1 年後の為替レートは約 98 円になる．現在の 100 円を 1 ドルに換えたら 3％ で運用でき，円であれば 1％ でしか運用できない．したがって，それぞれの通貨での 1 年後の運用結果が同じ価値になる，すなわち 1 年後の 1.03 ドルが

101円になるような予約レート(約98円)が市場で決定されるのである．このようなメカニズムを市場裁定という．

ここで用いる外貨買い円売りの為替予約は，円安ドル高リスクをヘッジできるのであるが，期日の市場実勢レートが予約レートよりも円高ドル安になってしまうと損失が生じる．そこで，円高メリットを享受しながら，為替が円安になった場合のリスクだけをヘッジするような欲張りな取引を実現するのが，次に説明する通貨オプションである．

(b) 通貨オプション

図表7の下方にある破線が通貨オプション取引の損益を示している．将来の期日において，ある契約レート(ストライクレートという．グラフでは1ドル100円としている)でドルを買う権利を購入することをコールオプションの買い，または単にコールの買いという．このコールオプションを購入すると，受払い期日に為替レートがストライクレートよりも円安ドル高になった場合は，実質的にはストライクレートとの差額を受け取り，円高ドル安になれば権利を放棄して契約が解除される．

なお，円高になった場合の輸出企業等における為替リスクをヘッジする通貨オプション取引をプットオプションの買い，またはプットの買いという．

破線で示されたコールオプションの損益と，輸入契約自体(図表6の左グラフ)の損益とを合計すると，図表7の太線となる．円高ドル安になると，輸入企業としては何もしなかったのと同じ状況のメリットが享受でき，円安ドル高になると，通貨オプション取引の効果によって，リスクヘッジができる．ただし，リスクヘッジとしてオプション取引を行うためにはプレミアム(手数料)を支払う必要がある．プレミアムは，基本的にはオプション取引の現在価値に業者の利益等が加わったものと考えられよう．図表7の各線は，プレミアム相当分マイナスになっている．

なお，為替予約や金利スワップ取引等は，手数料が明示されないケースがほとんどである．通常は，個別取引の利払い等のキャッシュフローに手数料相当スプレッドが付加されており，業者の収益相当額は，そこで徐々に回収されていく．また，オプション取引も含めて，市場にはオファー・ビッド差，すなわち売値と買値に差があり，その差が業者の収益源になる場合がある．

以上のとおり，一般事業法人では，金利リスクをヘッジする金利スワップ取引

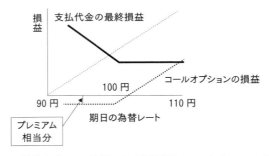

図表7　通貨オプション取引による損益例（コールオプションの買い）

と為替リスクをヘッジする為替予約や通貨オプションが最もよく利用されるデリバティブ取引であり，その他のデリバティブ取引は，その応用であったり，組み合わせである場合が多い．

2　デリバティブ取引の債権金額

（1）　デリバティブ取引の債権金額

（ア）　定義（エクスポージャー）

　金融取引（金融商品の取引）は将来のキャッシュフローを契約で移転することであり，その理論的価格はキャッシュフローの時価，すなわち現在価値である．後述(3)のとおり，スワップ取引での支払を拒絶した企業に対して銀行が期限の利益を喪失させて，当該スワップ取引を期限前解約し，将来キャッシュフローの現在価値を請求し，その金額が裁判で争われた事例がある．デリバティブ取引の法務では，その債権金額についての知識が必要である．

　デリバティブ取引の債権金額とは，将来のキャッシュフローを該当期間の金利で割り引いた現在価値であり，エクスポージャーといわれることがある．これは，残存期間に対応する新たなデリバティブ取引を締結するコスト（再構築コスト）の理論値と等しくなる．将来キャッシュフローの評価額や割引金利などが市場相場によって変化することがあり，現在価値自体が，プラスであったり，マイナスになったりすることもある．

（イ）　計算方法の例

　以下のとおり，金利スワップ取引の基本的な事例に即してエクスポージャーの

想定元本 10 億円，期間 3 年
A の固定金利 6%(年 1 回)の受取，
1 年物円 LIBOR(年 1 回)の支払

図表 8　単純な円金利スワップ取引の例

簡単な計算方法[5]を述べる．

　A が B との間で図表 8 のとおり，6% 固定金利の受取りと変動金利 LIBOR の支払，期間 3 年，想定元本 10 億円の金利スワップ取引を行ったとする．そして，契約締結の 1 年後(残存期間 2 年)，金利が 5% に下がったと仮定して，このとき A にとってのエクスポージャーは，いくらになるかを計算してみよう．ただし，金利期間構造(イールドカーブ)，すなわち各期間に対応する金利は一律同じ(フラット)とする．

　全ての期間の金利が 5% だから，将来の変動金利(LIBOR)の期待値は全て 5% として計算できる(たとえば，1 年物金利 1%，2 年物金利 2% のとき，1 年後の 1 年物金利は，複利では $(1+1\%) \times (1+X\%) = (1+2\%)^2$ という式の X として計算できる)．したがって，この金利スワップ取引の将来キャッシュフロー(6% 固定金利 2 年分の受取りと変動金利 LIBOR 期待値 5% の支払)を各キャッシュフローの発生する期間に該当する金利 5% で割り引くと，その現在価値は，

10 億円 $\times (6\%/(1+5\%) + 6\%/(1+5\%)^2 - 5\%/(1+5\%) - 5\%/(1+5\%)^2)$

という式になり，答えは 18,594,104 円である．これは，当該スワップ取引が，市場レベルよりも年利 1% 有利なものとなっていることをも表しており，市場金利が 5% なのに固定金利 6% を受け取れるという取引実感とも合う．

　また，当該スワップ取引を解約時点で完了させるために，新たに 2 年の反対方向の金利スワップ取引を市場実勢(固定金利の支払 5%，LIBOR の受取り，現在価値ゼロ)で行うと仮定すると，既往取引と新規取引の LIBOR が相殺されて，2 年にわたって固定金利 6% の受取りと 5% の支払との差である 1% を受け取るこ

とができることから，同じ数式で表すことができる．

ちなみに市場金利が全て 7% に上昇したときは，

$$10\text{億円} \times (6\%/(1+7\%) + 6\%/(1+7\%)^2 - 7\%/(1+7\%) - 7\%/(1+7\%)^2)$$

という式になり，答えは－1,808 万円である．この場合の現在価値は，マイナスである．

Aは 6% の固定金利を受け取っているだけではなく，LIBOR を支払っている．Bの立場では，LIBOR を受け取って，6% の固定金利を支払っている．すなわち，AもBも両方とも債権者であり債務者であるということであり，このような取引を双務契約という．デリバティブ取引，特にスワップ取引は，契約当事者の双方が同時に債権債務関係にあるので，市場環境に応じて債権価格が変化するのみならず，プラスになったり，マイナスになったりするのである．

本例は，全ての年限の金利が一律に変化するというきわめて単純な前提で，かつ単純な金利スワップ取引の債権金額を算出する方法であるが，実際の時価計算については取引内容や市場環境によってさまざまな手法や考え方がある．たとえば，将来キャッシュフローおよび割引金利に双方当事者のカウンターパーティーリスク（デリバティブ取引に関する信用リスク）プレミアムを折り込む必要の有無，金融危機時のように流動性が枯渇した状態で計算される時価をそのまま使用することの是非[6]等である．また，複雑なオプション取引ではモデル（数式）の違いによって計算結果が異なることもある．デリバティブ取引の時価計算において留意しなければならないことである[7]．

（2） 契約書記載例

店頭デリバティブ取引に関する契約書は，平成元年(1989年)に国際スワップ・デリバティブズ協会(ISDA)[8]でひな型[9]がつくられている．しかし，国内で日本の金融機関と日本の企業が契約を結ぶ場合に，英文契約書には抵抗感があるため，1990年代に日本語による契約書が各金融機関において作成され，使用されている．

我が国で用いられている店頭デリバティブ取引の契約書における債権金額に関する記載例を見てみよう．

デリバティブ損害金額算定に関する契約例文

第N条(解約)
　甲について銀行取引約定書第5条第2項の事由が一つでも生じた場合には，乙は，甲に対する通知により本契約を将来に向かって解約することができるものとする．

第N+1条(取引約定解約等による損害等の負担と算定)
n．第N条により，この基本契約書及び各取引約定書に基づく金銭相互支払取引が解約された場合，手数料，費用および損害の算定は各別の取引約定ごとに行い，各別の取引約定ごとに以下の方法のうちから貴行が選択したものによるものとする．
(1)　貴行が取引約定を解約し，貴行が選出した市場参加者との間で，解約がなかったならば存続したであろう当該取引約定の残存期間につき代替の契約を締結するか，または締結すると仮定した場合に要するいっさいの手数料，費用および損害．
　　この場合，これらの算出については，貴行の定める計算方法に従うものとする．
(2)　貴行が取引約定を解約し，貴行が選出した3者以上の市場参加者との間で，解約がなかったならば存続したであろう当該取引約定の残存期間につき，代替の契約を一定額の手数料を支払ったうえで締結するという仮定で当該市場参加者より提示された手数料金額の中で，最大値と最小値を除外して算術平均した金額により算定された手数料および算定に要した費用．
　　ただし，複数の市場参加者が同一の最大値または，および最小値を提示した場合は，手数料金額を算術平均するに当たり，そのうちの一つの最大値および，または最小値のみを除外するものとする．
(3)　貴行が(1)または(2)の方法を採らなかった場合は，合理的基準に基づき，取引約定の解約によって貴行に生じたと貴行が認定するいっさいの損害(貴行が当該取引に関して行ったヘッジその他の取引によるものを含む)，手数料および費用．
n+1．前項の費用，手数料または損害が円以外の通貨によって算出された場合には，算定時または認定時における貴行所定の外国為替相場によって貴行が換算した円貨額をもって費用，手数料または損害額とする．
n+2．第n項および第n+1項によって算定された金額が負の数値となった場

合，貴行はこの金額を私に支払うものとする．
n+3．複数の取引約定があるとき，第n項および第n+1項によって算定された金額が正の数値となるものと負の数値となるものがあるとき，それらが同一の通貨である場合には，差引計算して貴行または私がその差額を支払うものとする．

　ただし，第n項によって算定された金額が外貨である場合には，まず当該外貨によって差引計算し，差引計算後に差額が存するときは差額の外貨を第n+1項によって円貨に換算するものとする．

　この「デリバティブ損害金額算定に関する契約例文」は，1990年代に筆者も参加した大手邦銀の有志で作成されたデリバティブ取引契約書ひな型案を参考に筆者独自に作成したものである（なお，各銀行の契約書は，本案を参考にしつつも独自に作成されているものと思われる）．
　（ア）　基本契約書の概念
　第N+1条n項に「各別の取引約定」とあるが，これは複数の各別（個別）デリバティブ取引がある場合に，それらを当該契約書の対象にしていることを示す．このような形態をとる当該契約書を基本契約書といい，基本契約書に各別の取引約定が包含される構成になる．各別の取引約定ごとに，第n項ないしn+2項の方法で債権金額を計算することになる．
　（イ）　再構築コストと計算当事者の規定
　第n項(1)号は，各別の取引が期限前に解約された場合の手数料，費用および損害を「再構築コスト」とするというものである．たとえば，図表8のBが倒産した場合，AとしてはBと結んでいたスワップ取引と同等の取引を継続しないと経済的目的が達成できないため，第三者と新たに当該スワップ取引契約を締結しようとする．しかし，そのときの残存期間2年に対応する市場スワップレートが5％であるので，第三者が6％を支払う契約を結ぶためには，Aから当該第三者に別途手数料を支払う必要がある．この手数料はまさに当該取引を新たにつくり直すために必要なコストである．これを再構築コストという．市場実勢よりも，年あたり1％の差がある取引なので，やはり，前項で計算された金額（1,859万円）となる．理論的には，再構築コストと原取引のエクスポージャーは同じ値になる．
　また，この場合，「貴行」である契約書作成銀行が計算することとしているが，

(2)号では「貴行」が選出した3者以上の市場参加者に再構築コストを提示してもらい，その金額の中で，最大値と最小値を除外して算術平均した金額を手数料とすると規定している．ここに記載してある手法は，マーケット・クォーテーション方式という．こうすることによって，再構築コストの公正性が担保される．ちなみに，これとは異なり，契約書作成銀行等の一当事者が計算するものを損害賠償(ロス)方式という．

　(ウ)　正・負のエクスポージャーとネッティング

　第$n+2$項では，債権金額がマイナスになった場合は，銀行が契約相手に支払うことを規定している．ちなみに，1990年代の半ばまで，このような条項はなかった．

　第$n+3$項は，本基本契約書において「複数の取引約定」がある場合は，第n項および第$n+1$項で「算定された金額が正の数値となるものと負の数値となるものがあるとき，……差引計算して」一方の契約当事者が他方にその差額を支払うものと規定している．第$n+2$項で各別取引のエクスポージャーにプラスのものとマイナスのものがある場合，マイナスの債権金額は相手に支払うと規定していることから，複数の取引があった場合，それらを合算してプラスとマイナスを差し引きして，出来上がりネットの債権金額だけを授受するということである．このような差引計算をすることをクローズアウト・ネッティング(もしくは単にネッティング)，または，一括清算と呼ぶ．この概念は，デリバティブ取引関連法務の重要なテーマでもある(次ページのコラム9-2参照)．

　デフォルト等に伴う期限前終了におけるエクスポージャーの清算においてクローズアウト・ネッティングが有効であると，マイナスの債権が排他的な担保機能を果たすことになり，これを差押債権者や破産管財人，更生管財人に対抗できるのか(破産法53条，会社更生法61条)という議論[10]が生じる．ただし，クローズアウト・ネッティングは，平成10年に制定された「金融機関等が行う特定金融取引の一括清算に関する法律」および平成16年改正倒産法(破産法58条，会社更生法63条，民事再生法51条)に採り入れられている．

コラム 9-2：ネッティングと清算機関

1 ネッティング概観

　一般に，金融分野においてネッティング(netting)と呼ばれているのは，通常は契約上の取決めをいうが，その法的な性質が何なのかは必ずしも明確ではない（なお，法制度によってはネッティングの効果は自動的に発生するとされている場合もあるが，ここでは立ち入らない）．日本法のもとでは，ネッティングの法的性質としては，いくつかの可能性がある．相殺，更改，契約の解除などである．このほか，一部のネッティングについては段階交互計算契約に当たるという議論もある．

　なぜネッティングが行われるか．その目的は，一言でいえばリスクの削減ないしリスクの管理である．たとえば金融機関 A と金融機関 B との間で，A が B に 100 億円渡す，そして B が A に 80 億円渡すという 2 つの取引がされたとすると，これらを別々に履行するのは面倒である．これを法的に相殺と構成するか何と構成するかはともかく，A が B に 20 億円だけ渡せばいいはずである．しかも，万が一当事者の一方が倒産したような場合に，渡すほうは渡さなければいけないが，もらうほうはもらえないということになると，リスクが高いということになる．したがって，金額を差引計算ないし圧縮することによってリスクが削減される．なお，このリスクは，受渡しが行われなくなるという取引の決済リスクに加えて，取引の相手方が契約を履行できなくなることにより損害を被るという信用リスク（カウンターパーティーリスク）である．

　一般に，ネッティングにはいくつかの類型があると言われており，2 つの観点からいくつかのタイプに分類できる．まず，債務の履行期の観点から次の 3 つのタイプがあるといわれている．

　第 1 に，ペイメント・ネッティング(payment netting)と呼ばれるものがある．これは，契約による債務の履行期が到来した時点で差引計算をするものである．たとえば，A が B との間で複数のスワップ取引をして，ある取引で A が B に 100 億円渡す，別の取引で B は A に 80 億円渡す債務を負うが，たまたまこの 2 つの債務の履行期が同じ日であったとする．この場合，履行期が到来した時点で A は B に 100 億円渡し，B から 80 億円受け取るのであれば，差引計算をして A が B に 20 億円渡すだけにしようというのをペイメント・ネッティングと呼ぶ．

　第 2 に，ネッティング・バイ・ノベーション(netting by novation)という合意

がある(obligation nettingと呼ぶこともある)．これは，履行期を同じくする複数の債務について，履行期の到来を待たないで(通常は新たな債務が発生した時点で)債権債務の額を圧縮する取決めをいう．たとえば，ある取引で翌年の1月1日を履行期としてAがBに100億円渡す．そして，別の取引で同じ翌年の1月1日にBはAに80億円渡す．こういう2つの取引があった場合に，履行期である1月1日になってから100億円と80億円を差引計算して20億円渡すことにしようというのがペイメント・ネッティングであるが，履行期の到来を待たずに差引計算をして債務の額を圧縮しようという合意をネッティング・バイ・ノベーションという．すなわち，上記の例で，100億円渡す契約が10月1日に締結され，80億円渡す契約が10月15日に締結されたとすると，10月15日の時点で，履行期である1月1日にAB間で授受する金額についてAがBに20億円渡すという債務1つにすることをいう．ネッティング・バイ・ノベーションは，ペイメント・ネッティングと同じく，いわば平時において効果が発生するものであるが，ペイメント・ネッティングよりもリスク削減効果は大きい(上記の例で10月15日よりも後に当事者の一方が倒産したような場合を想定するとそういえる)．しかし，履行期を同じくする債務についてしか合意することはできない．

　第3に，クローズアウト・ネッティング(closeout netting)(一括清算ネッティングと呼ぶことが多い)という合意がある．これは，履行期が異なる債権債務について，当事者間であらかじめ定めた範囲のものについて，当事者の一方に何らかの信用状態悪化事由が生じた場合には，その時点でそれらの債権債務を全て清算して1つの債務にするという取決めである．この取決めは，履行期がいつであるかにかかわらず，対象となる全ての債権債務について，履行期が到来する前に契約当事者の一方に信用状態悪化事由などのあらかじめ定めた一定の事由が発生した場合には，対象債権債務を全て清算するというものである．他の2つのタイプのネッティングよりもリスク削減効果は大きいが，他方，いわば有事に発動される取決めであるため，第三者との関係でこうした取決めの法的な有効性が問題になりうる．

　次に，ネッティングという取決めの当事者の数という観点から，ネッティングは次の2つのタイプに分類される．すなわち，2当事者(バイラテラル)か3以上の当事者(マルチラテラル)かである．前者は，たとえばAとBという2当事者間のネッティングの取決めをいい，後者は，通常3当事者以上での取決めをいう(多数当事者間ネッティング)．

2　日本の法制

　以上に概観したネッティングという取決めは，日本でもまた海外でも金融機関の間において実際に広く行われているが，日本の法律上これに関連する規定との関係では，民法・商法のレベルでは，相殺とか解除などの一般的な規定の適用が問題となる．ネッティングを意識した規定としては，破産法58条4項・5項（民事再生法51条，会社更生法63条）がある．また，特別法として「金融機関等が行う特定金融取引の一括清算に関する法律」（平成10年制定）がある．このほかにも，清算機関にかかわる規定として，金融商品取引法156条の11の2と「資金決済に関する法律」2条5項・73条等がある．

　注意すべきは，これらの規定はいずれも2当事者間のネッティングに適用されうるものであることであり，多数当事者間ネッティングについては直接適用されるような規定は存在しない．そこで，以下では，多数当事者間ネッティングの合意について，その有効性に関する問題と清算機関を設置する意味について，簡単に述べる．

3　多数当事者間ネッティングと清算機関

（1）　多数当事者間ネッティング

　ABCと3つの金融機関があり，これらの間で，2者間で複数の取引がされたとする．たとえば，AがBに20，BがCに60，CがAに40渡すという複数の取引があったとする（図1参照）．これらの取引（契約）の成立時期はそれぞれ異なるし，各債務の履行期も異なる．また，これらの数字はここではたとえば円建てであることを想定しているが，実際には，一部の債務は円の引渡しであり，他の債務はドルの引渡しであったりすることもある．

　このような状態で，たとえばAが倒産したらどうなるか．Aが倒産すると，Cは40をAに渡さなければならない．しかし，Bは20をAからもらえなくなる（破産であれば破産債権となりほとんど回収できなくなる）．ということは，Aが倒産するリスクというのはBが負担するという結果になる．しかし，BはCに60渡さなければならない．CはAに40渡す．したがって，Bだけが20回収できない結果となる．

　しかしながら，この場合，AはBに20渡し，BはCに60渡し，CはAに40渡すのであるから，少なくとも一見しただけでも，20は一周する．そうであるのなら，ネッティング・バイ・ノベーションを合意してはといえそうであ

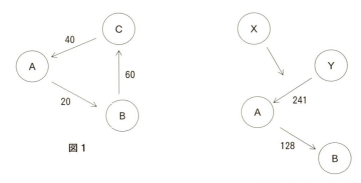

図2　最判平成7年7月18日

るが，上述したように，これは各債務の履行期が異なるため利用できない．そこで，一括清算ネッティング，すなわち，Aに信用状態悪化事由が生じた場合には渡し方を変えるということをあらかじめ合意しておこうというのが，多数当事者間ネッティング（多数当事者間の一括清算ネッティング）という取決めである．こうした取決めをしたような場合に，それが第三者との関係で法的に有効なのかどうかが問題となる．

　この場合，ネッティングの性質が相殺なのか解除なのかということが問題になりうるが，ここではこの点には立ち入らないこととして，問題を実質的に考えてみると，この問題を考えるうえで参考になる判例として，次の最高裁判決がある．すなわち，金融機関のネッティングとは全く関係ない事件であるが，最三小判平成7年7月13日（判例時報1570号60頁）である（図2参照）．

　Y社がその取引先であるA社に241万円を渡すという債務を負っており，A社はY社の100％子会社であるB社に対して128万円渡すという債務を負っていた．ところが，A社の信用状態が悪化したため，Aの租税債権者であるX（国）がA社のY社に対する241万円の債権を差し押さえて，Y社に対して241万円の支払を求める訴えを提起した．Y社としては，241万円をXに払ったら，その子会社であるB社はA社から128万円は回収できない．そこで，Y社は「差引計算して，241万円から128万円を差し引いた差額だけ払う」と抗弁した．

　理論構成としては，B社がA社に対して有する128万円の債権をY社に譲渡する．そうすると，128万円と241万円の2つの債権が2当事者（YA）間に存在することになる．そこで相殺するとY社は主張した．第一審ではY社が勝訴したが，控訴審および最高裁では，Y社は敗訴し，この相殺は認められなかった．その理由は，差押え後に取得した債権による相殺は差押債権者に対抗

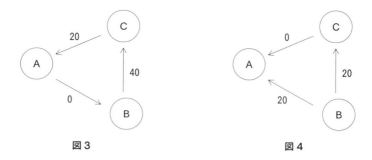

図3　　　　　　　　　　　　図4

できないというものである（民法511条）．

　この考え方からすると，平時において「将来かりにもし差押えがあったような場合には債権を譲渡しそのうえで相殺をする」ということをあらかじめ当事者間の契約で定めておいたような場合には，そのような合意に基づいて行う相殺の効力を差押債権者に対抗できるか否かということが問題となる．この点については，見解は分かれうると思われるが（なお，民事再生手続においていわゆる三者間相殺を否定した最二小判平成28年7月8日民集70巻6号1611頁参照），ここでは，この点とは別に，かりに事前の合意があればそのような相殺が認められるとしても，そのこととは別の論点があることを指摘しておきたい．すなわち，それは，3当事者間であらかじめ合意しようとすると，一体誰が誰にいくら渡すことにすべきかという点である．

　図1でいうと，1つの考えられる答えは，20はぐるっと回るので，20を帳消しして，CがAに20渡し，BがCに40渡し，AはBにゼロを渡すという処理である（図3）．

　この場合，答えというか「解」は複数あるということが重要である．必ずしもこれだけではなくて，ほかのやり方もある．たとえば，差引計算をせずに債務を履行すれば，結局のところ，Bが20もらい，Cが60もらい，Aが40もらうわけである．Cは60もらって40渡すので，差引20だけもらえばいい．Bは20もらって60渡すので，差引40渡せばよい．Aは40もらって20渡すので，差引20もらう．そうだとすれば，BがAとCにそれぞれ20ずつ渡し，CはAにゼロ払う．こういう処理もありうる（図4参照）．つまり，債務を圧縮するといっても，（少なくとも）その方法として図3と図4の2通りがありうる．これが4当事者，5当事者になると，多数の解が出てくるが，いずれにせよ，複数の答えがある．

　ところで，ここでの数値例で，Aが倒産したら図3と図4で損失負担の結果は異なるであろうか．図3でAが倒産したら，Bは損しない．ゼロである．

Cはどうせ20渡さなければならない．図4でAが倒産したらどうか．BはAに渡すので，Bは損しない．Aからもらう人は1人もいないので，結局，ここでの数値例だと，Aが倒産した場合は図3でも図4でも同じ結果となる．

ただし，ここでの数値列の場合だと，Aではなくて，Cが倒産した場合を考えると結果が変わってくる．なぜなら，図3でCが倒産すると，Bは40渡さなければならないが，Aは20とれない．図4でCが倒産すると，Bは20渡さなければならないが，Aは損失を受けない．なぜなら20をBからもらうからである．ということで，ここでの数値例でいうと，Cが倒産した場合には図3の処理か図4の処理かで損失負担者が異なってくる．

(2) 清算機関の意義

以上のような状況のもとで，清算機関を設置するという考え方が登場する．清算機関という考え方は，ABCの間に清算機関を設置するという考え方である．この清算機関は債権債務の法主体となる(CCP: Central Counter Partyという)．CがAに40渡すときは，必ずCCPを通して40渡す．CからCCPに40渡し，CCPからAに40渡す．同様に，AがBに20渡すという契約がされたときは，AはCCPに20渡し，CCPがBに20渡すこととする．BがCに60渡すという契約がされたときには，これまたCCPを経由して，BはCCPに60渡し，CCPがCに60渡す．以上のような処理とする(図5参照)．

万が一，Aが倒産した場合にはどうなるかというと，この場合には40受け取り，20渡すということで，差引20をAはもらえる立場であるから，差引計算をしてCCPが20をAに渡して終わりとする(この点については2者間での一括清算ネッティングをする)．

Cが倒産した場合でも，この例でいうと，CCPがCに20だけ渡す(60と40とを差引計算する)．以上のような処理をすることによって生じうる損害というのは，CCPが第一次的には負担することになるが，これを清算制度の参加者に負担させるような場合には，あらかじめ負担方式を決めておいて，たとえば残りの者(上記の例ではCが倒産した場合にはAとB)がそれぞれの純債権額に応じて按分で損失を負担する等とする．

以上が清算機関の設置という考え方である．どの金融機関にも倒産リスクはあるという前提で物事を事前に合意しようとすると，清算機関を置いたほうが合理的なのではないかということである．

清算機関を置く場合に法律問題となるのは，まず第1に，前述した最高裁の判例に抵触しないかという点である．この点については，平時においてCCPと各当事者という2者間の債権債務関係に置き換えておくので，民法511条の問題は解消し，あとは2者間の相殺合意の効力という問題とすること

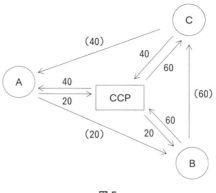

図 5

ができると解される．第 2 に，たとえば AB 間で A が B に 20 渡すという取引をした場合に，それを A の CCP に対する 20 の債務と CCP の B に対する 20 の債務に置き換える，その法律構成は何かという問題がある．この点については，現行法上は，債務引受等の民法上の一般規定によることとなる．

4　小括

　以上，多数当事者間のネッティング(特に一括清算)の取決めに関して，清算機関設置の意義について概観した．ただし，金融危機後の最近の議論においては，ネッティング条項の「誤った」発動を制限するために，金融機関について「秩序ある処理」手続が開始したような場合にネッティング条項の発動を一時停止する旨の立法等の手当がされるべきことが提言され，日本でも平成 25 年の預金保険法の改正で対応がされた(同年改正後の預金保険法 137 条の 3)．日本でも，今後，ネッティングと清算機関については，なおさまざまな観点からの検討が続くことになりそうである．

(神田秀樹)

(3)　**デリバティブ取引の債務不履行に係る損害賠償金額に関する判例**

　スワップ取引の損害金について正面から問うた裁判を紹介したい．この事例では，第一審[11]は，損害賠償方式では不十分として，銀行からの損害金請求を否定したが，控訴審[12]では，これがくつがえされ，銀行の請求が全面的に認められている．

```
スワップ取引契約日：平成2年8月29日              融資金利
想定元本  10億円＝661,506,913ペセタ            ¥8.1%
          （@1.5116円/ペセタ）
契約期間  2年(半年ごと，後払い)        Y          X銀行
                                      ペセタ 26.5%
                                      スワップ取引
・2回目の決済が不履行．                ¥25.5%
  Yの支払  ¥127,150,685
  Yの受取  87,403,530ペセタ→円換算後  ¥109,436,732(@1.2520)
  差額 △¥17,713,953：Yの不払い…損害金①
・残りの2回分の時価： △¥38,138,811…損害金②
・Xは，①＋②をYに請求．
```

図表9　スペインペセタ・円クーポンスワップ訴訟の取引概要

(ア)　事案の概要

　X銀行は，Yに2年物預金2億円の設定を依頼し，そのバックファイナンスとして同額同年限の融資をしたものの，Yにとって逆鞘となるため，本件円ペセタクーポンスワップを締結し，借入金利を実質的に低減させようとしたものである．条件は図表9のとおりで，2年間，半年ごとに，Yは想定元本10億円に対して年利25.5%を支払い，X銀行がスペインペセタ想定元本661,506,913に対して年利26.5%を支払うというものである．したがって，Yは為替レートが動かなければ，受け払い差引きで年利1%を2年にわたって享受できるが，円高になれば受取りペセタの円換算額が減少するので損害が発生するリスクがある．

　そして，Yは計4回の受払いのうち，第2回目に円換算後で支払利息超となったため，支払を延滞し，X銀行が契約を解除し損害金の賠償を請求したものである．

　損害金は，①2回目(既経過分)の円換算利息の差引き後の未払い金額17,713,953円と，②残り2回の受払い利息エクスポージャー38,138,811円である(控訴審では再計算され4?,164,325円となっているが，ここでは原審のままとする)．②の将来キャッシュフローの現在価値(時価)が，民法416条1項に規定する「通常生ずべき損害」の範囲に入るかということが議論のポイントである．

　原審では，X銀行は当初，ヘッジのために他の金融機関と行っていたカバー取引をキャンセルするのに要したコストを損害金として請求していたが，裁判途中から，契約解除により残存期間の支払を完了する義務があるとし，その方法は新たに反対取引を実施して，将来のキャッシュフローを円貨に確定させたものを現

在価値に割り引いて清算することと説明した．控訴審では，履行期未到来の決済金の支払債務も考慮されなければ，X銀行にYの債務不履行がなかった場合と同じ経済的地位を回復させることができないという理由を追加した．

なお，契約書には「この契約が解除された場合，Yは，解除によってX銀行に生じる損害を直ちに賠償しなければならない」とだけ記載され，解除による損害金の具体的な算定方法は記載されていなかった．

(イ) 判決要旨

まず原審を要約すると，以下のとおりである．

損害金①については，実際の損害として支払義務が認められる．エクスポージャー②については，まず，X銀行によるヘッジ取引は本件契約とは関係ない（すなわち相当因果関係はない）ため，その損害をYに求めることはできない．また，取引解除による支払義務完了における損害額算定のために便宜上行う反対取引（本章2(1)(イ)参照）は，原告のような金融機関相互においては慣習かもしれないが，一般消費者たる被告Yに対しては特別に契約上合意しなければ適用されない．したがって，損害金②については，計算方法が確定しないので原告は被告に対し支払を求めることができない．

これに対して控訴審では，「本件契約がYの債務不履行により解除されると，Xは，解除後に到来する各決済日において金利の交換を受ける地位を失い，右金利の交換に伴う利益を受けることができないことになるが，このような利益は，本件契約の履行によってXが将来うべかりし利益にほかならないから，……その利益の喪失による損害は，右債務不履行に伴う通常の損害であって，特別の損害ということはできない」との理由でYの損害賠償責任を認めた．

(ウ) 判決考察

原審は，X銀行のエクスポージャー請求を否定したが，控訴審は，エクスポージャーを「将来うべかりし利益」とし，通常の損害と認定した．契約解除に伴う損害賠償は，民法545条3項および416条によって定まる．スワップ取引も，継続的双務契約としてとらえることができ，その解除によって生じる損害賠償の問題として扱えばよいものと思われる．なお，第二審の判決前に道垣内弘人教授が書かれたスワップ取引の債権金額についての論文が公表された[13]．冒頭に「スワップ契約が一方当事者の債務不履行に基づいて解除された場合，他方当事者から一方当事者に対する損害賠償請求における賠償額は，……債務不履行をなした

一方当事者から行なわれるはずであった継続的な金銭給付と同様の継続的な金銭給付が得られる地位を他方当事者が新たに取得しようとすると，契約解除時点でいかなる額の出捐を約さなければならないか，を基準として算定されるべきである」と書かれている．債権金額が，まさに再構築コストとして表現されている．

　エクスポージャーは，ヘッジするか否かにかかわらず，その取引の時価であり，金融機関同士の特殊な概念ではない．債券価格と同じ（額面 100 の債券の中途売却価格は，いつも 100 ではなく，その時々の市場価格がある）概念であり，その価格は，通常の経済環境においては市場参加者により確認できる．任意解除や譲渡に際しても，金融機関のみならず一般企業との取引においても，エクスポージャーが清算金としてやりとりされている．また，企業会計では原則として，時価会計が導入され，まさにエクスポージャーが時価としてバランスシートにも計上されている．なお，破産法 58 条等では，取引所の有無にかかわらず市場の相場のある商品売買の清算はその相場価格を用いるとしている．

　ただし，本件のような紛争を避けるため，エクスポージャーの清算について再構築コストを損害額と明記する契約書が作成されていることは先述のとおりである．

> **コラム 9-3：リーマン社破綻に関連する損害金算定事例**
>
> 　デリバティブ取引を中途解約した場合の清算金額は，その取引の解約時点での時価である．ただし，計算方法を記述することが極めて難しいため，契約技術的に簡易な表現になっている．たとえば，国際的な標準契約書として利用されている ISDA（国際スワップ・デリバティブズ協会）マスター契約書（2002 年版，第 14 条 Definitions; "Close-out Amount" を筆者が意訳）では，おおむね「終了した取引について，これを代替する，または経済的に同価値の取引を清算金額決定者に提供するために清算金額決定者が負担した，または負担したはずの金額」（すなわち再構築コストである）と表現されている．なお，それぞれ負の数値となることもあり，その場合は，非破綻当事者が破綻当事者に清算金を支払うことになる．実務一般的には，計算結果の公正性を担保するため，市場における第三者に代替取引を行う場合の必要コスト，すなわち再構築コストを算出してもらい，その清算金額とすることが多い．
>
> 　しかし，平成 20 年の米国証券会社リーマン・ブラザーズの破綻に伴うデリバティブ取引の清算金を巡って，我が国でも裁判例が登場している．個別の判

例ごとに争点はさまざまであろうが，重要なポイントは，清算金額が再構築コストか理論時価かということである．理論的には「再構築コスト」と「理論時価」は同じはずなのに，訴訟の両当事者の主張は大きく差異が生じている．そして，それぞれを認める判決やこれを合算する不合理な判決[14]が出ているようであり，その推移を注視する必要があろう．

　対象となる取引は，証券会社に対する顧客のオプションの売りであり，顧客が取引の初期段階で利益を得たものの，その後の市場の変化により，大きな含み損(すなわち，将来支払う可能性が極めて高いキャッシュフローの時価相当額)を抱えたまま解約時点に至っているものである．したがって，「理論時価」としての解約清算金は，非破綻当事者である顧客が破綻当事者である証券会社に支払うことになる．つぎに，「再構築コスト」ではどうなるかみてみよう．顧客がこの取引を市場における第三者との間で再構築すると，契約満期に至るまで顧客が負け分の支払を続ける可能性が高いので，そのキャッシュフローの時価相当額を再構築契約開始時点で第三者から受け取ることになる．この時価相当額が再構築コストである．そして，再構築コストを第三者から顧客すなわち非破綻当事者が受け取っていることから，これを破綻した証券会社に支払うことになる．

　先述したとおり，従来の理論では，理論時価と再構築コストとは同じ金額となるはずである．しかし，裁判例では，後者がかなり小さな数字(絶対値)となっている．その差額の主たる要因として，近時重視されるCVAが考えられる(または，正負の符号の単純な取り違いの可能性も否定できない)．

　CVA(Credit Valuation Adjustments)は，デリバティブ取引の相手方(カウンターパーティー)の信用状況(または信用リスク)を勘案する引当てのことである．再構築相手の第三者が，顧客から将来受け取るキャッシュフローにCVAを引き当てると，その現在価値である再構築コストが理論時価よりも縮小するのである．

　ISDAマスター契約書では，清算金額決定者であることの多い非破綻当事者の信用状況を考慮してもよいと記載されている(同契約書14条 Definitions; "Close-out Amount"(i) ... may take into account the creditworthiness of the Determining Party ...)ことから，どちらにでも解釈できる余地がある[15]．

　現在の実務では，全ての金融機関が解約清算金等デリバティブ取引の計算にCVAを勘案しているわけではないし，CVAの計算についてもさまざまな方法やモデルがある．そして，解約清算金を理論時価と考えるのか，再構築コストとして把握するのか[16]，結論を早急に求めるのは難しいと考えられる．

（福島良治）

3 デリバティブ取引の内部統制問題と会計制度の概略

平成17年に制定された会社法により,大会社等では取締役会がいわゆる内部統制システムを決定することが義務づけられた.また,金融商品取引法(以下「金商法」という)でも,上場企業における財務報告に関する内部統制が定められた.内部統制システムは,コーポレートガバナンスの実現を担保する重要な機能である.リスク管理はコンプライアンスと並んで内部統制システムの中心部をなすが,そのリスク管理で最も注意しなければならない金融取引は,やはりデリバティブ取引[17]であり,しかも投資等運用目的のものであろう.企業価値に大きな影響を与えるほどの規模のデリバティブ取引を実行するのであれば,デリバティブ取引に関するリスク管理を内部統制システムに内包する体制を整備することが望まれる.

また,上場企業等の有価証券報告書作成企業の保有する有価証券やデリバティブ取引等金融商品については,平成13年3月期決算から原則として時価会計の対象になっている.時価会計の適用は,会計上の透明性を促進するのみならず,リスク管理の観点からもデリバティブ取引の活用を促進する.

以下では,事業法人の投資目的としてのデリバティブ取引に関して,時価会計制度導入以前に発生した実例に基づいて考察したい.なお,原則として時価会計が導入されていることから,デリバティブ単体での取引について現在ではこのような事例は発生しにくいと思われる(ローンや債券との組み合わせにより,ヘッジ会計等の対象になるデリバティブ取引に関しては本章5節で述べる).

(1) デリバティブ運用に関する東京地裁判決(東京地判平成16年12月16日判例時報1888号3頁)[18]の概要

(ア) 本件経緯

デリバティブ取引を利用した大規模な運用を行っていた企業A社は,昭和59年以降,被告となった丙が資金運用担当の取締役副社長として投機性の高いデリバティブ商品(ほとんどが株価プットオプションの売り取引[19],図表10参照)を大規模に取引したことで,経常利益の4倍を超える533億円以上もの損害を被った.

A社は,当時他社水準と比べても相応の社内リスク管理体制を構築(特に平成9年3月「スワップおよびオプション取扱規程」を制定)していたものの,丙は平成7年

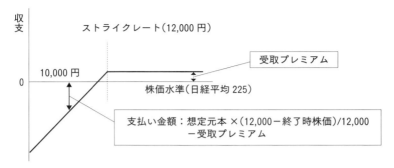

図表 10　株価プットオプション売り取引例〈取引終了時の損益〉

から社内で課せられていた制約事項(イ．想定元本増額禁止，ロ．単純な期日延長禁止，ハ．リスクを増大させる形での契約条件変更禁止)を遵守しない取引を繰り返し行った．

　平成 10 年 3 月，当月期より有価証券報告書において有価証券およびデリバティブ取引の時価を注記することが義務づけられた(財務諸表等の用語，様式及び作成方法に関する規則(以下「財務諸表等規則」という)8 条の 8)こともあってか，取締役会においてデリバティブ取引を含む資金運用について全て中止する旨の決議がなされた．この時点で，533 億円にのぼる損害が発生した．同年 8 月，損害金の賠償を求める本件株主代表訴訟が提起された．東京地裁では直接の責任者であった取締役の違法行為を一部認定したが，他の取締役等に対する損害賠償請求の大部分は棄却された．

　(イ)　判旨概要

　本判例には，いくつかの争点があったが，そのうち最も重要な「丙以外の役員に善管注意義務違反はなかったのか」について，判旨を紹介したい．

　まず，一般論として，取締役は，会社に対し，取締役会の構成員として他の取締役の職務執行を監視すべき義務を負う(平成 17 年改正前商法 260 条 1 項，会社法 362 条 2 項)が，ある程度の規模の会社においては会社の事業活動が広範囲にわたり，取締役の担当業務も専門化されていることから，取締役が自己の担当以外の分野において，代表取締役や当該担当取締役の個別具体的な職務執行の状況について監視を及ぼすことは事実上不可能である．そこで，取締役の監視義務の履行を実効あらしめるためには，取締役会による取締役の違法な職務執行をチェックし，これを是正する基本的な体制構築を前提として，代表取締役および当該業務

執行を担当する取締役が，具体的なリスク管理などの内部体制を構築し，個々の取締役の違法な職務執行を監督監視すべきである．

したがって，取締役に一般的に期待される水準に照らして，本件デリバティブ取引に関する具体的なリスク管理体制が構築され，これに基づき監視されていたか否かが違法性の有無を判断するポイントであり，以下のとおり検討している．

① A社監査役および経理部担当取締役について

A社では，デリバティブ取引について相応のリスク管理体制が構築されており，また，丙による内部規制の潜脱について，金融取引の専門家でない者に発見を求めるのは不可能である．しかも，当時はデリバティブ取引に対して金融機関ですら完備されたリスク管理体制を構築しておらず，A社の監査室や監査法人からも特段の指摘はなかった．一般の事業会社の取締役ないし監査役が平成9年3月以降，丙が独断で行った違法行為を発見できなかったことはやむを得ない．しかも，当該監査役および経理部担当取締役は，取引内容の理解に努め，積極的に調査確認を行っており，必要な水準の監視義務を果たしていた．

② A社代表取締役社長乙について

乙は，丙の行っているデリバティブ取引の内容の詳細を直接チェックすべき立場にはなく，監査役および経理部担当取締役ならびに監査室から異常な取引がある等の報告がなかったこと等から，丙の行った内部規制の潜脱を一般の事業会社の取締役が発見できなかったことはやむを得ない．その他の取締役に対する善管注意義務違反についても同様に否定された．

(ウ) 本判決の内部統制への示唆

本判例の重要な部分は，デリバティブ取引によって生じた損害に対する取締役の責任，すなわち善管注意義務(平成17年改正前商法254条3項，会社法330条)違反の有無である．

内部規程に違反したデリバティブ取引を拡大させて損害を招いたA社取締役の丙に関して，その責任を認定したのは当然であろう．

問題は，他の取締役や監査役の責任である．本判決では，上述(イ)判旨概要のように，大規模会社においては，取締役会のもとで代表取締役および担当取締役が，具体的なリスク管理などの内部体制を構築し，個々の取締役の違法な職務執行を監督監視すべき職責を担っている，すなわち内部統制システムの構築義務が示されている．これは，会社法改正以前の判例ではあるが，金融機関の取締役の

責任に関するいわゆる大和銀行代表訴訟事件判例[20]および学説[21]を踏襲しているものといえよう．事業法人ではあるものの，大手上場企業であり，本件のような多大な損害が生じたＡ社への適用は妥当なものと考えられる．

（エ）　会社法による内部統制システムの整備義務

企業活動において余剰資金やデリバティブ取引を利用した運用が成功すると企業価値を高める．ただし，本件のように失敗して，企業価値を毀損することもある．したがって，内部統制システムを強化することで資産運用の失敗を予防することは，企業価値を守ることになる．

ガバナンスとは，さまざまなステークホルダーとの関係において経営者が企業価値を高めるための管理体制をいう．会社法では，大会社(会社法2条6号)，監査等委員会設置会社(同法2条11号の2)および指名委員会等設置会社(同法2条12号)に対して，これを実効化するための内部統制システムを取締役会が構築することを義務づけることとなっている(同法362条・399条の13・416条．取締役会が設置されていない会社は過半数の取締役により決定する．同法348条)．内部統制は，「ガバナンスの一部として，また，リスクマネジメントと不可分の形で企業が健全に管理・運営されるために経営者が構築するものである」[22]とされている．また，より分かりやすく「リスク管理体制および法令遵守体制」[23]ともいわれている．会社法の条文(同法348条3項4号・4項・362条4項6号・5項・399条の13第1項1号ハ・2項・416条1項1号ホ・2項)では，取締役または執行役(指名委員会等設置会社)の職務の執行が法令および定款に適合することを確保するための体制その他株式会社の業務の適正を確保するために必要な体制とされている．

内部統制システムの内容(会社法施行規則98条・100条・110条の4・112条)のうちデリバティブ取引のリスク管理に関わる部分は，以下のとおりと考えられる．

①　損失の危険の管理に関する規程その他の体制
②　取締役および使用人の職務の執行が法令および定款に適合することを確保するための体制

この②のコンプライアンス遵守の仕組みをも内包するような①のリスク管理規程の作成と体制整備がポイントとなろう．ただし，これに従って構築した体制が不十分であることで直ちに取締役の違法が問われるわけではなく，事後的に損害が発生した際に，取締役の構築した体制の内容が，構築当時の社会通念を基準として，その裁量の逸脱とならないか，そしてその結果として善管注意義務(会社

法330条，民法644条)や忠実義務(会社法355条)の違反とならないかが判断されるものと考えられる．これらの判断は，個々具体的な企業の経営状況に応じてなされるべきものであるが，会社経営に大きなインパクトを与えた本件のような投機的デリバティブ取引に関しては，金融機関に準じたリスク管理体制，すなわち時価を把握できる体制の構築が，会社法からも求められるものと考えられる．

また，企業に対するコーポレートガバナンス高度化の要請[24]に伴い，平成26年改正の会社法施行規則118条2号で内部統制システムは単に構築するだけでいいということではなく，その運用についてもその状況を株主等に報告する必要があることには注意が必要である．

なお，金商法においても，上場企業等は，財務計算に関する書類その他の情報の適正性を確保するために必要な体制について評価した報告書(内部統制報告書)を有価証券報告書と併せて当局に提出し(金商法24条の4の4)，かつ特別の利害関係のない公認会計士または監査法人の監査証明を受けること(金商法193条の2第2項)とされている．そして，企業会計において，この財務報告に係る内部統制の評価および監査に関する具体的基準が設定されている[25]．

(2) デリバティブ取引に関する会計制度の概要

企業におけるデリバティブ取引の会計処理については，平成13年3月期決算から時価会計およびヘッジ会計が適用されている[26]．

投資を目的とした取引，たとえば，原資産と無関係な通貨による金利スワップや株式オプションの売り等のリスクテイクによる利益追求タイプのデリバティブ取引に対しては，時価会計が適用される．時価会計とは，当該企業の有価証券報告書の貸借対照表においてデリバティブ取引の時価を計上し，損益計算書においても前期末時価と当期末時価の差額を損益計上する処理である．

他方で，損益の振れ等のリスクをヘッジするためのデリバティブ取引，たとえば，変動金利上昇リスクヘッジのための固定化金利スワップや外国為替予約等のキャッシュフロー・ヘッジに対しては，ヘッジ会計処理を適用することが可能である．この場合，貸借対照表においては，デリバティブ取引の時価は計上するが，損益計算書において前期末時価と当期末時価の差額は損益計上不要である(純資産の部で繰延べる．金融商品会計基準32項)．なお，ヘッジ効果の高い一定の金利スワップ等のデリバティブ取引は，有価証券報告書において想定元本等を注記する必要はあるが，区分して時価を計上する必要はない(「金利スワップの特例処理」，金

融商品会計基準（注14），財務諸表等規則8条の8，同ガイドライン8の6の2-1-2，8の8）．一般的に，企業はリスクヘッジのためにデリバティブ取引を行うことが多いため，ヘッジ会計，特に金利スワップの特例処理を適用することが多い．

しかし，ヘッジ目的としてデリバティブ取引に取り組んでいても，その効果がない場合に解約するとヘッジ会計が中止され，デリバティブ取引の時価が解約清算金として顕現して問題になることがある．詳細は，本章5節で述べるが，たとえば，借入れ変動金利の上昇リスクヘッジのために金利固定化スワップを行ったとしても，結局，変動金利が上がらずに，当該金利スワップ取引の効果がなかったとしてこれを解約するケース[27]である．しかし，変動金利が上昇しない場合であっても，スワップによる固定金利を支払うことが当社経営上も耐性があると契約当初に判断していたケースが多いと考えられる．

4　デリバティブ取引の意義と業法上の位置付け

本章では次の5節から，デリバティブ取引に関するさまざまな規制を見ていくが，その前に，デリバティブ取引が金融においてどういう役割を果たしていて，それが法律上，どのように規定されているのかを確認したい．

（1）金融取引としてのデリバティブ取引

デリバティブ取引は本来的金融業務といえる．

まず，金融の一般的な経済学的な定義として，狭義には資金不足主体が資金余剰主体から資金調達することとされる．そして，銀行法では銀行の基本業務を融資，預金，為替取引の3つとしている．融資と預金取引は，まさに資金不足主体が資金余剰主体から資金調達することの各面を言っているものである．こういう機能を通じて，金融とは「広義には，収益・リスク管理またはポートフォリオ・マネジメント――自分の持っている資産と負債の全体的なコントロール――に基づくニーズを背景として，さまざまな金融資産・負債あるいは金融取引にかかわる権利・義務が取引されること」[28]をいう．

また，我が国の金融当局においても「金融サービスの本質的な要素が，リスクに関する情報生産およびリスクの仲介にあると考えられる」[29]と議論されており，それが金融商品販売法制定の背景にあり，金融商品取引法に発展していったと考えられる．

このような観点から，リスク仲介のためのデリバティブ取引は，本来的な金融業務というべきである．また，本書第1章1(3)では，金融取引を「経済的には，将来キャッシュフローを契約で移転するという取引である」と述べられており，デリバティブ取引はその典型といえる（本章1(2)参照）．

ここで，デリバティブ取引の歴史を簡単に述べる．我が国の江戸時代の米相場における先物取引が最初ではないかと言われている．オランダのチューリップ先物市場も同じころにあった．現代のデリバティブについては，金利スワップ取引が1980年代にアメリカのソロモンブラザーズとIBMの取引から始まっている．日本でも1980年代の終わりには取引が始まっており，筆者は1991年から当該業務に携わったが，そのときはすでに日常的に行われていた．

次に，銀行法におけるデリバティブ取引の取り扱いを振り返りたい．平成8年以降，橋本内閣の「金融ビッグバン」というスローガンの下で，さまざまな制度の自由化が進み，その一環として，平成10年に金融システム改革法（これは個別の法律の名前ではなく，金融システムを改革するために複数の関連法律を一体的・総合的に改正したもの）の中で，デリバティブ取引が銀行法に明記されたのである（同法10条2項）．それまでは，銀行法10条2項の柱書「その他の銀行業に付随する業務を営むことができる」という規定があるから，銀行等はデリバティブ取引を行えるとしていたのである．すなわち，銀行法はデリバティブ取引に関して明示的には規定していなかったものの，上述のとおり本来的な金融業務であるという認識があったことから，「その他の付随業務」として対応したということである．

そして，平成18年に金融商品取引法が制定（証券取引法の改正）され，その際にデリバティブ取引は，いわば本籍的な場所を金商法に移して，銀行法はそれを引用する形態になっている．

(2) 銀行法等業法上の位置づけ

銀行が取り扱うことのできるデリバティブ取引は，銀行法に規定されている（銀行法10条2項12号〜17号，同法施行規則13条の2の2〜2の3）が，そのデリバティブ取引のほとんどは金商法または商品先物取引法（以下「商先法」という）に位置づけられており，銀行法はそれを引用しているといえる．銀行にとって金利，外国為替に関する取引は本業であるが，これらのデリバティブ取引（外国為替取引では差金決済のもの）も金商法に記述されている．商品または取引としてのデリバティブの，いわば本籍は金融商品取引法になっているのである．

金融商品取引業者として証券会社は登録が必要である（金商法29条）が，銀行は銀行免許を取得した上で，さらにデリバティブ取引を業として行おうとする場合には登録が必要である（同法33条の2）．また，商先法対象の原油や金属等の商品デリバティブ取引は同法の許可も必要である（同法190条）．

デリバティブ取引を内包した預金，たとえば円ドルの為替レートが100円以上の円安になったら金利が上がるようなデリバティブ預金は，金商法の行為規制をそのまま直接適用されることはなく，銀行法の中で，しかしながら，金商法の行為規制を準用している（銀行法13条の4，同法施行規則14条の11の4）．

5　デリバティブ取引の説明義務

デリバティブ取引に関しては，銀行等金融機関に対して3つの規制があると思われる．1つは，本節で見る顧客取引に関する説明義務等の行為規制である．そして，次節6で見るバーゼル自己資本比率規制において銀行に要求されている財務規制があり，これは金融機関の破綻を防ぐために，損失に耐えうる自己資本を充実させることを目的とするものである．3番目が，同じく6節でみる中央清算機関の利用義務や証拠金規制等の市場を安定化させるための市場インフラ規制である．

デリバティブ取引は，市場の変化等に応じて，キャッシュフローが変わるというリスクがある．したがって，顧客取引においては法的にも一定の条件のもとで金融機関に対してリスクや取引内容の説明義務が課されている．ただし，期限前の解約時における時価の変動そのものを説明義務の対象とすべきかについては，法令上の明文がない．ここでは，その要否について議論したい．

（1）　金商法等におけるデリバティブ取引の説明義務と適合性の原則

金商法は，金融・資本市場を取り巻く環境の変化に対応し，幅広い金融商品についての投資者保護のための横断的な法制として，証券取引法を改組して，平成18年に制定された法律である．そこでは金融商品取引に関する横断的な行為規制（いわゆる公法としての業者ルール）が定められ，証券会社のみならず広く金融機関（登録金融機関，金商法33条の2）の扱うデリバティブ取引もその対象になっている（ただし，商品先物取引法対象の商品は除かれるが，商先法においても適合性の原則（同法215条），契約締結前書面交付（217条），説明義務（218条1～3項）等の行為規制が規定

されている．ただし，本章では取り上げない）．以下では，民事法（いわゆる取引ルール）の「金融商品の販売等に関する法律」（以下「金販法」という）と重なる部分も含めて，金商法におけるデリバティブ取引の説明義務に関する条項を見ていきたい．
　（ア）　説明義務と適合性の原則
　デリバティブ取引において銀行等の金融機関は，顧客に対してリスク等に関して説明する義務がある．その根拠は，金商法，金販法，そして民法上の信義誠実の原則である．また，証券業務の営業姿勢に関する重要な概念として適合性の原則（suitability doctrine）がある．これは，投資者の投資目的，財産状態および投資経験等，投資者の実情に適合したものでなければ投資者に対して証券取引を勧誘してはならないというものである．このような投資者の実情に適合しない勧誘によって当該投資者に損害が発生した場合は，民事法上の不法行為または債務不履行として業者に賠償責任が生じる一方で，そのような業者への行為規範としての適合性の原則が，平成4年の旧証券取引法改正54条（現金商法40条）に明文規定されている[30]．
　さて，説明義務については，判例等を参考にすると，以下の2点が信義則上その要請される根拠と考えられる．
　①　金融機関と投資者との間の情報ギャップの存在
　②　金融機関が当該業務により得られる収益に見合うものとして
　適合性の原則と説明義務との関係については，重なる部分も多いものと思われるが，金融機関としては，まず投資者の適合性をチェックし，すなわち自己責任の原則が妥当するか否かを確認し，妥当しなければ取引を断念すべきであろう（金商法40条1号は，これを規定するもので，近時，狭義の適合性原則を規定したものとの意見[31]がある）．反対に，妥当するのであれば顧客属性等に即して懇切丁寧な説明を行い，取引を行う場合もあろう（これは，金販法3条2項等に見られるように適合性原則を説明義務に取り込んだもので広義の適合性原則[32]ともいわれる）．なお，前提にある自己責任原則とのバランスをトータルでいかに図っていくのかが，個別の実務遂行上の問題となる．ちなみにこのバランスが判決では過失相殺という形態となって現われてくると考えられる．

コラム 9-4：私法上の説明義務と業法上の説明義務

　私法上の説明義務とは、「契約の一方当事者が、当該契約の締結に先立ち、信義則上の説明義務に違反して、当該契約を締結するか否かに関する判断に影響を及ぼすべき情報を相手方に提供しなかった場合には、上記一方当事者は、相手方が当該契約を締結したことにより被った損害につき、不法行為による賠償責任を負う」(最二小判平成23年4月22日民集65巻3号1405頁)というものである。これに対して、業法上の説明義務や適合性原則は、業者に対する行為規制として定められたものであり、それに違反すると行政処分の対象になる。

　一般に、業法上の規制に違反する行為は「直ちに」私法上の効果を生ずるものではない。しかし、証券取引法(現在では金融商品取引法)違反の場合については、最一小判平成9年9月4日民集51巻8号3619頁〔損失保証〕および最一小判平成17年7月14日民集59巻6号1323頁〔株価指数オプションの売り取引〕(後述)等により、一定の場合には私法上の効果(取引の無効や不法行為責任)が生ずる場合があることが認められるに至っている。

　一般論としては、金融商品取引法違反の行為の私法上の効果については、単にいわゆる取締法規であるから違反しても私法上の効果には原則影響を及ぼさないというのではなく、違反が問題となる個々の規定について、その規定の趣旨にかんがみて、また、具体的事案における違反の態様等をも考慮して、私法上の効果が検討されるべきものと思われる(近藤光男＝吉原和志＝黒沼悦郎・金融商品取引法入門(商事法務、第4版、2015)58-59頁)(一般に、行政法規違反の行為の私法上の効果についての最近の動向については、松本恒雄「建築基準法の規定に適合しない建物の建築を目的とする請負契約の効力」金融・商事判例1402号(2012)8頁以下および同所引用の判例・文献を参照)。

　また、金融商品取引法などの法律や政令・内閣府令に違反した行為だけでなく、自主規制に違反した行為についても、その私法上の効果については、個々の場合ごとに考えるのが妥当である(上記の平成17年最判は自主規制の場合にも言及している)。

　なお、金融商品取引法の平成23年改正において、無登録業者による未公開株等の販売行為を私法上無効とする明文の規定が導入された(金融商品取引法171条の2)(この改正の趣旨等については、古澤知之ほか・逐条解説・2011年金融商品取引法改正(商事法務、2011)69頁以下、204頁以下参照)。しかし、この規定が適用される行為は、無登録業者による未公開株等の取引と限定されている。これ以外の取引や行為が金融商品取引法の規制に違反する場合の私法上の効果については、171条の2第1項が類推適用されるべきでもなく、また反対解釈がされ

るべきものでもない．依然として解釈にゆだねられた問題である．

(神田秀樹)

(イ) 金商法等における説明義務

金商法および金販法(以下「金商法等」という)において，デリバティブ取引に関する説明義務事項として最も重要なものは，以下のとおりであろう．

① 当該金融商品取引契約の概要(金商法37条の3第1項3号，金販法3条1項1～6号の各ハ・5項5号・6号)．

② 金利，通貨の価格，金融商品市場における相場その他の指標に係る変動により損失が生じることとなるおそれがあるときは，その旨(金商法37条の3第1項5号)，当該指標・損失が生じるおそれのある理由，元本超過損が生じるおそれがある場合には，その直接の原因となるもの，その旨・理由(金融商品取引業等に関する内閣府令(以下「業府令」という)82条3号，金販法3条1項1号・3項)．これは，デリバティブ取引の市場リスクを指す．

③ 当該金融商品取引業者等その他の者の業務または財産の状況の変化を直接の原因として損失が生じるおそれがあるときは，当該者，その旨・理由，元本超過損が生じるおそれがある場合には，その直接の原因となるもの，その旨・理由(金商法37条の3第1項7号，業府令82条5号・6号，金販法3条1項3号・4号・3項)．これは，デリバティブ取引の信用リスクを指す．

説明義務の対象となるリスク等については，契約締結前に交付が義務づけられた書面に記載することが義務づけられている(金商法37条の3第1項)．これを守らない場合は，金商法205条12号の定める処罰の対象となるおそれがある．説明義務を実質化するために，顧客の知識，経験，財産状況および取引の目的に照らして，当該顧客に理解されるために必要な方法および程度による説明を求めている(金商法38条8号，業府令117条1項1号，金販法3条2項)．

(ウ) 「プロ」・「アマ」区分

金商法等では，いわゆる「プロ」と「アマ」との取扱いが区分されており，「プロ」に対しては自己責任で投資判断が可能と考えられるため，上述した説明義務が不要になる等，業者側の行為規制が緩和される．ただし，そうであっても民法上の信義則等に違反する場合には，不法行為になる可能性は排除できないであろう．

まず，金融商品取引業者(第一種)，登録金融機関，適格機関投資家(金商法2条3項1号，金融商品取引法第二条に規定する定義に関する内閣府令(以下「定義府令」という)10条)，外国の法令でこれらに相当する者，資本金10億円以上の株式会社等を相手とする店頭デリバティブ取引(有価証券関連店頭デリバティブ取引を除く)は，そもそも金融商品取引業の対象外としている[33](金商法2条8項，同法施行令1条の8の6，定義府令15条)．

そして，金商法で求められる説明義務や適合性の原則の対象外となる(金商法45条)「プロ」(特定投資家)とは，金融機関等の適格機関投資家，国，日本銀行，上場会社，取引の状況等から合理的に判断して資本金5億円以上と見込まれる株式会社等(金商法2条31項4号，定義府令23条)とされている．

金販法においても，顧客が金融商品販売業者や金商法上のプロ等である場合(「特定顧客」．金販法3条7項1号，同法施行令10条)と重要事項について説明を要しない旨の顧客の意思表明があった場合(金販法3条7項2号)には，重要事項についての説明は不要とされる．

(エ) デリバティブ取引における適合性の原則に関する最高裁判例

最一小判平成17年7月14日民集59巻6号1323頁は，デリバティブ取引の適合性の原則に関する初の最高裁判断である．金商法等の施行以前に起こった事件ではあるが，参考として概要を簡単にまとめておきたい．

(a) 取引と関係者の概要

当事者は，国内大手証券会社Xと水産物卸売業者Yで，Y社は，資本金1億2千万円，年商200～300億円である．Yの代表取締役Aと経理担当専務取締役Bはともに大手水産会社出身で，AはX証券会社との取引開始時点の昭和59年において，すでに個人で株式の現物から先物，ワラント取引まで経験があり，BもAの指導で証券取引の経験を積んでいた．また，Y社は，20億円以上の運用資金を用いて投資を行っており，平成元年以降，たびたび日経平均株価オプション取引の買いを行っていた．本件は，平成3年から平成5年にかけて日経平均株価オプション取引の売りを行い，累計で2億円を上回る損失となったものである．

(b) 判決要旨

原審[34]は，Xの不法行為責任を肯定した上で過失相殺5割としたが，最高裁では破棄差戻しされた．

まず，適合性の原則は，直接には，公法上の業務規制等の位置付けのものではあるが，証券会社の担当者が，顧客の意向と実情に反して，明らかに過大な危険を伴う取引を積極的に勧誘するなど，適合性の原則から著しく逸脱した証券取引の勧誘をしてこれを行わせたときは，当該行為は不法行為法上も違法となると解するのが相当とした．そして，日経平均株価オプション取引は，一般投資家の保護のための一定の制度的保障と情報環境が整備されている上場取引であること，旧証取法40条1項(契約締結前に損失の危険に関する事項等を記載した説明書をあらかじめ交付することを義務づけている．現金商法37条の3)は，専門的な知識および経験を有するとはいえない一般投資家であっても，有価証券オプション取引等の適合性がないものとして一律に取引市場から排除するのではなく，当該取引の危険性等について十分な説明を要請することで，自己責任を問い得る条件を付与して取引市場に参入させようとする考え方に基づくものと解されることから，その売りの取引は「一般的抽象的には高いリスクを伴うものであるが，そのことのみから，当然に一般投資家の適合性を否定すべきものであるとはいえないというべき」とした．

　日経平均株価オプション取引の商品特性を踏まえつつ，Y社側の投資経験，証券取引の知識，投資意向，財産状態等をみるに，Y社が本件取引を自己責任で行う適性を欠き，取引市場から排除されるべき者であったとはいえないため，X証券会社の担当者の勧誘行為が適合性の原則から著しく逸脱するものであったということはできず，不法行為を認めることはできないと判断したものである．

　なお，本最高裁判例の趣旨を踏まえて，金商法の制定にあわせて，民法の特則である金販法において顧客の知識，経験，財産状況および取引の目的に照らして，当該顧客に理解されるために必要な方法および程度による説明を求めることとなった(金販法3条2項)．これにより，適合性の原則を説明義務に内包させることになったといえる[35]．

(2) デリバティブ取引の解約清算金(時価)リスク

(ア)　多発するデリバティブ取引による損害事例

　平成20年のリーマンショックによる金融市場の激変，特に円高に伴う店頭デリバティブ取引の損失に伴う訴訟等紛争が多発した[36]．金融ADR(裁判外紛争解決制度．銀行法52条の62・52条の65等)に位置づけられる全国銀行協会あっせん委員会における紛争解決においても，その新規申立件数が，平成23年度は前年

度比 3.3 倍の 1,086 件で，このうちデリバティブ業務の申立件数は 749 件(前年度比 4.4 倍)であった[37]．

そこで議論されているのは，やはり店頭デリバティブ取引におけるリスクに関する説明義務である．しかも，解約清算金についてのものが多いようである．

(イ) デリバティブ取引の時価変動に関する説明義務

(a) 金商法等におけるリスク定義

金商法では，たとえば，市場リスクについて「金利，通貨の価格，金融商品市場における相場その他の指標に係る変動により損失が生ずることとなるおそれ」(金商法 37 条の 3 第 1 項 5 号)とあり，金販法では「元本欠損が生ずるおそれ」として，その内容を同法 3 条 3 項で詳細に定めている．金商法等でいうリスクは「顧客の支払うこととなる金銭の合計額が取得することとなる金銭の合計額を上回ることとなるおそれ」といえよう．デリバティブ取引の支払キャッシュフローが受取キャッシュフローを上回るリスクはまさにこれに該当する．

ところで，デリバティブ取引の市場リスクには，キャッシュフロー変動リスクと時価(またはエクスポージャー)変動リスクがある[38]．キャッシュフロー変動リスクは上述した金商法等に定められているとおり，将来のリスクといえ，契約がおおむね終了する時点で確定する．

時価変動リスクは現時点における将来キャッシュフローの現在価値(時価)が今後どう変化するかということであり，契約中途で解約や譲渡などを行わずに満期まで継続するかぎり，顕現しない．特にヘッジ目的でのデリバティブ取引については，損益計算書上に計上されないのである．

(b) 時価変動リスクの説明

この時価変動リスクは法的に説明すべきものであるのか議論があり得る[39]．デリバティブ取引の時価とは，その時点より将来のキャッシュフローやオプションの価値であり，当該取引を解約する場合の再構築コストである(本章 2 参照)．理論的には，解約清算金と同じといえる．ただし，実際の解約時には，オファー・ビッドコスト，事務コスト，追加的利益などを含めることがあるため，同じにはならない．

契約期間中での解除という，当初契約とは別の法律行為であり，また契約で明記されている個々のキャッシュフローの支払額が大きくなってから解約の動機が発生するケースが多いことから異論もありえようが，解約すると，まさに顧客の

支払うこととなる金銭の合計額が取得することとなる金銭の合計額を上回る可能性，すなわち元本欠損リスクがあるというべきである．

　また，デリバティブ取引を解約すると時価が顕現し，損益を清算する必要があるという事実は，デリバティブ取引の本質的な事柄である．デリバティブ取引の会計処理も時価会計が原則であるということはこれを裏付ける．公社債の満期前売却による市場リスクも商品の本質的な性格であり，これに関する説明は金商法制で義務化されているものと考えられる[40]．デリバティブ取引についても同様に考えるべきであろう．少なくとも「デリバティブ取引に関する主要な用語及びその他の基礎的な事項」(業府令93条1項7号)として説明すべきものと考えられる．

　(c) 時価変動リスクの金額や計算方法について

　しかし，その見込み金額や計算方法などを正確に説明することは困難である．本章2(1)で議論したように，さまざまな条件に応じてデリバティブ取引の時価の計算結果は違ったものになる[41]．特に店頭デリバティブ取引の時価算定は極めて複雑化しており，簡便な内容および方法を認めなければ，事実上その記述は不可能である．たとえば，後述の監督指針にある「最悪のシナリオを想定した解約清算金の試算額」を示す場合には，その計算モデル等を詳細に説明する必要はなく，金利，為替，ボラティリティなどの最近数年で最大の変化を示した数字等を用いた結果を示せば良いのではないかと考えられる．

　ところで，平成22年に改正された金融庁の金融機関向け監督指針[42]（以下「監督指針」という）には「当該デリバティブ取引を中途解約すると解約清算金が発生する場合にはその旨及び解約清算金の内容(金融指標等の水準等に関する最悪のシナリオを想定した解約清算金の試算額及び当該試算額を超える額となる可能性がある場合にはその旨を含む)について，顧客が理解できるように説明しているか」と記載されている．監督指針は，監督事務を担当している行政部内の職員向けの手引書であり，法源とはいえない[43]ものの，銀行実務では事実上遵守することが求められている．また，監督指針違反は私法上の責任を判断するうえでの考慮要素になりうるかという議論もある[44]．しかしながら，監督指針は，行政部内の手引書であるだけではなく，ベター・レギュレーション(金融規制の質的な向上)のためのフォワードルッキングな(将来の課題を見据えた)政策誘導の側面があること等から，私法上の規範とすることは危険ではないかと思われる[45]．ただし，私法上の規範を確認する内容であったり，事後的に慣習化した状況であれば，問題にはならないで

あろう．

（ウ）　解約清算金をめぐる判例について

この問題に関する判決を2つだけ参照してコメントしておきたい．

1つは，プロ投資家の損害をめぐる東京地裁判決[46]である．プロ投資家の企業が複雑な米ドル金利デリバティブ取引で損害をこうむり，この取引の相手方でセールスを行った米系証券会社に対して，解約清算金に関しての説明義務違反（民法上の不法行為）による損害賠償責任（過失相殺で約3割）を認めたものである．金商法等ではプロである特定投資家に対するリスク等の説明義務はないことから，この判旨に対しては賛否両論がある[47]．ただし，契約前に交付した説明資料に記載された将来の時価変動見込み額を販売業者の担当者自身が改ざんしていた個別事情があるため，本判決は本テーマに関しての先例にはならないと思われる．

2つ目は，学校法人のレバレッジ付きフラット為替における損害（解約清算金）に対して説明義務違反（民法上の不法行為と思われる）により販売業者に賠償（過失相殺で2割）を命じた大阪地裁判決[48]である．本判決の結論部分では「原告が学校法人であることに照らすと……本件取引を中途解約する場合の解約料〔解約清算金と同じ：筆者注〕は，為替レート等によっては，10億円を上回ることがあり得る旨説明をしていたならば，原告は，本件取引それ自体を行っていなかったものと認めることができるから，被告は，本件取引全体に関して原告が被った損害を賠償する責任を負う」とある．しかし，学校法人は解約清算金が10億円以上になる可能性を説明していたら本件取引を行っていなかったという仮定の論拠が理解できないし，そもそも解約清算金が10億円以上になる可能性を説明する法的な義務があるのかが判然としない．契約当初における解約清算金の見込み額は，先述のとおり金商法等の説明義務の対象とは解され難く，また，本件契約前交付説明書には解約清算金について「時価の変動によっては，期中での合意解約に際し，受取超となることも，支払超となることもあります」と記載されていたことから，被告販売業者における賠償責任まではないというべきであろう[49]．

（3）　銀行による金利スワップ取引の説明義務に関する最高裁判例

本章1節で述べたとおり，金利スワップ取引が，さまざまな種類のあるデリバティブ取引の中で最も残高が大きい．その金利スワップ取引の説明義務に関する最初の最高裁判例[50][51]についてポイントを述べたい．なお，2つの判例は，判断内容および原審[52]判決内容[53]がほぼ同じものである．

(ア) 原審の判断

本件の対象取引は，被上告人事業会社Y（原審では控訴人）の変動金利建て借入金が多いことから，銀行Xが将来の金利上昇リスクヘッジのために先スタート型金利スワップ取引（契約時点でスタートするスポットスタート型ではなく，数か月以上先時点でスタートする金利スワップ取引で，本取引はY社の固定金利支払・変動金利受取の契約である）を提案し，契約が成立したものである．しかし，金利の受払いがスタートした後も変動金利が上昇せず，支払利息の方が多くなったため，Y社が本支払いを履行しなかったことから訴訟となったものである．

第一審はX銀行の勝訴であったが，原審の福岡高判においては，Y社が将来の金利上昇リスクヘッジのために行った先スタート型金利スワップ取引について，①中途解約時において必要とされるかもしれない清算金の具体的な算定方法，②先スタート型とスポットスタート型の利害得失，③固定金利の水準が金利上昇のリスクをヘッジする効果の点から妥当な範囲にあることについて，説明がなされなかったことから説明義務違反であり，Y社の支払う固定金利が「かなり高い水準」のため「本件金利スワップ契約は，被控訴人銀行に一方的に有利で，控訴人会社に事実上一方的に不利益をもたらすものであって，到底，その契約内容が社会経済上の観点において客観的に正当ないし合理性を有するものとは言えない」として，信義則違反による無効とされたものである（ただし，過失相殺4割）．

(イ) 判決要旨

最高裁は，原審を破棄し，X銀行の勝訴となった．その理由は以下のとおりである．

本件提案書には，本件契約がX銀行（上告人）の承諾なしに中途解約をすることができないものであることに加え，X銀行の承諾を得て中途解約をする場合にはY社（被上告人）が清算金の支払義務を負う可能性があることが明示されていたのであるから，X銀行に，それ以上に，清算金の具体的な算定方法について説明すべき義務があったとはいい難い．また，X銀行は，Y社に対し，先スタート型とスポットスタート型の2種類の金利スワップ取引について，その内容を説明し，Y社は，自ら，当面変動金利の上昇はないと考えて，1年先スタート型の金利スワップ取引を選択したのであるから，X銀行に，それ以上に，先スタート型とスポットスタート型の利害得失について説明すべき義務があったともいえない．さらに，本件取引は上記のような単純な仕組みのものであって，本件契約における

固定金利の水準が妥当な範囲にあるか否かというような事柄は，Y社の自己責任に属すべきものであり，X銀行がY社に対してこれを説明すべき義務があったものとはいえない．そうすると，本件契約締結の際，X銀行が，Y社に対し，①〜③の事項について説明しなかったとしても，X銀行に説明義務違反があったということはできない．

　（ウ）　判決考察

　本最高裁判例は，妥当な結論を導いたものと評価できる．少なくとも企業の行うデリバティブ取引に関して自己責任原則を再確認したものといえよう．内容としては，①〜③を説明義務の対象とするか否かが，原審と反対の結論になっている．①中途解約時において必要とされるかもしれない清算金の具体的な算定方法については，本章2節等で，すでに詳細に述べたので，ここでは，②先スタート型（長期金利の方が高い期間構造のもとでは，スポットスタート型よりも高い金利になり，それは金融機関同士の取引であっても同様である）とスポットスタート型の利害得失，および③固定金利の水準が金利上昇のリスクをヘッジする効果の点から妥当な範囲にあること，について述べたい．

　②については，最高裁の判断のとおり，X銀行はその内容を説明しているため，すでに説明義務が尽くされている．しかし，原審は，先スタート型とスポットスタート型の仕組みの違いだけではなく，提示される金利の数値自体にまで説明義務の範囲を及ぼせることを意図していたのではないだろうか．そうだとすると，③の具体的な金利水準の説明を求めることと重なる．そして，最高裁の判断のとおり，契約条件の「水準が妥当な範囲にあるか否かというような事柄は，Y社の自己責任に属すべきものであり」，必要があれば他の金融機関に相見積もりを依頼すべきものと思われる．

6　デリバティブ取引をめぐる近時の規制強化

　リーマンショック以降，国際金融当局による店頭デリバティブ市場に対する規制強化の動きが明確となった．すなわち，市場インフラに関する規制やいわゆるバーゼル規制（資本規制）の一部が強化されたのである[54]．

（1）　中央清算機関への清算集中取引義務等

　G20のピッツバーグ・サミット（平成21年9月）で，市場の透明性と決済リスク

の低減が求められた．具体的には，標準化された全ての店頭デリバティブ取引は，適当な場合には，取引所または電子取引基盤を通じて取引され，中央清算機関を通じて決済されるべきであり，また，標準化されていない店頭デリバティブ取引も含めて取引情報蓄積機関に報告されるべきであるとされた．我が国でも金商法等の改正により平成24年11月より順次実施されている[55]．

まず，中央清算機関（我が国では，(株)日本証券クリアリング機構）に金融機関同士の一定の店頭デリバティブ取引を集中させること（債務負担行為とされるが，免責的債務引受けおよび債権の発生）によって，カウンターパーティーリスクを軽減する仕組みが導入された（金商法156条の62）．中央清算機関自体のデフォルトリスクが極めて小さくなる仕組みが採られていることや多数当事者間のネッティング[56]（348頁のコラム9-2参照）が事実上可能となるからである．対象となる店頭デリバティブ取引は，取引規模の大きい金融機関同士の一定の金利スワップ取引と「iTraxx Japan」をインデックスとするクレジットデリバティブである（店頭デリバティブ取引等の規制に関する内閣府令（以下「デリバティブ規制府令」という）2条，金融庁告示第60号，(株)日本証券クリアリング機構業務方法書等）．したがって，それ以外の店頭デリバティブ取引が相対取引として残り，後述のとおり証拠金規制の対象になることには注意が必要である．

また，市場の透明性を確保して取引実態の把握ができない不安を市場に招かないために，金融機関は中央清算機関に清算集中される取引以外は，自ら取引情報を当局へ報告するか，取引情報蓄積機関を利用して当局へ報告するかのいずれかをしなければならない（金商法156条の64，デリバティブ規制府令7条・8条・9条）．

さらに，取引実態の透明性の向上を図るため，金融商品取引業者等は，大口等の一定の店頭デリバティブ取引（特定店頭デリバティブ取引）を行う場合，電子取引システムの使用が義務づけられている（金商法40条の7第1項，業府令125条の7）．

（2） 非清算集中取引への証拠金規制

平成23年のG20カンヌ・サミットにおいて，中央清算機関で清算集中されないデリバティブ取引に対して証拠金（変動証拠金および当初証拠金）規制を課すことになった．証拠金とは，市場取引における担保であり，従来から金融機関の間では任意で取引の時価相当額に対応する担保「変動証拠金」(Variation Margin)取引が行われていたが，これを義務化，制度化し，さらに当事者がデフォルトした場合にポジション処理が完了するまでの間の損失をカバーする「当初証拠金」(Initial Margin)を設定するものである．

　金商法では，一定規模以上のデリバティブ取引を行っている金融商品取引業者等を対象として，一定の非清算集中店頭デリバティブ取引について，証拠金の預託を義務づける（平成28年9月開始．業府令123条1項21号の5・6，同条7〜11項．金商法40条2号関連）．さらにリスク管理の向上を図る観点から，監督指針（たとえば，主要行向け監督指針 III-2-3-2-1-2(12)）により，業府令で対象とならない金融機関を含む全ての金融機関に対し，金融機関等との非清算集中店頭デリバティブ取引の変動証拠金授受に関する態勢整備を促すこととされている（平成29年3月適用）．

　なお，当初証拠金に関しては，受領者がデフォルトした場合に預託者に返還されるように信託等による分別管理が義務付けられている（業府令123条21号の6ニ）．このような規定がなければ，担保受領者が民事再生手続開始の申立て等によりデフォルトした際に当該担保についての返還請求権が取戻権や共益債権ではなく，再生債権にすぎないとされる[57]可能性がある．

（3）　バーゼル自己資本比率規制の強化

　バーゼル規制は1988年に日本を含む多くの国における銀行規制として合意されたもので，預金者保護を目的として銀行のデフォルトを予防するために，融資やデリバティブ取引等の取引先のデフォルトによる損失リスクや市場取引で保有する金融商品の価格変動リスク等を計算し，それに見合う自己資本を銀行に要求する規制[58]である．デリバティブ取引についても，従前からカウンターパーティーリスク等に見合う自己資本が必要とされている．

　金融危機では，カウンターパーティーの信用力の悪化等に伴うデリバティブ取引の時価の変動の結果，多額の損失が発生した．しかし，その部分はバーゼル規制の対象になっていなかったことから，カウンターパーティーの信用力の変化に伴うエクスポージャー（CVA: Credit Valuation Adjustments．コラム9-3を参照）の時価変動リスクに対する自己資本賦課の枠組み[59]が導入されている．

　また，カウンターパーティーリスクの計算方法のうち標準的手法についても，金融危機等のストレス的な市場変化等を反映させるための大幅な見直しがされている[60]．

7 おわりに──デリバティブ取引にどう対峙するか

デリバティブ取引は，時々刻々と変化する市場取引に基づくキャッシュフローのやり取りである．金融取引とは，将来のキャッシュフローを契約で移転することであるが，デリバティブ取引は，まさに金融取引の典型例であり，かつデリバティブ取引は金融取引を構成する各要素そのものということができよう．また，本章1(1)で見たように，店頭デリバティブ取引は巨大な残高となっており，これは有用[61]であることの証左といえる．

また，国際的に金融当局や財務当局によって，資本・財務規制，行為規制，市場インフラ規制や会計制度等によって健全化が図られているだけではなく，民間のデリバティブ組織であるISDAが契約書のひな型[62]をつくったり，証拠金の管理等を世界的に共通化させるような手法[63]を整備したりしているように，自主的に制度整備を図っている．ISDAでは，金融危機時にネッティング条項の発動を一時停止すること（預金保険法137条の3，コラム9-2参照）にクロスボーダーで協力する契約対応[64]も行われている．本章1(1)で述べたように，業者間で行われるコンプレッションによるリスク削減も重要である．

以上のことを踏まえると，一部の節度のない業者が推進したような投機的なデリバティブ取引は別として，デリバティブ取引をいたずらに危険視したり，抑制したりするのではなく，適切な利用を促進することが企業活動や経済発展に有益と考えられよう．

（福島良治）

---

1) ISDA Research Note-December 2016.
2) 日本銀行「時系列統計データ検索サイト／民間金融機関の資産・負債(FA)」参照．
3) 日本銀行「デリバティブ取引に関する定例市場報告」の調査結果（平成28年12月末）：（平成29年3月10日）．
4) 平成28年2月19日金融法委員会「マイナス金利の導入に伴って生ずる契約解釈上の問題に対する考え方の整理」および平成28年2月23日金融法委員会「マイナス金利の導入に伴って生ずる契約解釈上の問題に対する考え方の整理」の一部訂正について．
5) 詳しい計算方法は，杉本浩一＝福島良治＝若林公子・スワップ取引のすべて（金融財政事情研究会，第5版，2016)第3章参照．
6) 財団法人財務会計基準機構・企業会計基準委員会「平成20年10月28日実務対応報告第25号金融資産の時価の算定に関する実務上の取扱い」参照．
7) 詳細は，福島良治「店頭デリバティブ取引を取り巻く近時の変化と法務的論点──解約清算金に関する説明義務ほか」金融法務事情1961号(2013)53頁参照(同・デリバティブ取引の法務(金

融財政事情研究会, 第5版, 2016)30頁所収).
8) International Swaps and Derivatives Association, Inc.
9) ISDAマスター契約書(ISDA 2002 MASTER AGREEMENT等).
10) 新堂幸司「スワップ取引の法的検討(上)(下)」NBL 523号6頁・524号12頁(1993), 同「金融派生商品取引の倒産法的検討(上)(下)」NBL 552号6頁・553号13頁(1994), 神田秀樹「ネッティングの法的性質と倒産法をめぐる問題点」金融法務事情1386号(1994)7頁, 和仁亮裕＝野本修「スワップ契約とネッティング」同号50頁等参照.
11) 東京地判平成7年11月6日金融法務事情1455号49頁.
12) 東京高判平成9年5月28日金融法務事情1499号32頁.
13) 道垣内弘人「スワップ契約の債務不履行を原因とする解除と損害賠償をめぐる問題点」金融法務事情1471号(1997)80頁.
14) 東京高判平成25年4月17日判例時報2250号14頁. これを批判するものとして, 和仁亮裕「期限前終了したISDAマスター契約に基づくデリバティブ取引の損害の範囲及び損害の算定基準日」判例時報2271号(2015)156頁.
15) この状況に関して批判的なものとして, Carver, Laurie, "Quants call for ISDA to clarify close-out values," *Risk magazine*, (11 December 2011)等がある. http://www.risk.net/risk-magazine/news/2131406/quants-isda-clarify-close-values
16) たとえば, 非破綻当事者が正の清算価値(理論時価)を持つ場合に, 破綻当事者のCVAを差し引いた債権金額を請求することには疑問がある. 融資の債務者が倒産した場合に, 債権者である金融機関が事前に計上している引当金を, 当該融資残高から控除して債権金額として請求することなどないのと同じであるからである. しかし, 非破綻当事者と新たに契約を結ぶ(または結ぶと仮定する)第三者が再構築コストを計算する場合, 当該第三者は破綻当事者と直接の牽連性がないので, 破綻当事者のCVAは考慮されない. ただし, この場合の再構築コスト(非破綻当事者から第三者への支払)には, 非破綻当事者のCVA(これを勘案すると非破綻当事者に有利に働く)と第三者のCVA(計算当事者からみたCVAをDVA(Debt Value Adjustment)という. これを勘案すると, 非破綻当事者に不利に働く)が勘案されると思われる. これでは, 破綻当事者ではない再構築を依頼する第三者の信用状況によって金額が変わってしまうため, その選択が重要になる. このような取扱いは, 事前に契約書で了解し合っていればよいともいえようが, 本当にこういった再構築コストを破綻当事者に請求することを認めることが妥当なのかどうかは判然としない.
17) 金商法24条の4の4, 財務計算に関する書類その他の情報の適正性を確保するための体制に関する内閣府令1条4項に基づく「財務報告に係る内部統制の評価及び監査に関する基準」を実務に適用する「財務報告に係る内部統制の評価及び監査に関する実施基準」(2007)II2(2)②ロaで, デリバティブ取引は, 財務報告の重要な事項の虚偽記載に結びつきやすい事業上のリスクを有する事業または業務に係る業務プロセスとして評価対象に含めることを検討することが留意点として挙げられている.
18) 第二審東京高判平成20年5月21日金融・商事判例1293号12頁, 最二小決平成22年12月3日資料版商事法務323号11頁も同旨. 解説として, 福島良治「資金運用を目的としたデリバティブ取引に関する会社の内部統制——運用失敗による株主代表訴訟事例を参考に」金融法務事情1763号(2006)25頁(同・企業価値向上のデリバティブ——リスクヘッジを超えて(金融財政事情研究会, 2015)155頁以下所収).
19) 株価プットオプションの売り取引とは, たとえば, 日経平均225を取引指標, 権利行使価格(ストライクレート)を12千円とした場合, 当該取引の終了日に日経平均225が, このストライクレートを下回った(たとえば10千円になった)場合, その差額(2千円)を支払う義務が生じるという取引である(図表10参照)が, そういったリスクの対価として取引の当初にプレミアム(オプション料)をもらえるというものである. 株価上昇期待がある環境では, 利益獲得のための取引としてよく見られる. 期日における支払金額の算式例は, 次のとおり.
　　支払金額＝想定元本×(ストライクレート－取引終了日の日経平均225)/ストライクレート(ただし, 正の値)
　　他方, 受取プレミアムはオプション算定モデルにより算出される.

20) 大阪地判平成 12 年 9 月 20 日商事法務 1573 号 4 頁.
21) 岩原紳作「大和銀行代表訴訟事件一審判決と代表訴訟制度改正問題(上)・(下)」商事法務 1576 号 4 頁・1577 号 4 頁(2000).
22) 企業会計審議会「第 3 回内部統制部会会議録」(2005)2 頁の八田進二部会長発言. http://www.fsa.go.jp/singi/singi_kigyou/gijiroku/naibu/20050310_naibu.pdf
23) 前掲注 20)大阪地判平成 12 年 9 月 20 日.
24) 東京証券取引所有価証券上場規程の 2015 年制定別添「コーポレートガバナンス・コード」原則 4-3 補充原則 4-3 ②参照.
25) 前掲注 17)参照.
26) 平成 11 年 1 月企業会計審議会「金融商品に係る会計基準」(平成 19 年 8 月,企業会計基準委員会／企業会計基準 10 号「金融商品に関する会計基準」に改正(以下「金融商品会計基準」という).金商法(旧証券取引法)5 条,財務諸表等規則 1 条を根拠規定とする)および日本公認会計士協会作成の会計制度委員会報告第 14 号平成 12 年 1 月,同 18 年 4 月改正「金融商品会計に関する実務指針」.
27) たとえば,最一小判平成 25 年 3 月 7 日金融法務事情 1973 号 94 頁等.
28) 日本銀行金融研究所・新版わが国の金融制度(日本銀行金融研究所,1995)1 頁.
29) 大蔵省「新しい金融の流れに関する懇談会の論点整理」1998 年.
30) ワラント等の証券投資関係の損失事件が多発したことによる.山下友信「証券投資の勧誘と説明義務」金融法務事情 1407 号(1995)28 頁.
31) 松尾直彦＝松本圭介「金融商品取引法制の政令・内閣府令等の概要」商事法務 1807 号(2007) 35 頁,同・実務論点 金融商品取引法(金融財政事情研究会,2008)158 頁.
32) 松尾直彦＝松本圭介・前掲注 31)論文および実務論点 159 頁.
33) 松尾直彦＝松本圭介・前掲注 31)実務論点 44 頁参照.
34) 東京高判平成 15 年 4 月 22 日民集 59 巻 6 号 1510 頁.
35) 池田和世「金融商品販売法の改正の概要」金融法務事情 1779 号(2006)54 頁(松尾直彦＝池田和世・逐条解説／新金融商品販売法(金融財政事情研究会,2008)126 頁以下所収).
36) 詳細は,金融法学会第 29 回大会資料〔シンポジウム〕特集「デリバティブ取引の現状と課題」金融法務事情 1951 号(2012)における,森下哲朗「デリバティブ商品の販売に関する法規制の在り方」6 頁,本杉明義「金融 ADR の現状と今後の課題——為替デリバティブ取引の問題点を踏まえて」22 頁,和仁亮裕「デリバティブ取引と紛争解決」,松尾直彦「店頭デリバティブ取引等の投資勧誘の在り方——「悪玉論」への疑問」金融法務事情 1939 号(2012)70 頁,清水俊彦「深刻化する為替デリバティブ問題と紛争解決の現状」週刊金融財政事情 2011・10・17 号 22 頁,森下哲朗＝浅田隆＝上柳敏郎＝神作裕之＝福島良治＝和仁亮裕「座談会 デリバティブ取引に関する裁判例を考える(上)(中)(下)」金融法務事情 1984～1986 号(2013～2014)各 66・44・72 頁,矢尾渉＝中村心＝大野晃宏＝國原徳太郎＝田邉雅孝＝勝山ゆか＝太田匡哉／東京地方裁判所プラクティス委員会第三小委員会「金融商品に係る投資被害の回復に関する訴訟をめぐる諸問題」判例タイムズ 1400 号(2014)5 頁等を参照.
37) しかし,平成 24 年 12 月以降の円安傾向や株式相場の上昇を背景として,件数は激減している(たとえば,平成 25 年度の申立件数 247 件・うちデリバティブ業務 100 件,同 27 年度の申立件数 124 件・うちデリバティブ業務 19 件).全国銀行協会「紛争解決等業務の実施状況」http://www.zenginkyo.or.jp/abstract/adr/conditions/year/
38) ちなみに,前掲注 26)「金融商品に関する会計基準」29 項(注 11)でも,ヘッジ会計適用の要件として「ヘッジ対象とヘッジ手段とのそれぞれに生じる損益が互いに相殺されるか又はヘッジ手段によりヘッジ対象のキャッシュフローが固定されその変動が回避される関係になければならない」としている.
39) 福島良治「金融商品取引法令体制におけるデリバティブ取引の課題整理」金融法務事情 1817 号(2007)8 頁,同・前掲注 7).
40) 金融庁「「金融商品取引法制に関する政令案・内閣府令案等」に対するパブリックコメントの結果等について(コメントの概要及びコメントに対する金融庁の考え方)」(平成 19・7・31)282 頁

57・58.
41) 福島良治・前掲注7).
42) たとえば,「主要行等向けの総合的な監督指針」III-3-3-1-2(2)①イb.
43) 松尾直彦「金融規制法の法源と執行のあり方(1)」金融法務事情1845号(2008)26頁参照.
44) 岩原紳作「金融商品の販売における金融機関の説明義務等に係る監督法的規制」金融法務研究会報告書(24)・金融商品の販売における金融機関の説明義務等(2014)1頁参照.
45) 福島良治・デリバティブ取引の法務(金融財政事情研究会, 第5版, 2016)195頁.
46) 東京地判平成21年3月31日金融法務事情1866号88頁.
47) 松尾直彦「金利スワップ取引の説明義務違反を認めた裁判例──東京地判平21.3.31を契機として」金融法務事情1868号(2009)6頁, 和仁亮裕＝高林径子＝宇波洋介「OPINION──投資家様と説明義務」金融法務事情1873号(2009)1頁, 福島良治「プロ投資家にはどこまでデリバティブ取引を説明すべきか」週刊金融財政事情2009・10・5号15頁参照.
48) 大阪地判平成24年2月24日資料版商事法務337号32頁.
49) 福島良治・前掲注7).
50) 最一小判平成25年3月7日金融法務事情1973号94頁. 評釈として, 吉川純「最近の裁判例からみる適合性原則と説明義務」商事法務2002号(2013)29頁, 青木浩子「ヘッジ目的の金利スワップ契約と銀行の説明義務──最一判平成25・3・7(平成23年(受)第1493号 損害賠償請求事件)の検討」NBL1005号(2013)30頁.
51) 最三小判平成25年3月26日金融法務事情1973号99頁.
52) 福岡高判平成23年4月27日金融・商事判例1369号25頁, 同高判同日判例タイムズ1364号176頁.
53) 原審の評釈として, 青木浩子「ヘッジ目的の金利スワップ契約に関する銀行の説明義務──福岡高判平23.4.27を契機に」金融法務事情1944号(2012)72頁, 松尾直彦「店頭デリバティブ取引に係る時価評価主張への疑問──最一小判平25.3.7を踏まえて」金融法務事情1976号(2013)18頁, 福島良治・前掲注7).
54) 詳しくは, 杉本浩一ほか・前掲注5)第6章, 福島良治・前掲注45)第5・6章参照.
55) 神作裕之「金商法におけるインフラ整備」金融法務事情1951号(2012)44頁等参照.
56) 神田秀樹「デリバティブに関する規制」日本証券経済研究所金融商品取引法研究会研究記録第39号(2012), 同「資本市場法制の現状と課題 デリバティブ取引(その1)──業法上の位置づけと多数当事者ネッティング」月刊資本市場157号(1998)38頁.
57) 東京高判平成22年10月27日金融・商事判例1360号53頁.
58) 我が国での適用については, たとえば, 銀行については「銀行法第十四条の二の規定に基づき, 銀行がその保有する資産等に照らし自己資本の充実の状況が適当であるかどうかを判断するための基準」平成18年金融庁告示第19号による.
59) バーゼル銀行監督委員会(Basel Committee on Banking Supervision)「バーゼルIII：より強靭な銀行および銀行システムのための世界的な規制の枠組み」(2010年12月). なお, 現在見直しが進められている(同「CVAリスクの枠組みの見直し」2015年7月).
60) 2017年適用開始のSA-CCR(Standardised Approach for measuring exposure at default for Counterparty Credit Risk). バーゼル銀行監督委員会「カウンターパーティ信用リスクエクスポージャーの計測に係る標準的手法」最終規則文書(2014年3月), 同テクニカルペーパー(Working Paper No 26)2014年8月参照.
61) 福島良治2015・前掲注18)第2・3章.
62) 前掲注9)参照.
63) ISDA Standard Initial Margin Model for non-cleared derivatives.
64) ISDA Resolution Stay Jurisdictional Modular Protocol など.

第10章　資産運用

1　はじめに

　運用の専門家が，投資家の財産を，投資家に代わって，投資家のために，有価証券等に対する投資として運用する業務を，一般的に運用業(または資産運用業)といい[1]，運用業を営む会社を一般的に運用業者(または運用会社や資産運用会社[2])という．また，運用業者が運用する商品を一般的に運用商品(または資産運用商品)という．

　運用業や運用商品に適用される法律は，投資対象資産の種類，提供するサービスの特性および商品性の違い等により幾つかに分けて制定されているが，基本的には運用業に適用される法律と運用商品に適用される法律の二重構造により組成・取引から運用までの各種ルールが整備されている．

　一方で，このようなルール整備が進んでいるにもかかわらず，さまざまな過去の経緯等から運用商品の中には関係者間の契約関係が複雑でその法的な位置づけが必ずしも明確となっていないものも生じており，投資信託においては，最高裁まで争われるような事案も生じている．

　本章では，まずは各運用業者・運用商品に適用される法令等の概観について述べるとともに，投資信託に関する最高裁判例を紹介し，その原因や課題等について考察し，最後に投資信託に関する最近の判例を紹介する．

2　主な運用商品・運用業者と関連法

　我が国の運用業者の種類としては，主なものとして，保険会社，商品投資顧問会社，投資一任会社，信託銀行，投信委託会社など[3]が挙げられ，各運用業者が行う運用業の種類ごとに適用される法律が整備されている(図表1参照)．

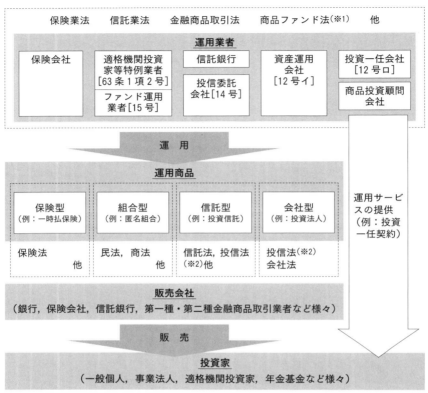

※1：商品投資に係る事業の規制に関する法律
※2：投資信託及び投資法人に関する法律
(注：[ ]内は金融商品取引法の条項号数で，号数のみの表記は同法2条8項の号数．「適格機関投資家」は同法2条3項1号および金融商品取引法第二条に規定する定義に関する内閣府令10条1項を参照．)

図表1　主な運用商品・運用業者と関連法

　たとえば，投資一任会社，資産運用会社，投信委託会社およびファンド運用業者が営む運用業は金融商品取引法に定める投資運用業(28条4項)に該当し，信託銀行が営む運用業は信託業法に定める信託業(2条1項)に該当し，保険会社が営む運用業は保険業法に定める保険業(2条1項)に該当する．これらの業務は，基本的には各々の法律に基づく免許や認可の取得または登録を要するが，適格機関投資家等特定業務についてはいわゆるプロ向けのファンドの自己運用を行う業務であるため，金融商品取引業の登録[4]が免除されており，届出によって営むことができる．各運用業者は，各々が営む運用業に適用される法律が定める行為規制

を遵守して運用を行う義務を負う．言い換えれば，各運用業者は，顧客から任された財産の運用を自己の判断で自由に運用できるものではなく，適用される法律が認める範囲内での運用に制限されている[5]．

なお，投信委託会社が営む投資信託財産の運用業は投資信託委託業といい，投資一任会社が営む運用業に投資一任業務という．金融商品取引法が平成19年9月末に施行される以前は，投資信託委託業に対する行為規制は「投資信託及び投資法人に関する法律」に定められ，投資一任業務に対する行為規制は「有価証券に係る投資顧問業の規制等に関する法律」に定められていたが，金融商品取引法の制定に伴い，いずれの行為規制とも金融商品取引法に移設された[6]．

運用業者が運用する運用商品の種類は，信託型，会社型，組合型，保険型などのタイプに大きく分類される．信託型の運用商品には，投信委託会社が有価証券等で運用する投資信託や信託銀行が金融商品等で運用する合同金銭信託などが挙げられ，会社型の運用商品には，資産運用会社[7]が不動産等で運用する投資法人が挙げられ，組合型の運用商品には，商品投資顧問業者が商品先物等で運用する匿名組合などが挙げられ，保険型の運用商品には生命保険会社が有価証券等で運用する変額保険や一時払終身保険などが挙げられる．

運用商品は，その種類ごとに適用される法律が各々整備されており，たとえば，投資信託には「投資信託及び投資法人に関する法律」などが適用され，合同金銭信託には「信託法」などが適用され，投資法人には「投資信託及び投資法人に関する法律」などが適用され，匿名組合には「商法」などが適用され，変額保険や一時払終身保険には「保険法」などが適用され，各々の法律に基づき組成・運営される．言い換えれば，各運用商品は，運用業者が自由に設計して組成・運営できるものではなく，適用される法律が認める範囲内での組成・運営に制限されている．

以上のとおり，運用業に適用される法律（これを一般的に「業法」という）と運用商品に適用される法律（運用業界ではこれを一般的に「根拠法」と呼ぶ）は多岐にわたっているものの，運用業と運用商品を規制する法律の二重構造により，投資家が運用業者や運用商品そのものを個々に実査することなく，運用を任せかつ運用商品を購入できる投資家保護上の仕組みが整えられている．

3 投資信託の関連当事者と関連する法律

　以下では，運用商品として個人投資家に最も広く普及している投資信託を題材に，運用業者が行う運用とは何か，投資信託の関係者とその役割，その複雑さから生じた裁判事例について考察する．

（1）　投資信託の組成フローと運用

　投資信託のような運用商品は，他の金融商品とは大きく異なる特徴がある．

　それは，投資家が投資信託を購入した後に，運用業者が投資する具体的資産を確定することである．

　有価証券や不動産などに投資しその損益を還元する金融商品としては，投資信託のほかにも，たとえば SPC(Special Purpose Company. 日本語では特別目的会社と呼ぶ)が発行する債券(以下「SPC 債」という)などがある(図表 2・3 参照)．

　いずれも有価証券等に投資しそこから得られた損益を顧客に還元する金融商品ではあるが，SPC 債の場合には，顧客が SPC 債を購入する際に収益の源泉(たとえば，A ビルの賃料債権，B 社を債務者とするローン債権など)が既に確定しているのに対し，投資信託の場合には，顧客が投資信託受益権を購入する際に収益の源泉が確定していない(投資対象資産に関し確定している事項はその種類(例：日本株，国債，国内の不動産など)のみであり，個別銘柄などの具体的資産は確定していない)．

　このような金融商品には，その取得時点において不確定な投資結果(リスク)が存在し，投資家と販売業者間には構造的な情報格差が存在することから，投資家が，自己が取り得るリスクかどうかを適切に判断し購入するためには，投資家が判断するために必要な情報を販売業者が取得勧誘時に提供すること(説明)が必要となる．

　この点，SPC 債の販売業者においては，既に確定している収益の源泉である具体的な投資対象資産固有の情報を詳細に提供することが可能であり，かつ不確定な事項も比較的少ないことから，投資家が取り得るリスクかどうかを判断することは本来的には比較的容易となる(ただし，金融分野における説明とは業者から投資家へのリスクの移転[8])を意味するため，実務上は，説明漏れによりリスクが残ることを懸念し情報の提供漏れを排除したい販売業者に過剰提供の動機が生じてしまい，その結果，SPC 債の目論見書等はかなりのページ数となる傾向がある)．

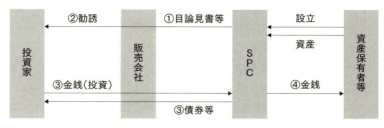

図表2　流動化型スキームのフロー例（SPCの場合）

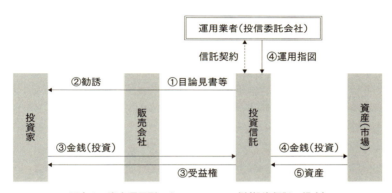

図表3　資産運用型スキームのフロー例（投資信託の場合）

　一方で，投資信託受益権を販売する販売会社（証券会社や銀行など）においては，投資家への取得勧誘時において収益の源泉となる具体的な投資対象資産（個別銘柄）が未だ確定していないため，個別銘柄固有の情報を顧客に提供することができず，投資対象資産の種類（例：日本株，外国株，国債，不動産といった財産の種類）を前提にした一般的な情報しか提供できないこととなり，かつ不確定な事項もSPC債に比べ多いことから，投資家が取り得るリスクかどうかを判断することは比較的難しい．

　販売会社が投資家に提供できない個別銘柄固有の情報に基づくリスクは，投資家が取得時に判断できない代わりに，運用業者が運用開始後に個別銘柄を確定する段階で判断する．このため，投資家が取得時に判断していない個別銘柄固有のリスクは，一見すると投資家に移転しておらず，運用業者がその判断者として投資家に代わって負うようにも見受けられる．

　しかしながら，運用商品とは運用によって生じた利益・損失のいずれもが投資

家に帰属する必要があり（自己責任原則）[9]，また運用業者は運用商品の運用により生じた多額の損失を投資家に対し保証できるだけの財産も保有していないことから，運用業者である投信委託会社は，受託者責任を果たした場合には運用によって生じた損失に対する責任を免ぜられ，その場合の損失は投信委託会社でも販売会社でもなく投資家に帰属する仕組みとなっている．なお，投信委託会社における受託者責任の主なものとしては，顧客のため忠実に投資運用業を行う義務（忠実義務）や善良な管理者の注意を払う義務（善管注意義務）がある[10]．

（2） 投資信託の関連当事者と組成フロー（委託者指図型投資信託の場合）

投資信託は，一の投信委託会社を委託者，一の信託会社等（信託銀行が含まれる．以下同じ）を受託者として締結する信託契約[11]に基づき設定される信託型の運用商品であり，投資信託受益証券の販売は通常は販売会社（第一種金融商品取引業者[12]および登録金融機関[13]）が行う[14]．

投資信託の組成や解約等は，平成19年1月4日に施行された投資信託振替制度[15]への移行の前と後でフローが変更されている．

（ア） 投資信託振替制度への移行前の組成フロー（図表4参照）

投資信託振替制度移行前においては，投資信託の組成は，投資家（組成後は受益者），販売会社，投信委託会社および信託会社等（図表中では信託銀行を表示．他の図表も同様）の4者間における各種行為と金銭の授受により行われた．

通常は，販売会社の取得勧誘を受けた投資家が販売会社に対し投資信託受益証券の取得を申し込むとともに購入代金を販売会社に支払い，販売会社が申込口数の総数を投信委託会社に通知する[16]とともに購入代金の合計額を投信委託会社名義の預金口座に振り込み，投信委託会社が購入代金の合計額を信託会社等に信託することで信託契約を締結し，当該信託によって生じた受益権を表示した受益証券を，投信委託会社が発行し，販売会社を通じて受益者となった投資家に交付するフローとなる．なお，投資信託受益証券は，受益者が自らの手元で保管することも可能であったが，販売会社において保護預かりするケースも多かった．

（イ） 投資信託振替制度への移行前の取引・契約・行為に適用された法律（図表5参照）

投資信託受益証券は旧証券取引法上の有価証券の1つに該当した[17]ため，当該フローにおいて，販売会社が投資家に対し新規発行された投資信託受益証券の取得を勧誘する行為は，旧証券取引法の募集の取扱いまたは私募の取扱いに該当

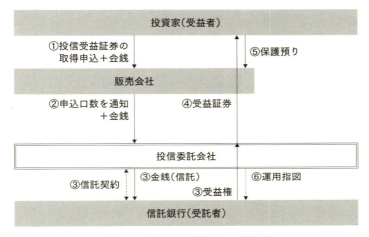

図表4　投資信託振替制度への移行前

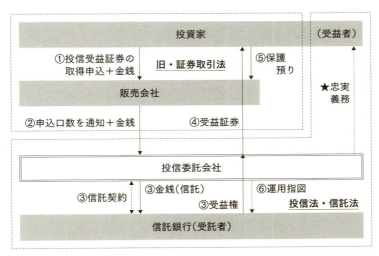

図表5　投資信託振替制度への移行前の取引・契約・行為に適用される法律

し，投資家が当該取得勧誘を受けて取得を申し込みかつ購入代金を支払い，投信委託会社が発行した受益証券を販売会社が交付する一連の行為において，販売会社は旧証券取引法に基づく各種行為規制を遵守する義務を負っていた．

　販売会社からの通知と購入代金の合計額である金銭の振込みを受けた投信委託

会社が当該購入代金合計額を信託会社等に信託する行為，および当該信託により生じた受益権は，信託法上の信託および受益権に該当した．また，信託した財産を投信委託会社が運用する行為は「投資信託及び投資法人に関する法律」に基づく投資信託委託業に該当したため，投信委託会社は同法を遵守した運用を行う義務を負っていた．

以上のとおり，販売会社の投資家に対する取得勧誘行為や金銭および投資信託受益証券の授受は旧証券取引法の適用下にあり，投信委託会社と信託会社等との間における信託行為と金銭の授受，受益権の発生および投資信託財産の運用は，「信託法」と「投資信託及び投資法人に関する法律」の適用下にあった．「投資信託及び投資法人に関する法律」は信託法の特別法と解されていたことから，投資信託の組成・取引から運用にいたる各種行為は，大きくは旧証券取引法と信託法という2つの法律に基づいて行われていた．

（ウ）　投資信託振替制度への移行後の組成フロー（図表6参照）

投資信託振替制度移行後においては，投資信託の組成は，投資家，販売会社，投信委託会社および信託会社等の4者に，証券保管振替機構および口座管理機関（通常は販売会社が兼務）を加えた6者間の各種行為と金銭の授受により行われる．

通常は，販売会社の取得勧誘を受けた投資家が販売会社に対し投資信託受益証券の取得を申し込むとともに購入代金を販売会社に支払い，販売会社が申込口数の総数を投信委託会社に通知する[18]とともに購入代金の合計額を信託会社等名義の預金口座に振り込み，信託会社等が購入代金の合計額を信託勘定に振り替え，かつ投信委託会社が信託会社等との間で信託契約を締結し，当該信託によって生じた投資信託受益権を口座管理機関および証券保管振替機構が各々の振替口座簿に記載することでその帰属先を顧客に確定させるという事務フローとなる．

（エ）　投資信託振替制度への移行後の取引・契約・行為に適用される法律（図表7参照）

投資信託受益権は金融商品取引法上の有価証券とみなされる[19]ため，当該フローにおいて，販売会社が投資家に対し新規発行された投資信託受益権の取得を勧誘する行為は，金融商品取引法上の募集の取扱いまたは私募の取扱いに該当し，投資家が当該取得勧誘を受けて取得を申し込みかつ購入代金を支払い，発行された投資信託受益権を口座管理機関が振替口座簿に記載する一連の行為は，「金融商品取引法」や「社債，株式等の振替に関する法律」上の社債等[20]の振替に該当

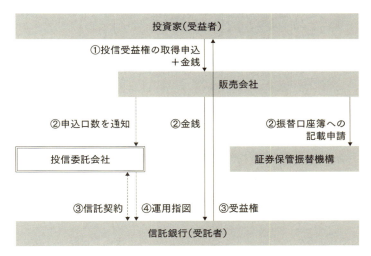

図表6　投資信託振替制度への移行後

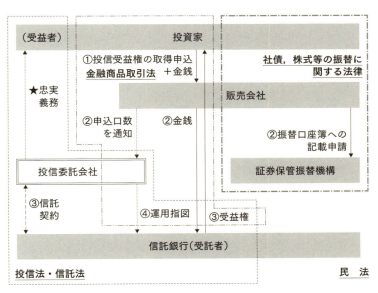

図表7　投資信託振替制度への移行後の取引・契約・行為に適用される法律

し，販売会社はこれらの法律に基づく各種行為規制を遵守する義務を負う．

一方で，販売会社からの通知を受けた投信委託会社が，信託会社等との間で信託契約を締結する行為，かつ当該信託により生じた受益権は，信託法上の信託および受益権に該当する．また，信託された財産を投信委託会社が運用する行為は金融商品取引法に基づく投資運用業に該当し，同法を遵守した運用を行う義務を負う．

以上のとおり，販売会社の投資家に対する取得勧誘行為と金銭の授受は「金融商品取引法」の適用下にあり，投資信託振替制度移行前において旧証券取引法の適用下にあった時と同様の状況にあるが，新たに口座管理機関や証券保管振替機構における各種行為が加わったことで，「社債，株式等の振替に関する法律」の適用部分が生じたこと，および投信委託会社と信託会社等における信託契約の締結と受益権の発生は「信託法」と「投資信託及び投資法人に関する法律」の適用下にあるが，信託財産の運用は「金融商品取引法」の適用下となり，投資信託振替制度移行前の状況(信託財産の運用は信託法の特別法と解されている投資信託及び投資法人に関する法律の適用下であったこと)とは大きく異なっている．ただし，「社債，株式等の振替に関する法律」は「金融商品取引法」上の有価証券の一部を対象としていることから，投資信託の組成から運用にいたる各種行為は，引き続き，「金融商品取引法」と「信託法」という2つの法律に基づいて行われている状況にある．

(3) 投資信託の解約(判例研究)

(ア) 投資信託振替制度への移行前の契約関係と解約フロー例(販売会社が銀行の場合．図表8参照)

投資信託の信託契約は，投信委託会社と信託会社等との間で締結されるため[21]，受益者が保有する投資信託受益証券の口数分について信託契約を一部解約し解約金を受け取りたい場合には，投資信託約款上の規定(記載の例示としては，(3)(イ)(b)「追加型証券投資信託[DKAのMMF(マネー・マネージメント・ファンド)]約款(一部を抜粋)」参照)に基づき，受益者が販売会社を通じて信託契約の当事者の一方である投信委託会社に対し信託契約の一部を解約するよう請求する必要がある．

具体的には，受益者が販売会社に信託契約の一部の解約の実行を請求し，販売会社はこの請求があった投資信託の総口数を投信委託会社に通知し，この通知を受けた投信委託会社が信託会社等との間で信託契約の一部を解約し，信託会社等

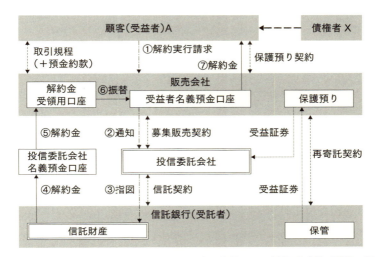

図表 8　投資信託振替制度への移行前の契約関係と解約フロー例（販売会社が銀行の場合）

が当該解約によって信託勘定から支弁された解約金を投信委託会社名義の預金口座に振り替え，投信委託会社が解約金を販売会社名義の預金口座に振り込み，販売会社が解約金を受益者に支払う（または受益者名義の預金口座に振り込むまたは入金する）というフローとなる．

　当該フローを機能させるため，受益者と販売会社間においては取引規程[22]（投資信託の取引に適用させる両者間の契約）や保護預り契約[23]が締結されており（販売会社が銀行の場合には，さらに預金約款が交付される），販売会社と投信委託会社間においては投資信託受益証券の募集等に関する契約[24]（いわゆる募集販売契約）が締結されている．

　なお，後述する投資信託振替制度移行後のフローとの比較において特徴的な部分としては，解約金が信託会社等から販売会社に対し直接振り込まれておらず，投信委託会社名義の預金口座に振り替え，投信委託会社においては当該解約金を一旦自己の財産として計上処理し，そこから支弁し販売会社を通じ受益者に支払っていた点が挙げられる．解約金を投信委託会社が一旦受け取ることから，あたかも投信委託会社が受益者のようにも見受けられ，かつ受益者（投資家）に対し投信委託会社が金銭債務を負っている状況に見受けられるが，これは我が国の投資信託が自益信託から出発[25]したことによる資金フローを引きずっていたことによ

（イ）判例——最一小判平成18年12月14日民集60巻10号3914頁
(a) 事案の概要

上記(ア)のフローおよび契約関係を前提とした事案の判例を紹介する．当該事案の概要は次のとおりである[26]．

Aは，投信委託業者(B)が発行するMMF[27]の受益証券（以下「本件投資信託」という）を販売会社(Y)から購入し保有(Yが保護預り)していた．これに対し，Aの債権者(X)は，Aに対する執行証書に基づき，Yを第三債務者として当該受益証券に係る解約金支払請求権の差押転付命令を得た上で，Yに対する取立債権請求訴訟において本件投資信託の解約実行請求を行い，Yに対して解約金の支払を求めた．

この事案が紛争となった原因や背景事情としては，(a)投資信託財産は名義は受託者ではあるものの実質的には受益者の共有財産であるため，債権者(X)が投資信託の受託者である信託会社等の投資信託財産から直接回収する方法論が確立しておらず，かつ信託会社等は受益者を把握していない状況などから実務上も直接回収が困難と考えられたこと，(b)解約金は信託契約が解約されない限り信託勘定から支弁されないが，信託契約の当事者ではない販売会社(Y)を第三債務者として支払を求めたこと，(c)投資信託約款上では投資信託を解約するためには受益証券の提示が必要と規定され，その受益証券の保護預り契約の当事者は受益者(A)と販売会社(Y)であったが，保護預りされていた受益証券への差押えは行われなかったこと，および(d)販売会社(Y)においては投信委託会社の代理人であるとの認識であったために訴訟の適格性に欠けるとの判断があったことなどの点に加え，(e)MMFは受益証券が交付されない仕組みとなっていた（取引規程上にその旨を規定）ことから，投資信託受益証券の提示行為が実務上行えなかったという，MMFという特殊な投資信託の商品性に起因する点も挙げられる．

(b) 第一審と第二審の判旨

上記(a)の事案の提訴に対し，第一審[28]は，概ね次のように判示した．

Y(販売会社)は，本件投資信託の解約を行う主体ではないものの，X(債権者)からの解約の実行請求を受けた場合には，その解約の意思表示をB(投信委託会社)に対して通知する義務があり，BにおいてもYからの解約指示に対してこ

れを応諾する義務があることから，XのYに対する解約の実行請求により，解約の効果は直ちに生じるものとして，Xの請求を認容した．

このように判示した理由の1つとしては，本件投資信託の約款に次のような記載があることが挙げられる．また，販売会社が受益者から解約の申込みを受けた場合には，投信委託会社に通知することとなっていたことなどから，XのYに対する解約の実行請求により，解約の効果は直ちに生じると判示し，原告の請求を認容した．

追加型証券投資信託［DKAのMMF(マネー・マネージメント・ファンド)］約款（一部を抜粋）
（信託契約の一部解約）
第41条　受益者は，自己の有する受益証券について，委託者に解約の実行の請求をすることができます．
②　委託者は，前項の請求があった場合には，信託契約の一部を解約します．この場合における一部解約の価額は，当該請求受付日の翌営業日の前日の基準価額とします．
④　受益者は，第1項の請求をするときは，委託者または委託者の指定する証券会社および登録金融機関に対し，受益証券をもって行なうものとします．

これに対し，第二審[29]は，概ね次のように判示した．

解約金支払請求権は，本件投資信託に係る信託契約の解約を条件として発生するものであるが，その解約の権限は委託者であるB(投信委託会社)が有するものであること，また，当該信託契約の当事者でないY(販売会社)は受益者に対して同契約の解約に伴う解約金の支払義務をそもそも負うものではないことから，X(債権者)は，本件受益証券に係る解約金支払請求権を差押債権として取得することはできず，差押えの効果として，Bに対して解約の意思表示をすることについても，Yに対して解約の実行請求をすることについても，法律上の権利を有しないとして，Xの請求を棄却した．

このように判示した理由としては，投資信託の解約金は信託契約が解約されなければ信託勘定から支弁されないところ，販売会社は信託契約の当事者ではないことから，適格性に欠けると判断したものである．

このように，第一審は，A(受益者)が投資信託受益証券の取得時に提示された取引規程と投資信託約款に基づけば，X(債権者)が解約実行請求を行えば信託契約の解約の効果は(事実上または契約の構成上)生じるという点に着目し，第二審は，解約代金が生じるためには信託契約の解約が必要なこと，すなわち信託契約の当事者でなければ解約の効果を生じさせることができないことに着目したものである．取引規程は旧証券取引法上の有価証券である投資信託受益証券の取引に係るY(販売会社)とA間の権利義務関係を定めた契約であり，投資信託約款もMMFの目論見書の一部として交付されたものであることから，第一審の着目点は旧証券取引法の適用下にある契約関係を総合的に捉えたものといえ，第二審は，投資信託契約の解約権はB(投信委託会社)が有するとした上で，Bの債権者ではないXが投資信託契約の解約権を行使することはできないという，投資信託の法律関係を分析的に捉えたものともいえる．投資信託の法律関係とは信託法の委託者・受託者・受益者の関係であり，取引規程や目論見書を前提とした契約関係は旧証券取引法の投資家・販売会社・発行者の関係であり，投資信託はこのような2つの法律関係が混在した複雑な仕組みであるが故に，第三債務者がYとB(投信委託会社)(またはMMFの受託銀行)のいずれであるかも不明確な状況となっていた．

(c) 最高裁判例の概要

以上のような第一審と第二審の判断の相違が生じた中で，最高裁は概ね次のように判示した．

　Y(販売会社)とA(受益者)の取引関係を規律する投資信託総合取引規定(以下「本件取引規定」という)に着目し，YがB(投信委託会社)から解約金の交付を受けた場合には，本件取引規定に基づいて，Yはその顧客であるAに対してその解約金を支払うべき義務がある．つまり，Aは，Yに対して，Yが解約金を受領したことという停止条件付きの解約金支払請求権を有するものと判示した．
　その上で，AのYに対する上記条件付き解約金支払請求権を差し押さえた場合には，その取立権の行使として，Yに対して解約実行請求の意思表示を行うことができるとし，かかる意思表示にもかかわらずYが解約実行請求の通

知をBに対して行わなかったことにつき民法130条(条件成就の妨害)の適用可能性があるとして，同条に基づく主張に関する審理を尽くさせるため，原審に差し戻した．

すなわち最高裁は，受益者と販売会社間の取引規程に着目し，解約金を受け取ることを停止条件とする支払義務が販売会社にあると判示した．これにより，債権者の販売会社に対する解約実行請求は有効なものと判断されたが，一方で，販売会社が投信委託会社に解約実行請求に係る通知をしなかったことが条件成就の妨害[30]にあたる可能性があるとして，審理を尽くさせるべく高裁へ差し戻した(その後，本件は高裁で和解が成立した)．

本件訴訟は，投資信託に係る各種契約関係が複雑で，かつ関係者の法的位置づけが必ずしも明確となっておらず，しかもMMFという特殊な投資信託を対象としたことから，第一審と第二審において判示が全く異なることとなったが，最終的に，販売会社が契約当事者となる受益者との契約(取引規程)に基づく支払義務が販売会社にあると最高裁が判示したことは，受益者が契約当事者とはなっていない信託契約やいわゆる募集販売契約を前提として，その債権者が解約金からの回収を図ることは簡単ではないことが容易に想像できることを勘案すれば，債権者や受益者側の目線に立った判示であり，投資信託の未だ不明確な債権債務関係を今後整理する上での一助にもなり得る判決として，投資家保護等の観点からも評価される．

(ウ) 投資信託振替制度への移行後の契約関係と解約フロー例(販売会社が銀行の場合．図表9参照)

投資信託振替制度への移行後も，投資信託の信託契約は，投信委託会社と信託会社等との間で締結されるため，受益者が保有する投資信託受益権の口数分について信託契約を一部解約し解約金を受け取りたい場合には，投資信託約款上の規定に基づき，受益者が販売会社を通じて信託契約の当事者の一方である投信委託会社に対し信託契約の一部を解約するよう請求する必要がある．また，受益者への受益権の権利の帰属は振替口座簿の記載により定まる[31]ため，解約金の支払においてはその抹消が必要となる．

具体的には，受益者が販売会社に信託契約の一部の解約の実行を請求し，販売会社はこの請求があった投資信託の総口数を投信委託会社に通知し[32]，この通知

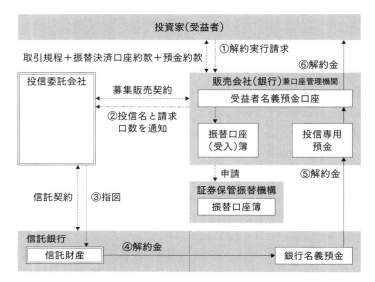

図表 9　投資信託振替制度への移行後の契約関係と解約フロー例（販売会社が銀行の場合）

を受けた投信委託会社が信託会社等との間で信託契約の一部を解約し，信託会社等が当該解約によって信託勘定から支弁された解約金を信託会社等名義の預金口座に振り替え，信託会社等が解約金を販売会社名義の預金口座に振り込み，販売会社が解約金を受益者に支払い（または受益者名義の預金口座に振り込むまたは入金する），他方で口座管理機関が受益者との間の振替決済口座約款[33]に基づき受益者名の振替口座（受入）簿に記載された当該投資信託の口数を解約口数分抹消し，かつ口座管理機関からの申請に基づき証券保管振替機構が口座管理機関名の振替口座簿に記載された当該投資信託の口数を解約口数分抹消するというフローとなる．

当該フローを機能させるため，受益者と販売会社間においては取引規程[34]（投資信託の取引に係る権利義務関係を定める両者間の契約）や振替決済口座約款[35]が締結され（販売会社が銀行の場合には，さらに預金約款が交付される），販売会社と投信委託会社間においては投資信託受益証券の募集等に関する契約[36]（いわゆる募集販売契約）が締結される．

投資信託受益権は前記(2)(エ)に記載のとおり「社債，株式等の振替に関する法律」上の社債等に該当し，その差押え等に関しては最高裁判所規則で定める[37]とされている．民事執行規則においては，差押債権者の振替債等[38]の取立て等に

おける第三債務者を振替債等の発行者と読み替えている[39]ことから，受益者の債権者が投資信託の解約金から回収を図るため差押えを行う際には発行者を第三債務者として行うこととなる．

　振替機関(証券保管振替機構)が投資信託受益権を取り扱う際には発行者の同意[40]が必要となっており，実務上は投信委託会社が当該同意を行っていることから，差押え等の実務上投信委託会社を当該第三債務者とする取扱いが生じている．しかしながら，投信委託会社は，投資信託受益証券の発行者ではある[41]ものの，支払に充てる信託財産を所有しておらずかつ通常の解約フロー上，受託者に対する金銭債権を有しておらず[42]，受益者名さえも把握していない[43]ことから，投信委託会社を同法における投資信託受益権の発行者(第三債務者)とする実務での取扱いは適切ではないと考える．しかしながら，受託者である信託会社等も受益者名を把握しておらずかつ投信委託会社の指図なく支弁できる根拠にも乏しいことから，信託会社等を第三債務者とすることも問題なしとはしない状況にある．このような状況から，現状は，たとえば税務当局においては，投信委託会社を第三債務者として投資信託の解約金を差し押さえるとともに，口座管理機関の振替口座簿も差し押さえ，その上で販売会社(口座管理機関)に対し解約実行請求を行い，通常の解約フローを経て販売会社が得た解約金を受け取り回収するという取扱いが執られている．現状の同意実務を前提にすればやむを得ない取扱いであると考えられるが，関係者の更なる議論のもと，より適切な取扱いとなることが望まれる．

　(エ)　投資信託振替制度への移行後における上記最高裁判決の射程

　当該最高裁判決の事案は，投資信託振替制度への移行前のものではあるが，上記(ウ)のとおり，移行後においても，受益者と販売会社間には取引規程に基づく契約関係が存在し，当該取引規程は移行前も移行後も販売会社と受益者間における投資信託に係る取引についての権利義務関係を明確にする契約であることには変わりがないこと，および解約実行請求を受けて販売会社が投信委託会社に通知し，信託契約が解約されその解約金を販売会社が受け取ることにも変わりがないことから，解約金を受け取ることを停止条件とする支払義務が販売会社にあるとする本最高裁判決の射程は，投資信託振替制度移行後の投資信託受益権においても及ぶものと考えられる．

4 投資信託に関する最近の判例

（1） 最一小判平成 26 年 6 月 5 日民集 68 巻 5 号 462 頁

（a）事案と最高裁判決の概要

上告人（受益者）に対する保証債務履行請求権を取得した被上告銀行（販売会社）が，債権者代位権に基づいて解約実行請求を投信委託会社に行い，信託会社（信託銀行）から解約金を受領した上で，保証債務履行請求権を自働債権，解約金の支払債務を受働債権として相殺したが，当該解約実行請求は被上告銀行が上告人の支払いの停止を知った後にされたものであるから，被上告銀行において同請求権を受働債権とする相殺に対する期待があったとしても，それが合理的なものであるとはいい難いこと，また上告人は，被上告銀行が本件受益権を管理している間も，本件受益権につき原則として自由に他の振替先口座への振替をすることができ，振替られた場合には，被上告銀行が上告人に対して解約金の支払債務を負担することが確実であったということもできない等から，この相殺を許すことは再生債権についての債権者間の公平・平等な扱いを基本原則とする再生手続の趣旨に反するとして，民事再生法 93 条 2 項 2 号にいう「支払の停止があったことを再生債権者が知った時より前に生じた原因」に基づく場合に当たるとはいえない，として本件相殺は許されないと判示した．

（b）補足

投資信託の受益権が誰に帰属するかは，口座管理機関（通常は販売会社が兼務）において投資家ごとに設けられた振替口座簿にその投資信託名や口数等を記載または記録されることにより定まり，これは投資信託振替制度の適用を受ける全ての投資信託[44]の約款に規定されている．

投資信託約款上の記載例
（受益権の帰属）
第●条　この信託の受益権は，平成 19 年 1 月 4 日より，「社債，株式等の振替に関する法律」（以下「社振法」といいます．）の規定の適用を受けることとし，同日以降に追加信託される受益権の帰属は，委託者があらかじめこの投資信託の受益権を取り扱うことについて同意した一の振替機関（社振

法第2条に規定する「口座管理機関」をいい，以下「振替機関」といいます.）及び当該振替機関の下位の口座管理機関（社振法第2条に規定する「口座管理機関」をいい，振替機関を含め，以下「振替機関等」といいます.）の振替口座簿に記載または記録されることにより定まります（以下，振替口座簿に記載または記録されることにより定まる受益権を「振替受益権」といいます.）.

　投資信託は，受益者が転居その他の事情により，自己に帰属する振替受益権の口座管理機関（実質的には兼務する販売会社）をたとえば転居先に近い別の口座管理機関に変更したい場合には，原則として自由にその投資信託を取り扱う別の口座管理機関に振替受益権の管理を移すこと（移管）が可能である．具体的には，受益者が口座管理機関に対し移管の申込みその他の手続きを行う等により，移管前の振替口座簿において移管する振替受益権の記載が抹消され，移管先の口座管理機関の振替口座簿に新たに記載される．

　この裁判では，投資信託においてはこのような移管の仕組みが存在し，上告人は被上告銀行が管理している振替受益権を自由に移管することができるため，被上告銀行が上告人に対して解約金の支払債務を負担することが確実であったとはいえない点にも着目し，本件相殺は許されないと判じたものであり，販売会社は解約金の支払債務を受働債権として相殺するためには，上告人の支払いの停止を知った時より前に質権を設定する等の対応が実務上必要となる．

(2)　東京高判平成27年1月26日金融・商事判例1462号8頁

(a)　事案と高裁判決の概要

　一審被告 Y_1（投信委託会社）を委託者とする投資信託の受益権を一審被告 Y_2（販売会社）の勧誘に応じて購入した一審原告（受益者）が，一審被告らに対し，目論見書の虚偽記載等，あるいは説明義務違反があったとして金融商品取引法17条・18条所定の損害賠償等を求めた事案．

　原審は，一審原告に対して本件投資信託の販売を勧誘し，直接の売買契約関係に立つ一審被告 Y_2（販売会社）は，「本件投資信託の分配金には普通分配金と特別分配金があり，特別分配金は収益を原資とするものではなく元本の一部払戻しに相当するものであること」等についての説明義務を一義的に負うが，一審被告 Y_1（投信委託会社）の作成した目論見書等を使用して説明するのが通常であり，目論見書等の記述が不適切で当該説明が不十分になってしまった場合には，一審被

告 Y₁ も共同不法行為責任を負う，等と判じた．

控訴審は，投資信託の販売において，顧客への説明に関する業務は，投信委託会社が目論見書作成を行い，販売会社が受益証券の募集の際に目論見書の交付を行うという形で分担されるから，本件において説明義務を負う主体は，第一義的には，一審原告に対して本件投資信託の販売を勧誘し，直接の売買契約関係に立つ一審被告 Y₂(販売会社)であり，一審被告 Y₁(投信委託会社)には，特段の事情のないかぎり，信義則上の説明義務を認めることはできない，等と判じた(同年9月16日に一審原告らの上告は棄却)．

(b) 補足

(ア) 投資信託の関係者

投資信託は，投信委託会社と受託銀行が投資信託契約を締結することにより設定されるが，取得勧誘や販売は販売会社が，投資判断や証券会社等への発注等は投信委託会社が，投資信託財産の保管・処分は受託銀行が，投資信託受益権の帰属先の管理は口座管理機関や証券保管振替機構が，各々の業法に基づきそれぞれが役割を担うことで成り立っている．

控訴審では，目論見書の作成と交付という役割が分担されることに着目し，作成を担う投信委託会社には，特段の事情がないかぎり，信義則上の説明義務を認めることはできないとした．

(イ) 分配金の種類

受益者が受け取る投資信託の分配金は，課税される普通分配金と課税されない特別分配金があり，どちらに該当するのかは，受益者ごとの平均取得価額から支払われる分であるかどうかで区分される．この平均取得価額は販売会社が受益者ごとに管理しており，個別元本と呼ばれている(図表10参照)．特別分配金は，個別元本の払戻しであり，当該受益者の収益からの分配ではないため非課税となっており，受益者の実質的な手取り額が減ることがないため，通常，交付目論見書においては，課税により実質的な手取り額に影響する普通分配金への課税のみが記載されており，特別分配金についての記載は省略されている．

他方で，投資信託財産からの分配金は，追加型投資信託の場合，投資信託財産内の収益からだけでなく元本(収益調整金)等からも支払われる．これは，投資信託が追加設定されると，投資信託財産内に蓄えていた収益などの分配原資が希薄化することから，追加信託金の一部を分配原資にできる収益調整金勘定に振替え

図表 10　参考：分配金の種類（追加型投資信託の場合）

ることで，分配水準に与える影響を回避できるようにしたものである．なお，収益調整金からの分配は，受益者の課税の有無が変わるものではないため，受益者の実質的な受取り額には影響しない．

このように投資信託には受益者ごとの個別元本と投資信託財産の元本という 2 種類の元本が存在するが，この事案では，これらの区別・影響と交付目論見書への記載・説明の要否が争点となり，目論見書を作成する一審被告 Y_1（投信委信託会社）は請求目論見書に 2 種類の元本を記載していたこと，一審被告 Y_2（販売会社）は口頭で説明していたこと等から，控訴審は，いずれの一審被告についても原判決の敗訴部分を取り消し，取消に係る部分の一審原告らの一審被告らに対する請求をいずれも棄却した（平成 27 年 9 月 16 日に最高裁は一審原告の上告の棄却を決定）．

（ウ）　虚偽記載のある目論見書等を使用した者の賠償責任

虚偽記載のある目論見書等を「使用した者」の賠償責任は，金融商品取引法 17 条に規定されており，虚偽記載のある目論見書を作成した発行者（投資信託においては投信委託会社）の賠償責任は，同法 18 条 2 項より読み替えられた 1 項に規定されている．

同法 17 条では「誤解を生じさせないために必要な事実の記載が欠けている」目論見書を使用して有価証券を取得させた者は損害を賠償する責めに任ずるとされ，同法 18 条 1 項では「誤解を生じさせないために必要な重要な事実の記載が欠けている」目論見書を作成した発行者は損害を賠償する責めに任ずるとされており（いずれもただし書による例外あり），販売会社と投信委託会社の責任の前提が書き分けられている．

この違いは，平成 16 年の証券取引法改正時に同法 17 条の「誤解を生じさせないために必要な重要な事実の記載」の「重要な」が削除されたことで生じたもので，確かに投資家と直接相対する販売会社と直接相対することがなく一般的な

投資家を想定して目論見書を作成する投信委託会社には立ち位置に違いがあるが，販売会社が「重要な」事実では無い事実までをも目論見書や販売用資料に反映させることは実際には非常に困難との意見も存在する．

なお，金融商品の販売に際しては，信義則(民法1条2項)に基づき，業者から顧客への説明義務がある[45]．説明は，業者から顧客へのリスクの移転でもあり[46]，説明しなければリスクが業者に残る可能性があるが，加えて，説明してもその内容が理解できない顧客に対してはリスクが移転しないため，顧客の購入における自己責任を問うことができず，適合性の原則に反する可能性がある．

金融庁は，投資信託の商品開発，販売，運用，資産管理それぞれに携わる金融機関等が，真に顧客のために行動しているかを検証するとともに，この分野における民間の自主的な取組みを支援することで，フィデューシャリー・デューティー[47]の徹底を図ることを金融行政の目指す姿・重点施策としており，具体的には，投資運用業者には「系列販売会社との間の適切な経営の独立性の確保，顧客の利益に適う商品の組成・運用等」の，販売会社には「顧客本位の販売商品の選定，顧客本位の経営姿勢と整合的な業績評価，商品のリスク特性や各種手数料の透明性の向上，これらを通じた顧客との間の利益相反や情報の非対称性の排除等」の取組を促している．控訴審判決は，投信委託会社や販売会社を含む各関係者が，各々が担う役割から生じる義務の履行を徹底することを改めて示したものともいえ，これは金融庁が目指すフィデューシャリー・デューティーの徹底にもつながるものである．

(村岡佳紀)

---

1) 金融商品取引法29条の登録を受けて投資運用業(同法28条4項)を行う者も含まれる．
2) 一般名としての資産運用会社をいい，「投資信託及び投資法人に関する法律」2条21項において「登録投資法人の委託を受けてその資産の運用に係る業務を行う金融商品取引業者をいう」と定義される資産運用会社も含まれる．
3) この他に不動産投資顧問業なども存在する．
4) 金融商品取引法29条．
5) 証券投資信託は，投資信託財産の5割超を金融商品取引法上の有価証券(同法2条2項各号有価証券を除く)に対する投資として運用することを目的とし(投資信託及び投資法人に関する法律2条4項，同法施行令6条)，有価証券以外の投資信託財産は投資信託の解約金等を適切に用意できるよう，主に流動性や安全性が比較的高い短期金融市場で運用(余資運用)されているが，日銀による平成28年1月29日のマイナス金利政策の導入決定により短期金融市場の一部がマイナス金利となってからは，厳しい運用環境となっている．
6) 「有価証券に係る投資顧問業の規制等に関する法律」は，「金融商品取引法」の施行に伴い廃止されたが，「投資信託及び投資法人に関する法律」は，投資信託約款に関する事項などを引き続き残し存続している．

7) 投資信託及び投資法人に関する法律2条21項において定義される資産運用会社.
8) 金融審議会「金融商品の販売・勧誘ルールの整備について(平成11年12月7日)(ホールセール・リーテイルに関するワーキンググループ報告)別紙 論点整理」1-③において「……「説明すればリスクは移転する」,「説明しなければリスクは移転しない」を基本として……」と記載されている.
9) 金融商品取引法42条の2第6号において,損失補塡や利益供与等が禁じられている.
10) 金融商品取引法42条1項・2項.
11) 投資信託及び投資法人に関する法律3条.
12) 金融商品取引法28条1項の第一種金融商品取引業を行う金融商品取引業者.
13) 金融商品取引法33条の2の登録を受けた金融機関.
14) 投信委託会社が金融商品取引法上の第二種金融商品取引業(28条2項)として販売することも可能.
15) 投資信託受益証券をペーパーレス化して,受益権の発生や消滅,移転をコンピューターシステム上の口座(振替口座簿)の記録により行うもの.
16) 顧客名は通知されない.
17) 旧証券取引法2条1項7号.
18) 顧客名は通知されない.
19) 金融商品取引法2条1項10号・2項柱書.
20) 投資信託の受益権は社債等に該当(社債,株式等の振替に関する法律2条1項8号).
21) 平成29年改正後の民法では定型約款に関する規律が盛り込まれているが(548条の2他),投資信託約款は投信委託会社と受託銀行間でこれを信託契約の内容として締結し受益者を締結当事者としていないため,改正民法がどのように適用されるのか明確となっておらず,今後の整理が待たれることとなる.
22) 名称は販売会社により異なる.
23) 販売会社が銀行の場合には,保護預りした投資信託受益証券を投資信託の受託者である信託銀行に再寄託するケースがあり,当該銀行と信託銀行間で再寄託契約が締結される.
24) 名称は投信委託会社により異なる.
25) 野村證券調査部編・投資信託の實證的研究──その歴史・形式・経営(東洋経済新報社,1942)526頁は,当時の投資信託は自益信託の形式によるとし,同527頁は,受益権の通説を債権説とし,一般投資家に譲渡されるとする.
26) 概要中の表記は判決文と平仄を取っており,投信委託業者は本章の投信委託会社を指す.
27) 日々決算型の追加型投資信託であるマネー・マネージメント・ファンドの略称.
28) 東京地判平成16年3月29日民集60巻10号3929頁.
29) 東京高判平成17年4月28日民集60巻10号3950頁.
30) 民法130条.
31) 社債,株式等の振替に関する法律66条.
32) 受益者名は通知されない.
33) 名称は口座管理機関により異なる.
34) 名称は販売会社により異なる.
35) 名称は口座管理機関により異なる.
36) 名称は投信委託会社により異なる.
37) 社債,株式等の振替に関する法律280条.
38) 民事執行規則150条の3第5項および社債,株式等の振替に関する法律278条1項.
39) 民事執行規則150条の5第4項.
40) 社債,株式等の振替に関する法律13条1項.
41) 投資信託及び投資法人に関する法律2条7項.
42) 投資信託約款上,受託者は解約金等を委託者の指定する預金口座等に払い込む旨が通常規定されているが,委託者は受託者である信託銀行名義の預金口座等を指定しており,受託者が当該指定を受け委託者名義の預金口座等に払い込めるかどうかは必ずしも明確となっていない.

43) 投信委託会社が受益者名の開示を求めても，販売会社は守秘義務から応じていない状況にある．
44) 複数の投資信託の資金を集めて合同運用するための専用の投資信託(親投資信託．マザーファンドとも呼ばれる)については，証券保管振替制度への移行後も例外的に受益証券を発行しており，振替口座簿は設けられない．
45) 「金融商品の販売・勧誘に関する判例等においても，業者が適切な説明を行わないことにより，顧客が損失を被った場合には，信義則(民法1条2項)に基づき，業者から顧客への「説明義務」があるとした上で，この義務が果たされない場合に，不法行為責任(民法709条)による損害賠償責任を認めるという判断が多く見られる．」(金融審議会第一部会「中間整理(第二次)」金融商品の販売・勧誘ルールの整備について(平成11年12月7日)別紙論点整理1. ②)
46) 前掲注8)参照．
47) 「平成27事務年度金融行政方針」(平成27年9月　金融庁)のII-1(1)③において「他者の信任に応えるべく一定の任務を遂行する者が負うべき幅広い様々な役割・責任の総称」と定義．

第11章　社　債

1　公社債の種類と社債発行市場の規模

　実務上,「公社債」, 世の中で「ボンド」と呼ばれるものは, まず発行地によって「国内債」と「外債」に区分される. 国内債は, 発行の主体が公共セクターか, 民間セクターか, 非居住者かにより, 大きく「公共債」,「民間債」,「円建外債」に分けられる.

　公共債は, さらに国が発行する「国債」, 地方公共団体が発行する「地方債」, 特殊会社や独立行政法人等が発行する「政府関係機関債」という3つに大きく分類される.

　一方, 民間債については, 一般的には以下の4種に分類される. 第1に,「普通社債」, これは会社法上の「社債」が中心であり, 一般の事業会社や金融機関のほか, 特別法に基づき発行される電力会社やNTTが発行するボンドを含むものである. 第2に,「転換社債型新株予約権付社債」, 株式に転換する権利がついている社債であり, 会社法上の「新株予約権付社債」がこれにあたる. 第3に,「金融債」, これは特別の法律に基づいて, 一部の金融機関が発行する債券で, たとえば信金中央金庫, 農林中央金庫, 商工組合中央金庫が発行するものが該当する. 第4のカテゴリーは,「ABS(アセット・バックト・セキュリティーズ)」であり, 金銭債権や不動産等の証券化商品が挙げられる.

　「円建外債」については, 国, 金融機関, 事業会社を問わず, 非居住者が日本の市場で円資金を調達するものであり, 通称,「サムライ債」と呼ばれる.

　次に, 本章の説明の中心である「普通社債」のうち, 公募普通社債(後述2(2)(ア)参照)の市場規模であるが, 図表2のとおり, 発行環境に左右される形で概ね6～11兆円の規模で推移している.

　過去の市場規模の推移については, 1988年, 1989年頃には, 公募転換社債が

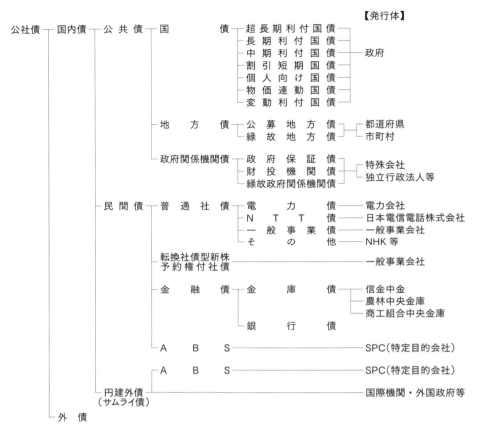

図表1　公社債の種類と発行体

発行の中心であった．この時期は，いわゆる「バブル」の時代であり，株価の上昇期待が高く，株式に転換できる権利を付した社債を発行すれば，発行会社は低い金利で資金を調達できたため，公募転換社債が市場の中心的な商品であった．

これに対し，近年は，株価の上昇期待が「バブル」期に比べ弱くなると同時に，金利が非常に低くなり，株式に転換できる権利を付さなくても，普通社債で低利の資金調達が可能であるため，社債市場は公募普通社債が中心となっている．

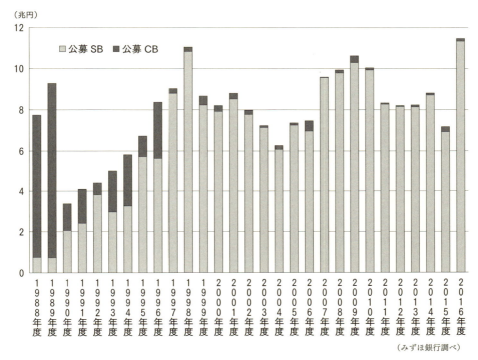

図表2 社債発行市場規模(年度別発行額)

(みずほ銀行調べ)

2 社債発行に関わる主な法律

社債発行に関わる重要な法律としては,定義,発行手続,社債権者保護の手段等を規定する会社法,開示手続(ディスクロージャー手続)を定める金融商品取引法,権利の帰属に関わる「社債,株式等の振替に関する法律」(振替法)の3つが挙げられる.

その他の社債関連法として重要な法律は,社債に担保を付して発行する場合の特別法である「担保付社債信託法」がある.また,発行体の属性による特別法として,①資産を流動化,証券化した際のビークル(特定目的会社)が社債を発行する場合の法律である「資産の流動化に関する法律」(資産流動化法),②投資法人が発行する投資法人債を規定する法律である「投資信託及び投資法人に関する法律」,③ノンバンクが発行する社債について規定する「金融業者の貸付業務のた

① 会社法：定義，発行手続，社債権者保護等
② 金融商品取引法：開示手続（投資家保護：公募／私募）等
③ 振替法：振替制度（有価証券に表示されるべき権利の流通の円滑化）
✓ その他の社債関連法
 • 担保付社債信託法
 • 資産の流動化に関する法律（資産流動化法）
 • 投資信託及び投資法人に関する法律（投信法）
 • 金融業者の貸付業務のための社債の発行等に関する法律（ノンバンク社債法）
 • 電気事業法，日本電信電話株式会社等に関する法律（NTT 法）
 • 旅客鉄道株式会社及び日本貨物鉄道株式会社に関する法律（JR 法）　等

図表 3　社債発行に関わる主な法律

めの社債の発行等に関する法律」（ノンバンク社債法），④電力会社が発行する社債を規定した「電気事業法」，⑤ NTT が発行する社債を規定した「日本電信電話株式会社等に関する法律」（NTT 法）等があり，いずれも頻繁な発行例がある．

（1）　会社法における社債の規律

（ア）　社債の定義

まず，社債の定義であるが，講学上は，「社債とは，通常は，公衆に対する起債によって生じた会社に対する多数に分割された債権であって，それについて通常有価証券（社債券）が発行されるもの」と定義されている[1]．ポイントは，多数に分割されるという「大量性」と，公衆に対して起債するという「公衆性」の 2 点である．

具体例を挙げて述べると，たとえば，日本を代表する優良企業では，1 回の発行で 1,000 億円単位の社債を発行する場合がある．仮にこれを個人向けに販売するときには，通常，1 単位あたり 100 万円で販売されるため，最大で 10 万人の投資家から資金を調達することになる．この 10 万人という大量の投資家（社債権者）の利害をいかに取りまとめていくかが非常に重要となる．この取りまとめの制度として，会社法は「社債管理者」や「社債権者集会」という社債固有の特徴ある制度を設けている．

次に，会社法上の定義であるが，同法 2 条 23 号に「この法律の規定により会社が行う割当てにより発生する当該会社を債務者とする金銭債権であって，第 676 条各号に掲げる事項についての定めに従い償還されるもの」と定められている．ここでは，「割当てにより発生する」と，「会社法第 676 条各号に掲げる事項についての定めに従い償還される」という 2 点がポイントとなる．なお，会

社法676条各号には利率,償還期日,募集社債の総額等の事項が規定されている.

会社法制定前の旧商法では社債の定義規定はなかった.会社法制定時に「社債」の定義を定め,「社債」に該当するものは,法律に基づいた発行手続をとる必要があること,原則として社債管理者を設置する必要があること,社債権者集会の決議によって,その権利内容に事後的な変更が可能であるといった特徴を備えることとし,シンジケート・ローンや,CP(コマーシャルペーパー)等の金融商品とは峻別して取り扱うことが明確になった.

(イ) 社債の発行手続

次に,社債の発行手続であるが,取締役会設置会社の場合,発行に際しては取締役会の普通決議が必要とされている.具体的には,会社法362条4項5号および同法施行規則99条1項において,取締役会が取締役にその決定を委任できない事項として定められている[2].

実務上,取締役会は頻繁に開催されるものではなく,月1回程度の頻度で開かれるのが通常である.一方で,社債は毎日市場価格が変動するため,月1回しか開催されない取締役会で,社債に関わる全ての事項を決議する必要があるとすると,発行会社にとって,有利なタイミングで,機動的に社債を発行できないといったデメリットが生ずる可能性がある.そこで,社債の基本的な条件は取締役会決議によるとの制約を付した上で,その他の一定の事項については取締役への委任を認め,タイムリーな社債発行を可能にすることが,この規定の趣旨である.

具体的に取締役会の決議が求められる事項としては,会社法施行規則99条1項2号で社債の総額の上限,3号で利率の上限等を定めている.換言すれば,社債発行のコストや調達額の上限はあらかじめ取締役会で定めておき,その範囲内で,市場の動向に応じて利率や発行額といった詳細の決定を取締役に委任できる仕組みが用意されている.

以上は社債発行条件の大枠を決める手続であるが,さらに具体的に個別の社債を発行する場合の手続について,図表4を参照しながら説明する.

まず,発行会社は,発行する社債の金額,利率,償還期限等の募集事項を決定する(会社法676条).

次に,発行会社は決定した募集事項を社債の申込みをしようとする者に対して

① 募集事項の決定(676条)：金額，利率，償還期限等
② 申込みをしようとする者に対する通知(677条1項)
③ 申込み(677条2項・3項)
④ 割当て(678条・680条1号) → 募集社債の社債権者に
―上記の外，総額引受契約(679条・680条2号)による方式も存在

図表4　社債の発行手続(募集社債の場合)

通知する(同法677条1項)．この通知は，会社法677条4項に例外の定めがあり，通知に代えて，申込みをしようとする者に対して，目論見書という金融商品取引法13条に基づいて発行会社が作成し，証券会社が投資家を勧誘する際に使用する文書を交付することにより，募集事項を伝達することも可能である．一番頻繁に発行される公募普通社債は，通常，同条に基づく目論見書を交付する．社債は，通常の借入れとは異なり相対の取引ではなく，不特定多数の投資家から資金を集めるという大量・公衆性が特質となっており，そのために多くの投資家に対して，発行会社が資金を集めたい条件を周知させることが必要となるからである．

この通知に基づいて，投資家は社債取得の意思を示す申込みを行い(会社法677条2項・3項)，その申込みを受けて，発行会社が社債の割当てを行う(同法678条)．これにより，社債が成立する(同法680条1号)．

「割当て」とは，たとえば，発行会社が総額100億円の社債を発行したいときに，投資家からの申込み額の合計が120億円あった場合に，発行会社がどの投資家に対してどれだけ取得させ，総額100億円とするかを決める手続である．

このように，社債発行の手続は，発行会社による募集事項決定，投資家に対する通知，投資家による申込み，発行会社による割当てという手順を原則とするが，この他にも会社法679条による総額引受契約方式も存在する．これは投資家が少数である場合や，証券会社が社債全部を引き受けるような場合に用いられる方法である．

図表5は，取締役会における「国内無担保普通社債発行」決議の議事録の参考例である．議事録は，一般的には，議論のやりとりを細かく記載するのではなく，ポイントを絞った内容を記載する．上述のとおり，取締役会決議では「(2)募集社債の総額〇〇億円」，「(5)募集社債の利率の上限　年〇.〇％以下」という制限を付したうえで，「(10)その他」で「利率，償還期限その他本社債の発行に関して必要な一切の事項の決定は，代表取締役に一任するものとする」と定め，取締

```
┌─────────────────────────────────────────────────────────────────┐
│ 第○号議案　国内無担保普通社債発行の件                           │
│ 　議長は，○○資金に充当するため，下記の要領にて国内普通社債を発行することを提案し，│
│ 全員異議無くこれを承認した．                                    │
│                                                                 │
│ (1) 社債の種別　　　　　　　国内無担保普通社債                  │
│ (2) 募集社債の総額　　　　　○○億円                            │
│ (3) 各募集社債の金額　　　　1億円                               │
│ (4) 償還期限　　　　　　　　○年以内                            │
│ (5) 募集社債の利率の上限　　年○.○％以下                       │
│ (6) 償還方法　　　　　　　　満期一括償還                        │
│ (7) 利息の支払方法　　　　　年2回(半年毎)後払い                 │
│ (8) 募集社債の払込金額　　　各募集社債の金額100円につき100円    │
│ (9) 社債等振替法の適用　　　本決議に基づき発行する社債全部について社債，株式等の振替│
│ 　　　　　　　　　　　　　　に関する法律(平成13年法律第75号)の適用を受けることとする．│
│ (10) その他　　　　　　　　　利率，償還期限その他本社債の発行に関して必要な一切の事項│
│ 　　　　　　　　　　　　　　の決定は，代表取締役に一任するものとする．│
└─────────────────────────────────────────────────────────────────┘

**図表5　取締役会決議事項例**

役に社債発行の詳細決定を委任する．

　もう1つ注目すべきは，詳細は後ほど述べるが(2(3))，「(9)社債等振替法の適用」という項目である．振替法の適用を受けるためには，その社債の発行を決定する際に同法の適用を受けることとする旨を定める必要があり(同法66条)，実務では，会社法362条4項5号に基づく取締役会決議において，振替法の適用に関しても決議することが通常である．

　（ウ）　社債の法的性質

　社債の法的性格は，消費貸借契約に類似する無名契約とされる．消費貸借契約との相違点として，①発行会社の申込者に対する「割当て」によって成立すること，②分割払込みが可能であること，③額面未満発行，額面超過発行および額面未満償還，額面超過償還が可能であること等が挙げられる．

　以下では，社債の法的性格および上述した社債発行手続の具体的なイメージを捉えるために，図表6の社債要項に沿って述べる．

　この要項では，「申込期間」(申込期日)は平成28年9月2日，「払込期日」は平成28年9月8日としている．「払込期日」とは，実際に投資家から集めた資金を発行会社に払い込む日をいい，要物契約の場合，この日が契約成立日となる．
```

銘柄	○○株式会社　第○回社債（○○担保付）
記名・無記名の別	―
券面総額又は振替社債の総額(円)	30,000 百万円
各社債の金額(円)	100 万円
発行価額の総額(円)	30,000 百万円
発行価格(円)	各社債の金額 100 円につき金 100 円
利率(％)	年 0.130%
利払日	毎年 3 月 25 日及び 9 月 25 日
利息支払の方法	1 利息支払の方法及び期限 (1) 本社債の利息は，払込期日の翌日から償還期日までこれをつけ，平成 29 年 3 月 25 日を第 1 回の支払期日としてその日までの分を支払い，その後毎年 3 月及び 9 月の各 25 日にその日までの前半か年分を支払う． (2) …… 2 利息の支払場所 ……
償還期限	平成 35 年 9 月 25 日
償還の方法	1 償還金額 　各社債の金額 100 円につき金 100 円 2 償還の方法及び期限 (1) 本社債の元金は，平成 35 年 9 月 25 日にその総額を償還する． (2) …… 3 償還元金の支払場所
募集の方法	一般募集
申込証拠金(円)	各社債の金額 100 円につき金 100 円とし，払込期日に払込金に振替充当する．申込証拠金には利息をつけない．
申込期間	平成 28 年 9 月 2 日
申込取扱場所	別項引受金融商品取引業者の本店及び国内各支店
払込期日	平成 28 年 9 月 8 日
振替機関	株式会社証券保管振替機構 東京都中央区日本橋茅場町二丁目 1 番 1 号
担保	
財務上の特約（担保提供制限）	
財務上の特約（その他の条項）	

図表 6　発行時の募集要項中の主な項目

　これに対して，現在の社債市場の大勢を占める機関投資家向け公募普通社債の場合には，「申込期間」である平成 28 年 9 月 2 日に契約が成立する点に，大きな相違がある．

　具体的には，機関投資家向け公募普通社債の市場慣行としては，上述した会社法上の募集事項の決定・通知，投資家の申込み，発行会社の割当ての全てを同日に行う．この事例では，「申込期間」である平成 28 年 9 月 2 日に一連の手続を完了させることが特徴である．これは，市場の変動に伴うリスクの回避が目的である．

　たとえば，平成 28 年 9 月 1 日と 2 日の両日を申込期間と定め，1 日に 1％ の

金利で社債の募集を開始したが，金融環境の激変により市場全体の金利が上がり，翌日には1.3％が発行条件として適正な金利となってしまった場合，1％の金利の社債は投資家からすれば買いにくくなってしまう．このような市場変動リスクを防止するため，社債発行そのものは申込日に成立させることが実務の通例になっている．ただし，社債発行関係書類の作成，払込資金の準備等さまざまな事務処理に相応の時間を要するため，実際の資金授受，口座管理機関における権利の記録等は「払込期日」である平成28年9月8日に実行する．「申込期間」と「払込期日」との間に一定の間隔を置くことが後述（(3)(ア)）する一般債振替制度の運用ルールとなっている．

なお，社債の法的性格の1つとして，社債払込資金の授受は分割も可能と述べたが，これは本事例のように「払込期日」を9月8日のみではなく，たとえば9月8日と9日の両日とすることも可能であることを意味する．ただ，一般には，手続が煩瑣となることもあり，公募債の実務ではこのような取り扱いは行われていない．

次に，法的性格として注目すべき点は，「発行価格（円）」欄の「各社債の金額100円につき金100円」と，「償還の方法」欄の「1　償還金額　各社債の金額100円につき金100円」の記載である．要物契約の場合には，100円借りたら100円返すことになるが，これに対して，社債の場合，「発行価格」を各社債の金額100円について金101円とすることも金99円とすることも可能であり，一方において，「償還金額」も，各社債の金額100円につき金101円とすることもできれば，99円にもできると解されている．すなわち，たとえば99円を借りて101円を償還することも可能である．前者は額面超過発行もしくは額面未満発行，後者は額面超過償還もしくは額面未満償還と呼ばれるもので，要物契約である借入れとの相違点である．

図表7は，金融機関借入と社債との比較を，法的事項でないものも含め，まとめた表である．概観すれば，「取引の相手方」は，社債の場合，一般的に不特定多数であるのに対し，金融機関借入は相対が原則である．「相手方の属性」は，社債は個人向けからプロ向けまで幅広いのに対し，金融機関借入の場合はプロに限られる．「流動性」についても，社債は有価証券であり，流動性が高く，転々売買される．したがって，投資家から見ると，売却による投下資本の回収が容易という特徴がある．これに対し，金融機関借入は，債権譲渡も可能ではあるが，

	社　債	金融機関借入（シ・ローンを除く）
取引の相手方	不特定多数	相対が原則
相手方の属性	個人からプロまで	金融機関（プロ）
流動性	流動性が高く，売却により投下資本の回収が容易	流動性が低い
契約の当事者	一般に債権者（公募債投資家）は多数	相対取引が原則
法的性質	不特定多数の公衆からの集団的な資金借入を前提とする規定	通常の金銭消費貸借契約

図表7　金融機関借入（民法の典型契約である消費貸借契約）との比較

シンジケート・ローンを除いて流動性は低い．「契約の当事者」は，社債は一般に多数，特に公募債の投資家（社債権者）などは非常に多いが，金融機関借入は数が少ないという違いがある．

（2）　金融商品取引法における社債の規律

以下では，社債発行に関して重要な法律の2番目として，金融商品取引法（金商法）について，公募債・私募債の相違および発行開示の方法に関して述べる．

（ア）　公募債と私募債

公募債，私募債を区別するものは，ディスクロージャー制度（企業内容等の開示制度）と呼ばれる，金商法2章で定められている制度の適用の有無である．ディスクロージャー制度は「多数の投資家を対象とする証券の発行者に，証券並びに発行者に関する情報開示義務を課すことによって，投資家が合理的な投資判断を行うのに必要な情報を得ることができるようにする制度」と定義される．

開示する内容としては，証券の内容である「証券情報」と発行会社関連の事項である「企業情報」が重要であり，開示の仕方としては，「発行時開示」と「流通時開示」の2つに大きく分かれる．

このうち，流通時開示は，有価証券報告書を中心とする開示の制度である．有価証券報告書とは，上場会社等が毎年一度提出するもので，会社の商号，企業集団，経理の状況といった事項を記載したものである．たとえば，投資家が，株式の流通市場で株を買いたい，そのために，どのような財務内容の株式会社が株式を発行しているかを知りたいときに，投資判断の材料を提供するものとして有価証券報告書は利用される．本章では社債発行に関わる事項を中心とするため，流通市場で投資家に利用される継続開示の詳細は省略する．

公募債，私募債の区分は「発行時開示」の要否による．公募債とは，金商法2条3項に定める「有価証券の募集」に該当する社債をいう．ここで言う「有価証券の募集」には，「新たに発行される有価証券の取得の申込みの勧誘のうち，多数の者を相手方として行う場合として，政令が定める場合」等が該当し，次に詳細を述べる「ディスクロージャー制度」の対象となる(同法4条)．

　一方，私募債は「有価証券の私募」に該当する社債で，ディスクロージャー制度の対象外となる．「有価証券の私募」とは，「取得勧誘であつて有価証券の募集に該当しないもの」(金商法2条3項)と定義されている．具体的には3種類あり，第1に，適格機関投資家のみを対象とする私募債，いわゆる「プロ私募」，第2に，特定投資家のみを対象とする私募債，これにはプロおよびそれに準ずる者を対象とするものがある．さらに第3に，50人未満の少人数の投資家のみを対象とする「少人数私募」がある．

　なお，適格機関投資家については，「金融商品取引法第二条に規定する定義に関する内閣府令」10条に定めがあり，金融商品取引業者(いわゆる証券会社)，投資法人，銀行，保険会社等がこれにあたる．

　一方，特定投資家は，金商法2条31項に定義規定があり，適格機関投資家のほか，国，日本銀行，金融商品取引所に上場されている株券の発行者である会社(いわゆる上場会社)などが対象となる．

　ディスクロージャーの要否により公募債と私募債とを区分する規定の背景には，1つは，プロまたはそれに準ずる投資家であれば，投資判断に必要な情報は，自ら収集する能力がある，もう1つは，少人数の投資家であれば，発行会社から相対で必要な情報が行き渡る．プロの投資家や少人数の投資家が相手方であれば，必要な情報は取得できるから，ディスクロージャー制度の適用を強制する必要はないのではないか，したがって，プライベートな形で社債による資金調達をしても構わないという考え方がある．逆に，公募債に関して言えば，不特定多数の投資家を前提にした場合には，発行会社の情報も投資家にはなかなか行き渡りにくいので，発行会社等の内容に関する情報を積極的に開示する必要がある．

　(イ)　発行開示の方法

　上述のとおり，発行時の開示情報は「証券情報」と「企業情報」に大別される．このうち，企業情報の開示の方法により，図表8のとおり，発行開示は4種類に分かれる．

発行開示方法	概要	効力発生	利用適格要件
通常方式 (法5条1項)	証券情報に加え，企業情報の全てを直接届出書に記載	中15日後 (法8条1項)	
組込方式 (法5条3項)	証券情報に加え，有価証券報告書，四半期報告書，半期報告書などの写しを届出書に綴じ込むことで企業情報を開示	中7日後 (法8条3項，ガイドライン8-2①③)	1年間の継続開示 (開示府令9条の3第1項)
参照方式 (法5条4項)	証券情報は記載，企業情報は直近の継続開示書類を参照すべき旨(参照情報)記載	中7日後 (法8条3項，ガイドライン8-2②③)	次の(1)かつ(2)の要件を満たしていること (1)継続開示要件 1年間の継続開示 (法5条4項1号，開示府令9条の4第2項) (2)周知性要件 (一定額以上の株式売買金額，上場時価総額，社債発行総額等) (法5条4項2号，開示府令9条の4第5項)
発行登録方式 (法23条の3・23条の8)	1年間または2年間の発行予定額(開示府令14条の6)，社債の種類および参照情報等を記載した「発行登録書」をあらかじめ提出． 個々の発行ごとに証券情報と参照情報等を記載した「発行登録追補書類」を提出	・発行登録書の効力発生は中7日後(法23条の5，ガイドライン23の5-1) ・「発行登録追補書類」提出日に取得可能 (法23条の8第1項)	

「法」……金融商品取引法，「開示府令」……企業内容等の開示に関する内閣府令，「ガイドライン」……企業内容等の開示に関する留意事項について(企業内容等開示ガイドライン)

図表8 発行開示の方法

第1は，金商法5条1項に基づく「通常方式」による有価証券届出書，第2が同条3項に定める「組込方式」による有価証券届出書，第3が同条4項の「参照方式」による有価証券届出書，第4に，第1から3までの有価証券届出方式とは異なる，同法23条の3等に基づく「発行登録方式」による発行登録書と発行登録追補書類である．

まず「通常方式」による有価証券届出書は，社債発行の条件等に関する証券情報に加えて，法律で定める企業情報の全てを直接有価証券届出書に記載する．金商法5条では有価証券届出書は内閣総理大臣に提出すると規定されているが，実際には紙ベースでの報告書ではなく，EDINETという電子開示手続によることが義務化されている(金商法27条の30の2以下)．この提出後，中15日で有価証券届出書の効力が発生し，社債を募集し，投資家に取得させることが可能になる．

この15日という期間は，開示した情報を周知するための期間と位置づけられる．逆に既に情報が周知のものであれば，この効力発生期間を短縮でき，記載内容も簡素化できるという観点から，他の3方式はより簡便な開示方法となって

いる.

　具体的には,「組込方式」の有価証券届出書は,利用適格要件が1年間の継続開示,すなわち有価証券報告書を1年間継続開示すれば利用可能となっている.この方式では,開示内容として,証券情報は発行する社債の内容を具体的に記載する必要があるが,企業情報は改めて作成せずに,有価証券報告書等を有価証券届出書の中に綴じ込むことにより対応できる.効力の発生期間も中7日に短縮される.

　「参照方式」の有価証券届出書については,企業情報は提出済みの有価証券報告書の提出日等の参照情報を記載すれば足りるとする方式で,利用適格要件としては,上述の1年間継続開示要件に加えて,周知性要件が加わる.これは,株式市場で一定額以上の株式売買金額や上場時価総額がある発行会社に対してディスクロージャーの要件を緩和するもので,株式市場で一定の売買金額や上場時価総額があることは,それだけその会社の株式が市場で取引されており,投資家に企業情報が周知されているという考えに基づくものである.

　一方,「発行登録方式」は,利用適格要件は参照方式と同一の周知性要件を求めるが,提出書類としては発行登録書と発行登録追補書類の2種を必要とする方式である.このうち,発行登録書には,1年ないし2年の期間にどのような種類の社債を総額でどの程度発行するかという証券情報と,有価証券報告書等の参照情報を記載する.この提出により,中7日後から投資家に対する社債の勧誘が可能となる.さらに,参照情報と発行を予定する社債の要項等の証券情報を記載した発行登録追補書類を提出すれば,その提出当日から投資家に社債を取得させることが可能となる仕組みである.

　具体例を挙げれば,たとえば12月14日に,ある会社が今後1年間で1,000億円の社債を発行したいという発行登録書を提出すると,その提出後中7日後から投資家に社債取得の勧誘が可能となる.ただし,取得させることまではできない.その後,当該会社は,市場環境が必ずしも芳しくないために社債の発行を見送っていたが,たとえば翌年の1月5日になり,市場環境が好転し,発行会社・投資家双方にとって望ましい条件で発行ができそうになった場合に,その当日に発行登録追補書類を提出することにより,即座に投資家に対して当該社債を取得させられるというものである.

　これに対して,「参照方式」の有価証券届出書の場合には,翌年1月5日に市

場環境が好転し直ちに社債を発行しようとしても，有価証券届出書の効力発生に中7日間を要するため，直ちに投資家に社債を取得させられないことになる．すなわち，同じ1月5日に社債発行を決めた場合でも，実際に投資家が取得可能となる時期が1週間以上ずれてしまうことで，価格変動リスクを発行会社が負うことになる．したがって，実務上は，社債では発行登録方式によるディスクロージャーが一般的となっている．これに対し株式の場合は，従来からの傾向で言えば，参照方式が一般的のようである．発行登録方式は，1年間または2年間の株式の発行予定額をあらかじめ開示することが義務づけられることから，投資家が株式のダイリューション（希薄化）リスクに過剰に反応し，株価に悪影響を与える懸念があるため，あまり利用されていない．

(3) **振替社債（以下「振替債」という）**

(ア) 一般債振替制度の概要

一般債振替制度は，「社債，株式等の振替に関する法律」（振替法）に基づき，振替機関である(株)証券保管振替機構が中心となって運営されている．この制度は有価証券の不発行を前提として，第1に，権利の帰属は振替口座簿の記録により定まること（振替法66条），第2に，権利の帰属に関わる振替口座簿を，振替機関のみが集中的に管理するのではなくて，投資家の利便性を高めるため，口座管理機関である証券会社，銀行等とともに管理すること，第3に，社債の投資家は，振替機関または口座管理機関に振替口座を開設した上，権利移転は振替口座簿の増額の記録によって行うという3つの特徴がある．

この制度は，統一的な証券決済法制の整備，包括的な証券決済機関の実現，完全ペーパーレス化等を理念とする証券決済制度改革の一環として，2001年に制定された「短期社債等の振替に関する法律」により導入され，社債については2006年1月から採用された．2004年には，株式，投資信託等についても，振替制度の対象に取り込むための法改正が行われ，法律の題名も「社債，株式等の振替に関する法律」に改められ，従来の株券保管振替制度は廃止された．

図表9は，一般債振替制度の仕組みのイメージ図である．この図の振替機関は，現在我が国では証券保管振替機構が担う．このほか，同制度の担い手として口座管理機関A，口座管理機関Bがあるが，これは銀行や証券会社等が担う．

ここでは，流通市場を想定し，投資家の社債取得と権利移転について概説する．具体例として，口座管理機関Aに社債を100万円保有する投資家aが当該社債

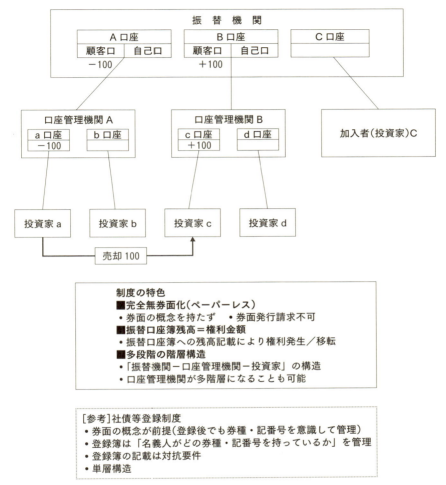

図表9 一般債振替制度の仕組み（イメージ）

について口座管理機関Bに口座を有する投資家cに売却した場合を挙げる．

この場合，投資家aが口座管理機関Aに持つ口座について，Aが100万円減額すると同時に，投資家cが口座管理機関Bに持つcの口座について，Bが100万円増額する．加えて，この口座管理機関Aが振替機関に有するA名義の口座の顧客口について振替機関が100万円減額すると同時に，口座管理機関Bが振替機関に持つB名義の口座の顧客口を振替機関が100万円増額するという形で

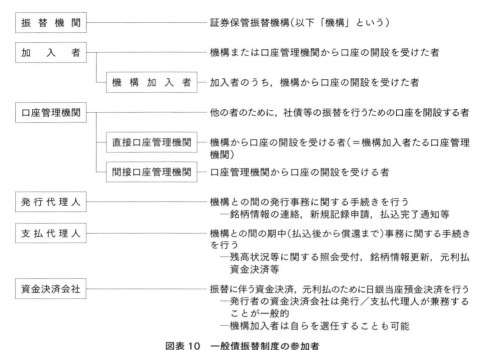

図表 10　一般債振替制度の参加者

連鎖させる．この連鎖により，権利の得喪を全体としてコンピューター上のネットワークとして連動して管理する仕組みが一般債振替制度である．なお，株券の電子化・振替制度も基本的にはこれと同様の仕組みである．

（イ）　流通性向上の手段としての振替債の特質

（a）社債の譲渡と対抗要件

現行の会社法等では，図表 11 のとおり，①記名社債，②無記名社債，③社債券不発行，④振替債と 4 つの社債の形態を定めている．この表は，譲渡の方法，対抗要件，善意取得の有無を比較したものであり，左から右に，記名社債，無記名社債，社債券不発行，振替債の順で，より流動性，流通性が高い形態となっている．

まず，記名社債については，譲渡の方法は社債券の交付であるが，債務者対抗要件は社債原簿の名義書換である．社債原簿は通常は発行会社が備えているため，社債権者は発行会社に社債券を持ち込み，社債原簿上の名義を書き換えなければ

	社債券を発行する場合		社債券不発行の場合	振替債 （社債券不発行）
	記名社債	無記名社債		
譲渡方法	社債券の交付 （会社法687条）	社債券の交付 （会社法687条）	意思表示のみ	口座の増額の記録 （振替法73条）
債務者 対抗要件	社債原簿の名義書換 （会社法688条1項・2項）	社債券の交付 （会社法687条・688条3項）	社債原簿の名義書換 （会社法688条1項）	口座の増額の記録 （振替法73条）
第三者 対抗要件	社債券の交付 （会社法687条・688条2項）	社債券の交付 （会社法687条・688条3項）	社債原簿の名義書換 （会社法688条1項）	口座の増額の記録 （振替法73条）
善意取得	あり（会社法689条）	あり（会社法689条）	なし	あり（振替法77条）

流通性の向上

図表11　社債の譲渡と対抗要件

ならない．実務上はこれに併せ，社債の券面上の名義も書き換える．第三者対抗要件は社債券の交付のみで，善意取得も認められる点で流通性への配慮もあるが，社債原簿，社債券の名義書換にたいへん手間がかかるため，実務上ほとんど使われていない．

　無記名社債については，譲渡の方法，債務者対抗要件，第三者対抗要件のいずれも社債券の交付であり，善意取得制度もあるため，記名社債よりは流通性が高い仕組みであるが，実務上は，社債券のデリバリーに時間やコストを要し，紛失リスクも存する点に難がある．仮に10億円の社債の売買をしたときに，社債券1枚の券面価額が100万円であれば，社債券は1,000枚もの枚数となる．1,000枚のデリバリーのためには相当の事務コストがかかり，リスクもある．このため，現在の社債市場では，無記名社債もあまり使われてはいない．

　会社法制定時に新たに導入された社債券不発行制度については，譲渡の方法は意思表示のみ，社債券のデリバリーに伴うコスト・リスクもないというメリットがある．しかしながら，債務者および第三者対抗要件取得のためには社債原簿の名義書換が必要であり，記名社債と同様，名義書換のために発行会社で手続をする手間があるため，現在まで，ほとんど利用されていない．

　これに対して，振替債は，譲渡も，債務者対抗要件も，第三者対抗要件も，全て口座の増額の記録による（振替法73条）．社債権者は通常，取引金融機関に，振

替法上の口座を開設しているため，社債の取得，売却取引と一体となって取引金融機関との間で手続を進めることができる．そのため，現在の社債市場での取扱いは，ほとんどがこの方式による．

(b) 振替債の善意取得

振替債に関する興味深い制度として，善意取得が認められている点が挙げられる．振替法 76 条に，振替口座簿に記録された者が振替社債の権利者であると推定する旨の規定があり，さらに 77 条に，悪意または重過失がない限り，振替社債についての増額の記録に関する権利を取得するという善意取得の規定が存在する．

具体的に善意取得が想定される場合としては，たとえば投資家 A が 10 億円の社債を保有しており，これを A が投資家 B に譲渡した際に，口座管理機関が 11 億円と間違えて B の口座に記録し，それが転々流通してしまう事例が考えられる．この場合，本来の社債の金額と口座管理機関が記録した金額との差が 1 億円分生じるため，これをいかに取り扱うかが問題となるが，そのために振替法は 3 つの対応を規定している．

第 1 に，1 億円の超過分は，当該口座管理機関等が市場で超過分相当額の社債を取得した上で，債務免除を行う義務がある(振替法 78 条・79 条)．

第 2 に，一方で，発行会社は超過分に対して元利金の支払義務は負わない(振替法 80 条 1 項・81 条 1 項)．振替機関等が債務免除の義務を負うまでは振替機関等が 1 億円の増額分を支払う義務を有する(同法 80 条 2 項・81 条 2 項)．

第 3 に，社債発行会社が万一誤って超過分を支払った場合でも，支払を受けた社債権者側では返還義務は負わず，社債発行会社が当該口座管理機関等に超過分相当額の支払を請求できる(振替法 82 条)．

以上のように，社債券が存在しない場合にも，口座管理機関，振替機関のトラブルやミスに起因する善意取得があり得ることを認め，発行会社や社債権者に迷惑がかからない規定により，制度全体の信頼性を高める工夫を施していることが振替制度の特徴である．

(4) まとめ

(ア) 起債関係者

我が国で最も一般的な振替債による公募普通社債の起債関係者としては，図表 12 および図表 13 のとおり，事業会社等の「発行会社」，金融機関が担う「財務

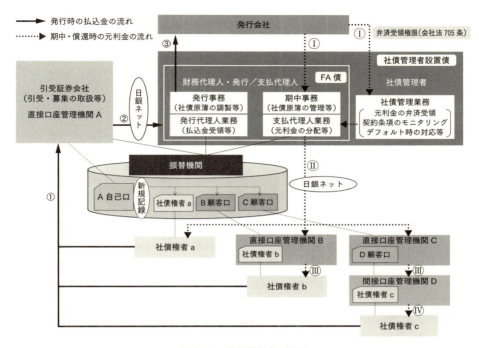

図表12　起債関係者の概要

代理人・発行／支払代理人」および「社債管理者」，国内外の証券会社が担当する「引受証券会社」，証券保管振替機構が担当する「振替機関」，証券会社，銀行，信託銀行等が担う「直接口座管理機関」，「間接口座管理機関」，そして個人や法人等の「社債権者」が挙げられる．

「財務代理人・発行／支払代理人」については，図表13のとおり，さらに社債発行時の事務に関わる「発行事務代行会社」，「発行代理人」，および社債発行後，償還までに関わる「期中事務代行会社」，「支払代理人」の4業務に分かれる．

このうち，発行事務代行会社としての業務は，社債取得を希望する投資家が提出する「申込書」の作成・取りまとめ，法定帳簿である「社債原簿」の調製，引受証券会社を通じて投資家から集めた資金を発行会社に渡す「払込金の交付」業務，契約関係書類等と「有価証券届出書」，「発行登録追補書類」等の発行開示書類の内容照合等，ノウハウが少ない発行会社に代わる事務代行である．

発行代理人業務は，発行会社に代わり，振替機関に対し，新規発行社債の要項

関係者		主な役割等
銀行	社債管理者	・契約条項のモニタリング，債権管理 　（社債権者の保護機能＝社債権者の法定代理人） ・元利金支払基金の請求・弁済受領 ・複数行指定の場合には代表者を定める＝代表社債管理者
	発行事務代行会社	・申込書の作成・取扱 ・社債原簿の調製 ・払込金の交付 ・開示書類のチェック ・各種アドバイス等
	発行代理人	・機構との間で発行に係る手続を行う 　―銘柄情報登録，新規記録申請（承認），発行口記録情報取込・照合，払込確認通知，払込金受領等
	期中事務代行会社	・社債原簿の管理，利子所得税の納付等
	支払代理人	・機構との間で期中（払込後から償還まで）に係る手続を行う ・元利金・元利金支払手数料の取りまとめと分配，銘柄情報の更新，機構からの発行者に係る照会対応 　―元利金支払資金決済，残存状況等に係る照会受付，銘柄情報更新（変動金利の場合等）等
証券会社	引受証券会社	・社債総額の募集を取り扱い，募集残高があった場合の引受責任を負う（残額引受けの場合） 　―複数の幹事証券を中心に引受シンジケート団を組成
銀行 証券会社 信託会社	口座管理機関	・他の者のために，社債等の振替を行うための口座（振替口座）を開設 ・代理受領した元利金を投資家や下位口座管理機関へ分配
振替機関		・振替機関として振替口座簿の集中管理を行う 　―現状，主務大臣の指定を受けているのは株式会社証券保管振替機構のみ

図表 13　起債関係者の主な役割等

や投資家から発行会社への資金払込等の社債発行時の情報等を通知する役割を担う．

　一方，期中事務代行会社，支払代理人は，通常 3 年から 10 年程度の長期にわたる社債発行後償還までの期間について，発行会社に代わり，諸事務を担う．このうち，期中事務代行会社としては，社債原簿の管理（発行会社の名称変更の社債原簿への反映等）や，社債の利子にかかる所得税の納税の取りまとめ業務等を行う．支払代理人としては，社債の発行後償還までの間，振替機関との間での社債発行要項等の変更通知や，償還金・利金の支払取りまとめ，元利払手数料の分配等の業務を担当する．なお，社債管理者については後述する．

引受証券会社は，投資家への勧誘・販売を行うとともに，社債が売れ残った場合等に，これを引き受ける責任を負う．引受けには総額引受けと残額引受けがある．残額引受けとは，たとえば発行会社の社債発行予定額が100億円であるが，投資家への販売額が予定額に足りない80億円の場合に，不足額の20億円は証券会社が取得する引受責任を負うことをいう．

　振替機関，口座管理機関は，上述したとおり，振替法に基づき，社債権者がその有する口座に権利を記録することで権利が保全されるという重要な役割を担う．口座管理機関は銀行，証券会社（金融商品取引業者），信託会社という金融機関が務め，通常，社債権者は，振替機関ではなく，取引金融機関に口座を開設することが多い．このほかに，口座管理機関には，代理受領した償還金・利金を社債権者等へ分配するといった機能がある．

（イ）発行スケジュールと関係法令

　上述の説明を取りまとめ，公募普通社債(FA債・発行登録方式)のスケジュールと法令との関係を表したものが図表14である．FA債については後述(3(1))するが，社債管理者不設置債と呼ばれるもので，現在，公募社債市場で最も多く利用される方式である．

　まず，事前準備として，発行会社は，会社法362条に基づいて，社債発行に係る取締役会決議を行う．実務上は，その際，同時に，振替法66条による，発行社債の全部が振替法の適用を受ける旨を取締役会で決議することが通例である．また，一般債振替制度参加にあたっては，同法13条において制度参加に係る「同意書」の証券保管振替機構宛ての提出義務が発行会社には課されている．さらに，発行会社は，金商法に基づき，発行登録書の提出も要する．なお，発行登録書の提出については取締役会決議は不要である．

　次に「ローンチ日」であるが，上述したとおり，「申込期間」にあたる．公募普通社債の場合，発行会社と引受証券会社が市場環境，投資家動向等を踏まえながら協議をして発行条件を固め，募集要項を確定する．そのうえで，発行会社は，金商法に基づき，発行登録追補書類を提出する．この後，引受証券会社を通じて，投資家に社債を取得させることが可能となる．投資家に対して取得を勧誘する行為に際しては，投資家に対して金融商品取引法に基づく目論見書を配付する．これが，会社法上の申込みにかかる通知にも該当する．これを受けて，投資家が申込みをし，発行会社が割当てをすることにより，ローンチ日に，会社法，金商法

	会社法	金融商品取引法	振替法
事前準備	○社債発行に係る取締役会決議 （362条，施行規則99条）	○発行登録書提出 （23条の3） ・有効期限は1年または2年 　（開示府令14条の6） ・効力発生は提出後中7日後 →社債の勧誘が可能	○一般債振替制度参加に係る「同意書」提出（13条） ・発行代理人，支払代理人等に係る届出 　（一般債振替制度参加に係る届出書） ○発行社債の全部が振替法の適用を受ける旨を決定（66条2号）
ローンチ日 ［L日］	○募集要項（条件）決定 （676条） 申込に係る通知・申込・割当（677条・678条） ○社債関連契約締結	○発行登録追補書類提出 （23条の8） ・投資者に社債を取得させ，または売り付けることが可能	○銘柄情報通知（69条1項 ［発行者：発行代理人］）
資金交付日 （払込日） ［L＋4営業日以降］	○投資家の資金払込＋発行体への資金交付 （社債券の交付）	DVP決済	○振替口座簿の記録 （69条2項） （投資家への権利帰属 （66条）） ○銘柄情報の公示 （87条［保振］）

図表14　公募普通社債（FA債・発行登録方式）発行スケジュールと関係法令

上の手続は完結する．振替法関連では，発行会社は，どのような社債を発行するかに関する通知である「銘柄情報通知」を証券保管振替機構に対して，発行代理人である銀行を通じて提出する．

続いて，「資金交付日」であるが，先述の説明の「払込期日」にあたる．一般債振替制度の基本ルールでは，事務に要する準備期間を考慮し，「ローンチ日」「資金交付日」間は4営業日以上開けることになっている．

社債払込時の実務フローを簡単に述べると，図表12のとおり，まず，投資家は払込日に引受証券会社に資金を振り込む．公募普通社債の場合，通常は多額の引受責任のリスク分散の観点から，引受証券会社は複数存在しており，各証券会社は引受相当額を発行代理人業務を行う銀行に払い込む．発行代理人業務を行う

銀行は社債発行予定額全額の入金を確認のうえ，発行会社に対して資金を交付する．

一方で，投資家の権利を確保するため，引受証券会社が発行代理人に資金を払い込むタイミングで，各投資家が指定する証券保管振替機構または口座管理機関の口座に取得額相当の権利が記録され，債務者対抗要件や第三者対抗要件も備えるという仕組みになっている．この資金交付と振替口座簿への記録が同時に行われることがこの制度の特徴であり，「DVP(デリバリー・バーサス・ペイメント)決済」と呼ぶ．この振替口座簿の記録に加えて，銘柄情報が一般の投資家に対して公示される．

社債発行後の元金，利金の支払については，まず発行会社は支払代理人である銀行に資金を渡す(図表12参照)．銀行は，事前に証券保管振替機構から，どこの口座管理機関に元利金額としていくら支払うべきかという指示を受けており，その指示に基づいて，通常は日銀ネットという決済制度を用いて，投資家の指定する各口座管理機関に対して，指定された金額を入金することにより行う．

3　社債管理者制度と社債権者集会

会社法は，社債管理者制度と社債権者集会制度を設けている．社債権者は一般大衆である場合も少なくなく，その数も多数にのぼり，かつ社債は有価証券化(または振替債化)されてその譲渡性が高められているため，社債権者は変動し得る．そのような社債権者と社債発行会社との利害を合理的に調整するための法的仕組みが，社債管理者制度と社債権者集会制度である．このことは，社債(権者)の団体性と表現されることもある．

> **コラム11-1：社債管理者，社債権者集会，社債権者の個別的権利行使**
>
> 社債管理者は，社債権者のために，法定権限および社債契約において定められた約定権限を行使する．約定権限として，請求による期限の利益喪失条項に係る権限などが付与される場合が多い．なお，法定権限のみならず約定権限もまた法定代理人の権限に含まれるかどうかについては，議論の余地があるが，近時は，それを肯定する見解が有力である．
>
> 社債管理者は，社債の管理に係る一切の裁判上または裁判外の行為をするた

めの権限を有し(会社法705条1項)，社債権者のために裁判上または裁判外の行為をするときは，個別の社債権者の表示を要せず，社債権者の名で行為をすることができる(同法708条)．したがって，社債管理者は，たとえば破綻処理手続において社債の総額について債権届出をすることができ，総社債権者にとって利益となる．他方，社債管理者が特に社債の弁済を受ける権限を有する点などは(同法705条1項)，発行会社にとっても大きなメリットになる．

社債管理者が支払の猶予，その債務の不履行によって生じた責任の免除または和解など所定の行為をする場合には社債権者集会の決議を要し(会社法706条1項)，社債管理者の行為に対して社債権者集会によるコントロールが及ぶ．その他，社債権者集会には，特別代理人選任の申立て，社債管理者の辞任の同意など，会社法に定める権限およびその他の社債権者の利害に関する事項について権限が与えられている(同法716条)．社債権者集会制度は，多数決により団体的意思決定を行い，その決議をもって少数派を拘束することにより，たとえば社債の支払の猶予を決議することにより発行会社の破綻を回避し結果的に当該社債の回収率を上昇させるなど，集団的意思決定によらない場合に生じ得る集合行為問題を回避し，多数決によって総社債権者の利益につながり得る団体的意思決定がされることに期待するものである．しかし，必ずしも合理的な意思決定がされる保証はないので，社債権者集会の決議が効力を生ずるためには裁判所の認可を要し(会社法732条～735条)，社債権者集会の決議の効力は裁判所によるコントロールに服することとされている．

他方，社債権者による個別的な権利行使や，社債と発行会社に対する社債権者の債務の相殺が認められるなど，社債権には個別性が認められる側面もある．担保付社債の受託者が存在する担保付社債について，社債権者は，担保に関する事項を除いてはその権利行使について制限を受けるものではなく，発行会社に対して単独で社債の償還を請求できるとするのが判例の立場である(大判昭和3年11月28日民集7巻1008頁)．また，社債権の個別性は，破綻処理手続が開始された発行会社の債権者集会等において，社債権者集会決議による議決権行使方法についての決議がなされていない場合などにも認められ(ただし，会社更生法190条1項および民事再生法169条の2第1項による制約がある)，最近では，個別に同意した社債権者に対してのみ株式や他の社債権などを対価として社債を償還する(エクスチェンジ・オファー)ことができるか，といった論点が議論されている．　　　　　　　　　　　　　　　　　　　　　　（神作裕之）

(1) 社債管理者

(ア) 概要

(a) 社債管理者の定義と設置義務

社債管理者とは,「発行会社の委託を受けて,社債権者のために,弁済の受領,債権の保全その他の社債の管理を行う者」をいい(会社法702条),その資格は,銀行,信託会社,信用金庫等に限定される(同法703条,同法施行規則170条).

ここで注意すべきは,発行会社と社債管理者とが社債管理契約を締結することにより,発行会社の委託を受けて,社債管理者が社債権者のための代理人になる点である.すなわち,契約は発行会社と社債管理者間で締結するが,社債管理者は契約の結果,社債権者の法定代理人になる.いわば発行会社と社債管理者との間で,社債権者のために第三者のための契約をするという法律構成となることが大きな特徴である.

その理由は,特に個人向け社債等では何万人単位の非常に多数の社債権者が存在しており,その全ての社債権者が,自己の権利の保護を図るために,発行会社と契約することは,社債権者,発行会社ともに困難であり,社債権者の代理人を立てることが実務上メリットがあるためである.すなわち,発行会社にとっても,社債権者にとっても,社債権者が多数であることの不便を解消するために,社債管理者を間に置くことが双方の便宜上有効であるため,この制度が成り立ち得ている.

社債管理者は,会社法上は原則として設置義務がある(同法702条).ただし,2つの例外がある(同条ただし書,会社法施行規則169条).1つは,各社債の金額が1億円以上である場合であり,もう1つは,ある種類の社債の総額を各社債の金額の最低額で除して得た数が50未満の場合である.具体例を挙げれば,20億円の社債を発行し,社債の単位を5,000万円に設定したといった場合,20億円÷5,000万円=40となり,社債管理者の設置は任意となる.これは,公募債と私募債の区別に関する考え方と類似するが,会社法は,1億円単位で社債を購入し得るプロやそれに準ずる投資家が社債権者になる場合や社債権者の数が少ない場合には,社債管理者のような代理人を設置しなくても,社債権者が自己の権利の確保を自ら行い得ると考えているためである.

社債管理者を設置しない場合でも,実務上「財務代理人(FA＝Fiscal Agent)」が置かれて,発行会社に代わってさまざまな事務を代行することが慣行である(2

(4)(ア)).このような社債を「社債管理者不設置債(FA債)」という.ここでのポイントは,FAは,発行会社の任意代理人の立場という点である.先に述べた「社債管理者」は社債権者の法定代理人であり,両者の立場は異なる.すなわち,社債管理者は社債権者のために行動するが,FAは社債権者のためには行動しない.発行会社の業況悪化等により社債償還に支障を来たす場合に,社債管理者は社債権者のために権利保全に必要な一定の行為を行うが,FAは社債権者のためには行動しないため,社債権者自らが発行会社と対峙し,諸々の交渉をする必要がある点に注意を要する.実務上は,後述するとおり,FA債の発行量が圧倒的に多い((イ)(b)図表16).

(b) 社債管理者の権限

社債管理者の権限は,法定権限と約定権限の2つに分類される.

法定権限に関わる規定は多数あるが,基本となる規定は会社法705条1項である.同規定は,社債管理者には,償還・利息の支払等の弁済を受け,または,社債に係る債権の実現を保全するために必要な一切の裁判上・裁判外の行為をする権限があると定めている.

次に代表的な規定は会社法706条であり,社債管理者は社債権者集会の決議に基づき,支払の猶予や,債務不履行に基づく責任の免除,和解,訴訟行為,破産手続に関する一切の行為を行うことができる旨を定めている.この規定は発行会社の業況が悪化した場合を念頭に置いたもので,権限の行使は社債権者集会の決議に基づくことを原則とするが,訴訟行為または破産手続等に関する手続に属する行為は,募集事項として定める(同法676条8号)ことによって,社債権者集会の決議なしに社債管理者が自ら行うことも可能としている.

その他の代表的な規定としては,発行会社の合併や株式移転等の債権者異議手続における異議申述を行う権限を定めた会社法740条2項が挙げられる.ただし,実務上は,同規定における「別段の定め」として,社債管理委託契約において,「社債管理者が異議を申述するには社債権者集会の決議を要する」旨を定め,この権限を放棄していることが多い.

また,発行会社の業務,財産状況を調査する権限を定めた規定もある(同法705条4項).

これに対して,約定権限は,社債管理者と発行会社との間の社債管理委託契約により任意に定められた権限で,たとえば期限の利益の喪失を宣言する権限等が

代表的例として挙げられる.

　実務上は,後述する善管注意義務違反等を問われるリスクを極力小さくするため,社債管理者の権限を狭める傾向にある.社債管理者の業務は金融機関のフィービジネスの1つであるが,発行会社に対しては,会社の業況悪化時にその機能発揮が求められる社債管理業務に支払う手数料を高くは求められないという事情があるため,金融機関としても社債管理者業務に関わるリスクを取り難い状況にある.そのため,社債管理者の権限の内容も極力抑制的なものにせざるを得ないというのが実情である.

　たとえば,会社法740条における債権者異議手続における異議申述については,実際には,社債管理者のフリーハンドな権限行使を可能とせず,社債管理委託契約に社債権者集会の決議を要する旨の規定を付すことが一般的であることは述べた.この規定を設ける理由としては,債権者異議手続が問題になる局面では,M&Aや合併等,社債権者の権利を保全するのに非常に難しい判断が求められることが多く,したがって社債管理者の単独の判断ではなくて,社債権者全体の判断に委ねたほうが適正な判断ができると説明できるが,同時に社債管理者の立場からみれば,善管注意義務違反のリスク等もあり,社債管理者の判断のみに委ねず,権限行使にあたっては社債権者集会の決議を要するという制約を付すことにより責任を軽減するという側面もある.

(c) 社債管理者の義務

　社債管理者の義務については,会社法704条で公平誠実義務と善管注意義務が定められている.公平義務は,社債の管理にあたって多数存在する社債権者を公平に取り扱う義務である.一方,誠実義務とは,自己または第三者の利益と社債権者の利益が相反する場合に,社債管理者が自己または第三者の利益を図って社債権者の利益を害することは許されないという義務である.

　また,社債管理者の責任に関する一般規定としては,社債管理者が会社法または社債権者集会の決議に違反して社債権者に損害を与えた場合,社債管理者は社債権者に対して損害賠償責任を負うことが規定されている(会社法710条1項).

　実務上一番問題になるのは,誠実義務違反と社債管理者の責任についてであり,以下では具体的な判例も参照しながら,多少詳しく述べる.

(イ) 社債管理者の責務と利益相反
(a) 社債管理者と社債権者の利益相反に関する会社法の基本的な考え方

　会社法では社債管理者の資格が銀行・信託銀行等に限定されている中で，実務上は，発行会社はメインバンクを社債管理者に選定することが多い．メインバンクは発行会社と最も親密な関係の金融機関として，発行会社の株式のほか，貸出債権を有することが通例である．

　一方で，社債管理者の立場からすれば，誠実義務を負っている以上，社債権者に損害を与えて，自らの債権の回収・保全を図ることは許されない．

　この点に関し，会社法は，そもそも社債管理者である金融機関において，社債権者の利益と貸出債権者の利益が相反する状況が現れることを想定している．そのため，その回避の手段として，特別代理人の選任(同法707条)，社債管理者の辞任(同法711条)，社債管理者の解任(同法713条)等の規定を設けている．ただし，実務上は，このような規定が利用されることは皆無と言っても過言ではない．

　その理由は，たとえば会社法711条2項の社債管理者辞任の規定についてみれば，社債管理者は約定があれば利益相反状況の際に辞任できるが，後任の社債管理者を見つける必要がある．一般に社債管理者が辞任を望む局面は，発行会社の業況が悪化したため，自らの誠実義務違反を回避して，貸出債権の保全や回収を検討するような場合である．こうしたリスクがある発行会社について，我が国の社債市場では，後任の社債管理者への就任を望む銀行は現れない可能性が高い．結局，メインバンクは利益相反状況を避けられない状況となる．こうした利益相反状況に関して，会社法では，710条1項に加えて，同条2項で利益相反に係る一定の社債管理者の義務違反行為について損害賠償責任を定めている．

　710条2項は，「社債発行会社が社債の償還若しくは利息の支払を怠り，若しくは社債発行会社について支払の停止があった後又はその前3箇月以内に，次に掲げる行為をしたとき」には，挙証責任を転換して，社債管理者に損害賠償責任を認めている．たとえば12月14日に発行会社が社債償還を怠った場合，それより3か月前の9月14日以降，社債管理者が以下のような行為をした場合に損害賠償責任が問われることになる．

　第1は，社債管理者が自ら持つ債権について，発行会社から担保の供与や債務の消滅に関する行為を受けること(1号)．第2は，親子関係がある会社に対して，社債管理者の債権を譲り渡すこと(2号，会社法施行規則171条)．これは，譲

渡により子会社等を通じて担保の供与や債務の消滅を行うことを禁止する趣旨である．第3は，相殺適状の状態を作出して，相殺を行い，実質的に回収すること（3号・4号）．換言すれば，社債管理者自らもしくは子会社等を通じて，支払停止等の後またはその前3か月以内に，相殺も含め実質的に債権の保全や回収を図ることを行った場合に損害賠償責任が問われるとした規定が，会社法710条2項である．

ただし一方で，会社法710条2項には2つの免責要件が定められている．第1は，誠実にすべき社債の管理を怠らなかったこと，第2に，損害が当該行為によって生じたものではない，すなわち因果関係がない場合である．

前者の誠実義務違反に該当しない代表例は「救済融資」である．これは，業況の悪化した発行会社に対して資金を貸し付けるとともに，担保を取る場合等があたる．実際に金融機関が発行会社に資金繰り支援を行い，当該会社の業務を継続させることは，社債権者の立場からみれば，発行会社が倒産せずに業務を継続することによりキャッシュフローを生み出して，社債への投資資金を回収できる可能性が高まるというメリットがあるため，誠実義務違反には該当しないと考えられている．

加えて，「債務の借換え」も挙げられる．発行会社の借入債務の弁済期に，社債管理者である金融機関が当該債務を回収のうえ，さらに貸し付ける場合をいう．この場合，発行会社の資金残高は一定であるため，問題は無いと考えられる．

また同じく前者の例として，発行会社が借入契約上の弁済期にあたる債務を弁済する「約定弁済」がある．ただし，詳しくはここでは触れないが，「約定弁済」の全てが免責事由にあたるわけではないとの説が有力に主張されている．

一方，後者の因果関係が存在しない場合とは，債務の消滅に関する行為がなかったとしても，社債の全部または一部が償還不能となったであろうと認められるようなときである．たとえば，総債権額が総資産よりも多いときは元々資産のほうが少ないため，債権の全額回収は不能だと考えられる．この場合は免責規定に該当するとされる．

この会社法710条2項の趣旨については2つの有力な学説がある．第1は，本項は社債管理者の誠実義務を強化し，因果関係の推定等を行ったものとの考え方である．これは，金融機関は一般に3か月先までであれば取引先の資金繰り状況を把握できるので，2項各号の行為は，近い将来債務不履行に陥ると知りつ

つ利益相反行為を行ったと推定できるのではないかという考え方を前提としている．ただし，実務上，公募債市場で発行するような大企業については3か月先の資金繰りまで金融機関側が完全に把握することは，なかなか難しいようにも思われる．

第2は，破産法上の特定の債権者に対する担保の提供・相殺の禁止（「偏頗行為否認制度」（破産法162条））の規定を強化したものと捉え，破産法で求められる受益者の悪意を3か月間について擬制するという考え方である．否認権の特則という性格を認めるかどうかにより，損害の解釈に影響が及び得る[3]．

(b) 具体的事例

図表15は，みずほ銀行（の前身のみずほコーポレート銀行）が被告となり，株式会社マイカルが発行する社債の社債管理会社（旧商法，現行の社債管理者に該当）として公平誠実義務違反による損害賠償責任を問われた案件である（以下「マイカル訴訟」という）．東京，大阪，名古屋の3か所で，個人投資家が原告となり，各高裁まで争われたが，いずれの高裁とも被告が勝訴した案件である．

マイカルは経営破綻により現在は他の大手流通グループに吸収されたスーパーマーケットである．マイカルは業況が悪化した際に中期経営計画を策定し，2001年2月15日にその内容を発表，その計画の実行にあたって，社債管理会社でもあるメイン行の被告はつなぎ資金として，株式を担保とする当座貸越契約による貸し出しを実行した．当初，その担保形態は担保予約であったが，その後，同年3月から6月にかけて，被告は担保予約対象の株式を順次占有し，8月には，株式の取扱いを正式担保に変更したが，その後1か月も経過しない9月14日に，マイカルは民事再生を申し立てた．この申立て後，社債管理会社である被告は株式担保の担保権を実行して貸出金を回収，これに伴うマイカルの資産減少などもあって，社債権者である個人投資家は元本の20％を回収したのみで，80％が未収となったため，一部の個人投資家から損害賠償請求訴訟が提起されたというのが，この事案の簡単な経緯である．他にもいくつかの論点があったが，ここでは省略する．

この事案のように，担保の形態を担保予約，株式の占有，正式担保といった順で取引先の信用状態に応じて保全レベルを強めていくことは，銀行実務では行われることがある．たとえば，不動産担保の場合には，いきなり本登記とはせずに，取引先から登記関係書類全てを預かるが本登記は行わない場合がある．いつでも

(大阪高判平成 20 年 3 月 28 日，東京高判平成 20 年 10 月 9 日，名古屋高判平成 21 年 5 月 28 日等)

時期	主要イベント	マイカル向け貸出	担保（株式）
2001/2/15	2001 年 1 月 24 日発表の中期経営計画実行にあたり，つなぎ資金として当座貸越契約を締結して貸出を実施．	当座貸越契約締結 貸出実行	担保予約念書
	貸出契約締結にあたり，担保株式につき，マイカルとの間で担保予約念書を締結．		
2001/3/22〜6/11	担保株式の占有開始		占有
2001/8/15 【破綻前3か月】	担保株式の取扱いを変更（担保予約から正式担保へ変更）		正式担保取得
2001/9/14	民事再生申立て（期限の利益喪失）		
	回収	回収	担保権実行

図表 15　マイカル訴訟

登記はできるが登記自体を留保する，これは会社の立場で考えると，担保の登記により登記簿が「汚れる」ことを避けることと，登記費用の負担を回避できるというメリットがある．ただし，業況が悪化したときには，不動産の場合は正式に登記をする．株式の場合でもこのように段階的に保全のレベルを上げていくことになる．

　本件の争点は，社債管理会社の担保取得行為が公平誠実義務違反となり，旧商法 311 条の 2 の損害賠償責任を負うかである．具体的には，以下の 2 点が論点となった．

　第 1 は，本件の株式担保の取得時期が，発行会社の破綻前 3 か月より前か否かである．換言すると，旧商法 311 条の 2(2 項)に規定する「担保の供与」とは何かが論点になった．本件の場合，担保予約，株式の占有，正式担保という形で

> ①社債管理会社が本法又は社債権者集会の決議に違反する行為を為し之に因りて社債権者に損害を生じたるときは其の社債管理会社は社債権者に対し連帯して其の賠償の責に任ず
>
> ②社債管理会社が自己の債権に付社債を発行したる会社より担保の供与又は債務の消滅に関する行為を受けたる場合に於て其の後三月内に其の社債を発行したる会社が社債の償還若は其の利息の支払を怠り又は其の社債を発行したる会社に付支払の停止ありたるときは其の社債管理会社は社債権者に対し損害賠償の責に任ず但し社債管理会社が誠実に為すべき社債の管理を怠らざりしこと又は自己の債権に付担保の供与若は債務の消滅に関する行為を受けずとも社債権者に損害が生ずべかりしことを証明したるときは此の限りに在らず

旧商法 311 条の 2（原文はカタカナ）

保全レベルが強化されていく過程において，「担保の供与」に該当する行為はどの時点であったのかが問題となった．

マイカル訴訟では，東京，大阪，名古屋の各地裁，高裁，合計 6 つの裁判例があるが，この点に関する考え方は分かれた．2 月の担保予約時点で「担保の供与」に該当するという考え方や，株式の占有があれば商事留置権があるため，3〜6 月に行った株式の占有時点で「担保の供与」があったといえるとした判例もあるが，判例の大勢は，正式担保とした時点であると判断するものであった[4]．

第 2 の論点は，マイカルが策定した中期経営計画のつなぎ資金を，社債管理会社である金融機関が担保を付して貸し出したが，結果として当該計画が失敗に終わった場合において，それでもなお，救済融資性が認められるかという問題である．本件の場合，第 1 の論点で，発行会社の担保の供与が破綻前 3 か月以内にあたることになれば，社債管理会社である金融機関としては，旧商法 311 条の 2 ただし書により損害賠償責任が否定されるかが大きな問題となる．

これについては名古屋高裁の判決[5]が，金融機関の実務に携わる者の考え方に近い．

すなわち，基本的には，経済的な窮境に陥った発行会社に対して，社債管理会社が担保を徴求して救済融資を行うことは，自己の債権の優先回収を図ることなどがない限り，原則として発行会社および社債権者にも有利であるから，誠実義務違反には当たらないという考え方である．金融機関が会社の資金繰りを援助することは事業の継続・維持に役立ち，ひいては社債の回収にも通ずるはずであるということである．

実際に，救済融資を行うか否かの判断が必要な局面は，時間や判断材料が限定

	社債管理者設置債		不設置債(FA債)	
	件数(件)	金額(億円)	件数(件)	金額(億円)
14年度	85	32,550	357	54,606
15年度	89	25,430	259	43,982
16年度	139	42,033	398	71,271

(みずほ銀行調べ)

図表16　国内普通社債の社債管理者設置債と不設置債の発行状況

されており，再建計画の内容も，業況の悪い会社の将来のことであるため，性質上，流動的な要素を多く含む．また，再建の予測可能性の評価も必ずしも一様ではないことが多い．さらに，再建の見込みにつきその確度にあまり高度の水準を要求すると，金融機関が救済融資に消極的になり，かえって会社の再建の途を閉ざすおそれがある．したがって，再建に「ある程度の見込み」があれば足り，必ずしも「相当程度確実な見込み」までは要しないとすべきである．本件は，こうした考えをベースに，社債管理会社の行為は救済融資に当たると判断され，社債管理会社の責任を否定したものであり，実務の実感にもなじむものと評価することができる．

　こうした判例を踏まえ，3か月以内に元利払いの債務不履行が生じないと信ずべき理由があれば，誠実義務違反に問われないであろうとする判断を前提に，実務上は，会社の信用力に応じたバロメーターとして定めている金融機関内部の格付けが一定以上であれば，3か月以内には倒産しないと信ずべき合理的な理由があると抗弁できると考え，担保設定や債権回収を行う場合がある．また，そもそも低格付けの発行会社の社債管理者への就任には抑制的な対応をとる傾向にあるのが実情である．

　こうした社債管理者の責務の重さもあり，図表16のとおり，国内普通社債の社債管理者設置債と社債管理者不設置債の発行状況については，2016年では，社債管理者設置債が139件に留まったのに対し，社債管理者不設置債が398件と全体の約74％を占める規模となっている．我が国の社債市場が機関投資家中心で，投資単位1億円以上が一般的であること，また銀行には，誠実義務違反のリスク回避のため，たとえば倒産リスクの少ない高格付け先に絞って社債管理者に就任するという慎重な姿勢になりやすい面があるため，社債管理者不設置債

が多くなる傾向にある．

（2） 社債権者集会

（ア） 概要

社債権者集会は，「社債の種類ごとの社債権者で組織され，法律に規定する事項及び社債契約の内容の変更など社債権者の利害に関する事項について，社債権者の総意を決定するために構成される合議体」と定義される（会社法715条・716条）．「社債の種類ごとの社債権者」と，「社債権者の利害に関する事項」が重要なポイントとなる．

社債権者集会は，発行会社または社債管理者が招集できると定められている（同法717条2項）．社債権者は保有する社債金額に応じて議決権を有するが（同法723条1項），発行会社が有する自己の社債については議決権が認められない（同法723条2項）．決議方法には普通決議と特別決議があり，いずれも定足数はないが，普通決議の対象となる事項は，出席した社債権者の議決権総額の2分の1を超える同意があれば可決される（同法724条1項）．一方，特別決議の対象となる支払猶予，責任免除等（同法706条1項等）については，議決権総額の5分の1以上で，かつ出席した社債権者の議決権総額の3分の2以上の同意で可決される（同法724条2項）．

特別決議における定足数は，会社法施行に伴い廃止された．その背景には，社債権者にとって不利益となる事項を決議するケースが多い社債権者集会にわざわざ出席するインセンティブは乏しい点を踏まえ，定足数要件を廃止することで決議の成立可能性を高めること等があるとされている．一方で，きわめて少数の議決権の同意によって社債の権利内容の変更が可能となる不都合にも配慮し，上述の要件が定められた[6]．これらは，従前の社債権者集会の実情を踏まえ，現実的な解決を図ろうとしているものである．

なお，実際に社債権者集会が開催されるのは，更生手続における更生計画案の決議に際して議決権を行使する場合（会社法706条1項2号）等，ごく限られたケースである．これは，社債権者集会開催には相応の費用や手間がかかることに加え，上述したとおり，発行会社にとっては，社債権者に不利益となる決議事項が多いであろう社債権者集会を開催すること自体が，社債市場における評価に悪影響を及ぼすことを懸念し，開催を極力回避したいとするスタンスになり易いことも背景にあると考えられる．

コラム 11-2：社債の元本減免

　企業の再建の場合などにおいて，社債の元本を減免する必要性が生ずる場合があるが，どのような要件・手続の下でそれを実現できるかについては，必ずしも見解が一致していない．全社債権者の個別的同意があれば，社債の元本の減免が可能であることには異論がない．問題は，社債権者集会の多数決でそれを決定できるかどうかである．支払の猶予や債務不履行によって生じた責任の免除または和解が社債権者集会の決議事項であることについては明文の規定があるのに対し（会社法706条1項1号），社債の元本減免については，明示的な規定がなく，解釈論に委ねられているからである．有力説は，「和解」の内容として，社債の元本減免が可能であるとするが，和解の互譲性の要件を満たしているといえるのか疑問視する見解もある．また，仮に社債権者集会の決議により社債の元本減免を行うことができると解するとしても，社債権者集会決議が効力を生ずるためには，裁判所の認可を要し（会社法734条1項），裁判所が認可をすることができない不認可事由が規定されていることから（会社法733条），それに該当しないことが必要となる．

　平成25年3月に株式会社企業再生支援機構法が改正され，法律の題名も「株式会社地域経済活性化支援機構法」に改められたが，同法において社債の元本減免に関する次のような注目に値する規定が新設された．すなわち，同法34条の2により，社債の元本減免が再生計画に含まれているときは，再生支援対象事業者が機構に対して，減額が一定の基準に該当するかどうか確認を求めることができものとし，社債権者集会の認可の申立てに際し，裁判所は，当該減額が当該再生支援対象事業者の事業の再生に欠くことができないものであることが確認されていることを考慮した上で，不認可事由である「社債権者の一般の利益に反するとき」（会社法733条4号）に該当するかどうか，を判断しなければならないものとされた（株式会社地域経済活性化支援機構法34条の3）．平成25年3月15日に主務大臣より発出された告示（内閣府・総務省・財務省・経済産業省告示第2号）において，上記確認の基準として，次の3点を十分に考慮すべきものとされる．すなわち，第1に，事業の再生のために合理的に必要であること．第2に，確認時点で清算した場合の当該社債の償還すべき金額を，当該減額を行った場合の当該社債の償還すべき金額が下回らないと見込まれること等，当該減額が，当該社債の社債権者にとって経済的合理性を有すると見込まれるものであること．第3に，当該事業再生計画における当該社債に係る債務以外の債務の取扱いとの間の実質的な衡平についても十分に考慮すべきことが定められている．

同様の規定は，事業再生 ADR 制度についても設けられている(産業競争力強化法 56 条・57 条)．
　また，会社法改正を視野に入れた会社法研究会報告書においては，社債権者集会の特別決議により，社債の元利金の全部または一部を免除できる旨の規定を設けることが提案されている(「会社法研究会報告書」第 6 の 2(1))．なお，研究会では，ドイツ法のように，元利金の免除が社債権者集会の権限である旨を社債発行契約において定めておいた場合にのみそれを認めるというオプトイン方式の採用を主張する見解も出された(「同報告書」第 6 の 2(1)補足説明)．

(神作裕之)

(イ)　社債権者集会と株主総会

　図表 17 は，社債権者集会と株主総会の違いをまとめたものである．
　ポイントは，社債権者集会は臨時の決議機関であり，議決権は社債の金額に応じて社債権者が有し，決議の効力発生要件として裁判所の認可が必要である点で，社債権者集会と株主総会は大きく異なるということである．株主総会は必要的機関であり，一株一議決権の原則，決議の効力に裁判所の認可は不要である．
　また，これは実務上の特徴といえるが，「集会／総会の構成」について，社債権者集会は「社債の種類」(会社法 681 条 1 号，同法施行規則 165 条)ごとに別個の社債権者集会を構成するため(同法 715 条)，たとえば電力会社等社債市場での資金調達をメインとする発行会社で，何十本にものぼる社債を発行している場合，全ての社債について社債権者集会を開催するには，その本数分開催しなければならない点が，原則として全株主で 1 つの総会を構成する株主総会とは異なる．社債は，個別の発行ごとにその時々の市場動向を踏まえて異なる利率や償還期限等を定めるケースがほとんどであり，これらが「社債の種類」に該当し，結局，発行している社債は全て種類が異なることとなるからである．

(藪田尚志)

	社債権者集会	株主総会
集会/総会の性格	臨時の決議機関	必要的機関
集会/総会の構成	同じ種類の社債権者ごとに別個の社債権者集会を構成(715条)	原則全株主で1つの総会を構成
決議の執行	執行者・社債管理者が行う(737条)(社債権者集会は意思決定機関に過ぎず,執行権は有しない)	取締役会・代表取締役が行う
議案	法定事項および社債権者の利害に関する事項に限定(716条)	法令・定款所定の事項(取締役会設置会社.295条2項)
議決権	社債の金額に応じる(723条)	1株につき1個の議決権(一株一議決権の原則)(308条1項)
効力発生要件	裁判所の認可を受けて効力が生じる(734条)(決議では効力を生じず)	決議により効力発生
決議の瑕疵	不公正行為の取消しの訴えのみ(865条)	決議取消しの訴え(831条),決議の不存在確認の訴え,無効確認の訴え(830条)

図表17　社債権者集会と株主総会(取締役会設置会社)との比較

---

1) 神田秀樹・法律学講座双書　会社法(弘文堂,第19版,2017)324頁.
2) 指名委員会等設置会社の執行役,または監査等委員会設置会社(取締役の過半数が社外取締役である場合もしくは定款の定めがある場合)の取締役に対しては,全ての事項の決定を委任することができる(会社法416条4項・399条の13第5項・第6項).
3) 議論の状況について詳しくは,江頭憲治郎編・会社法コンメンタール16　社債(商事法務,2010)710条170頁以下〔田澤元章〕参照.
4) 名古屋地判平成19年9月25日証券取引被害判例35巻157頁.控訴審である名古屋高判平成21年5月28日判例時報2073号42頁も地裁のこのような判断を前提にしている.
5) 前掲名古屋高判平成21年5月28日.
6) 江頭憲治郎・株式会社法(有斐閣,第6版,2015)817頁注4,相澤哲編著・別冊商事法務NO.295新・会社法の解説(商事法務,2006)179頁,江頭憲治郎ほか編集・会社法大系2(青林書院,2008)445頁,等.

第12章　LBO・MBO

1　はじめに

本章では，LBO(leveraged buyout)・MBO(management buyout)を組成する際の基本的な仕組み，およびこれに関係する証券関連規制について概説する．

本章は，大別して3部構成になっている．

まず，2節では，LBO・MBO総論として，LBO・MBOが利用されるようになった背景と，その基本的な仕組みについて述べる．

次に，3節では，LBO・MBOにおける主要な証券関連規制として，その当事会社(買収者・被買収者)および関係者が留意すべきものの中から，公開買付け規制とインサイダー取引規制について述べる．なお，LBO・MBOを実現するにあたり留意すべき証券関連規制はほかにも考えられるが，本章では，紙面の制約上，この2つに絞って取り扱うこととする．また，MBOにおいて証券関連規制が問題となるのは，専ら上場企業を対象とするMBOであることから，併せて上場企業を対象とするMBOに特有の関連問題を取り扱う．さらにトピックとして，この問題に関して近時話題となった事案，判例などを若干紹介する．

最後に，4節では，LBO・MBOを実現する過程において，その組成に深く関与する銀行・証券会社に対する規制として，利益相反管理体制の整備について，簡単に述べる．

2　LBO・MBO総論

(1)　LBO・MBOとは？

まず，LBO・MBOとは何かということであるが，LBO(leveraged buyout)とは，企業買収(M&A)において，買収者が，自己資金に加えて，被買収者の資産価値，

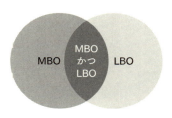

図表 1　MBO と LBO の関係

将来キャッシュフローなどに基づいたデット・ファイナンスによって資金を調達し，被買収者の発行株式，事業などを買い取ることにより，被買収者の経営権を取得することを指す．

また，MBO(management buyout)とは，ある企業，またはその子会社，事業部門などにおいて，現在の事業の継続を前提として，その経営者，事業部門の責任者などが，場合によっては外部の投資家(ファンド)と共同して株式，事業などを買い取る方法によって，その会社あるいは事業の経営権を取得することを指す．

以上から分かるとおり，LBO というのは，買収手法という観点から，MBO というのは，買収主体の観点から，それぞれ M&A を見た場合の用語ということになる．したがって，LBO・MBO は，M&A の類型として並列的に並べて分類されるものではなく，M&A の中には，LBO でも MBO でもないケース，あるいは LBO かつ MBO というケースも当然存在する(図表 1 参照)．

たとえば，被買収会社の株式を取得する際に，その資金の全額を手元資金で賄う場合，これも M&A であるが，LBO・MBO のいずれにも該当しない．これが前者の例である．一方，企業の経営者であっても，自身の経営する企業の株式を全て取得できるほど多額の自己資金を保有しているケースは多くないと考えられ，そのような経営者が MBO を検討する場合には，ファンドなどの外部投資家と一緒にこのような買収を検討することになる．ファンドは，自己資金だけではなく，デット・ファイナンスを併用してこのような企業買収を行うのが通常であるため，結果的に，近時の MBO の事例では LBO の手法が多く活用されている．これが後者の例ということになる．

(2) LBO におけるレバレッジ

ファンドが企業買収を行う場合には，たとえ潤沢な手元資金があってもデット・ファイナンスにより資金調達するのが通常であるが，その理由は，デット・

前提：投資期間5年，年間利益20，金利5％（5年分支払金利15）

借入なしのケース

資産 100 ／ 資本 100　→　資産 200 ／ 資本 200　｜　キャピタルゲイン 100　投資利回り（IRR）15％

60％借入のケース（財務レバレッジの活用）

資産 100 ／ 借入金 60・資本 40　→　資産 185 ／ 借入金 60・資本 125　｜　キャピタルゲイン 85　投資利回り（IRR）26％

（注）簡略化のために税金，費用は勘案せず

図表2　LBOによるレバレッジ効果

ファイナンス（金融機関からの借入れが一般的である）を用いることによって，株式投資の効率を高めることが可能となるからである．

　外部借入れを利用せずに買収資金全額を自己資金で賄って，100の資産価値のある企業を買収したと仮定する（図表2の上の図）．この企業が毎年20の利益を生み出すと，5年後には，この企業の資産価値は200となり，買収者が保有する被買収企業の株式価値も，理論上は200となる．そうすると，この買収者は100を投資して，5年後に200の価値を保有していることになる．

　これに対して，同じく100の資産価値があり，毎年20の利益を生み出す企業を買収する際に，自己資金を40投入するほか，外部借入れで60を調達して買収したと仮定する（図表2の下の図）．この場合には，外部借入れがあるため金利を支払う必要が生じるが，この金利を年率5％として，1年間で3，5年間で15の金利を支払うとする．この金利分の15は企業の外部に流出してしまうため，5年経過したときに，買収者が持つこの企業の株式の価値は，200から支払金利として流出した15と，返済すべき借入れの元本60を控除した125となる．そうすると，買収者は40を投資して，5年後に125の価値を保有することになる．

　図表2にあるIRRとはインターナル・レート・オブ・リターン（内部収益率）という指標で，投資の現在価値と将来実現する収益額（リターン）の現在価値が等しくなる割引率と定義される．この数値が高いほど収益性が高いことになるが，両方のケースのIRRを比較すると，全額を自己資金で賄ったケースと比べて，外

部借入れ(デット・ファイナンス)を併用することにより，絶対的なリターンの金額は少なくなるものの，投資効率は上昇することが分かる．

このように外部借入れを利用することによって，少ない自己資金で高いリターンを得ることを，てこの原理になぞらえて，レバレッジ効果と呼ぶ．

(3) LBO・MBO の類型・トレンド

続いて，LBO・MBO 取引の理解の促進のために，これまでに我が国において行われてきた MBO を，その目的・背景という観点から整理して概観する．なお，以下では現在までの流れを 6 つの時期に区切っているが，これは説明の便宜上のものであり，このような分類の仕方が一般的というわけでは必ずしもないので留意いただきたい．

(ア) 平成 10 年～15 年ころ

LBO・MBO 取引が行われ始めた初期の段階であるこの時期には，企業が経営効率化のために取り組んだ選択・集中の過程において，非主力事業・非主力子会社の切離し(カーブアウト)の手段として，LBO・MBO が活用された．

(イ) 平成 16 年～17 年ころ

この時期には，上場企業の経営陣などが経営の抜本的な合理化を目指して，企業買収を専門に行うファンド(バイアウト・ファンド)と協力して，会社を非上場化する形での LBO・MBO が行われた．企業が上場している場合，知名度の向上，市場からの資金調達が可能になるなどのメリットがある反面，上場を維持するためには，金融商品取引法(以下「金商法」という)や証券取引所規則などによる開示のための体制整備が必要であり，コストアップの要因にもなる．また，市場で不特定多数の者が株式を取引できるため，配当政策や経営方針などについて現在の経営者とは異なる目線，時間軸を持つ者が株主となることも当然にありうる．たとえば，経営者が中長期的なビジョンに基づいた経営計画を立案したとしても，株主から賛同を得られないという事態が起こる可能性もあり，経営者にとっては経営の制約要因，デメリットともなる．このようなデメリットを回避するために，LBO・MBO を利用して会社を非上場化することによって経営の自由度を高めたいというニーズが出てきたのが，この時期ということができる．また，上場企業も LBO・MBO の対象となってきた結果，案件が大型化してきたのも，この時期である．

(ウ) 平成18年～19年ころ

このころは，たとえばスティール・パートナーズによるサッポロホールディングス，ブルドックソース株式の取得が世間で注目を浴びるなど，ちょうど敵対的買収の脅威が社会的関心を集めていた時期であるが，その中で，オーナーの社長とその一族・近親者によって一定割合の株式が保有されているような，いわゆる同族経営の上場企業において，創業家のイニシアチブによって行われるLBO・MBOの事例が現れることになる．

上場企業の中にも，創業者一族が一定割合の株式を保有し，経営に対する事実上の影響力を有している企業は存在するが，当然ながら非上場化をすれば，市場を通じた株式買占めの脅威を受けることはなくなることになる．そこで，敵対的買収に対する究極的な防衛策として，非上場化のためのLBO・MBOを行うという事例が現れることとなった．

(エ) 平成20年～21年ころ

敵対的買収の脅威を契機として行われるようになった創業家主導のLBO・MBOであったが，非上場化の後，スポンサーとなったファンドと創業家の間で，その後の成長戦略についての方針の相違から，ファンドによって創業家一族の取締役が退任させられる事例が発生し，この種のMBO・LBOには慎重な姿勢も見られるようになった．また，リーマンショック後の信用収縮によって1件あたりの金額は縮小傾向となり，その後も欧州金融危機問題の発生，世界的な景気の減速といった事情が重なった結果，この傾向が継続することとなった．一方で，個人資産のほとんどを会社の株式が占めるようなオーナー経営者の高齢化による相続対策，事業承継を目的としたMBOの増加，あるいは株価低迷を受けて，上場企業による非上場化のLBO・MBOが魅力的になってきたという事情もあり，件数としては安定的に推移している．

(オ) 平成22年～25年ころ

平成22年以降になると，セカンドバイアウトの事例が増加している．セカンドバイアウトとは，投資の目的で，LBOによってファンドが取得した会社の株式を，さらに他のファンドが，LBOを利用して買収するというものである．ファンド(より正確には，ファンドを組成・運用する運用会社)は，他人から資金を集めて，それを運用して利益を上げ，投資家に還元することを目的としているので，定められた一定の運用期間の中で取得した株式を売却して利益を実現しなければ

いけないという宿命にある．そこでこのようなファンドが，運用期間の満了にあたっての資金の回収(これをエグジット(出口)と呼ぶ)を図る際に，運用先を探している別のファンドが手を挙げるという事象が生じているのであるが，これには，国内系ファンドからグローバルに展開するファンドへの継承など，当初参画をしたファンドが役割を果たして，更なる企業価値の向上を支援できるファンドに引き継ぐという側面もある．企業買収を目的とするバイアウト・ファンドは，平成17年から18年を初めとして多く立ち上がっており，その運用期間は，一般的には5年から7年程度で設定されているため，運用期間の満了を迎えるファンドが増加するにつれて，このようなファンド間の取引が増加してきたということができる．

(カ) 平成26年以降

近年は，オーナー経営者からの事業承継を目的としたMBOや，非主力事業・子会社のカーブアウトなどにおいて，ファンドがさらに積極的に活用されており，ファンドに対する企業の心理的抵抗感がより一層払拭されてきていることがうかがわれる．セカンドバイアウトやリキャピタリゼーション(余剰現預金の配当や追加借入による投資の一部回収)などの新たな取引形態も出現・増加してきている．このような動向は，足許のゼロ金利・マイナス金利政策を受けた調達コストの低下を背景としつつも，市場参加者の増加や市場の裾野拡大等の構造的な変化が影響していると考えられる．

案件の規模については，コーポレートガバナンス・コードの浸透を受けたROE重視の経営などにみられる経営効率の追求もあり，大企業による大型のカーブアウト案件も実施されている．

一方で，ファンドの活用事例が増加する中，投資後のエグジット件数の更なる増加も見込まれる．その中で，上場会社の非公開化案件について，ファンドの主要なエグジット手段に再上場が挙げられるが，近年，東京証券取引所が，投資家保護等の観点からMBO後の再上場に関心を示しており，今後の動向が注目される．

(4) LBO・MBOマーケットの参加者

ここでは，LBO・MBOマーケットの参加者を概観しておきたい(図表3参照)．

「売手」および「買手」については，これまで述べた内容のまとめである．なお，上場企業を対象とするMBOの場合には，当然ながら不特定多数の一般株主も「売手」であり，MBO取引の関係当事者として現れることになる．この上場

	当事者
売手	事業法人——ノンコア事業の切り出し，リストラ等 創業者等の個人オーナー——事業承継(オーナーの引退等) PEファンド——投資のエグジット(投資回収)　→セカンドバイアウト 一般株主—— TOBによる非公開化等
買手	PEファンド，被買収会社の経営陣，事業法人 →これらの複数の者による共同投資も多い
貸付人	邦銀大手行が中心 　地銀，生損保，ノンバンク等も含めプレーヤーは増加傾向 　リーマンショック，欧州経済危機以降，外資系金融機関は消極的
その他	フィナンシャルアドバイザー，弁護士，会計士，等のプロフェッショナル

図表3　LBO・MBO マーケットの参加者

企業における「一般株主」(そのほとんどの持株比率は，個々としては極めて僅かである)の存在は，上場企業の MBO において固有の問題を生じることになるが，これについては後で改めて述べる(3(1)(オ)参照)．

「貸付人」は，LBO・MBO においてデット・ファイナンスを提供する金融機関となる．LBO・MBO の案件が我が国で登場した当初は，大手都市銀行と外資系金融機関が中心であったが，現在では，都市銀行以外の大手金融機関，地域金融機関，生損保，ノンバンクなどにもプレーヤーは拡大している．また，通常の融資では調達が不足する場合には，劣後ローンや優先株等の形態(総称してメザニンと言われることが多い)で調達するケースも増加傾向にある．このようなメザニンの形態による投融資を手がけるのは，上記で示したプレーヤーと異なり，メザニンを専門で手掛けるファンドやノンバンク等であることが多い．

さらに，「その他」として，銀行や証券会社は，LBO・MBO において，売手あるいは買手からの委託を受けて，案件組成を成功に導くためのアレンジャー，アドバイザーとしての役割を担うこともある(このような業務を専門に行うアドバイザリー会社も存在する)．また，公認会計士は，財務デューディリジェンスや買収対象となる株価の算定，弁護士は，契約書のドキュメンテーションや買収に際して発生する多様な法律問題に対する法的な助言を提供するという形で，いずれもLBO・MBO 取引において重要な役割を担っている．

(5) LBO による MBO の基本ストラクチャー

LBO による MBO の基本的な仕組みは，図表4のとおりである(以下の番号は，

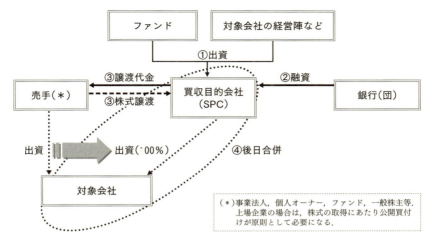

図表4　LBO による MBO の基本ストラクチャー

図表4内の番号に対応している)．
① まず，ファンドと対象会社の経営陣などの出資により，買収目的会社——SPC(Special Purpose Company)を設立する．
② 銀行が，買収目的会社に買収資金を融資する．
③ 買収目的会社は，ファンドや経営陣などからの出資と，銀行からの融資によって調達した資金で，対象会社の既存株主(売手)からその株式を買い取る．

　対象会社がオーナー企業や，ある会社の子会社の場合，対象会社の一般株主は極めて少数の者となるが，対象会社が上場企業の場合には，不特定多数の一般株主から発行済株式の大半を取得することになるため，金商法が定める公開買付け規制に従って，株式の買取りを実施することが必要となる(公開買付け規制については後述3(1)参照)．

　支配権の移転自体は，株式の取得という比較的単純な方法によって行われるにもかかわらず，LBO・MBO であえてこのような複雑な仕組みを使う理由は，ファンド自身が銀行からの借入人となることを回避し，仮にその会社に対する投資が失敗に終わった場合でも，その損失を当該株式に対する投資額に限定するためである．ファンドとは，投資資金を集めて運用をするための仕組み(投資スキーム)であり，我が国においては組合の形式で組成されることが多い．このことからも分かるとおり，ファンドは通常，非常勤取締役の派遣等を通じて

対象会社の経営陣と企業価値の向上を追求していくものの，自身が事業の主体となるわけではなく，その役割は，あくまで複数の対象会社の株主として配当を受領し，あるいは株式の売却代金を得て，それらを投資家に還元するというものである．このようなファンドの機能を確保しつつ，投資家から集めた資金の投資効率を高めるために，対象会社の資産に責任財産が限定された資金調達，すなわちファンド自身の資金とは切り離された形での資金調達方法として，LBOのスキームが活用されることになる．このような特徴から，LBOファイナンスは一般的には，いわゆるノンリコースローンの1つに分類されることが多い．

④　対象会社の株式の取得が完了すると，買収目的会社と対象会社は合併することが一般的である．この合併によって，買収目的会社が銀行から借り入れた資金を対象会社の事業キャッシュフローによって返済するという仕組みが最終的に完成することになる．ただし，LBO・MBOのストラクチャーは案件の個別具体的な事情によってさまざまであり，合併をしない場合もある．

（6）　コーポレート・ファイナンスとLBOファイナンス

最後に，株式の購入資金を通常のコーポレート・ファイナンスで賄う場合（つまり，事業会社が自らの信用力に基づいて株式取得資金を銀行から借り入れた場合）と，LBO・MBOファイナンスで賄う場合とを比較しておく．

まず，コーポレート・ファイナンスの場合には，買収企業の信用力やキャッシュフローに着目して資金調達の条件が決定されることになる．図表5から分かるとおり，買収資金を貸し付ける銀行は，買収企業の信用力（より正確に言えば，被買収企業の価値や，被買収企業を手に入れたことによるシナジー効果も含めた買収企業の信用力）に着目して融資の判断を行う．

これに対して，LBOファイナンスの場合，買収者としてのファンドそれ自体に，借入れの返済に充当できる資金の調達能力があるわけではなく，ファンド自身が資金調達することも予定していない．そこで，図表5のとおり，LBOファイナンスの場合には，銀行は，被買収企業の信用力に着目して融資の判断を行う．そして，コーポレート・ファイナンスと異なり，被買収企業のキャッシュフローのみが回収原資となるため，銀行はそのキャッシュフローを全て捕捉できるように，被買収企業が有する資産は原則として全て担保として取得し，また，資金の外部流出を制限したり，キャッシュフローに異変を来たすような事態が発生した

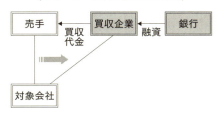 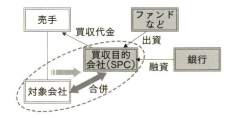

	コーポレート・ファイナンス	LBO ファイナンス
借入人	買収企業	被買収企業
調達金額	買収企業の資金調達力に依拠	買収者(ファンドなど)の出資に加え，被買収企業のキャッシュフローに依拠した銀行からの資金調達が可能
借入金返済	買収企業のキャッシュフローで返済	被買収企業のキャッシュフローで返済
調達コスト	買収企業の信用力に応じた調達コスト	被買収企業の信用力に応じた調達コスト
ファイナンス条件	—	財務制限条項，配当制限などの各種コベナンツを設定
担保・保証	—	原則，被買収企業の全資産，並びに，買収企業(ファンド)保有の被買収企業株式へ担保設定

図表 5 コーポレート・ファイナンスと LBO ファイナンス

場合にはこれを即時に把握することを目的として，融資契約において詳細なコベナンツを設定することになる．このため，LBO・MBO ファイナンスでは，大部の契約書が作成されることが通常である．

3 LBO・MBO における主要な証券関連規制

(1) 公開買付け規制

(ア) 公開買付けとは？――規制趣旨

公開買付け(takeover bid(TOB))，とは，①不特定多数の者に対して，②公告により株券等の買付け等の申込み(または売付け等の申込みの勧誘)を行い，③取引所金融商品市場外で，④(応募のあった)株券等の買付け等を行うことを指す(金商法

27条の2第6項).

　金商法は27条の2以下で，一定の株式の取得に際して，公開買付けを義務付けている（詳細は後述する．（イ）参照）．会社の支配権に重大な影響を与え，株価の形成に影響を与える株式の売買が市場外で何らの規制もないままに行われると，情報の偏在，支配権プレミアムの分配の不公正，売却機会の不平等により，公正な価格形成，円滑な流通，株主間の平等が確保されなくなるおそれがあるため，このような株式の買付けを市場外で行う場合には，公開買付けを強制して適切な情報の開示を行わせることにより，全ての株主に平等に売却の機会を与える必要があるというのが，この規制の趣旨となっている．

　これまでの説明から明らかなとおり，LBO・MBO は，まさに対象会社の支配権の移転を目的として行われる取引である．そうすると，対象会社が上場会社である場合，その株式の大多数（通常は100％）を取得するためには，原則として公開買付けによらなければならないことになる．

　（イ）　公開買付けが必要な場合

　金商法によって，発行者以外の者による株券等の取得に公開買付けが強制されるのは，大別すると，有価証券報告書を提出しなければならない発行者[1]の株券等の買付け等を行う場合で，以下の5つの類型のいずれかに該当する場合となる（金商法27条の2第1項．なお，実際の条文には，詳細な定義や除外規定などが数多く置かれているので，正確な理解が必要な場合は必ず法令の原文を確認されたい）．公開買付けが必要であるにもかかわらず，これを実施しなかった場合には，罰則や課徴金といった制裁が用意されている．

　第1類型は，市場外の買付け等で，買付け等の後の株券等所有割合が5％を超える場合である（金商法27条の2第1項1号）．「株券等所有割合」とは，発行会社の総議決権に対して，その株券等の所有者が有する議決権の割合を指す（金商法27条の2第8項）．この類型では当該買付けを行う日前60日間に10名以下から買付け等を行う場合は除外されているが（金融商品取引法施行令（以下「金商法施行令」という）6条の2第3項），これは，著しく少数の者からの買付け等である場合は相対取引となり，情報を開示させ，広く他の株主に買付けの機会を与える必要性が乏しいことが理由とされている．

　第2類型は，当該買付けを行う日前60日間で10名以下から市場外の買付け等を行う場合であっても，買付け等の後の株券等所有割合が3分の1を超える

場合である(金商法27条の2第1項2号,金商法施行令6条の2第3項).第1類型では当該買付けを行う日前60日以内に10名以下から買付け等を行う場合は,著しく少数の者からの買付け等である場合として除外されていたが,買い付ける株式数が格別に多い場合には会社の支配権に変動が生じる可能性が高く,他の株主の参加の機会を奪うのは妥当でないとの考え方から,買付け等によって株券等所有割合が3分の1を超える場合には,公開買付けが必要とされている.

第3類型は,市場内の特定売買等による買付け等で,買付け等の後の株券所有割合が3分の1を超える場合である(金商法27条の2第1項3号).「特定売買等」とは,たとえば東京証券取引所で行われている「ToSTNeT取引」のような立会時間外の取引が挙げられる(競売買の方法以外の方法による有価証券の売買等を定める件(平成17年7月8日金融庁告示第53号)).こうした立会時間外取引による買付け等で,株券等所有割合が3分の1を超える場合には公開買付けが必要ということになる.

このような取引は実質的には市場外の取引に近いものの,位置付けとしては市場内取引であるため,以前は公開買付け規制の対象外であった.しかしながら,ライブドアがニッポン放送の株式を買い集めた際に,ToSTNeT取引を利用して,公開買付けによらずに大量の株式を取得した取引が法の抜け穴を用いた行為ではないかとの批判を受けたこともあり,規制対象として追加されたものである.

第4類型は,市場内外の取引を組み合わせて,3か月以内に10%を超える株券等の買付け等を行うことにより,その後の株券等所有割合が3分の1を超える場合(市場外および特定売買等による買付け等が5%を超える場合に限る)である(金商法27条の2第1項4号,金商法施行令7条2項〜4項).これも以前は規制対象外であったが,たとえば当該買付けを行う日前60日以内に10名以下から市場外で30%まで買い集めて,最後に市場内で4%を取得することによって,第2類型の規制を逃れるというケースが散見されたため,規制対象として追加されたものである.

第5類型は,対抗的買付け(金商法27条の2第1項5号)である.公開買付けを一度開始すると,買付者に原則として撤回できず,価格の変更などにも制限が加わることになるが,このような状態で,株券等所有割合が3分の1を超える主要株主がフリーハンドで対象会社の株式の買付けをすることを可能とすると公平を害するということで,公開買付けの期間中に,このような主要株主が一定期間

内に5%を超える株券等の買付け等を行う場合にも，公開買付けによらなければならないこととされている（金商法施行令7条5項・6項）．

　（ウ）　公開買付けの手続の流れ

　続いて，公開買付けの手続の流れを概観する（図表6参照）．

　まず，公開買付けの開始日の前日に，買付者は取締役会決議を行い，「プレスリリース」を行うのが通例である．MBOのように友好的な買収の場合であれば，同日に対象会社の方も賛同の表明決議とプレスリリースを行う場合もあるが，これが制度上担保されているわけではない．

　公開買付開始日を迎えると，まず「公開買付開始公告」がなされて，その条件などが示される（金商法27条の3第1項）．次に「公開買付届出書」が提出され，これが公衆の縦覧に供されることになる（金商法27条の3第2項・27条の14）．さらに「公開買付説明書」の株主への交付がなされることになる（金商法27条の9）．

　公開買付期間は20営業日から60営業日となっており（金商法27条の2第2項，金商法施行令8条1項），株主はこの間であればいつでも応募でき，また応募を撤回することも可能である．

　次に，対象会社の手続としては，買付開始日から10営業日以内にこの公開買付けに対する賛否の意見を述べる「意見表明報告書」を提出する（金商法27条の10第1項，金商法施行令13条の2第1項）．当該報告書の写しは買付者にも送付される．さらに，この意見表明報告書においては，公開買付者への質問をすることも可能となっている（金商法27条の10第2項）．公開買付者は，それから5営業日以内に「対質問回答報告書」を提出して，さらにその写しを対象会社に送付する（金商法27条の10第11項，金商法施行令13条の2第2項）．これらの書類は全て公衆の縦覧に供されることとなっており（金商法27条の14），このような対話型の情報開示が行われることによって，公開買付けに応募するか否かに関わる株主の判断材料を充実させることが期待されている．

　公開買付けが終了すると，その翌日に「公開買付結果の公告または公表」がされ（金商法27条の13第1項），「公開買付報告書」が提出されることになる（同条2項）．応募した株主に対しては，買い付ける株式数が通知されて，最後に決済が行われて完了という流れとなる．

　MBOの一環として行われる公開買付けに関してデット・ファイナンスを提供する金融機関の立場で関係するものとしては，資金調達に関する情報開示制度が

日程	公開買付者	対象会社	金融機関
公開買付開始日前日	取締役会での公開買付実施決議 プレスリリース	(取締役会での賛同表明決議) (プレスリリース)	融資証明書発行
公開買付開始日 ↑ 株主の応募可能期間 (20〜60営業日) ↓ 公開買付終了日	公開買付開始公告(27条の3第1項) 公開買付届出書の提出(27条の3第2項) 公開買付説明書の配布開始(27条の9) (5営業日以内) 対質問回答報告書の提出(27条の10第11項) 対質問回答報告書写の対象会社宛送付(27条の10第13項)	(公開買付開始日〜10営業日) 意見表明報告書の提出(27条の10第1項) 公開買付者への質問が可能(27条の10第2項) 意見表明報告書写の公開買付者宛送付(27条の10第9項)	
終了日翌日	公開買付結果の公告 or 公表(27条の13第1項) 公開買付報告書の提出(27条の13第2項) 応募株主への通知(施行令8条5項1号)		
終了日 5営業日後	決済		融資実行

(条文は金商法，施行令とあるのは金商法施行令)

図表6　公開買付けの手続の流れ

挙げられる．MBOかつLBOとなる案件の場合，株式取得資金の支払をするためには，金融機関からの資金調達が不可欠となるが，その場合には，公開買付届出書の添付資料として，公開買付けに要する資金の存在を示すに足る書面の提出が要求されている(発行者以外の者による株券等の公開買付けの開示に関する内閣府令(以下「他社株買付府令」という)13条1項7号)．このため，MBOの買収目的会社への融資を予定している金融機関は，融資の蓋然性に関する一定の書面(図表6では「融資証明書」と記載)の提出を求められることが一般的である．したがって，金融機関としては，この段階で融資契約の詳細な内容を合意して調印を終える必要まではないものの，公開買付けの開始日の前日までに，一定の条件の下で融資が可能である旨の書面を対外的に発行できる程度の内部的な意思決定が必要とな

る．もっとも，このような書面の出状にあたり，どのタイミングで，どのレベルの意思決定が必要となるかは，各金融機関が内部で定めている権限規定の内容と，個別事案の詳細条件によっても異なり得るため，金融機関ごとに内部で採るべき手続が異なることもあるであろう．

(エ) MBO に関する規制

最後に，MBO の一環として行われる公開買付けに対する規制の内容を簡単に確認しておく．

(a) MBO 特有の問題点

MBO の一環として行われる公開買付けにおいては，対象会社の経営陣が対象会社を代表する立場と同時に買手の立場も併有することになるため，利益相反が不可避となること，情報の非対称性の問題が生じることがかねてより指摘されている(詳細は後述する．(カ)(キ)参照)．そこで金商法では，特に MBO の一環として行われる公開買付けに対して，開示内容の充実を求めている[2]．

(b) 開示事項

公開買付届出書において，支配権取得目的の公開買付けの場合には公開買付者が描いている経営方針を，また，買付価格に関しては価格決定に至った経緯を，それぞれ具体的に記載することが求められている(他者株買付府令第二号様式(以下「様式」という)記載上の注意(5)a・(6)f)．MBO の一環として行われる公開買付けの場合には，これに加えて，買付価格の公正性を担保するための措置を講じているときはその内容，公開買付けの実施を決定するに至った意思決定過程，利益相反回避措置を講じているときはその内容を，それぞれ具体的に開示すること(様式記載上の注意(6)f・(27))，買付け等の価格の算定にあたり参考とした第三者に拠る評価書等があれば，その写しを添付すること(他社株買付府令13条1項8号)が求められている．

これらはかなり細かい内容ではあるが，特に上場企業の非上場化を目的とするような MBO の場合には，(a)で述べたような問題意識を踏まえて，取引の公正を確保するために，このような規定が設けられているということになる．

以上，公開買付け規制および MBO の一環として行われる公開買付けに特有の規定を概観してきたが，MBO の対象が上場企業の場合，金商法固有の論点以外にも留意すべき事項が存在する．そこで，以下では金商法に限られない MBO の論点のうち，キャッシュアウトと利益相反の問題に絞って述べる．

(オ)　上場企業の MBO における関連問題①――キャッシュアウト

キャッシュアウト[3]とは，少数株主を排除して，買収対象会社を買収目的会社(SPC)の完全子会社とする仕組みを指す．もともと上場企業の MBO は，経営の自由度を高めるために行われることが通常であるため，少数株主を排除すること――あくまで合法的に排除するということであるが――が必要不可欠となる．このために用いられるのがキャッシュアウトである．キャッシュアウトは，理論的には複数の方法が考えられ，従来は全部取得条項付種類株式(会社法108条1項7号)を用いた仕組みが利用されてきたが，平成26年改正会社法の施行後は以下の方法によることがほぼ定着している[4]．

(a) キャッシュアウトの仕組み①　特別支配株主による株式等売渡請求制度

特別支配株主による株式等売渡請求制度(会社法179条1項)とは，株式会社の総株主の議決権の10分の9以上を有する株主(特別支配株主)に，対象会社の他の全ての株主に対し，その保有株式全部の売渡しを請求する権利を与える制度である．この権利は，当該株式会社に対してではなく，対象会社の他の全ての株主に対して直接に行使する請求権である．公開買付けによって総株主の議決権の10分の9以上を確保できた場合には，この手法が利用できることになる．

この方法をとる場合，かつて主流であった全部取得条項付種類株式を用いたキャッシュアウトと異なり，キャッシュアウトを完結させるために株主総会の特別決議を経る必要はないが，対象会社が取締役会設置会社の場合には，その取締役会の承認を得る必要がある(会社法179条の3第1項3項)．この点に関して，取締役の善管注意義務との関係で，取締役はこの承認をするにあたり何を考慮要素とすべきかが問題となる．本来，取締役は委任者である会社に対して善管注意義務を負う立場にあり，形式的には株主に対して直接の義務を負うわけではないが，この場面で取締役が承認をするか否かの判断をするに際しては，「会社の利益」ではなく，「株主の利益」が直接の考慮要素となると考えられるためである．改正法の検討過程でも，取締役会は，株式売渡請求をすることについて承認をする際には，売渡株主の利益に配慮し，キャッシュアウトの条件が適正なものといえるかどうかを検討すべきとされており，条件が適正なものといえるためにはどのような要素をどのように考慮すればよいかについて，さらに議論が深まっていくことが期待される．なお，取締役が株主に対して直接負う義務という観点については，以上に述べた株式等売渡請求制度のほかにも，MBO において問題となる

場面があるが，これについては後のコラムで触れる（コラム 12-1(2)参照）．

(b) キャッシュアウトの仕組み②　株式併合

以上に対して，公開買付けで総株主の議決権の 10 分の 9 を取得できなかった場合には，キャッシュアウトは株式併合（会社法 180 条）の方法によることが一般的となっている．平成 26 年改正会社法により少数株主保護の規定が整備された（会社法 182 条の 2～182 条の 6）ことにより，キャッシュアウトの際に利用される仕組みとして定着した．

(c) その他（公開買付け規制と株式等売渡請求制度の関係）

株式等売渡請求制度が他の株主に対する売渡請求権だとすると，既に説明した公開買付けが必要となる場合の要件（上記(1)(イ)の第一類型）との関係で，この制度によって売渡しを受ける株式の数によっては，改めて公開買付けが必要となってしまうようにもみえるが，この点は改正会社法の施行に伴い金商法の側で手当てがなされている（金商法施行令 6 条の 2 第 1 項 16 号）．金商法の極めて技術的な側面が垣間見える場面といえるが，見方を変えれば，公開買付けを伴う MBO は，高度な知見に基づく法律専門家の活躍が期待される分野であるともいえよう．

(カ)　上場企業の MBO における関連問題②──ゴーイング・プライベートと
　　　利益相反

ゴーイング・プライベートとは，上場企業による積極的な非上場化(2(3)(イ)参照)のことを指す．このゴーイング・プライベートにおいては，対象会社の株式を取得することになる経営者と，その他の株主との利益相反が不可避であるという点が，常に問題点として指摘されている．すなわち，対象会社の株式を取得する経営者は，買収者としてはなるべく安値で株式を取得したいという立場である一方，株主のためになるべく高値で買収価格を設定するべき立場でもあるのではないか，そしてこの両者の立場は構造的に利益相反の関係にあるのではないかということである．

経済産業省の私的研究会である企業価値研究会がまとめた「企業価値の向上及び公正な手続確保のための経営者による企業買収(MBO)に関する報告書」（平成 19 年 8 月 2 日公表．以下「MBO 報告書」という）[5]においても，MBO において株主が感じる構造的な利益相反状態に基づく不透明感の存在，具体的には，会社にとって MBO を行う合理性がないにもかかわらず，MBO を行っているのではないか，また，MBO 価格が不当に低いことにより，株主が受けるべき利益まで，取締役

が享受しているのではないかといった点が指摘されている.

(キ) MBO 指針

この点に関して，ここでは企業価値研究会が発表した「企業価値の向上及び公正な手続確保のための経営者による企業買収(MBO)に関する指針」(平成19年9月4日公表. 以下「MBO 指針」という)[6]の内容を概観する.

MBO 指針では，MBO における買付者側およびその対象会社側が尊重すべき原則として，望ましい MBO か否か，企業価値を向上させるか否かを基準に判断されるべきであること(企業価値の向上：第1原則)と，株主にとって公正な手続を通じて行われ，株主が受けるべき利益が損なわれることのないように配慮されるべきこと(公正な手続を経た株主利益への配慮：第2原則)を挙げている.

その上で，MBO に応じるか否かの判断を実際に行うのは株主であるから，この観点からの透明性・合理性を確保しつつ，第1原則および第2原則を実現するための枠組みとして，(a)株主の適切な判断機会の確保，(b)意思決定過程における恣意性の排除，(c)価格の適正を担保する客観的状況の確保，および(d)その他，が掲げられ，それぞれの枠組みごとに考えられる実務上の対応が示されている.

(a) 株主の適切な判断機会の確保

株主の適切な判断機会を確保するためには，まず十分な説明を行うという観点から，①MBO を実施するに至ったプロセスの開示，②業績の下方修正後に MBO を行うような場合等において，当該時期に MBO を行うことを選択した背景・目的の説明，③取締役が当該 MBO に関して有する利害関係の説明を行うことが望ましいとされている. また，当然ながら当該 MBO に反対する株主も出てくる可能性があるところ，このような反対株主に対する強圧的な効果が生じることを排除するために，④完全子会社化(キャッシュアウト)の手法として，反対株主の株式買取請求権または価格決定請求権が確保できないスキームは採用しないこと，⑤公開買付けによって大多数の株式を取得した場合には，特段の事情がない限り完全子会社化(キャッシュアウト)を行うこととし，その際の価格は公開買付価格と同一であることを明らかにしておくことが望ましいとされている. このうち，特に②は，この後に紹介するレックス・ホールディングス事件において具体的に問題となった点である(ニラム 12-1(1)を参照).

(b) 意思決定過程における恣意性の排除

　MBO には構造上の利益相反の問題が存在することを考慮して，取締役による不当・恣意的な判断がなされないように，また，そのような疑いを株主に持たれることのないように，意思決定過程においては，①社外役員，第三者委員会等への諮問を行うことと，その結果を尊重すること，②取締役・監査役全員の承認，③意思決定方法に関して，アドバイザーによる独立したアドバイスを取得すること，④買収提示価格について第三者評価機関からの算定書等を取得することが考えられると指摘している．

(c) 価格の適正を担保する客観的状況の確保

　これは，買収プロセスにおいて，対抗的な買付けの機会，換言すれば自由競争が可能な状態を確保し，当該期間に対抗的な買付けが行われなかったことをもって価格の適正を担保するということである．具体的には，①公開買付期間を比較的長期間に設定する，②対抗者が出現した場合には，当該対抗者と対象会社との接触を過度に制限しないことが考えられるとしている．

(d) その他

　以上のほか，株主意思の確認という観点から，MBO に際して行われる公開買付けにおいて，買付数の下限を高い水準に設定することが提案されている．すなわち，キャッシュアウトすることのみを念頭に置くのであれば，理論上は特別決議に必要となる議決権の 3 分の 2 以上の取得を目指せばその目的を達成することは可能であるが，多数の株主から当該 MBO に対する賛同を得るという観点から，買付数の下限を高い水準に設定するということである．

　この点について MBO ファイナンスとの関係で付言すると，公開買付けにおいて，どの程度の応募があるかという点は，MBO ファイナンスを行う金融機関としても，関心の高いポイントとなる．公開買付けに応募する株主が少ないということは，既存の株主として，その買付けの条件などに何らかの不満がある可能性が高いことになるが，そうすると，たとえば，後日裁判所に対して買取価格決定の申立てがなされ，買付価格よりも高い価格が認められた場合，対象会社にとっては，当初想定していなかった追加的な資金流出要因となり，場合によっては資金繰りに影響が出る可能性もないとはいえない．また，そもそも既存株主の賛同を得られない MBO だということになると，利益相反的な行為の存在の懸念などで，対象会社がレピュテーショナルリスクを抱え込むことにもなりかねず，その

結果として対象会社の業績に影響を与える可能性も否定できない．

特に金融機関としては，多額の融資を行っていることもあり，買収プロセスは円滑に完了させた上で，会社にはその事業遂行に早く注力してほしいと考えるのが通常である．金融機関にとって，買収プロセスに伴う不確実性は，コントロール困難な大変悩ましいリスクとなる．

以上のような観点から，金融機関としても，既存株主から買収に対して相応の賛成を得られることが必要という観点から，特別決議に必要となる議決権の3分の2を上回ることに加えて，たとえばマジョリティ・オブ・マイノリティ（当該MBOに利害関係を有する応募予定株主に加えて，当該MBOに利害関係のない株主の過半数または3分の2超の応募を確認できる買付株数）を下限として設定することを融資実行の前提条件とするといったことも実務上は行われている．この結果，融資の実行前提条件が公開買付けの条件とリンクすることになるが，結果的に，MBO指針で指摘されている実務上の工夫が成立しているということができよう．このように，会社法上の要件だけを見ると，議決権の3分の2を取得できればキャッシュアウトが可能となるので成功といえるかもしれないが，ビジネスの実務上は必ずしもそれだけでは十分ではない場合もあり得るという視点には留意が必要である．

コラム 12-1：利益相反と株式の価格決定・取締役の責任に関する事例

ここでは，MBO等の過程で生ずる取締役と株主との利益相反に起因して，株式買取請求権行使に基づく価格決定や取締役の責任が問題となった事例を紹介する．

（1） 株式買取請求権に基づく価格決定

MBOにおいて対象会社の取締役に利益相反的な行為があった場合，これに対する株主の不満は買取価格の妥当性に関するものであることが通常であることから，現在のMBOの実務上は，利益相反的な行為が問題となった場合には，その買取価格に不満を持つ株主から価格決定の申立てがなされ，買取価格の妥当性を争うという形で問題が顕在化することが一般的であり，その価格決定手続によって一般株主の利益が保護されるという構造になっている[7]．

この問題が最初にクローズアップされたレックス・ホールディングス事件[8]では，レックス・ホールディングスが業績予想の下方修正についてのプレスリリースを実施し，その時点で社内では既にMBOの検討が行われていたとみられるものの，当該プレスリリース時点ではその発表がなされず，その後，

MBOによる公開買付けの実施を公表した際の買付価格が、業績予想の下方修正のプレスリリースの影響を受けて下落したとみられる株式の市場価格を基礎として算出されていたことが問題視された。この公開買付けの結果、キャッシュアウトによってその地位を失うこととなった一般株主が申立てをしたこの事件において裁判所(控訴審)は、裁判所が決定すべき価格は、全部取得条項付種類株式の取得日における公正な価格であること、これを定めるに当たっては、①取得日における当該株式の客観的価値と、②強制的取得により失われる今後の株価の上昇に対する期待を評価した価額の双方を考慮すべきであること、その決定は、裁判所の合理的な裁量に委ねられているとして、その価格を上方修正する決定を行い、上告審もこの結論を是認した[9]。

しかしながらこの最高裁決定の後、公開買付け後のキャッシュアウトに伴う株式買取請求権に基づく価格決定申立事件において、上記控訴審の判示や最高裁決定に付された田原睦夫裁判官の補足意見等の影響などから、公開買付け公表後のTOPIXの上昇等の経済変動を考慮して、取得価格を公開買付価格よりも高い価格に修正するものが現れるようになった。そして、もっぱら裁判手続のコストを負担できる大口の投資家によって、公開買付け公表後の経済変動を睨みながら機会主義的にキャッシュアウトの手続に反対して価格決定の申立てを行う事例が見られ、買収者の側からすると、買収コストや買収完了までに要する期間の見積もりにおいての不確定要因となっていた。このような状況の中で出されたのが、ジュピターテレコム事件最高裁決定[10]であり、その事実経過は以下のとおりである。

㈱ジュピターテレコム(「J社」)はJASDAQ上場企業
住友商事㈱、KDDI㈱は、合計して、J社の議決権の70%以上を直接または間接に保有していた

平成24年10月24日	住友商事㈱とKDDI㈱、J社株式の全ての公開買付けを行う予定であること、正式な開始時期は未定だが平成25年2月頃を目指しており、買付価格は11万円にすることを公表
平成25年2月26日	住友商事㈱とKDDI㈱、1株12万3,000円を買付価格としてJ社株式の公開買付けを行うことを公表 このとき、J社株式の全部を取得できなかったときは、J社株式を全部取得条項付種類株式とすること等を内容とする定款の変更(*)を行う等の方法により、同株式の全部を本件買付価格と同額で取得する旨を併せて公表
	(2月27日〜4月10日　公開買付けを実施)
6月28日	J社株主総会において、J社株式を全部取得条項付種類株式とする旨の定款変更等を決議
8月2日	定款変更の効力発生、J社は全部取得条項付種類株式を取得

(*) 平成26年会社法改正前、公開買付実施後に行われるキャッシュアウトの方法として一般的であった手法

原審[11]は公開買付け公表後の株価変動による補正を加えて公開買付けにおける買付けの価格よりも高い取得価格を決定した第一審[12]を是認したのに対して，最高裁は下記①および下記②の理解を基礎として，一般に公正と認められる手続により公開買付けが行われ，その後に当該株式会社が公開買付けの買付価格と同額でキャッシュアウト手続により株式を取得した場合には，上記取引の基礎となった事情に予期しない変動が生じたと認めるに足りる特段の事情がない限り，裁判所は，その株式の取得価格を公開買付けにおける買付け等の価格と同額とするのが相当であると判示し，この事件における株式買取請求権に基づく取得価格を，公開買付けにおける買付けの価格と同額とした．

① 多数株主が公開買付けを行い，その後に株式の全部を取得する取引においては多数株主等と少数株主の間に利益相反関係が存在するが，独立した第三者委員会や専門家の意見を聴くなど意思決定過程が恣意的になることを排除するための措置が講じられ，公開買付けに応募しなかった株主の保有する上記株式も公開買付けに係る買付け等の価格と同額で取得する旨が明示されているなど一般に公正と認められる手続により公開買付けが行われた場合には，公開買付けに係る買付け等の価格は，上記取引を前提として多数株主等と少数株主との利害が適切に調整された結果が反映されたものというべき．

② 公開買付けの価格は，キャッシュアウト手続による株式の取得日までの期間はある程度予測可能であることを踏まえて，取得日までに生ずべき市場の一般的な価格変動についても織り込んだ上で定められているということができる．

　ジュピターテレコム事件は，支配株主と少数株主の間に利益相反の関係があるという中でキャッシュアウトの価格の妥当性が争われた事案でありMBOの事案ではないものの，この最高裁決定で述べられた考え方は，MBOのプロセスとしてなされるキャッシュアウトの際に発生する問題にも妥当するものと考えられる．また，この最高裁決定は，上記で述べた機会主義的な動機に基づいた価格決定の申立てがなされる状況を解消するものであり，実務からは歓迎されるものと思われる[13]．ただし，「一般に公正と認められる手続」と評価される水準は個別案件の具体的事情・事実関係によって異なり得るとも考えられ，個々の事案において求められる具体的対応の水準感について取引当事者間での認識が共有されるには，さらに事案の蓄積が必要となるように思われる．

（2）　取締役の責任

　もう1つのテーマは，MBOの場面における取締役の注意義務である．取締役の注意義務は本来，会社に対して負っているものであるが（会社法330条），MBOのように株主がキャッシュアウトされるような局面においては，取締役

の株主に対する直接の責任が観念できるのではないかというのがここでの問題となる．ここではレックス・ホールディングス損害賠償請求事件[14]と，シャルレMBO株主代表訴訟事件[15]の概要を紹介する．

① レックス・ホールディングス損害賠償請求事件

事実関係は上記(1)のレックス・ホールディングス事件と同じであり，公開買付けに応じた株主が，MBOに関与した当時の役員に対して，対第三者責任(民法709条，会社法429条)を主張した事案である．東京高裁は，MBOにおいて，株主は取締役が企業価値を適正に反映した公正な価格で会社を買収し，適正な企業価値の分配を受けることについて共同の利益を有するものと解されるから，取締役が企業価値を適正に反映しない安価な買収価格でMBOを行い，旧株主に帰属すべき企業価値を取得することは善管注意義務に反すると述べ，その上で取締役および監査役は，(ア)MBOに際し，公正な企業価値の移転を図らなければならない義務(公正価値移転義務)，(イ)情報開示をする際には，その情報開示を適正に行うべき義務(適正情報開示義務)を負うとした．なお，この判決は一部の取締役について適正情報開示義務違反を認めたものの，これによる損害がないとして請求を棄却している[16]．

② シャルレMBO株主代表訴訟事件

シャルレの創業者一族によるMBO案件が不成功に終わったのは，MBOの過程での取締役による利益相反的な不適切な行為が原因だとして，株主がMBOに要した費用の支払いを求めて株主代表訴訟を提起したものである．上記①の事件は対第三者責任を主張した事案だったのに対して，これは会社に対する責任(会社法423条)を主張した事案である．

判決は，取締役が株主に対して負う義務としては上記①の判決が示した内容と同様の理解を示しつつ，(ア)株主との関係では，取締役の義務は公正な企業価値を移転する義務に尽き，公正な手続の一部を欠いたとしても，最終的に公正な企業価値の移転がされていると認められれば損害は発生しないので賠償義務も生じないのに対して，(イ)会社との関係では，公正な手続がとられない場合には，公開買付けやMBO全体の公正に対する信頼を損なうことにより不要な出費を要することが考えられ，取締役はそのことによって会社が被った損害を賠償する義務を負うとし，その上で公正な手続を実施する義務の違反を認定し，弁護士費用や第三者委員会の設置に関する費用を義務違反と因果関係のある損害として認定し，賠償義務を認めている(情報開示義務についてはその義務を負うことは肯定した上で，この事案においてはその義務違反を否定)[17]．

両高裁判決が示した義務の内容に対して，実務から特に大きな異論は唱えられていないと思われるが，取締役の株主に対する義務の内容をどのように構

成・理解すべきかという点について，これらの裁判例によって確立したといえる状況ではなく，①②の判決が示した義務の内容や，②の判決が示した株主との関係および会社との関係の理解の仕方を含めて，さらに今後の裁判例および議論の蓄積が必要な状況にあるといえよう[18]． （日比野俊介）

(2) インサイダー取引規制

(ア) インサイダー取引規制とは──規制趣旨

インサイダー取引とは，投資判断に影響を及ぼすような上場会社等の未公表の重要情報に接近できる特別の立場にある者が，その立場ゆえに知った情報を利用して，その情報の公表前に当該上場会社等の発行する株券等の売買を行うことをいう．この規制の趣旨は，証券市場の公正，健全性，あるいは市場に対する投資家の信頼を保護するところにあるとされており，インサイダー取引規制の違反に対しては，金商法上，刑事罰，課徴金，利得の没収といった厳しい制裁が用意されている．

当然のことながら，上場会社のLBO，MBOにおいては，未公表の重要な情報が関係してくるため，取引の関係者としては，このインサイダー取引規制に注意する必要がある．

(イ) 規制類型

インサイダー取引の類型は，そのインサイダー情報を知る立場という観点から2つの類型に分けられる．

(a) 会社関係者等によるインサイダー取引の規制

まず第1類型は，会社関係者等によるインサイダー取引規制である(金商法166条)．これは，上場会社等の行う募集新株の発行や組織再編行為などは，上場会社等の業務等に関する重要事実として投資家の投資判断に影響を及ぼすものであることから，このような重要情報を業務上知った当該上場会社等の役職員や契約締結者(取引銀行，顧問弁護士など)などの「会社関係者」および会社関係者から当該情報の伝達を受けた者あるいは知った者(第一次情報受領者)に対して，当該重要事実が公表されるまで，当該上場会社等の発行する株券等の売買を禁止するものである[19]．なお，現行制度上は，第一次情報受領者からさらにインサイダー情報を受領した者(第二次情報受領者)にはインサイダー取引規制は課されていない．

（b）公開買付者等関係者等によるインサイダー取引の規制

　第2類型は，公開買付者等関係者等によるインサイダー取引規制である（金商法167条）．公開買付け等の実施または中止に関する事実は，投資者の投資判断に影響を及ぼすものであることから，第1類型と同様，当該事実が公表されるまで，公開買付け等をする者や契約締結者等の「公開買付者等関係者」および公開買付者等関係者からの第一次情報受領者に対して，当該上場会社等の発行する株券等の売買を禁止するものである．後に紹介する村上ファンド事件は，こちらの類型となる（詳細は，コラム 12-3：村上ファンド事件を参照）．

　インサイダー取引は，その概念や内容自体はそれほど難解なものではないが，実務上は，その判断に迷う場面が出てくることになる．

（ウ）　実務上の問題

（a）バスケット条項

　どのような事象が重要情報に該当するかについては金商法166条2項各号に列挙されているが，潜脱防止のため，具体的列挙事由には必ずしも該当しない事実に対してもインサイダー取引規制を及ぼすために，同項4号および8号では，バスケット条項として，当該上場会社等およびその子会社の「運営，業務又は財産に関する重要な事実であつて投資者の投資判断に著しい影響を及ぼすもの」を重要事実としている．ところが，ある事実がこのバスケット条項で定める重要事実に該当するかの判断は非常に難しい場合がある．人によってその評価が分かれる可能性もあり，あるいは当該情報を受領した側では重要情報に該当すると判断していても，当該情報を伝達した側は重要情報に該当しないと判断している場合もありうる．

（b）公表

　重要情報を知った者が売買等を禁止されるのは，当該重要情報が「公表」されるまでであるが，「公表」はどのようなやり方でもよいというわけではなく，金商法が定める所定の方法によらなければならない（金商法166条4項・167条4項，金商法施行令30条）．

　ここで注意が必要になるのは，会社関係者等によるインサイダー取引の禁止が解除されるためには，上場会社等自身が公表する必要があることである．逆に言えば，上場会社等自身が公表しない限り，重要情報を知った会社関係者および第一次情報受領者は，売買等ができないことになる[20]．

たとえば，企業買収においては，買収者は，事前にデューディリジェンスを実施して，対象会社の状況を調査するのが通例であるが，かかる調査の過程で，バスケット条項に該当する重要情報，より正確に言えば，デューディリジェンスを実施した側（＝買収者）からすると，重要情報に該当すると思料される情報を取得する場合がある．当該情報が対象会社によって公表されないまま当該対象会社の発行する株券等を売買すると，インサイダー取引規制に違反することになるため，買収者は当該情報を公表するように対象会社に促すことになるが，対象会社の側では，当該情報を重要情報に当たるとは判断しておらず，公表に応じないということも考えられる．このような場合，最悪のケースとしては，買収者として対象会社の買収を断念することも視野に入れて交渉をする必要が生じることになる．

> **コラム 12-2：他社株 TOB 等に係る公表措置**
>
> 公開買付者等の役員等である公開買付者等関係者は，上場会社に関する「公開買付け等事実」を知りながら，当該会社の株式の買付等を行うことを禁止される．ただし，当該事実が公表された後は，禁止が解除される．公表されたかどうかについて，従来は，次の3つのいずれかの措置によることとされていた．すなわち，①公開買付開始公告や公開買付届出書の公衆縦覧等がされたこと，②公開買付け等事実を2以上の報道機関に公開し，12時間が経過したこと，および③上場会社が，金融商品取引所の規則で定めるところにより，公開買付け等事実を金融商品取引所に通知し，かつ，当該通知された公開買付け等事実が，金融商品取引所において公衆の縦覧に供されたことの3つであった．ところが，上記③の方法は，発行者による自社株の公開買付けの場合にしか利用することができず，発行者以外の者による他社株等の公開買付けおよびこれに準ずる買集め行為（以下「他社株 TOB 等」という）については認められてこなかった．
>
> この点について，実務的には，上場会社が他社株 TOB 等を行う場合には，当該上場会社は金融商品取引所の適時開示ルールに基づき，公開買付届出書提出日の前日以前に東京証券取引所が運営する TDnet を通じて提供される適時開示情報閲覧サービスにより，その決定事実または賛同表明を公表することが一般的であり，実質的には当該情報は公表されたものと評価し得るとの指摘があった．さらに，公開買付者や買付対象企業は，TDnet による公表がなされた後であっても，アナリスト等がインサイダー取引規制の対象となる情報受領者にならないようにするため，当該者への説明を行うことができず，かえって

会社の情報開示の妨げにもなっているとして，その弊害が問題視されていた．そのような問題点を踏まえて，金融審議会のワーキング・グループは，公開買付者が上場会社である場合と，そうでない場合に分けて，一定の要件を満たす情報開示については，インサイダー取引規制が解除される重要事実の「公表」措置（金商法166条4項）に該当するものとすることが適切であると指摘していた（インサイダー取引規制に関するワーキング・グループ「企業のグループ化に対応したインサイダー取引規制の見直しについて」（平成23年12月15日）9～12頁）．

上記ワーキング・グループの報告に基づき，平成25年9月に金融商品取引法施行令が改正され，他社株TOB等に係る公表措置として，新たに次の2類型が認められることになった．すなわち，第1に，公開買付者等が上場会社である場合には，金融商品取引所の規則で定めるところにより，公開買付け等事実を金融商品取引所に通知し，かつ，当該通知された公開買付け等事実が，金融商品取引所において公衆の縦覧に供されたこと．第2に，上場会社以外の公開買付者等が，公開買付けの対象企業または公開買付者等の上場親会社に対し，公開買付け等事実を金融商品取引所に通知することを要請し，当該対象企業または当該親会社が，当該要請に基づいて，金融商品取引所の規則で定めるところにより，公開買付け等事実を金融商品取引所に通知し，かつ，当該通知された公開買付け等事実が，金融商品取引所において公衆の縦覧に供されたこと．なお，上記第2の場合については，公開買付けの対象企業のみならず，公開買付者等に上場親会社が存在する場合には，当該上場親会社等を通じて公表措置をとることができるように配慮された点が注目される．　　　　（神作裕之）

(c) 決定

金商法では，「当該上場会社等……の業務執行を決定する機関が次に掲げる事項を行うことについての決定をしたこと……」を，重要事実の1つとして規定している（金商法166条2項1号）．このため，誰が何をしたことをもって「決定」があったとされるかという点が問題となる．

日本織物加工事件最高裁判決[21]では，「業務執行を決定する機関」について，法定の決定権限のある機関には限られず，「実質的に会社の意思決定と同視されるような意思決定を行うことのできる機関であれば足りる」としており，社長や役員の単独による決定であっても該当する可能性がある．

次に，決定された行為が実行されることの確実性を要するかという点について，同判決では，株式の発行を行うことについての決定をしたことの解釈として，業

務執行を決定する機関において,「株式の発行それ自体や株式の発行に向けた作業等を会社の業務として行う旨を決定したことをいうものであり,右決定をしたというためには右機関において株式の発行の実現を意図して行ったことを要するが,当該株式の発行が確実に実行されるとの予測が成り立つことは要しない」としている.

それでは,確実に実行されるとの予測が成り立つことは要しないとしても,「決定」の対象となる事実の「実現可能性」は,「決定」があったかどうかの判断において,どのように位置付けられるのであろうか.これを明らかにしたのが村上ファンド事件最高裁決定[22]である.

コラム 12-3：村上ファンド事件

この事件の概要・経過は次に示すとおりであり,争点は,平成 16 年 9 月 15 日あるいは同年 11 月 8 日時点で,「公開買付け等を行うことについての決定」があったかという点である.そして,この判断において,決定の対象となった事実の実現可能性という要素が,「決定」の成否にどのような影響を与えるかが争われた.

〈事案の概要〉

平成 16 年 9 月 15 日	村上ファンドの代表 M は,ライブドアの前社長 A・取締役 B との会議で共同してニッポン放送を買収することを提案.これを受け,A・B は,ニッポン放送株式の 3 分の 1 超の買集めの調査,準備,交渉等の諸作業を行う旨決定した.
平成 16 年 11 月 8 日	M と A・B らが出席する会議の席上,M は,A からライブドアがニッポン放送の株式 5% 以上を買い集める準備に入った旨の情報を得る.
平成 16 年 11 月 9 日～平成 17 年 1 月 26 日	村上ファンドがニッポン放送株式を約 193 万株取得.
平成 17 年 2 月 8 日	ライブドアがリーマンブラザーズ証券に対して 800 億円の転換社債型新株予約権付社債の発行を決定.ニッポン放送株式を立会外取引で大量取得.村上ファンドはライブドアに立会外取引でニッポン放送株式を売却するほか,同日以降,市場でニッポン放送株式を売却.

〈争点〉

M は,ライブドアにおける公開買付け等(5% 以上の買集め)を行うことについての決定をした旨の事実を,平成 16 年 11 月 8 日に伝達されたとして,同日以降に行われたニッポン放送株式の取得行為がインサイダー取引規制に違反するとして起訴された.M は,平成 16 年 11 月 8 日時点では,ライブドアがニッポン放送株の 3 分の 1 超の買集めを実施するのに必要な資金を手当てできる見込みがなく,公開買付け等を行うことについて

の「決定」はなかったと主張した.

〈判決の概要〉	一審判決	原判決	最高裁決定
実現可能性についての判断	実現可能性が全くない場合は除かれるが,あれば足り,その高低は問題にならない	主観的にも,客観的にも,それ相応の根拠を持ってその実現可能性があることが必要	公開買付け等の実現可能性が具体的に認められることは要しない.

　第一審[23]では,実現可能性が全くない場合は除かれるが,あれば足り,その高低は問題にならないとして,平成16年9月15日の時点で決定があったと判断された.他方,控訴審[24]では,決定が行われたというには,内部的に(主観的に)も,第三者の目から見ても(客観的にも),それ相応の根拠を持ってその実現可能性があるといえることが必要とされたが,平成16年11月8日の段階では,このような実現可能性という点を考慮に入れても,結論としては決定があったと判断されている.これに対して最高裁決定では,公開買付け等の実現可能性が具体的に認められることは要しないと判断して,実現可能性の位置づけとしては,第一審判決に近い判断をしている.最高裁は控訴審の判断を正当であるとするのみであり,平成16年9月15日において決定があったと認められるかについては述べていないが,最高裁が示した基準からすると,9月15日時点においても,決定があったという判断になる可能性は高いと考えられる.

　実務家からは,第一審判決に対しては決定の範囲があまりにも広すぎるとの懸念があり,控訴審判決に対しては賛成という評価が多数であったと思われるが,最高裁決定は第一審に近い判断を示したといえる[25].

　銀行や証券会社の実務上は,インサイダー取引についてはグレーゾーンも排除するという方針の下,この最高裁決定の前からかなり保守的な社内ルールが規定されてきたのが実情と考えられ,この最高裁決定によって従前の実務が大きく変更されたわけではないと思われるが,個別具体的な判断においては,この最高裁決定を踏まえて,慎重な対応が求められる場合も出てくると考えられる.

（日比野俊介）

4　LBO・MBOと銀行・証券会社に対する規制

（1）　銀行・証券会社のLBO・MBOへの関与形態と規制

LBO・MBO案件の組成にあたり,銀行や証券会社としては,買収資金の貸主,

アドバイザー，株式の売買の媒介など，複数の立場で案件に関与することが考えられるが，銀行がこれらの業務に従事することに対して何らかの制限はあるのだろうか．また，現代においては，銀行が証券会社を子会社として保有したり，持株会社の傘下に銀行と証券会社が存在するという事業形態は，必ずしも珍しいものではない．そうするとたとえば，銀行が買収目的会社への融資を検討すると同時に，その銀行の証券子会社が買手のアドバイザーに就任するなど，同一金融グループの銀行と証券会社の双方が同じ案件に関与する可能性がある．

このような場合に，銀行と証券会社に対して課されることになる規制のうち主要なものとして，銀証分離規制，ファイアーウォール規制，利益相反管理体制の整備が挙げられるが，銀証分離規制およびファイアーウォール規制は銀証分離規制（第7章）で取り扱うため，以下では利益相反管理体制の整備について，その内容を概観する．

（2） 利益相反管理体制の整備

（ア） 利益相反管理体制の整備義務

銀行は，自己またはそのグループ金融機関が行う取引に伴い，これらの者が行う業務に係る顧客の利益が不当に害されることのないよう，当該業務に関する情報を適正に管理し，当該業務の実施状況を適切に監視するための体制の整備その他必要な措置を講じなければならない（銀行法13条の3の2，銀行法施行規則14条の11の3の3）．証券会社にも，金商法によって同様の義務が課されている（金商法36条2項，金融商品取引業等に関する内閣府令70条の4）．これが，利益相反管理体制の整備義務である．この規制は，利益相反行為を禁止するのではなく，適切な管理を求める点に特徴がある．したがって，銀行，証券会社には，どのような体制を整備すれば顧客の保護を適正に図ることができるかを自ら検討して必要な体制を構築し，それを遵守し，発展させていくことが求められている．

（イ） 利益相反が問題となりうるケース

LBO・MBO に銀行と証券会社が関与する際に，利益相反が問題になり得る場合として，以下では2つの類型について述べる（図表7参照）．

1つ目の類型は，顧客同士が売手と買手になる場合である．図表7上段の例では，銀行としてはM&Aが成立して融資が実行できる方が利益になる．一方，一般的には，M&Aは売手が許容する株式の売却価格の水準が低ければ，それだけ買手が見つかりやすく，取引が成立しやすいという関係にある．そこで，同一金

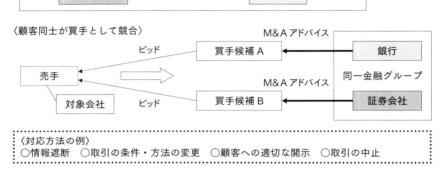

図表7　利益相反規制〜利益相反が問題となりうるケース

融グループの証券会社が，銀行による融資の実現可能性を高めるために，適正と思われる価格よりも低い水準の価格を適正であるとするアドバイスを売手に提供する危険性があるのではないかということになる．

　2つ目の類型は，顧客同士が買手として競合する場合である．図表7下段の例では，AとBは買手として競合する関係にあるが，たとえば，同一金融グループに属する銀行がAに，証券会社がBに，それぞれM&Aアドバイスを提供する場合，この銀行と証券会社は，当然ながら，それぞれのアドバイザーとしてAとBからさまざまな情報を得ているため，この情報を何の制約もなく自由に銀行と証券会社の間で授受できるとすると，この銀行あるいは証券会社の裁量によって，AとBのどちらかが不利な立場に立たされることになりかねない．このような意味で，利益が相反し得る関係にあるということができる．

　また，その他の例として，シンジケート・ローンにおけるアレンジャー業務，エージェント業務においても，利益相反の問題が生じうることが指摘されている（第8章　シンジケート・ローン2(5)参照）．

　冒頭に述べたとおり，利益相反管理体制の整備義務は，利益相反取引を禁止する規制ではない．それでは，このような状況下で，顧客の利益を保護しつつ取引

を継続するためには，銀行，証券会社としてどうすればよいかということになる．この際の方法としては，たとえば内部的に情報遮断措置をとる，取引条件を変更する，利益相反状態にあることを開示して顧客からの了解を得ることが考えられるし，事案によっては，これらの方法では顧客の利益を保護することが困難と判断されれば取引自体を中止することも考えられる．銀行および証券会社としては，個別具体的な事案に応じて，このような対処を適切にとることができる体制の整備が求められているということになる．

(ウ) 今後の課題

金融取引の複雑化や規制緩和の流れの中で，同一金融グループに属する銀行と証券会社が1つの案件の中でそれぞれの役割で関与するケースも増えており，金融取引における利益相反は，近時注目されることが多くなっており，その議論の内容にも変化や進展がみられる[26]．また，法律だけではなく，たとえば金融商品取引所の規制の中にも，利益相反のおそれのある取引への対処を意識した規定が設けられている[27]．

もっとも，銀行および証券会社は，利益相反管理体制の整備を義務づけられているが，それでは，個々の取引で生じている利益相反的な状態に対処する措置をとることは，法的にどのような意味があるのだろうか．単なる実務上のプラクティスなのか，それとも法的な義務なのか．法的な義務だとすると，その根拠は善管注意義務なのか，信義則なのか．そうだとして，どのような基準によって認められるものなのか．これらの点は，現在も明確な結論が出ていない困難な問題であり，今後の議論の深化が期待される[28]．

コラム 12-4：LBO・MBO に係る利益相反

コラム 12-1：レックス・ホールディングス事件で検討された利益相反は，企業を買収しようとしている経営者・大株主と保有株式を売却する側の少数派株主との間の利益相反であった．そして，このような取引が問題視される実質的な根拠として，取締役と少数派株主との間には深刻な利益相反が生じていること，および，当該会社の経営者等は当該会社に関する正確かつ豊富な情報を有しており情報の非対称性が著しいことが指摘されてきた．会社法は，取締役の会社に対する善管注意義務や忠実義務を規定しており(会社法330条，民法644条，会社法355条)，取締役や大株主が株主に対しそれらの義務を負うかは

明確でない．判例は，取締役は株主共同の利益に配慮する義務を負っていることに基づき，MBO のプロセスにおけるさまざまな義務を認めている．

これに対し，LBO や MBO に関連する金融取引や金融業務に関連して生じ得る利益相反の例が，本章4(2)(イ)に掲げられている．

図表7上段の例は，同一の金融グループに属する証券会社が売手企業との間に M&A アドバイス契約を締結し，買手企業に対し同一の金融グループに属する銀行が融資を計画している場合である．ここでは，銀行による融資を実現したいがために，証券会社が売手企業にとって最善の売買条件についてアドバイスしない可能性が生じるといったインセンティブの歪みが問題となる．ここで直接的な利益相反が生じるのは，証券会社の顧客と銀行との間である．また，図表4のスキームの下で，銀行の融資をより確実に回収するために，同一の金融グループに属する証券会社が買収目的会社へのファンド出資をその顧客に対して強く勧誘し販売するような場合も，金融グループに属する金融機関と，同一の金融グループに属する他の金融機関の顧客の利益が相反する．

図表7下段の例では，グループ内の顧客の間に競合関係が生じている．すなわち，金融グループに属する銀行が M&A アドバイス契約を締結しており，同一の金融グループに属する証券会社もまた顧客との間で M&A アドバイス契約を締結しており，どちらの顧客も同じ企業を買収しようとしている．このとき，一方の顧客が有利に扱われ，他の顧客が不利益を被るおそれがある．これは，同一の金融グループに属する複数の会社の顧客間において利益が相反する場合である．

このように，金融グループにおいては，さまざまな当事者との間で，さまざまな形で利益相反が発生し得る（コラム 5-5 を参照）． 　　　　　（神作裕之）

5　おわりに

以上，LBO・MBO の仕組みとこれに関連する証券規制を概観したが，この関係で，最後に LBO・MBO にとどまらず，プロジェクト・ファイナンス，証券化などの金融取引全般を通じて問題となることを述べておきたい．

企業がある取引を検討するに当たっては，会計・税務の問題が非常に重要な要素になることが多い．一般的に，企業にとっては，適法な枠組みの中で，税の負担をどこまで軽減できるか，あるいは適切な会計処理であることを前提として，

ある取引が会計上どのような取扱いを受けて，どのように開示されることになるのかが重要な関心事となる．このような観点から，会計上および税務上，最も有利な結果となるような法律構成を選択したいというニーズが出てくる場合がある．

税務上の問題としては，たとえば，平成26年会社法改正の前にキャッシュアウトの手法として全部取得条項付種類株式が利用されていた理由は，手法としてはより簡便と考えられる交付対価を現金とする組織再編が，税制上非適格組織再編となり対象会社の資産の含み益に課税されてしまうことにあったとされている[29]．また，会計上の問題としては，たとえば，資産の売却取引において，売買契約に一定の条件を付したような場合に，当該取引によって，会計上資産の消滅の認識（オフバランス）がされるか，他の会社の株式を取得するとともに一定の業務提携契約を締結したり，役員を派遣したりすることによって，その他の会社が連結対象になるかといったことが，比較的よく問題になる事例として挙げられる．

最後に，取引に関係する法律の知識はしっかりと押さえた上で，会計・税務の知識もある程度備えておかないと，企業活動の実態，企業のニーズを正確に知ることができない場合もあるということを，指摘しておきたい．　　　（日比野俊介）

---

1) 典型的には，発行する株券等が金融商品取引所上場されている会社であるがこれに限定されているわけではなく，また上場を廃止したとしても，そのことのみによって提出義務が免れるわけではない（金商法24条1項参照）．この点に関連した問題として，後述(オ)(c)を参照．
2) 詳細は，証券法研究会編・金商法体系Ⅰ公開買付(2)（商事法務，2012）327頁を参照．
3) 「スクイーズアウト」という表現が使われることもあり，論者によってその使い方に差があることもあるが，本章では以下「キャッシュアウト」で統一する．
4) 平成26年改正会社法によるキャッシュアウト制度の詳細は田中亘「キャッシュアウト」ジュリスト1472号(2014)40頁，平成26年改正会社法施行後の実務の動向は中山龍太郎「二段階買収の実務と法的論点」法学教室433号(2016)15頁を参照．
5) http://www.meti.go.jp/policy/economy/keiei_innovation/keizaihousei/pdf/MBOhoukou2.pdf
6) http://www.meti.go.jp/policy/economy/keiei_innovation/keizaihousei/pdf/MBOshishin2.pdf
7) 詳細は，水野信次＝西本強・ゴーイング・プライベート（非公開化）のすべて（商事法務，2010）162頁を参照．
8) 第一審は東京地決平成19年12月19日（金融・商事判例1283号22頁），控訴審は東京高決平成20年9月12日（金融・商事判例1301号28頁），上告審は最三小決平成21年5月29日（金融・商事判例1326号35頁）．
9) この最高裁決定の評釈として，十市崇「レックス・ホールディングス事件最高裁決定とMBO実務への影響（上）（下）」金融・商事判例1325号8頁・1326号2頁(2009)，加藤貴仁「レックス・ホールディングス事件最高裁決定の検討（上）～（下）」商事法務1875号4頁・1876号4頁・1877号24頁(2009)がある．
10) 最一小決平成28年7月1日民集70巻6号1445頁．
11) 東京高決平成27年10月14日金融・商事判例1497号17頁．
12) 東京地決平成27年3月4日金融・商事判例1465号42頁．

13) この最高裁決定の評釈として，藤田友敬「公開買付前置型キャッシュアウトにおける公正な対価——最決平28・7・1と公開買付後の市場動向を勘案した「補正」の可否」資料版商事法務388号(2016)48頁，松中学「JCOM最高裁決定と構造的な利益相反のある二段階買収における「公正な価格」」商事法務2114号(2016)4頁，桑原聡子＝関口健一＝河島勇太「ジュピターテレコム事件最高裁決定の検討」商事法務2114号(2016)16頁がある。また，この決定の前に書かれた論考で関連するものとして，神田秀樹「二段階MBOにおける株式の取得価格の決定」法曹時報68巻4号(2016)879頁，飯田秀総「株式買取請求・取得価格決定事件における株式市場価格の機能」商事法務2076号(2015)38頁がある。
14) 東京高判平成25年4月17日金融・商事判例1420号20頁。
15) 大阪高判平成27年10月29日金融・商事判例1481号28頁。
16) この高裁判決の評釈として，飯田秀総「レックス・ホールディングス損害賠償請求事件高裁判決の検討(上)(下)」商事法務2022号4頁・2023号17頁(2014)がある。
17) この高裁判決の評釈として，阿南剛「シャルレMBO株主代表訴訟事件控訴審判決の検討」商事法務2095号(2016)32頁がある。
18) 2つの高裁判決を踏まえて，両判決の示した義務の内容を検討する論考として，田中亘「企業買収・再編と損害賠償」法律時報88巻10号(2016)21頁がある。
19) また，平成25年金商法改正によって，株券等の売買をしない場合であっても，未公表の重要事実について，会社関係者が一定の情報伝達・取引推奨を行うことが新たに禁止されている(金商法167条の2第1項)。公開買付け等の実施または中止に関する事実についても同様の規制が整備されている(同条2項)。
20) この点に関連して，金商法に定める方法によらない形で重要事実が新聞報道等によって公となったことにより重要事実としての性格が失われることとなったかが争われた事案について，最一小決平成28年11月28日(刑集70巻7号609頁)は，金商法166条4項および金商法施行令30条が，インサイダー取引規制の解除要件である重要事実の公表の方法を限定列挙した上，詳細な規定を設けている趣旨は，投資家の投資判断に影響を及ぼすべき情報が，法令に従って公平かつ平等に投資家に開示されることにより，インサイダー取引規制の目的である市場取引の公平・公正および市場に対する投資家の信頼の確保に資するとともに，インサイダー取引規制の対象者に対し，個々の取引が処罰等の対象となるか否かを区別する基準を明確に示すことにあるとした上で，情報源を公にしないことを前提とした報道機関に対する重要事実の伝達は，たとえその主体が金商法施行令30条1項1号に該当する者であったとしても，同号にいう重要事実の報道機関に対する「公開」には当たらず，会社の意思決定に関する重要事実を内容とする報道がされたとしても，情報源が公にされない限り，法166条1項によるインサイダー取引規制の効力が失われることはないと判示している。
21) 最一小判平成11年6月10日刑集53巻5号415頁。
22) 最一小決平成23年6月6日刑集65巻4号385頁。
23) 東京地判平成19年7月19日資料版商事法務329号88頁。
24) 東京高判平成21年2月3日高刑集62巻1号1頁。
25) この最高裁決定の評釈として，黒沼悦郎「村上ファンド事件最高裁決定の検討」商事法務1945号(2011)4頁がある。
26) たとえば，平成28年12月22日に公表された「市場ワーキング・グループ報告〜国民の安定的な資産形成に向けた取組みと市場・取引所を巡る制度整備について〜」(http://www.fsa.go.jp/singi/singi_kinyu/tosin/20161222-1.html)では，金融商品の販売，助言，商品開発，資産管理，運用等を行う金融事業者に対して利益相反の適切な管理を求めているが(同報告第1章1(2)III)，そこで利益相反の可能性を判断するにあたり業務への影響を考慮すべきとして例示されている事情は，その考慮を法令上の利益相反管理の枠組みを超えた金融事業者のベストプラクティスにゆだねる趣旨のものであるとの指摘がある(梅澤拓「金融行政方針が地域金融機関に与える影響——「フィデューシャリー・デューティー」から「顧客本位原則」へ」金融法務事情2058号(2017)33頁)。
27) たとえば東京証券取引所では，上場会社がMBOに関して意見表明等を行う場合は，適時開示を必要かつ十分に行うことを義務づけている(東京証券取引所上場規程441条)。

28) 議論の状況の理解に役立つものとして,「特集 I 金融取引・金融業務における利益相反(金融法学会第 28 回大会資料)」金融法務事情 1927 号(2011)28 頁以下に所収の各論文がある.
29) 詳細は,太田洋「わが国における MBO の実務と課題」井口武雄=落合誠一監修,日本取締役協会編著・経営判断ケースブック(商事法務,2008)88 頁以下を参照.

第13章　証券化

1　はじめに

　証券化とは，1970年代より米国を中心に発展してきた金融技術であり，企業や金融機関が有する資産を裏付けとして有価証券を発行し資金調達を行うことをさす．1970年代から1990年代にかけて，米国で金融の自由化が進展する中で，①貸出資産の内容について引き受けプロセスを通じて健全化すること，②リスク分散を可能にすること，③資産の流動性を増大させること，④銀行よりもリスクにうまく対応できる市場参加者にリスクを移転すること，といったメリットがあることを背景に，金融資本市場の重要な機能として発展してきた．我が国でも，1989年の金融制度調査会で「金融の証券化とは，証券形態による資金調達・運用の比重が一層高まること，金融機関などが有する長期貸付債権などを証券形態で流動化することなどを総称したもの」と定義され，証券化市場構築に向けた金融資本市場の整備が進められてきた．一方，証券化市場が，2007年の米国サブプライムローン市場の破綻をきっかけに収縮がはじまり，その後の金融危機をもたらし，実体経済にまで深い影響を与えたことは周知の事実であろう．

　こうした直近の歴史を踏まえ，「証券化」という金融技術が資本市場そのものを破壊したものという負のイメージが浸透した面があることは否めない．証券化市場を我が国で構築しようという取組みが進められていた当時は，先進的な欧米の仕組みを導入するというイメージであったが，我が国で証券化を活用した資本市場が十分に発展・成熟する前に，グローバルな世界では証券化の活用が度を過ぎた結果として，マーケット・クラッシュ，すなわち資本市場そのもの，もしくは世界中の金融システムを壊しかねない事態が起きてしまったともいえる．

　一方，では証券化というものが全部否定されたかというと，必ずしもそうではない．たとえばアメリカで，連邦準備制度理事会(FRB)において住宅ローンの資

産担保証券(MBS)を市場で積極的に購入してきたことの目的は，市場を通じて実体経済を何とか立て直そうというものだ．また，その住宅ローン証券化市場で中心的な役割を担う機関も，ファニーメイ，フレディマックといった半官半民の組織(政府支援機関：Government Sponsored Enterprises(GSEs))から完全な連邦政府機関であるジニーメイに交代した観はあるが，引き続き従前と同じ規模以上の市場が機能している．こうした場面で資産担保証券がなお重要な役割を担っていることも理解すべきだろう．

また，ヨーロッパの主要国では，各国の国債以外に，各国の法制上許容された銀行の発行するカバードボンド(担保付金融債)——資産担保証券とある意味で共通する性質を持つ住宅貸付けおよび地方公共団体向け貸付け等を担保資産とする債券——がアメリカのMBS同様に重要な役割を担っているが，これを欧州中央銀行が市場で購入し経済を支える，といった政策も採用されてきている．

これは，米国，欧州いずれの場合でも，住宅金融や公的インフラ金融等で，財政投融資に代表されるような公的債務の仕組み，すなわち国債に資金の流れを集中させることの代替機能を担う市場として，証券化技術もしくはそれに通ずる金融手法が長年にわたり活用されてきており，現在も機能していることを表している．証券化は，国の信用力に依存しない形での信用力の安定した市場として現状でも重要な役割を担っていることは再認識すべきものと思われる．

欧米先進国以外にも目を転じてみよう．たとえば中国でもようやく債券市場が発展しつつあるが，その中で証券化への取組みの進展も見られる．中国では，2005年に証券化が開始され，リーマンショック後の市場の混乱を受けて一旦新規発行が中止されたが，2012年に当局より証券化を再開する通知が発せられ，証券化の試行プログラムが再開されると証券化市場は急速に復活してきている．中国ではいわゆるノンバンク金融や証券化事業体を活用する等，シャドーバンキングを展開する動きも見られ，これをいかに金融の枠組みに統合していくかは，今後の同国の金融のあり方を考える上でも重要なポイントといわれてきたが，証券化市場再開にはシャドーバンキングの象徴的な位置づけにあった理財商品に代わる投資商品を育成するといった視点もあったようだ．

中国以外のいわゆるアジア地域(ASEAN等)では，アジア債券市場育成イニシアティブ(Asian Bond Markets Initiative: ABMI)といわれる取組みが行われている．これは，アジアにおいて効率的で流動性の高い債券市場を育成することによりア

1 はじめに

ジアにおける貯蓄をアジアに対する投資へと活用できるようにすることを目的として，2003年第6回 ASEAN＋3 財務大臣会議において各財務大臣により合意されたものだが，これまでに数多くの検討課題に精力的に取り組まれてきており，証券化もこのフレームワークで取り上げられ，日韓両国政府の協力の下での国際的な債券担保証券(CBO)といわれる証券化商品の発行なども行われている．アジアで債券市場を育成することは，域内の投資マネーを安定的に循環させることでアジア通貨危機のような事態を再度招かないためにも重要なテーマとして位置づけられている．また，韓国の証券化市場は金融危機後も飛躍的に増大しており，シンガポールや韓国，タイといった国々がアジアでは先行してカバードボンド法制の整備に乗り出していることも，実際にどの程度機能するかは不透明な部分もあるが，金融危機後のグローバルな金融システムのあり方という意味ではよく見ておく必要があるだろう．いわゆる新興国が，「中進国の罠」にはまらない形で持続可能な発展を続けるため，経済効果の裾野を期待できる住宅投資やインフラ投資等をいかに実現するかという論点と，経済発展の過程で成長する生保年金等の機関投資家のための運用商品をいかに創出するか，という観点からも，証券化の取組みの重要性を指摘することもできよう．

このように，証券化の基本的なフレームワークは引き続きグローバルにも重要な機能を担っており，この理解なしでは，グローバルな金融市場や金融規制，我が国の金融規制のあり方や資本市場活性化のための制度等についても，適切な取組みができなくなると思われる．グローバルな金融の仕組みやリーガルストラクチャー，すなわち証券化に関する基本的な枠組み，ロジックは基本的に共通である．ここでは，もちろん法律論を中心とするものの，むしろ証券化という金融技術がどういう基本構造となっているかを理解し，そうした視点を踏まえ，視野を広げてグローバルな金融構造や規制のあり方まで理解するための基礎として頂ければ幸いである[1]．

※会社，信託など目的に応じてさまざまな「器」が用いられる．
※証券化という特別の目的のためのビークル(器)という意味で，Special Purpose Vehic.e(SPV)などと称される．SPC，SPT，(TMK，TMT)……

図表1　典型的な証券化スキーム・イメージ

2　資産の証券化概論

(1)　「資産の証券化」とは

(ア)　典型的な証券化スキーム例

　図表1として，典型的な証券化スキーム・イメージを示した．通常の企業金融であれば，資金調達者は資金を借りる株式会社等の法人(会社・企業)であり，この資金調達者に対して直接資金を融通するのは銀行等の金融機関である．株式会社の法律構造の基本では，株式会社を設立した場合は株式を発行し投資家に投資してもらうことで資金を調達する．当然のことながら，会社は出資による資金調達のみで事業を営むわけではなく，株主に対する配当を上げていくために，負債性資金を銀行等の金融機関から調達することによって，事業規模の拡大を図る．さらに，銀行等の金融機関から借りるのみではなく，一般公衆からも信用を獲得した上で資金を調達しようとする場合には，社債を発行し，幅広く投資家から資金を調達することになる．株式会社が信用を獲得する上でも，適切に情報開示を行い，また必要に応じて外部格付けも取得する．こうした資金調達が基本的な企業金融の枠組みである．

　一方，証券化の場合は，こうした企業金融の形式とは異なる資金調達となる．あえて単純化すれば，企業金融とは逆の発想と理解することが可能であろう．以下，簡略化した事例で説明したい．

　たとえば，ある鉄道会社が立派な鉄道事業を営んでいて，株主に対して配当も

行い，銀行融資も正常に返済可能であるとしよう．また，企業財務の適正さを背景に高い格付けも取得可能であるという場合，事業拡大のために更に銀行から融資を受けることも，あるいは公衆に社債を発行することも，通常は問題ない．

　この鉄道会社が，近くで不動産開発事業を行う場合を想定する．通常，大手の鉄道会社であれば，観光開発事業部門でリゾート開発を行っている場合もあるであろうし，不動産事業部門で高級住宅地をつくって住宅分譲を行う，あるいは住宅の賃貸事業を行うといったこともあると考えてよい．こうした事業の中での賃貸住宅事業において，すでに賃貸住宅に入居者が存在し，この賃貸事業から安定的なキャッシュフローがある場合には，鉄道会社自らが銀行等から資金を借りるのではなくて，図表1の中央の資金調達ビークル——ビークルとは車，器という意味であり，資金調達という特別な目的をもった「器」として Special Purpose Vehicle（これより以降は「SPV」という）——に賃貸住宅を譲渡し，譲り受けた SPV が，賃貸住宅に入っている人たちが払う賃料のキャッシュフローを見合いに，投資家から資金を調達することもできることになる．企業金融ではなく，こうした資産を裏づけにした資金調達（資産担保金融）を証券発行により行うことが，「証券化」の基本である．この場合，直接の資金調達者はこの SPV と言われるものになる．証券化の仕組みでは，鉄道会社は賃貸住宅について SPV と売買契約を締結し，資産の譲渡を受けた SPV がもとの賃貸住宅の所有者たる鉄道会社に売買代金を支払い，鉄道会社は結果として資金を獲得する．鉄道会社がいわば間接的に資金調達を行う，このような仕組みが証券化である．

　ここでいう鉄道会社のような，通常の方法で資金調達することに何ら問題がない状況であれば，特に証券化といった仕組みを利用しなくても，企業金融で資金を調達すればいい．相応に低利で資金調達することが可能であれば，自社の財務体力を維持しつつ資金調達を継続し，新しい事業を展開していけばいいことになる．しかし，会社のニーズはさまざまである．たとえば，開発者が上記の鉄道会社ではなく，優良な賃貸オフィスのような不動産を保有している地元の不動産開発会社で，また，前掲の鉄道会社と同じような高級賃貸住宅を建設する能力があるとする．その不動産開発会社は入居者を募集することもできるが，同社は設立されて日も浅く，まだ市場では十分に認知されておらず，企業財務の優良さについて格付け等も取得していないという場合を想定してみよう．銀行取引でも地元の銀行と多少取引がある程度で大型かつ長期の資金調達を行った経験がないとい

った場合，ここでの高級賃貸住宅のような大型の開発に取り組み，建設から完成，賃貸事業を運営しその後最終的な回収が行われるまで，長期資金調達を企業金融として行おうとしても容易ではないというケースを想定しうる．一方，通常の企業金融ではなく，証券化の枠組みを活用した場合はどうであろうか．近隣の鉄道会社が事業化している高級賃貸住宅と同等の優良な高級賃貸物件を開発可能で，かつ優良な入居者を確保できる見込みもあり，キャッシュフローも獲得可能であるという前提とする．資金調達のためのSPVを設立し，その高級賃貸住宅をSPVに売却する形式を整え，高級賃貸住宅を取得したSPVで資金調達，たとえば格付けを取得して社債を発行するとすれば，本体の信用力とは切り離して資金調達することができる．資産から確実にキャッシュフローが入ることを投資家に納得させることができれば，不動産開発会社がたとえ自ら格付けを取得できていなくても，資産の価値を前提に安いコストで賃貸住宅事業を展開していくことができることになる．このように，元の資金調達者がそのままでは資金調達できない場合でも，資産自体の信用力をもって資金調達ができること，これが基本的な証券化の構造である．

（イ）証券化の定義

これまで証券化の基本的な考え方を述べてきたが，証券化の定義を踏まえて，スキームの基本について重要な点を整理しておく．なお，「証券化」という用語は明確に法律的に定義が決まっているわけではない．諸外国では，証券化をしやすくするためにあえて特別な立法をしている国も多々存在するが，そうした法も通常は数多く存在する証券化およびそれに類似する取引の一部を対象としているにすぎない．

まず1点目として，形式面では，新たに他の法主体，すなわちSPVをつくって，そこに資産を譲渡するという点がポイントになる．後に詳しく説明するが，この，譲渡もしくは売却がきちんと成立していて，資産が完全にSPVに移転しているかということは，証券化による資金調達スキームを構築する上で極めて重要な点である．

2点目として，資産を譲渡もしくは売却した場合に，元の資産の保有者（＝譲渡人）は一切その資産もしくは資産を活用した事業に関与しないかというと，そうではないという点を挙げたい．先ほどの事例では，鉄道会社であれ，地元の不動産開発会社であれ，一般的にはSPVに賃貸住宅を売却した後で，元の保有者は

- 概ね次の要素により成り立っている場合が多いが，明確な定義があるわけではない．

> ・形式面
> ①他の法主体(SPV)への資産の売却(譲渡)
> ②譲渡人の当該資産への一定の関与
> ③SPVによる対象資産を裏付けとした資金調達
> ④資金調達手段としての証券の発行
> ・実質面
> ―実質的な資金調達者の信用力ではなく，対象となる資産自体の信用力に基づくファイナンス・スキーム(＝アセットファイナンス)

- 特に最近は，証券化の技術がさまざまな局面にて利用されており，それに応じて，さまざまなスキームがあるため，一般に「証券化スキーム」と呼ばれているものが，必ずしも，上述の要素を全て満たすわけではない．

- なお，「集団投資スキーム」という概念から見た場合，これは「資産運用型」と「資産流動化型」に大別されるが，今回「証券化」の概念でとらえるのは，主に「資産流動化型」ということになる．
  ⇒いずれも，重要な金融法務技術であることは変わらず．

図表2　「証券化」(Securitization)の定義

当該事業に何らかの形で関与する．SPVというのは単なる器である．会社形態をとっていても実体はなく，たとえば会社の運営実務についてはそのSPVから委任を受けて決算のための事務代行を行う者が実務的な処理を行う．通常は監査法人や信託銀行等がこうした業務を受任する場合が多いだろう．しかし，SPVおよびその事務運営の受任者は，実態的な事業運営，たとえば賃貸住宅に住んでいる人から水漏れしたとか，停電したといった連絡があった場合に，相談に乗ってくれるわけでもなく，また，定期的なメインテナンスに付き合ってくれるわけでもない．そういう業務に対しては，譲り渡した元の所有者である会社が，自分はすでに当該資産の所有者ではないが，SPVから一定の業務，この場合は不動産管理業務を受託して一定程度関与する形態をとるのが一般的である．

　3点目として，SPVはただ資産を持っているだけでは，元の所有者に対して当該資産の取得の対価を支払うことができない．このため，その資産を裏づけにして資金調達を行うことになり，証券化では，資金調達を行うためにこの資産を裏づけにして有価証券を発行する．SPVというのは会社形態をとる(＝Special Purpose Company, SPC)場合が多い．会社が資本市場から資金調達する場合には，前述のように基本的には株式または社債といった選択肢が存在する．SPCが資金調達する場合も，これが会社形態であることから法的枠組みは同じであるが，資産から生じる安定したキャッシュフローにより投資家の投資機会を創出する．社

債等による証券化は資本市場から調達する基本形の1つということになる．この証券化スキームで，SPVの創出するキャッシュフローが安定していることにより，社債について高い格付けを取得するためには，一定の利払いを行い最終的に償還できることに問題がないことが必要である．

なお，図表2で集団投資スキームについて説明しているが，投資信託のように多数の者から資金を集め，そのプールされた資金の運用をプロに委ねてリターンを投資家に還元したり，あるいは，特定の資産の証券化等を行ったりすることを集団投資スキームといい，すでに存在している資産の創出するキャッシュフローを投資家に分配することを目的とした「資産流動化型」と，新たに投資家から資金を募ってそれを運用するというところに軸足を置いた「資産運用型」を区別してとらえることもできる[2]．「資産流動化型」は，特定の資産から生じるキャッシュフローを，専門家たるアレンジャー等が組み換えて主として多数の投資家に証券等を販売することにより資金調達を行う仕組みであり，これまで説明してきたSPCを活用した証券化商品がこれに当たる．一方，「資産運用型」は，多数の投資家から集めた資金をプールし，これを専門家たるファンドマネージャー等が各種の資産に投資・運用することによって得られたキャッシュフローを投資家に配分するものであり，証券投資信託，商品ファンド，実績配当型合同運用金銭信託等がこれに当たるものとされる．投資法人の仕組みを活用した不動産投資信託（REIT: Real Estate Investment Trust）もこれに当たると考えてよい．

2000年代の後半では，法制度の整備もあり，「資産流動化型」では会社ではなくより簡便な信託方式を活用した仕組みが拡大した（この点については後に詳しく述べる）．また，現在我が国で最大の証券化の仕組みは（独）住宅金融支援機構の発行する資産担保付財投機関債といわれる公共債の一種である．証券化と一口に言っても，その法的な仕組みは非常に多岐にわたることを付言したい．

（ウ）類似概念

ここでは，証券化の類似概念についていくつか述べる．

まず「金融の証券化」という概念について説明する．かつては，銀行の資産の中で国債等有価証券の占める割合が増加することを指して「金融の証券化」と説明されてきた．一方，金融法の観点では，事業会社の資金調達で銀行借入れの比重が低下し，証券形態による調達の比重が高まることを指して「金融の証券化」という説明も行われてきた．通常の企業金融で株式会社が資金調達する場合，会

● 誤りやすい概念／類似概念
  ・「金融の証券化」
    ―企業の調達手段が，銀行借入を中心とする間接金融から証券発行を中心とする直接金融に比重を移していく現象のこと．株式会社による株式・債券の発行を指す．
  ・資産の「流動化」
    ―我が国独特の用語で，資産の「証券化」と同様の範囲を指すことも多いがそれに限らない．
  ・ストラクチャード・ファイナンス
    ―仕組み金融全般を指す．
● 類似スキーム
  ・担保付借入⇒SPV を(基本的に)使わない．依拠する信用力の違い．
  ・資産売却(例：貸付債権の「流動化」)⇒SPV を(基本的に)使わない．
  ・ノンリコースローン(非遡及型借入)⇒証券を発行しない．
  ・シンセティック・セキュリタイゼーション⇒資産の持つリスクのみ移転．

図表 3　「証券化」の類似概念・スキーム

社設立にあたってまず株式発行が必要になるが，その後，事業を拡大する等の理由で資金調達を拡大する場合，銀行から融資を受けるのが一般的であろう．このように，相対で金銭消費貸借契約を締結し資金を借り入れる行為を一般的な金融＝ファイナンスとした場合に，会社が成長し，ある程度信用力を高めていく中で，それをさらに小口に分けた上で一般公衆(投資家)から資金調達すること，たとえば社債の発行などを「金融の証券化」ということもある．

　次に，「資産の流動化」という概念が存在する．証券化と流動化の違いを説明することは難しい面もある．「資産の証券化(securitization)」は国際的にも通じやすいが，「資産の流動化」は我が国独特の用語ともいわれる．実務上では「証券化」はあくまでも投資家の投資対象は小口化された有価証券であり，資本市場での流通を前提にした金融商品取引法上の金融商品がイメージされることが多いと思われる．一方，「流動化」とは，小口化された投資商品がいわゆる有価証券でないものも含めた広い概念としても使用される，ととらえると理解しやすい．資産を裏づけにした SPC が社債等の有価証券を発行するのではなく，銀行団からシンジケート・ローンを通じて資金調達する仕組みをイメージすればよいだろう．この場合でも，資産は資金調達者である事業会社の貸借対照表上から切り離して SPC に完全に移転し，事業会社の信用力から独立して資金調達できる形をとるが，有価証券を発行しているわけではないから，言葉どおりの証券化ではないともいえる．「資産の流動化に関する法律」では，特定目的会社という特別な法人による取引を中心に規定している．特定目的会社は銀行借入れも可能であるが，

その設立には社債発行を要件としている．ここでいう「流動化」は，法律上の概念としては曖昧な部分があるともいえるだろう．グローバルな金融の視点に立てば，銀行等の貸付債権も転売可能性を高めるような取組みが行われてきており，有価証券である社債と指名債権である貸付債権の違いがなくなってきている面もある．こうした流動性を高めた貸付債権を有価証券的なものとしてとらえるべきかについて金融規制のあり方が議論されることもあるが，現状我が国でいえば，貸付債権は有価証券でなく金融商品取引法の対象外であり，開示規制の対象でもない．

　第 3 に，「ストラクチャード・ファイナンス」という概念を説明する．図表 3 では「仕組み金融全般を指す」と説明しているが，上記の「流動化」等と比較してもう少し広い概念としてとらえることができる．「仕組み」を使う金融技術で，クレジットエンジニアリングのように信用リスクをコントロールする技術と説明される場合もある[3]．ここでは，およそ SPC，あるいは SPC 的なものを利用し金融技術を活用してファイナンスの仕組みをつくっていくものを全て含む，より広い概念を指すものとして説明したい．

　「証券化」の基本型は，前述したとおり，既に存在する資産と SPV を活用するファイナンスである．前述した事例でいえば，賃貸住宅や商業不動産等だが，実際には，金銭債権，銀行の住宅ローン，リース会社のリース料債権，オートローン会社のオートローン債権といった資産を活用する事例も多い．一方，ストラクチャード・ファイナンス（＝仕組み金融）という場合，たとえばプロジェクト・ファイナンスといわれるものを含めて説明される場合もある．

　プロジェクト・ファイナンスは，「証券化」とはやや異なる形で仕組み金融を活用しているが，要約すれば，特定のプロジェクトを対象に供与されるファイナンスであり，債務支払いの主たる原資は，対象プロジェクトのキャッシュフローであり，当該ファイナンスの担保が基本的に対象プロジェクトの資産となるものをいう．たとえば，新規事業として発電所を最初から開発する場合，計画段階ではまだキャッシュフローが全く存在しない．しかし，ここに発電所を建設した場合には一定の需要があって売電により実現可能性の高いキャッシュフローが見込めるとする．その場合，開発事業者が，まだプロジェクトは完成していない段階ではあるが，これからプロジェクトを構築し将来期待される発電所のキャッシュフローで返済する仕組みをつくり，これを確実なスキームにすることを確約し，

これを前提に銀行からファイナンスの提供を受けるのが「プロジェクト・ファイナンス」の典型例である．この場合もSPCを活用する．まとめると，「証券化」はある程度安定的なキャッシュフローを確実に投資家に引き渡すためのスキームであるが，「プロジェクト・ファイナンス」は，ある新規事業のキャッシュフローをレンダーである銀行に引き渡すだけではなく，プロジェクトそのものを完成・稼動させる上で存在するさまざまなリスク，たとえば完工リスク，天災リスクや需要変動リスク，施設管理リスクといったものを関係者間でいかに補完していくか，といった視点も重要になる．SPCを活用するという意味では共通する点もあるが，プロジェクト・ファイナンスにおけるSPCのほうがより事業的性格が強いといえるだろう．この事業のスポンサーである開発事業者から見れば，仮にその事業がうまくいかずに債務支払いが困難になった場合でも直接の責任を負担せず，自らの既往事業や既往資産を新規事業から遠ざけることが可能になる．また，金融を提供する側（レンダー・投資家）から見ると，新規事業のキャッシュフローが他の事業と区別されている点は重要である．また，全資産についてSPCから担保提供を受けることで，事業不振や債務不履行に際して，担保権を行使して全面的に事業介入（ステップ・イン）し最終的にプロジェクト資産を第三者に売却したり，金融提供者側で操業を第三者に委託してキャッシュフローの回収を継続したりすることも可能になる．

　厳密な意味で資産証券化・流動化やクレジットエンジニアリングとしてのストラクチャード・ファイナンスとプロジェクト・ファイナンス的な要素を含んだストラクチャード・ファイナンスとを区別しうるかは微妙なところもあるが，こうした金融技術を活用することにより金融ビジネスの対象範囲は飛躍的に拡大してきたといえる．

　（エ）類似スキームとの違い

　図表3にある類似スキームの1つとして，「担保付借入れ」を挙げている．冒頭の事例で，事業会社が事業の一環として所有している高級賃貸住宅が非常に良いキャッシュフローを創出している場合，これをSPVに譲渡して別に資金を調達するといった仕組みを活用しなくとも，その高級賃貸住宅の市場価格が高いのであれば，これを担保に銀行借入れを行えば同等のファイナンスが可能になるのではないかと考えることも可能だろう．仮に，事業会社が事例として掲げた鉄道会社のような優良会社で，担保付借入れを通じても低利で調達可能であり，自身

の信用力が高い場合には無担保でも借入れが可能となる場合もある．ただ，地場の不動産開発会社の事例で指摘したような，当該会社の事業資産としては担保価値が十分に見込まれるものがこの高級賃貸住宅しかないような場合や事業会社自身の信用力がそこまで高いとはいえないような場合，担保としてこれだけ良い資産があるから，という説明だけで融資を受けられるだろうか．銀行等が融資を提供する場合，当該会社の事業の履歴や，事情変更があっても長年にわたって返済を継続できるかといった点も含めて見極め，会社の貸借対照表，損益計算書，さらにはこれまでの経緯等を踏まえ総合的に判断するのであり，担保の有無のみで資金調達の可否が決まるというわけではない．また，事業会社の場合，長期返済を予定していても，その間にまた別の事業展開をした結果，会社全体の信用力が悪化する可能性もあり，銀行等の側はそうした状況変化も含めた融資管理が必要になる．両者のエコノミックスを見れば，担保付借入れでも，資産の証券化・流動化でも，既に存在している資産の価値を裏づけに資金を得ることに変わりはない．しかし実際に活用される場面やどれだけ優利な資金調達ができるかは，状況により異なる．

「資産の売却」とも比較してみよう．本当に優良な賃貸住宅を持っていれば，それを売却して資金を回収し，次の投資に回していけばいいという発想も当然にある．それで事業継続が可能な場合もあるが，不動産開発会社としてその資産に関与しつつ賃貸住宅を経営することは，事業継続上重要なことである．資産を売却して資金を回収し，事業を入れ換え続けるというのはそう簡単なことではない．証券化というフレームワークないし仕組みの中では，資産は譲渡しているが，もとの資産保有者は何らかの形でその事業に関与し続けることが必要になる．たとえば，賃貸住宅であれば，テナントに対して，建物の修繕や賃料交渉に応じる等の関係として引き続きあたかも不動産の所有者のような立場を維持することになる．金融機関等であれば，たとえば銀行が住宅ローンは証券化で譲渡するが，住宅ローンの借主からの貸金の回収を継続する．こうした点で資産の単純な売却とは異なることが理解できよう．オリジネーターが継続的に顧客との関係を維持するのが重要であることは言うまでもない．

次に「ノンリコースローン」について説明する．証券化・流動化といった概念を説明してきたが，そこでは，投資家や銀行等の資金提供者はSPVに対して何らかの債権（社債による証券化の場合は社債権，貸付の場合は貸付債権等）を有する．証

券化・流動化のスキームを構築する場合，契約において，債権を有する者が元の資産保有者に対して返済を要求することができないように法律構成を行う．実際，SPV(SPC)の発行する社債券を取得した投資家や融資を実行した銀行等，SPV(SPC)に債権を有する者は，利息支払請求権であれ元本償還請求権であれ，このSPV(SPC)の取得した資産の範囲内で回収することを確約しており，仮に最終的に何か問題が起きて資産が不足したとしても，それ以上の権利は一切要求できない仕組みとしている．もとの資産保有者に要求，すなわちリコースできないという意味で，ノンリコースということになる．資産の流動化をSPV(SPC)に対する銀行の融資(=貸付債権)で組成した場合，その貸付債権はノンリコースローンということになる．ノンリコースローンは相対による場合も，シンジケート・ローンとし，多数の債権者により組成される場合もある．

リミテッド・リコースと言われる，限定された場合だけ権利を行使できるような仕組みも存在する．前述の発電所をつくるようなプロジェクト・ファイナンスなどはあまりにもリスクが大きい事業になるため，一部のリスクを事業責任者(プロジェクト・ファイナンスの場合のスポンサー)等に転嫁するケースが多い．石油の値段が上がりすぎたらこの事業はできなくなるかもしれないから，このリスクは電力会社があらかじめ売買価格で約束するといった場合もあるが，たとえば建設期間の長期化，鋼材等原材料の価格上昇などにより建設費用が予定を上回った場合には，このコストについてはスポンサーに一部負担してもらう等のリスク分担を措置するといった場合もある．このような責任負担の仕組みをリミテッド・リコースと表現する．

次の「シンセティック・セキュリタイゼーション」については，別の項目で説明する．ここでは，資産の移転をせずに，あたかも資産の移転があったのと同等にリスクを移転する契約を締結することで，資産を移転したのと同じ効果を得る仕組みだということだけ触れておきたい．

(2) 証券化の基本概念と特徴

(ア) 証券化の主要当事者と基本用語

(a) オリジネーター

ここで，改めて証券化の主要当事者と基本用語を整理しておく．元の資産の保有者を「オリジネーター」というが，オリジネーターがSPVに資産を譲渡して，SPVが証券等を投資家に対して発行し，投資家から払い込まれた資金により

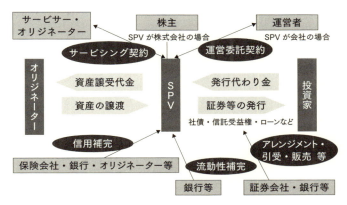

図表4 「証券化」の主要当事者

SPVがオリジネーターにその資産の譲受代金を払う，これが基本的な仕組みである．証券化では，それぞれの関係を契約できちんと規律・構成し，資産がオリジネーターから切り離されてSPVに帰属し，投資家がその資産からのキャッシュフローを確定的に取得できるように法律構成を行う．

（b）サービサー

オリジネーターが一定程度その資産の管理に関わると説明したが，一般にこうした地位に立つための契約を「サービシング契約」という．金銭債権の証券化の場合のほうが説明しやすいが，たとえば住宅ローンの証券化の場合，銀行等のオリジネーターはSPVのためにその住宅ローンという金銭債権の管理回収業務を委任される受任者ということになる．この場合の金銭債権に関する管理回収業務の委任契約がサービシング契約であり，受任者である銀行等がサービサーといわれる．サービサーというのは，主にこうした金銭債権の証券化の場合に回収業務の受任者を指す用語となるが，不動産の場合はもう少し幅広く，単に賃料を回収するだけでなくて，前述のとおり資産の維持管理などの要素も含むことになり，不動産の管理委託契約のようなものを結ぶというほうがイメージしやすいだろう．いずれにしろ，証券化というスキームにおける機能は類似したものととらえてよい．

（c）SPV

SPVでは，これが会社(SPC)であれば普通は役員を1人置く程度であり，その役員も能動的な行動をとることは期待されていない．SPVに期待される役割は，

①資産から SPV に実際にキャッシュフローが入ってきたことを受けて契約に従った資金管理を行う（各委任契約に対する手数料を支払うことを含む）こと，②証券化を行っているため社債権者に利払いまたは償還を行うこと，③決算期ごとに会社の決算をきちんと行うこと，④最終的に株主に対して配当すること等を行うことになる．こうした決算も含めた SPV の運営事務を SPV は第三者に委任しており，この契約を「運営委託（委任）契約」という．この SPV の運営受任者は，たとえば会計事務所や信託銀行などである場合が多いが，事務だけを請け負っている存在である．そのため，運営委託契約に違反する事務ミス等があった場合は別だが，たとえば資産に何かあって SPV に一切収入（キャッシュフロー）が入ってこないといった場合について，投資家に対して責任は負わない．

(d) その他の関係者

また，証券化（上記で説明した社債型の場合）では社債を発行して投資家に販売するが，証券会社が社債，すなわち金融商品取引法上の有価証券を引き受けて投資家に販売するという役割を負う．もっとも，通常は証券会社が，単に社債を販売するだけではなく弁護士などと相談して仕組み全体のアレンジメントを行う，すなわちアレンジャーの役割を担う場合も多い．銀行等がそれに近い役割を担うこともある．

(e) 証券化の種類

証券化の際に発行される社債などを英語で「asset backed securities」というため，通称として「ABS」と表現される．さらに類型を説明すれば，賃貸住宅とか，商業不動産の場合は「CMBS（Commercial Mortgage Backed Securities）」，住宅ローンの証券化であれば「RMBS（Residential Mortgage Backed Securities）」と表現される．厳密にいえば，米国では RMBS は住宅を担保とする貸付債権（＝residential mortgage），CMBS は商業不動産等を担保とする貸付債権（＝commercial mortgage，なお，この場合はノンリコースローンの場合が多い）の証券化を指しているが，日本では SPV が不動産をそのまま取得する場合も含めて CMBS と表現してきている．RMBS，MBS という言葉はサブプライムローン危機や金融危機の頃に新聞等などでも非常に頻繁に見られ，報道ベースではまさに一連の金融危機の張本人のように表現されていたともいえる．mortgage というのはアメリカ法での担保権で，抵当権にあたるものと考えればよい．住宅担保貸付債権のこともアメリカでは mortgage と呼ぶため，それを裏づけにした securities ということで，住宅ロー

- **ABS(Asset Backed Securities)／ABCP**
  - 証券化スキームにより発行される証券．資産担保証券などと訳される．なお，CPを発行する場合は，ABCP．
- **オリジネーター**
  - 対象資産の原保有者．対象資産を「オリジネートした(創った)者」という意味．
- **サービシング**
  - 債権(資産)の管理および(資金の)回収業務．サービシングを行う者を「サービサー」という．証券化スキームでは，オリジネーターがサービサーを務めることも多い．
- **信用補完措置**
  - 保証その他の方法で，SPVの発行する証券などの信用力を高める措置．なお，その1つである「優先・劣後」構造につき次頁．
- **流動性補完措置**
  - 一時的な資金不足を補うための措置．コミットメント・ラインや現金準備などの手法がある．

図表5　用語解説

の資産担保証券をMBSと呼んでいる．このMBSは元来アメリカで住宅ローン証券化を中核として推進してきたファニーメイといわれる政府関係機関の資産担保証券の名称であったものである[4]．

なお，図表5に記載したように，ABCPといわれる証券化商品もあり，これについても簡単に触れる．CP(コマーシャルペーパー)は，企業が短期資金を調達するために発行する短期無担保の約束手形(手形CP)として昭和62年に国内市場が開設されたが，平成15年には証券のペーパーレス化(電子CP)のさきがけとして，優良企業が機関投資家等から無担保で短期の資金調達を行うため国内で発行する短期社債として位置づけられた．1990年代後半にはクレジット債権を資産とする資産担保証券としてのABCPが解禁されてきた歴史があり，このようにCPを活用して証券化を行う場合，「ABCP」と称する．

(f) 証券化を支える仕組み

図表5では，「信用補完措置」および「流動性補完措置」という仕組みが挙げられている．証券化というスキームについて，これまで基本的には対象となる資産の内容により，安定的なキャッシュフローを投資家に引き渡す仕組みとして説明してきた．しかしながら，その資産のキャッシュフローを更に安定させるための工夫を設けるのが一般的であり，こうした仕組みにより資産担保証券に高い格付けが付与される．こうした仕組みのことを「信用補完措置」という．その代表的な仕組みが「優先・劣後構造」といわれるものである．また，「流動性補完措

置」という仕組みが存在する．SPV の中で一時的に資金が滞ってしまった場合に，それを補うための措置である．

　まず，「信用補完措置」であるが，ここから先は証券化の対象となる資産は銀行等の融資債権(ローン債権)のほうが説明しやすいため，銀行等をオリジネーターとし，住宅ローン債権を資産として証券化する場合を例に説明したい．たとえば住宅ローン債権が 100 件あるとする．この 100 件について，もちろん銀行等は事前に審査を行っており，それなりに返済能力のある債務者群ではあるものの，一般的にはさまざまな事象の発生により住宅ローンが完済されるまでに，債務者のうち何人かは返済できなくなる，すなわちデフォルトすることが予想される．どのくらいデフォルトするかは統計的に把握されている．証券化において，いくら資産(住宅ローン債権)を裏づけにしたといっても，デフォルトしたらその債務者からキャッシュフローは生まれてこないため，その分を投資家に引き渡すことはできない．そこで，通常の証券化スキームでは，この住宅ローン債権の中でどのくらいデフォルトするのかということをあらかじめ見積もって，実際の仕組みづくりでは投資家に販売する優先部分とそうでない劣後部分とに切り分ける．たとえば 100 の住宅ローン債権に対して，20 の劣後部分を予定して，投資家に対しては 80 だけを販売するといった形になる．資産からキャッシュフローが入ってきた場合，SPV はまず投資家に引き渡した優先部分の支払いに先に充当する仕組みを構築するわけである．こうすることによって，たとえば 100 件の債権のうち 20 件がデフォルトしても，投資家は損害を被らず，80 件の債権がきちんと支払われれば，投資家は必ず回収できることになる．残りの 20 の部分はオリジネーターがそのまま持ち続けるという形をとる．こうしたスキームの構築を通じて，劣後部分を無格付けとし，優先証券の部分についてトリプル A といった高い格付けを取得する，といった証券化スキームを実現することになる．オリジネーターは，本来は 100 の資金を必要とするのだが，20 だけ別途自分で資金調達すれば，80 は優良な証券を発行することで安い資金調達ができ，トータルで資金調達のコストを下げることが可能になる．こうした仕組みを「優先・劣後構造」といい，このような手段を講じること，すなわち投資家には優良な証券だけを販売する仕組みが「信用補完措置」の代表的な仕組みである．

　「信用補完措置」には，これと異なる手法も存在する．やはり，裏付けとなる資産が，銀行等の住宅ローンであるケースを想定しよう．オリジネーターである

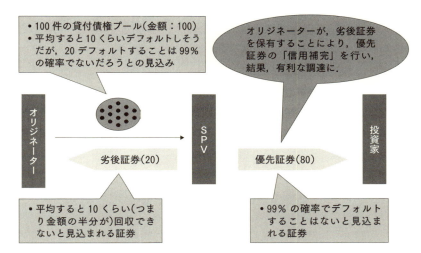

図表6　優先・劣後構造

　銀行等がその住宅ローン資産について格付会社や投資家に優良さをうまく説明できないような場合に，別の銀行が住宅ローンの信用力を判断することができ，90のリスクは取るという判断をする場合が考えられる．投資家に販売する部分に別の銀行が保証を付すという形でリスクをとると考えれば理解しやすい．仮にその銀行自身の格付けがトリプルAであり，90の部分についてトリプルAで保証してくれるということがあれば，90の有価証券を優良な資産担保証券として投資家に販売することができる．その代わり，その別の銀行に対して保証料を払わなければならない．この場合は10の劣後部分のリスクをオリジネーターがとり，90のリスクを銀行が保証という形でとることで信用補完を行い，オリジネーター（＝銀行）が保証料を保証者（＝銀行）に支払い，その代わりにトリプルAの資産担保証券を投資家に売ることができることになる．ただし，保証料の分だけトータルのスキームでは持出しになるため，その分どこかでコストを補填する，通常は住宅ローン金利に上乗せするという構造になる．

　これも一種の信用補完措置であり，特に米国等では証券化の初期の頃は銀行の外部信用補完を使うことはよく行われていた．保証する銀行は住宅ローンの信用に詳しい場合やその住宅ローンがデフォルトした場合の回収能力が高い等，さまざまな理由でこうしたポジションをとったと考えてよいだろう．どのような信用

補完措置を講じることで，トータルのコストがどれだけ安くなるかということを計算して，初めてどのスキームを資金調達者がとるか，が決まることになる．

　優先・劣後構造の考え方についてさらに説明しておきたい．前述の事例で住宅ローンを例として 80 を優先部分，20 を劣後部分と大まかな説明をしたが，さらに具体的な数字をおいて説明しよう．なお，ここで説明する数字はあくまでも分かりやすさのためのものを用いていることをお断りしたい．過去のデータでいえば，住宅ローンは 1 年間に 1,000 人のうち概ね 3 人くらいがデフォルトすると統計的に言われてきた．サブプライム危機前のアメリカでも，日本でも，ほかの海外でも大まかな水準は同じくらいと考えてよいであろう．住宅ローン債務者は，普通は担保となっている自分の家を手放さないよう返済努力を行うため，デフォルトはその他の債権と比較しても少ない水準と考えられ，住宅ローン債権は優良な資産といわれてきている．銀行の資産を評価するルールでも，一般にそうした形で取り扱われてきた．

　住宅ローンは超長期の貸付債権で，アメリカでも日本でも，普通は 30 年程度の貸付期間となる．そうすると，1 年間に 1,000 人のうち 3 人がデフォルトするという状況が 30 年程度続くという構造になる．このキャッシュフローを示すと，底辺の長い（30 年），右になだらかに下がる直角三角形類似の形（実際には繰り上げ返済等を通じて予定より返済金額を大きくする場合が多く，少し下にへこむような形）となる．金融的には等価な仕組みとなる長方形に直すと，大体 10 年前後の底辺とおくことができると考えてもらいたい．このように考えると，デフォルトが累積した場合，その資産からどの程度の損失が発生するかを大まかに計算することができる．1 年間に 3 人がデフォルトする状態が 10 年続くということは，1,000 件のうち 30 件の人が払えなくなる計算となる．1 人あたりの借入金額が概ね近似しているとして，これが累積する損失の見込みである．すなわち，10 年間で 1,000 件では 30 人，約 3% の債権が累積してデフォルトするという考え方が成り立つ．

　仮に約 3% がデフォルトすることを確率的に見込んで優先・劣後構造を考える場合に，その 3% 分だけ劣後部分をとれば，必ずトリプル A がとれるかというとそうはならない．格付会社は，昔，大恐慌が起こったときの状況，不動産の価格が今以上に下落した場合の損失の予測，その国，たとえば日本経済の成長が止まって住宅ローン債務者の雇用がどうなるか等，さまざまなシナリオを想定し，

現状よりも厳しい状況を想定した上でデフォルトの見込みを計算する．こうした作業をストレステストという．これも極めて単純化した話であるが，かつては3%に対して3倍くらいを掛ければストレスとして概ねラフな計算ができると言われていた．こうした前提を置けば，住宅ローン債権では，9〜10%の劣後部分をとれば，残りの部分はトリプルAがとれるという仕組みになる．投資家はそうした格付会社の判断を見て，必要に応じて自らキャッシュフローを予測しストレスをかけて検証する等により投資判断を行うことになる．なお，これ以上はここではあまり詳細に説明することは避けるが，一般的には，こうした統計的手法（大数の法則）を用いることができるのは，ある程度対象となる個数が多い場合（通常300個以上）とされており，これを下回るような場合は個別の資産の信用力を個別に見て確率を掛け合わせて分析する手法（CDOアプローチ）を採用することが妥当である，といわれている．

　証券化の仕組みは，法律的な枠組みだけではなく，こうした統計的な手法を利用しつつ，過去のトラックレコードを用いて金融理論を構築することにより，投資家の信用し得る状況を創出し，資金調達が安定してできる状況を形作ってきたのである．

　ところがアメリカで，簡略化すれば，デフォルトの確率を想定して劣後部分を10%程度に設定していたはずのものが，なぜかこれをはるかに上回る，たとえば80%くらいの債務者が住宅ローンの返済を行えないという状況になってしまった．これがサブプライムローン危機といわれるものである．先ほど述べたような格付けのロジックはきちんと全部充足していたはずが，結論が全く異なる事象が発生したことになる．なぜこのような事象が発生したかについては後ほどあらためて説明したい．

　「流動性補完措置」についても説明する．証券化の仕組みでは，通常はオリジネーターがきちんとサービサーとして資産を管理し，債権の場合は回収すれば，キャッシュフローが投資家に流れ続けることになる．再び賃貸住宅の事例に戻れば，オリジネーターたる不動産開発会社が賃貸住宅をつくってこれを証券化し，自らが資産管理をしている場合を想定しよう．その不動産会社が他の事業に失敗して倒産するという事態が起きた場合，その不動産開発会社がその賃貸住宅を管理できなくなった瞬間に，だれも賃料回収ができなくなりキャッシュフローが停止することになる．証券化が社債という形式をとっている場合には，信用補完措

置を講じた上で期待されるキャッシュフローに対して，これを定期的に投資家に対して利払いや元金償還に充当することを想定し商品設計を行っている．賃貸住宅のような不動産を裏付け資産とする場合には，賃料収入を利払いおよび一部の元金償還に当て，大部分の元金償還は不動産の第三者への市場価格による売却を想定して設計していると考えると理解しやすいだろう．しかし，本来賃料を回収するはずのオリジネーターの破綻により1回でもキャッシュフローが途絶すると，それを引き渡すタイミングで社債の利払いができないことになる．社債で利払いができなければ，通常は社債の期限の利益喪失事由，すなわちデフォルトが発生してしまう．社債の格付けは満期まで予定どおりの利払いおよび元金償還がどれだけ確実に行われるかにより付与されるため，せっかく優良な資産をオリジネーターから切り離してSPVに譲渡したにもかかわらず，よい格付けがとれないことになる．

そうした事態を発生させないために，通常は管理や回収を行うサービサーに対してバックアップの仕組みを構築する．もしオリジネーター兼サービサーが何らかの事情で管理業務を継続できなくなった場合には，速やかにそれを代行できる者をあらかじめ選定しSPVとの間で契約を締結する．その者に対し，速やかに業務が引き継げる段取りまで契約上で仕組むが，これをバックアップ・サービサーという．証券化の場合は，このような仕組みをつくることによって，オリジネーターのリスクをSPVから遮断することになる．

そのようなバックアップ・サービサーへの切り替えについて，自分がその賃貸住宅に住んでいる場合を想定してみよう．昨日まで顔なじみの不動産開発会社の従業員が賃料の集金をしていたのが，いきなり今回から別の人間が賃料を受け取りに来たとしても，その人に賃料を引き渡すことを警戒するのが一般の人間の反応と思われる．本当にその人に賃料を払っても大丈夫だと安心するためには，これまでの不動産会社が倒産して，別の会社にその地位が承継されており，支払っても問題ない旨の何らかの正式な連絡が必要であろう．一般的な感覚から言っても，こうした手続には多少時間がかかる．そのため，何回かは賃料の支払が滞り，一瞬キャッシュフローが止まるということは一般常識からも想像にかたくないであろう．ただ，もしその賃貸住宅が優良な資産であれば，不動産開発会社が交替したら借主が全部退去するということにもならないはずであり，将来的にはキャッシュフローが回復するというのも理解できよう．こうした一定期間だけだれか

が立替払いをしてあげれば投資家としては問題なく，格付会社としても格付けを付与できるということになる．たとえばその期間が3か月だとすれば，3か月分の利息の支払が可能になる現金をあらかじめオリジネーターがSPVに対して積み立てておく，ということである．不動産の全体価値と比較すれば，こうした金額はそれほどオリジネーターに負担にならずに仕組みを構築できる可能性は高い．これをSPV名義でどこかの銀行の口座に留保し，いざというときにはその利息の分だけ払出しができるように，SPVが事務受託者に指示が出せるような仕組みをあらかじめ契約の中に書いておく．こうすることによって利息が滞りなく支払われて，その社債はデフォルトしなくて済むことになる．簡略化したスキームであることは重ねてお断りしておきたいが，こうした措置を流動性補完措置という．現金を準備しておく代わりに，先ほどの信用補完の場合と同様に，銀行からいつでも貸出しを受けられる，バックアップライン契約をあらかじめ締結することもある．何かあった場合でも必要最小限の利息の分だけお金を借りてくるという仕組みができていれば，社債そのものはデフォルトを回避できる．これも流動性補完措置である．

　事例を紹介したい．平成10年9月に，日本長期信用銀行の関連会社であった(株)日本リースが会社更生法に基づく更生手続を申請した．同社はリース料債権の証券化・流動化では先駆的存在であり，当時の特別法(「特定債権等に係る事業の規制に関する法律」平成4年法律第77号，以下「特債法」という．なお，本法律は平成16年の第161回臨時国会での（改正）信託業法の成立をもって，附則2条の規定に基づき廃止)に基づき積極的に自社のリース料債権の証券化を行っており，関連会社も含めて平成10年3月末時点でのABS未償還残高は1,600億円超といわれた．また同社は自社の資産担保証券のサービサーの地位にあった．同社の更生手続申請に当たり，SPVは特債法と契約上の規定に基づきサービシング契約（取立委任契約）の解除を行うと同時にバックアップ・サービサーへの引継ぎ準備を開始し，各リース顧客に対しSPV名義口座にリース料を振り込むように通知を行った．一方，一部の金融機関がリース料債権を担保として取得していたとして対抗要件具備のためリース料債務者に対し譲渡通知を行った．また，保全管理人はリース料回収が会社更生上不可欠として債務者に同社宛に支払うよう求めたため，リース料債務者に混乱が広がり未回収金額がつみあがることになった．最終的には，SPVと金融機関との間で和解交渉が行われ，SPVのバックアップ・サービサーから

日本リースにSPVの回収事務を再委託，同社が回収したリース料を旧会社更生法208条に基づく共益債権としてSPVに支払うことで東京地裁の許可を得た上で10月までに和解を成立させ，関係者連名でリース料債務者に通知することで約定どおりの回収金支払が履行されることになった．

こうした実務の対応により証券化のキャッシュフローは維持されることになったが，本件は後述する倒産隔離問題も含めた論点が試された最初のケースであり，我が国の証券化スキームに対する信頼性が構築された契機としても評価できるものである．流動性補完という論点からも，それまで実際に約定どおりの支払が回復するのに必要な期間は諸外国の事例に鑑み3か月程度といわれていたものが，実際にそれだけの期間内にキャッシュフローを回復したことで，投資家から見た場合にもスキームに対する信頼性を確認する重要なステップになったといえる．

仮に，利払い不能により社債がデフォルトする蓋然性の高い仕組みであれば，どんなに資産の中身がよくても，どんなに優先・劣後構造をとっていても，良い格付けが付与されることはない．格付けは，最後まできちんと利払いができて，最終償還までできる可能性を表現しているため，こうした仕組みを全部つくり上げた上で投資家が納得できるような格付けが取得できて，初めて投資家に販売できることになる．

（イ）　証券化の機能——リスクの分解・加工・移転

証券化の原則論に戻るが，なぜ証券化を行うかについて再度考えたい．これまで説明してきたとおり，基本的に証券化とは，企業が自分の信用力のみで資金調達をするのではなくて，資産を活用してより安い資金調達ができるようにするためのものである．その本質はオリジネーターのバランスシートを分解し，優良な資産を活用して安定的な資金調達を行うことであり，一方でその資産のリスクを投資家に転嫁していくことをも意味している．企業金融の場合，事業会社が融資を行う銀行等に対して，どのように事業経営をしているか等の観点からその事業価値について説明し，納得してもらうことが重要であるが，証券化に代表される資産担保金融の場合は，対象資産がどれほど優良であり，どの程度安定したキャッシュフローを創出することができるかについて，投資家の理解を得ることが重要になることはすでに説明した．証券化など資産担保金融の仕組みを確立し，法環境を整備することで，資産をSPVに移転するに当たってきちんとしたオリジネーターからの倒産隔離を行い，信用補完・流動性補完等の各措置を手当てする

- 証券化の機能：リスクの分解・加工・移転機能
  - SPV の活用　　　　　　　　　　　　　：**リスクの転換**
    ―コーポレート・リスクからアセット・リスクへ．
    ―「倒産隔離」措置が重要に．（後述）
  - 流動性補完・信用補完措置等の多様な仕組みの活用
    　　　　　　　　　　　　　　　　　　：**リスクの分解・加工**
    ―異なるリスク商品の創出
  - 証券などの活用　　　　　　　　　　　：**リスクの移転**
    ―金融市場の投資家にリスクを取ることができる形態に．
    ―流動性のないものに流動性を付与．
- これらの機能と「アセット・ファイナンス」
  - 有利な資金調達
  - 資金調達の多様化

図表7　証券化の機能

ことで，本来は資本市場において流動性を期待するものではない資産に流動性を与え，投資家に投資機会を創出し，オリジネーターから投資家へのリスク移転を円滑に行うことを可能にしたのである．

　かつて1998年頃にアジア通貨危機やグローバルな資本市場の混乱により，多くの社債に格下げが発生したことがあるが，当時市場で流通していた資産担保証券については，その資産の健全性やスキームの堅牢性が評価されて，いわゆる企業社債と比較して安定的なパフォーマンスを示していたことが知られている．もともと証券化市場の発展は，企業信用とは異なる信用力の源泉を資産というものに置いており，このリスクを投資家に移転することに基礎を置いていた．やがて，証券化手法は，資金調達手法の多様化の中で重要な地位を占めることになった．我が国でも，証券化市場は90年代後半のノンバンクの資金調達多様化の手法として，リース料債権やオートローン債権といった資産を中心に発展し，また，金融機関の経営状態に対し問題意識の高まった90年代末には，その資産のオフバランスや投資家へのリスク移転を目的として積極的に活用されるようになった．

　（ウ）　証券化の目的の拡張
　（a）信用リスクの外部化と証券化

　上記のような流れで発展してきた証券化市場であるが，ここでは証券化の基本型として資産流動化型の証券化といわれるものに焦点を当て，実際にある資産をどうやって投資家が投資しやすい形に加工した上で有利な資金調達を行う技術を確立してきたか，という面に注目して説明してきた．しかしながら，金融市場に

- **有利な資金回収／資産売却**

- **オフバランス化**

- **リスク・マネジメント**
  - 特に金融機関のクレジット・リスク・マネジメントにも活用された．
    - —いわゆる「シンセティック・セキュリタイゼーション」
      - ➢ クレジットデリバティブなどを活用し，資産そのものは移転させずに，クレジット・リスクのみ移転させる手法(次頁)
  - なお，証券化による適切なリスク移転がなされるよう，銀行の自己資本比率規制において，さまざまな措置．

- **投資スキームへの活用**　　　　　　　　　　　　　　　　　　　　　　　　資産運用型
  - リスクの加工・移転機能を活用した，投資ファンド的なスキーム．
    - —マネージド型 CDOs(Collateralized Debt Obligations) など
  - リスクの分解・加工・移転を重ねすぎるとリスクが見えにくくなる．
    - →サブプライム問題の一因に．

➲ 必ずしも「定義」に当てはまらない多様なスキームが存在．

図表8　証券化の目的の拡張

て証券化が積極的に活用されていくに従い，いわば証券化の手法を活用しつつ拡張された目的のために利用することも行われるようになってきた．資産流動化型の証券化でいえば，たとえば不動産の証券化について，資産を相対で売却することに代えて市場で証券化を通じて売却することや，金融機関等の資産証券化(金銭債権証券化)で会計上のオフバランスを行うことで(主に外見上ではあるが)事業効率化等を実現する等の取組みは，かなり初期段階から証券化の重要な目的として位置付けられてきていた．後者は，当初は資産の売却によりオリジネーターのバランスシートをスリム化する，といった取組みであり，ローンそのものを証券化する，すなわちローン担保証券(CLO: Collateralized Loan Obligation)の形式が一般的であったが，その後，後述するシンセティック・セキュリタイゼーションといった手法，すなわちクレジットデリバティブなどの金融技術を活用することで，資産そのものは移転させずクレジットリスクのみを投資家に移転する等の手法を活用することで，金融機関のリスク・マネジメントについて市場を活用して高度化していこうという取組みが行われるようになった．なお，ローンに限らず幅広く債務証券化を行うことを債務担保証券(CDO: Collateralized Debt Obligation)というが，クレジットデリバティブを活用した証券化も広義の CDO に含まれることになる．

CDOを活用した信用リスクの外部化は，投資家から見れば新たな投資機会の創出につながる．2000年代以降になると，クレジットデリバティブ市場の拡大もあり，こうしたリスクの加工・移転機能がいわゆる資産運用型の証券化といわれる仕組みと結びつく中で，投資スキームにおいて積極的に活用されるようになった．クレジットデリバティブ取引が市場で活性化する中で市場の状況に応じてリスクをとる，外す等の取引を行うクレジット・トレーディングも盛んになり，このリスクに積極的に投資をしたい投資家がこうしたリスク・トレーディングによる運用に投資を振り向けるようになり，資産流動化型に代表されるような静的なキャッシュフロー投資というよりは一種のファンド投資のようなことを証券化の仕組みを使って行うことが活発化していったのである．

(b) シンセティック・セキュリタイゼーション

ここで，こうした経緯の前提として，シンセティック・セキュリタイゼーションについて簡単に説明しておく．シンセティック（合成型）セキュリタイゼーション（証券化）とは，キャッシュ型セキュリタイゼーションと対比して用いられる概念であるが，後者がオリジネーターとSPVの実際の資産譲渡取引を資産移転と資金移転で実現するのに対して，前者は実際の資産移転を伴わないものをいう．証券化の優先・劣後構造の説明で，全体で100の債権で80が優先部分，20が劣後部分という事例を示した．資産の移転を伴う証券化の場合，100の資産をSPVに譲渡する前提で示したが，これに対して，実際に資産を移さずに，あたかも資産を移したのと同じような効果を生じさせる契約による証券化の仕組みがつくられたのである．

この仕組みでは，オリジネーターの保有する資産を対象資産として，その資産のリスクを補完する，一種の損害担保契約であるクレジットデリバティブ契約をオリジネーターとSPCとの間で結ぶ．クレジットデリバティブ契約は，保証契約類似の契約だと理解すればよい．上記の事例に即して説明すれば，オリジネーターはあくまで100の資産を保有したままであり，このうち80の部分について，オリジネーターはSPVと保証類似の契約を締結する．これと同時に，SPCは，有価証券を発行して投資家から資金を調達し，国債のような安全資産を80購入すると考えればよい．投資家は，原資産100に対して，おそらく20を上回る未回収が発生する可能性は低いと考えた上で，こうした投資を行うことになる．それでは，実際に20を上回る，たとえば30のデフォルトが発生した場合にはど

- 参照資産に一定の条件（一定レベルのデフォルトなど）が生じた場合，SPC は安全資産の運用を取り崩して，オリジネーターに一定金額を支払い．
- その場合，投資家は，その分だけ証券等の償還を受けられなくなる．

図表9　シンセティック・セキュリタイゼーション（証券化≒保険・保証）

う考えればよいだろうか．オリジネーターは，保証（類似契約）の対象となっているローンがデフォルトしてしまったので，保証（類似契約）に基づき 10 損失を補填することを SPC に要求する．保証（類似契約）に基づき，SPC はオリジネーターに 10 払うことになる．そうすると，投資家は 80 の有価証券を購入し SPC がこれを見合いに 80 の安全資産を取得していたはずが，この見合いの資産が 70 に減少し，償還時点では資金が 70 しか得られなくなるというスキームということになる．安全資産 80 を取得したにもかかわらず，安全資産である国債が取り崩されて，10 の部分について保証（類似契約）の債務の支払としてオリジネーターに払われてしまうことになるが，このリスクをどのように担保しているかというと，オリジネーターがクレジットリスクの対価である保証料（類似の手数料）を SPC に対して支払い，SPC はその保証料（類似の手数料）を国債の運用利息部分に上乗せして投資家に利払いとして支払うと考えればよい．これも簡略化した説明になるが，SPC は国債を買うと同時に，これを引当てにして保証（類似）業務を営み，その業務の対価として得た保証料（類似の手数料）も一緒に投資家に払うことによって，単に国債で運用するよりも高い利回りを投資家に対して提供することを確約し，投資家は相応にリスクのある商品と認識した上で投資するという構図になる．

　ここまで，保証（類似契約）と説明してきたが，いわゆる民法上の保証ではなく，資産がどれだけ毀損するかを想定しながら，それに連動する形で資金を受け取る権利を変動させるという，金銭の相互支払に関する契約を締結するという形にな

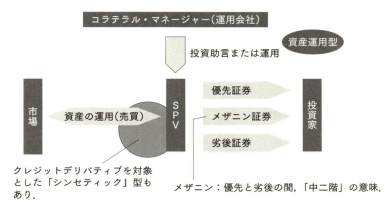

図表10　マネージド型 CDOs（Collateralized Debt Obligations）（証券化⇒ファンド）

る．こうした金銭の相互支払に関する契約をデリバティブ契約と総称する．また，ここでのデリバティブ契約は，資産の信用力を対象にしてその信用がどれだけ毀損するかを指標にして資金のやりとりをする契約であり，個別企業の信用力を対象とするものと基本的には同じ構造であることから，クレジットデリバティブ契約といわれるものとなる．こうしたクレジットデリバティブを活用した証券化をシンセティック（「合成」）型といい，その資産担保証券をシンセティック CDO（合成債務担保証券）という．こうした仕組みが導入されたときは，実際に資産を移転する証券化よりも簡便であり，実際に資産を移転するよりもコストも低減されることから，リスク移転や証券化を推進する役割を果たすものとして期待されてきた．実際にグローバルな資本市場では，こうした取引を積極的に活用してリスク移転取引や証券化取引，信用リスク投資といったものが拡大していった．しかしながら，こうした取引が，実際には幾重にも積み重なる中でレバレッジが拡大したこと，対象取引となる実際の資産や企業の信用力を見えにくくしたことが，サブプライムローン危機や金融危機といわれるものにつながっていった．図表10では，このシンセティック CDO を活用した投資運用のスキームを簡単に示す．

　ここまでの説明を踏まえ，担保付借入れ，資産譲渡型の証券化，クレジットデリバティブを活用したシンセティック型証券化というものが，経済的には等価だということを重ねて説明しておきたい．取引の内容は，100のリスクを80と20とに分けて，80を投資家に移転させるということである．ただし，契約内容は

全く異なる．担保付借入れであれば，金銭消費貸借契約を締結し100の資産で80まで(80を担保掛目として)資金を借り入れる．資産譲渡型の証券化であれば，100の資産をSPVに譲渡しつつ，オリジネーターは20の劣後部分を保有し，80の部分に相当する証券を投資家に渡して対価を得ることで資金調達する．シンセティックCDOの場合，80というクレジットデリバティブ契約を結んでリスクをSPVに移転し，その見合いでSPVが投資家から資金調達する，という形式をとる．

　こうしたさまざまな金融手法があり，法律的な表現は随分異なり，それぞれのメリット，デメリットも当然異なることになる．担保付借入れと資産譲渡型の証券化は，その債務をそれぞれオリジネーターが直接負担するか，SPVが負担しているかということであり，法律的な考え方で理解しやすい．シンセティックCDOの場合，これも証券化であり資産譲渡型の証券化と経済構造も概ね同じであるが，たとえばデリバティブ契約の会計的な評価や安全資産としてSPVが保有する国債の時価の考え方など，さまざまな要素を踏まえてスキームを構築する必要がある．ここでは，法律的な理解を前提に，それぞれの仕組みの基本や特徴を押さえる必要があるという点を理解することが重要である．

(c) 自己資本比率規制と証券化との関係

　図表11に，銀行の自己資本比率規制の概要を示した．自己資本比率規制とは，国際的な金融システムの健全性強化と国際業務に携わる銀行間の平等な競争条件の確保を目的として，昭和63年にバーゼル銀行監督委員会で策定された銀行(および銀行グループ)を対象とする規制である[5]．国際的な金融システムの破綻を回避し健全性を確保するための国際的な統一ルールとして，海外拠点を持つ銀行には8%以上の自己資本比率を求める「自己資本比率規制」が導入された．自己資本比率は，株主資本等から構成される自己資本を「分子」，一定のルールに基づき計算されたリスク・アセットを「分母」として計算される．この規制を受けて各国においても銀行監督当局が設定している健全性の指標の中で中心的なものである．ちなみに，海外拠点を持たない銀行の場合は，我が国では4%以上の自己資本比率が求められている．なお，平成19年3月末から，信用リスク計算をより精緻化し，かつ，オペレーショナルリスク(事務ミス・不正行為等により損失が発生するリスク)を含めた新しい自己資本比率規制(バーゼルII)が導入されている．具体的には，自己資本比率は「自己資本÷[信用リスク(貸出金等が貸し倒れとな

- 自己資本比率規制は，銀行監督当局が設定している健全性規制の中で最も中心的な位置を占めている．自己資本比率規制は，銀行の抱えるリスク量に対し，一定比率以上の損失吸収バッファーの保有を義務付けるものである．その目的は，銀行が，財務の健全性を維持して，支払能力(insolvency)や経営破綻に陥るのを未然に防止することにある．(佐藤隆文・バーゼルⅡと銀行監督(東洋経済新報社，2007)2頁

- 自己資本比率規制は，グローバルな枠組みで内容が議論されている(いわゆるBIS規制)．
  - BIS規制は，Basel銀行監督委員会(通称：Basel委員会)において議論・合意がなされる．
  - Basel委員会は国際決済銀行(BIS: Bank for International Settlements)より事務局機能の提供は受けているが，別のものであり，BISの一部局ではない．
  - Basel委員会は，27の国と地域の監督当局・中央銀行の集まりであり，当該合意に基づき，各国において，国内規制に落とされる．
  - 現在我が国において施行されているものは，「BaselⅡ(バーゼル・トゥー)」と呼ばれており，現在は「BaselⅢ(バーゼル・スリー)」に向けた議論が進展中．

- 我が国における根拠法令など(普通銀行の場合)
  - 銀行法14条の2
  - 金融庁告示「銀行法第十四条の二の規定に基づき，銀行がその保有する資産等に照らし自己資本の充実の状況が適当であるかどうかを判断するための基準」
  - 銀行法施行規則19条の2第1項5号ニ
  - 金融庁告示「銀行法施行規則第十九条の二第一項第五号ニ等の規定に基づき，自己資本の充実の状況等について金融庁長官が別に定める事項」　　など

図表11　銀行の自己資本比率規制

る危険)＋市場リスク＋オペレーショナルリスクに係るリスク・アセット]×100」(％)として計算される．こうした規制強化もしくは精緻化の流れの中で，銀行でのリスク・マネジメント高度化への要請が高まり，リスク・トレーディング等も活用したポートフォリオ戦略に積極的に取り組む銀行もあらわれ，先進的手法として先述したシンセティック・セキュリタイゼーションにも注目が集まるようになった．一方，欧米先進諸国では投資銀行を中心にこうした仕組みの活用は積極的に行われたが，投資家側でも，特にヘッジ・ファンド等を中心にこうしたリスクの売買を行う中で高収益を目指す動きが高まった．市場を活用することで信用リスクの裁定が進展し効率的な市場が実現するという見方もあったが，実際に起きたことは，過剰に信用リスクをとって投資家に更に転売することで収益を上げたり，複雑な商品構成をとったりすることで本当の原資産リスク，仮にそれが住宅ローンであれば債務者のリスクや企業ローンであれば個別企業のリスクを見えにくくし，格付評価のみに大きく依存する形で投資家が信用リスクをとるという流れであった．また，リスク部分を幅広く集め再証券化し，重ねて優先・劣後構造をとる等も行われ，結果として債務過剰な状況を作り出した面もある．こうした構造は，ある意味で日本におけるバブル経済と似た構造といえる．日本の

バブルは簡単にいえば不動産価格の上昇を期待する中で過剰債務が積み上がる構造であったが，サブプライムローン危機に端を発する金融危機においても，住宅ローンレベルでの住宅価格上昇に期待した商品設計であったこと，こうした信用リスクの低い債務者へのローンが積み上がり過剰債務構造をつくり上げていったこと，企業信用においてもこれに類似した取引が積み重ねられる状況にあったこと等を背景にして，これが崩壊する中で危機が深刻化していった．かつ，証券化という技術を使い，こうしたリスク性の高い商品がクロスボーダーで取引されていたため，危機が国際的に伝播する構造につながったということができる．先述のとおり，アジア通貨危機等の時代には投資対象が明確であることから安定した投資商品として確固たる地位を確立していた証券化であったが，金融技術面での複雑な工夫が可能であったこと，格付評価等の外部評価が必ずしも実態を反映せず，投資家の検証手段が限られてしまったこと等が問題を深刻化させてしまったといえる．こうしたバーゼルの枠組みが，金融危機を経てどのように変容してきたか，については，改めて次で述べることとしたい．

(d) 住宅ローン証券化の位置づけ

　証券化を説明する中で，欧米諸国での，その長い歴史を踏まえた教科書的なものでは住宅ローンの証券化の事例を基本形として重点をおいて説明されることが多い．住宅ローンは証券化という取引の中では伝統的に取り扱われてきた資産である．我が国で住宅ローンは貸付債権の中では超長期，すなわち30年超の債権になるが，これは住宅ローン証券化が早くから始まっていたアメリカでも同じであった．アメリカは固定金利による住宅ローンへの取組みが一般的であり，かつ，随時期限前返済が可能な商品設計とされてきた．これは戦後の復興の中でなるべく債務者が返済計画を立てやすい状況とするという政府の方針もあってのことであるが，貸し出す銀行から見ると，短期で金利が変動する預金を原資にこうした貸付債権による資産を管理することは非常に困難を伴う．このため，アメリカでは早くから年金・保険といった超長期投資になじむ投資家に住宅ローン債権を転売する仕組みが整備されていったという経緯がある．銀行規制の観点では，こうした金利変動リスクそのものはバーゼル規制が導入された当初はあまり注目されていなかった．その後，バーゼルⅡでは信用リスクのような明示的な数式で示されているものではないものの，金利変動があった場合のリスクについて一定程度配慮すべしとのルールが盛り込まれた．ただし，銀行経営から見れば，こうし

たルールの有無にかかわらず，資産と負債のミスマッチは当然対応すべきリスクととらえられてきた．

　我が国でも，2000年以降の市場を見ると，現在証券化対象資産として最も大きいものは，住宅ローン債権になっている．我が国では，90年代を通じてノンバンクの資金調達多様化(ABS)が進展する一方，銀行のローン債権証券化(CLO)，不動産証券化(CMBS)と多様な資産担保証券への取組みが見られたが，2000年代に入り住宅ローン証券化(RMBS)が大幅に伸びた．これは，生命保険会社の事業撤退に伴うものや，金融機関による益出しを目的とした証券化の事例も存在したが，基本的にはアメリカ同様に超長期固定住宅ローン(期限前返済自由)の証券化に積極的に取り組んだことが市場拡大に結びついたと考えられる．

　日本では，住宅ローンの証券化が行われるまで，こうした債務者に利便性を図る固定金利型かつ随時弁済可能な住宅ローンは特殊法人であった(旧)住宅金融公庫(現(独)住宅金融支援機構)が財政投融資(現在の財政融資資金)による資金調達を行い取り組んできた．しかしながら，資産負債のミスマッチに伴う公的負担の補填が大きくなったこと，民業補完事業に転換を行い民間住宅ローン証券化支援(現在のフラット35)に特化したこと等により，日本の証券化市場拡大を後押しすることになった．こうした仕組みを導入する前は，日本の金融機関が提供する日本の超長期固定金利の住宅ローンのレートは，大まかな水準であるが10年国債の金利が2％程度の状況で30年間の借入れで5％程度の水準とされていた．銀行が住宅ローンを融資する場合，銀行は預金により資金調達を行うため，たとえ足許の銀行の金利が低水準であったとしても，長期間にわたって貸し付ける場合には，将来金利が上がった場合に不採算取引をするわけにはいかないので，それなりに高いところに金利を設定したいという意向が働く状況であったためである．過去の長期間の長期金利の変動を見ると7％とか8％とかいう時代もあったが，当時は予想も含めて5％ぐらいになることはあるだろうという見込みもあり，また資産負債管理(ALM: Asset Liability Management)の観点からも管理が容易な変動型金利住宅ローンの商品に積極的に取り組む姿勢もあったため，長期固定金利に関してはこうした金利設定であったといえよう．一方，たとえば生命保険会社などの機関投資家の場合，保険料等の収入があるものの，保険金支払に備えるためにも長期運用が必要となり，投資家として平均した投資期間が10年程度の優良な債券投資については国債に多少スプレッドが上乗せされ実際には2％程度の

水準であれば購入したいという希望があった．もっとも，生命保険会社等の機関投資家が自分でこうした住宅ローンを提供するということも理論的にはありうるが，基本的には住宅ローン業務はシステムや店舗網が必要なビジネスであり，そうした仕組みを自前で構築するより銀行等がきちんとローンを管理していることを前提にその資産担保証券に有価証券投資として取り組みたいというニーズがあったということになる．

　このような背景を受け，それまで主に国から資金を借りて住宅ローン事業を行ってきた(旧)住宅金融公庫が，自分で融資することを基本的には止め，その代わり銀行等が融資した住宅ローン債権を買い取って証券化する事業を開始し，有価証券を投資家に2%くらいで売るという仕組みに変更した．約定返済のある住宅ローンは金融的には長方形と同等と考えることができるため，平均年限が10年程度の運用商品と同等の金利水準を設定することが可能になり，銀行が貸し出す超長期固定の住宅ローンの金利が5%台から2%台にダイナミックに低下するということが，2002〜03年に日本のマーケットでも起きた．実際に住宅ローンを利用する人にとって，毎年5%で固定金利を払うのと2%で固定金利を払うのとでは負担が全く異なる．また，短期金利の住宅ローンをたとえば1%で借りるという選択肢ももちろんあるが，短期金利で借りるということは，預金金利が上昇した場合には自らのローン金利も上がるということになり，支払負担を安定化させるために固定金利の利用も検討できるようにしたほうが望ましいという考え方もある．長期固定金利を政策手段として定着させることに一定の配慮が与えられたと整理することができよう．

　ここまでの説明から分かるとおり，住宅ローンの証券化というと，出発点ではALMリスク・マネジメントに重点を置き，証券化という仕組みを活用するという観点であった．もちろん，その他にもアメリカでは広大なエリアを銀行店舗網だけではカバーできない中で，S&Lといわれる貯蓄金融機関やノンバンクが住宅ローンの出し手として重要な役割を担い，これを機関投資家につなぐという意義も大きかった．こうした背景にもかかわらず住宅ローンのALMリスクのみならず信用リスク移転の機能，および市場における二次加工をやはり証券化という手段で行う際に，さまざまな過剰債務，レバレッジを効かせることで収益を最大化しようという取組みが過度に行われた結果，本来の目的を逸脱して金融危機が発生してしまったことは，すでに説明した．これに対して銀行の管理態勢は強化

される方向にある.

　ここで,バーゼル規制等がどのように改革されてきているか,簡単に見ておこう.金融危機を通じて明らかになった金融システム上の課題に対応するため,G20の枠組みのもと,金融安定理事会(Financial Stability Board: FSB)を中心として多様な金融規制改革が行われてきており,金融機関や資本市場のあり方を考える上でいまや欠かせないものになってきている.バーゼル規制の強化は,①自己資本比率の強化,②レバレッジ規制の導入,③流動性規制の導入を柱とするもので,現在はバーゼルIIからバーゼルIIIへの移行段階にある.バーゼルIIIは2008年から2009年にかけての世界的な金融危機への反省を踏まえたものとして位置づけられる.証券化との関係では,代表的なものでは再証券化エクスポージャーへの高いリスク・ウエイト(資本賦課)の適用やトレーディング勘定における証券化投資への高いリスク・ウエイトの適用,信用リスク評価基準の厳格化,外部格付けへの過度の依存の見直し等に始まり非常に多くの規制改革が行われ,こうした自己資本規制上での証券化商品に関する規制強化は我が国の金融規制にも反映されてきている.金融商品取引法の改正で格付会社に対する公的規制が導入されたのも,こうした経緯によるものである.欧米諸国をはじめグローバルに金融監督のあり方の見直しが積極的に行われてきており,バーゼルIIIは2013年1月から段階的に導入され,全面実施に向けて6年の移行期間が設けられている.この他にも,Too-Big-To-Fail(「大き過ぎて潰せない」)問題対策,店頭デリバティブ市場改革,シャドーバンキング規制等においてもさまざまな改革が行われている.金融危機の要因の1つとして銀行が自己勘定取引でリスクをとりすぎていたのではないか,との反省があることを踏まえて,銀行の過度なリスクテイクを抑制することによる預金者保護と納税者負担の軽減を目的とした規制改革の取組みも行われている.米国のボルカールールや,英国のリテール・リングフェンス,EUの銀行構造改革案等も見落としてはならないだろう.

　銀行・金融機関をめぐる金融危機後の規制改革については,詳細は別の章に譲るが,銀行の金融活動と証券化等を通じた資本市場の金融活動が実質的には表裏の関係にあり,証券化が金融危機の原因であったことに注目した数多くの規制改革が行われていることをご理解いただけると思う.ただし,ここで留意したいのは,規制の本質は「証券化」という行為そのものというより,証券化取引を通じたレバレッジのあり方,市場流動性の確保の有無,銀行自己資本投資への制約等

を通じた預金者保護や納税者負担の回避が重要なポイントだ，という点である．米国では，金融危機で活動を縮小せざるを得なかったファニーメイやフレディマックといった政府支援機関に代わり連邦政府の一機関であるジニーメイが証券化支援の主役になっていることはすでにふれたが，ジニーメイによる住宅ローン証券化そのものは米国金融資本市場において引き続き中心的な役割を担っている．ただし，オリジネーターは金融危機直前には大手金融機関が多くの割合を占めていたものが，近年は地域密着型の小規模なオリジネーターが中心になってきているようだ．一方，本稿を執筆している2017年2月現在，米国で新たに就任したトランプ米大統領は，前のオバマ大統領がドッド・フランク法のもとで強化した金融規制を抜本的に見直す大統領令に署名し，関連官庁に120日以内に問題ある規制を洗い出し報告させる，という動きもあった．これまでの金融規制が銀行による融資不活発化や経済活動への重しになっているとの観点が背景にあるものと思われ，金融危機後の金融行政の転換点になるとも見られる一方，今後の展開は不透明な部分も多い．いずれにしろ，銀行・金融機関と証券化・金融資本市場が表裏の関係にあることと，経済のあり方に密接な関係を有することを示していることは間違いないところであり，今後の金融規制と法のあり方にも重大なインプリケーションを持つと思われる．

なお，実際に金融危機で起きたことについては，後ほど簡単に触れることとしたい．

3 証券化と法律

（1） 証券化を規律する法律概観

図表13において証券化に関する法律を概観している．ここで示したとおり，数多くの法律を利用することで，証券化という金融技術が実現されている．もちろん，どのような主体が証券化を行うかという視点に立てば，会社法等が基礎となり，オリジネーターの業法である銀行法(銀行の場合)や貸金業法(貸金業者の場合)といった規制に関する業法等も重要であることは言うまでもない．一方，証券化を1つの取引としてとらえる場合に，一番重要な基本法は民法と思われる．それは，証券化が資産の"譲渡"を基礎として成り立っている金融技術であるためであり，この"譲渡"が後述する倒産隔離や真正売買といった概念とともに非

- 証券化スキームを規律する法律は，多岐に亘る
  - オリジネーター(譲渡人)に関する法律
  - 対象資産，資産の譲渡に関する法律
  - 信用補完／流動性補完措置に関する法律
  - SPV およびその関係者に関する法律
  - SPV の資金調達に関する法律(アレンジャー等の業規制を含む)
  - 決済に関する法律／資産(からの)回収に関する法律　　　　　　　　　　　　　　　　　　　　　　　　　　　　　　　　等

- ストラクチャリング(案件組成)上のポイント
  - 各種の法規制を遵守しつつ，いかに意図したような資産からのキャッシュフローを確保するか？

- ここでは，金融法務の基礎として，その中でも多くの証券化スキームに共通する「倒産隔離措置」に関係する法的論点について，指名債権の証券化スキームを例に議論しつつ，その他，若干の周辺の法律や法的論点についても触れる．

- 「金融危機」と「証券化悪玉論」「証券化不要論」
  - サブプライム問題の本質
  - 今後の課題と証券化技術活用

図表 12　「証券化」でおさえるべき規律的ポイント

(典型的な指名債権の証券化スキームを念頭に)

オリジネーターに関する法律	SPV およびその関係者に関する法律
● オリジネーターに関する法律 　• 商法，会社法など 　• 破産法など倒産関連法 　• 銀行法など(銀行などの場合) 　• 貸金業法(貸金業者の場合)　など ● 対象資産に関する法律 　• 民法，利息制限法，出資法　など 　• 貸金業法(貸金業債権の場合) ● 資産の譲渡に関する法律 　• 民法，動産・債権譲渡特例法　など 　• 倒産関連法 　• 貸金業法(貸金業債権の場合) ● 信用補完／流動性補完措置に関する法律 　• それぞれの措置に応じた法律群	● SPV およびその関係者に関する法律 　• 会社法，商法など 　• 信託法，資産流動化法，投信法 　• 一般社団・財団法人法 　• 金融商品取引法，信託業法　など ● SPV の資金調達に関する法律 　• 民法，会社法など 　• 信託法，資産流動化法など 　• 金融商品取引法，信託業法，銀行法，振替法など ● 資金決済に関する法律 　• 民法，振替法など ● 資金回収に関する法律 　• 民法，信託法，金融商品取引法など 　• 弁護士法，サービサー法 ● デフォルト時回収に関する法律 　• 民法，信託法，金融商品取引法 　• 倒産関連法を含めた全ての法律群

※イメージを掴んでもらうために代表的なものを記載したものであること，略称による場合もあることを，ご了解いただきたい．

図表 13　「証券化」を規律する法律群概観

常に重要なポイントにもなっていることが理由である．

　また，SPV をつくるためによく使われる法律としては，SPC を設立するための会社法，これをより証券化取引に適合するものとするために立法された「資産

の流動化に関する法律」(資産流動化法)，加えて，より簡便な手法でSPVを活用する法律として定着した信託法といったものも重要である．こうしたSPVが資金調達するときの資産担保証券が，会社法であれば社債，資産流動化法であれば特定社債，信託法であれば信託受益権や受益証券発行信託の受益証券といったものになる．資産担保証券と総称するとしても，それぞれの法的性質は異なる．たとえば，投資家から見た場合には投資した資産担保証券の流動性，すなわち売買の容易性が重要な要素になるが，「社債，株式等の振替に関する法律」(振替法)での一般債振替制度の対象となっているか，という点も重要なポイントである．

証券化という金融技術を発展させるためにつくられた法律という意味で基本として重要なものを3つ挙げるとすれば，資産流動化法，「動産及び債権の譲渡の対抗要件に関する民法の特例等に関する法律」(動産・債権譲渡特例法)，「債権管理回収業に関する特別措置法」(サービサー法)ということになるだろう．いずれも，証券化という仕組みを実際に行う上で非常に重要な役割を果たしてきており，この点については後に関連する項目で詳しく説明したい．

(2) 倒産隔離とは

(ア) 倒産隔離の意味

証券化スキームの意義は，これまで説明してきたとおり，オリジネーターの信用力ではなく対象資産の信用力に依拠したファイナンスである，という点にある．対象資産の信用力「以外」の理由，たとえば，最も重要なものとして真の資金調達者であるオリジネーターの破綻等の事象が挙げられるが，こうした理由で資産担保証券として設計された「証券」の利払いや償還が滞る，もしくは，オリジネーターの更生管財人や債権者の差押え等による影響が認められ償還そのものが予定どおりに行われない場合には，投資した時点で投資家は資産のパフォーマンスに投資したと理解していても，結局オリジネーターの信用力に依存した投資になってしまうことになる．格付けでもオリジネーターが取得している格付け以上のものは取得できないことになり，本来の意味が失われる．証券化である以上，投資家に対する利払いや償還は対象資産からのキャッシュフローのみを引当てにして行われる必要があり，また，その資産に対する事象以外の理由でこうしたキャッシュフローが途絶するようなことが発生してはならない．オリジネーターその他の関係者の破綻など信用力の変化等がこの資産からのキャッシュフローに影響を与えないようにするための概念が「倒産隔離」である．

- 倒産隔離とは？／「倒産隔離」の意味
  - 証券化スキームの意義が，対象資産の信用力に依拠したファイナンスにあるとすれば，対象資産の信用力の変動「以外」の事由で，証券等の償還が滞ることを，可能な限り避ける必要がある．
  - そのためには，対象資産がオリジネーターその他の関係者の信用力の変化（倒産など）の影響を（から）可能な限り受けない（隔離する）ようにする必要がある．
  - なお，あくまでも bankruptcy "remote" であって，bankruptcy "proof" ではないということに留意する必要がある．
- 具体的には……重要なのは「2つの倒産隔離」
  - オリジネーター（譲渡人）の倒産からの隔離　【倒産隔離】
  - SPV 自体の（対象資産の信用力の変動以外の事由での）倒産からの隔離　【倒産回避】

図表 14　倒産隔離（bankruptcy remote）

（イ）　2つの倒産隔離──譲渡人の倒産からの隔離／SPV 自体の倒産隔離

　この「隔離」についてさらに考えたい．倒産隔離とは，先述のとおり，SPV が倒産状態になり，それを何らかの原因として当初予定していた資産担保証券のキャッシュフローが途絶する事態を回避することを意味する．資産そのものが劣化して SPV を通じたキャッシュフローが不足するとしても，証券化はそうしたリスクに対する投資であり，投資家はそうしたリスクを織り込んで投資しているためやむをえない（投資家が負担すべき）ということになるが，そうした事由以外の事由でスキームが破綻しキャッシュフローが途絶するとすれば，資産価値に依拠することが前提である証券化としての投資商品として構成することはできない．証券化の仕組みづくりとは，法律技術を活用してこうした事象が起こらない仕組みにすることであり，その中で最も重要なキーワードが「倒産隔離」である．

　オリジネーターからの「倒産隔離」が確保されていない場合，オリジネーターが破産・会社更生等の状態に至った場合，SPV に移転された資産がオリジネーターの破産財団等に組み入れられ，SPV による利払いや元本償還が履行できない状況に陥るリスクが存在する．「倒産隔離」の要素として通常よく挙げられるものは，オリジネーターから SPV への資産譲渡について「真正売買」が確保されているか，否認リスクが排除されているか，オリジネーターが資産からのキャッシュフローを回収するサービサーとしての役割を担っていて破綻した場合に，オリジネーター兼サービサーの手元にあったキャッシュフロー部分がその破産財団等に組み込まれることはないかといった論点である．

　一方，「SPV 自体の倒産事由からの隔離」とは，対象資産の信用力の変動以外の技術的な事由により SPV そのものが破産・会社更生等に陥ることで，投資家

への利払いや元本償還が履行できない状況に陥るリスクに対して，SPV そのものに仕組みを講じることで，こうしたリスクを排除することを指す．

たとえば，SPV(SPC)の取締役が株主の最終的な権利を保全するために会社形態の SPV(SPC)の破産申立て等をすることは法的には当然ありうると考えざるを得ないが，証券化のスキームにおいて株主は取締役がそうした権利を行使することは期待していないものとしてスキームが構築されていることから，証券化の契約上でこうした申立権を放棄するといった条項を挿入することが行われている．SPV に対して一定の債権を持つことになるサービサー(事務委任手数料債権)，運営管理人(運営事務委託手数料債権)といった関係当事者も，債権を有する以上，破産申立て等を行う権利を有し，何らかの理由で期日までにこうした手数料が支払われない状況が発生する等の場合には何らかの権利行使をする可能性はあるが，こうした関係当事者も証券化のスキームを理解した上で参加しているのであり，契約上で同様の措置が講じられる．こうした仕組みも「倒産隔離」であるが，前者を狭義の「倒産隔離」と表現するのに対して，「倒産回避」などと呼ぶこともある．

(3) 対象資産の譲渡人からの倒産隔離とリスクへの対応

(ア) 真正売買

それでは，「倒産隔離」の要素として最も重要なものと考えられる「真正売買性の確保」について，例を通じて説明したい．図表 15 では，オリジネーターが売掛債権を有すると仮定し，これを SPC に譲渡し，売掛債権は通常は短期債権になるため SPC が資産担保証券として CP(ABCP)を発行して投資家から資金調達を行いその資金でオリジネーターに譲渡代金を支払うというスキームを想定する．売掛債権は指名債権であるため，オリジネーターから SPC に移転するに当たって対抗要件(後に説明するが，通常は第三者対抗要件)を具備し，SPC はオリジネーターとの間でサービシング契約を締結して売掛債権の管理回収事務を委任し，回収された資金で ABCP を利払いおよび償還する．売掛債権と ABCP の期間は一致しており，(一定の劣後部分はオリジネーターが保有するとして)売掛債権の回収により ABCP 全額の償還が期待されているものとする．

この取引は，売掛債権という資産を完全に SPC に移転し，投資家はその資産の信用力に基づき投資を行うというスキームを意図したものである．この取引では，オリジネーターは資産を譲渡して譲渡代金を受け入れているが，外形的には

- 例題
  - 右に挙げる事例は，本当に売掛債権をSPCへ売却したと言うことができるであろうか？

- 論点
  - 譲渡人は，本当に売掛債権を売却するつもりであるのならば，なぜ，サービシングを行っているのであろうか？
  - キャッシュフローとしては，売掛債権の譲渡担保付融資と同じ．

    実は，譲渡人は，売掛債権を売却する意思はなかった（＝売掛債権の譲渡担保付借入を受ける意思であった）のではないか？

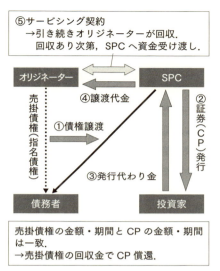

図表15　真正売買（true sale）の意味①

売掛債権の譲渡担保借入を受ける場合と同じととらえる余地もあり，実は譲渡人は譲渡担保借入を受ける意思であったと判断される可能性はないだろうか．

「倒産隔離」が実現されているというためには，前述のとおり，オリジネーターが破綻した場合に対象資産に対してオリジネーターの債権者がかかっていけない状況を作り出す必要がある．譲渡担保など，所有権移転の形式をとりながらも担保の目的で譲渡された場合は，形式よりも実質を考慮する立場から担保として処遇される．証券化取引においてオリジネーター＝譲渡人，ではなくオリジネーター＝資産保有者＝債務者と判断された場合には対象資産はそのままオリジネーターに帰属するものとして取り扱われ，たとえば債務者に会社更生手続が適用されたときには更生担保権として取り扱われキャッシュフローが変更もしくは減額されることになるため，投資家に重大な影響を与えることになる．このため，譲渡人（＝オリジネーター）と譲受人（＝SPV）との間で，「法的に」売買取引がなされたと評価されることが必要になり，こうした取引として評価されることを「真正売買」という．

「真正売買」については，アメリカの証券化実務においても同様の問題があるため，アメリカにおける基準も参考にしながら，諸般の事情を考慮して総合的に

- ●真正売買とは？
  - 譲渡人と譲受人の間で，「法的に」売買取引（≠担保付金融取引）がなされたと評価されること．
  - 証券化スキームの場合は，たとえば上述した例のように，対象資産の譲渡後にもなんらかの形で譲渡人が対象資産にかかわることが多いため，問題となることが多い．
- ●議論の実益：仮に担保付金融取引と評価されるとどうなるのか？
  - 各種倒産手続き上にて，対象資産が譲渡人のものとして取り扱われることになる．
  - 特に，譲渡人に会社更生法が適用された場合に，キャッシュフローが変更・減額される可能性がある．

  ⊃ 「真正売買」は，「倒産隔離」の重要な要素の1つ．

図表16　真正売買（true sale）の意味②

当事者の意思を確認するという方法がとられてきた．法的に譲渡であるというためには，当事者間で「売買」としていることが重要であるというのが通常の考え方であるが，証券化取引では売買の相手先がSPVというペーパーカンパニーであることもあり，契約書面で「売買」としているから売買であるという単純なことにはならない．また，資産譲渡後もオリジネーターがサービサー等の資格で当該資産に関与し続ける事例が多いため，その取引において金融取引性（担保性）を疑わせる条件が存在するかどうかといった点が重要になる．サービサー等の立場による対象資産への関与（支配）の程度や対象の特定性，対価の相当性，対抗要件の具備，オリジネーターにおける会計上の処理としてのオフバランス化の有無といった点を丹念に点検し，総合的に「売買」と判断される必要性がある．なお，実務上は，証券化取引の案件を手がける法律事務所より「真正売買」を確認できる旨の法律意見書を求め，各契約書とその法律意見書を含めて格付会社も判断し，投資家に投資判断の材料を提供するという手法が通常行われている．実務上分かりやすい材料として，①当事者の意思確認，②買戻特約の状況，③信用補完比率（優先・劣後構造）といったものが議論の対象になる．オフバランス化，すなわち会計上当該取引が売買としてきちんとした仕組みになっているかどうかという点も重要な判断材料になる．たとえば不動産の場合，オリジネーターが劣後部分をどれだけ持つかについて会計上ルールが定まっており，5％以上持った場合には譲渡ではなく担保取引として取り扱うことになっている．5％以上持った場合は，オリジネーターのバランスシートをそのまま残しておくことになり，売買の対価の受入れも担保付貸借取引として負債を計上することになる．金銭債権の場合，

- 当事者が「売買」と言っているのであれば，やはり「売買取引」？
- 実務上は，米国に倣って，諸般の事情を考慮して総合的に当事者の意思を推認するという方法が採られている．
  - 金融取引性(担保性)を疑わせる条件が存在するかどうか？
  - 譲渡後における対象資産への関与(支配)度の程度
  - その他(対象の特定性，対価の相当性，対抗要件の具備，オリジネーターにおけるオフバランス化　など)
- なお，我が国でも，実際のオリジネーターの倒産事例(注1)が生じたことをきっかけに，さまざまな議論(注2)がなされたが，定見が確立されたわけではない．
  - (注1)マイカル株式会社の不動産(店舗)証券化案件　など
  - (注2)倒産法的な観点から，更生担保権が認定されるための被担保債権(隠れた被担保債権を含む)の存否を重視する考え方など

図表17　真正売買かどうかの判断基準

不動産のような明示的なルールではなく，個別案件ごとに法律意見も含めて判断されることになるが，経験上，たとえば劣後部分が20～30%を超えるような取引は真正売買に疑義がもたれる場合が多いと考えられる．会計上オフバランスが実現できていない場合，法的に真正譲渡と認識していたという主張と重大な齟齬をきたすことになる．ここであえてこうした会計上の考え方と具体的な数値(もちろん最終的な判断は各専門家の意見を踏まえる必要がある)に触れたのは，こうした取扱いは金融商品会計のものだが，法的な解釈をするに当たって，会計への理解も必要になる好事例としてとらえられるためである．

　なお，上記のような考え方も踏まえつつ我が国の証券化実務は各専門家による理論構築も踏まえて飛躍的に発展したが，一方で市場規模が拡大する中でオリジネーターの倒産事例も発生するようになり，それまでの解釈についても数多くの議論が行われてきた．最初の事例は，流動性補完で事例として引用した平成10年の日本リースの会社更生であろう．同事件ではリース料債権の売買のみならずリース資産のあり方や劣後割合，SPCの独立性等が議論の対象となったが，最終的にはすでに説明したとおり真正譲渡性を認める和解が成立した．また，平成12年の信販大手のライフの会社更生では，オートローン債権の信託方式による海外リパッケージ型の証券化について議論があったが，優先部分の社債償還期間が残りわずかであったこともあり，サービサー交替事由には該当するものの猶予を関係者間で合意し，また保全処分においても回収金引渡業務の履行を弁済禁止の適用除外にする等の柔軟な対応が行われた．こうした事例が発生する中，真正

売買性の議論が最も活発に行われたのは，平成13年9月に民事再生手続開始申立てを行い，その後同年11月に会社更生手続に移行した，大手スーパーのマイカル[6]の事例であろう．マイカルの事例では，同社の発行する無担保普通社債(約3,200億円)とともに資産担保証券7件(合計約1,000億円)が債務不履行に陥る一方，店舗不動産を対象として組成した商業不動産担保証券(CMBS)について管財人と投資家や資産管理会社との間で主張が対立した．簡単にいえば，店舗のセール・アンド・リースバックに基づく証券化であったため，真正売買性につき，管財人側から店舗を譲渡担保とし賃料で被担保債権の返済を行う金融取引であるとの主張が行われたのに対し，投資家等からは金融取引ではないとして賃料債権は共益債権であるとの主張がなされたものである．ここでは，従来のアメリカ法的な基準の考え方に対して日本における譲渡担保権に関する判例・学説を重視すべしといった議論もあり非常に注目された．最終的には平成14年に管財人と投資家代理人との間で賃料債権を共益債権とする和解が成立し，CMBSのデフォルトは回避されることになった．こうした議論により，残念ながら定見が確立されたとまで言い切ることはできないが，実際の証券化取引に対する関係当事者の理解や認識が深まったことも事実である．

最後に，真正売買性の議論を倒産手続との関係で整理しておきたい．一般的に，①会社更生の場合を取り上げて説明する場合が多いが，これは，更生担保権となった場合には実際にキャッシュフローが削減される可能性があり，投資家の期待に反することが判りやすく説明できるためである．これに対して，②民事再生の場合は，SPVに譲渡した資産について，民事再生法148条の担保権消滅の許可の申立てが可能かといった射程で議論される場合が多く，SPVへの譲渡資産は再生債務者の事業に欠くことができない場合には当たらないとし，仮に資産譲渡を担保権設定としても担保権消滅の許可の対象には当たらないといった論旨で説明される場合が多い．また③破産の場合，仮に担保権の設定としてもSPV債権者は少なくとも別除権を有するので，オリジネーター破産の影響を直接には受けないと説明される場合が多いように思われる．なお，これらの説明は債権保全の視点からは正しいが，市場で取引される有価証券としての資産担保証券という点に着目する必要もある点は留意が必要である．仮に上記のような理由で全額償還することが可能であった場合，償還可能性としては高く評価することが可能であるが，投資家はそれに加えて期日までの運用利益を要求する権利を有している点

である．通常の企業社債で同じ満期一括償還を予定している社債であっても，繰上償還のオプションを発行体が有する場合，投資家には当然にその分高いプレミアムを支払う必要がある．資産担保証券でも，オリジネーター破綻に伴いこうしたキャッシュフロー変更がありうる場合には，その分投資家への販売のハードルは高くなると考えるべきである．特に，金融危機以降ではアメリカの MBS や欧州でのカバードボンド等，期間の長い証券が議論の対象になることが増えてきているが，対象資産が住宅ローン債権のような超長期のものについては特にこうした点は重要になり，欧米で古くから証券化対象となってきたこうした資産の証券化については，全額償還の可能性のみならず，期日どおりの支払が維持される可能性(タイムリー・ペイメント)が重要なポイントになっている．証券化の仕組みを検討する場合には，市場における投資家の期待するものは何かという視点を見落とさないことが重要だという点は強調しておきたい．

(イ) 第三者対抗要件の具備

ここでは証券化取引のもう 1 つの重要な要素である対抗要件について説明する．主に取り上げたいのは，対象資産が金銭債権の場合の第三者対抗要件の具備についてである．証券化取引では，オリジネーターは対象資産(金銭債権)を SPV に移転する．仮に，この移転について第三者への対抗要件を具備していなかった場合を考えてみたい．債務者以外の第三者に対する対抗要件を具備していないと債権者が倒産した場合に管財人に対抗できないとした判例[7]に照らし，当然オリジネーターの債権者により引当ての対象となる財産と見なされる可能性は高く，また，こうした資産は真正売買性も認められずオリジネーターのバランスシートから切り離すことも困難である．対抗要件について適切に対応することは，証券化取引の重要なポイントとなる．

対抗要件の取得について，民法 467 条では，指名債権の債務者対抗要件の取得方法は債務者への通知または承諾とされ，第三者対抗要件の取得方法は債務者への確定日付ある証書による通知または承諾とされている．なお，特債法(前述)のもとでは，特定債権(リース債権，クレジット債権等)については日刊新聞紙への公告により債務者に対して民法 467 条による確定日付ある証書による通知があったものとみなされることになっていた．これらでは，第三者対抗要件を満たせば同時に債務者対抗要件を具備する．

一般に金銭債権の証券化取引を行う場合，多数の金銭債権をオリジネーターか

- その必要性：対象資産の SPV への譲渡にかかる第三者への対抗要件を具備していなかったら，どうなるか？
  - オリジネーターの債権者からの対象資産への差押に，当該対象資産の譲渡を対抗できない．
  - オリジネーターの倒産時に，対象資産の譲渡を管財人などへ対抗できない（たとえば，破産財団に組み込まれる）．
    ――最三小判昭和 58 年 3 月 22 日判例時報 1134 号 75 頁参照

  ⮕やはり，「倒産隔離」に不可欠．

- 指名債権の譲渡の第三者への対抗要件
  - 原則：確定日付ある債務者への通知または承諾（民法 467 条 2 項）
  - 実務上はさまざまな問題があり，実務上の工夫や立法によって，それらの問題の克服が図られてきているが，まだ，未解決の問題もある．

図表 18　第三者対抗要件の具備①

- 将来債権（の現在）譲渡
  - 有効性：最三小判平成 11 年 1 月 29 日民集 53 巻 1 号 151 頁
  - 権利移転の効果や対抗要件の効力の発生時期につき議論あり．
    ――最一小判平成 13 年 11 月 22 日民集 55 巻 6 号 1056 頁，最一小判平成 14 年 10 月 10 日民集 56 巻 8 号 1742 頁

- 事前承諾の対抗要件としての有効性
  - 債務者対抗要件としての有効性について論じたものは多いが，第三者対抗要件としての有効性について論じたものは少なく，現在でも議論あり．

- 一度に大量の債権を譲渡することにかかる対抗要件具備の煩雑さへの対応の必要性
  - 特定債権等に係る事業の規制に関する法律（いわゆる特債法：平成 4 年）の立法
    →平成 16 年廃止
  - （動産・）債権譲渡特例法の立法（図表 20）

図表 19　第三者対抗要件の具備②

ら SPV に移転する必要がある．格付けの考え方でも，前述したような統計的なアプローチ（大数プールアプローチという）が有効であるためには，少なくとも 300 件以上の対象債権が必要であるとの説明がよく行われていた．たとえば住宅ローン債権などの案件では，多いものでは 5 千件とか 1 万件といった数を証券化する場合も少なくない．こうした取引において，個別に確定日付ある通知，承諾を取得するとなると膨大なコストがかかることになり，個別債務者への通知にも非常に事務コストが大きくなるため証券化そのものが困難になる．対抗要件の取得をより合理的に行うために，平成 10 年に債権譲渡特例法が施行された．この法律では，金銭の支払を目的とした指名債権について，第三者対抗要件は債権譲渡ファイルへの登記とされ，債務者対抗要件は債務者への同法 8 条 2 項に基づく登記事項証明書の交付による通知または承諾とされた．第三者対抗要件と債務者

対抗要件の順序が入れ替わった形になるため，この法律では第三者対抗要件を具備したとしても債務者対抗要件を満たしたことにはしないことも可能である．金融商品会計実務指針では，現状では債務者対抗要件を満たす行為は一般的ではなく手間も費用もかかることや金融商品会計基準は法的保全として第三者対抗要件を想定していると解されること等，および債権譲渡特例法の趣旨にも照らし，債権譲渡特例法に基づく債権の流動化取引では債務者対抗要件を満たしていない場合でも「法的に安全」という基準を満たすものとして取り扱っている．証券化の実務においても，基本的にはスキーム構築当初は第三者対抗要件のみを取得し，スキームに一定のトリガー(＝引き金)を設定してトリガーに抵触した段階で8条2項通知を準備し送付する，そのための費用をあらかじめSPVに準備しておくことで，債務者対抗要件は当初具備せず，オリジネーター兼サービサーが資産を譲渡したにもかかわらず引き続き債権者としての「顔」で債務者と接点を持ちサービサーとしての業務を行う，という仕組みが一般的である．

　こうした立法的な手当ておよび実務の取組みにより，対抗要件問題への対応が実現した．ただし，それでも実際のスキーム構築ではさまざまな類型が発生し，論点も数多く存在している．たとえば，将来債権を現時点で譲渡することはこれまでも賃料債権や道路通行料債権，水道料金債権など，現在の時点では発生していないさまざまな債権でこれを包括して譲渡するといったスキームを検討するときに論点になってきた．また，契約締結前に債務者から事前承諾を取り付け，契約締結後発生する金銭債権を証券化する仕組みの可能性も，プログラム的な取組みで検討されるが，こうしたスキームの中でも議論されてきている．こうした一つひとつの取組みが，証券化に関する法的論点の明確化，スキーム上の工夫により対応されることを通じて，新たな金融手段の提供や市場における投資機会の創出に繋がってきたのである．なお，上記の債権譲渡特例法は，平成16年には動産も対象に加えられ，動産・債権譲渡特例法となったが，これは証券化のみならず資産担保が必要となるストラクチャード・ファイナンスやABL(Asset Based Lending; アセット・ベースト・レンディング)での活用も見込んで改正されたものであり，ABLは企業が有する在庫などの流動資産を引当てとした融資スキームとして着実に裾野を拡大させてきた．こうした取組みも証券化等と同様の金融技術革新ということができ，過度に不動産担保に依存しない融資手法として注目されている．

- ◉ **正式名称**
  - 動産及び債権の譲渡の対抗要件に関する民法の特例等に関する法律（平成10年6月12日法律第104号）

- ◉ **基本コンセプト（債権譲渡に関する事項）**
  - オリジネーターの倒産隔離という観点からは，第三者対抗要件の具備が重要ということと，実務上の要請や債務者保護とのバランスから，第三者対抗要件と債務者対抗要件を分離し，第三者対抗要件については，指定法務局等に，磁気ディスクをもって調製する債権譲渡登記ファイルへの登記による方法を設けた．
  - 平成16年の改正により，動産が対象に加えられるとともに，債務者を特定しない将来債権譲渡も登記できるようになるなどの実務上の要請に基づく登記事項の改定などが行われた．

- ◉ **立法によって新たに生じた課題**
  - 対抗要件としての有効性（特定性）　　　　　　　　　　←登記事項
  - 新たな二重譲渡問題　　　　←債務者インフォメーションセンター論

図表 20　動産・債権譲渡特例法

（ウ）　希薄化リスク・詐欺リスクへの対応

　証券化のスキームを考える場合に，基本的なリスクは何かという視点も重要である．ここでは，その代表的なものであり，法的論点としても把握すべきものとして，「希薄化(dilution)リスク」と「詐欺(fraud)リスク」について触れておく．

　「希薄化リスク」とは，証券化・流動化取引において，対象資産（債権）の属性や契約内容により，投資家に引き渡される対象となる債権額が当初譲渡対象として見込んでいた債権額よりも減少するリスクを指す．たとえば，売掛債権の証券化・流動化取引において，売掛先が商品を企業に返品するなどしたことにより，売掛債権額が当初のものより減少してしまう可能性があるような場合で，こうした事態が原債権の発生原因たる双務契約における同時履行の抗弁権行使や売買契約における瑕疵担保責任の追及等で発生しうるリスクである．こうしたリスクがある場合，劣後水準等で調整するなど，ストラクチャーにより何らかの補完措置を手当てする必要がある．また，銀行がオリジネーターの場合では，貸付債権と預金債権の相殺の問題が存在する．貸付債権はSPVに移転するものの，債務者対抗要件についてはぎりぎりまで具備留保しているのが一般的な仕組みであるが，オリジネーターが銀行の場合，貸付債権の債務者は反対債権となる預金債権を通常は有している．オリジネーターのデフォルトの危険性が発生した場合には相殺されることは当然にありうるため，こうしたリスクを見積もることが重要になってくる．なお，住宅金融支援機構のフラット35の場合，当初オリジネーターは

- 希薄化(dilution)リスクとは？
  - 対象となる債権額が減少するリスク
- 具体例
  - 双務契約における同時履行の抗弁権行使によるもの，売買契約などにおける瑕疵担保責任によるもの　など
  - 銀行の貸付債権における預金債権による相殺によるもの　など
- 法的にリスクをなくすためには？
  - 債務者への通知または異議を留めた承諾（民法468条）
    ―対抗要件具備時までに生じた事由→✕
  - 債務者の異議を留めない承諾と譲受人保護要件
    ―最二小判昭和42年10月27日民集21巻8号2161頁
- 詐欺(fraud)リスクとは？
  - 対象債権が実際には存在しない(あるいは既に譲渡されている)リスク
- 電子記録債権法の立法(平成19年)
  - 「電子債権記録機関」が作成する記録原簿への電子記録を，債権の発生・譲渡等の効力要件とする「電子記録債権」という新たな債権を創出．
  - 上述のようなリスクへ対応し，債権流通の安全性が高まることを狙う．

図表21　希薄化(dilution)リスク／詐欺(fraud)リスク

銀行であるが，貸付債権発生と同時に債務者対抗要件と第三者対抗要件を取得するスキームとなっており，こうした希薄化リスクはプログラム上回避する建付けとなっている．

次に「詐欺リスク」であるが，対象債権が実際には存在しない，もしくはSPVに譲渡される前に第三者に譲渡され対抗要件等まで具備されてしまっているリスクを指す．債権流動化取引では，多数債権を対象にすることもあり，「架空債権の譲渡」「債権の多重譲渡」を行うことにより投資家が損害をこうむる，いわゆる不正リスクが存在する．SPVに対する譲渡契約等では，譲渡人に債権の適正さを表明保証させることにより，瑕疵担保責任と同様の責任を負わせることをしているが，実際の証券化取引では，対象となる資産について監査法人等によるAUP(Agreed Upon Procedures)や，オリジネーター・サービサーの経営内容や内部管理体制を含めたデュー・ディリジェンスによる資産内容の精査が非常に重要な役割を果たしている．

アメリカのサブプライム危機について，後ほどふれるが，この議論の中でオリジネーターによる適格債権ではない住宅ローン債権の証券化に関する批判も取り上げられた．欧米の金融危機に際しての証券化をめぐる訴訟は枚挙にいとまがな

く，いずれも何らかの不正な金融取引であったことを理由にしているが，その中にはこうした論点も含まれていた．ただし，実際の証券化取引はより複雑なものであり，これに限られるものではない．こうした「詐欺リスク」は古くて新しい問題であり，金融的にいかに規律するかが問われている．立法趣旨は必ずしも同じ文脈ではないが，我が国では，2008年12月に「電子記録債権法」が施行された．仮に証券化取引に応用したとすれば，こうした取引における債権流通の安全性を高める可能性があるとも指摘されている．電子記録債権法の目的は，事業者の資金調達の円滑化等を図るため，磁気ディスク等をもって電子債権記録機関が作成する記録原簿への電子記録を債権の発生，譲渡等の効力要件とする電子記録債権について規定するとともに電子債権記録機関に対する監督等について必要な事項を定めることにより，電子記録債権制度を創設するものとされ[8]，企業の手形債権や売掛債権を電子化することで債権の流動化を促進し，事業者の資金調達の円滑化を図るものである．こうした利用が促進されれば，ここで説明してきた二重譲渡のリスクや希薄化リスク，詐欺リスクや下記のコミングル・リスク等に対して新たなソリューションとして活用することも可能である．今後，実務のさらなる定着をまって証券化・流動化取引での応用が期待される．

　（エ）　その他のリスクへの対応

　ここでは，その他証券化取引の中で取り上げられることの多いリスクである，「（倒産法上の）否認リスク」と「サービサー・リスク」について触れる．

　「（倒産法上の）否認リスク」とは，オリジネーターが倒産した場合に，管財人などから対象資産のSPVに対する譲渡について否認権を行使されるリスクを指す．従前の判例・通説では，オリジネーターが実質的危機状態にあった場合，不動産譲渡等について，それが適正価格で譲渡されたものであっても，費消や隠蔽の対象となりうる点が責任財産の実質的減少と考えられ，原則否認の対象となりうると解釈され，オリジネーターに債務超過の疑いがある場合，破産債権者を害しないことが明白な場合を除き証券化の組成には慎重にならざるを得ない側面があった．SPCがペーパーカンパニーであることもあり，法的な論点として証券化の初期では注目されてきたが，我が国では平成16年の破産法改正により，新破産法161条1項で「適正な対価」での資産処分にかかる否認要件が明確化されたことにより，オリジネーターが経営再建途上にある場合や信用力の低い中小企業の場合等でも証券化の活用が容易になり，障害が1つ取り除かれることになっ

- (倒産法上の)否認リスク
  - オリジネーターが倒産した場合に，管財人などから対象資産の譲渡について否認権(たとえば破産法 160 条以下)を行使されるリスク．
  - 但し，平成 16 年破産法改正により適切な対価での資産処分にかかる否認権行使の可能性は限定的となった(同法 161 条)．
- 広義のサービサー・リスク
  - コミングル・リスク
    ―サービサーが資金を回収して SPV へ引き渡すまでの間にサービサーが倒産手続きにはいるなどにより，回収金が SPV に引き渡されないリスク．
  - 狭義のサービサー・リスク
    ―サービサーが倒産したりその他事務対応力が劣化することにより，サービシングを続けられなくなるリスク．
  - 弁護士法とサービサー法
    ―サービサー法(債権管理回収業に関する特別措置法(平成 10 年 10 月 16 日法律第 126 号))により弁護士法の特例として民間業者に債権管理回収業を解禁．現在，100 社以上の債権管理回収業者が許可されている．
    ―また，平成 13 年改正により，対象債権の範囲が拡大された．

図表 22　その他のリスク

た．

　次に，「サービサー・リスク」について説明する．証券化の枠組みでは，これまでも説明してきたとおり，オリジネーターが資産を SPV に移転したのちも，サービサーとして資産からのキャッシュフローの管理回収を行うのが一般的であり，たとえば金銭債権の場合では原債務者からの資金回収および回収金の管理や SPV への資金引渡し等を行うが，サービサーの立場において事務対応力が劣化した場合や破綻した場合に発生するリスクを，サービサー・リスクと総称する．

　一般にサービサーが破綻するリスクが高まった場合や，実際に突然破綻するような場合に備えて，証券化のスキームの中でバックアップ・サービサーの選任や事務引継ぎを取り決めておく．管理回収のために実際にその能力のある代替者に速やかに事務を引き継ぐ体制を整備することで，サービサーの信用力にかかわらず資産からのキャッシュフローを投資家に引き渡すことが確保され，資産担保証券の信用力が切り離されることになる．しかしながら全てのリスクがこの切り替えのみで回避される訳ではなく，スキーム上関連して発生するさまざまなリスクへの対応が求められることになる．この代表的なリスクが，コミングル・リスク(コミングリング・リスクともいう)といわれるもので，サービサーが資金を回収して SPV へ引き渡すまでの間にサービサーが倒産手続に入る等により，回収金が SPV に引き渡されるサービサーの財産と混在して取り扱われてしまうリスクで

ある．全部の回収予定額のほんの一部だとしても，次回の元利払いに充当されるべきキャッシュフローがこうしたリスクにさらされると，証券化商品にはデフォルトリスクが生じることになる．こうしたリスクを回避するために，証券化のスキームでさまざまな手当てが行われている．代表的な対応は現金準備の積み立て等である．最後に，リスクの話から若干離れるが，サービサーに関する説明に関連して，証券化の枠組みの進化に大きく貢献した「サービサー法」について説明したい．サービサー法(債権管理回収業に関する特別措置法)は，前述のとおり証券化に関連して行われた重要な立法であるが，ここでいう「サービサー」は上記で説明してきたオリジネーターが継続的に資産を管理回収する立場で受任する「サービサー」とは少し異なる概念となる．金銭債権の証券化の場合，一般的にスキーム開始当初には債務者対抗要件を具備しないケースが多いこともあり，サービサーは債務者に対してあたかも自分が債権者の地位にとどまっている外形で管理回収業務を行うが，SPVの委任を受けた代理人として，法的に債権内容を変更する，あるいは取立てを行う，といったことまでこのサービサーの事務委任契約で構成することができるかという問題が存在する．弁護士法72条では，「弁護士又は弁護士法人でない者は，報酬を得る目的で訴訟事件，非訟事件及び審査請求，再調査の請求，再審査請求等行政庁に対する不服申立事件その他一般の法律事件に関して鑑定，代理，仲裁若しくは和解その他の法律事務を取り扱い，又はこれらの周旋をすることを業とすることができない．ただし，この法律又は他の法律に別段の定めがある場合は，この限りでない」とし，同法73条は，「何人も，他人の権利を譲り受けて，訴訟，調停，和解その他の手段によつて，その権利の実行をすることを業とすることができない」として，債権回収の委託を弁護士・弁護士法人以外の者について禁じ，また，債権を譲り受けて行使することを業として行うことを禁じている．このため，オリジネーター(兼サービサー)にとってもともとは自分の債権であったとしても，SPVに真正に譲渡していることから，その債権の法律事件に関して弁護士でない者が法律事務を取り扱うことを原則禁止している以上，(オリジネーター兼)サービサーの行うことのできる事務には限界がある．このため，SPVに譲渡された債権に一定の事由が発生した場合には，こうした法律事務を取り扱うことができる者にSPVがその事務を委託する仕組みを事前に手当てする必要が生じる．サービサー法では，同法2条において，そこで定める特定金銭債権について「法務大臣の許可を受けた株式会社」

に限り「弁護士又は弁護士法人以外の者が委託を受けて法律事件に関する法律事務である特定金銭債権の管理及び回収を行う営業又は他人から譲り受けて訴訟，調停，和解その他の手段によって特定金銭債権の管理及び回収を行う営業」を行うことができるものとし，同法3条は，「債権管理回収業は，法務大臣の許可を受けた株式会社でなければ，営むことができない」と定めることで，弁護士法72条，73条の例外を定めている．つまり，法務大臣の許可を受けた債権管理回収業者（サービサー）であれば，こうした業務をSPVから受任することができることになっている．ストラクチャーを組む場合，こうした債権管理回収業者でありSPVから一定の事由の生じた債権の回収業務の委任を受けたものを，いわゆる管理回収事務を受任している，（オリジネーターである場合の多い）サービサーと区別する見地から「スペシャル・サービサー」と称するが，つまり，「サービサー法」はスペシャル・サービサーに関する立法，ということになる．サービサー法は銀行の不良債権が問題になっていたことに対して立法された経緯もあり，当初は対象となる特定金銭債権について銀行の債権とするといった制限もあったため，ノンバンク債権の証券化では活用することができず，初期のスキームでは弁護士をスペシャル・サービサーとして活用した案件もあったが，平成13年改正により対象債権の範囲が拡大され，より円滑な仕組みの構築が可能になった経緯がある．資産担保証券や証券化・流動化への取組みは，まさに立法と実務の二人三脚の積み重ねであったといえよう．

（4） SPVの仕組みとリスクへの対応

（ア） SPVとしての特定目的会社

これまで，オリジネーターは資産をSPVに移転するということで説明してきたが，実際のSPV，もしくは会社形態によるSPCの場合，どのような法的な器が活用されているのであろうか．実際に活用されている会社形態の枠組みとしては，株式会社，合同会社，ケイマン諸島等に設立された海外法に基づく会社，または資産流動化法[9]上の特定目的会社といったものが，証券化においてはビークルないしSPCとして使われている．

この中では，証券化・流動化に使いやすい仕組みのために立法された資産流動化法上の「特定目的会社」に重点を置いて説明しよう．この法律ができた平成10年より前は，国内でSPCを設立する場合は一般に株式会社としてつくられており，また，より証券化に関する法技術の適合性が図られてきた海外の枠組みを

- 会社形態(SPC)
  - 株式会社，合同会社(GK)，海外 SPC，資産流動化法(後述)上の特定目的会社(TMK)
    ―「倒産隔離」の仕組み作りに適しているのは？
    ―簡易な仕組みは？ 社債の発行などの資金調達手段の柔軟性は？
    ―その他，コスト面，税務面など多方面での使い勝手を比較(他の仕組みも共通)
    ―なお，海外 SPC と会社法 821 条・823 条

- 契約形態
  - 信託
    ―簡便に倒産隔離を図ることができる仕組み
    ―原則として，信託受益権を投資家へ販売することにより資金調達
    ―証券化スキームとしては，一般の信託以外に，資産流動化法上の特定目的信託
      (SPT)，新信託法における限定責任信託，受益証券発行信託など
  - 組合
    ―組合員の(実質的な)無限責任
  - 匿名組合(TK)
    ―会社形態との併用：TK-YK(GK)スキームなど

図表 23　SPV の種類

- 正式名称
  - 資産の流動化に関する法律(平成 10 年 6 月 15 日法律第 105 号)

- 立法および改正の経緯
  - 不良債権の早期処理の要請からの証券化の活用が叫ばれ，平成 10 年に「特定目的会社による特定資産の流動化に関する法律(いわゆる「SPC 法」)」成立．
  - その後，さらなる実務上の要請を受け，平成 12 年に，いわゆる「集団投資スキーム」の 1 つとして旧投資信託法とともに改正され，名称も上述のように変更．
    ―主要な改正内容：SPC の使い勝手や倒産隔離性の向上，資金調達手段の多様化，「特定目的信託」制度の導入　など

- 基本コンセプトと課題
  - 一定の規制を課す換わりに，従来の本邦の制度では証券化にとって使いにくい部分について措置．
    ―一定の規制：「資産流動化計画」の策定義務，仕組み規制，監督制度
  - 但し，あまり使われていない仕組みがあるほか，仕組み規制の一部が，いわゆる「資産流動化型」と「資産運用型」の狭間にあるような仕組みに十分に対応できていない面も．
  - また，会社法制定，新信託法制定前の立法・改正であることに留意．

図表 24　資産流動化法

活用して海外 SPC を設立し，サムライ債(非居住者の発行する社債)として国内で発行される事例も多かった．当時の商法のもとでは，株式会社は資本金が一千万円以上必要であり設立コストも高く，また，通常の株式会社であったため，資産の証券化・流動化という限定された目的のみで活用されるように建て付け，かつ，資産担保証券の投資家の権利を害することのないよう，さまざまなスキーム上の手当てが必要とされていた．たとえば，事業目的も SPC である以上は資産の証

券化・流動化以外，すなわち今持っている資産からキャッシュフローを獲得する業務以外の事業は基本的には行わない建付けとする必要があるが，多様な事業を行える株式会社に対して，事業目的を制約するのに数多くの契約で縛ることによりスキームを安定化させる取組みが行われていた．

　当時の銀行等における不良債権の早期処理の要請から証券化・流動化手法の積極的な活用が求められたことで，平成10年に「特定目的会社による特定資産の流動化に関する法律」(SPC法)が制定され，従前の枠組みでは使い勝手の悪い部分につきさまざまな特別措置が行われた．法人としての特定目的会社をあくまでも証券化・流動化の器として活用することから，定款にならんで資産流動化計画を明確に定め，それに沿った業務活動を行う義務を負い証券化に必要な限度に事業目的を制限することのほか，資産の分別管理や処分の制限等仕組み上の規制や監督の枠組み，およびSPVが優先・劣後構造を構築するために特定社債以外に優先出資証券を発行できる枠組みなどが構築された．また，当時としては有限会社と同様に最低資本金を300万円と定めることで，証券化スキーム構築コストの低減に向けた配慮も行われた．その後，さらに最低資本金は10万円まで引き下げられた後，「会社法の施行に伴う関係法律の整備等に関する法律」(平成17年制定，18年5月施行)により廃止されたが，こうした資本金低減は証券化コストの引き下げにかなり貢献した実感もある．こうした立法上の手当てにより，我が国における国内資本市場での証券化・流動化への取組みが非常に拡大したということができる．その後，SPC法は実務上のさまざまな要請を受け，平成12年にいわゆる「集団投資スキーム」の1つとして，旧投資信託法とともに改正され，名称も「資産の流動化に関する法律」として改められた．しかし，その後の証券化市場の状況を見ると，資本市場における証券化は信託の枠組みを活用したものに軸足を移し，また，アメリカのサブプライム問題から金融危機への流れの中で，一部の例外(財投機関債を活用した住宅金融支援機構のスキーム等)を除き特定目的会社を活用した証券化そのものへの取組みはそれほど積極的ではなくなったともいえる．特定目的会社は，むしろ不動産の流動化の場面で活用されることが多くなってきており，特定社債の発行を要件としているものの形式的な発行にとどまり，むしろローンの器としての活用が目立っている状況にある．なお，平成12年の改正の際にこうした証券化の枠組みにおいて信託を積極的に活用すべきとの議論もあり，特定目的信託制度が導入されたが，残念ながら積極的に活用されるには

至っていない．なお，特定目的信託制度については後述する．

(イ) SPCとしての信託

ここで，信託を活用した証券化の仕組みを簡単に説明しておきたい．信託という法的な仕組みは，信託契約に基づき信託財産を特定した上でこれに対応する権利として信託受益権というものを作り出す．証券化・流動化の取組みでは，オリジネーターが信託会社（通常は信託銀行の場合が多い）との間で信託契約を締結し，受益権をその元本の償還順位に応じて優先受益権と劣後受益権に切り分けることで，証券化スキーム上信用補完措置として必要な優先・劣後構造を契約的に簡単に作り出すことができる（ただし，対象資産が不動産の場合には別の規制に対する配慮が必要）といった手続の柔軟性が確保されている．また，信託会社（信託銀行）は信託財産を管理するための仕組みとしても安定性や経験に優れており，法的にも信託財産の独立性が確保され，忠実義務，善管注意義務，分別管理義務が法定され受託者責任が明確化している等，証券化の器として非常に優れている．実際，アメリカなど英米法で証券化の仕組みが発展したのは，こうした信託の仕組みを柔軟に活用してきたことが挙げられる．もちろん英米法上で信託受益権は有価証券として機能（市場流通性等）する仕組みとなっている．

一方，我が国で証券化市場を構築しようとしてきた中で，当初社債を軸に議論が行われ信託受益権が投資商品としてなかなか浸透しなかった背景には，通常の信託受益権がいわゆる有価証券として位置づけられていなかったことがある．日本法は大陸法の流れにあるため，信託という概念を継受するためにさまざまな工夫が行われてきたが，基本的に信託設定により作り出される受益権は指名債権という位置づけであった．したがって，これを有価証券化するためには特別な立法が必要であり，たとえば，投資信託受益証券や貸付信託受益証券など，それぞれ個別の法律をつくって，受益証券を有価証券とするための手当てを行ってきていた．一般の信託法の枠組みを利用する証券化・流動化のために使われる信託法のもとの信託受益権はあくまで指名債権という立ち位置を崩さなかったので，資本市場で売買するための仕組み，たとえば証券保管振替制度の対象にはならず，投資家間の譲渡には確定日付ある通知または承諾が必要という制約から逃れることができなかった．

それでも，信託受益権を活用した証券化は，平成12年以降大きな広がりを見せる．SPCの場合，法人である会社を設立し法人の運営のための契約を締結し，

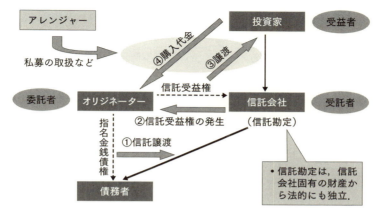

図表 25 典型的な信託スキーム例

- 信託がなぜ SPV として広く活用されてきたのか？
  - 信託財産の独立性
    ―形式的には受託者の資産であるが，実質的には独立している．
    ~2条9項・21, 17, 20, 22, 23, 25条など
  - 受託者責任
    ―忠実義務(30~32条)，善管注意義務(29条)，分別管理義務(34条)など
  - 手続きの柔軟性
  - (発行者から見て)コストが低廉であること(信託報酬のみ，等)

- 新信託法(平成18年公布)の主要なポイント(証券化関連)
  - 忠実義務，自己執行義務関連規定の合理化(30条・34条)
  - 受益者が複数の場合の意思決定方法の合理化(105条~)
  - 信託行為と同時に受託者が債務負担できる旨の明確化(21条1項3号)
  - 受益証券発行信託(185条~)，限定責任信託(216条~)，自己信託(3条3号)
  - 証券化関連信託受益権全般の金融商品取引法における有価証券(またはみなし有価証券)指定(同法2条1項12~14号・2項1号) など

図表 26 信託法と証券化

資産担保証券の発行のために社債の契約など多数の契約が必要になるが，SPCに比べて信託の場合信託契約でスキームの大部分が手当てされるため，仕組みづくりが簡便になる．また，スキームが簡素で当事者数が少なくなるため，コスト面でも優位性がある．証券化・流動化を行う最大の理由の1つは，自ら社債を発行することや銀行借入れを行うことと比較して優良な資産を活用し低コストで資金調達できることである．資産流動化法のところで説明したとおり，スキームアップのためのコストの低減のために資産担保証券としての社債を発行する特定目的会社の設立コストを低減する等の努力が行われてきたものの，信託の場合は

比較的低廉なコストで財産管理のプロである信託会社(信託銀行)を活用することによるスキーム構築が可能であるという点も注目された．発行体としては低コストのスキームによることを希望し，また，投資家側も，優良な投資商品であり，かつ一般の投資対象である国債や優良事業社債と比較し投資利回りの大きい資産担保証券に投資したいというニーズは大きく，流動性には目を瞑る形での信託受益権スキームが大きく成長することになった．しかし，投資家にとっては，こうした流動性に欠ける商品に際限なく投資することには限界がある．サブプライム危機やリーマンショックを想起すれば，投資商品に問題が発生した場合，投資家は自らの財産の保全(ひいては保険であれば保険契約者，年金であればその積立を行い受益する者の保護)のために適切なタイミングで運用対象となっている投資商品を市場で売却する必要があるが，流動性に欠ける商品では，買手がつかないことを理由に最終的な裏付け資産の毀損可能性を上回る市場価格での売却を余儀なくされ，大きな損失を発生させてしまうことになりかねない．

　これを何とか解決したいがゆえに，これまでに幾度も立法的な取組みがなされている．1つは，前述の資産流動化法の中で，特定目的信託という制度が創設された．あたかも特定目的会社と同じような仕組みで契約を締結し，特定目的信託とすれば，そこで発行する受益権は受益証券という形で売買しても構わないという仕組みである．この立法のために，従前の信託の制度をいかに資産流動化の枠組みと整合させるかについて大変な努力が行われた．制度の活用が大いに期待されていたが，残念ながらこれまで実際には積極的に活用されていない．その理由の1つとして，この特定目的信託の受益証券を通じて投資家に支払われるのが配当であり利息ではないため，税法上利子課税に係るメリットを受けていた投資家が，受益権の配当に係る課税に関するメリットを受けられないということを知って，制度の制定当時では特定目的会社の特定社債等と比較し特定目的信託による受益証券の購入に積極的ではなく，結果として全体のコストが上昇してしまい組成が推進されなかったということが挙げられる．また，信託受益権による証券化が定着してしまって以降は，よりストラクチャーに柔軟性のある通常の信託スキームが志向された面も否定できない．

　(ウ)　新信託法と証券化

　次に，新信託法における取組みを紹介したい．新信託法は信託スキームが証券化・流動化のみならずさまざまな仕組みで活用されてきた中で，信託の使い勝手

をよくすることを目的として平成18年に公布された．証券化・流動化の観点で重要なポイントは，忠実義務や自己執行義務関連の規定の合理化や，受益者が複数の場合の意思決定の合理化，受益者の債務負担に関する明確化といったものや，限定責任信託・自己信託の導入といった多様なポイントが挙げられる．中でも証券化・流動化スキーム上期待されたのが受益証券発行信託であった．通常の信託設定において，信託契約により受益証券発行信託とすることができ，金融商品取引法上でも有価証券とされる受益証券を発行することができる仕組みを導入することが立法により手当てされたことで，証券化・流動化の市場が更に発展することが期待された．しかしながら，現状に至るまで，この受益証券も証券化の仕組みという意味では積極的に活用されているとはいい難い．その重要な背景の1つとして会計の問題が挙げられると思われる．信託の仕組みは会社ではないため，信託期間に発生した所得や損失は受益者に帰属することになり，信託財産では管理信託として信託財産に関する収入と受益権者等に対する支出を適切に管理することが求められている．しかし，受益証券を発行する信託の場合，原則として信託を法人ととらえた上で，受託者が法人税課税を求められる建付けとなっており，例外的に受託者が税務署の承認を受けた上で信託にかかる未分配利益が元本総額の1,000分の25以下である場合には信託利益が課税されないこととなっている．信託において会社と同様の会計処理を行い課税に関する対応を求められることは，信託実務との乖離は大きく，残念ながらここまでの対応をした上で受益証券という仕組みに積極的に取り組む動きにはなっていない．

　最近では，受益証券発行信託は，上場信託(JDR: Japanese Depositary Receipt)といわれる海外の有価証券を裏づけとした仕組みにおいて，また特定目的信託は，我が国におけるイスラム債(日本版スクーク)といわれる仕組みにおいて，それぞれ活用ないし活用が検討されている．信託受益権を有価証券化することの意義は大きく，さまざまな局面での検討が進むことが期待されるが，証券化・流動化という場面で考えた場合，法的制度を構築することと，会計や税務，実務レベルにおける対応やシステム，総合的なコスト，最も重要な資本市場における投資家の対応状況等，さまざまな要素を踏まえる必要がある．今後，こうした検討により一層我が国の資本市場の発展に向けた取組みが行われることが望ましい．

　(エ)　SPVにおける「倒産隔離」「倒産回避」の具体的な仕組み

　証券化・流動化の仕組みを構築する上で，「倒産隔離」と「真正売買」が重要

- 定款等において証券化に必要な限度に事業目的を制限
- 資産の分別管理・処分制限
- スキームに不必要な債務負担行為の制限
- 余剰資金の運用制限
- その他コーポレート・ストラクチャー変更の制限　　　など
↪ なお，前出の特債法や資産流動化法は，これらの仕組みの全部または一部を法定．
　　→ 資産流動化法につき，同法 108 条・200 条・210～14 条　など
- 破産など倒産手続き申立て権限の放棄
  - 但し，その有効性については議論あり．

図表 27　SPV 自体を制限する仕組み（SPC を念頭に）

であることを説明した．以下では，実際にSPCを活用して証券化を行う場合に，関係当事者との間で具体的にどのような取決めを行い「倒産隔離」や「倒産回避」を実現しているかについて説明する．

　まず，SPC 自体についてだが，SPC も法的には独立した法主体である以上，証券化の本旨に沿った行動を行うようにさまざまな仕組みで制約を受けている．SPC 自身が証券化・流動化を目的として活動することは，その定款等，特定目的会社であれば資産流動化計画によって事業目的は制限される．また，資産の分別管理や処分制限，スキーム上予定されていない債務負担行為も制限を受け，資産から回収されたキャッシュフローは厳密に管理した上で，契約上の定めや優先順位，予定された会計処理に従い社債の利払いや償還に充当し，関係者の裁量を経ることなく投資家に引き渡す仕組みとされている．資産流動化法は，こうした枠組みの一部を制度化することで，安定した証券化の仕組みを構築することに貢献する法律となっている．

　SPC も法人であり会社である以上，株主や出資者等はそのコーポレートストラクチャーに一定の発言権があり，議決権を有する．また，こうした株主等に対して会社の取締役等の役員は責任を負っており，最終的には株主の利益を守るために行動する必要があり，場合によっては破産等の申立てをすることも理論的にはありうる．こうした取締役や株主等がそうした行動原理により SPC の仕組みの変更や倒産等を申し立てることは，会社法的に考えると当然の権利や義務にはなるが，証券化・流動化の枠組みで考えると，本来 SPC は投資家（社債権者や融資債権者）が予定どおり資産からのキャッシュフローを獲得するための静的な仕組みであることが望ましく，場面によっては株主や取締役の行動がこれを阻害することもありうる．また，オリジネーターやサービサーといったスキーム関係当事

- オリジネーターその他のスキーム関係者が株式などを保有することによる議決権行使の影響を受けない仕組みを構築
  - いわゆる"charitable trust"の活用
    - ―英米法系の国にて，公的色彩の強い団体を受益者として公益目的で設定される他益信託．信託宣言にて各種制限を約定．
    - ―ケイマンSPCが多く活用される1つの理由．
  - 資産流動化法における特定出資信託制度(同法33条)
    - ―従来は，あまり利用されず．
  - 一般社団法人の活用(従前は有限責任中間法人)
    - ―議決権は社員が有する(一般社団・財団法人法48条～)が，社員は基金を拠出する義務はない点，基金拠出者についてその権利や基金の返還手続を定款に規定でき，いわゆる倒産手続き申立ての権限を放棄させることが出来ること，を活用．

図表28　株主・株主総会を制限する仕組み

者がこうした株主等の地位にある場合には，投資家との利害関係が反する場合もあり得る．証券化の仕組みが発展したアメリカの一部の州の会社法や一部の海外の法制度では，株主等の権利を定款等で当然に制約しうる制度となっているが，日本固有の法制度ではこうした仕組みを立法的に手当てすることは容易ではない．よって，仕組みを安定化させるためにやはりスキーム上での手当てが必要になる．

その代表的な枠組みが，いわゆる慈善信託(charitable trust)である．これは，英米法系の国で公益的色彩の強い団体を受益者として公的目的で設定される他益信託で，株式ないし出資持分について元々の所有者が信託宣言することでこうした持分に関連する権利行使等につき各種制限を設定できる仕組みである．SPCの株式等につきこれを行うことで株主等の権利行使を制約し安定的な仕組みとすることができる．我が国でも，資産流動化法で同様の仕組みを導入すべく，特定出資信託制度といわれるものが創設されたが，この特定出資信託を厳密にとらえた場合に受託者の義務まで射程に入れて考えると，我が国では英米法と同等のレベルでの安定性には疑義があり，残念ながらあまり活用されていない．そのため，証券化の仕組みではまずケイマンSPCを設立し，その出資につき慈善信託を設定し，国内SPCの出資者をケイマンSPCとするといった仕組みを構築することで，株主・出資者等からの倒産回避を実現してきた．こうした仕組みは海外の法制度に依存する一方やはりスキームコストもかかることから，継続的に国内法制度を活用したスキームが検討・実施されてきている．

その中の1つとして，ケイマンSPCに代わってかつては中間法人法に基づく

- 独立取締役(independent director)
  - オリジネーターと無関係の者を取締役に選任することにより，濫用的な権限行使を予防．—資産流動化法では法定されている．（同法70条）
  - 取締役が複数名の場合は，実務上の都合により，一部をオリジネーターより派遣するケースもあるが，その場合でも，取締役会規則などによりルールを定めた上で，そのような取締役の自由な権限行使ができないようにする．

- 破産などの倒産手続き申立て権限の放棄
  - 但し，その有効性については，議論あり．

図表29　取締役・取締役会を制限する仕組み

　有限責任中間法人を用いるスキームが存在したが，平成20年に「一般社団法人及び一般財団法人に関する法律」が施行され中間法人法が同法の施行により廃止されたことを受け，一般社団法人を利用したスキームも活用されている．すなわち，証券化対象資産の取得者を，その証券化取引のために設立された株式会社，合同会社または特定目的会社とし，かかる会社の株式または持分を一般社団法人等が保有するスキームである．スキームの安定性のため，一般社団法人の定款の目的や社員数，社員の入社・退社に関する規定，基金や解散に関する規定等への目配りが必要であるが，さまざまな法律の枠組みを活用しスキームの安定化が図れるかが重要であり，そうした工夫が積み重ねられてきていることが分かる．また，取締役については，これも制度として株主等への義務を排除することは困難であり，実務上は，独立取締役としてオリジネーターとは無関係のものを取締役に選任し，また，契約上で破産などの倒産手続申立ての権限を放棄させることで，投資家との間での利益が相反することのないような仕組みの構築が行われている．具体的には，社債の契約上，特約としてこうした権限放棄を明記し，仮にこれに反する場合にはその他のスキームに問題がない場合でも期限の利益を失うことを確約させる等の手当てが行われており，格付会社もそうしたスキーム上の手当てが行われているかといった点を丁寧に確認して格付けの判断をしてきている．しかし，法的に考えれば，本質的にはこうした権限を取締役から確定的に剥奪することは困難であり，法的スキームとしての有効性には議論がある．

　こうしたSPCそのものに内在化している権利行使の制限に加え，スキームの安定性を実現するためには，SPCに対して外部から権利関係を有する関係者についても一定の制限を確約させる必要がある．前述したように，サービサー，バックアップ・サービサー，スペシャル・サービサーといった事務受任者はそれぞ

- 破産などの倒産手続き申立て権限の放棄
  - 債務者自身や取締役が放棄する場合と比し，一般的には一定程度有効と解されている．
  - 但し，期間制限の必要性を説く向きあり，また，手続法上の効果については議論の余地ありとされている．

- 責任財産限定特約
  - 債権の引き当てとなる財産を限定する特約．具体的には
    ―債務の弁済は，対象となる資産のみを責任財産として行われ，他の財産からは行われない．
    ―債権者は，対象となる資産以外への強制執行は行わない．
  - かかる特約の有効性については議論あり．

- なお，SPVと契約関係にはいる者については，契約書上にてこれらを謳うことができるが，それ以外の債権者をこれらにて拘束することはできないことに留意．

図表30　SPVの債権者を制限する仕組み

- 責任財産限定特約の例
  1. 本契約に基づき借入人が負担する債務の支払は，当該資産のみを引当とし，かつ当該資産から第●条の規定に従って当該資産の範囲内でのみ行なわれ，借入人の他の資産には及ばないものとします．当該資産をもって本契約に基づく貸付金の元本の弁済金および利息の支払その他本契約に基づき借入人が負担する債務の全てを支払うことができない場合には，当該債務超過部分についての各貸付人の請求権は，消滅するものとします．
  2. 各貸付人は，当該資産以外の借入人のいかなる資産についても，本契約に基づく債権の実現のために強制執行を行わず，かつ強制執行を申立てる権利を放棄します．

- 破産等申立放棄特約の例
  - 各貸付人は，借入人に対して，破産手続開始，特別清算開始，民事再生手続開始その他の倒産手続の申立てを行わないものとします．

図表31　破産等申立放棄特約／責任財産限定特約の例

れSPCと委任契約関係を持ち，手数料債権を有することになるほか，運営委任を受ける運営者，社債の管理の委託を受ける社債管理者，有価証券の引受販売を行う証券会社等，対価をもってSPCと契約を締結する主体は多く，こうした関係者も債権債務関係を有する以上，これらの行使について一定の制約があることをきちんと約定する必要がある．一方，投資家自身にも，責任財産限定特約という形での約束を求められており，これは，特定の資産に基づくキャッシュフローに対する投資である以上，その債権の引当てとなるのは対象の資産のみであり，債務の弁済はその資産を責任財産として行われ，債権者は対象となる資産以外への強制執行等は行わないことを特約するものである．責任財産限定特約は，たとえば1つのSPCが2つ以上の異なる資産を区分して所有した場合にそれぞれに対応する資産担保証券を発行することができるかといった論点で議論される場合

- **法人格否認の法理(substantial consolidation)**
  - 主として，オリジネーターとの関係で問題となりうる．
  - 米国では，実際に問題となったケースもあるが，以上述べたような措置を施したSPCにつき，我が国ではどういった判断がなされるか？
    ―我が国の判例における形骸化事例，濫用事例へ当てはめてみるとどうか．

図表32　法人格否認の法理

がある．SPCは，設立するために相応のコストがかかること，およびそれを低減することが総合的な資金調達コストを考える上で重要である旨説明してきたが，さらにいえば1つのSPCが多数の資産担保証券を発行することができれば，その1つあたりのコストを低減させることが理論的には可能である．一方，仮にSPCに複数の責任財産が帰属している場合，1つの責任財産が想定以上に劣化して利払い・償還が予定どおり行われないことが明らかになったときに，その資産担保証券への投資家は責任財産限定特約が存在することを理由にその他の責任財産からの配当を要求しないということが法的に確定できるかという論点である．もちろん，その資産担保証券はあくまでも1つの責任財産に紐付けられている以上，それ以外の責任財産からの配当を要求するのはルール違反ということにも見えるが，これがSPCの倒産手続という文脈でとらえた場合には，あくまでも倒産手続はSPCという法人全体の財産をどのように債権者に分配するかという議論になるため，責任財産限定特約が存在することをもって他の資産担保証券への投資家から見た責任財産が保全されるかといった点は議論がある．なお，資産流動化法では，特定目的会社の有する資産について，資産担保証券である特定社債の投資家は一般担保という担保権を有することとされており，責任財産全体に優先的な権利を有するが，仮に特定目的会社が複数の資産担保証券を発行する場合には個別に担保権を担保付社債信託法により設定することを予定しているともされ，こうした担保権の設定はスキーム上資産担保証券になじみにくい面(たとえば，担保解除によるキャッシュフローの償還資金化と社債権者集会の関係等)もあり，あまり利用されていないのが実態である．

　最後に，SPCが一種のペーパーカンパニーであることから，これと伝統的な法的論点である法人格否認の法理の適用可能性についても論点になりうることを付言する．ただし，実務上これが大きな論点としてとりあげられることはあまりない．

4 (補論)証券化と金融危機・金融システムの関係

　ここで，法律論そのものの説明ではないが，ここまでも何度か言及してきた，証券化を議論する場合に避けることのできないアメリカで起きた金融危機の根源としてのサブプライム危機について簡単にまとめて説明しておきたい[10]．アメリカの住宅ローンの仕組みは，もともとファニーメイとか，フレディマックとか言われている日本の住宅金融支援機構(旧住宅金融公庫)に類似した機能を有する機関が中心となって行っていた超長期固定金利の住宅ローンの証券化が中心であった．要約すれば，アメリカでは，戦後復興でも住宅建設が重視される一方，アメリカの連邦制等も背景に州による資金や投資家の偏在があり，各地の銀行，S&Lのような住宅金融機関，ノンバンク(モーゲージバンク)が住宅ローン(モーゲージ)を提供するに当たって，消費者の利便性から超長期固定金利(かつ期限前返済可)という商品性の資産担保証券を生保・年金等の投資家に証券化機関(ファニーメイ，フレディマック)が転売するといった枠組みを，30年以上かけて構築してきた歴史がある．これが2000年くらいに大きく落ち込み，民間の証券化が大きく増えてきている構図が見てとれる．なぜこういうことが起きたと考えるべきだろうか．アメリカの住宅ローン市場は，先述の消費者利便性もあり期限前返済が容易であるため，安い金利で何度も借り換えることができる市場である．このため，金利が下がっている間はより低金利の住宅ローンに借り換えることが進む構造になっており，金利低下と資産価格向上がリンクしている間はこれが住宅価格を押し上げるという好循環があった．アメリカの大きな景気構造でいえば，ITバブル崩壊を経て景気対策が重視される中，金利はどんどん引き下げる方向で政策が採用されてきたが，2000年くらいにこれ以上金利が下がらないというところまで低下してきた．金利低下が止まったことで，債務者としては借り換える必要性はなくなったが，不動産価格の上昇は継続し，住宅ローンを提供する側(住宅ローンを取り次ぐ代理店(モーゲージブローカー)や銀行・ノンバンク，およびこれを証券化する投資銀行等)が積極的に住宅ローンの提供を推進するという状態になり，民間でそれまで資産担保証券の通常のルールでは余り取り組まれてこなかった種類の住宅ローンとこれによる資産担保証券の組成を積極化し始めたということを参考資料1は示している．こうした住宅ローンは満期まで固定金利というわけではなく，当

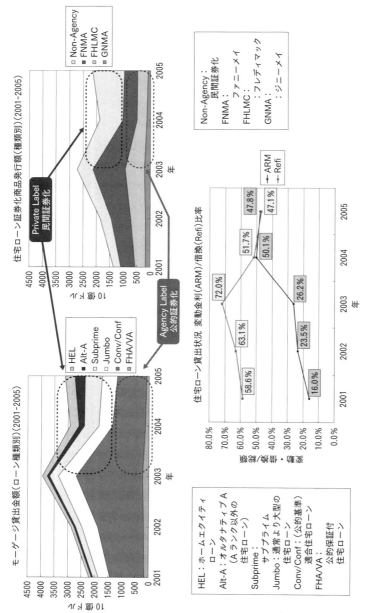

参考資料1 サブプライム問題とは何だったのか～アメリカにおける危機直前の状況

・出典：The 2006 Mortgage Market Statistical Annual/Inside Mortgage Publications, Inc.
・最近の米国のオリジネーション市場の変化を見るため、2001年から2005年までのデータを抽出比較

初のみ固定金利でその後金利が急上昇するような仕組みのものもあったが，不動産価格が上昇している中で，必ず借換えないし不動産売却による返済が可能（かつ資金も一部手元に残る）ということで，一般消費者（＝借り手）にも受け入れられてしまった．

　どのような取組みが行われていたかを簡単に説明すると，参考資料2にあるとおり，一番左側に実際に住宅ローンを組成している住宅ローン会社があり，この住宅ローンを投資銀行が一時的に預かり，加工してリスクを分解した上でさまざまな投資家に転売することを行っていた．住宅ローン会社，投資銀行，投資家といった説明をしたが，こうした各当事者はグローバルな金融再編の中でコングロマリット化している場合も多く，お互いにリスクを転嫁していく構造をとりながら，自らのグループの中でリスクの外部化，内部化を繰り返してしまい，最終的には（グローバルな視点では国境を越えていても）金融セクター全体としてリスクを蓄積するような構造にもなっていた．

　また，個別の資産担保証券についても，格付会社が表示する格付（AAA など優良格付）が必ずしも正確なリスクを反映していない構造になっていた．これも簡単に要約すると，参考資料3にあるとおり，一番左側にサブプライムMBSの表があるが，これはサブプライムの住宅ローン資産担保証券の優先・劣後構造を表しており，個別の債務者の信用力は低かったが，それまで過去のある程度の期間は景気もよく不動産価格も上昇していたため，その間の過去の統計（トラックレコード）をとった場合にはリスクを事前に検証（ストレステスト）をした上でこの人たちの大部分は返済可能であるというデータ上の分析となっていたため，格付会社によれば，サブプライムの資産担保証券の7割をトリプルA，残り3割をダブルA，シングルA等およびそれ以下の格付けとして評価するといった取組みが行われてしまっていた．実際にアメリカの投資銀行にヒアリングした際に説明を受けたが，アメリカ全体で景気はよくサブプライム住宅ローンとはいえ返済可能性が高い一方，これまでの長い歴史の中で，広大なアメリカの構造を考えた場合に，各州の経済構造は異なっており，ニューヨークやワシントン，シカゴ，デトロイトといった都市や，オハイオ州，マサチューセッツ州といった各地で同時に景気が悪化し住宅ローンの返済が困難になることは想定できず，十分な分散があることがこうした仕組みを支えているという認識がもたれていた．その結果として，サブプライムの資産担保証券の劣後性の強い部分，たとえばBBBの部分を

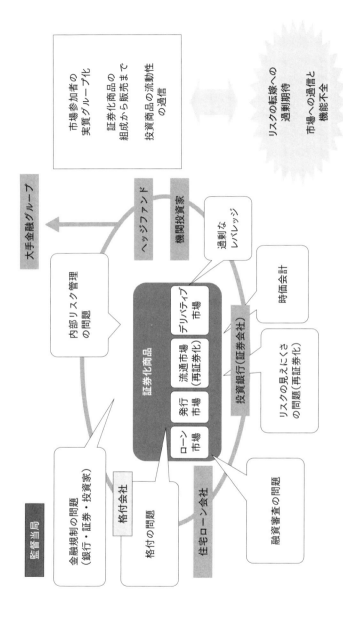

参考資料2　サブプライム問題とは何だったか～オリジネート・トゥ・ディストリビュートのビジネスモデル

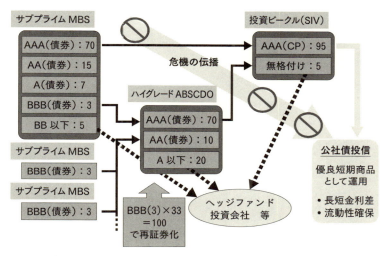

参考資料3　サブプライム問題とは何だったか〜サブプライム証券化の典型的なケース（再証券化）

再び市場で集めてこれをリパッケージして高格付の資産担保証券として投資家に転売するような，一種のリスク・トレーディングが行われていたことになる．また，こうした再加工商品の優良部分が本来は高格付けのもののみで運用する必要がある投資信託にも販売されており，償還確実性が高く市場流動性も高い商品と思われていたことがうかがえる．

　こうした一連の金融取引はお互いに複雑な構成をとりつつ相互に連関している．分かりやすさのために，市場でいくつかの重大な誤謬をまねいた基本的な点を指摘するとすれば，まず，背景の分析が不十分な中でデータ上不動産の価格が下落していない期間をとり，結果としてサブプライム住宅ローンの回収可能性を高く評価していることについて，十分な期間をとらず不十分な検証でデータとして活用していたことを指摘しなければならないだろう．確かにアメリカの不動産価格は総合的な指標で見れば過去40年以上上昇を続けてきていたが，個別の地域ごとには騰落は当然に存在し，また，サブプライム住宅ローンという取引そのものは数年の間に拡大したものであり，その数年間のデータで全ての取引を説明するということには限界があったはずである．また，アメリカ全体の不動産価格が同時に下落したことはないという点も，グローバルに見ればやはりアメリカの不動産価格のみが上昇を続けることへの疑問も存在していたことから，こうした視点

を捨象して個別金融商品の格付けとその組み合わせによる分散といったことを繰り返し行った点は大きな問題であったといわざるを得ない．そして，その間投資家は格付けによる検証を行っていたはずであるが，逆にいえば複雑にリパッケージされた商品の本当のリスクを分析することは困難な状況になっていた点も挙げられよう．資産担保証券として投資家が購入している間は，そうした住宅ローンの貸付けも積極的に行われ，投資家に転売することで一定の手数料収入が得られることから，貸付けの実行も積極的に行われたが，これは貸付けをする側（アメリカではモーゲージバンクというノンバンクや総合金融機関の住宅ローン部門など）が自ら債権管理しないことによるモラルハザードもあったと指摘される．こうした循環構造が，リスクとして許容できなくなった段階で，たとえば住宅ローン債務者がデフォルトし，不動産価格がついに下落して住宅を処分してもローンを返済することができないといった事象がおこり始めた段階で資本市場を巻き込んだ逆回転が発生し，投資家として保有していた金融機関に損害が発生して金融収縮がおこることでグローバルな金融危機につながったと考えることができる．

　また，もう1つの背景として，金融規制のあり方の変遷も忘れてはならない．米国における20世紀以降の金融規制の大まかな流れを振り返ると，1929年の大恐慌を契機として1933年にグラス・スティーガル法が制定され，銀行・証券分離の原則が定められた．その後1980年代にいくつかの規制緩和が行われた後，1999年にはグラム・リーチ・ブライリー法（金融制度改革法）により，銀行・証券の分離が撤廃された．この流れと，アメリカにおける上記のITバブルの崩壊と住宅ローン市場のてこ入れが平仄を合わせて行われていた点も，アメリカの金融資本主義のあり方を理解する上でも重要なのではないかと思われる．その後，金融危機の反省を経て，2010年にオバマ前大統領が新金融規制であるボルカールールを発表し，銀行等の金融機関の業務範囲と規模の制限などの規制強化を打ち出したのも，反動として理解できる．英国のリテール・リングフェンスやEUの銀行構造改革案等も同様の文脈で理解することができよう．金融セクターのあり方と証券化市場のあり方を理解することは，金融のあり方そのものを学ぶ上でも重要な示唆を与えてくれる．

　証券化という仕組みは，もとの資産が適正に組成され，きちんとした分析が行われた上で組成されれば，会社や金融機関といったものが保有する資産を切り離すことでリスクのアンバンドリングが行われ，投資する側にそのパフォーマンス

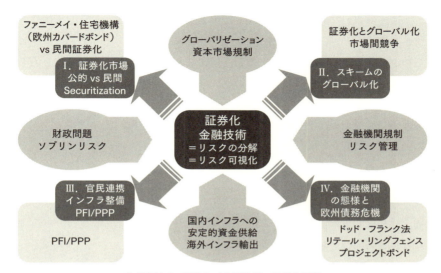

参考資料4　証券化／金融技術の活用と展望

を説明した上で投資してもらうということを可能にするものであり，引き続き金融手法としてすぐれた機能を有している．実際に，90年代の終期にグローバルな金融危機が発生し企業の信用状況が悪化した際でも，裏付け資産がきちんとした資産担保証券は企業社債と比較して優秀なパフォーマンスをあげていた．ただし，資産を構成する個別の金融取引が適正に行われていたことが前提であり，かつそれに対してきちんとした管理が行われる仕組みも不可欠である．個別の金融技術が魅力的であり，かつ説得力があるとしても，これらを積み重ねる中で合成の誤謬が発生する可能性がある以上，こうした商品を構築する中では，過度に金融技術や法的技術への過信に偏ることなく，一つひとつの段階をきちんと検証し，かつ，全体の枠組みとしても十分に納得できる仕組みになっているかという，総合的な判断をする目を涵養することも重要である．

　冒頭でも説明したとおり，証券化という仕組みは，現在のグローバルな資本市場の中で重要な役割を担い続けている．こうした問題に適切に対処することが，グローバルな金融システムのあり方を考える上でも重要である．証券化は金融セクターをアンバンドリング（分解）し資本市場を活用する役割を引き続き果たしており，民間の金融や資本市場の活性化のために引き続き重要な機能を果たしうる

こと，資産運用の高度化を考える上でも重要な役割を果たすことは間違いないといえよう．また，証券化という仕組みは，金融機関・銀行のあり方や金融システムそのものを考える上でも重要である．当初アメリカでは，住宅ローンという銀行のバランスシート上だけでは管理のハードルが高いものをいかにその他の投資家(生保・年金等の機関投資家)との市場を通じた取引として実現していくか，というのが出発点であった．その後さまざまな金銭債権や不動産等をいかに資本市場において取引可能な資産担保証券とするかという視点が，多様なオリジネーターが証券化市場を活用する道を開いてきたが，これは同時に，金融セクターとしての銀行が担うべき役割を問うことと表裏の関係にあることも理解できよう．また，金融システムと表裏の関係にあるもう１つの主体が，各国政府の財政システムである．アメリカにおけるジニーメイやファニーメイ，フレディマックといった存在が日本の独立行政法人等の公的セクターと比較されるように，証券化や資本市場を通じた資金供給と財政投融資による資金供給は，それぞれ政策金融的機能を発揮しており，財政システムを補完するものともいえる．欧州のカバードボンドシステムについて，これを日本の財政投融資と類似する機能として比較検証することも可能である．銀行や金融機関，資本市場でどのようなリスクをマネージできるかという論点と，各国政府が財政として負担できる範囲をどのように考えるかといった視点も重要な要素であり，我が国では証券化のみをターゲットに「羹に懲りて膾を吹く」対応になっている観は否めないが，グローバルな金融制度比較の見地では，官民連携の仕組みを検討する上で，ストラクチャード・ファイナンスやカバードボンドの役割なども積極的かつ継続的に議論されてきている．

　先述のとおり，規制緩和の中で銀行が証券会社やその他の金融ビジネスと結合しグローバル化，コングロマリット化するという流れがあって，証券化をめぐるオリジネーター，サービサー，投資家，ファンドといった相互の関係が密接に連関している中で，一連の金融危機が発生したことは真摯に受け止めなければならない．証券化・流動化・ストラクチャード・ファイナンスといったものを金融技術としてとらえるだけではなく，大きな視点で金融システムとしてとらえることも重要である．

- 証券化とリーガル・エンジニアリング
  - 証券化はリスクを分解・再構築(Unbundling・Re-Engineering)する技術.
  - ファイナンスにおけるリスクは,当事者の信用悪化等による債務不履行のリスクであり,「仕組み金融(Structured Finance)」の代表格である証券化においては,法的な技術により,それら不測の事態を回避し,できる限り当初予測されたストーリーどおりになるよう仕組むことが,一般のコーポレートファイナンスとは異なる次元で求められる(資産流動化型:静的リーガルフレームワークの構築,資産運用型:運用を受託する専門家は動的,投資家は静的なリーガルフレームワークを構築).
- 「金融危機」と「証券化」
  - 「証券化」は金融危機の犯人か〜「金融技術」・「金融法務」とは?
  - 証券化(狭義の「証券化」)の本質が,「金融技術」による「予見可能性」に基づく安定的なキャッシュフローの投資家への配分であり,金融法務がそれを守るシステムを構成する役割を果たす以上,普遍的なもの.
  - 問題は,「合成の誤謬」や「技巧による欺瞞」に対して,「金融規制」と常識的な「判断力」が機能するか,ということ.

図表33　おわりに①

- 法律以外に求められるスキル
  - 経済知識,金融知識,「常識」⇒金融市場/資本市場に関する制度や枠組みの理解力・情報収集力
  - 「法律」と「会計」・「税務」の連続性と非連続性の把握
  - 統計学(金融工学)の本質の理解
  - 実際のフレームワークを構成する膨大な「実務」の把握

> ⇒ポイントは「基礎力」としての「法律」「英語」「パソコン」
> ……「全体像の把握力」と「精緻な論理」の両立

図表34　おわりに②

5　おわりに

　証券化というのは,いろいろな法律の知見を理解し,かつそれに関連する会計や税制の知識も理解しながら,それらをフル活用した上で初めて,投資家に対して適切な資産担保商品を提供できるという点を,代表的な事例を通じて説明してきた.さらに,証券化や流動化といった金融技術,資産リスクの分析では,格付けの考え方,数学・統計のようなものも活用する必要があり,それぞれの理論は少なくとも基本的な物事の考え方として身につける必要があるということも示した.ただ,個別の金融技術はある意味で革新をもたらす部分もあるが,そうしたものを組み合わせる中で大きな間違いを発生させる可能性もある.証券化そのものが金融危機の「犯人」ではないといえるが,こうした理論を適切に合成しなか

ったことと，個別取引を市場取引に委ねる中で自然と回答が導かれるという発想があったことは否定しえない．一つひとつはきちんとした理屈の上に成立しているものであるが，市場原理に委ねる中ではそれが必ず正しい答えを示しているとは限らない．要は最後に重要なのは経済的な知識や社会的な知識に基づく常識による判断であるということもできよう．全体感を見極める中で，段階ごとの判断の中でいかに立ち止まれるか，これは規制当局であれ，投資家であれ，実際の商品を組成する立場であれ，常識的な視点で立ち止まるということを適切に自分に問いながら仕事ができるかというところが，一番重要なのだろうと考える．

証券化・流動化・ストラクチャード・ファイナンスといった仕事をやっていく上で必要なスキルは，常識としての経済知識，金融知識，情報収集力，これに加え，法律・会計・税務などの専門知識，これらの連続性を理解し，他の専門家の意見も理解できる教養を身につけ，それらを踏まえながら適切に自分で考え，管理し，判断する力ではないかと思われる．

(大類雄司)

---

1) 証券制度としてみた証券化を概括的に説明したものとして，みずほコーポレート銀行証券部編・銀行実務詳説　証券(金融財政事情研究会，2011)第 5 章参照．
2) 集団投資スキームについては金融審議会第一部会「中間整理(第一次)」(平成 11 年 7 月 6 日)参照．
   http://www.fsa.go.jp/p_mof/singikai/kinyusin/tosin/kin003a.pdf
3) ストラクチャード・ファイナンスの考え方について，大垣尚司・ストラクチャードファイナンス入門(日本経済新聞社，1997)第 2 章参照．
4) アメリカでの証券化の仕組みについて，大類雄司＝格付投資情報センター・住宅ローン証券化のすべて(日本経済新聞社，2006)第 5 章参照．
5) バーゼル銀行監督委員会における銀行規制について，同委員会のホームページおよび日本銀行の国際的な取組みに向けたホームページ参照．
   http://www.bis.org/bcbs/
   http://www.boj.or.jp/finsys/intlact_fs/index.htm/
6) この問題について，西村ときわ法律事務所・ファイナンス法大全アップデート(商事法務，2006)336 頁　第 3 節「証券化に共通する法的問題」1 真正売買に関する議論の整理と考察およびその参考文献参照．
7) 最三小判昭和 58 年 3 月 22 日判例時報 1134 号 75 頁参照．
8) 電子記録債権法の概要および目的について，法務省のホームページ参照．
   http://www.moj.go.jp/MINJI/minji07_00115.html
9) 資産流動化法と特定目的会社についての詳細は，長崎幸太郎＝糠田雄一郎・逐条解説資産流動化法(金融財政事情研究会，改訂版，2008)「第 2 編　特定目的会社制度」参照．
10) サブプライム危機と証券化との関係について詳しくは，小林正宏＝大類雄司・世界金融危機はなぜ起こったか——サブプライム問題から金融資本主義の崩壊へ(東洋経済新報社，2008)第 1 章，第 2 章および第 5 章参照．

IV 金融の将来

第14章　FinTech関連法

本章では，まず FinTech の概要について述べる．続いて，決済分野に係る法規制，特に，銀行法とは異なる枠組みとして整備されている資金決済法を中心に概要を整理し，最後に今後の課題と対応の方向性について考察を行う．FinTech に関連した法整備を行っていくにあたっては，利用者保護・金融システムの安定といった従来からの視点に加え，金融機関の創意工夫やイノベーションの促進という視点が必要であり，これらのバランスをとることによって，日本経済の持続的成長につなげていくことが重要である．

1　FinTech の概要

（1）　FinTech とは

FinTech とは，Finance（金融）と Technology（技術）を組み合わせた造語であり，広義では IT を活用した金融サービス全般を意味するが，近年においては，特にスタートアップ（ベンチャー）企業等が提供する，IT を活用した先進的な金融サービスを指す言葉として用いられるケースが多い．

もともと金融は情報産業的な側面があり，IT との親和性が高かったことから，金融機関は古くから IT ベンダー等と協働し，たとえば，勘定系システムや ATM，オンラインバンキング等，IT を業務効率化やサービス向上に積極的に活用してきた．こうした背景もあり，従来の金融 IT は，プレーヤーとしては大手，適用領域としては金融機関の内部事務，いわゆるバックエンドに近いところが主流であった．また，金融サービスの提供者はあくまでも金融機関であり，競合相手も金融機関に限られていた．

これに対し，FinTech の特徴は，IT ベンチャーや流通業者等の非金融業者が金融サービスに参入し，自らが主体となって顧客に金融サービスを直接的に提供する点にある（図表1）．一足早く FinTech が台頭した欧米では，既存の金融サー

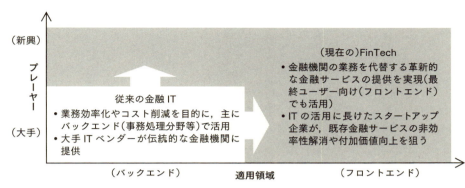

図表1　従来の金融ITとFinTech

ビスに対する消費者の不満をビジネスチャンスと捉え，非効率性の解消や付加価値の向上を図るべく，ITベンチャーがその優れた技術力を使って，高利便性・低手数料のサービスの提供を続々と開始している．

（2）　FinTechが台頭した背景

FinTechが台頭した背景には，主に3つの流れがあると考えられる．

（ア）　ITの発展

昨今，コンピューターの性能は飛躍的に向上しており，たとえば，Appleの「iPhone6」の演算速度は，1997年にチェスの世界チャンピオンに勝利したIBMのスーパーコンピューター「Deep Blue」の10倍以上にも上っている．こうした高性能のモバイルデバイス(携帯機器)の普及と，通信速度の向上により，消費者はスマートフォン(以下「スマホ」という)等を通じてさまざまなサービスに簡単にアクセスできるようになった．

また，ソーシャル・ネットワーキング・サービス(SNS)や口コミ情報，位置情報，購買履歴等の大量のデータが生成されるようになり，こうしたデータを伝送・蓄積し，短時間で分析してサービスに活用する動きも出てきている．

こうしたITの発展により，たとえば，SNSや購買履歴等の大量のデータを活用して顧客の購買行動や信用力を分析し，それぞれの顧客に合った金融サービスを，スマホやウェアラブル端末[1]を通じて提供することが可能となっている．

（イ）　顧客の変化

たとえば，米国では「ミレニアル世代[2]」と呼ばれる1980年代以降に生まれ

73%	･･･ 銀行よりも，Google，Amazon，Apple，PayPal，Squareといった新興企業に金融サービスを提供してほしい
71%	･･･ 銀行員の話を聞くくらいなら，歯医者に行く
53%	･･･ 銀行が提案するサービスはどれも同じ
33%	･･･ 将来的に銀行はなくなってしまうであろう

(資料) Viacom Scratch "Millennial Disruption Index"より，みずほ総合研究所作成

図表2 ミレニアル世代の金融サービスに対する考え方

た世代が人口の3分の1を占めるまでになっている．「デジタルネイティブ世代」とも呼ばれるこの世代は，デジタル機器やインターネットが普及した環境に生まれ育った最初の世代であり，デジタルサービスへの親和性が高く，同世代の73%が，金融サービスをGoogleやAmazon等の新興企業から提供されることを望んでいるという調査結果もある(図表2)．

こうしたミレニアル世代を中心に，FinTech企業のサービスが急速に受け入れられるようになってきている．

(ウ) 伝統的な金融機関におけるサービス提供力の低下

2007年に端を発した世界的な金融危機を受け，欧米では多くの金融機関で経営状況が悪化した．また，その後の国際的な金融規制の強化により，金融機関は多額の規制対応コストの負担を強いられた．その結果，金融機関において一部業務の縮小や新規投資の抑制を余儀なくされ，消費者をFinTechという代替サービスへシフトさせる一因になったと考えられる．

(3) FinTechの領域

(ア) FinTechの業務領域

FinTechは金融の幅広い分野で活用されており，さまざまな新しい商品・サービスが提供されている(図表3)．

決済・送金分野では，クレジットカード等のキャッシュレス決済において，事業者や消費者の手間・コストを軽減するさまざまなサービスが登場している．また，海外送金においても，既存の金融機関より低手数料で小口送金サービスを提供する企業が現れている．

融資・資金調達分野では，与信審査にビッグデータと呼ばれる，膨大かつ複雑な情報を分析する技術を活用した中小企業向け融資や，借り手と貸し手をインターネット上でマッチングするプラットフォームであるP2P[3](ピア・トゥー・ピア)レンディング等，新たな手法が生み出されている．

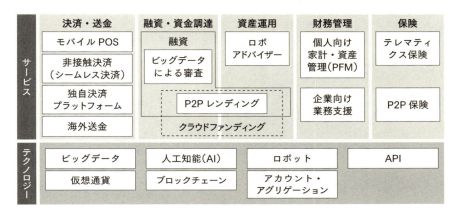

図表3　FinTechの業務領域

　資産運用分野では，オンライン上の簡単な自己診断に基づいて投資ポートフォリオを自動作成し，低手数料での運用手段を提供するロボアドバイザーが代表的である．また，資金調達手法として広がりつつあるクラウドファンディング[4]についても，資金の出し手（投資家）から見れば，資産運用手段と言えるものが存在する．

　財務管理分野では，複数の金融機関との取引データや電子マネー，ポイント等の情報を集約し，「見える化」する，PFM（Personal Financial Management）と呼ばれる個人向けの家計・資産管理サービスや，企業向けのクラウド型会計ソフト等の業務支援サービスが挙げられる．

　さらには保険分野でもさまざまな新しいサービスが生み出されている．たとえば，自動車保険であればドライバーの走行データ（走行距離や運転特性等），医療保険であれば個人の健康状態や生活習慣等，多様なデータをリアルタイムで収集・分析し，加入者ごとに保険料をカスタマイズするサービスの研究・開発が進んでおり，「テレマティクス[5]保険」とも呼ばれている．また，知人同士でグループを作って保険料を拠出し合う等，SNSのような個人のつながりを取り入れた「P2P保険」と呼ばれるスキームも登場している．

　上記のように，新しいサービスが続々と顧客に提供されているが，これを支えるテクノロジーも急速な進化を遂げている．たとえば，ビッグデータは，FinTechのさまざまなサービスにおいて活用されており，さらに，人工知能（AI）と

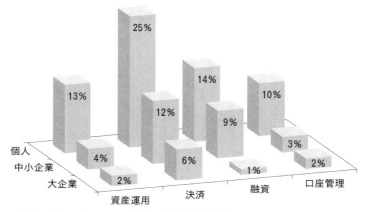

(資料) Mckinsey & Company より，みずほ総合研究所作成
図表4　世界の FinTech 企業 350 社の参入領域（2015 年）

組み合わせることで，新たな価値を生み出すことが可能となっている．また，ビットコインを支えるテクノロジーとして知られているブロックチェーンは，仮想通貨だけでなく，さまざまな分野への応用が期待されている．

その他にも，ソフトウェア同士の連携を効率化するテクノロジーである API（Application Programming Interface）[6]は，利用が広がることにより，FinTech 企業の斬新なアイデアと金融機関の提供するさまざまな機能の融合が進み，より利便性の高いサービスの開発につながる可能性があると言われている．

（イ）　FinTech の主な参入領域

このように，FinTech は幅広い分野で活用されているが，世界の FinTech 企業 350 社の参入領域(2015 年)をみると，図表 4 のとおり，顧客セグメントとしては個人や中小企業，また分野としては決済が主であることが分かる．従来，個人や中小企業向けのサービスは，コスト等の観点から，カスタマイズが容易ではなかったが，最近では，FinTech 企業によって，廉価なサービスがいろいろと提供されるようになっている．また決済については，大企業向けの参入も比較的多くなっているが，この背景としては，他のサービスと比べて，決済の利用頻度が相対的に高いことが挙げられる．

そこで，次項では FinTech の具体的な事例として，決済分野(国内の小口決済分野)におけるサービス内容と，注目される技術としてブロックチェーンの紹介を

(4) FinTechの具体的な事例

(ア) 小口決済分野

(a) モバイルPOS

モバイルPOSは，スマホ（もしくはタブレット，以下同じ）に小型の専用カードリーダーを接続することで，クレジットカードの決済端末として利用できるサービスである．

実際に利用する場合には，まず支払いを受ける側（小売店等）が，スマホで専用のアプリを立ち上げ，金額を入力する．次に，スマホのイヤホンジャックに取り付けた小型のカードリーダーを使って，クレジットカードの情報を読み取り，最後にスマホの画面に買い手側（消費者）が指でサインをすると，決済情報がセンターに送られ，決済が完了するという流れとなる．

従来，クレジットカードの決済サービスを小売店等が導入しようとする場合，専用のカードリーダーや専用回線の導入費用（数万～数十万円程度）や，決済ごとに加盟店が負担することになる手数料（加盟店手数料）等がハードルとなっていた．こうした中，FinTech企業が，小型で持ち運びができるカードリーダーを無償もしくは廉価で提供し，さらにカード会社に支払う加盟店手数料を相対的に低く設定することで，小売店等において低コストでクレジットカード決済の導入が可能となった．

さらに，従来のサービスでは1か月以上かかる場合もある，売上金の入金サイクルの短縮や，途上審査[7]の導入等によって，価格面だけでなく利便性の面でも，クレジットカード決済を導入しやすくしている．

また，こうしたサービスを提供するFinTech企業は，低価格で手軽な決済手段に加え，近年では，バーコード読み取り機，キャッシュドロワー[8]，プリンター等の周辺機器との接続によるレジ機能の補完や，クラウド上での売上・在庫・顧客情報管理等，周辺サービスも一括して提供している．このように，端末導入費用や加盟店手数料といったコスト負担の軽減だけでなく，持ち運びの容易さや，小売店の事務をサポートする機能等，利便性の高さが好感され，日本でもモバイルPOSの導入が進んでいる．

(b) 非接触決済（シームレス決済）

非接触決済（シームレス決済）は，主にクレジットカード決済における利用者側

の手間(カードの取り出し，スワイプ[9]，暗証番号の入力やサイン)を省略できる，利便性の高い決済手段であり，具体的には，スマホやウェアラブル端末にクレジットカードやポイント等の情報を事前に登録しておくことによって，店頭ではスマホ等を専用端末にかざすだけで決済を行えるようにするものである．

こうしたサービスは，近年，世界中で普及が進んできているが，その発端としては，2014年にApple(米国)がリリースした「Apple Pay」が挙げられる．Apple Payでは，スマホに複数のクレジットカードを登録し，支払いの度にカードを選択することが可能であり，カードの登録についても，スマホの内蔵カメラを使用してカードの券面を撮影し，セキュリティコード等を入力するといった簡単な手続きで完了する．また，支払いの際には，暗証番号やサインの代わりに指紋認証が用いられており，スマホのホームボタンに内蔵された指紋センサーに指を置いた状態で読み取り端末にかざすことで，決済が完了する．最近では，利用者がレジでクレジットカードやスマホを取り出すことなく，ウェアラブル端末をかざすだけで決済を完了させることも可能になっている．

さらには，生体認証によって，「手ぶら」での決済を可能にする試みも始まっている．指紋を利用した例を挙げると，テーマパーク等に入園する際に，指紋の登録と電子マネーのチャージを行っておけば，その後は，利用可能店舗において指で専用端末をタッチするだけで決済が完了するため，利用者は現金やクレジットカードを取り出さず，手ぶらで支払いを行うことが可能となる．生体認証は，人間の身体的特徴や行動的特徴といった情報を用いて個人を認証するものであり，前者に関しては，指紋，手のひら静脈(静脈の血管のパターン)，網膜(目の網膜の毛細血管のパターン)，虹彩(眼球の黒目部分にある虹彩のパターン)，声紋(声の指紋という意味で，人間の声の特徴を抽出したパターン)，また後者に関しては，筆跡やまばたき等が利用されている．

(c) 独自決済プラットフォーム

日本では「LINE Pay」等のサービスが提供されている独自決済プラットフォームは，事前にチャージした金額を用いて送金や決済を行うもので，プラットフォーム内の資金移動であれば，銀行口座やクレジットカード等の情報が不要といった特徴がある．

LINE Payの場合，図表5のように，最初に利用者は銀行口座やコンビニ等からLINE Payに入金(チャージ)を行う．チャージされた金額は，各利用者のLINE

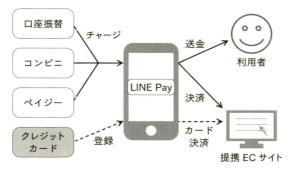

（資料）LINE 公表資料より，みずほ総合研究所作成

図表 5　LINE Pay のサービス（概要）

アカウントに紐付けて管理され，利用者間の送金や，加盟店での決済等に利用できる．なお，利用者間の送金においては，相手の銀行口座を知らずとも LINE アカウント宛に送金が可能であり，かつ送金手数料もかからないといったメリットがある．

　実際の資金の動きをみると，チャージされた資金は全て LINE Pay の銀行口座に固定される形となり，アカウント間の送金等においては，紐付けられる LINE アカウントが変更されるのみで，銀行口座間の資金移動は行われない．一方で，利用者が LINE Pay から指定する銀行口座に出金する際には，銀行口座間の資金移動が行われ，手数料が発生することとなる．

　現時点では，銀行振込等と比べると LINE Pay の取扱規模は限定的とみられるが，LINE の利用者数等を踏まえると，今後ますます利用が拡大していく可能性がある．

　（イ）　ブロックチェーン技術

　（a）ブロックチェーン技術の仕組み

　ブロックチェーン技術とは，「分散型台帳（Distributed Ledger）」を用い，中央集権的な管理主体の存在を前提とすることなく，分散型のネットワーク上で，信憑性のある合意のもと，共有された台帳へ記録を行うことを可能とするものである（図表 6）．

　従来のシステムは，取引の参加者が，中央管理された単一の台帳にアクセスし，情報を更新するという仕組みであったが，この場合，単一の台帳は高い信頼性を

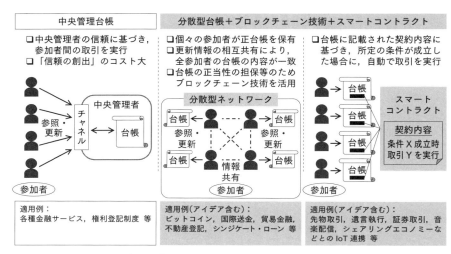

図表6　ブロックチェーン技術の仕組み（イメージ）

有する一方で，システムの堅確性等の面で極めて高い水準が必要となることから，「信頼の創出」に係るコストが非常に大きいといった欠点があった．

これに対し，ブロックチェーン技術を用いた分散型台帳においては，個々の参加者が正台帳を保有し，更新情報を相互に共有することによって，全参加者の台帳の内容を一致させるという仕組みとなっている．台帳の正当性を担保するために，記録された情報の塊（ブロック）を鎖（チェーン）のようにつなげていくことから，ブロックチェーンと呼ばれている．

ブロックチェーン技術は，もともとビットコインのために発明されたものであるが，廉価・高速・安全なシステムを構築できる可能性があり，仮想通貨や支払・送金といった金融関連の分野のみならず，不動産の権利関係の管理等，幅広い分野で次世代のプラットフォームとしての活用が期待されている．さらには，スマートコントラクトによって，分散台帳に記載された契約内容に基づいて，所定の条件が成立した場合に自動で取引を実行するといったように機能を拡張させていくことも考えられる．

（b）ブロックチェーン技術の活用によって期待される効果

ブロックチェーン技術の活用によって期待される効果としては，以下のようなものが挙げられる．

《コスト削減効果》
- ネットワークに参加するノード[10]が，共有された台帳をそれぞれ保有・更新し，同期しているため，データのバックアップやシステムの冗長化が不要

《取引処理(≒帳簿の更新)速度》
- 従来は，取引処理のために，複数の台帳を経由することが一般的(例：国際送金)であったが，ブロックチェーンでは，単一の台帳で完了させることが可能

《安全性・信頼性》
- カウンターパーティーリスクを排除可能(取引当事者以外の第三者の介在が不要)
- 記録の改ざんや二重取引を排除可能(各ノードが取引履歴との整合性を確認等)
- 監査が容易(過去の全取引履歴を閲覧可能)

なお，一般的にブロックチェーン技術は，参加者が多数でかつ権利の移転を伴うような取引に対しては親和性が高いが，たとえば，単純な情報管理を目的としたデータベースの構築といったような用途においては，その効果が十分に発揮されない可能性もある．

2 決済分野に係る法規制の整備

我が国では，銀行法の下で，為替取引は銀行の排他的固有業務とされていたことから[11]，決済サービスの普及に際しては，銀行(邦銀)が主な担い手となってきた．

邦銀は，世界に先駆けて先進的技術を積極的に導入・活用し，決済の即時性や安全性を向上させることによって，利便性の高い多様な決済サービスや堅確な決済システムを構築してきた．たとえば，全銀システム(全国銀行データ通信システム)は，1973 年に当初 88 行の規模で集中決済を行う仕組みとしてスタートしたが，システム稼働以降一度もサービスを停止させることなく，安心・安全な決済インフラとして利用され続けており，利用金融機関は約 1,300 にも達している．また，全銀システムを介した取引は，1 営業日平均で約 750 万件，約 12.7 兆円(年間では約 18.3 億件，約 3,112 兆円)と，ボリュームの面でも極めて高い水準となっている．

さらに，CD・ATMのネットワークについても，各銀行が顧客利便性の高い地域・場所への設置を進めたことに加え，コンビニATMの登場・拡大により，11万台前後(ゆうちょ銀行ATMを除く)と高水準で推移しており，社会インフラの1つとして定着している．

しかしながら，ITの進展等を背景に，電子マネーや電子決済といったサービスが出現してきたことから，銀行法とは異なる新たな枠組みとして，資金決済法という形で制度整備が行われることとなった[12]．

(1) 資金決済法の制定(2009年6月成立；2010年4月施行)

資金決済に関するサービスの適切な実施を確保し，その利用者等を保護するとともに，当該サービスの提供の促進を図ることを目的に，「資金決済に関する法律」(以下「資金決済法」という)が2009年6月に成立，2010年4月に施行された．

資金決済法は，金融審議会金融分科会第二部会が2009年1月に取りまとめた報告書「資金決済に関する制度整備について」で示された方向性に基づき，(ア)前払式支払手段，(イ)資金移動業，(ウ)銀行間の資金清算機関，について所要の制度整備を行ったものであり，概要は以下のとおりである．なお，ポイント・サービスや収納代行サービス等のサービスについても，新たな規制の導入に関する議論が行われたものの，事業者等から制度整備に対する強い反対意見があったことから結論は見送られ，当該報告書では賛否両論を併記するにとどめられている．

(ア) 前払式支払手段に係る法規制の整備

従来，紙型／磁気型／IC型の前払式証票(商品券，プリペイドカード等)[13]は，「前払式証票の規制等に関する法律」(以下「プリカ法」という)によって規制されていたが，サーバ型前払式支払手段[14]が規制の対象外であったこと等，利用者保護上の問題が指摘されていた．

こうした状況を踏まえ，プリカ法の枠組みを基本的に維持しつつ，同法を廃止して資金決済法に統合するとともに，①サーバ型前払式支払手段の規制対象化，②保有者に対する前払式支払手段の払戻しの禁止(原則)，③発行保証金信託の資産保全手段への追加，④自家型発行者に対する監督の強化，⑤表示または情報の提供義務の整備，等の所要の制度整備が実施された．前払式支払手段に係る規制の概要は図表7のとおりである．

(イ) 資金移動業に係る法規制の新設

従来，為替取引は銀行の排他的固有業務とされてきたが，新たに「資金移動

規制対象	紙型／磁気型／IC型／サーバ型の前払式支払手段
参入規制	自家型15)：届出制（基準日未使用残高が1,000万円超の場合） 第三者型：登録制
表示または情報の提供義務	発行者名，支払可能金額，有効期限，苦情・相談窓口等の事項について，証票等への表示または情報提供を義務付け
利用者保護	基準日未使用残高が1,000万円超の場合，基準日未使用残高の1/2以上に相当する額の発行保証金の保全義務（供託，銀行保証，信託等）
保有者に対する払戻し	発行業務を廃止する場合等の払戻しを義務付け （上記以外の場合は，原則として払戻しを禁止）
情報の安全管理	情報の漏洩，滅失または毀損の防止等に必要な措置を義務付け
監督	帳簿書類の作成，報告書の作成・提出，立入検査，業務改善命令等

図表7　改正後の前払式支払手段に係る規制の概要

業」を創設し，銀行法の規定にかかわらず，登録制のもと，銀行以外の事業者に対し，少額の為替取引（100万円以下/件のものに限る）を業として営むことを可能とする制度が導入された．

具体的には，銀行に課せられる厳格な規制に代えて，送金途上にある資金と同額の資産を保全（供託，銀行保証，信託等）すること[16]の義務付け等の規制を課すもので，登録要件を充足すれば，あらゆる事業者が参入可能となった．

一方で，適切な履行を確保するため，情報の安全管理や委託先に対する指導，当局による監督等に係る規定が整備されるとともに，マネーロンダリング・テロ資金供与等への対応のため，「犯罪による収益の移転防止に関する法律」（以下「犯収法」という）[17]が適用されることとなった．資金移動業に係る規制の概要は図表8のとおりである．

（ウ）　銀行間の資金清算機関に係る制度整備

銀行間の資金清算[18]を担う機関を「資金清算機関」と定義し，免許制を導入することとなり，公正性・透明性の高いガバナンス体制を確保するため，業務方法書の整備や当局による監督等が課せられたほか，資金清算の法的効果をより明確化するための措置が講じられた．

これを受け，社団法人東京銀行協会（東銀協）が内国為替運営機構を設置して運営してきた全国銀行内国為替制度についても，資金清算業の免許取得が必要となったため，2010年4月に「一般社団法人全国銀行資金決済ネットワーク」が設

規制対象	銀行等以外の者が業として営む，少額(100万円以下/件)の為替取引
参入規制	登録制
利用者保護	要履行保証額以上の履行保証金の保全義務(供託，銀行保証，信託等) 最低要履行保証額：1,000万円
情報の安全管理	情報の漏洩，滅失または毀損の防止等に必要な措置を義務付け
監督	帳簿書類の作成，報告書の作成・提出，立入検査，業務改善命令等
その他	・委託先に対する指導(業務の適正かつ確実な遂行を確保) ・銀行等が行う為替取引との誤認を防止するための説明 ・利用者に対する情報提供(手数料その他の契約の内容等) ・振り込め詐欺対策　　　　　　　　　　　　　　　　　　　　等

＋

■ 犯収法の適用(マネロン・テロ資金供与等への対応のため)
■ 外国為替及び外国貿易法の適用(海外送金等を営む場合)

図表8　資金移動業に係る規制の概要

立され，同年10月より業務が開始された．

コラム14-1：資金決済法施行までの新しい決済サービスに関する主な議論等の経緯

　従来，前払式証票への対応としては，1932年に制定された商品券取締法を改正する形で，1989年に「前払式証票の規制等に関する法律(プリカ法)」が制定されていたが，その後の電子決済の増加等も踏まえ，2009年に資金決済法が成立，プリカ法も資金決済法に集約されることとなった．資金決済法施行に至るまでの新しい決済サービスに関する主な議論等の経緯は下表のとおりである．

1989年	❏前払式証票の規制等に関する法律(プリカ法)制定(12月)
1997年	❏金融制度調査会と外国為替等審議会の共同の勉強会「電子マネー及び電子決済に関する懇談会」が報告書を公表(5月) ➤電子マネーや電子決済を巡る諸課題について検討し，①電子マネー・電子決済の円滑な発展の確保，②民間部門の技術開発や創意工夫の尊重，③消費者の利用しやすい環境の整備，④国際的な整合性の配慮，といった視点を重視する必要があるとした上で，安全対策の確保や公正な取引ルールの形成，担い手のあり方(電子決済に係る認証機関や電子マネー発行体の適格性等)といった点で提言を実施
1998年	❏金融制度調査会の下に懇談会として設置された「電子マネー及び電子決済の環境整備に向けた懇談会」が報告書を公表(6月) ➤利用者保護および決済システムの安定性を確保するための検討の着眼点として，①利用者の信認の確保，②利用者から受け入れられた資金の保

	全，③決済の安定性の確保，を示した上で，具体的な制度整備のあり方について整理
2006年	□金融審議会金融分科会「情報技術革新と金融制度に関するワーキンググループ」が「新しい電子的支払サービスの発展に向けた課題について(座長メモ)」を公表(4月) ➢サービスの提供者が留意すべき事項として，①契約関係等の明確化，②電子的価値の金額情報の滅失・毀損等の際の取扱い，③情報セキュリティおよびシステム運用上の信頼性確保，④前受金の適切な管理，⑤個人情報の保護，を挙げるとともに，今後の検討課題として，①サービス提供者破綻時の利用者保護，②電子的支払サービスに関する当事者間の責任分担のあり方等，③電子的支払サービスのあり方(関連する現行の法制や実務との関係の整理)を提示
2007年	□金融庁金融研究研修センターに設置された「決済に関する研究会」が「決済に関する論点の中間的な整理について(座長メモ)」を公表(12月) ➢決済に関する新しいサービスについて，「資金移動サービス」と「資金前払サービス」に区分した上で，利用者の意思の確実な履行，預かった資金の保全等について，論点を整理 ➢資金決済システム，証券決済システムの強化のための論点についても整理
2008年	□金融審議会金融分科会第二部会傘下の「決済に関するワーキング・グループ」が報告書を取りまとめ(12月) ➢「前払式支払手段に関する制度整備」，「ポイント・サービス」，「為替取引に関する制度の柔軟化」，「その他の資金を移動するサービス(収納代行サービス等)」について，制度整備の方向性を提示(ポイント・サービスや収納代行サービス等については賛否両論の併記のみ)
2009年	□金融審議会金融分科会第二部会が「資金決済に関する制度整備について—イノベーションの促進と利用者保護—」を取りまとめ(1月) ➢リテールの資金決済に関して「決済に関するワーキング・グループ」の報告について意見交換を行うとともに，資金決済システムの強化のための銀行間の資金決済に関し議論を行い，制度整備について意見を取りまとめ． □資金決済法成立(6月)
2010年	□資金決済法施行(4月)

(三宅恒治)

(2) 資金決済法の一部改正(2016年5月成立；2017年4月施行)

近時の情報通信技術の急速な進展等の金融を取り巻く環境の変化に対応し，金融機能の強化を図ることを目的として，2016年5月に，資金決済法の一部改正を含む「情報通信技術の進展等の環境変化に対応するための銀行法等の一部を改正する法律」が成立，2017年4月に施行された．

資金決済法に関しては，金融審議会「決済業務等の高度化に関するワーキン

> ■ 仮想通貨, 仮想通貨交換業等を定義
> ■ 仮想通貨交換業者に対する登録制の導入
> ■ 行為規制の整備(利用者の財産の分別管理等)
> ■ 監督体制の整備(報告書の作成・提出, 立入検査, 業務改善命令等)

図表9 仮想通貨に係る制度整備の概要

グ・グループ」(以下「決済WG」という)が2015年12月に公表した報告書で示された方向性に基づき, 仮想通貨に係る制度整備や, 電子端末型プリカへの対応のための情報表示義務の撤廃等が措置された. その概要は以下のとおりである[19].

（ア）仮想通貨に係る制度整備

仮想通貨とは, 一般的に, 法定通貨と異なる単位を有し, インターネット等を通じて電子的に取引される財産的価値とされており, ビットコインがその代表例として挙げられる. ビットコインは, 取引所を通じた購入(法定通貨との交換)や他者からの譲渡等によって入手することが可能であり, ネットワークに接続する環境さえあれば, 中央銀行のような第三者を介することなく, 当事者間で直接取引することができる. 低コストかつ比較的短時間で送金を行うことができることから, 決済手段としての利用が進んでいるほか, 投機手段としての利用も拡大している.

仮想通貨に関しては, 従来, 明確な規制の枠組みが存在していなかったが, マネロン・テロ資金供与対策に関する国際的な要請の高まり[20]や, 2014年に発生した当時世界最大規模の仮想通貨交換所であったMTGOX(マウントゴックス)社の破綻[21]等を踏まえ, 資金決済法を改正し, 登録制のもと, 仮想通貨交換業者を対象とした規制の枠組みが整備された. その概要は, 図表9のとおりであり, 以下, 規制対象と具体的な規制内容について説明する.

（a）規制対象

規制対象となる「仮想通貨交換業者」を明確化するため, 資金決済法において, 新たに「仮想通貨」および「仮想通貨交換業」の定義が定められた(図表10).

仮想通貨とは, 不特定の者との間で, 決済利用・売買・交換が可能な, 情報処理システムで移転が可能な電子的に記録された財産的価値で,「法定通貨[22]」や「通貨建資産[23]」には該当しない[24]ものと定義(2条5項)され, また仮想通貨交換業は, 仮想通貨の売買または他の仮想通貨との交換等を業として行うことと定義(2条7項)された.

> **仮想通貨**
> ○ 物品やサービスの購入等の際に，代価の弁済のために不特定の者に対して使用することができ，かつ，不特定の者を相手方として購入および売却を行うことができる財産的価値(不特定の者を相手方として上記の財産的価値と相互に交換を行うことができるものを含む)
> ○ 電子機器等に電子的方法により記録されており，電子情報処理組織を用いて移転することができるものに限る
> ○ 本邦通貨および外国通貨並びに通貨建資産を除く
>
> **仮想通貨交換業**
> ① 仮想通貨の売買または他の仮想通貨との交換
> ② ①に掲げる行為の媒介，取次ぎまたは代理
> ③ 自らが行う①・②に掲げる行為に関して，利用者の金銭または仮想通貨の管理をすること

図表 10　仮想通貨および仮想通貨交換業の定義

> ① 情報の安全管理(63条の8)
> ② 業務委託先(再委託をしている場合も含む)に対する指導等(63条の9)
> ③ 利用者の保護等に関する措置(63条の10)
> 　— 仮想通貨と本邦通貨または外国通貨との誤認防止の説明義務，手数料その他の契約内容についての情報提供義務等
> ④ 利用者の財産の分別管理(63条の11)
> 　— 利用者の金銭または仮想通貨を自己の金銭または仮想通貨と分別して管理し，その管理状況について，定期的に公認会計士または監査法人の監査を受ける
> ⑤ 指定紛争解決機関との契約締結義務等(63条の12)
> 　— 利用者との間の紛争の解決にあたり，金融ADR制度(金融分野における裁判外紛争解決制度)[25]に基づく指定紛争解決機関の利用を原則とする

図表 11　資金決済法で課される主な行為規制

(b) 仮想通貨交換業者に対する規制等

資金決済法において，仮想通貨交換業者に対して登録制が導入され，利用者保護のため，情報の安全管理，利用者への情報提供，利用者の財産の分別管理等の行為規制が課されることになったほか，マネロン・テロ資金供与への対応のため，犯収法に規定される取引時確認や体制整備等が義務付けられた．それぞれの法律で課される主な規制内容は，図表11および図表12のとおりである．

① 取引時確認等(4条)
  ― 顧客等との間で特定取引[26]を行う場合，(1)本人特定事項，(2)取引目的，(3)職業・事業内容，(4)実質的支配者の本人特定事項等の確認を行わなければならない
② 確認記録の作成・保存義務(6条)
  ― 取引時確認を行った場合，直ちに確認記録を作成し，特定取引等に係る契約が終了した日等から7年間保存しなければならない
③ 取引記録等の作成・保存義務(7条)
  ― 特定業務[27]に係る取引を行った場合，直ちに取引記録等を作成し，当該取引等が行われた日から7年間保存しなければならない
④ 疑わしい取引の当局への届出義務(8条)
  ― 特定業務に係る取引において収受した財産が犯罪による収益である疑い，または顧客等が当該取引に関しマネロン等を行っている疑いがあると認められる場合，速やかに届出を行わなければならない
⑤ 取引時確認等を的確に行うための措置(11条)
  ― 使用人に対する教育訓練の実施等，必要な体制整備に努めなければならない[28]

図表12　犯収法で義務付けられる事項

コラム 14-2：MTGOX 社の破綻経緯およびビットコイン引渡等請求事件の判例

　MTGOX 社の経営破綻を受け，同社が運営していたビットコイン取引所の利用者が，同社の破産管財人に対して，破産法62条の取戻権を行使し，自らのアカウント残高として記録されていたビットコインの引渡等を請求したが，結果としては東京地方裁判所において棄却されている．以下では，MTGOX 社の破綻経緯とともに，判決要旨を紹介する．

【MTGOX 社の破綻経緯（報道ベース）】

時期	出来事
2013年5月	米当局が顧客の預託金500万ドルを差押え ⇒ 同社は事実上の債務超過状態に
同年10月	同社社長が，顧客の預託金3億円超を流用か
同年11月頃～破綻直前	同社社長が，テスト用口座内のビットコインを，価格の高騰に乗じて売却か
2014年2月上旬	同社サイトで一部取引が不能に
同年2月末～	65万ビットコインと約28億円が消失したとして，同社が，民事再生法の適用を申請 ⇒ 棄却され，同年4月より破産手続開始（負債総額約65億円）
2015年8月	私電磁的記録不正作出・同供用の容疑で同社社長を逮捕 ⇒ のち，業務上横領容疑で再逮捕

第 14 章　FinTech 関連法

【ビットコイン引渡等請求事件の判例[29]】
（判決要旨）
　ビットコインが所有権の客体となるか否かが最大の争点であったが，判決では，所有権の客体となるためには，有体物であることのほかに，排他的に支配可能であること（排他的支配可能性）が必要であるとされ，ビットコインについては，こうした要件を充足しないと結論付けられた．
　まず有体性については，所有権は，「法令の制限内において，自由にその所有物の使用，収益及び処分をする権利（民法 206 条）」であり，その客体である所有「物」については，民法 85 条において「有体物」であると定義されている．その上で，「有体物とは，液体，気体及び固体といった空間の一部を占めるものを意味し，債権や著作権などの権利[30]や自然力（電気，熱，光）のような無体物に対する概念」と整理し，ビットコインについては，当該取引所の利用規約において「インターネット上のコモディティ」とされていることや，仕組みや技術が専らインターネット上のネットワークを利用したものであること等から，「ビットコインには空間の一部を占めるものという有体性がないことは明らかである」とされた．
　次に，排他的支配可能性についてであるが，たとえば，一定数のビットコインをあるアドレス（口座 A）から別のアドレス（口座 B）に送付する場合を想定すると，
① 口座 A の秘密鍵[31]を管理・把握する参加者が，口座 A から口座 B に一定数のビットコインを振り替えるという記録（トランザクション）を，上記秘密鍵を利用して作成する
② 口座 A の秘密鍵を管理・把握する参加者が，作成したトランザクションを他のネットワーク参加者（オンラインになっている参加者から無作為に選択される）に送信する
③ 受信した参加者が，当該トランザクションについて，口座 A の秘密鍵によって作成されたものであるか否かおよび送付させるビットコインの数値が送付元である口座 A に関しブロックチェーンに記録された全てのトランザクションに基づいて差引計算した数値を下回ることを検証する
④ 検証によって上記各点が確認されれば，検証した参加者は，当該トランザクションを他の参加者に対しインターネットを通じて転送する（この転送が繰り返されることによって，当該トランザクションがビットコインネットワークにより広く拡散される）
⑤ 拡散されたトランザクションがマイニング[32]の対象となり，マイニングされることによってブロックチェーンに記録される
といったプロセスとなっており，

> ○ 口座Aから口座Bへのビットコインの送付は，口座Aから口座Bに「送付されるビットコインを表象する電磁的記録」の送付により行われるのではなく，その実現には，送付の当事者以外の関与が必要であること
> ○ ビットコインアドレスにおけるビットコインの有高(残量)は，ブロックチェーン上に記録されている同アドレスが関係するビットコインの全取引を差引計算した結果算出される数量であり，当該ビットコインアドレスに，有高に相当するビットコイン自体を表象する電磁的記録は存在しないこと
>
> といった点を踏まえ，「ビットコインを排他的に支配しているとは認められない」とされた．
> (三宅恒治)

(イ) その他の制度整備

仮想通貨に係る制度整備に加え，前払式支払手段(プリペイドカード等)や資金移動業についても，ITの進展等を背景としたサービスの拡大等に，現行の法規制(資金決済法)が十分に対応できていない部分が生じていることを踏まえ，図表13のとおり，資金決済法の見直しが実施された．

(3) **銀行法の一部改正(2016年5月成立；2017年4月施行)**

資金決済法と同様，銀行法に関しても，ITの進展に伴う技術革新へ対応するために，金融審議会「金融グループを巡る制度のあり方に関するワーキング・グループ」(以下「グループWG」という)が2015年12月に公表した報告書で示された方向性に基づき，金融関連IT企業等への出資の柔軟化や，グループ内外の決済関連事務等の受託の容易化等が措置された．その概要は以下のとおりである．

(ア) 金融関連IT企業等への出資の柔軟化(16条の2第1項12号の3・第7項・52条の23第1項11号の3・第6項等)

我が国では，銀行グループは，本業専念による効率性の発揮や他業リスクの回避等の理由から，他業禁止が原則とされており，行い得る業務は銀行法令に限定列挙されている．また，認められた業務以外の業務を行う会社への出資については，原則として議決権保有割合に制限が課されている．一方で，近年，特に欧米金融機関においては，FinTechの急速な拡大を背景に，決済関連を始めとするIT企業等への出資・買収を通じ，こうした技術を取り込み，自らの金融サービスを拡充する動きが活発化している．

こうした中，我が国の銀行グループにおいても，同様のニーズが高まりをみせ

○ 前払式支払手段に係る規制の見直し
① 証票等への情報表示義務の撤廃(13条)
  ── 時計やスマホ等のデバイスを端末として利用するIC型の前払式支払手段(電子端末型プリカ)に対応した,利用者に対する情報提供方法に関する規定を整備すべく,証票等への情報表示義務を撤廃
② 保有者に対する払戻し時の手続の明確化(20条他)
  ── 業務廃止時等に,保有者に対して払戻しを行う場合の公告および情報提供の義務付け等について明確化
③ 苦情処理に関する措置の整備(21条の2)
  ── 苦情処理体制を整備する必要があることを明文化
④ 発行保証金の額の算定に係る基準日の選択に係る特例の措置(29条の2)
  ── 供託等が求められる発行保証金の額の算定に関し,基準日後に未使用残高が急速に減少するような場合,前払式支払手段の発行者は,基準日時点の未使用残高をもとに算定した発行保証金を次の基準日までの間,維持する必要があることから手元資金の不足が生じうる.これに対応するため,従来の年2回の基準日(3・9月末)に加え,年4回の基準日(3・6・9・12月末)の選択を事業者からの届出により可能に
○ 資金移動業に係る規制
① 業務の一部廃止手続の整備(61条)
  ── 従来規定されていなかった業務の一部廃止時の手続を整備
○ 前払式支払手段・資金移動業双方に係る規制
① 委託先に対する指導(50条)の見直し
  ── 従来規定されていなかった業務の委託先がその業務を再委託した場合等における委託先の監督・指導に係る規制を整備
② 立入検査等(24条・54条)の見直し 等

図表13　ITの進展等を踏まえた資金決済法のその他見直し事項

ているが,実際にIT企業等へ出資を行う場合,対象先企業における技術・サービス開発の将来性は見込めるものの,その成果がどのような分野で活用されていくか十分な確実性をもって見込めないものもあり,業務範囲規制の観点から明確な整理が行いにくい状況にあった.

こうした状況を踏まえ,グループWGの報告書では,「FinTechへの対応は,それ自体,将来の可能性への戦略的な対応が必要となる」ことから,「金融グループが行うことができる業務を法令上,予め全て列挙しておくのではなく,それらに加えて,将来的に様々な展開が予想される中で,より柔軟に業務展開ができるような枠組みを設けることが考えられる」とされた.

これを受けて銀行法が改正され,銀行(銀行持株会社)の子会社対象会社の範囲に,「情報通信技術その他の技術を活用した当該銀行(当該銀行持株会社の子会社である銀行)の営む銀行業の高度化若しくは当該銀行の利用者の利便の向上に資する業務又はこれに資すると見込まれる業務を営む会社」が追加され,当局の認可を

> ① グループの財務の健全性に問題がないこと
> ② 銀行業務のリスクとの親近性があることその他銀行本体へのリスク波及の程度が高くないと見込まれること
> ③ 優越的地位の濫用や利益相反による弊害のおそれがないこと
> ④ 当該出資が，グループが提供する金融サービスの拡大またはその機会の拡大に寄与するものであると見込まれること

図表 14　金融関連 IT 企業等への出資の認可にあたって勘案する事項例

受けた場合，当該会社について基準議決権を超える議決権を取得・保有することが可能となった．

　なお，グループ WG の報告書では，出資の認可にあたって勘案する事項として，他業禁止の趣旨等を踏まえ，図表 14 のような事項が挙げられており，これを受けて銀行法施行規則の整備も行われている(17 条の 5 の 2 第 2 項・34 条の 19 の 2 第 2 項)．また，具体的に認められる出資の割合については，子会社と兄弟会社とでリスク遮断の有効性が異なること等を踏まえると，銀行持株会社による保有と銀行による保有とで，出資先企業の業務内容・リスク等に応じて出資割合の上限に差が生じることも考えられるとされている[33]．

　（イ）　グループ内外の決済関連事務等の受託の容易化(16 条の 2 第 1 項 11 号・52 条の 23 第 1 項 10 号)

　従来，銀行の子会社・兄弟会社であって従属業務を営む会社については，①親銀行グループからの収入が，従属業務の種類ごとに「総収入の 50％ 以上」，もしくは，②銀行に係る集団(親銀行グループを含む複数の銀行グループ)からの収入が，従属業務の種類ごとに「総収入の 90％ 以上」のいずれかを満たさなければならないとされていた(収入依存度規制)．

　こうした中，グループ WG では，銀行グループにおいて，決済関連事務の合理化等を通じたコスト構造の見直しや，IT 投資を戦略的に実施していく必要性が高まりをみせる中，グループ内外からの決済関連事務の受託等を容易にしてほしいとの要望が挙げられた[34]．また，従属業務には，IT システムの開発のように，初期コストは高額であるが，その後に規模の経済が働き，追加的費用は逓減していくといったケースもあるため，こうしたものについても収入依存度規制を当てはめると，戦略的な IT 投資が損なわれるおそれがあるとの指摘もなされた．

　こうした状況を踏まえ，グループ WG の報告書では，従属業務のうち，「銀行のシステム管理や ATM 保守など，業務の IT 化の進展に伴い銀行グループ内で

の業務効率化，あるいは，IT投資の戦略的な実施に際し，複数の金融グループ間の連携・協働が強く求められる業務については，現在一律に50％以上とされている収入依存度を引き下げるなど，規制を柔軟化することが適当」とされた．

これを受けて銀行法が改正され，従属業務について，「主として当該銀行（当該銀行持株会社，その子会社である銀行等）の営む業務のためにその業務を営んでいる」という規定から，「主として」という文言が削除されるとともに，従属業務に関する収入依存度規制が定められている告示[35]も改正され，銀行のシステム管理やATM保守等の業務については，収入依存度が50％以上から40％以上へと引き下げられることとなった．

3　今後の課題

(1)　決済分野における「業務横断的な法体系の構築」に向けた検討

我が国では，銀行等が，銀行法による厳格な規制の下で為替取引を提供する一方で，為替取引の一部あるいはそれらに隣接する業務を行う場合については，各種業務ごとに，銀行法に比べて緩やかな規制の下で，業務の遂行を可能とする枠組みが整備されている．主な決済サービスに関する法規制をまとめると，図表15のようになる．

たとえば，銀行法等に基づき提供されている銀行振込等は，金額制限がなく，マネロン等規制(犯収法)の対象となるほか，参入に際しては免許が必要であり，資産保全の枠組みとしては，預金保険制度によって決済債務[36]が全額保護される．

また，資金決済法に基づき提供されている各種サービスに対する法規制の枠組みは，「2 決済分野に係る法規制の整備」のとおりであるが，近時では，ITの進展により，たとえば，一部の前払式支払手段(サーバ型プリペイドカード)において，ID番号を電子メールで送付することにより，隔地者間で汎用性の高いプリペイドカードの移転が可能とされる等，隔地者間での資金移動と近接した機能を提供しうるものも登場しており，顧客から預かった資産の保全範囲やマネロン等規制の適用の有無等が実態と整合的なものとなっていないとの指摘がある．

資金移動業については，金額制限(100万円以下/件)の見直しという論点も存在する．資金決済法の導入時において，当初金融庁案では上限が設けられていなかったが，その後の審議の過程で，少額取引に限定されたという経緯があるほか，

準拠法	主な決済サービス	主な担い手	金額制限	マネロン等規制	参入規制	資産保全の枠組み
銀行法等	銀行振込・振替，口座振替，ペイジー等	銀行等の預金取扱金融機関	なし	対象	免許制	預金保険
資金決済法	前払式支払手段（電子マネー等）	交通機関小売業者 等	なし	対象外	登録制届出制	発行保証金の供託等（未使用残高の50％以上）
	資金移動業（海外送金含む）	資金移動業者	100万円/件	対象	登録制	履行保証金の供託等（滞留資金等の100％以上）
	仮想通貨（ビットコイン等）	仮想通貨交換業者	なし	対象	登録制	利用者の財産の分別管理
割賦販売法	クレジットカード	クレジットカード会社	なし	対象外	登録制	―
準拠法なし	決済代行サービス	決済代行業者	なし	対象外	対象外	なし
	ポイント・サービス	小売業者 等				
	収納代行サービス	コンビニ 等				
	代金引換サービス	宅配事業者 等				
	エスクローサービス	ネット通販業者 等				
	口座振替代行サービス	信販会社 等				

図表15　日本の決済サービスを巡る法規制（全体像）

　現在でも，資金移動業者からは上限の撤廃・引き上げを強く求める声があり，実際，決済WGでも論点として挙げられたものの，最終的には報告書に盛り込まれなかったという経緯がある．今後，検討を行っていく際には，取り扱い金額に上限を設定することによって，銀行等に比べて緩やかな規制としている現行の制度の趣旨や，決済システムに与える影響等を踏まえることが重要となる．

　その他，決済代行サービスやポイント・サービス等については，明確な準拠法がなく，ある意味では事業者の信用力のみに依拠した形で提供されている．こうしたサービスに関しても，たとえば，ポイント・サービスについては，支払手段として利用できる機会の増加や，ポイントを別のポイントや電子マネー等と交換するサービスが拡大する等，サービスを取り巻く環境が大きく変化しており，改めて制度整備の必要性を検討すべきとの声がある．また，収納代行サービス等は，法的に「代理受領」として整理可能とされているものの，銀行法上の為替取引に該当する疑義があり，法的安定性に欠けるとの指摘もある．

こうした状況を踏まえ，2015年12月に公表された決済WGの報告書では，金融とITの融合が進む中，決済分野においてさまざまなサービスが柔軟に展開されていくことを可能とするような「業務横断的な法体系の構築」を検討すべきとの方向性が示されている．

（2）　電子決済等代行業者[37]の取扱い

上記のとおり，業務横断的な法体系の構築という継続的な検討課題に加え，FinTechの進展等に対応して，制度面での対応について機動的に検討していく必要もあることを踏まえ，金融審議会「金融制度ワーキング・グループ」（以下「制度WG」という）において，オープンイノベーション[38]に関連して，とりわけ早期の対応が求められる電子決済等代行業者の取扱い等について審議が行われ，2016年12月に報告書が公表，2017年5月には銀行法の改正も行われた．改正銀行法は，公布から1年以内に施行される予定であり，その概要は図表16のとおりであるが，制度WGでは，今後も決済関連法制その他の金融制度に関する審議が継続される予定である．

○ 電子決済等代行業者に対する登録制の導入(52条の61の2〜7)
　― 適正な人的構成[39]，財務要件，業務を適正かつ確実に遂行する体制の整備等
○ 電子決済等代行業者に対する業務関連規定の整備
　① 利用者保護(52条の61の8)
　　― 銀行が営む業務との誤認を防止するための情報の利用者への提供，利用者に関する情報の安全管理等
　② 利用者に対する誠実義務(52条の61の9)
　③ 銀行との契約締結義務[40](52条の61の10)
　　― サービス提供にあたり，銀行と契約を締結し，利用者の損害に係る賠償責任の分担[41]や，利用者に関する情報の安全管理のために行う措置等を定めて公表
○ 銀行におけるオープンイノベーションの推進に係る措置
　① 電子決済等代行業者との契約の締結に係る基準の策定・公表(52条の61の11)
　　― 基準を満たしている場合には，不当に差別的な取扱いを行うことを禁止
　② 電子決済等代行業者等との連携・協働に係る方針の策定・公表(附則10条；公布から9か月以内)
　③ オープンAPI[42]導入に係る努力義務(附則11条；施行から2年以内)
　　― 電子決済等代行業者等と契約を締結しようとする銀行等は，当該業者がスクレイピング[43]によることなく業務を営むことができるよう，体制整備に努める
○ 電子決済等代行業者に対する監督規定の整備(52条の61の12〜18)
　― 帳簿書類等の作成，報告または資料の提出命令，立入検査，業務改善命令等
○ 経過措置等の制定
　― 特に記載の無い限り，公布から1年以内に施行(附則1条)
　― 但し，①既に業務を行っている電子決済等代行業者における登録については，施行から6か月，②口座管理サービスのみを行っている電子決済等代行業者における金融機関との契約締結については，施行から2年をそれぞれ猶予(附則2条)

図表16　電子決済等代行業に関する法制度の整備（銀行法の改正）

コラム 14-3：制度 WG における議論

　制度 WG では，決済をめぐる法制面の論点を整理し，その中でも，とりわけ早期の対応が求められる電子決済等代行業者の取扱い等について審議が行われた．以下では，制度 WG で挙げられた主な論点を紹介する．
【決済をめぐる法制面の論点】
　第 1 回会合において，事務局より，今後の検討にあたっての問題意識が示され，第 2 回会合において，以下 4 つの論点が提示された．
① 資金移動業に近接したプリペイドカードの取扱い
　──一部のサーバ型プリペイドカードにおいて，隔地者間での資金移動と近接した機能を提供しうるものが登場しているが，これらを法的にどのように整理するか
② （送金上限なく）為替取引のみを行う業者の位置付け
　──単なる少額の送金サービスの提供を超えて決済機能を提供する業というものを想定した場合，そうした領域に係る法制面の建付けを将来的にどう考えるか
③ 損失分担ルールなど欠落している要素の整備
　──銀行に関しては，預金者保護等の観点から，不正な払戻しに係る損失分担ルールが設けられているが，資金決済全体をカバーするようなルールは存在しない
④ いわゆる中間的業者(電子決済等代行業者)の取扱い ⇒ 下記
【電子決済等代行業者に関する論点】
　電子決済等代行業者は，顧客とのインターフェイス(接点)を確保しつつ，金融機関とも接続することで，IT の進展等を活用した多様なサービス展開の可能性を有しているが，従来の銀行法では，銀行代理業や銀行の外部委託に関する制度的枠組みはあるものの，銀行等と顧客との間で，顧客から委託を受けて，決済・預金・融資に関して仲介を行う者については，そうした制度的枠組みは設けられていなかった．
　一方で，我が国において，FinTech の動きを利用者利便の向上等につなげていくという観点に立った場合，各金融機関において API の導入が広く進むとともに，それが，オープンイノベーションの下で，適格性等の面で問題がない業者に広く開放されること(オープン API)が重要となるが，現状ではオープン API の普及は限定的であり，このため，多くの電子決済等代行業者が，顧客から預かったパスワード等を使って，金融機関との間で契約締結等の明確な法的関係を構築することなく，銀行システムにアクセスする「スクレイピング」に

よる方法で，サービスを提供する状態が解消されていない状況にあった．
　こうした課題を踏まえ，我が国において，利用者保護を図りながら，オープンイノベーションを健全かつ適切に進めていくための制度的な枠組みを整備することとなり，銀行法の改正が行われることとなった．
【電子決済等代行業者をめぐる銀行代理業制度上の課題等】
　電子決済等代行業者は「顧客のため」に業を行うと同時に，「銀行のため」にも業を行うことがあり得るため，各電子決済等代行業者の業務が「銀行のため」の行為として銀行代理業規制の対象に該当するか(銀行代理業該当性)を判断する必要がある．
　現状では，一般に，銀行代理業制度の制定時におけるパブリックコメントに対する金融庁の考え方を踏まえ，「契約の条件の確定又は締結に関与する対価として」金銭等を受領すれば，銀行代理業規制に該当すると解されているとみられるが，法制定時に想定されなかったような IT を活用した多様なサービスが登場していることにより，従来の基準によると適用関係が必ずしも明確でないとの指摘があり[44]，こうした状況も踏まえ，制度 WG の報告書では，銀行代理業該当性について明確化が図られるべきとされている．

(参考)2006 年 5 月 17 日付パブリックコメントに対する金融庁の考え方(要旨を抜粋)

　純粋に顧客からのみの委託により，顧客のためにする行為は，銀行代理業に該当しない．銀行代理業該当性は，個別事情に即して判断することとなるが，一般に，以下の場合には銀行代理業に該当しないと考えられる
　① 銀行からの直接又は間接的な委託に基づき，預金・貸付・為替取引を内容とする契約の条件の確定又は締結に関与するものではない
　② 契約の条件の確定又は締結に関与する対価として，銀行から直接又は間接的に報酬，手数料その他名目のいかんにかかわらず経済的対価を受領するものではない
　　　　　　　　　　　　　　　　　　　　　　　　　　　　(三宅恒治)

(3)　仮想通貨に係る課題等

　仮想通貨に関しては，資金決済法において新たな制度整備が行われたものの，以下の課題等が指摘されており，今後も国際的な規制・制度の動向や普及状況等も踏まえた見直しが行われることが想定される．
　特に，仮想通貨はインターネット上でボーダレスに取引が可能という特性を持つことから，規制・制度の実効性を確保するためには，国際的な政策協調が必要

（ア）　課税上の取り扱い(消費税の課税問題)

　従来，国内における仮想通貨の譲渡等については，消費税法上の資産の譲渡等に該当するものとして，消費税が課税される状況にあった．他方，単に取引の対価の決済手段として利用される外為法上の支払手段(銀行券や小切手等)や資金決済法上の前払式支払手段(プリペイドカード等)の譲渡は非課税対象取引とされていることに加え，諸外国でも仮想通貨の譲渡に係る消費税は非課税とされているケースが多く[45]，仮想通貨の普及促進や国際競争力の観点から，消費税の課税対象外とする取り扱いを求める声があった．これを受け，2016年12月に取りまとめられた平成29年度税制改正大綱では，資金決済法の改正によって仮想通貨が支払手段として位置づけられたことや，諸外国における課税関係等を踏まえ，仮想通貨の取引について，消費税を非課税とすることとされた．これを受けた平成29年度税制改正法案が2017年3月に成立し，2017年7月以降，仮想通貨の譲渡に係る消費税は非課税とされることとなった．

（イ）　利用者資産の分別管理の妥当性・実効性

　前払式支払手段発行者や資金移動業者に対しては，供託等の方法によって，利用者の資産保全義務が課されている一方，仮想通貨交換業者に対しては分別管理のみであり，規制の整合性がとれていないのではないか，利用者の仮想通貨部分は難しくとも法定通貨部分については供託等の方法による資産保全が可能ではないか，といった指摘がある．

　また，仮想通貨の分別管理の状況を監査することとなる公認会計士や監査法人等が，本当に技術的に対応できるのか等の疑念も指摘されており，今後，分別管理の妥当性・実効性について，実態を踏まえたさらなる検討が行われる可能性がある．

（ウ）　仮想通貨を用いた外国為替証拠金(FX)取引類似サービス等に対する法整備

　外国為替証拠金(FX)取引は，金融商品取引法に規定されるデリバティブ取引で，一般的にレバレッジを効かせる形となることから，少額で取引できる反面，為替相場次第では，多額の損失が発生する可能性もある．

　FX取引について，もともとレバレッジに関する規制は存在しなかったが，為

替が急変した際のリスクが大きいことから，個人顧客を相手方とする場合の規制が新たに導入されることとなり，2010 年より最大 50 倍，2011 年からは最大 25 倍[46]に制限されることとなった[47]．一方で，仮想通貨を用いて FX 取引に類似したサービスを提供する事業者も現れているが，当該サービスには現状レバレッジに関する規制が課せられていないことから，整合性を確保すべきではないかといった意見も挙げられており，今後，法整備の必要性も含め，検討が進められていくことが予想される[48]．

（4） FinTech を巡る法規制を検討していく際の視座

上記のとおり，FinTech の台頭によって，決済分野における法規制に関して，さまざまな課題が顕在化しつつある．今後，FinTech を巡る法規制を検討していくにあたっては，以下を始めとするさまざまな論点を踏まえた対応が必要となる．

- 従来の法規制の枠組みが想定していないサービスの登場
  ── 現行法との整合性の確保，リスクに応じた規制の水準（利用者利便とのバランス）
- 従来の法規制が前提としてきた技術や取引慣行等の変化
  ── スマホによる本人認証，ブロックチェーン技術の普及等への対応
- FinTech 分野のサービスのグローバルな進展
  ── サービスのグローバルな展開を促進するとともに，法規制の「抜け穴」が生じないようにするためには，国境を越えて，法規制の協調が必要となる場合も
- FinTech 分野の変化のスピードへの対応
  ── ルール・ベースでは，FinTech のスピードについていけず，法整備の遅れが重大な事故につながる可能性もあることから，プリンシプル・ベースに重点を置く必要も

今後，具体的に検討を進めていく際には，利用者保護・金融システムの安定といった従来からの視点に加え，金融機関の創意工夫やイノベーションの促進という視点が必要であり，これらのバランスのとれた制度設計とすることによって，日本の金融業活性化や国際競争力強化，ひいては日本経済の持続的成長につなげていくことが期待される（図表 17）．

（三宅恒治）

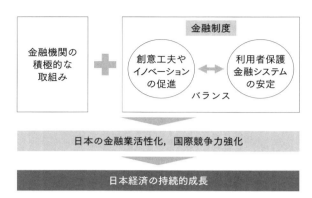

図表 17　FinTech を巡る法規制を検討していく際の視座

---

1) Apple Watch に代表される腕時計型コンピューター等，腕時計や眼鏡の形で身に付けたまま使えるコンピューターのこと．
2) 一般的に，2000 年前後以降に社会に進出した世代を指す．IT バブル崩壊やリーマンショック等の経済停滞期を若年期に経験した同世代は，それ以前の世代とは行動様式が異なり，たとえば，インターネットを通じて常に世界とつながっていることや，自動車や一戸建て等の資産については「保有」よりも「共有（シェアリング）」することを好む，といった傾向が指摘されている．
3) 本来はコンピューター端末の通信方式を指す IT 用語であるが，金融に関しては主に金融機関を介さない借り手と貸し手との間の直接取引を指す．
4) Crowd（群衆）と Funding（資金調達）を組み合わせた造語で，個人や団体が主にインターネット上で不特定多数から資金を集めること．
5) Telecommunication（遠距離通信）と Informatics（情報科学）を組み合わせた造語で，自動車等の移動体に通信システムを装着し，リアルタイムに情報サービスを提供すること．
6) IT 用語の一種で，あるソフトウェアから別のソフトウェアの機能を呼び出して利用するための接続仕様を指す．外部のソフトウェアの機能を活用したサービスを開発する際に API を活用すると，あらかじめ定められた規格を利用できるため開発コストが軽減され，システム間の連携が容易になるというメリットがある．
7) 事前審査の条件を緩和することで加盟店登録を容易にする一方，日々の決済情報等を監視し，異常があればすぐに決済を停止し，不正を防ぐ仕組みを指す．
8) POS レジの下などにあって，レジで扱う金銭を一時的に収納する引出しのこと．キャッシャーと呼ばれることもある．
9) スワイプ（swipe）とは，カードを機械に通すことを指す．
10) 情報記録の承認，ブロックの生成・更新，分散型台帳の共有等を行うネットワークの実質的な維持・管理主体．
11) 銀行法 2 条 2 項において，「為替取引を行うこと」が「銀行業」に該当するとされており，4 条 1 項において，「銀行業は，内閣総理大臣の免許を受けた者でなければ，営むことができない」，さらに，2 条 1 項において，「銀行とは，第 4 条第 1 項の内閣総理大臣の免許を受けて銀行業を営む者」とされていることから，為替取引は銀行の排他的固有業務とされてきた．なお，「為替取引を行うこと」とは，「顧客から，隔地者間で直接現金を輸送せずに資金を移動する仕組みを利用して資金を移動することを内容とする依頼を受けて，これを引き受けること，又はこれを引き受けて遂行すること」と定義されている（最三小決平成 13 年 3 月 12 日刑集 55 巻 2 号 97 頁）．
12) 資金決済法施行までの新しい決済サービスに関する主な議論等の経緯については，コラム

14-1 を参照.
13) プリカ法における前払式証票の定義(適用範囲)は，①対価を得て発行され，②金額，物品・役務の数量等が記載(記録)された証票等であり，③提示，交付その他の方法により，代価の弁済や物品の給付請求等に使用できるものとされている．なお，乗車券や入場券，発行日から6か月以内に限り使用できるもの，国や地方公共団体が発行するもの等は対象外とされている．
14) 利用者に交付される証票等には金額の記載(記録)がなく，発行者等が管理するサーバに記録された金額と紐付いたIDのみが交付され，これによって店頭の端末やインターネットを利用して当該サーバにアクセスし，サーバに記録された利用者の金額の範囲内で商品やサービスの提供を受ける仕組みとなっているもの(ゲーム内通貨等)．
15) 前払式支払手段の発行者に対してのみ，代価の弁済や物品の給付請求等に使用できるもの．なお第三者型は，自家型以外の前払式支払手段をいう．
16) 正確には，一定期間における要履行保証額(送金途上にある資金の全額＋還付の手続きに関する費用)の最高額以上の資産保全が求められている．
17) 犯収法で義務付けられる事項については，図表12を参照．
18) 為替取引に係る債権債務の清算のため，債務の引受け，更改その他の方法により，銀行等の間で生じた為替取引に基づく債務を負担すること．
19) 銀行法の改正内容については，(3)を参照．
20) G7エルマウ・サミットの首脳宣言(2015年6月)において「我々は，仮想通貨及びその他の新たな支払手段の適切な規制を含め，全ての金融の流れの透明性拡大を確保するために更なる行動をとる」とされ，これを受けて，マネロン対策における政府間会合であるFATF(Financial Action Task Force；金融活動作業部会)が公表したガイダンス(2015年6月)において「各国は，仮想通貨と法定通貨を交換する交換所に対し，登録・免許制を課すとともに，顧客の本人確認や疑わしい取引の届出，記録保存の義務等のマネロン・テロ資金供与規制を課すべきである」とされた．
21) MTGOX社の破綻経緯およびビットコイン引渡等請求事件の判例については，コラム14-2を参照．
22) 金銭債務の弁済手段として，強制通用力が法的に認められている通貨．
23) 本邦通貨若しくは外国通貨をもって表示され，又は本邦通貨若しくは外国通貨をもって債務の履行，払戻しその他これらに準ずるものが行われることとされている資産をいう．この場合において，通貨建資産をもって債務の履行等が行われることとされている資産は，通貨建資産とみなす(2条6項)．具体的には，電子マネー等が該当する．
24) 不特定の者との間で使用できるとの要件によって，使用できる対象が発行者等に限定されるポイントも，仮想通貨には該当しないことになる．
25) 金融機関と利用者との間の紛争を，業界ごとに設立された指定紛争解決機関において，中立・公正な専門家(弁護士等の紛争解決委員)が和解案を提示するなどして，裁判以外の方法で解決を図る制度．
26) 金融に係る継続的な取引関係の開始，一定金額(内容により200万円または10万円)を超える単発の取引等が該当する(犯収法施行令7条1項他)．
27) 金融機関等が行う金融業務やクレジットカード事業者が行うクレジットカード業務等，犯収法の別表等で規定される，特定事業者が行う業務．
28) 犯収法の一部改正(2016年10月施行)によって，社内規程の整備や統括管理者の選任等の体制整備が追加で求められることとなった．
29) 東京地判平成27年8月5日(事件番号平成26年(ワ)第33320号，公刊物未登載)．
30) 「権利を対象とする権利質(民法362条)等，民法には物権の客体を有体物とする原則に対する明文の例外規定があり，著作権や特許権等特別法により排他的効力を有する権利が認められているが，これらにより民法の上記原則が変容しているとは解されない」としている．
31) アドレスの識別情報はデジタル署名の公開鍵(検証鍵)をもとに生成され，これとペアになる秘密鍵(署名鍵)が存在する．秘密鍵は，当該アドレスを作成した参加者が管理・把握するものであり，他に開示されない．
32) ビットコインネットワークの参加者がトランザクションを対象として，一定の計算行為を行う

こと．

33) グループ WG 報告書 13 頁，および 2017 年 3 月 24 日に公表された「「銀行法施行令等の一部を改正する政令等（案）」等に対するパブリックコメントの結果等について」における「コメントの概要及びコメントに対する金融庁の考え方」No. 12 等．
34) たとえば，親銀行グループから 7 億円，他の事業会社等から 3 億円の収入を得ている従属業務を営む会社があり，更に別の銀行グループから追加的に 5 億円の業務委託を受ける場合は，親銀行グループからの収入は総収入の約 47%，追加受託後の親銀行グループと他の銀行グループからの収入は総収入の 80% となり，収入依存度規制を充足できない状況が生じる．
35) 従属業務を営む会社が主として銀行若しくは銀行持株会社又はそれらの子会社その他これらに類する者のために従属業務を営んでいるかどうかの基準を定める件（平成 14 年 3 月金融庁告示第 34 号）．
36) 決済債務とは，顧客の依頼に基づく資金決済に係る取引（為替取引，手形交換所における手形，小切手等の提示に基づき行われる取引，金融機関の自己宛小切手に係る取引）に関し，預金保険の対象金融機関が負担する債務（邦貨で支払われるものに限る）を指す．但し，為替取引および手形交換所における手形，小切手等の提示に基づき行われる取引のうち，金融機関等の取引またはその委託に起因する取引による債務であって，金融機関等が業として行う取引またはその委託に起因する取引に関する債務は，決済債務に該当しない（例：金融機関間で行う資金取引など）．
37) 決済関連分野において，金融機関と顧客との間に立ち，顧客からの委託を受けて，IT を活用した決済指図の伝達や金融機関における口座情報の取得・顧客への提供を業として行う者．
38) 企業の研究開発において，自社内の経営資源のみを用いるのではなく，ベンチャー企業や大学，研究機関等，社外の技術やアイデアを取り入れることによって技術革新につなげるという，イノベーション創出に向けたアプローチの一種．
39) たとえば，外国法人の場合は，日本における代表者を定める必要がある．
40) 制度 WG の報告書では，電子決済等代行業サービスにおいては，多数の金融機関のシステムにアクセスする場合があることから，契約締結については，過度な事務負担とならないよう，適切な対応が図られる必要があるとされている．
41) 制度 WG の報告書では，電子的取引等をめぐる私法上のルールが必ずしも確立していない現状においては，当面の対応として，責任保険への加入の可能性等を含め，関係者の申し合せによる取組み等が検討されるべきとされている．
42) オープン API については，コラム 14-3 の【電子決済等代行業者に関する論点】を参照．
43) スクレイピング（scraping）とは，一般に，ウェブページの HTML データを解析し，データの抽出や加工を施す方法により，必要なデータを収集する方法．
44) たとえば，①業者のシステムを利用して顧客が口座にアクセスできる状態を作成・維持した対価としてのシステム利用料である場合，②業者がそのウェブサイト上に銀行のサービスを広告したことの対価としての広告料である場合等．
45) たとえば，G7 では日本を除く 6 カ国で非課税とされていた．
46) 2009 年 8 月に公布された「金融商品取引業等に関する内閣府令の一部を改正する内閣府令」において，2011 年 8 月以降は，想定元本の 4% 以上の証拠金の預託を受けずに FX 業者が取引を行うことを禁止している．
47) 2016 年 6 月に公布された「金融商品取引業等に関する内閣府令の一部を改正する内閣府令」において，法人顧客を相手方とする場合の規制も整備され，FX 業者が，取引対象となる通貨ペアごとに，時々の相場変動を踏まえて必要証拠金率を各週で算出し，法人顧客に対して，必要証拠金率以上の証拠金を求めることとなった（2017 年 2 月より施行）．
48) 2016 年 4 月の衆議院財務金融委員会において，金融担当大臣より，仮想通貨の既存の有価証券との類似性の程度，取引の実態，トラブルの状況等，多種多様な論点を整理する必要があり，今後，継続的に検討していく旨の答弁がなされている．

資　料

みずほ普通預金規定

1. 取扱店の範囲

　　この預金は、取引店のほか取引店以外の当行店舗（一部の店舗を除きます。）でも預け入れまたは払い戻し（当座貸越を利用した普通預金の払い戻しを含みます。）ができます。ただし、取引店以外での払い戻しは、当行所定の手続を行ったものにかぎります。なお、自動預入引出機（以下「ＡＴＭ」といいます。）による預け入れについては、1回あたりの預け入れ金額はそのＡＴＭに表示された範囲内とし、ＡＴＭが現金を確認したうえで受け入れの手続をします。

2. 証券類の受け入れ
   - （1）この預金口座には、現金のほか、手形、小切手、配当金領収証その他の証券で直ちに取り立てのできるもの（以下「証券類」といいます。）を受け入れます。
   - （2）手形要件（とくに振出日、受取人）、小切手要件（とくに振出日）の白地はあらかじめ補充してください。当行は補充する義務を負いません。
   - （3）証券類のうち、裏書、受取文言等の必要があるものはその手続を済ませてください。
   - （4）手形、小切手を受け入れるときは、複記の有無にかかわらず、所定の金額欄記載の金額によって取り扱います。
   - （5）証券類の取立のために特に費用を要する場合には、店頭掲示の代金取立手数料に準じてその取立手数料をいただきます。

3. 振込金の受け入れ
   - （1）この預金口座には、為替による振込金を受け入れます。
   - （2）この預金口座への振込について、振込通知の発信金融機関から重複発信等の誤信による取消通知があった場合には、振込金の入金記帳を取り消します。

4. 受入証券類の決済、不渡り
   - （1）証券類は、受入店で取り立て、不渡返還時限の経過後その決済を確認したうえでなければ、受け入れた証券類の金額にかかる預金の払い戻しはできません。その払い戻しができる予定の日は、通帳の当該入金記帳行に記載します。
   - （2）受け入れた証券類が不渡りになったときは預金になりません。この場合は直ちにその通知を届出の住所宛に発信するとともに、その金額を普通預金元帳から引き落とし、その証券類は取引店で返却します。
   - （3）前項の場合には、あらかじめ書面による依頼を受けたものにかぎり、その証券類について権利保全の手続をします。

5. 預金の払い戻し
   - （1）この預金を払い戻すときは、当行所定の払戻請求書に届出の印章（または署名）により記名押印（または署名）して、通帳とともに提出してください。
   - （2）この預金口座から各種料金等の自動支払いをするときは、あらかじめ当行所定の手続をしてください。
   - （3）同日に数件の支払いをする場合にその総額が預金残高をこえるときは、そのいずれを支払うかは当行の任意とします。

6. 利息

　　この預金の利息は、毎日の最終残高（受け入れた証券類の金額は決済されるまでこの残高から除きます。）1,000円以上について付利単位を100円として、毎年2月と8月の当行所定の日（以下、「利息支払日」といいます。）に、店頭に表示する毎日の利率によって計算のうえこの預金に組み入れます。なお、この計算は、みずほ総合口座取引規定による当座貸越の限度額が設定されており、かつ利息支払日の前日が銀行営業日でない場合は、利息支払日の直前の銀行営業日における最終残

高が利息支払日の前日まで変動しなかったものとして行うものとし、残高が変動し組み入れた利息に過不足が生じた場合は、その過不足分を次回の利息支払日に精算いたします。また、利率は金融情勢の変化に応じて変更します。
7．届出事項の変更・通帳の再発行等
　（1）通帳や印章を失ったとき、または、印章、名称、住所その他の届出事項に変更があったときは、ただちに書面によって取引店に届け出てください。この届出の前に生じた損害については当行は責任を負いません。
　（2）通帳または印章を失った場合のこの預金の払い戻し、解約または通帳の再発行は、当行所定の手続をした後に行います。この場合、相当の期間をおき、また、保証人を求めることがあります。
　（3）通帳を再発行する場合には、当行所定の手数料をいただきます。
　（4）預金口座の開設の際には、当行は法令で定める本人確認等の確認を行います。預金口座の開設後も、この預金の取引にあたり、当行は法令で定める本人確認等の確認を行う場合があります。本項により当行が預金者について確認した事項に変更があったときには、直ちに当行所定の方法により届け出てください。
8．成年後見人等の届出
　（1）家庭裁判所の審判により、補助・保佐・後見が開始された場合には、直ちに書面によって成年後見人等の氏名その他必要な事項を取引店に届け出てください。
　（2）家庭裁判所の審判により、任意後見監督人の選任がなされた場合には、直ちに書面によって任意後見人の氏名その他必要な事項を取引店に届け出てください。
　（3）すでに補助・保佐・後見開始の審判を受けている場合、または任意後見監督人の選任がなされている場合にも、前2項と同様に、直ちに書面によって取引店に届け出てください。
　（4）前3項の届出事項に取消または変更等が生じた場合にも同様に、直ちに書面によって取引店に届け出てください。
　（5）前4項の届出の前に生じた損害については、当行は責任を負いません。
9．印鑑照合等
　払戻請求書、諸届その他の書類に使用された印影（または署名）を届出の印鑑（または署名鑑）と相当の注意をもって照合し、相違ないものと認めて取り扱いましたうえは、それらの書類につき偽造、変造その他の事故があってもそのために生じた損害については、当行は責任を負いません。
10．譲渡・質入等の禁止
　（1）この預金、預金契約上の地位その他この取引にかかるいっさいの権利および通帳は、譲渡、質入れその他第三者の権利を設定すること、または第三者に利用させることはできません。
　（2）当行がやむをえないものと認めて質入れを承諾する場合には、当行所定の書式により行います。
11．解約等
　（1）この預金口座を解約する場合には、当行所定の請求書に届出の印章により記名押印して通帳とともに持参のうえ、取引店のほか取引店以外の当行店舗（一部の店舗を除きます。）に申し出てください。ただし、取引店以外での解約は、当行所定の手続を行ったものにかぎります。
　（2）次の各号の1つにでも該当した場合には、当行はこの預金取引を停止し、または預金者に通知することによりこの預金口座を解約することができるものとします。なお、通知により解約する場合、到達のいかんにかかわらず、当行が解約の通知を届出のあった氏名、住所にあてて発信した時に解約されたものとします。
　　①この預金口座の名義人が存在しないことが明らかになった場合または預金口座の名義人の意思によらずに開設されたことが明らかになった場合
　　②この預金の預金者が前条第1項に違反した場合
　　③この預金が法令や公序良俗に反する行為に利用され、またはそのおそれがあると認められる場合
　　④当行が法令で定める本人確認等の確認を行うにあたって預金者について確認した事項に関

し、偽りがあることが明らかになった場合
⑤上記①から④までの疑いがあるにもかかわらず、正当な理由なく当行からの確認の要請に応じない場合
（3）この預金が、当行が別途表示する一定の期間預金者による利用がなく、かつ残高が一定の金額を超えることがない場合には、当行はこの預金取引を停止することができるものとします。
（4）前2項により、この預金口座が解約され残高がある場合、またはこの預金取引が停止されその解除を求める場合には、通帳を持参のうえ、取引店に申出てください。この場合、当行は相当の期間をおき、必要な書類等の提出または保証人を求めることがあります。

12．通知等
届出のあった氏名、住所にあてて当行が通知または送付書類を発送した場合には、延着しまたは到達しなかったときでも通常到達すべき時に到達したものとみなします。

13．保険事故発生時における預金者からの相殺
（1）この預金は、当行に預金保険法の定める保険事故が生じた場合には、本条各項の定めにより相殺することができます。
なお、この預金に預金者の当行に対する債務を担保するため、もしくは第三者の当行に対する債務で預金者が保証人となっているものを担保するために質権等の担保権が設定されている場合にも同様の取り扱いとします。
（2）相殺する場合の手続については次によるものとします。
①相殺通知は書面によるものとし、複数の借入金等の債務がある場合には、充当の順序方法を指定のうえ、通帳は届出印を押印して直ちに当行に提出してください。ただし、この預金で担保される債務がある場合には、当該債務または当該債務が第三者の当行に対する債務である場合には預金者の保証債務から相殺されるものとします。
②前号の充当の指定のない場合には、当行の指定する順序方法により充当いたします。
③第1号による指定により、債権保全上支障が生じるおそれがある場合には、当行は遅滞なく異議を述べ、担保・保証の状況等を考慮して、順序方法を指定することができるものとします。
（3）相殺する場合の借入金等の債務利息、割引料、遅延損害金等の計算については、その期間を相殺通知が当行に到達した日までとして、利率、料率は当行の定めによるものとします。また、借入金等を期限前弁済することにより発生する損害金等の取り扱いについては、当行が負担するものとします。
（4）相殺する場合の外国為替相場については当行の計算実行時の相場を適用するものとします。
（5）相殺する場合において借入金の期限前弁済等の手続きについて別の定めがあるときには、その定めによるものとします。但し、借入金の期限前弁済等について当行の承諾を要する等の制限がある場合においても相殺することができるものとします。

14．規定の改定
この規定を改定する場合は、当行本支店の窓口またはＡＴＭコーナーにおいて、改定内容を記載したポスターまたはチラシ等にて告知することとし、改定後の規定については、告知に記載の適用開始日以降の取引から適用するものとします。

以上

当　座　勘　定　規　定

第1条（当座勘定の受け入れ）
① 当座勘定には、現金のほか、手形、小切手、利札、郵便為替証書、配当金領収証その他の証券でただちに取立てのできるもの（以下「証券類」といいます。）も受け入れます。
② 手形要件、小切手要件の白地はあらかじめ補充してください。当行は白地を補充する義務を負いません。
③ 証券類のうち裏書等の必要があるものは、その手続を済ませてください。
④ 証券類の取り立てのため特に費用を要する場合には、店頭掲示の代金取立手数料に準じてその取立手数料をいただきます。

第2条（証券類の受け入れ）
① 証券類を受け入れた場合には、取引店で取り立て、不渡返還時限の経過後その決済を確認したうえでなければ、支払資金としません。
② 取引店を支払場所とする証券類を受け入れた場合には、取引店でその日のうちに決済を確認したうえで、支払資金とします。

第3条（本人振り込み）
① 当行の他の本支店または他の金融機関を通じて当座勘定に振り込みがあった場合には、当行で当座勘定元帳へ入金記帳したうえでなければ、支払資金としません。ただし、証券類による振り込みについては、その決済の確認もしたうえでなければ、支払資金としません。
② 当座勘定への振り込みについて、振り込み通知の発信金融機関から重複発信等の誤発信による取消通知があった場合には、振込金の入金記帳を取り消します。

第4条（第三者振り込み）
① 第三者が取引店で当座勘定に振り込みをした場合に、その受け入れが証券類によるときは、第2条と同様に取り扱います。
② 第三者が当行の他の本支店または他の金融機関を通じて当座勘定に振り込みをした場合には、第3条と同様に取り扱います。

第5条（受入証券類の不渡り）
① 前3条によって証券類による受け入れまたは振り込みがなされた場合に、その証券類が不渡りとなったときは、ただちにその旨を本人に通知するとともに、その金額を当座勘定元帳から引き落し、本人からの請求がありしだいその証券類は受け入れた店舗、または振込みを受け付けた店舗で返却します。ただし、第4条の場合の不渡証券類は振込みをした第三者に返却するものとし、同条第1項の場合には、本人を通じて返却することもできます。
② 前項の場合には、あらかじめ書面による依頼を受けたものにかぎり、その証券類について権利保全の手続きをします。

第6条（手形、小切手の金額の取り扱い）
手形、小切手を受け入れまたは支払う場合には、複記のいかんにかかわらず、所定の金額欄記載の金額によって取り扱います。

第7条（手形、小切手の支払い）
① 小切手が支払いのために呈示された場合、または手形が呈示期間内に支払いのため呈示された場合には、当座勘定から支払います。
② 当座勘定の払い戻しの場合には、小切手を使用してください。

第8条（手形、小切手用紙）
① 当行を支払人とする小切手または取引店を支払場所とする約束手形を振り出す場合には、当行が交付した用紙を使用してください。
② 取引店を支払場所とする為替手形を引き受ける場合には、預金業務を営む金融機関の交付した手形用紙であることを確認してください。
③ 前2項以外の手形または小切手については、当行はその支払いをしません。
④ 手形用紙、小切手用紙の請求があった場合には、必要と認められる枚数を実費で交付します。

第9条（支払いの範囲）
① 呈示された手形、小切手等の金額が当座勘定の支払資金をこえる場合には、当行はその支払義務を負いません。
② 手形、小切手の金額の一部支払はしません。

第10条（支払いの選択）
同日に数通の手形、小切手等の支払いをする場合にその総額が当座勘定の支払資金をこえるときは、そのいずれを支払うかは当行の任意とします。

第11条（過振り）
① 第9条の第1項にかかわらず、当行の裁量により支払資金をこえて手形、小切手等の支払いをした場合には、当行からの請求がありしだいただちにその不足金を支払ってください。
② 前項の不足金に対する損害金の割合は年14％（年365日の日割計算）とし、当行所定の方法によって計算します。
③ 第1項により当行が支払いをした後に当座勘定に受け入れまたは振り込まれた資金は、同項の不足金に充当します。
④ 第1項による不足金、および第2項による損害金の支払いがない場合には、当行は諸預り金その他の債務と、その期限のいかんにかかわらず、いつでも差引計算することができます。
⑤ 第1項による不足金がある場合には、本人から当座勘定に受け入れまたは振り込まれている証券類は、その不足金の担保として譲り受けたものとします。

第12条（手数料等の引き落とし）
① 当行が受け取るべき貸付金利息、割引料、手数料、保証料、立替費用、その他これに類する債権が生じた場合には、小切手によらず、当座勘定からその金額を引き落すことができるものとします。
② 当座勘定から各種料金等の自動支払いをする場合には、当行所定の手続をしてください。

第13条（支払保証に代わる取り扱い）
小切手の支払保証はしません。ただし、その請求があるときは、当行は銀行振出小切手を交付し、その金額を当座勘定から引き落します。

第14条（印鑑等の届出）
① 当座勘定の取引に使用する印鑑または署名鑑は、当行所定の用紙を用い、あらかじめ取引店に届け出てください。
② 代理人により取引をする場合には、本人からその氏名と印鑑または署名鑑を前項と同様に届け出てください。

第15条（届出事項の変更）
① 手形、小切手、約束手形用紙、小切手用紙、印章を失った場合、または印章、名称、商号、代表者、代理人、住所、電話番号その他届出事項に変更があった場合には、直ちに書面によって取引店に届け出てください。
② 前項の届出の前に生じた損害については、当行は責任を負いません。
③ 第1項による届出事項の変更がなかったために、当行からの通知または送付する書類等が延着しまたは到達しなかった場合には、通常到達すべき時に到達したものとみなします。
④ 預金口座の開設の際には、当行は法令で定める本人確認等の確認を行います。預金口座の開設後も、この預金の取引にあたり、当行は法令で定める本人確認等の確認を行う場合があります。本項により当行が預金者について確認した事項に変更があったときには、直ちに当行所定の方法により届け出てください。

第16条（成年後見人等の届出）
① 家庭裁判所の審判により、補助・保佐・後見が開始された場合には、直ちに書面によって成年後見人等の氏名その他必要な事項を取引店に届け出てください。
② 家庭裁判所の審判により、任意後見監督人の選任がなされた場合には、直ちに書面によって任意後見人の氏名その他必要な事項を取引店に届け出てください。
③ すでに補助・保佐・後見開始の審判を受けている場合、または任意後見監督人の選任がなされている場合にも、前2項と同様に、直ちに書面によって取引店に届け出てください。
④ 前3項の届出事項に取消または変更等が生じた場合にも同様に、直ちに書面によって取引店に

届け出てください。

⑤　前4項の届出の前に生じた損害については、当行は責任を負いません。

第17条（印鑑照合等）

①　手形、小切手または諸届書類に使用された印影または署名を、届出の印鑑または署名鑑と相当の注意をもって照合し、相違ないものと認めて取り扱いましたうえは、その手形、小切手、諸届書類につき、偽造、変造その他の事故があっても、そのために生じた損害については、当行は責任を負いません。

②　手形、小切手として使用された用紙を、相当の注意をもって、第8条の交付用紙であると認めて取り扱いましたうえは、その用紙につき模造、変造、流用があっても、そのために生じた損害については、前項と同様とします。

③　この規定および別に定める手形用法、小切手用法に違反したために生じた損害についても、第1項と同様とします。

第18条（振出日、受取人記載もれの手形、小切手）

①　手形、小切手を振り出しまたは為替手形を引き受ける場合には、手形要件、小切手要件をできるかぎり記載してください。もし、小切手もしくは確定日払いの手形で振出日の記載のないものまたは手形で受取人の記載のないものが呈示されたときは、その都度連絡することなく支払うことができるものとします。

②　前項の取り扱いによって生じた損害については、当行は責任を負いません。

第19条（線引小切手の取り扱い）

①　線引小切手が呈示された場合、その裏面に届出印の押なつまたは届出の署名があるときは、その持参人に支払うことができるものとします。

②　前項の取扱いをしたため、小切手法第38条第5項の規定による損害が生じても、当行はその責任を負いません。また、当行が第三者にその損害を賠償した場合には、振出人に求償できるものとします。

第20条（自己取引手形等の取り扱い）

①　手形行為に取締役会の承認、社員総会の認許その他これに類する手続を必要とする場合でも、その承認等の有無について調査を行なうことなく、支払いをすることができます。

②　前項の取扱いによって生じた損害については、当行は責任を負いません。

第21条（利息）

当座預金には利息をつけません。

第22条（残高の報告）

当座勘定の受払いまたは残高の照会があった場合には、当行所定の方法により報告します。

第23条（譲渡、質入れの禁止）

この預金は、譲渡または質入れすることはできません。

第24条（解約）

①　この取引は当事者の一方の都合でいつでも解約することができます。ただし、当行に対する解約の通知は書面によるものとします。

②　当行が解約の通知を届出の住所にあてて発信した場合に、その通知が延着し、または到達しなかったときは、通常到達すべき時に到達したものとみなします。

③　手形交換所の取引停止処分を受けたために、当行が解約する場合には、到達のいかんにかかわらず、その通知を発信した時に解約されたものとします。

第25条（取引終了後の処理）

①　この取引が終了した場合には、その終了前に振り出された約束手形、小切手または引き受けられた為替手形であっても、当行はその支払義務を負いません。

②　前項の場合には、未使用の手形用紙、小切手用紙は直ちに取引店へ返却するとともに、当座勘定の決済を完了してください。

第26条（手形交換所規則による取り扱い）

①　この取引については、前各条のほか、関係のある手形交換所の規則に従って処理するものとします。

② 関係のある手形交換所で災害、事変等のやむをえない事由により緊急措置がとられている場合には、第7条の第1項にかかわらず、呈示期間を経過した手形についても当座勘定から支払うことができるなど、その緊急措置に従って処理するものとします。
③ 前項の取扱いによって生じた損害については、当行は責任を負いません。
第27条（個人信用情報センターへの登録）
　個人取引の場合において、つぎの各号の事由が一つでも生じたときは、その事実を銀行協会の運営する個人信用情報センターに5年間（ただし、下記第3号の事由の場合のみ6か月間）登録し、同センターの加盟会員ならびに同センターと提携する個人信用情報機関の加盟会員は自己の取引上の判断のため利用できるものとします。
１．差押、仮差押、支払停止、破産等信用欠如を理由として解約されたとき。
２．手形交換所の取引停止処分を受けたとき。
３．手形交換所の不渡報告に掲載されたとき。
第28条（規定の改定）
　この規定を改定する場合は、当行本支店の窓口またはＡＴＭコーナーにおいて、改定内容を記載したポスターまたはチラシ等にて告知することとし、改定後の規定については、告知に記載の適用開始日以降の取引から適用するものとします。

以　上

銀 行 取 引 約 定 書

　　　　　　　　　　　　　　　　　　西暦　　　年　　月　　日

```
┌─────────────────────────────────────────┐
│ 甲：                                    │
│   住　所                                │
│                                 ○      │
│   氏　名                                │
│                            印鑑証明のある印│
├─────────────────────────────────────────┤
│ 乙：                                    │
│   住　所                                │
│                                 ○      │
│   氏　名                                │
└─────────────────────────────────────────┘
```

甲と乙は、甲乙間の取引について、以下のとおり合意しました。

第1条（適用範囲）
① 本約定は、甲乙間の手形貸付、手形割引、電子記録債権貸付、電子記録債権割引、証書貸付、当座貸越、支払承諾、外国為替、デリバティブ取引、保証取引その他甲が乙に対して債務を負担することとなるいっさいの取引に関して適用されるものとします。
② 甲が振出、裏書、引受、参加引受もしくは保証した手形または甲がその発生記録における債務者、変更記録により記録された債務者もしくは電子記録保証人（以下「電子記録債務者」といいます。）である電子記録債権を、乙が第三者との取引によって取得した場合についても本約定が適用されるものとします。
③ 甲乙間で別途本約定と異なる合意を行った場合については、その合意が本約定の該当する条項に優先するものとします。

第2条（適用店舗）
本約定は、甲および乙の本支店との前条に定める取引に共通に適用されるものとします。

第3条（利息、損害金等）
① 甲が支払うべき利息、割引料、保証料、手数料等または乙が支払うべきこれらの戻しについての利率、料率および支払の時期、方法については、別に甲乙間で合意したところによるものとします。
② 金融情勢の変化その他相当の事由がある場合には、甲または乙は前項の利率等を一般に合理的と認められるものに変更することについて、協議を求めることができるものとします。ただし、固定金利の約定を締結している場合を除くものとします。
③ 甲は、乙に対する債務を履行しなかった場合には、支払うべき金額に対し年14％の割合の損害金を支払うものとします。この場合の計算方法は年365日の日割計算とします。

第4条（担保）
① 次の各号において乙が請求した場合には、甲は乙が適当と認める担保もしくは増担保を提供し、または保証人をたてもしくはこれを追加するものとします。
　1．乙に提供されている担保について乙の責めに帰すことのできない事由により毀損、滅失または価値の客観的な減少が生じたとき。
　2．甲または甲の保証人について乙の債権保全を必要とする相当の事由が生じたとき。ただし、乙はその事由を明示するものとします。
② 甲が乙に対する債務を履行しなかった場合には、乙は、担保および乙の占有している甲の動産、手形その他の有価証券（乙の名義で記録されている甲の振替株式、振替社債、電子記録債権その他の有価証券を含みます。）について、かならずしも法定の手続によらず一般に適当と認められる方法、時期、価格等により取立または処分のうえ、その取得金から諸費用を差し引いた残額を法定の

順序にかかわらず甲の債務の弁済に充当できるものとします。取得金を甲の債務の弁済に充当した後に、なお甲の債務が残っている場合には、甲は直ちに乙に弁済するものとし、取得金に余剰が生じた場合には、乙はこれを権利者に返還するものとします。

第5条（期限の利益の喪失）
① 甲について次の各号の事由が一つでも生じた場合には、乙からの通知催告等がなくても、甲は乙に対するいっさいの債務について当然期限の利益を失い、直ちに債務を弁済するものとします。
　1．支払の停止または破産手続開始、民事再生手続開始、会社更生手続開始もしくは特別清算開始の申立があったとき。
　2．手形交換所または電子債権記録機関の取引停止処分を受けたとき。
　3．甲またはその保証人（譲渡記録とともにされた保証記録に係る電子記録保証人を除きます。以下同じ。）の預金その他の乙に対する債権について仮差押、保全差押または差押の命令、通知が発送されたとき。
　4．甲の責めに帰すべき事由によって、乙に甲の所在が不明となったとき。
② 甲について次の各号の事由が一つでも生じ、乙が債権保全を必要とするに至った場合には、乙からの請求によって、甲は乙に対するいっさいの債務について期限の利益を失い、直ちに債務を弁済するものとします。
　1．乙に対する債務の一部でも履行を遅滞したとき。
　2．担保の目的物について差押または競売手続の開始があったとき。
　3．乙との約定に違反したとき。
　4．甲の保証人が前項または本項の各号の一つにでも該当したとき。
　5．前各号のほか甲の債務の弁済に支障をきたす相当の事由が生じたとき。
③ 前項において、甲が乙に対する住所変更の届け出を怠るなど甲の責めに帰すべき事由により、乙からの請求が延着しまたは到達しなかった場合には、通常到達すべき時に期限の利益が失われたものとします。

第6条（割引手形または割引電子記録債権の買戻し）
① 甲が乙より手形または電子記録債権の割引を受けた場合、甲について前条第1項各号の事由が一つでも生じたときは、乙からの通知催告等がなくても、甲は全部の手形および電子記録債権について当然に手形面記載の金額または電子記録債権の債権額の買戻債務を負担し、直ちに弁済するものとします。
② 割引手形の主債務者もしくは割引電子記録債権の債務者が期日に支払わなかったときまたは割引手形の主債務者もしくは割引電子記録債権の債務者について前条第1項各号の事由が一つでも生じたときは、その者が主債務者となっている手形およびその者が債務者となっている電子記録債権について、前項と同様とします。
③ 前2項のほか、割引手形または割引電子記録債権について乙の債権保全を必要とする相当の事由が生じた場合には、乙からの請求によって、甲は手形面記載の金額または電子記録債権の債権額の買戻債務を負担し、直ちに弁済するものとします。なお、甲が乙に対する住所変更の届け出を怠るなど甲の責めに帰すべき事由により、乙からの請求が延着しまたは到達しなかった場合には、通常到達すべき時に甲は買戻債務を負担するものとします。
④ 甲が前3項による債務を履行するまでは、乙は手形所持人または電子記録債権の債権者としていっさいの権利を行使することができるものとします。
⑤ 甲が第1項、第2項または第3項により割引電子記録債権の買戻債務を履行した場合には、乙は、遅滞なく、その割引電子記録債権について甲を譲受人とする譲渡記録（保証記録を付さないものとします。）を電子債権記録機関に対して請求し、または、乙を譲受人とする譲渡記録を削除する旨の変更記録を電子債権記録機関に対して請求するものとします。ただし、電子債権記録機関が電子記録の請求を制限する期間は、この限りではありません。

第7条（反社会的勢力の排除）
① 甲は、甲または保証人が、現在、暴力団、暴力団員、暴力団員でなくなった時から5年を経過しない者、暴力団準構成員、暴力団関係企業、総会屋等、社会運動等標ぼうゴロまたは特殊知能暴力集団等、その他これらに準ずる者（以下これらを「暴力団員等」といいます。）に該当しないこ

と、および次の各号のいずれにも該当しないことを表明し、かつ将来にわたっても該当しないことを確約します。
 1．暴力団員等が経営を支配していると認められる関係を有すること。
 2．暴力団員等が経営に実質的に関与していると認められる関係を有すること。
 3．自己、自社もしくは第三者の不正の利益を図る目的または第三者に損害を加える目的をもってするなど、不当に暴力団員等を利用していると認められる関係を有すること。
 4．暴力団員等に対して資金等を提供し、または便宜を供与するなどの関与をしていると認められる関係を有すること。
 5．役員または経営に実質的に関与している者が暴力団員等と社会的に非難されるべき関係を有すること。
② 甲は、甲または保証人が、自らまたは第三者を利用して次の各号の一にでも該当する行為を行わないことを確約します。
 1．暴力的な要求行為
 2．法的な責任を超えた不当な要求行為
 3．取引に関して、脅迫的な言動をし、または暴力を用いる行為
 4．風説を流布し、偽計を用いまたは威力を用いて乙の信用を毀損し、または乙の業務を妨害する行為
 5．その他前各号に準ずる行為
③ 甲または保証人が、暴力団員等もしくは第1項各号のいずれかに該当し、もしくは前項各号のいずれかに該当する行為をし、または第1項の規定にもとづく表明・確約に関して虚偽の申告をしたことが判明し、甲との取引を継続することが不適切である場合には、乙からの請求によって、甲は乙に対するいっさいの債務について期限の利益を失い、直ちに債務を弁済するものとします。
④ 甲が乙より手形または電子記録債権の割引を受けた場合、甲または保証人が暴力団員等もしくは第1項各号のいずれかに該当し、もしくは第2項各号のいずれかに該当する行為をし、または第1項の規定にもとづく表明・確約に関して虚偽の申告をしたことが判明し、甲との取引を継続することが不適切である場合には、乙からの請求によって、甲は全部の手形および電子記録債権について、手形面記載の金額または電子記録債権の債権額の買戻債務を負担し、直ちに弁済するものとします。甲がこの債務を履行するまでは、乙は手形所持人または電子記録債権の債権者としていっさいの権利を行使することができるものとします。
⑤ 前2項の規定の適用により、甲または保証人に損害が生じた場合にも、乙になんらの請求をしません。また、乙に損害が生じたときは、甲または保証人がその責任を負います。
⑥ 第3項または第4項の規定により、債務の弁済がなされたときに、本約定は失効するものとします。

第8条（乙による相殺、払戻充当）
① 期限の到来、期限の利益の喪失、買戻債務の発生、求償債務の発生その他の事由によって、甲が乙に対する債務を履行しなければならない場合には、乙は、その債務と甲の預金その他の乙に対する債権とを、その債権の期限のいかんにかかわらず、いつでも相殺することができるものとします。
② 前項の相殺ができる場合には、乙は事前の通知および所定の手続を省略し、甲に代わり諸預け金の払戻しを受け、債務の弁済に充当することもできるものとします。この場合、乙は甲に対して充当した結果を通知するものとします。
③ 前2項により乙が相殺または払戻充当を行う場合、債権債務の利息、割引料、保証料、損害金等の計算については、その期間を計算実行の日までとします。また、利率、料率等は甲乙間に別の定めがない場合には乙の定めによるものとし、外国為替相場については乙による計算実行時の相場を適用するものとします。

第9条（甲による相殺）
① 期限の到来その他の事由によって、乙が甲の預金その他の甲に対する債務を履行しなければならない場合には、甲は、その債務と乙の甲に対する債権とを、その債権の期限が未到来であっても、次の各号の場合を除き、相殺することができるものとします。なお、満期前の割引手形または支払期日前の割引電子記録債権について甲が相殺する場合には、甲は手形面記載の金額または割引電子

記録債権の債権額の買戻債務を負担して相殺することができるものとします。
1. 乙が他に再譲渡中の割引手形または割引電子記録債権について相殺するとき。
2. 弁済または相殺につき法令上の制約があるとき。
3. 甲乙間の期限前弁済を制限する約定があるとき。

② 前項によって甲が相殺する場合には、相殺通知は書面によるものとし、相殺した預金その他の債権の証書、通帳は届出印を押印もしくは届出署名を記入して遅滞なく乙に提出するものとします。

③ 甲が相殺した場合における債権債務の利息、割引料、保証料、損害金等の計算については、その期間を相殺通知の到達の日までとします。また、利率、料率等は甲乙間に別の定めがない場合には乙の定めによるものとし、外国為替相場については乙による計算実行時の相場を適用するものとします。この場合、期限前弁済について別途の損害金、手数料等の定めがあるときは、その定めによるものとします。

第10条（手形または電子記録債権に係る権利の選択）
乙の甲に対する債権に関して手形または電子記録債権が存する場合、乙はその債権または手形上の債権もしくは電子記録債権のいずれによっても請求することができるものとします。

第11条（手形の呈示、交付または電子記録債権の支払等記録等）
① 乙の甲に対する債権に関して手形が存する場合、乙が手形上の債権によらないで第8条による相殺または払戻充当をするときは、相殺または払戻充当と同時にその手形を返還することは要しないものとします。

② 乙が手形上の債権によって第8条の相殺または払戻充当を行うときは、次の各号の場合にかぎり、手形の呈示または交付を要しないものとします。
1. 乙において甲の所在が明らかでないとき。
2. 甲が手形の支払場所を乙にしているとき。
3. 乙の責めに帰すことのできない事由によって、手形の呈示または交付が困難と認められるとき。
4. 取立その他の理由により、呈示、交付の省略がやむをえないと認められるとき。

③ 第8条または第9条の相殺または払戻充当により、甲が乙から返還をうける手形が乙に存する場合、乙からの通知があったときは、甲はその手形を乙まで遅滞なく受領に出向くこととします。ただし、満期前の手形については乙にそのまま取り立てることができるものとします。

④ 第8条または第9条の相殺または払戻充当の後、なお直ちに履行しなければならない甲の乙に対する債務が存する場合、手形に甲以外の債務者があるときは、乙はその手形をとめおき、取立または処分のうえ、債務の弁済に充当することができるものとします。

⑤ 乙の甲に対する債権に関して電子記録債権が存する場合、乙が電子記録債権によらないでまたは電子記録債権によって第8条の相殺または払戻充当をするとき、乙は、その電子記録債権について、甲が支払等記録の請求をすることについての承諾をすること、および第8条の相殺もしくは払戻充当と同時に甲を譲受人とする譲渡記録もしくは乙を譲受人とする譲渡記録を削除する旨の変更記録の請求をすることを要しないものとします。

⑥ 乙は、第8条または第9条の相殺または払戻充当後遅滞なく、その相殺または払戻充当に関して存する電子記録債権について、支払等記録または甲を譲受人とする譲渡記録（保証記録を付さないものとします。）もしくは乙を譲受人とする譲渡記録を削除する旨の変更記録の請求をするものとします。ただし、電子債権記録機関が電子記録の請求を制限する期間はこの限りではなく、また、支払期日前の電子記録債権については乙はそのまま支払を受けることができるものとします。

⑦ 第8条または第9条の相殺または払戻充当の後、なお直ちに履行しなければならない甲の乙に対する債務が存する場合、電子記録債権に甲以外の電子記録債務者があるときは、乙はその電子記録債権について前項の電子記録の請求を行わず、支払を受け、またはその電子記録債権を処分したうえ、債務の弁済に充当することができるものとします。

第12条（乙による相殺等の場合の充当指定）
乙が相殺または払戻充当をする場合、甲の乙に対する債務全額を消滅させるに足りないときは、乙は適当と認める順序方法により充当することができるものとし、甲はその充当に対して異議を述べることができないものとします。

第13条（甲による弁済等の場合の充当指定）

① 甲が弁済または相殺する場合、甲の乙に対する債務全額を消滅させるに足りないときは、甲は乙に対する書面による通知をもって充当の順序方法を指定することができるものとします。
② 甲が前項による指定をしなかったときは、乙は適当と認める順序方法により充当することができ、甲はその充当に対して異議を述べることができないものとします。
③ 第1項の指定により乙の債権保全上支障が生じるおそれがあるときは、乙は、遅滞なく異議を述べたうえで、担保、保証の有無、軽重、処分の難易、弁済期の長短、割引手形または割引電子記録債権の決済見込みなどを考慮して、乙の指定する順序方法により充当することができるものとします。この場合、乙は甲に対して充当した結果を通知するものとします。
④ 前2項によって乙が充当する場合には、甲の期限未到来の債務については期限が到来したものとして、また満期前の割引手形および支払期日前の割引電子記録債権については買戻債務を、支払承諾については事前の求償債務を甲が負担したものとして、乙はその順序方法を指定することができるものとします。

第14条（危険負担、免責条項等）

① 甲が振出、裏書、引受、参加引受もしくは保証した手形または甲が乙に提出した証書等または甲が電子記録債務者である電子記録債権の電子記録が、事変、災害、輸送途中の事故等やむをえない事情によって紛失、滅失、損傷、消去または延着した場合には、甲は乙の帳簿、伝票等の記録に基づいて債務を弁済するものとします。なお、乙が請求した場合には、甲は直ちに代りの手形、証書等を提出し、または、代りの電子記録債権について電子債権記録機関に対し、発生記録もしくは譲渡記録を請求するものとします。この場合に生じた損害については、乙の責めに帰すべき事由による場合を除き、甲が負担するものとします。
② 甲が乙に提供した担保について前項のやむをえない事情によって損害が生じた場合には、その損害について、乙の責めに帰すべき事由による場合を除き、甲が負担するものとします。
③ 万一手形要件の不備もしくは手形を無効にする記載によって手形上の権利が成立しない場合、電子記録債権の発生要件の不備により電子記録債権が成立しない場合、または権利保全手続の不備によって手形上の権利もしくは電子記録債権が消滅した場合でも、甲は手形面記載の金額または電子記録債権の債権額として記録された金額の責任を負うものとします。
④ 乙が手形、証書等の印影、署名を甲の届け出た印鑑、署名鑑と相当の注意をもって照合し、入力されたＩＤ、パスワード等の本人確認のための情報が乙に登録されたものと一致することを乙所定の方法により相当の注意をもって確認し相違ないと認めて取引したときは、手形、証書、印章、署名、ＩＤ、パスワード等について偽造、変造、盗用、不正使用等の事故があってもこれによって生じた損害は甲の負担とし、甲は手形または証書等の記載文言または電子記録債権の電子記録にしたがって責任を負うものとします。
⑤ 甲に対する権利の行使もしくは保全または担保の取立もしくは処分に要した費用、および甲の権利を保全するために甲が乙に協力を依頼した場合に要した費用は、甲の負担とします。

第15条（届出事項の変更）

① 甲は、その印章、署名、名称、商号、代表者、住所その他の乙に届け出た事項に変更があった場合には、書面により直ちに乙に届け出るものとします。
② 前項の届け出を怠るなど甲の責めに帰すべき事由により、乙が行った通知または送付した書類等が延着しまたは到達しなかった場合には、通常到達すべき時に到達したものとします。

第16条（報告および調査）

① 甲は、貸借対照表、損益計算書等の甲の財産、経営、業況等を示す書類を、定期的に乙に提出するものとします。
② 甲は、乙から請求があったときは、財産、経営、業況等について直ちに乙に対して報告し、また調査に必要な便益を提供するものとします。
③ 甲の財産、経営、業況等について重大な変化を生じたとき、または生じるおそれのあるときは、甲はその旨を直ちに乙に対して報告するものとします。
④ 甲が個人の場合、甲について家庭裁判所の審判により、補助、保佐、後見が開始されたときもしくは任意後見監督人の選任がなされたとき、またはこれらの審判をすでに受けているときには、甲または甲の補助人、保佐人、後見人は、その旨を書面により直ちに乙に届け出るものとします。届

出内容に変更または取消が生じた場合にも同様とします。

第17条（準拠法、合意管轄）
① 本約定および本約定が適用される諸取引の契約準拠法は日本法とします。
② 本約定が適用される諸取引に関して訴訟の必要が生じた場合には、乙の本店または取引店の所在地を管轄する裁判所を管轄裁判所とします。

第18条（約定の解約）
第1条に定める取引がすべて終了し、甲が乙に対して負担する債務が存しない場合は、甲または乙いずれか一方が書面により他方に通知することによって、本約定を解約することができるものとします。

以　上

保 証 書

株式会社みずほ銀行

西暦　　　年　　　月　　　日

連帯保証人	住所	都道府県	印鑑証明のある印（実印）
	氏名	フリガナ 　　　　　　　　　　　　　　　　　様	
借主	住所		融資取引印
	氏名	様	

※連帯保証人、借主さまご本人による署名捺印をお願いします。

約　定

保証人は、借主が株式会社みずほ銀行（以下、「銀行」という。）に対して負担する後記の債務（以下、「被保証債務」という。）について借主と連帯して保証債務を負い、その履行については借主が別に契約した銀行取引約定書および被保証債務に関する契約書の各条項のほか、次の条項にもしたがいます。

第1条 保証人は、銀行がその都合によって担保もしくは他の保証を変更、解除しても免責を主張しません。

第2条 保証人は、借主の銀行に対する預金、その他の債権をもって相殺をしません。

第3条 保証人がこの保証債務を履行した場合、代位によって銀行から取得した権利は、借主と銀行との取引継続中は、銀行の同意がなければ行使できないものとします。また、代位の目的となった権利の対価たる金銭については、銀行が保証人に優先して弁済に充当することができます。

第4条 保証人が、借主と銀行との取引についてほかに保証をしている場合には、その保証はこの保証契約によって変更されないものとし、また、ほかに極度額の定めのある保証をしている場合には、その保証極度額にこの保証の額も加えるものとします。保証人が借主と銀行との取引について、将来ほかに保証をした場合にも同様とします。

第5条 銀行は、いつでも被保証債務の元本の確定を請求することができるものとします。この場合において、被保証債務の元本は、その請求の時に確定するものとします。

第6条 本契約に基づく保証が2013年12月5日に全国銀行協会および日本商工会議所が公表した経営者保証に関するガイドライン（公表後の改定内容を含む。以下、「ガイドライン」という。）の適用対象である場合に、保証人が、本契約に基づく保証債務の整理についてガイドラインに則った整理を申し立てたときは、銀行はガイドラインに即して当該整理の成立に向けて誠実に対応するよう努めることとします。

〔被保証債務〕保証人は、被保証債務をつぎのとおり確認します。

保証人は、下記の1から8までの中から保証する債務の内容を1つだけ選択し、該当欄に確認印をご捺印ください。

	内容（注1）	保証確認印（注6）
1	借主が別に契約した銀行取引約定書第1条に規定する取引によって、銀行に対し現在および将来負担するいっさいの債務。ただし、次のとおりとします。 （1）保証債務の極度額（注2） 　　金　　　　　　　円 （2）元本確定期日（注3） 　　西暦　　　年　　月　　日	
2	年　　月　　日付金銭消費貸借契約証書に基づき借主が銀行に対して負担する債務金　　　　円（当初契約金額金　　　　円）およびこれに付帯するいっさいの債務。	
3	年　　月　　日振出の手形により借主が銀行に対して負担する債務金　　　　円（当初契約金額金　　　　円）およびこれに付帯するいっさいの債務。なお、当該手形に代えて新たな手形が差し入れられたときは、手形が書替えられたものとし、この保証は書替え後の手形による債務に及ぶものとします。その後書替えられた場合も同様とします。	
4	年　　月　　日付支払承諾依頼書に基づき借主が銀行に対して負担する求償債務金　　　　円（当初契約金額金　　　　円）およびこれに付帯するいっさいの債務。	
5	借主が別に契約した（当初契約日）　　　年　　月　　日付　　　　　　（注4）およびこれに付随する約定書（現在極度額金　　　　　円）に基づき借主が銀行に対して負担するいっさいの債務。ただし、次のとおりとします。 （1）保証債務の極度額（注2） 　　金　　　　　　円を限度とする。 （2）元本確定期日（注3） 　　西暦　　　年　　月　　日	
6	年　　月　　日付　　　　　　契約証書（当初想定元本金　　　　　円）に基づき借主が銀行に負担するいっさいの債務。	
7 (注5)	年　　月　　日付　　　　　第　　回無担保社債（株式会社みずほ銀行保証付及び適格機関投資家限定）保証委託等及び保証等契約書に基づき借主が銀行に負担する求償債務金　　　　円（当初契約金額金　　　　円）およびこれに付帯するいっさいの債務。	
8		

注1　被保証債務の種類を科目によって限定する場合には、当該欄余白にその債務の種類（取引科目名）をお書きのうえ欄外余白に○○字挿入と記入し、訂正印をご捺印ください。
注2　極度額は、被保証債務の元本、被保証債務に関する利息、違約金、損害賠償その他その債務に従たるすべてのものおよびこの保証債務について約定された違約金または損害賠償の額について、その全部に係る極度額とします。
　　なお、極度額については、借主に対する当行の融資をお約束する趣旨ではありません。
注3　元本確定期日とは、被保証債務の元本の確定すべき日をいいます。具体的には、保証人は元本確定期日前日までに借主と銀行との取引により生じた債務について保証債務を負うことになります。また、元本確定期日は、保証契約締結日から5年以内の日付をご記入ください。
注4　該当する契約証書名（当座勘定貸越約定書等）をご記入ください。
注5　発行会社名をご記入下さい。
注6　「保証確認印」欄は保証人の印鑑確認資料と同一印をご捺印ください。

以　上

株式会社みずほ銀行は、上記保証申込につき承諾しました。

以　上

事項索引

あ行

アームズ・レングス・ルール　84, 217, 219, 222, 227, 260-262, 273, 274
IRR　446
アレンジメント・フィー　91, 282
アレンジャー　90, 91, 116, 117, 276-278, 280-296, 298-302, 305, 311, 323-326, 328, 450, 474, 487, 494, 515, 535
意思結集　297, 307-310
ISDA　344, 357, 358, 379, 380, 382
一般債振替制度　415, 420-422, 427, 428, 516
インサイダー取引規制　170, 187, 444, 467-471, 478
インフォメーション・メモランダム　285, 288, 292, 294, 324-326
エージェント　117, 136, 276-278, 280, 282-287, 296-301, 303-309, 311, 314, 317, 320-323, 326-328, 474
ATM　5, 14, 41, 43, 51, 52, 70, 221, 554, 564, 574, 575
ABS　407, 494, 495, 501, 511
ABL　130, 131, 142, 187, 525
SPC　386, 387, 408, 451, 453, 459, 483, 486-490, 492, 493, 505, 506, 515, 518, 519, 521, 528, 531-535, 538-542
SPV　483-497, 500-503, 505-508, 515-520, 522-533, 535, 537, 538, 541
──SPV自体の倒産事由からの隔離　517
EDINET　418
FA債　425, 427, 428, 432, 439
MBS　481, 494, 495, 523, 547
MBO　444, 445, 447-454, 456-467, 472, 473, 475-479
──MBO報告書　460
LBO　323, 444-454, 457, 467, 472, 473, 475, 476
大口信用供与規制　84, 135, 217, 219, 220
オリジネーター　491-493, 495-497, 499-506, 508, 514-531, 534, 535, 538-540, 542, 550

か行

解約清算金　358, 364, 371-374, 379
カバードボンド　481, 482, 523, 549, 550
可分債権　55-58
為替予約　333, 334, 339-342, 363
企業価値研究会　460, 461
期限の利益の喪失　106-108, 110, 120, 146, 158-160, 299, 300, 432
──請求喪失事由　108, 143, 144, 158, 159, 182, 306, 307, 309, 310, 326
──当然喪失事由　107, 108, 143, 159, 182, 184-186, 306, 307, 322
期限前解約　49, 50, 342
希薄化リスク　526, 528
キャッシュカード　12, 14, 41, 51-54, 64, 69, 70, 76
求償権　29, 115, 121, 139-141, 149, 152
──事後求償権　115, 182
──事前求償権　115, 116, 182
銀行取引約定書　4, 9, 69, 82, 83, 102-115, 118, 137, 138, 158, 159, 161, 167, 179, 180, 183, 185, 186, 280, 302, 303, 306, 327-329, 345
銀証分離規制　8, 226, 258-260, 264, 265, 271, 273, 274, 473
金銭消費貸借契約書　138, 276, 278, 302, 316, 323, 324, 328
金融ADR　6, 27, 371, 381, 569
金融危機　6, 7, 199, 204, 208, 209, 211, 213, 214, 216, 217, 221, 241, 242, 244, 245, 281-283, 312, 315, 330, 344, 354, 378, 379, 448, 480, 482, 494, 507, 510, 512-515, 523, 527, 533, 543, 548-552, 556
金融商品取引法（金商法）　2, 4, 20, 28, 87, 136, 139, 170, 187, 219, 223, 224, 226, 228, 258, 260-263, 267, 270, 271, 273, 274, 284, 323, 324, 350, 359, 363-374, 377, 378, 380-382, 384, 385, 390-392, 401, 403-405, 409, 410, 412, 416-418,

602 事項索引

427, 447, 451, 453-458, 460, 467, 468, 470, 473, 477, 478, 488, 489, 494, 513, 515, 535, 537, 580
金融庁　1, 69, 70, 80, 88, 136, 200, 205, 213, 216, 221, 224, 231, 238, 245, 246, 248, 255-257, 271-274, 280, 326, 373, 377, 381, 382, 404, 406, 455, 509, 567, 575, 579, 584
組戻し　38-40, 42
グラス・スティーガル法　264, 548
クラブディール　279, 311
グラム・リーチ・ブライリー法　264, 548
クレジットデリバティブ　332, 377, 504-508
決済性預金　12, 13, 16, 23-25, 59
現在価値　333, 341-344, 355, 358, 372, 446
公開買付け規制　444, 451, 453, 455, 458, 460
口座　398
口座管理機関　127, 390, 392, 398-402, 405, 415, 420-422, 424-427, 429
口座振替　14, 16, 21, 77, 158, 561, 576
コーポレートガバナンス・コード　205, 381, 449
誤振込み　25, 40-43, 74
コベナンツ　295, 300, 303-305, 307, 309, 326, 453
コミットメント・フィー　117, 136, 279, 283, 323, 324, 327
コミットメント・ライン　114, 117, 136, 139, 278, 279, 311, 323, 324, 495
コミングル・リスク　528, 529
コンプレッション　330, 332, 379

さ 行

サービサー　141, 158, 184, 493, 495, 499-501, 517, 518, 520, 521, 525, 527-531, 538, 540, 550
サービサー法(債権管理回収業に関する特別措置法)　184, 515, 516, 529, 530
サービシング　493, 495, 501, 518, 519, 529
債権者代位権　177, 178, 188, 189, 400
債権者保護手続　154, 155
債権譲渡特例法　515, 516, 524-526
債権担保　127, 133, 170, 187, 241

再構築コスト　342, 346, 347, 357, 358, 372, 380
詐害行為取消権　156, 177, 178, 188
詐欺リスク　526-528
サブプライム問題　208, 242, 504, 515, 533, 544, 546, 547, 552
サムライ債　407, 408, 532
ジェネラルディール　278, 279, 302, 311
資金移動業　5, 37, 73, 197, 564-566, 572, 573, 575, 576, 578, 580
資金決済に関する法律　5, 37, 73, 197, 350, 515, 554, 564, 566-569, 572, 573, 575, 576, 579, 580, 582
時効の中断　144
自己資本　84, 201, 212, 213, 237-239, 241, 243-248, 250, 256, 257, 366, 378, 382, 508, 509, 513
――自己資本比率規制　7, 217, 219, 238-240, 242-248, 366, 378, 504, 508, 509
自己責任原則　367, 388
資産運用型　387, 486, 487, 504, 505, 507, 532, 551
資産流動化型　486, 487, 503-505, 532
資産流動化法　409, 410, 515, 516, 531, 532, 535, 536, 538-540, 542, 552
慈善信託　539
質権　29, 72, 76, 123-125, 127, 132, 134, 170, 401
仕向銀行　24, 25, 37-42
社債管理者　226, 230, 410, 411, 425, 426, 429-436, 439, 440, 443, 541
社債管理者不設置債(FA債)　425, 427, 428, 432, 439
社債権者集会　410, 411, 429, 430, 432, 433, 438, 440-443, 542
社債等振替法　413
集合債権譲渡担保　127, 130, 170-174
集合動産譲渡担保　130, 131, 175-177, 188
集団投資スキーム　486, 487, 532, 533, 552
出資法　4, 79, 89-91, 117, 136, 195, 283, 324, 327, 515
証券保管振替機構　390-392, 398, 399, 402, 414, 420, 422, 425-429
証書貸付　103, 113

事項索引　603

商事留置権　168, 169, 179-181, 186, 187, 189, 190, 438
少数株主　459, 460, 465
譲渡禁止特約　26, 28-31, 72, 133, 186
情報の非対称性　288, 296, 299, 300, 404, 458, 475
将来債権譲渡担保　127, 173, 187
真正売買　514, 517-523, 537, 552
シンセティック・セキュリタイゼーション　488, 492, 504-506, 509
信託法　75, 328, 384, 385, 389-392, 515, 516, 532, 534-536
信用補完　493, 495-497, 499, 501-503, 515, 520, 534
信用保証協会　118, 120, 121, 140, 149
スクイーズアウト　477
スチュワードシップ・コード　205
ストレステスト　253, 499, 545
スプレッド　319, 337, 338, 341, 511
スワップ取引の損害金　354
制限行為能力者　14, 15, 70, 96
セカンダリー・マーケット　283, 311
善管注意義務　43, 92-95, 148, 150, 226, 228, 230, 296, 297, 299, 360-362, 388, 433, 459, 465, 466, 475, 534, 535
全部取得条項付種類株式　459, 464, 477
相殺禁止　74, 75, 134, 135, 165, 178, 179, 189
想定元本　331, 332, 335, 343, 355, 360, 363, 380, 584
損失補償　117, 121-123, 142

た行

タームローン　278, 324, 327
TIBOR　319, 337, 338
代理受領　132-134, 426, 427, 576
多額の借財　98-100, 137
担保付社債信託法　409, 410, 542
担保保存義務　148-150, 183
チャイニーズウォール　187, 228, 267
通貨オプション　333, 334, 339, 341, 342
通帳　12-16, 19, 46, 48, 49, 52, 54, 59, 64, 70, 73, 74
定期性預金　13, 44, 45
ディスクロージャー　246, 409, 416, 417, 419, 420
手形貸付　102, 103, 106, 113, 133, 138,

　　　143, 163, 188, 189
手形・小切手　16, 18, 19, 21, 34, 35, 73, 114
　——買戻し　82, 109, 167, 247
　——買戻請求権　167
　——自店券　34, 35, 60
　——他店券　34, 35, 60, 73
　——取立手形　35, 181
　——取引停止処分　42, 73, 107, 115, 159
　——不渡り　18, 36, 39, 73, 151, 160
　——割引手形　109, 111
手形割引　82, 83, 102, 103, 109, 114, 129, 130, 167, 180
　——支払承諾　103, 114-116, 139, 182
　——代理貸付　116
適合性の原則　20, 366, 367, 370, 371, 404
デューディリジェンス　450, 469
デリバリー・バーサス・ペイメント　429
電子記録債権　5, 103-105, 109, 111, 130, 142, 315-317, 328, 527, 528, 552
店頭取引　333, 334
当座貸越　20, 35, 71, 76, 103, 106, 113, 114, 117, 129, 138, 182, 283, 436, 437
倒産隔離　75, 502, 503, 514-520, 524, 526, 532, 537, 538
動産担保　130, 175
投資一任業務　385
投資家保護　410, 449
投資信託　55, 56, 58, 259, 260, 273, 383-388, 390, 392-406, 420, 487, 534, 546
投資信託及び投資法人に関する法律　273, 384, 385, 390, 392, 404, 405, 409, 410, 532, 533
投資信託受益権　55, 56, 58, 77, 127, 189, 386, 387, 390, 397-399
投資信託振替制度　388, 390-393, 397-400
独占禁止法　88, 170, 273
特定関係者　84, 219
ドッド・フランク法　214, 215, 514, 549
届出印　12, 14, 44, 46, 48, 74, 76
取締役の善管注意義務　43, 92, 93, 95, 96, 459
取引所取引　330, 333

な行

内部統制システム　359, 361-363
日本ローン債権市場協会(JSLA)　283
ネッティング　347-351, 353, 354, 377, 379, 380, 382
根保証　113, 118, 119, 139, 140
　──限定根保証　118
　──包括根保証　118
ノンリコースローン　174, 452, 488, 491, 492, 494

は行

バーゼルⅢ　7, 209, 211, 212, 219, 238, 239, 242-245, 382, 513
バスケット条項　468
バックアップ・サービサー　500, 501, 529, 540
バルクセール　157, 311
被仕向銀行　24, 25, 37-42
否認　155-157, 171-173, 178, 188, 189, 436, 528, 529, 542
否認リスク　517, 528
ファイアーウォール　227, 258-261, 263, 264, 266, 271-273, 473
フィデューシャリー　228-232, 404, 478
不可分債権　56, 57
複数店預金　60, 61
不動産担保　125, 148, 167, 168, 187, 436, 522, 525
不法行為責任　33, 66, 86, 102, 180, 230, 231, 289, 292-295, 368, 370, 402, 406
振替　398
振替債の善意取得　424
振替制度　127, 410, 420, 422, 424
振込指定　132-135
プリンシプル・ベース　215, 216, 271, 272
プルーデンス規制　216, 217
ヘッジ　117, 334-336, 341, 342, 345, 355-357, 359, 363, 364, 372, 375, 376, 380-382, 509
ホームベース規制　269
保護預かり　20, 388
本人確認　5, 16, 48, 52, 97, 98, 583

ま行

マイカル　436-438, 521, 522
マンデート　276, 277, 285, 291
マンデートレター　285
みなし有価証券　284, 323, 324, 535
免責約款　51, 53, 70, 76
モニタリング機能　174

や行

約款　4, 9, 21, 26-28, 30, 45, 51, 58, 60, 71, 72, 76, 103, 392-398, 400, 404, 405
優越的地位の濫用　88, 89, 259, 260, 262, 272-274, 574
有価証券担保　127, 169
優先・劣後構造　328, 495-498, 502, 505, 509, 520, 533, 534, 545
預金担保　50, 51, 76, 123-125, 127, 141
与信集中　257, 281, 282, 312
与信ポートフォリオ　158, 311

ら行

濫用的会社分割　154, 155, 157, 178
リーマンショック　208, 209, 237, 278, 279, 312, 330, 332, 371, 376, 448, 450, 481, 536, 582
利益相反　96, 97, 137, 204, 206, 207, 217, 223, 225-231, 259-261, 263, 271, 272, 274, 298, 300-302, 404, 434, 436, 458, 460, 462, 463, 465, 466, 473-476, 478, 479, 574
リスクのアンバンドリング　548
リスクベース・アプローチ　215, 216
リスク・マネジメント　362, 504, 509, 512
利息制限法　4, 91, 114, 117, 136, 283, 324, 327, 515
流動性補完　493, 495, 499, 501-503, 515, 521
ルール・ベース　215, 216, 271, 272
レバレッジ　445-447, 507, 512, 513, 546, 580, 581
レバレッジ比率　242, 245, 246, 257

わ行

割引手形買戻請求権　167

判例索引

大審院

大判明治 31 年 2 月 8 日大審院民事判決録 4 輯 2 巻 11 頁　　185
大判明治 43 年 1 月 24 日民録 16 輯 22 頁　　183
大判明治 43 年 12 月 13 日民録 16 輯 937 頁　　77
大判大正 7 年 3 月 27 日刑録 24 輯 241 頁　　137
大判大正 10 年 6 月 18 日民録 27 輯 1168 頁　　188
大判大正 12 年 11 月 20 日法律新聞 2226 号 4 頁　　72
大判昭和 3 年 11 月 28 日民集 7 巻 1008 頁　　430
大決昭和 6 年 4 月 7 日民集 10 巻 535 頁　　183
大判昭和 8 年 5 月 30 日民録 12 巻 1381 頁　　185
大判昭和 8 年 10 月 13 日民集 12 巻 23 号 2520 頁　　183
大判昭和 10 年 2 月 19 日民集 14 巻 2 号 137 頁　　78
大判昭和 10 年 3 月 12 日民集 14 巻 482 頁　　188
大決昭和 12 年 5 月 28 日大審院判決全集 4 輯 10 号 25 頁　　183
大判昭和 14 年 3 月 22 日民集 18 巻 4 号 238 頁　　182

最高裁判所

最一小判昭和 29 年 4 月 8 日民集 8 巻 4 号 819 頁　　57, 77
最一小判昭和 29 年 11 月 18 日民集 8 巻 11 号 2052 頁　　138
最二小判昭和 32 年 7 月 19 日民集 11 巻 7 号 1297 頁　　185
最一小判昭和 32 年 12 月 19 日民集 11 巻 13 号 2278 頁　　74
最一小判昭和 33 年 6 月 19 日民集 32 号 327 頁　　139
最一小判昭和 35 年 12 月 27 日民集 14 巻 14 号 3253 頁　　183
最三小判昭和 37 年 8 月 21 日民集 16 巻 9 号 1809 頁　　76
最二小判昭和 37 年 10 月 12 日民集 16 巻 10 号 2130 頁　　182
最三小判昭和 39 年 4 月 21 日民集 18 巻 4 号 566 頁　　185
最三小判昭和 39 年 10 月 27 日民集 18 巻 8 号 1801 頁　　138
最大判昭和 39 年 11 月 18 日民集 18 巻 9 号 1868 頁　　136
最大判昭和 39 年 12 月 23 日民集 18 巻 10 号 2217 頁　　185, 329
最三小判昭和 40 年 5 月 4 日民集 19 巻 4 号 811 頁　　141
最三小判昭和 40 年 9 月 22 日民集 19 巻 6 号 1656 頁　　137
最三小判昭和 41 年 10 月 4 日民集 20 巻 8 号 1565 頁　　76
最二小判昭和 42 年 6 月 23 日民集 21 巻 6 号 1492 頁　　182
最一小判昭和 42 年 12 月 21 日民集 21 巻 10 号 2613 頁　　76
最二小判昭和 43 年 2 月 9 日民集 22 巻 2 号 122 頁　　183
最一小判昭和 43 年 9 月 26 日民集 22 巻 9 号 2002 頁　　183
最一小判昭和 43 年 10 月 17 日判例時報 540 号 34 頁　　183
最大判昭和 43 年 11 月 13 日民集 22 巻 12 号 2526 頁　　136
最一小判昭和 43 年 12 月 5 日民集 22 巻 13 号 2876 頁　　73
最三小判昭和 44 年 3 月 4 日民集 23 巻 3 号 561 頁　　142
最三小判昭和 44 年 9 月 2 日民集 23 巻 9 号 1641 頁　　183

最一小判昭和 45 年 1 月 22 日民集 24 巻 1 号 1 頁　　57
最二小判昭和 45 年 4 月 10 日民集 24 巻 4 号 240 頁　　26
最大判昭和 45 年 6 月 24 日民集 24 巻 6 号 587 頁　　185, 186, 329
最大判昭和 45 年 6 月 24 日民集 24 巻 6 号 625 頁　　137
最一小判昭和 45 年 9 月 10 日民集 24 巻 10 号 1389 頁　　183
最一小判昭和 46 年 6 月 10 日民集 25 巻 4 号 492 頁　　76
最一小判昭和 46 年 7 月 1 日金融法務事情 622 号 27 頁　　73
最一小判昭和 48 年 3 月 1 日金融法務事情 679 号 34 頁　　183
最三小判昭和 48 年 3 月 27 日民集 27 巻 2 号 376 頁　　75, 76
最一小判昭和 48 年 4 月 12 日金融・商事判例 373 号 6 頁　　139
最一小判昭和 48 年 7 月 19 日民集 27 巻 7 号 823 頁　　72
最二小判昭和 50 年 7 月 14 日民集 29 巻 6 号 1012 頁　　137
最二小判昭和 50 年 10 月 24 日集民 116 号 389 頁　　72
最二小判昭和 50 年 11 月 21 日民集 29 巻 10 号 1537 頁　　183
最一小判昭和 50 年 12 月 8 日民集 29 巻 11 号 1864 頁　　186
最二小判昭和 51 年 6 月 25 日民集 30 巻 6 号 665 頁　　98
最一小判昭和 51 年 11 月 25 日民集 30 巻 10 号 939 頁　　186
最一小判昭和 52 年 3 月 17 日民集 31 巻 2 号 308 頁　　72
最二小判昭和 53 年 12 月 15 日金融法務事情 898 号 93 頁　　142
最一小判昭和 54 年 2 月 15 日民集 33 巻 1 号 51 頁　　142
最三小判昭和 54 年 7 月 10 日民集 33 巻 5 号 533 頁　　186
最三小判昭和 56 年 4 月 14 日民集 35 巻 3 号 620 頁　　79
最三小判昭和 57 年 3 月 30 日金融法務事情 992 号 38 頁　　75
最一小判昭和 57 年 10 月 14 日判例時報 1060 号 78 頁　　142
最一小判昭和 57 年 11 月 4 日金融法務事情 1021 号 75 頁　　159
最三小判昭和 58 年 3 月 22 日判例時報 1134 号 75 頁　　524, 552
最二小判昭和 58 年 12 月 19 日集民 140 号 663 頁　　139
最一小判昭和 59 年 2 月 23 日民集 38 巻 3 号 445 頁　　76
最三小判昭和 60 年 2 月 12 日民集 39 巻 1 号 89 頁　　182
最一小判昭和 60 年 5 月 23 日民集 39 巻 4 号 940 頁　　184
最一小判昭和 62 年 4 月 23 日金融法務事情 1169 号 29 頁　　184
最三小判昭和 62 年 11 月 10 日民集 41 巻 8 号 1559 頁　　142, 188
最二小判昭和 62 年 12 月 18 日民集 41 巻 8 号 1592 頁　　185
最一小判昭和 63 年 10 月 13 日金融法務事情 1205 号 87 頁　　76
最三小判昭和 63 年 10 月 18 日民集 42 巻 8 号 575 頁　　189
最二小判平成元年 10 月 13 日民集 43 巻 9 号 985 頁　　183
最一小判平成 2 年 4 月 12 日金融法務事情 1255 号 6 頁　　183
最二小判平成 3 年 4 月 19 日民集 45 巻 4 号 477 頁　　184
最三小判平成 3 年 11 月 19 日民集 45 巻 8 号 1209 頁　　73
最二小判平成 4 年 4 月 10 日金融・商事判例 896 号 13 頁　　58
最二小判平成 5 年 7 月 19 日判例タイムズ 842 号 117 頁　　76
最一小判平成 6 年 1 月 20 日民集 48 巻 1 号 1 頁　　137
最三小判平成 6 年 6 月 7 日金融法務事情 1422 号 32 頁　　76
最一小判平成 7 年 6 月 23 日民集 49 巻 6 号 1737 頁　　183
最三小判平成 7 年 7 月 18 日判例時報 1570 号 60 頁　　351
最三小判平成 7 年 9 月 5 日民集 49 巻 8 号 2784 頁　　183
最二小判平成 8 年 4 月 26 日民集 50 巻 5 号 1267 頁　　25, 73, 74

最一小判平成 9 年 6 月 5 日民集 51 巻 5 号 2053 頁　　72
最一小判平成 9 年 9 月 4 日民集 51 巻 8 号 3619 頁　　368
最三小判平成 10 年 7 月 14 日金融法務事情 1527 号 6 頁　　189
最三小判平成 11 年 1 月 29 日民集 53 巻 1 号 151 頁　　142, 524
最三小判平成 11 年 4 月 27 日民集 53 巻 4 号 840 頁　　183
最一小判平成 11 年 6 月 10 日刑集 53 巻 5 号 415 頁　　478
最三小決平成 11 年 7 月 6 日刑集 53 巻 6 号 495 頁　　136
最一小判平成 11 年 10 月 21 日民集 53 巻 7 号 1190 頁　　183
最二小決平成 11 年 11 月 12 日民集 53 巻 8 号 1787 頁　　79
最大判平成 11 年 11 月 24 日民集 53 巻 8 号 1899 頁　　186
最一小判平成 12 年 3 月 9 日金融法務事情 1586 号 96 頁　　73
最一小決平成 12 年 12 月 14 日民集 54 巻 9 号 2709 頁　　79
最三小決平成 13 年 3 月 12 日刑集 55 巻 2 号 97 頁　　3, 73, 582
最一小判平成 13 年 11 月 22 日民集 55 巻 6 号 1056 頁　　188, 524
最一小判平成 13 年 11 月 27 日民集 55 巻 6 号 1090 頁　　187
最一小判平成 14 年 1 月 17 日民集 56 巻 1 号 20 頁　　75
最一小判平成 14 年 10 月 10 日民集 56 巻 8 号 1742 頁　　524
最二小決平成 14 年 10 月 25 日民集 56 巻 8 号 1942 頁　　183
最二小判平成 15 年 2 月 21 日民集 57 巻 2 号 95 頁　　75
最二小決平成 15 年 3 月 12 日刑集 57 巻 3 号 322 頁　　25, 74
最三小判平成 15 年 4 月 8 日民集 57 巻 4 号 337 頁　　76
最一小判平成 15 年 6 月 12 日民集 57 巻 6 号 563 頁　　75
最一小判平成 15 年 11 月 7 日判例タイムズ 1140 号 82 頁　　136
最二小判平成 15 年 12 月 19 日民集 57 巻 11 号 2292 頁　　142
最二小判平成 16 年 7 月 16 日民集 58 巻 5 号 1744 頁　　187
最二小判平成 17 年 1 月 17 日民集 59 巻 1 号 1 頁　　75
最一小判平成 17 年 1 月 27 日民集 59 巻 1 号 200 頁　　138, 184
最一小判平成 17 年 3 月 10 日民集 59 巻 2 号 356 頁　　186
最一小判平成 17 年 7 月 14 日民集 59 巻 6 号 1323 頁　　368, 370
最二小決平成 18 年 2 月 17 日民集 60 巻 2 号 496 頁　　79
最一小判平成 18 年 6 月 12 日判例タイムズ 1218 号 215 頁　　136
最一小判平成 18 年 7 月 20 日民集 60 巻 6 号 2499 頁　　188
最二小判平成 18 年 11 月 27 日民集 60 巻 9 号 3437 頁　　72
最一小判平成 18 年 12 月 14 日民集 60 巻 10 号 3914 頁　　394
最一小判平成 19 年 2 月 15 日民集 61 巻 1 号 243 頁　　173, 188
最三小判平成 19 年 3 月 20 日判例タイムズ 1239 号 108 頁　　142
最三小判平成 19 年 4 月 24 日民集 61 巻 3 号 1073 頁　　78
最二小決平成 19 年 11 月 30 日民集 61 巻 8 号 3186 頁　　80
最二小判平成 20 年 1 月 28 日判例時報 1997 号 143 頁　　95
最二小判平成 20 年 1 月 28 日判例時報 1997 号 148 頁　　95
最三小判平成 20 年 6 月 10 日集民 228 号 195 頁　　156, 184
最二小判平成 20 年 10 月 10 日民集 62 巻 9 号 2361 頁　　25, 74
最三小決平成 20 年 11 月 25 日民集 62 巻 10 号 2507 頁　　80
最一小判平成 21 年 1 月 22 日民集 63 巻 1 号 228 頁　　71
最三小判平成 21 年 3 月 24 日民集 63 巻 3 号 427 頁　　184
最二小判平成 21 年 3 月 27 日民集 63 巻 3 号 449 頁　　72
最三小決平成 21 年 5 月 29 日金融・商事判例 1326 号 35 頁　　477

最二小判平成 21 年 9 月 11 日金融法務事情 1886 号 50 頁　　185
最三小決平成 21 年 11 月 9 日刑集 63 巻 9 号 1117 頁　　92, 94
最二小判平成 21 年 11 月 27 日判例時報 2063 号 138 頁　　93
最三小判平成 22 年 3 月 16 日民集 64 巻 2 号 523 頁　　138, 185
最一小判平成 22 年 7 月 15 日判例時報 2091 号 90 頁　　95, 137
最一小判平成 22 年 9 月 9 日判例タイムズ 1336 号 50 頁　　141
最一小決平成 22 年 12 月 2 日民集 64 巻 8 号 1990 頁　　188
最二小決平成 22 年 12 月 3 日資料版商事法務 323 号 11 頁　　380
最二小決平成 23 年 4 月 22 日民集 65 巻 3 号 1405 頁　　368
最一小決平成 23 年 6 月 6 日刑集 65 巻 4 号 385 頁　　478
最三小判平成 23 年 9 月 20 日民集 65 巻 6 号 2710 頁　　62, 78
最一小判平成 23 年 10 月 27 日金融法務事情 1937 号 100 頁　　122
最三小判平成 23 年 11 月 22 日民集 65 巻 8 号 3165 頁　　139
最一小判平成 23 年 12 月 15 日金融・商事判例 1397 号 4 頁　　189, 190
最三小決平成 24 年 7 月 24 日金融法務事情 1961 号 94 頁　　78
最二小判平成 24 年 10 月 12 日民集 66 巻 10 号 3311 頁　　156, 184
最三小判平成 24 年 11 月 27 日金融法務事情 1963 号 88 頁　　290, 294
最一小決平成 25 年 1 月 17 日金融法務事情 1966 号 110 頁　　78
最一小判平成 25 年 3 月 7 日金融法務事情 1973 号 94 頁　　381, 382
最三小判平成 25 年 3 月 26 日金融法務事情 1973 号 99 頁　　382
最三小判平成 26 年 2 月 25 日民集 68 巻 2 号 173 頁　　58, 77
最一小判平成 26 年 6 月 5 日民集 68 巻 5 号 462 頁　　189, 400
最二小判平成 26 年 12 月 12 日集民 248 号 155 頁　　77
最一小決平成 28 年 7 月 1 日民集 70 巻 6 号 1445 頁　　477
最二小判平成 28 年 7 月 8 日民集 70 巻 6 号 1611 頁　　189, 352
最三小判平成 28 年 10 月 18 日金融法務事情 2053 号 33 頁　　79
最一小決平成 28 年 11 月 28 日刑集 70 巻 7 号 609 頁　　478
最大決平成 28 年 12 月 19 日民集 70 巻 8 号 2121 頁　　57, 71, 77
最一小判平成 29 年 4 月 6 日金融法務事情 2064 号 6 頁　　77

高等裁判所

東京高判昭和 50 年 5 月 7 日金融法務事情 758 号 36 頁　　72
大阪高判昭和 50 年 5 月 29 日民集 30 巻 6 号 681 頁　　98
東京高判昭和 56 年 9 月 24 日金融法務事情 991 号 44 頁　　141
東京高判昭和 58 年 1 月 25 日金融法務事情 1037 号 43 頁　　138
名古屋高判昭和 58 年 3 月 31 日判例タイムズ 497 号 125 頁　　142
福岡高判昭和 59 年 6 月 11 日判例タイムズ 535 号 228 頁　　142
東京高判昭和 62 年 7 月 20 日金融法務事情 1182 号 44 頁　　137
東京高判平成元年 9 月 25 日判例タイムズ 713 号 273 頁　　137
東京高判平成 2 年 2 月 19 日金融法務事情 1257 号 35 頁　　142
東京高決平成 6 年 2 月 7 日判例タイムズ 875 号 281 頁　　186
大阪高判平成 6 年 7 月 7 日金融法務事情 1418 号 64 頁　　78
東京高判平成 7 年 12 月 26 日金融法務事情 1445 号 49 頁　　231
東京高判平成 8 年 5 月 13 日刑集 53 巻 6 号 603 頁　　219
東京高決平成 8 年 5 月 28 日高民集 49 巻 2 号 17 頁　　186
東京高判平成 9 年 5 月 28 日金融法務事情 1499 号 32 頁　　380
大阪高判平成 10 年 2 月 13 日金融・商事判例 1049 号 19 頁　　70

東京高決平成 10 年 6 月 12 日金融法務事情 1540 号 61 頁　　186
東京高決平成 10 年 11 月 27 日判例タイムズ 1004 号 265 頁　　186
東京高決平成 10 年 12 月 11 日判例タイムズ 1004 号 265 頁　　186
東京高決平成 11 年 7 月 23 日判例タイムズ 1006 号 117 頁　　187
東京高判平成 15 年 4 月 22 日民集 59 巻 6 号 1510 頁　　381
東京高判平成 16 年 2 月 25 日金融・商事判例 1197 号 45 頁　　136
名古屋高判平成 17 年 3 月 17 日金融法務事情 1745 号 34 頁　　25, 74
東京高判平成 17 年 4 月 28 日民集 60 巻 10 号 3950 頁　　405
東京高判平成 18 年 7 月 13 日金融法務事情 1785 号 45 頁　　76
大阪高判平成 19 年 1 月 30 日金融法務事情 1799 号 56 頁　　79
東京高判平成 19 年 1 月 30 日判例タイムズ 1252 号 252 頁　　137
福岡高判平成 19 年 2 月 19 日判例タイムズ 1255 号 232 頁　　141
福岡高判平成 19 年 3 月 15 日判例タイムズ 1246 号 195 頁　　184
大阪高判平成 19 年 9 月 27 日金融・商事判例 1283 号 42 頁　　136
東京高判平成 19 年 12 月 13 日判例時報 1992 号 65 頁　　140
東京高決平成 20 年 4 月 2 日民集 62 巻 10 号 2537 頁　　80
東京高判平成 20 年 5 月 21 日金融・商事判例 1293 号 12 頁　　380
東京高決平成 20 年 9 月 12 日金融・商事判例 1301 号 28 頁　　477
東京高判平成 21 年 2 月 3 日高刑集 62 巻 1 号 1 頁　　478
福岡高判平成 21 年 4 月 10 日金融・商事判例 1906 号 104 頁　　75
名古屋高判平成 21 年 5 月 28 日判例時報 2073 号 42 頁　　443
名古屋高金沢支判平成 21 年 7 月 22 日金融法務事情 1892 号 45 頁　　75
東京高判平成 21 年 9 月 9 日金融法務事情 1879 号 28 頁　　189
福岡高判平成 22 年 2 月 17 日金融法務事情 1903 号 89 頁　　58, 77
東京高決平成 22 年 7 月 26 日金融法務事情 1906 号 75 頁　　187
東京高判平成 22 年 8 月 30 日金融法務事情 1907 号 16 頁　　141
東京高決平成 22 年 9 月 9 日金融法務事情 1912 号 95 頁　　187
東京高判平成 22 年 10 月 27 日金融・商事判例 1360 号 53 頁　　382
東京高判平成 22 年 12 月 8 日金融法務事情 1949 号 115 頁　　70
名古屋高金沢支判平成 22 年 12 月 15 日金融法務事情 1914 号 34 頁　　189
名古屋高判平成 23 年 4 月 14 日金融法務事情 1921 号 22 頁　　293
福岡高判平成 23 年 4 月 27 日金融・商事判例 1369 号 25 頁　　382
福岡高判平成 23 年 4 月 27 日判例タイムズ 1364 号 176 頁　　382
大阪高決平成 23 年 6 月 7 日金融法務事情 1931 号 93 頁　　186
東京高判平成 23 年 8 月 3 日金融法務事情 1935 号 118 頁　　71
東京高判平成 23 年 8 月 10 日金融法務事情 1930 号 108 頁　　142
福岡高那覇支判平成 23 年 9 月 1 日金融・商事判例 1381 号 40 頁　　140
東京高決平成 23 年 10 月 26 日金融法務事情 1933 号 9 頁　　78
東京高判平成 24 年 3 月 14 日金融法務事情 1943 号 119 頁　　190
東京高判平成 24 年 3 月 21 日金融法務事情 1957 号 127 頁　　141
東京高決平成 24 年 4 月 25 日金融法務事情 1956 号 122 頁　　78
東京高判平成 24 年 6 月 20 日判例タイムズ 1388 号 366 頁　　156
福岡高那覇支判平成 24 年 7 月 26 日公刊物未登載　　140
東京高決平成 24 年 10 月 10 日金融法務事情 1957 号 116 頁　　78
東京高判平成 25 年 4 月 11 日金融・商事判例 1416 号 26 頁　　79
東京高判平成 25 年 4 月 17 日金融・商事判例 1420 号 20 頁　　478
高松高判平成 26 年 5 月 23 日金融法務事情 2027 号 69 頁　　188

東京高決平成 26 年 6 月 3 日金融法務事情 2014 号 113 頁　　78
東京高判平成 27 年 1 月 26 日金融・商事判例 1462 号 8 頁　　401
名古屋高判平成 27 年 1 月 29 日金融・商事判例 1468 号 25 頁　　74
東京高決平成 27 年 10 月 14 日金融・商事判例 1497 号 17 頁　　477
大阪高判平成 27 年 10 月 29 日金融・商事判例 1481 号 28 頁　　478
東京高判平成 28 年 4 月 14 日金融法務事情 2042 号 12 頁　　140
東京高判平成 28 年 8 月 31 日金融法務事情 2051 号 62 頁　　137

地方裁判所

京都地判昭和 32 年 12 月 11 日下民集 8 巻 12 号 2302 頁　　137
東京地判昭和 63 年 11 月 8 日判例タイムズ 703 号 273 頁　　137
東京地判平成 7 年 2 月 23 日金融法務事情 1415 号 43 頁　　231
東京地判平成 7 年 11 月 6 日金融法務事情 1455 号 49 頁　　380
東京地判平成 8 年 9 月 24 日金融法務事情 1474 号 37 頁　　138
東京地判平成 9 年 3 月 17 日金融法務事情 1479 号 57 頁　　137
東京地判平成 10 年 2 月 17 日金融・商事判例 1056 号 29 頁　　138
大阪地判平成 12 年 9 月 20 日商事法務 1573 号 4 頁　　381
東京地判平成 16 年 3 月 29 日民集 60 巻 10 号 3929 頁　　405
東京地判平成 16 年 12 月 16 日判例時報 1888 号 3 頁　　359
東京地判平成 17 年 9 月 26 日判例タイムズ 1198 号 214 頁　　25, 74
東京地判平成 18 年 2 月 13 日金融法務事情 1785 号 49 頁　　76
大阪地判平成 18 年 2 月 22 日判例タイムズ 1218 号 253 頁　　79
大阪地判平成 18 年 7 月 21 日金融法務事情 1792 号 58 頁　　58, 77
横浜地判平成 18 年 11 月 15 日判例タイムズ 1239 号 177 頁　　141
東京地判平成 19 年 3 月 29 日金融法務事情 1819 号 40 頁　　160
東京地判平成 19 年 7 月 19 日資料版商事法務 329 号 88 頁　　478
名古屋地判平成 19 年 9 月 25 日証券取引被害判例 35 巻 157 頁　　443
東京地決平成 19 年 12 月 19 日金融・商事判例 1283 号 22 頁　　477
東京地判平成 21 年 3 月 31 日金融法務事情 1866 号 88 頁　　382
東京地判平成 21 年 9 月 10 日金融・商事判例 1326 号 57 頁　　141
名古屋地判平成 22 年 3 月 26 日金融法務事情 1921 号 43 頁　　292
福岡地判平成 22 年 9 月 30 日金融法務事情 1911 号 71 頁　　156
大阪地判平成 22 年 10 月 4 日金融法務事情 1920 号 118 頁　　157
東京地判平成 22 年 11 月 12 日金融・商事判例 1365 号 56 頁　　187
東京地判平成 22 年 11 月 15 日公刊物未登載　　70
東京地判平成 22 年 11 月 29 日金融法務事情 1918 号 145 頁　　156
盛岡地判平成 23 年 1 月 14 日判例時報 2118 号 91 頁　　142
福岡地判平成 23 年 2 月 17 日判例タイムズ 1349 号 177 頁　　157
東京地判平成 23 年 5 月 24 日判例時報 2151 号 116 頁　　187
福岡地判平成 23 年 6 月 10 日金融法務事情 1934 号 120 頁　　77
東京地判平成 23 年 8 月 8 日金融法務事情 1930 号 117 頁　　189, 190
大阪地判平成 23 年 8 月 26 日金融法務事情 1934 号 114 頁　　77
横浜地判平成 23 年 10 月 5 日金融法務事情 1932 号 6 頁　　141
大阪地判平成 24 年 2 月 24 日資料版商事法務 337 号 32 頁　　382
東京地判平成 24 年 11 月 26 日金融法務事情 1964 号 108 頁　　79
東京地判平成 25 年 8 月 8 日金融・商事判例 1425 号 44 頁　　140
東京地決平成 27 年 3 月 4 日金融・商事判例 1465 号 42 頁　　477

東京地判平成 27 年 8 月 5 日公刊物未登載　　583
東京地判平成 27 年 11 月 26 日金融法務事情 2046 号 86 頁　　139

その他

勧告審決平成 17 年 12 月 26 日審決集 52 巻 436 頁　　136

金融法講義 新版

2017年10月24日　第1刷発行

編著者　神田秀樹
　　　　神作裕之
　　　　みずほフィナンシャルグループ

発行者　岡本　厚

発行所　株式会社　岩波書店
　　　　〒101-8002 東京都千代田区一ツ橋2-5-5
　　　　電話案内　03-5210-4000
　　　　http://www.iwanami.co.jp/

印刷・三陽社　カバー・半七印刷　製本・中永製本

© Hideki Kanda, Hiroyuki Kansaku and
Mizuho Financial Group, Inc. 2017
ISBN 978-4-00-061222-7　Printed in Japan

会社法入門 新版	神田秀樹	岩波新書 本体800円
民法の基礎から学ぶ 民法改正	山本敬三	A5判184頁 本体1200円
民法改正を考える	大村敦志	岩波新書 本体720円
債権総論 第三版	中田裕康	A5判650頁 本体4500円
金融商品とどうつき合うか ──仕組みとリスク──	新保恵志	岩波新書 本体700円

── 岩波書店刊 ──

定価は表示価格に消費税が加算されます
2017年10月現在